中国地方社会与民俗丛书

劳格文（John Lagerwey）　谭伟伦／主编

闽客交界的诏安

杨彦杰 ◎ 编

（上册）

ZHAO'AN:

Where Min and Ke Meet

社 会 科 学 文 献 出 版 社

SOCIAL SCIENCES ACADEMIC PRESS (CHINA)

鸣谢

本书为香港特别行政区研究资助局之优配研究金计划：中国东南部地方仪式传统课题（CUHK 450313）的部分成果。出版费用部分由香港中文大学——蒋经国基金会亚太汉学中心补助。此外，香港特别行政区大学教育资助委员会第五轮卓越学科领域计划《中国社会的历史人类学研究》对本书的研究工作亦鼎力支持，谨此致谢。

Acknowledgement

This book is a partial result of the project local ritual traditions in southeast China funded by a General Research Fund from the Research Grants Council of the Hong Kong Special Administrative Region, China (Project No.: CUHK 450313). Publication was partially funded by the Chinese University of Hong Kong —Chiang Ching Kuo Foundation Asia-Pacific Centre for Chinese Studies. Finally, the work for this volume has been undertaken in the context of and with the support from the Hong Kong SAR University Grants Committee Areas of Excellence (Fifth Round): "The Historical Anthropology of Chinese Society."

中国地方社会与民俗丛书

主　　编　劳格文（法国高等研究实验学院/香港中文大学）

执行主编　谭伟伦（香港中文大学）

学术顾问　蔡志祥（香港中文大学）

　　　　　董晓萍（北京师范大学）

　　　　　欧大年（加拿大英属哥伦比亚大学荣休教授）

　　　　　宗树人（香港大学）

　　　　　王秋桂（台北东吴大学）

　　　　　杨彦杰（中国闽台缘博物馆）

中国地方社会与民俗丛书
总序

　　钟敬文在另一套民俗丛书序文中指出中国民俗工作者尽管进行了不少卓有成效的田野作业，但总的来说，民俗学研究仍多在文本之中徘徊。本丛书把民俗放在地方社会中去考察，我们以民俗作为手段，历史人类学作为方法，剖析传统中国地方社会作为我们的研究目的。在全球化巨浪的席卷下，有谓地方社会已不复存在。不过在中国社会，特别是传统乡土社会中所展现的情况仍然是"五里不同风，十里不同俗"、"一方水土一方人"、"各处乡村各处例"。中国社会的特色正是其强大的地方性。通过研究中国地方社会，同时使我们从下而上重新认识皇朝历史以外的中国历史，"寻常百姓家"的历史。所谓民俗，我们以它泛指中国人怎样过生活，特别是指乡土社会的婚丧礼嫁、节庆习俗、庙会醮会、祠堂宗族等礼俗。

　　有谓庙会醮会、祠堂祭祖、红白仪式或属宗教学范围。唯"宗教"一词为日本人于德川家康幕府时代（1543～1616）末期对英文 Religion 一词的翻译，往往令人联想起五大宗教或是中国的"三教"；可是这均非本丛书所关心的课题。"三教：儒、释、道"向来被用作理解"中国宗教"的概念。众所周知，儒、释、道三教的信徒数目，实际上占中国总人口一个非常少的部分。以"三教"来代表"中国宗教"，反而会给人一个错觉：中国人民大都是没有宗教的！台北中央研究院李亦园院士（1931～ ）曾建议以民间信仰来代表中国人的宗教。我们认为以中国的独特情况来说，以"民俗"来形容中国人的信仰来得更贴切。

所有文化的行为，无论是民俗或宗教，均不能脱离其处境去理解。即使在急促的城市化趋势底下，中国仍有超过半数的人民居住于农村。因此任何忠于其处境的中国民俗之探讨，就必须走到农村去！据美国国家科学院院士施坚雅教授（1925～2008）的睿见，中国农民所身处自足的世界并不是农村而是市镇。实际上，中国农民的社会领域比施坚雅提出的市镇还要宽。以中国东南部为例，地方社会就是一个"在移动中"的社会，这是说人民和货品均沿着古道与河流在市集之间，在一个令人惊叹的距离内流动着。当中特别是船民、放木排工人、手推车运输工人、季节性工人等便是经常参与流动的一群。通过他们，各种的讯息、故事，包括地方神明与仪式一起在流通着。因此，在研究中国民俗与社会之时，我们得涵盖一个更广阔的空间范围。正因为此，一个对地方经济更深入的理解乃任何有关中国地方社会的民俗与历史之研究所不可或缺的。

著名的美籍华裔人类学学家许烺光教授（1909～1999）的《祖荫下：中国的家庭与宗教》正确地指出宗族对中国地方社会研究之关键性。但是中国社会还有另一面，刚好反映在"社会"这一词语上，即相当于英文 society 一字。"社会"的原义是"社神之会"。中国人，随日本人之后，以一个原来指称庙会之词语来界定社会并非偶然。中国传统社会中从年头到年晚，最隆重的活动正是庙会中的迎神与赛神活动，通常这也同时是用来庆祝神诞。这些活动均非常有组织性，并且通过这些活动，在宗族制度以外，中国人民借以把地方社会组织起来。换句话说，"祖荫"中的祖先又在"神荫"之下，而这"神荫"的一面正是代表了传统生活中"公"的一面，超越了代表传统生活中宗族"私"的一面。

本丛书希望通过宗族、经济与民俗去了解传统中国地方社会。我们通过组织系统的田野调查以便对民俗、地方社会区域研究，以至中国宗教的历史与社会学研究做出贡献。

目　录

上册　诏安山区与平原的传统社会

附录　碑刻集成

下册　诏安三都的传统社会

黄家祥

上篇　宗族社会

中篇　传统经济

下篇　信仰礼俗

内陆的客家与临海的闽南
（代序）

劳格文

诏安建县较迟，至 1530 年才设县，但根据我们田野调查的经验，它的城关保留了较多的庙宇、碑刻。在到处都有地头庙和街市的小巷里行走、吃东西，就像进入时间隧道一样，人们仿佛回到了200 年前的台湾。

此话怎讲？台湾人不是大部分来自泉州和漳州吗？是的，但漳州、泉州的原貌大部分已不存在了，唯独诏安还能感受到古老的味道，不管是海边的咸水味，还是内地的山岚，而且还能听到边界的声音。

当然，诏安是漳州的一部分，但它是一个比较偏僻的边陲。这个交界区，不仅是两省，并且也是两种文化——住在山区的客家人与居住沿海的闽南人——的交界之地。然而，不管区别如何，他们都长期处在社会不稳之中，所以山区有土楼，沿海有堡寨，也有很多诸如海盗、山区走私的故事，还有隐姓埋名以及带假面具的神打败南蛮女寨主的故事等。过去诏安人的生活虽然平静，可是却令人生奇。

内 地 客 家

宗族

本书前面三篇文章讲的都是客家人。按照 2000 年的人口调查，他们占总数 568156 人的 25%。离县城 62 公里，最远的秀篆在 2000 年人口有 4.22 万，其中约 1.8 万人姓王、约 0.8 万人姓李、约 0.7 万人姓黄、约 0.6 万人姓游、约 0.4 万人姓吕。据传，王姓于明初来自宁化，经漳浦到诏安。王念七虽然卜居县城，大概变成了闽南人，但他的弟弟王念八则定居于秀篆。王念八以打铁为生，与江八娘结婚生子不到一年就去世了，因为他的儿子王先益被游信忠扶养成人，所以他的后代就变成了王游姓，现在已繁衍至 23 代。一篇由八世孙于 1716 年撰写的文章，讲到其五世祖瑞卿（1529～1591?）经常帮助当地民众击败海盗和反叛者，到了隆庆年间（1567～1572），他请了江西有名的风水师廖弼，帮他选了一个可以建祠的龙穴。他由于怕子孙王后代会任意改变祠堂尺寸，就把它们刻在一块石碑上。他的曾孙王廷院参加反清斗争，此后带领很多当地人跟随郑成功去了台湾。1992 年，台湾的后裔出资 800 万元人民币维修了这座祠堂。

黄镇秀据说来自石壁，于明初经永定、饶平来到秀篆开基。他生了九个儿子，其中第七子的九世孙叫黄仰贤，起先是给一个富人当长工，后来与这个富人的女儿结婚。有一次，这个女子在井边打水，一匹白马跑来把水全部喝光又跑走了。黄仰贤到白马消失的地方寻找，结果得到一口装满白银的棺材，回来建了一座土楼。黄仰贤生了八个儿子，到 2002 年台湾裔孙捐了 62 万元人民币维修了这座土楼。黄仰贤的第二个太太姓吕，也来自石壁。1528 年由于暴雨发生泥石流，他们家正好有个祖先在下葬，全家人就都被掩埋了。后来这个"天葬地"前面出现了一股像男孩子撒尿的小水流，没有生子的夫妻常来此求子，因为求子的不一定是吕姓人，所以叫作"偷拜"。到了1560年，山贼攻破吕姓堡寨，杀死124人。1714年所建的祠堂，是2000年用来自台湾的90万元人民币维修的。

在本书讲客家宗族的故事中，没有一个比官陂的张廖姓更复杂了。官陂距县城52公里，张廖姓分布在这个地区周边72个乡村和台湾，共30万人。现在官陂4.5万人中96%姓张廖。1870年的一本族谱，把他们的历史追溯到与陈元光一起到诏安的一个叫张虎的人；过了好几代，在河南住了很长时间，又有一个新开基祖来到云霄；再过五代，又有一个叫愿仔的来到官陂。廖三九郎看到愿仔很俊奇，就请他到家里，并把女儿嫁给了他。1375年生下一个男孩，叫友来。有一次，一个姓廖的被官府抓获，愿仔替他顶罪，可是后来官府并没有对他下手。愿仔在临终前告诉其子孙要感谢廖姓的养育之恩，所以要"生则姓廖，殁则书张"。友来生了四个儿子，有人说只娶一妻，可是其第四子永祖的后代说各有各的祖妈，因此永祖的五世孙给友来建祠时，不许其余三房的后代参加，说"各自有祖"。有一个叫张耍的，是长房永安第九世孙张子可收养的义子。1644年张耍率众抗清，参加了郑成功的队伍，1653年被南明皇帝赐封为建安伯。1658年在攻打南京时不幸阵亡。1654年，道宗禅师为天地会在官陂兴建长林寺，此时为首捐款的便是张耍的父亲张子可。1727年张廖氏宗族出现了第一个武举人，1751年廖国宝中武进士，1886年又有廖锦华中武科进士。1749年，两个十四世的后裔建了第一座宗祠，将参与者分为24个家长席位，再从中用"跌筊"的方式选出一个为首的。家长的产生并非靠辈分，而是他们的势力和威望。第一本族谱是1769年编修的，第一次提出"生廖死张"的概念。官陂的174座祠堂中有156座属于张廖姓。而根据2001年调查，官陂共有156座土楼，其中有很多土楼内有1~4座祠堂。刘劲峰分析了这两点认为，张廖的基本社会结构不是祠堂，而是土楼。

霞葛离县城 45 公里，是一个被山岭环绕，比较大的盆地。2005 年，霞葛总人口 30713 人，其中黄姓 12000 人、张姓 9000 人、林姓 7000 多人，三姓加起来占总人口数的 91.2%。根据黄姓十一世祖黄因修的上黄《族谱》记载，他们是 1314 年从石壁迁来的。而据下黄民国时期的《族谱》，他们的始祖应昌公（1517～1573）来自西潭——一个属于闽南人的乡村。等于说，霞葛和秀篆的黄姓好像没有关系。根据 1656 年修的江姓《族谱》，他们的一位富裕祖先叫江十二郎。1326 年，官府派来收税的一个典史官被起而抗暴的群众殴打吐血致死，官府派兵前来灭族，此时江姓刚好有一个六岁的孩子江启昌跟随姐姐住在杨梅潭，还有江十郎的儿子江永隆住在东坑，他们才躲过此难。1624 年出生的江生一经营粮油生意发了财，到了 1700 年，一位风水先生为他找了一个好地方建井北楼。此楼刚好在黄姓的对面。因为黄姓村是虎形，江姓村是狮形，两姓常有矛盾。林姓据说是元朝从石壁迁来，他们在明末不参与抗清，反而协助清政府，结果与参加抗清的黄、江两姓结下世仇。

经济

秀篆的牛角墟是三溪四村的会合地。民国时期，这四个村的村长掌管着墟场。墟上有 50 多间商店，其中最大的是阿勇经营的布匹百货，还有饶平人开的三间药店、三个打铁铺，其中最重要的是茶行。乌龙茶种是由来自台湾的游祖送（1766～1797）引进的。至民国时期，有近 20 个商号经营茶叶，他们把茶叶卖到汕头、潮州、香港和泰国等地。因为每个茶行须雇工约 100 人，所以秀篆大部分人口依靠茶叶来生存。挑夫先将货物挑到上饶，从那里上船。游祖送的 4 个儿子与一个姓李的合办游际昌铸铁厂。1832 年，这个铸铁厂得到了省督抚衙门的批准。84 岁的老人李昆合告诉作者李应梭，他在 18 岁时如何拜兴宁来的师傅学习打铁技术。75 岁的李炳林还介绍说，打铁匠要拜不知身份的"七宝王"，如果家里有人坐月子，他要带酒去拜，以消除秽气。因为制茶、打铁都需要木炭，当地又有丰富的山林资源，所以烧木炭也是很重要的地方产业。有来自霞葛、太平的挑夫到秀篆买木炭，再卖到广东和诏安城关。铁制品是先挑到平和县的九峰，再到小溪上船，运往漳州和厦门。

官陂张廖氏生活的地区的主要产出物有荔枝、龙眼、松、杉、毛竹、米粉、草鞋和木炭等。最大的墟市在下官陂，民国时期有120间商店。货物运出的一条通道是东溪。但东溪上游由于水浅滩多，还有一道道拦河水坝，因此到县城50公里的路程要卸船、挑运、再装船4次，其中陆路挑运共14公里长，占全程1/3。另有一条陆路通往平和的大溪，总长30公里，挑夫带烟、布而往，买回大米和竹笋。到饶平的茂芝墟全程20公里，到黄冈墟40公里，到云霄35公里，从沿海带回食盐和海鲜，挑去的有大米、米粉和木炭。所有的挑夫都会学些棍棒拳脚武功，为了避免被打劫。可是，最大的问题是食盐。一直到1691年官府才开始在诏安设立盐场并配给盐引，所产的盐行销平和、龙岩等县，但由于官府管制甚严，而赣南以南的大片区域都普遍喜欢用日晒盐，认为这种盐比淮盐好，所以老百姓的对策就是走私。刘劲峰和黄木尊两位作者都讲了这类的故事。

比如说，张耍与父亲张子可一起做贩盐生意，路上结识了张云龙（即道宗禅师）和蔡禄等人，其后建立了"万姓"集团——天地会。黄木尊的一个报告人，89岁的黄居章，他12岁就开始挑40斤的盐。这些挑夫组成的团体有50～60人，甚至100人，黄居章一直挑到1957年通公路的时候才没挑。由霞葛到饶平有10铺路，一铺即5公里，所以挑夫们早晨出发，傍晚才能到达饶平。把木炭卖掉，买了盐以后就马上淘米做饭，吃完晚饭休息一下，凌晨一二点出发，如果一切顺利的话，他们12小时以后就可以回到霞葛边界。可是回程路上经常出事，或是盐差，或是抢匪路霸，因此他们要绕道而行。有一次，他们遇到盐差追赶，一路上狂跑，口渴要找水喝，黑暗中误把一泡牛尿当成水喝了下去，结果大家呕吐不止。还有一次遇到拦路抢劫，一个女挑夫的肩膀被打了一枪，另一个肩膀挨了一刀。挑夫们从霞葛挑盐到秀篆的牛角墟，卖给从茂芝墟来收购的盐老板。盐老板再将这些盐从茂芝转运到广东的大埔。77岁的黄仁片曾挑米被警察没收，警察把这些米卖掉装入私囊。他们唯一的依靠就是神明。挑夫出发前常去拜"仙公老爷"。为了纪念这些人的贡献，黄木尊列了123个挑夫的名字，其中有已过世的男性95个、女性17个，他在2005年做调查时，还有7个男性、4个女性在世。

民俗

在秀篆，"阿娘"即观音，可以追溯到最早带着她的偶像来开基的移民。拜观音的庙有三个，俗称"三姐妹"，都建在秀篆的风水宝地。最小的妹妹也是最灵的，其庙建在整个秀篆的水口，1783年兴建，周围官陂、霞葛、饶平的人都会来拜。第二个重要的神庙是五显帝，是李姓"爱扛"的菩萨。五显帝最重要的庙宇即青龙庵，是李姓第六世祖李凉峰在隆庆年间兴建的。原来李凉峰有个朋友廖弼，他在屏山西坡找到了一处吉穴，可以建庵，可当他把此事告诉李凉峰时，在李家做客的一个吕姓外甥听到后立即回家通报，第二天清早吕姓就在屏山西坡找到此穴建坟。于是，廖弼就叫李凉峰到屏山东坡去建庵，并说让和尚每月十五日做仪式，用钟鼓齐鸣把屏山的龙脉气势争回来。所以当天晚上，李凉峰就到附近的五显帝庙把神像搬到东坡上，第二天早上制造舆论，说五显帝显灵，要选在这个地方建庵。到了万历初年，庙已建好。

一个77岁的退休老师李树林讲了好几个故事，说明这个五显帝凡遇到有强盗来抢劫，都会派出阴兵来保护李姓。五显帝由青龙山的10个村子轮流供奉。据89岁的李应炮回忆，他小时候曾看到

10个村轮流扛菩萨。"上从泉源，下至水口"，这句话也差不多代表沿着青山溪两岸10个村子的轮流次序。青龙山上游的第一个村子即林田村，有一个叫李日悦的，他讲了一个故事。清末，一个来自官陂的信徒因遇暴雨迷了路，被李昆告杀害。李昆告偷偷把尸体埋葬，后来家里一直不顺，最后他自己也死掉了，太太再嫁，刚好嫁到被害人的村子里。有一次，她无意中讲出前夫家的故事，一个旁听者得知此事原委后就开始告官。可是有一个很出名的讼师李伴仙马上叫李家人把尸体挖出来改葬，因此官府派人来查找不到证据。过了好多年，李姓人对是否仍把官司坚持下去出现了争议，后来有人提出去求五显帝指示，结果五显帝说会赢。而这时刚好运气好转，官陂人决定不再打官司，李姓人于是就用原来打官司的钱买了田地，并将此用于每年的五显帝庙会使用，以表示感谢。这个庙会停止了50年，至1986年恢复。2006年，李日悦当庙会的会计。腊月二十二日早上扛神，当天半夜设席，里面有18桌供品，庙外有112头猪、8只羊供于木架上。二十三日早上祭拜，由住庙老和尚的曾孙赖良州起师、请神，李日悦读祭文。

秀篆流传着这样一句话：游敢生，黄敢死，姓李爱扛五显帝，是说王、游二姓繁衍快，每年在宗祠办（男）丁桌，特别隆重。黄姓则有孝义会，对去世老人做夜灯，请和尚超度、担经，女性身故则破沙墩（地狱）。官陂长林寺每年七月十五要为顺治年间乡民暴动中牺牲的将士做一场超度。官陂的醮会由道士来请鬼，和尚来超度。这个仪式可能是建寺的道宗禅师所创。建于1567年的龙光庵位于主龙脉龙口上，据说建庵是为避免各村争夺，维持公众利益。

霞山堂则原是一所私塾，因一次涨水漂来一尊关帝而改建成庙。每年正月初二至初七，张廖氏七房人轮流游神。上龙庵属多姓多村的寺庙，供奉注生娘娘和陶祖（男生殖器陶塑）。长久无生育的妇女喝一碗洗过陶祖的清水便可有孕。靖天宫原只是一块蛇头大石。有一年，一位从台湾回来的张廖氏后人把护身用的靖天大帝香袋挂在从石缝中长出来的小树上，他准备回去时香袋说要留下，于是靖天大帝成为三个屋场之福神。一次求雨应验使靖天大帝成为全官陂共信的神明。一位乩童表示这位靖天大帝就是三国时的刘备。

霞葛五显庙建于 1403 年，由黄氏二世祖倡建，1708 年诏安知县改成乡约所，下厅供奉与反清复明郑成功一起作战的刘相公将军和黄调阳都督，二人均受到南明的追封。镇龙庵始建于 1584 年，由黄仕阳倡建于墟场。传说此地原是风水先生替沈氏点的墓地，霞葛民众得悉后，偷偷把五显大帝双靴脱下，从穴地倒印靴模回村，以此说明神明自选灵穴，沈氏只好作罢。庙中有大明都督黄调阳提的"精忠洪门"之匾额，表示这座庙宇以前也是天地会活动的一个据点。1949 年前每年七月十五都由管庙的和尚替抗清复明的亡魂超度，同治年间南陂村发生天花瘟疫，因抬龙山岩观音游村而得止。光绪年间在诏安知县的协调下排定每年正月初二到二月初二迎请龙山岩观音的次序；每年的正月二十轮到南陂村，在一年内新婚的新郎会争相迎抬，以庇佑早生贵子。

官陂和霞葛都提到一个特别的习俗，老人归天时会抓来一条狗，用容易摔破的碗打饭给狗吃，并趁狗不备时把碗摔在狗头上，听到狗叫子孙方可放声大哭。在官陂，老人"过身后"要请香花和尚来超度，出殡前一天和尚手提雄鸡，拳握纸钱、信香和瓷碗，碗中放糖果、饼干、米和盐，从亡者住房开始由内向外一边撒米、盐，一边念咒到三岔路口，倒扣瓷碗，名曰"送煞"。第二天早上出殡，下午回来纸灵牌放入纸灵屋，香花和尚开始超度。灵牌放满三年，要在纸灵屋四周洒一圈米酒，然后焚化，以免恶鬼哄抢。纸灵牌则用黑纱盖上，送到小房祠堂，并在门神前上香求准入祠。入祠后纸灵牌焚化，纸灰放入堂前香炉内，另用新毛笔把朱砂点在新灵牌上，再把毛笔丢到祠堂屋顶上，灵牌才送入祠堂神龛中。

在霞葛，老人归天后，后人要到附近掘一株连头带尾的竹子，把竹子尾巴透向天井、窗户或从瓦房中透出一洞，让竹子伸向天空，以示把晦气带到天涯海角，子孙繁荣。入殓盖棺时要先留下一条缝，和尚高叫一声，然后把事先准备的、用来避邪的香草水、盐和米抛洒在屋内，再用鸡冠血画符，贴在棺木头上来止煞。钉棺时要从棺头到棺脚，下午下葬。

沿海平原的闽南人

宗族

按照黄家祥的介绍，三都的大姓陈、林、吴、沈都是南宋来的，主要聚居在包括县城南诏在内的平原地区。

因为有陈吊眼的抗元活动，很多人被屠杀，1530 年建立诏安县，据稍后的 1552 年人口统计，全县共有 3452 户 20766 人，其中有一半是住在三都。清初因为海禁，从 1661 年到 1681 年，三都很多地方不能住人，到 1829 年，总人口约有 11 万，到了 1935 年下降到 7 万左右。清初，三都有 153 个寨。过了好长时间，三都慢慢改为单姓村，到 1959 年，205 个乡村大部分成了单姓村。

沈姓开基祖名字叫沈楸，据说是跟诏安内地的大部分开基祖一样来自福建西南部，而且跟内地的宗族一样，沈姓有许多法律以外的活动，甚至有反抗政府的行动。为了保护自己，内地许多宗族都建土楼，沿海地区都建寨，像四都，因为嘉靖年间海盗侵扰，所以就建了寨。内地客家与沿海客家最大的区别是闽南大姓传说都与陈元光和灭绝土著社会有关系，这从杨彦杰所讲的沈世纪故事可以看得很清楚：沈世纪为了避开土著女寨主的求爱，戴上了假面具，最终把鹅仔寨攻了下来，活捉了女寨主。回去向朝廷汇报时，他忘记把面具拿下来，皇帝见他不禁一笑，之后面具就拿不下来了。所以在诏安县城，这位后来被封为武德侯的沈姓祖先成了过端午节驱邪赶鬼的主要角色。他拿着可怕的大刀，到各个有问题的家庭把闹事的恶鬼赶出去。供奉他一定要用鹅，因为他偷偷去侦察要攻打的鹅仔寨时，鹅起来乱叫，使他被敌人发现，所以他仇恨鹅，后来就把鹅作为他的祭品。"文化大革命"时，武德侯成了这次运动中"破四旧"的主要对象之一。为了保护其免遭破坏，岸上村一位沈氏后裔特意将它从真君庙里偷出，藏到了自家的小阁楼上，不料很快被其他人发现。于是，东城村的一位沈氏后裔又偷偷把它接走，放入一个密闭的大水缸中，并在一个漆黑的夜里，把缸埋到了附近的红薯地里。谁知这一行动又被该村的一个女干部发现，并当即报告了驻队的公社干部。为了避免惹祸上身，该后裔只好当晚又把武德侯从地下挖出，扔到了一块茂密的甘蔗地里。于是，没过几天，武德侯的雕像就被一位下地干活的农民发现，并交到了生产队办公室。队里的干部要将它就地烧毁，但不知是因为雕像过于陈旧，还是因雕像长年裸露在外，所含水分过多，任队干部怎么烧也烧不着。这时，在场的一位沈姓继子便出主意说，在雕像上浇些煤油，一定能被烧着。另一位沈姓青年则自告奋勇，从室内搬出一尊毛泽东石膏塑像，名曰"监烧"。经过他们这番折腾，武德侯的雕像果然很快就被烧毁了。但据说不久，这些参与销毁木雕像的人都遭到了悲惨的下场。其中，报信的女干部第二个月便得上了花痴病；搬毛泽东塑像的沈姓青年，不久也平地跌断了双腿；而出主意浇煤油去烧的沈姓继子竟无缘无故就上吊身亡了。到了 20 世纪 80 年代初，在华侨的资助下，他们新雕了一尊武德侯的神像，也恢复了轮流祭祀武德侯的仪式。

黄家祥引了当地的顺口溜：沈半县，到了 2010 年，三都的 28 万人口中，有 10 万人姓沈。沈氏的 4 房人分别住在 120 多个乡村，黄先生全部列了出来。其他各姓，许、陈、林、吴各有 3 万人，分别住在 36 个、51 个、41 个、30 个乡村中。这些宗族，好像从来没有修过像样的族谱，比如沈姓说楸公是 1160 年来到诏安，可是最早的文献是一个叫作沈琅的在 1469 年写的一个序，序中记述，上房、东房、南房，来自五世的 4 兄弟。可是 1449 年，族谱被大火焚毁。之后"随小宗而修之，合大宗而集之，使十三户之人心为梅山一人之心"。梅山，即楸公坟墓的所在地，在县城的西北角，2007 年重修。楸公有 4 个曾孙，其中一个来到南诏，生了 4 个男孩，这是 4 个大房的来源，后来分成 13 个粮户。我们做田野调查的时候，很难找到家谱，即使找到了一两本，内容也很粗糙，中间有许多空白，看不到一个完整的宗族史。据当地报告人说，在他们那里，根本就找不到一本像样的族谱。

沈姓的第 4 房的第 8 代，叫作桔林祖。第一个有生卒年号的后裔是这个房的十七世祖沈玺（1517～1579），他在 1609 年与他夫人合葬在报恩寺边，"公妈生像祀城内裔德堂"。① 玺公重要，是因为他是介庵公（1550～1633）的父亲。介庵公是 1574 年的进士，后来他做了官，事业很成功。沈介庵的儿子是 1626 年的进士，反清复明的忠臣。他在诏安、平和、漳浦、三饶组织了反清的天地会。② 他于 1648 年攻击漳浦失败，退到山区，建立了一个小王国。他最后一次攻击三饶的黄冈是在 1661 年，这次又失败了，便退到了秀篆。

为了补充清朝的宗族历史，我们现在要转到东城的历史③：二十三世沈丹青，是一个有名的书法家，也是 1794 年的举人；二十三世沈世亮，1818 年举人，之后做了宁波知府；④ 二十四世沈履元（1777～1860），是 1804 年的举人，他的第 4 个孩子玉麟是 1849 年的举人；二十七世沈耀垣（1883～1954），1920 年在南坛庙建了一个小学，很快就迁到尊亲堂。由此可知，到了 18 世纪末，东城绅士

---

① 观音山祖沈藻上、沈养福、沈舜通 1997 年编撰的《沈氏宗谱》，第 35 页。
② 观音山祖沈藻上、沈养福、沈舜通 1997 年编撰的《沈氏宗谱》，第 37 页。
③ 沈汝淮 1992 年编撰的《沈氏宗谱》，第 152～161 页。
④ 《沈氏顺庆堂家谱》，2002 年，第 78 页。

中有许多出自举人或官吏。

清朝有具体年号的事情是 1847 年不少于 10 个沈姓祠堂被官府烧掉，这与沈姓二十三世的到叔公——一个道光年间的秀才有关。据族谱的说法，清末，政府不断地伤害老百姓，宗族械斗一天比一天多。有一次，一位官员在元宵节误入了东城祠堂看灯的妇女行列中，结果被族众打死了。为了证明族群的行为有理，到叔公在知县到来之前，指挥大家在祠堂的一边增挂了一块女性标志牌，并向知县说明，依照当地民风，男女是不准混杂在一起的。知县看到这种情况，也只能无话可说。① 还有一次，一个族民去追讨欠款时不慎把欠款人准备献给皇帝的一件贡品抢回自己家来，也还是这个到叔公，主动到知县那里说明情况，从而使族人又躲过了一次灾难。

族谱还讲到到叔公如何教育族人男耕女织、尊老爱幼，保护乡里。有一次，官府听信谗言，上司批示县太爷率兵剿灭东城村。到叔公听到消息后要大家保持镇静，村民照常耕作，孩子照样读书。结果县太爷亲自来暗访时，发现织布声、读书声此起彼伏，惊叹说："此乃礼仪之乡，剿不得！"于是就下令将东城辖区内 10 多座祠堂焚毁，以代剿乡之举。

在诏安历史上，暴乱、海盗与械斗是经常出现的。县人叶观海在清嘉庆年间所修的志书中说："昔时陋风今兹更甚，往往因恶少小嫌，一人之故，合族持兵，无赖之徒从中煽影，勒派钱米。族中人家，欲违不敢，依阿附和，酿成巨祸，相寻报复，自此岁无宁日矣。"② 1832 年就位诏安知县的陈盛韶在其《问俗录》中也说："四都之民，筑土为堡……二都无城，广筑围楼……合族比栉而居，由一门出入。门坚如铁，器械毕具。一夫疾呼，执械蜂拥，彼众我寡，则急入闭门，乞求别村，集弱为强。其始由倭寇为害，民

①　沈汝淮 1992 年编撰的《沈氏宗谱》，第 153 页。
②　见民国《诏安县志》，卷一《天文志·民风》。

间自制藤牌、短刀、尖挑、竹串自固；后缘海盗不靖，听民御侮，官不为禁。至今遂成械斗张本矣。江、林、沈、程、许、徐斗案死者数十人，张、胡两村斗几百余年。田地荒芜，死者难更仆数。"①他所举虽是四都、二都的情况，但三都亦大体如此。

黄家祥描述了埔上村陈姓人与西坑村徐姓人多达 13 年的宗族械斗，直到现在两姓人还不通婚。从 1853 年开始，当地分成红、白两旗，不断地械斗。其中，仅在沈姓人所参与的两年红白械斗中，就死伤了 300 多人。

这些械斗甚至会关联饶平、云霄等相邻县，使他们也参与其中。1902 年东城村与城内居民械斗，知县率士兵 40 多人到势力较大的东城村弹压，村人不服，持械与官兵打了起来。知县又调动大队人马，开到东城村抓捕了 3 名肇事者，用"站笼"酷刑将其处死在县衙门口。陈姓与许姓械斗，最后闹到省城，巡抚出面抓了 3 个头目，于西郊城外斩首示众，两姓械斗乃止。同年，梅州与马厝发生械斗，梅州组成红旗派系，马厝组成了包括东城在内的白旗派系。这次械斗，当场死了 17 个人。经统计，1912 年发生的 5 起械斗中，伤亡人数达到 680 人。

海盗与暴乱的背景是了解诏安时代特征最合理的框架：平时组织规模庞大的游神活动，也是为了展示强大的宗族联盟。

经济

黄家祥介绍诏安经济，首先就介绍了海上行船的历史：明朝，很长时间不允许私人出海，甚至禁止民间私造海船，但当地商人还是坚持出海。到了 1537 年，有三都人吴朴写了一部水路簿《渡海方程》。再过十年，官兵摧毁双屿港，之后，诏安就成了沿海最大的走私港。1569 年，朝廷开放海禁，海盗走私才停下来。到明末，

---

① （清）陈盛韶：《问俗录》之《土堡》，书目文献出版社，1983，第 85 页。

以宫口港为海商活动中心，当时货物输出的有丝绸、布匹、陶瓷、茶叶、砂糖、纸张、果品等；输入的有香料、珍宝、皮革、洋布以及农产品、手工业品原料。1683 年，台湾平定后，复界弛禁。但直到 1717 年，商人出洋仍有种种限制，特别不允许去南洋。到 1727 年，奏准商人运米私贩，免除米谷进口税。1743 年，官府以减免税银鼓励运米，这以后，商人贩米不再局限于暹罗，也可从缅甸、安南等地起运，米价由此大幅下降。同时，商人内运也开始涉及象牙、番木、沉香、燕窝、胡椒诸货；去则载运瓷器、陶器、海盐、夏布、干果、竹器、草席、蜜饯和手工艺品等。到清中叶，台湾岛的移垦已颇具规模，米、糖、茶、果等农产品可向大陆输出，而岛上"多男少女"，"百货皆取于内地"。虽然在乾隆时期，朝廷规定台湾的鹿耳门与厦门是对渡港口，可是像宫口港这样的港口依然是贸易往来地之一。自乾隆二十二年（1757）起，清朝实行广州一口对外贸易，诏安三都一些资本较大的商人随之将资本转移到广州。而其他商人多在"小北"（宁波、柘浦）走动，更远及"大北"（天津、旅顺、营口）。商船北上在农历的五六月，返航则在十一、十二月，北上所运以蔗糖为大宗，兼及生油、黄麻等。商船如到"小北"，运回的多为棉花、布匹、大米；如往"大北"，则先在天津发卖其货，再到旅顺、营口置办豆类、面粉、玉米、药材等货物南下。

清末，城关及周边一带的大驳船行就有 10 多家，其中 4 家属于沈姓。

县城的顺庆堂始建于清乾隆间。开基祖沈显（号温恭）原居诏安仕渡村，后迁至县城东门内落户，开了一家金银首饰加工店。沈显去世后，长子沈惠和、四子沈克勤继承光大乃父的事业，经营土特产贩运，分别拥有商船 28 艘、11 艘，以及糖房、油行、货仓等物业。货船"运行于本地至沪、杭、甬一带，贩运红糖、白糖、花生、花生油等北上，运载布匹、面粉、豆饼、水缸等南下"，从而变成了县里的大地主。

同样，东城的沈建标在光绪年间因经营船运，也变成了"沈百万"。

仙公庙码头是个重要的码头，完全由东城沈姓四大房掌握。自清雍正至同治的近150年时间是诏安海运最兴旺的时期，同治以后，由于有了洋行经营的大型轮船，以大驳船为运输工具的老船运业，逐渐被洋行取代。

抗战期间，厦门、汕头相继沦陷，诏安成为陆上运输的中心，全县挑运工人数达到500多人。加入挑运工队伍的，有贫苦农民、侨属妇女、泥水木匠、裁缝等。侨属妇女往日靠侨汇维持生活，战争一起，侨汇断绝，只好也加入挑担的行列。黄家祥的母亲就是靠挑担来维持生活的。挑运工一般半夜就要上路，一来怕日本飞机轰炸，二来怕兵匪找麻烦。挑担负重通常在100斤以上。有时，桥断了，还要涉水而过。走到半路，天也大亮了，就坐下来歇歇脚、吃早饭。早饭是各人自带的饭包，大都是几块地瓜、一碗野菜冷饭就着路边坑水对付一餐。因为一路上肩负重担，腿脚不停地走动，血脉贲张，大汗淋漓，又要涉过清晨凉寒的溪水、坑水，这样乍热乍寒，气滞血凝，肿起硬块。回家后得用烧红的砖块、瓦片，放上一片菜脯（萝卜干），将脚底放在菜脯上熨烫，才能消肿。

黄家祥讲三都的商业非常细致。1931年扩大了中山路，这时候已经有10多家百货店，经营的商品，有当地土货，也有进口货。东门社区有长200米、宽3米的杀猪巷。做家禽生意的，收来以后就在东溪边"草庙"一带放养，之后走水路运到广东东陇一带销售。城内有4个鲜果市场，其中有两个靠近寺庙。县内东溪上游流域的木材、柴片等山货，放排漂流（每次漂放柴片数万斤）到砦头，再盘运上梭仔船下运。内地的产物，不但在县城卖，并且同时也在溪南、西潭两个比较大的集市上卖。三都有集市的地方，往往也是建神庙的地方，商业交易之始源于群众性的庙会活动。按照黄家祥列的一览表，他们基本上是天天开市。猪墟牛墟的"猪中""牛中"，除了在当地比较有威信，头脑灵活，能说会道外，还有识别牲畜的本领，他们会根据猪的品种质量、买卖双方的心理以及当日的市场行情，折中开出一个较为合理公道的价码，促成买卖的成交。

黄家祥对传统农业的介绍同样细致。他不但介绍了米和品种，而且还介绍了育种、插秧、施肥、拔草的全过程。如果是早稻，插秧之后过80天就可收割。如果是晚稻，要过100天。甘蔗种植，由于民国初期有来自台湾、南洋的新品种，榨糖的技术也因此得到完全的改造。

黄家祥详细介绍了花生种植与水产业。捕捞季节主要是五月底到九月中。他们利用牡蛎苗随潮浮游遇石寄生的习性，在浅海低潮线下投放条石、乱石、瓦片，让其附着繁殖，依靠潮水淹浸而自然生长。入清后，乡人在海边筑堤围海，堤的外面朝海处，以石头筑成，内面则以海土填之，被围起来的海涂称为"埭"。"初筑不堪种艺，则蓄鱼虾，其利亦溥。越三五载，渐垦为田。"① 淡水养殖，一般是用青草做饲料，有条件的再投些人畜粪便。

诏安三都在明清时期，地方手工产品主要有陶瓷、食盐、蔗糖、花生油、纺织品、凉果和溪海船等。县城形成了一些从事某种加工业或手工业的聚落，如布街、宁仔街（居民以织渔网为业）、水车街、牛磨街（居民以加工面粉为业）、新厝前巷（当地有人做雨伞），灰窝巷（将壳灰和桐油加工成造船用的"桐油灰"），打石街、绵远街（原名面线街，产销面线）、油车巷、交历街（居民大部分从事竹器的加工销售），灯笼街（冥纸、香、蚀等丧葬品产销地）。抗日战争前夕，全县从事粮米加工的130家，面粉加工10多

① 见《漳州简史》，第73页，漳州建州1300周年纪念活动筹委会办公室，1986年12月编印。

家、油料加工 43 家、酿酒作坊 5 家、染布作坊 20 家、建材加工近 100 家，糖寮 90 多处、盐场 4 处。到 1949 年，剩下土糖寮 80 多家，从业人员 500 多人。榨糖一般在公历的 12 月中旬至翌年 3 月下旬。榨油业方面，每条油车可日榨花生果 500 公斤，出油 135 公斤，剩下的还有"枯饼"，可用作猪饲料或上等肥料。三都民间所酿有白米酒、老红酒、地瓜烧酒、果酒、蔗酒等，以白米酒、老红酒居多。

黄家祥还描述了用苎麻做夏布。夏布要成为成品，还须经过漂洗洁白、染色晾干、滚蜡三道工序。民国时期，三都从事竹木器制作的有近 150 人。有的专门用南洋出产的柚木、楠木、酸枝、花梨等上等木材做成红木类家具。县城还有双正、双太等打铁作坊 12 家、锡器铺 2 家，此外还有游街走巷搞修理的工匠约 140 人。

黄家祥在本书下册有专门一章讲资本流动，包括没有银行之前的各种各样的货币。当时县城有经营金银首饰的店铺 12 家，他们也会代顾客鉴定银圆，并在银圆上打上该柜头的记号。全县开设的当铺有 10 多家，很多是沈姓人开的，其中，仅西潭村就设有逢兴、源兴、吉成 3 间当铺。土地的典当期限少则 8 年，最长亦有 12 年的。个人典当或出卖园田产业前，应先征求本村族人的意见，否则族人会出来干涉。船运、捕捞与开店，一般用合本经营的方式，参加合股的股东，共推一人主持内部管理和对外往来，因其兼带负责主持祭祀事宜，因此俗称"炉主"。

另外一章是讲农事、工商习俗。水稻浸种，要用 7 种象征吉祥的花草泡过的"圣水"喷在谷种上，种笋上要插一枝石榴花，再放到灶房来催芽。灶房严禁产妇、孕妇、醉汉进入，以免亵渎灶神。在等待种子破壳吐芽的时候，人们需带祭品到准备育秧的田头上，祭拜土地神，祈求保佑。插秧结束要备供品、寿金祭土地公。四月二十六，要祭五谷神，以保稻种不霉变。五月初四和八月十四，又要备牲醴拜田头土地公，但忌用面条、粉条之类食品祭拜，怕引起虫灾。拜后将寿金压在田头，酬谢、祈求神灵御虫驱邪。稻熟期间，农民以细竹夹寿金插于田头敬土地公。晚稻登场后，家家做春糍，备鸡、猪肉到田头祭"田头公"，并设宴酬谢农友。遇到丰收年景，有的村社还备三牲、请社戏祀神庆丰收。

有关船的装饰，各地的规矩不同。按规定，凡是福建的海船，要用白漆油腹，绿漆油头，头部两侧画上黑圈，像鸡眼一样。新船从"起工"到"落令"，孕妇、办丧的人都不宜靠近。下水前，须选黄道吉日，备牲醴，烧化银纸，在船边祭海上的亡灵游魂，在船头拜船头公，以期吉利。新船交付船家，船老大要带着船员到妈祖庙"包香火"。然后持香炉中香灰包入红色小布袋中，并妈祖画像，带回到船上供奉。渔民海上遇险，要喊"妈祖"，不能喊"天后"，否则，妈祖不会那么快出来。新船首次出航，要举行"消度"仪式，一般是请道士或师公来做。每逢农历的初一、十五，到妈祖庙敬香，初二、十六，在海边烧冥纸、祭亡魂；渔船首次出海，要到海滩拜无庙无偶像的海神。农历六月初六，要举行"补船运"的仪式。农历七月二十九是海神遇难日。这一天不出海。入夜，男女老少穿戴一新，涌向海滩。各家各户携带祭品，面向大海跪拜祈祷。每隔若干年做一次"海醮"。渔民在船上生病断气，必须取黑狗的血加入水中，用来清洗船身。在船上吐口水或小便，应向着船的左边，因为船的右边有帆。船上男女，即便是夫妻，也忌交媾，否则，水神要见责。

黄家祥对养六畜的描述也很细致，如，养公猪的通常是无后代的光棍汉。腊月杀猪，要将猪的耳朵悬挂在堂屋的正梁上，会助发财。母鸡打鸣、啄食自生的蛋、生下"鬼蛋"，被认为是凶兆，要把鸡按在门槛上砍头，并说些吉利话。黑鸡白头，吃了会生病。把老牛、病牛卖给人宰杀，要把牛绳或牛鼻环带回来，牛主不得往后看，表示这是不得已的事，不忍心再看。

三都很多乡村是有技术特色的村，有专门做陶瓷、铁锡器、泥瓦、石匠、木匠的人。过去，地方大凡建祠堂、寺庙以及家居大厝、洋楼，会请两班工匠参加营建，并以建筑质量和工艺水平给付报酬。各类行业都要认祖师爷，如土、木、石、瓦匠尊祀鲁班公，陶瓷匠、金银铁锡匠都尊祀太上老君，裁缝供奉轩辕，制鞋匠供奉孙膑，纺织业供奉嫘祖，印染业供奉葛洪，制茶业供奉陆羽，酿酒业供奉杜康，剃头匠供奉吕洞宾等。据说工匠如果对主人款待有意见，就会在建筑过程中，或将符咒压在门斗石缝中，或将孝子戴过的白布砌入砖墙内，或在房梁上放置被施过法的小人等。这样，据说这一家人轻则会破财，重则会死人。木、瓦、石匠每到一地，晚上睡觉前，要把自己的鞋子一只正放，另一只鞋底朝上放，表示人和邪鬼互不相犯。做棺材的人不能制作家具。商人要祭拜本行业祖师爷，如纸店和书坊要祭拜文昌帝君，绸缎商祭奉关公，饮食店祭奉詹王，酒店要祭奉杜康、仪狄，药铺要供奉药王等。通常街面上的商店在正月初二重新开业。如果开门进来的第一个是妇女，尤其是孕妇，被认为是晦气，客人走了后要烧一张草纸破解。

忌将算盘倒扣，这样会打乱财源。扫地时，忌由内往外，也不得坐或踩门槛，这样会使财神进不了门；药店、棺材店送走顾客时忌说"再见"之类的客套话。商人尽量不要得罪地方上的地痞、流氓和乞丐帮。

习俗

黄家祥描写的习俗包含拜神、节庆及过渡仪式。地头神是当地一个很重要的概念。比如，人死必要报地头，由村中长者持白灯笼，带领死者男性子孙穿孝服到地头神庙报死。到庙，长者上香后取出年庚帖，对着神像报告说："生从地头来，死从地头去，时辰念给老爷知。"

这些庙，有的同时也是同一个乡村的宗族的庙，或者是一个乡村几个宗族共有的，或者是几个乡村一个宗族共有的。县城的地头庙，都是几个宗族共有的。黄家祥还列了三都所有地头庙的表。在水口、路口犯冲煞的地方往往建有土地庙，庙门通常贴一副对联——"这公公做事公道；那婆婆苦口婆心"。

与土地相对应的是天上的玉皇大帝，当地人称他为"天公"。玉帝的女婿司命灶君（灶神）受派遣降临下界，每年十二月二十三上天奏报民间的善恶。嗣后两天，玉帝会在诸神陪同下，到凡间惩恶扬善，于是便有十二月二十五设香叩迎玉帝的习俗。正月初九是玉帝的诞辰，这一天，有诸多禁忌，如洗脸水不可倒于露天，小孩不可随地小便，妇女内裤不可晾于外边，垃圾不可倒于外边等。各乡村几年会做一次"好事"（即报赛祈安），在村庙前竖一连枝带叶的"天竹"，挂一盏白底红字圆形的"天公灯"（这种习俗与台湾北部的习俗一模一样）。庙里的全体理事，要在是日清晨 4 时集中焚香礼拜。待到当年做"好事"的第一日将天竹烧掉，天公炉和天公灯则恭送至溪流边，让其随水漂走。在"天公生"和做"好事"之间这数月内，"庙公"每天早晚要给天公敬三杯茶、上三枝香。

1562 年，倭寇攻县城，知县龚有成组织民众护城，诏城将破，夜间梦见关公显灵巡城，告之军民，由是士气大振，县城得保。嗣后，知县倡建"武庙"并以此为祀典庙。类似的神明故事极多，如 1556 年倭寇犯境，其中的一股乘坐 23 艘船从梅岭登陆，当地渔民避入悬钟城里，忽见红面虬须、身穿黑铠甲的关帝爷出现在城头上，挥舞手中大刀，将一架架登城云梯砍断，倭寇纷纷掉落城下。这时，从城内关帝庙又飞出上百只衔着火种的神鸦，点燃了敌船，顷刻间，23 艘敌船灰飞烟灭。另外，天地会一类的结拜兄弟往往要在关帝面前立誓。关帝渐渐地便成为神通广大有求必应之神。有人久病不起，家人便诣庙许愿，并将那柄大刀请回家中，裹以红巾，每日香烛上供。

关帝游神的规模是南诏最大的，地方武馆中人纷纷前来参加并进行武术表演。巡游过程中，他那把饮过血的神刀，不时被人请入家中厅堂走一圈，如此可保一年家宅平安。拜关帝最好的供品是一个用炒面、米粉拌白糖做成的寿龟，上面写着"福寿绵长、财源广进"字样。

1720年县城的妈祖庙被定为祀典庙，当地的船上，船头贴有神符，后仓供有她的神位。抬妈祖出来巡游时，坊间结婚多年不得子的人都争先恐后地要当轿夫。轮不到抬轿又渴望生育的，必争着上前去摸神像的脚。在妈祖诞辰那天，悬钟天后宫前面浅海处往往会有海豚来聚，渔民说这是水族前来朝圣，不敢捕捞，且会将粿品揉碎，撒到水中给鱼吃。在"妈祖生"，船民、商户还要吃韭菜炒面线。传说有一次妈祖正在家中纺线，突感父兄出海遇险情，即闭目手挽纱线，游去解救，纱线变作坚绳，使海上船只的桅杆帆索不致被风吹断，最终船只安全返航。

清乾隆、嘉庆年间，诏安有道教分坛20多处，道徒100多人。到1937年，只有住坛道士7人，居家道士30人。俗家道士散居在民间，设坛奉祀"三妈"，为人驱鬼治病、度生、度死。"度生"者称"红头师公"，"度死"者称"乌头师公"。清末民初，较出名的道坛以沈姓为主（黄家祥关于道士的信息多数来自沈火兴）。他们治病时用《张天师祛病符法》，先请天蓬力士，再拜秽迹金刚、降妖伏怪，然后便动手画符。

当地人认为，香花僧是跟道宗和尚有关的，他1674年组织了反清复明的天地会。1681年失败以后就创立了香花僧。现在保存在诏安凤山报国寺的清代《香花僧秘典》抄本记录了该派的法事科仪。为了从"丛林"那里争得更多的法事机会，香花僧用的是特别响亮的大锣大鼓，袈裟也很精美，同时有武功表演和上刀梯（杆）。民间的庙宇，如三都的关帝庙、妈祖庙、玄天上帝庙、开漳圣王庙，都由香花和尚做庙祝，还有"住家僧"。据报国寺的住持释道裕说，香花僧人大多是从小培养的，有的是因为孩子的生辰八字与父母相冲；有的是因为孩子自小体弱多病，父母怕孩子夭折；还有的是因为家里穷，父母便将孩子交给和尚，名为"代养"；一般 7 岁左右进寺庙，16 岁正式宣誓入门；其间不但要念经、学武、练字，还要学医、算命、卜卦、相面、看风水。

很多庙祝也是乩童，较多的僮伎在家中自设"神馆"。民国时，仅城关东城村，据说就有神馆 10 余家。据说打僮是与较低级别的鬼神通气，而扶乩则能同较高级别的神灵通气。要成为这种人，有的会无缘无故地大病一场，又无缘无故就能好，好了以后，语言神气会有很大的改变；有的会突然疯疯癫癫，哭笑唱闹，不吃不喝不睡觉，几日后清醒过来，对人说到什么神仙洞府去了一趟，神托他显灵。替人问神者多数是神汉，替人问鬼者多数是神婆。他们自谓有办法前往阴曹地府，请已经去世的人来对话，或问家中的事。六月初六的晚上问死鬼最灵。周围有人念咒使其入迷，当发现神婆昏昏欲睡时，接着念，过一会，僮伎浑身打哆嗦，这就意味着已将阴府所要寻找的亡魂带来，但阴阳相隔不能露面，委托人可通过僮伎之口而与死者交谈。为了与神明通话，老百姓可以去求签和卜杯。人们较经常去的是关帝庙、天后宫、城隍庙、东岳庙、上帝庙、威惠庙。中秋之夜抽签卜杯最准，因此这天到寺庙抽签卜杯的人要比往常多。是夜，有的妇女会窃听人讲话，以此来预测所求之事，叫作"听香"。那天也是个好日子，有的去"观老爷""落阿姑""观戏童"等，有点类似扶乩，但要简便得多。

敬神怕鬼是正常的，但大多数老百姓两者都怕，所以有许多忌讳：孩子衣服忌夜间在露天晾挂，怕神鬼收了他的魂魄；吃饭时不要说话，以免冲犯食神或引来饿鬼；忌将住宅建在宫前祠后，怕出入冲撞了神明或碰到阴魂不吉利，因为神是从前面进宫门，而祠宇里祖宗的魂灵是从后山来的；床板一定要是奇（阳）数，忌四片和六片板，因为"四"和"死"谐音；路上宁宿墓地不宿破庙。

黄家祥在民间庙会一章讲到南诏社会的基本传说。原来县城西郊有一个将军庙拜开漳圣王陈元光和他部下的 6 个将军。据民国《诏安县志》记载："庙原在良峰山麓，元时建，嘉靖间寇乱庙毁。"据当地传说，庙在被烧时，老百姓进去抢救神像。凡抢到什么神，就变成本村的保护神，结果，各姓都得到了别姓的神，比如东城沈姓抢到欧哲为地头神，把他放在了自己的功臣庙中。到1739 年，该庙重建，被定为祀典庙。地方如遇外侮，须组织民兵抗御时，往往要集中在威惠王庙誓师，并在庙中请旗，用香炉中的香灰包成一个个香灰袋，发给每个参战者。农历二月十六开漳圣王陈元光的圣诞庆典，是县城内外众民共襄的一项大活动。活动举办3 天，地方官会同地方乡绅进庙行祭，由县知事担当正祭官致祝文。

活动中为了表现开漳神祇的伟烈勇武，还表演"英歌舞"。担任主演的通常是从潮阳请来的开漳族姓后裔，诏安县城东关、东城一些武馆的人担任助演。表演结束，全队面向圣驾列队，由"师公""师婆"代表众人向圣王和六将焚香致敬。

沈世纪冥寿日是农历七月二十五，华诞日是农历二月二十二。前者是东城主持，后者是城关顺庆堂主持。一个庞大的游神活动的高峰是快到祠堂前的"跑王"，以模仿当年平蛮唐军的气势。因为将军庙失火时，陈姓人救了沈世纪的偶像，所以杨彦杰所描述的端午节的游神，沈世纪的偶像是由陈姓人抬的。县城东门内灵侯庙里的李伯瑶将军和他的夫人焦英，民众尊称其为"王公""王妈"。相传，王妈原是清代诏安城郊介里村人，一天进城卖菜，遇雨避入灵侯庙，见庙内奉祀的李伯瑶相貌英武，便焚香祷告，望能嫁得如此夫君。之后，王妈经常来给灵佑侯上香，时日一长，日渐消瘦。最后，族老找到灵侯庙主事，决定祈杯问灵佑侯，是否欲娶焦英为妻，卜了三次皆得圣杯。焦英在介里的家中，恰于当日告别人世。于是人们塑"王妈"像，与"王公"李伯瑶并祀于灵侯庙。她在介里村的墓，称为"姑婆墓"。

　　南诏每 3～5 年，要做一次大规模的祈安活动。1945 年腊月初一到初八，因第二次世界大战刚结束，祈安活动做得特别大。时任县长的钟日兴从纪念抗战阵亡人员和活跃地方经济方面考虑，表示支持，先在东岳庙做了 4 天的醮事，再到威惠庙做了 4 天的超度。选择这两个庙是因为过去县城较大的法事都在这两个庙举行。这场法事请香花僧来做，坛班的"首座"（主法师）请的是平和高隐寺住持苏枝法师。这段时间，地方泽枯堂人员则四处调查抗战期间因战乱失祀的遗骨所在，将白骨分别用厚纸包好，放于灵瓮中，送到良峰山义冢集体安葬。县府将抗战中牺牲的战士遗骨掩埋于县城西郊的良峰山麓，并竖立"抗日阵亡战士纪念碑"。祈安前一两天，县城的街道被打扫干净，各家各户于门前挂"天公灯"。

　　第一天，请神。第二天，武生登刀梯。第三天，僧人在大埕上走五方，请五方神灵前来驱魔降煞。第四天，众神巡游城关，有 4 米多高、纸扎的"大哥爷""二哥爷"，有活人装扮的矮子鬼，有手执三尖叉、扮成夜叉模样的人，沿途遇到人家有请，就入门登堂作捉拿疫鬼邪祟状，捉拿后投入"镇妖桶"中；有的妇人拿纸箔在孩子背上擦过三下，口祈平安，完后将纸箔丢入桶中。第四天下午送瘟神，俗称"送王爷"（这个习俗与台湾一样）。"大哥爷""二哥爷"和"矮子鬼"押解"镇妖桶"殿后，前往庙前 200 多米的东溪边。这时，沿途的店铺、住家皆关门闭户。请"王爷"进入放在溪边的一只长 5 米、高宽各 2 米的纸扎木架做成的船中，众人把"日本鬼子"像装上船，请"王爷"把瘟疫的妖魔驱除，让其随波逐流。

　　做普度需要一个纸扎的 4 米高的大士，又称"鬼王"，头上还要立一尊观音。第一天，请诸佛到内坛，先洒净水把法坛改为净土地，然后法师手持写有抗战烈士户籍、姓名的符牒（"赦书"），高声诵读，之后将符牒交给骑在一匹白马上的一个真人大小的纸扎和尚，请他做下地狱赦免死者的赦官。天亮以后，各姓族老及抗日烈士的亲属到达位于县城西郊的良峰山麓。在那里，县长宣读祭文，然后"放焰口"。第二天午后举行渡桥仪式，亲人出钱过奈何桥，让死亡的人再生。第三天，到先天上帝宫，祈求大慈大悲佛祖让生者获福，让死者超生。尔后在宫侧临溪的"五水交汇处"，将众人带来的一大桶活鳖倒入溪中放生。傍晚放水灯，迎阴客，有一些是僧人制作的"莲花灯"，待灯漂出一段后，一些小伙子纷纷下水捞"莲花灯"，得灯者希望添丁生贵子。第四天，僧人表演杂技，追着夜叉，翻跟斗、破地狱。下午供地藏王。晚上赈济幽魂。大埕的周围空地上，摆满灵屋、库银、纸银、孤衣、纸帛，坐台主法师一跃上台，存身为元始天尊（即道教最高神），念《骷髅真言》，将食物散发给群众。抢孤结束，将观音大士像转身向北，连同纸马、纸和尚等一起焚烧。施孤仪节必须在亥时之前完成，据说超过时间，对参加的人不利。

过年习俗，当年过门的新媳妇正月初一一整天都要待在房中，娘家会给出嫁女儿"送春盛"。初三为"赤狗日"，新丧之家在这一天祭亡灵，非近亲不宜上门拜年。这一天又是"送穷鬼日"，是日人们把屋内污秽杂物打扫干净，送到田野上焚烧。点香为供，叩头作揖，连说"穷鬼去，福星来"。公用水井通常在初三重新启用，"开井"时老妇带头，带橘子、清茶、红糖、素果等到井边祭井神。初四是上天述职的神灵返回人间的日子，夜半子刻交炮声响，在家中摆牲醴并用生鲤鱼等祭品拜迎，完后即到祠庙进香。初五，节日的禁忌可以解除，可以打骂小孩。这天也是财神赵公明的生日，店铺皆办供祭拜。正月十五为注生娘娘诞辰，新婚夫妇要把"灯花"送往祖祠，悬挂于梁上3天。婚后得子的人也要在祠堂"挂灯"。入夜，族中一年内娶进门的新娘和抱男婴的少妇，要在亲人陪同下到宗祠，在灯花中漫步穿行，再绕到祖宗牌位前，寓意将新娘、新丁介绍给祖先。当晚，新媳妇要由年长妇女陪伴到寺庙拜菩萨（俗谓"落庙"）。城隍庙在灯下挂善恶诸图，分男东女西供人观看，以示劝诫。城内关帝庙和南市朝天宫内安置的"盘铃傀儡"格外引人注目。宗祠是举族欢庆元宵的中心，通常从正月十三到十五连闹3天，多数乡族会于正月十五将祖宗像和地头神像通通请出来，在开基村和分支村游行一遍。

每年从正月初五起，和尚要巡视弟子家门，并念经，一直到四月才停。凡是家中有人在当年六月以前去世的，在六月初五晚至初六凌晨要为死者做超度法事。七月初七，家里有15岁以下小孩的要敬"床公妈"，年届15岁的儿童，由家长带着举行"出花园"的仪式。七月初一开地狱门时，各家宅门前就要挂上"普度灯"，直到七月三十关地狱门时，才把灯取下烧掉。各地头庙轮流做普度。鬼节那天，县城威惠庙等寺庙前大埕上会搭起法师座，做"盂兰盆会"。八月十五，家庭主妇会领着小孩子对月焚香礼拜。冬至日一大早，家庭主妇会煮好生姜红糖水，将糯米丸下锅煮来吃。因为当地人说没吃糯米丸会变精；还会弄一点糯米丸汤给猪、牛吃。那一天，众人也要到祠堂祭祖、上坟扫墓。腊月二十四"送百神上天"，谒见玉皇大帝。1661年，清廷禁海，强迫沿海居民内迁50里。背井离乡的民众，因无法奉祀地头庙中的神灵，于是临行时诣庙烧香，送众神回归天庭。到康熙后期，弃地展复，又请诸神回驻神庙。

结婚那天，新郎、新娘要穿用土白布制成的内裤，3天后换洗收藏，待其亡故入殓时再穿。打扮完毕，新娘由父亲带着，到其一生唯有这次能进的祖堂，向祖宗告别。同时送女儿一包红糖，女儿拿上钱、米和红糖，装入出嫁特制的肚兜，待到夫家，再将钱、米倒入夫家的米缸，将红糖一半放水井、一半放水缸。

出门要哭。哭能给家人带来好运，还免得魔鬼因嫉妒加害她。起轿时，新娘要将扇子从轿边丢下，谓之"放心扇"。女方家拾扇后，急将大门紧闭，意谓其女死心塌地待在夫家，不会常起回家之念。迎亲队伍一般在中午前到达男家，夫婿象征性地以扇敲轿一下、用脚踢轿门一下。启开轿门，新娘头顶米筛出轿，从出轿门到进厅门，要头不见天脚不着地，以免触犯天上神、地下鬼。中午酒席，每上一道菜，有一套吉利话。下午，便有女性的姻戚堂亲，到新人房中与新娘见面，但孕妇、寡妇、服孝者，再婚妇女以及生肖相冲者、高龄未生育者，均要回避，以免冲喜。婚后第三日，新婚夫妇去娘家吃午饭，傍晚回夫家，不宜在岳父母家过夜。回夫家时，男家须燃两圈火把来接，女家也须燃两圈火送。据说单用女家的火把，旺气将会随火把送到男家去；反之，男家用火把来接，而女家不用火把送去，则男家的旺气也会被送到女家。去娘家时，新郎在后。回夫家时，新娘在后。

依三都地方的俗信，人的孕育和诞生，不是自然的、生物的过程，而是由神祇主宰，灵魂转世的过程。这中间既有神的庇佑，又有鬼怪的侵扰。因此，孕妇、婴儿及亲友，都要遵循一定的仪规，否则，会引起神灵不悦、鬼怪作祟，给个人、家庭，甚至全村带来不幸。妇女一旦怀孕（俗称"病子"或"有身"），就要忙着保胎、补胎。妇女怀孕后，被认为是由"土神"（胎神）在孕妇的房间内保护胎儿，所以家里人不能动灰土，不得在墙上钉钉子，不得跨过牛绳，因为牛怀胎 12 个月，怕延长胎期，不参与"红白事"。如果男女结婚已久，女方尚未怀孕，婆婆会领着媳妇到供有碧霞元君（俗称"注生妈"）的东岳庙或供有观世音菩萨的庙去拜求。注生娘娘身后有一称"婆姐"的侍女，抱着一泥塑小孩子，过去拜求的人总要从孩子的"小鸡鸡"上刮一点泥下来，带回家掺和在水中给想怀孕的新妇吃。东岳庙因为求子刮泥的人多，故每年总要给小孩重做"小鸡鸡"。求子也可求助于巫觋，请其"巡花丛"，找花朵："白花"属男，"红花"为女。

县城人家如遇难产，要请三官神像，供在厅堂。产妇的丈夫要到岳父母家报生。岳父母在婴儿出生的第二天，除送鸡和鱼以祝"开生"外，如生男的还送面线，以寄连续生男婴之意，如生女的，则送猪肚，寓"换肚"生男之意。产妇若在"月内"死亡，要入阴府地狱受浸血池之苦，要等儿子成人后做佛事，念《血盆经》后才能超脱。因此，产妇坐月子期间要请有经验的妇女为婴儿"洗三朝"，洗去婴儿身上带着的前世污晦（俗谓婴儿是转生而来的）。浴毕，给婴儿换上由外婆送来的新衣，抱婴儿拜床头"姐婆"（婴儿的保护神）。俗谓产妇身体不洁，会污秽神明触人楣头，所以不宜参加祭祀。产妇的丈夫在一个月内不得上别人家串门，否则会给人家带去晦气。县城有的人家，满月时会抱婴儿到东岳庙，拜过"注生娘娘"，取案前一点香炉灰，并注入石榴花水，来为婴儿洗身。出生后要报告宗祠，请族长根据幼儿辈分取名。有的人家，因小孩命中犯关带煞，会请和尚、道士取法名，最常用的是观音的"观"字。如果孩子出生的时辰与父母相克，要将孩子送给不会相克的人当儿子。

民间相信人死后灵魂会去阴间地府，等待时机再从阴间转世托生。俗语说"养生不足以当大事，惟送死可以当大事"。丧葬就是大事。家中死了人，即停止一切营生，举丧7天。凡50岁以上或做"公""妈"辈者，就要将其安放于厅堂，并"遮神"，就是将正厅所祀的神像和祖宗牌位用红布或米筛遮住，并将"天公灯"迁移，以免神鬼相冲。要防止猫、狗跃过尸体，免得尸体坐起来。如果死的时间是鬼月或腊月，其家人须在门外吊一块猪肉，以防野鬼吃死者的肉。人刚死，尸体要洗，死者生病时用过的药罐和盘碗要击破，表示死者的病不再遗传子孙。同时，要抓紧"报亡"，对着城隍或土地公说："生从地头来，死从地头去，时辰念给老爷知"。若是母亲去世，长子要拿红包去接娘家来的人，表示母亲是嫁肉不嫁骨，所以葬前须向祖家"买骨头"。在给死者穿上衣服之前，先由孝男站在竹凳上，头戴竹笠，之后经过一个复杂的过程，表示上不见青（清）天、下不沾黄（皇明）土。这反映"反清复明"的意识在诏安特别强烈。

在诏安出殡，只有孝男和主要男亲属前往墓地。死者的大女婿走在队伍前头，沿路撒放纸钱，是施舍给野鬼的，以免其拦路。神主牌要带上山，由族中长者用朱笔在神主牌上端左、右两边各添一小点，口中唱道："两耳聪明，子孙繁盛，科甲连登。"再用毛笔蘸榕树胶在牌上的"王"字上添上一点，使其成"主"字。送葬队伍回家（俗称"回龙"）时，奉装着死者神主的米斗入灵轿，孝灯随其后，孝男手持灵幡，招呼死者："爸（妈），回家吧"。队伍快到的时候，孝妇、孝女手捧红米圆、茶水、米糕、线面，列队至附近路口跪迎神主，称为"接主"。有的人会请师公，即和尚或道士"做七"，"三七"是出了嫁的女儿做的，"五七"是结了婚的孙女做的。"尾七"做法和"头七"相似，但俗信这时死者灵魂已找到投生处，所以祭奠更加隆重，除了自家祭奠外，亲友也会前来焚化银纸，祭后丧家设宴酬谢。"做七"的49天，丧属不得上他人家串门。凡死于外地者皆忌讳运灵柩入村社内，只能在村外搭棚停柩治丧。每年死者的忌日，也只能在村社外祭拜。婴幼儿死亡，用草席包裹，在荒郊野外挖个坑埋葬，并用畚箕盖上，以防野狗将死尸拖出。渔民出海作业失事，要请道士或和尚，抬着神佛像到海边招魂。考妣的"生忌""死忌"皆做，"祖考妣"则通常只做"死忌"。

本书有两篇文章描写靠近县城两个沈姓的村，第一篇是讲仕渡的，是本村人沈荣波与刘劲峰合写的，他们说最早来南诏的沈姓人是楸公的第八代人梅港公，他是元末的一个知识分子，跟刘伯温是好友，因为当时政府腐败，来到南诏。仕渡沈姓出了两个进士，第一个是沈一葵，1676年的进士；第二个是沈作砺，1701年的武科进士。仕渡是以龟形墩为中心，村子坐北朝南，同时建了围墙做土堡。南门是正门，向大海，可是其他三个门都有自己的水口和土地神，有聚藏堡内生气的作用。仕渡有3座庙19个祠堂，为了避免影响县城的风水，只有主庙和总祠建得高一些，其余建筑都建得比较矮。灵惠庙是该村的主庙，所以被安排在土堡西面风水最佳的位置上，坐东向西，正对诏安的祖山。灵惠庙也叫大庙，主神是仕渡沈氏家族的保护神张伯纪夫妇（张伯纪是将军庙烧掉时被沈姓人救出来的），当地人称之为"王公"。庙里还有三官爷、土地爷及他们的妻子。这个庙是8甲共有的庙（即仕渡5甲加上附近3个村各1甲）。

正月十三至十五进行3天的祈春仪式，演3天3夜的潮剧，还有庞大的游行活动。二月十八是王公寿诞、七月二十五是祖公武德侯寿诞。最隆重的是正月十五，王公及王公妈坐八个人抬的轿子，三官及三官妈坐双人轿子巡游，还要举一把大刀，到有灾难的房子里赶鬼。相传三官爷是圣王公武德侯的中军，他们在正月十五的上午巡游后要求晚上再出去观灯赏月。武德侯一再劝阻他们，但三官爷两夫妇回答，即使会挤断手脚也心甘情愿。之后，每年正月初二，庙总要挑选好一二十名壮汉做三官爷、三官妈的护卫。正月十五下午五时左右，当壮汉们喝得酩酊大醉时，他们乘着酒兴，一把将三官爷、三官妈从神龛里拖下，并粗鲁地脱去他们身上的衣裤（只留下贴身的内衣、短裤），向着门外冲去。庙门外早已挤满了前来哄抢三官爷、三官妈的人群（要得到三官的福气，或者生男孩，或者得肥猪）。为了引开大家的视线，壮汉扯下三官爷的手脚，一边扔，一边往外跑。抢到了三官爷、三官妈手脚的人会用石榴花水将其手、脚洗得干干净净，用红绸缎包好，供奉在神台上。待三天供奉期满，又恭恭敬敬地将之送回到大庙。

良峰山将军庙被烧时，沈世纪的偶像被北门徐姓人抢去了，放到了他们的真君庙里。[1] 每年六月三十，沈姓把他们的祖公从祖宗庙抬出来巡游，轮流在70多个沈姓祠堂和乡村供奉，[2] 轮到仕渡

---

[1] 这是地方传说，请看本书杨彦杰论文的历史分析。

[2] 1992年的《沈氏宗谱》37～38页有一个表，记载了每年农历六月二十九至十月二十八武德侯轮流受拜的71个祠堂和乡村。

则是九月初三和初四。人们先到坪寨去接他，把他放到大庙里，8甲各有固定的时间来拜。每甲各要供奉一头肥的黑猪和一只灰鹅（因为灰鹅是他的敌人）。现在这个轮流制已经不存在了，由东城和仕渡各做偶像，各有自己的轮流祭祀权，仕渡是七月十四至十月二十六，轮流巡游16个村。

以前，每4年要在大庙组织一场道教醮式活动。腊月二十四，送神上天那天，要开一个理事会，腊月三十要派人到真君庙恭请武德侯，并在那里守岁，以保证能请到祖公来参加醮事。建醮前12天，他们敲锣打鼓去接武德侯，还要去两座庙迎请妈祖和观音。建醮开始，先把神像放到大殿里，墙上悬挂三清、四府及赵、康元帅的画像，庙门外有一个两层高台，台上设三界公神位。外面还有一个做普度的高台和一个纸扎大山人的大士台。打醮第四天，25名隐藏了灵魂的壮汉，分成5组，各扮5员大将，在2名道士的率领下，分5个方向到各户巡游，其中一名道士口含烈酒，不停地喷到油火上，以烧去各种邪魔秽气。另一名道士要在厨下安灶。道士一出门，事主紧闭大门，道士在门上贴上一道驱秽符。这项仪式，表示孤魂野鬼被赶出了屋，然后抬大士（又称焦面鬼王）驱赶他们到大埕上去接受普度。普度的特征是各种用面粉制作的像生食品，最后用高价聘请孤寡老人把大士的头砍下，送到河边焚烧。第五天凌晨拜天公、送神。

据沈梅生说，东城村是元末第九世祖（即东城祖）开基的，他有两个儿子，长子辽东，次子后岭，从军辽东。两人都生了两个儿子，分成4房，分布在20个乡村。东城的祠堂，据说是明成化年间建的，后因风水的原因，介庵公进行了改建。清末，东城村有糖坊8间，榨油房2间，染房3间，客栈2间，行铺不下50间，4个潮剧团和1个木偶戏团，还有很多船，进行往北的生意。1899年，东城最兴旺的时候，他们做了12天的清醮，和尚、道士都被请来。元宵节时，他们需要用肥肉做成猪油象，用瘦肉和鱿鱼做成鱿鱼狮，用猪头雕成弥勒像，用面粉调颜色捏成各种小动物。和别的地方一样，他们中秋时做月饼也是为了偷偷摸摸地杀掉驻扎在各家的元兵，并说抗元活动是刘伯温组织的。普度的轮流顺序是七月初一从林中开始，七月三十是仕雅，东城排在七月二十二。每年正月初五，10个大甲社，8个神馆，要到地头庙去选。

沈梅生说祖公巡游从六月二十八起，到十月二十八回庙。东城请祖公，刚好是祖公生日的七月二十五。七月二十四，一小部分人先去东城把祖公迎来。下午4点祖公坐船到达时，有一个庞大的游行队伍，敲锣打鼓把他迎往明宪祖祠。离祠50米时，队伍要飞跑入祠堂（跑王）。第二天（七月二十五），家家杀鸡、鸭、鹅，备牲礼到祖祠祭拜。据说武德侯祖平蛮时，破了36寨。鹅仔寨最难攻，祖公去察看地势，来到一处山坡时，遇到一群白鹅，惹来阵阵惊叫声，寇兵闻声纷纷出动。祖公藏身于白豆园中，方脱险。从此祖公爱吃鹅，不吃包有白豆馅的粿。第四天，塘西来东城迎祖。

杨彦杰谓陈元光从熙宁八年（1075）到绍兴三十年（1160）间曾被封十次，但他的六部将并没有在《宋会要辑稿》中被提及。杨彦杰又说诏安北关的"跑贡王"活动涉及两间地头庙：一是真君庙，本来只祀吴真人，乾隆二十年（1755）重建时才把唐将军沈世纪供奉于后殿；二是护济宫，祀唐将李伯瑶。据康熙三十年（1691）诏安县志，沈世纪和李伯瑶原来都被供奉在沈李二公庙。杨彦杰相信五月初五的跑贡王最初只牵涉这所庙宇。沈、李二人是结拜兄弟。李是文官，沈是武官，并戴面具。据一崇祯十三年（1640）庙碑，沈、李二人会于端午节觐谒陈元光。嘉庆七年（1802）县志则表示北厢沈、李二公迎神游街只有出巡，没有入城觐谒陈元光。今天真君庙共管6甲社，护济宫则有5甲，所以李伯瑶只巡5甲社。沈世纪则巡两宫所辖的共11甲社。每次游神凡是家中有不顺都会请沈世纪的大斧去横扫一遍。二神相遇时会把两把大扇子并在一起，遮住神明免生争端。由于跑贡王之活动已没有贡王，跑贡王实际上成为五月初五一种傩的避邪活动。

结　　语

有两点值得在结语中提出来。第一点是在导言前面提及的诏安与台湾道教的关系。笔者在 1987 年首先发现南陂林家于 1820 年移居台湾，并把他们的道教科仪本子带往台北。本书有关醮仪的描述进一步说明两者（台湾与诏安）的联系：比如天竹上挂的天公灯、醮仪最后一天祭天公和大山人在醮中的角色等都见于台北的道教醮仪。

第二点是诏安宗族的特色，包括内陆客家人的连姓（如张廖）和闽南沿岸地区的宗族联盟。二者均与儒家的意识形态或行谊无关。葬礼全掌握在佛教手中。最有意思的是宗族其实更像一种军事联盟，而多于血缘联系。这点在闽南地区看得更清楚。大宗族都把他们的祖宗联系到陈元光将军，但这不是一种宗族的关系。他们的祖宗并不是其他故事中提到的开基祖。

Inland Hakka and Coastal Minnan: an Introduction

John Lagerwey

Founded quite recently—in 1530—Zhao'an is, of all the counties we have visited in our fieldwork, the county whose seat has preserved the largest number of temples and temple inscriptions. [1] To walk and eat in its narrow alleys with their street markets and neighbourhood temples is like entering a time machine and going back to Taiwan two centuries ago.

How so? — does the Taiwanese population not derive above all from Quanzhou and Zhangzhou? Yes, but Zhangzhou and Quanzhou have been destroyed, while Zhao'an—for yet a little while? —lives on. Indeed, whether it be in the salt air along the coast or in the gusting winds off the inland mountains, in Zhao'an the voice of the frontier can still be heard.

---

[1]   One of the most important contributions of this volume is the 58 temple inscriptions painstakingly copied and punctuated by Li Yingsuo and his assistant, Lin Jianfa.

Zhao'an, of course, is a part of Zhangzhou, but a very wild and woolly, tangential part: a border region, where two provinces meet not only, but also two cultures—the Hakka, who live in the inland hills and mountains, and the Minnan, who occupy the coastal plain. Whatever the differences between them, however, they shared the region's endemic insecurity, as witnessed to by the many *tulou* inland and the fortresses along the coast, and by the recurrent tales of sea pirates and mountain contraband, of hidden surnames and a masked god defeating a female barbarian. While Zhao'an may not always have made for exquisite living, it certainly makes for exotic reading.

Inland Hakka

Lineage

The first three essays all concern the Hakka, who represented 25% of the 568, 156 individuals counted in the year 2000 census. Farthest from the county seat—62 kilometers—Xiuzhuan (秀篆) had a population of 42, 200 in the year 2005—18, 000 Wangs, 8000 Lis, 7000 Huangs, 6000 Yous, and 4000 Lüs. The Wangs are said to have come from Ninghua, via Zhangpu, in the early Ming. While Wang Nianqi chose the county seat and no doubt became a Minnan man, his brother Nianba settled in Xiuzhuan. A smithy (铁匠) by trade, he married Jiang Baniang but died when his only son was not yet one year old. Raised by You Xinzhong, his son Yiniang's descendants became Wang-Yous (游), and are now in the 23rd generation. A 1716 text by a generation 8 descendant tells the story of the generation 5 Ruiqing (1529 - ca. 1591), who regularly helped beat back rebels and pirates and, in the Longqing era (1567 - 1572), invited the famous Jiangxi geomancer Liao pi to select a good site for an ancestor hall. Fearful his descendants would not preserve the exact dimensions of the hall, Ruiqing had them inscribed on a stele. His great-grandson Tingyuan, after participating in the fight against the Qing, led many others from the area to join Zheng Chenggong in Taiwan. In 1992, the Taiwanese family contributed 800, 000 RMB to the restoration of the hall.

Huang Zhenxiu is said to have come from Shibi via Yongding and Raoping in the early Ming. Huang Yangxian, the ninth-generation descendant of the seventh of Zhenxiu's nine sons, began as a laborer for a wealthy man whose daughter he married. When one day a white horse came and lapped up all the water the daughter could draw and then galloped off, Yangxian went to where the horse had disappeared, dug down, found a casket full of silver, and came back to build a *tulou*. He had eight sons, and in 2002 the Taiwanese part of the family contributed 620, 000 RMB to the restoration of the *tulou*. Yangxian's second wife was a Lü, also from Shibi. In 1528, a downpour interrupted the burial of a father and then caused a mudslide that buried him. Because atrickle like a small boy urinating flowed out of the stone wall beneath this "celestial grave", it became a site for couples without a boy to come pray for one. As they were not necessarily of the Lü lineage, this is called "stolen worship". In 1560, mountain bandits attacked one of the Lü fortified villages and slaughtered 124 inhabitants. The hall built in 1714 was restored in the year 2000 with 900, 000 RMB from Taiwan.

Of all the Hakka lineage stories in this volume, none is more complex than that of the Zhang-Liaos of Guanpi (官陂), 52 kilometers from the county seat. Scattered in 72 villages throughout the region and in Taiwan, they now number some 300, 000 altogether, and represent

96% of Guanpi's population of 45, 000. An 1870 genealogy traces their history back to one Zhang Hu, who came to Zhao'an with Chen Yuanguang. Many generations later, after a long stay in Henan, a new founder came to Yunxiao, and then five generations later, one Yuanzi came to Guanpi. Liao Sanjiulang saw he was unusual, invited him home, and gave him his daughter, and in 1375 they had a boy, called Youlai. When a member of the Liao family was being pursued by the authorities, Yuanzi offered to take his place, but the authorities made no move and Yuanzi, near death, told his son Youlai that, out of gratitude to the Liaos for taking him in, "you will be called Liao while alive, but when you die you will be a Zhang." Youlai is then said, by some, to have had four sons by a single wife, but by the fourth son Yongzu's descendants is said to have had each of the four sons by a different wife. Thus, when Yongzu's fifth-generation descendant built a hall for Youlai, he refused to allow the descendants of the other three to join, saying that "each has his own ancestor." Zhang Shua, an adopted son of Zhang Zike, ninth-generation descendant of the eldest brother Yong'an, led a huge revolt in 1644, joined Zheng Chenggong, was named head of Zhao'an by the Southern Ming emperor in 1653, and died attacking Nanjing in 1658. When in 1654 Dazong chanshi founded the Changlin Buddhist temple for the Heaven and Earth Society rebels in Guanbi, Zhang Zike contributed heavily. A first military exam success occurred in 1727, and Liao Guobao became the first military *jinshi* in 1761, Liao Jinhua the second in 1886. In 1749, two generation 14 descendants built the first ancestral hall for the entire lineage and divided the participants into 24 "families", each with its own head, from among which a chief was selected by lot. Lineage heads were chosen for their strength and prestige, not for their generational status. A first genealogy, produced in

1769, contains the first datable reference to "Liao while alive, Zhang when dead." Having noted that, of 174 ancestral halls in Guanbi, 156 are Zhang-Liao halls, and that a 2001 study counted 156 *tulou* in Guanpi, most of them with one to four halls inside them, Liu Jinfeng concludes that the *tulou* was the basic social unit of the Zhang-Liaos, not the lineage hall.

Xiage (霞葛), 45 kilometers from the county seat, occupies a fairly large valley surrounded by mountains. Out of a population in 2005 of 30, 713, it had 12, 000 Huangs, 9, 000 Jiangs, and 7, 000 Lins, representing 90% of the total. Generation 11 Huang Yin claimed, in a genealogy made for the Upper Huangs, that they came in 1314 from Shibi. According to a Republican genealogy of the Lower Huangs, their founder, Yingchang (1517 - 1573) came from the Minnan village of Xitan. There would thus seem to be no relationship between the Huangs of Xiage and those of Xiuzhuan (秀篆). The Jiangs, according to a 1656 genealogy had a rich ancestor called Shi'erlang. When, in 1326, a tax collector came knocking, the Jiangs killed him and were then on the verge of being wiped out, but Jiang Qichang, born in 1321, had gone with an elder sister to her village, and he and another, Yonglong, escaped. Jiang Shengyi (1624 - ?) became a wealthy merchant of grains and oil. In the year 1700, a geomancer chose for him a site for the Jingbei *tulou*, right across from the Huangs. The Huangs tried to stop him building by suing him, but before the investigation got underway, the Jiangs had finished the hall. From then on, there was friction between them, for the Huangs' hall was on a tiger site, the Jiangs' on a lion. The Lins, said to have come from Shibi in the Yuan, fought with the Qing against Zheng Chenggong, and so found themselves at odds with both the Huangs and the Jiangs.

Economy

Xiuzhuan's market, called Buffalo Horn, was at the confluence of three streams and four villages whose heads controlled the market in the Republican era. It had some 50 shops then, with the biggest, for the sale of cloth and miscellany, belonging to one Ayong（阿勇）. There were Raoping druggists, three blacksmiths, and, above all, tea merchants. *Wulong* tea had been introduced by generation 13 You Zusong（1756 −97）of Taiwan, and by the Republican era there were 20 brand names *shanghao* that sold to Shantou, Chaozhou, Hong Kong, and Thailand. As each tea enterprise employed up to 100, this was one of the most important sources of livelihood for a good portion of the local population. The tea was portered to Sanrao（上饶）, from where it was shipped onwards. Together with a Li, the four sons of You Zusong founded a wok business in partnership with a Li that gained provincial recognition in 1832. The 84 − year old Li Kunhe told the author Li Yingsuo how, aged 18, he went to learn the art of the blacksmith from a Xingning 兴宁 master; the 75 − year old Li Binglin explained that, in that business, they worshiped an unidentifiable god called Seven-Treasure King 七宝王. If a woman in a worker's home had just given birth, he had to make an offering of wine to get rid of the most feared "filthy energy". Because charcoal was essential to both tea and iron production and because forests were plentiful in the hills around Xiuzhuan, charcoal was also a major local product, and teams of porters from Xiage and Taiping came to buy it for sale in Guangdong and the Zhao'an county seat. Iron products were carried, first to Jiufeng, then to Xiaoxi, and went from there by boat to Zhangzhou and Xiamen.

The Zhang-Liaos produced litchis and *longyan*, pine, cedar, and bamboo lumber, *mifen*, straw sandals, and charcoal. The biggest market, with 120 shops in the Republican era, was that of Lower Guanpi（官陂）. Cloth from Shantou was sold there, rice and bamboo from Pinghe, and fish, beans, fertilizer cakes, and dye materials from Yunxiao. One way to get merchandise out was along the East River （东溪）, but it had so many shoals upstream and irrigation dams all along, that of the 50 kilometers to the county seat, the boat had to be emptied, carried, and reloaded four times and the goods portered nearly one-third of the way. Another way out was by land, 30 kilometers to Daxi—to which porters brought salt and cloth and from which they brought rice and bamboo, 20 kilometers to the Maozhi or 40 to the Huanggang market in Raoping, or 35 kilometers to Yunxiao. Salt and seafood were brought back from the coast, rice, *mifen*, and charcoal carried out. All porters knew how to turn their carrying pole into a cudgel in order to defend themselves against bandits. But the biggest problem was salt, because the government sought to prevent all local production until 1691, and even when, in the Qianlong era, the government allowed sale of coastal salt in Pinghe, Longyan, and other nearby counties, it remained severely restricted. Because, all the way to Gannan, sun-dried coastal salt was preferred to salt from the River Huai region, the answer was contraband, and both Liu Jinfeng and Huang Muzun have stories to tell.

It was enroute to buy or sell salt, for example, that Zhang Shua met Zhang Yunlong (Dazong chanshi) and Cai Lu and formed the Ten-thousand Surname group that became the Heaven and Earth Society. One of Huang Muzun's informants, the 89 years old Huang Juzhang, began carrying 40 *jin* of salt at age 12. They went in teams of 50 −60, even as many as 100, and the portering continued right till 1957, when a road was finally put through. Xiage to Raoping was ten *pu* (1 *pu* = 5 kilometers) distant, so they left early in the morning and arrived at dusk. Having sold their charcoal and bought salt, they cooked rice, ate supper, rested a bit, and set out around 1 −2 a. m. , arriving in Xiage 12 hours later if all went well. But often it did not, because either salt inspectors or bandits blocked the way and forced them to make detours. Once, having escaped the inspectors, they thought to drink in the dark from a spring, but it proved to be cow urine, and all vomited. Another time, they were held up by a band of robbers, who shot one woman porter and chopped a man. On day three, they would set out early again to the Xiuzhuan market, 4 *pu* distant, where they sold their salt to Maozhi buyers, who in turn sold it to Dabu. Huang Renpian, 77 years old, told, rather, of being waylaid by the police, who then sold the confiscated rice for private gain. Their only recourse was the gods, so porters often went to worship Xiangong laoye （仙公老爷） before setting out. In memory of their contribution, Huang Muzun lists the names of 123 porters: 95 men and 17 women who had died, 7 men and 4 women who were still alive when he did his research in 2005.

Customs

The worship of Guanyin, called locally Aniang, goes back in Xiuzhuan to the very earliest You immigrants, who carried her statue with them when they came. The statues in the three temples dedicated to her locally are thought of as sisters, and each is on a geomantically significant spot. That of Sister Three, the most powerful, who attracts worshipers from Guanbi, Xiage, and Raoping, was built in 1783 at the water exit of all Xiuzhuan. The other most important god is Wuxiandi, whom the Lis "like to carry." His main temple, built by generation 6 Li

Liangfeng in the Longqing era, was to be built on a site found by Liao pi on the west slope of a hill. But when Liao told his friend Liangfeng of his discovery, the latter's maternal nephew, a Lv, overheard them and rushed home to tell the Lüs, who started work on the temple the very next morning. Liao pi then told Liangfeng to go to the east slope of the hill and there, on the first and 15th of every month, invite a monk to do rituals: the bell and drum would draw back the energies of the dragon artery. So that night, Liangfeng carried off a Wuxiandi from another small temple and brought it to the east slope. He said Wuxian had "manifested his power" and chosen that site for his temple, which by the Wanli era was finished.

A retired 77-year old teacher, Li Shulin, had many stories to tell of how the god, whenever bandits came to plunder, sent "underworld soldiers" to protect the Lis. Ten villages rotated carrying this god, and the 89-year old Li Yingpao recalled carrying him as a child, "up to the source of the waters and down to the water exit" —phrase which also summarized the order of rotation of the villages strung out along both banks of the Qingshan River. An appendix written by Li Riyue of Lintian, the village farthest upstream from the temple tells of how a worshiper from Guanpi, lost in a storm, was killed in the late Qing by one Li Kungao, who then dissimulated the corpse. But then all went badly in his family, Kungao died, and his wife remarried, unawares, into the murdered man's village. When she told her story, a listener realized what had happened, and filed a plaint, but a famous lawyer, Li Panxian, quickly had the corpse dug up and reburied, with the result the court could find no evidence. Finally, when the Li lineage was hesitating whether to carry on with costly litigation, someone suggested they ask Wuxiandi whether they would win the court case. The answer was yes and, by good fortune, just then, the Guanpi people decided to drop the case. The Lis then used the money set aside for the court case to buy land for an annual festival to thank Wuxiandi. Halted for over 30 years, the festival was restored in 1986, and in 2006 Li Riyue was festival accountant. On 12/22 in the morning, they went to fetch the god. That night at midnight they set out 18 tables of offerings in the inner area and 112 pigs and 8 goats draped on wooden frames outside. The sacrifice took place on the morning of the 23rd, with Lai Liangzhou, the great-grandson of the old monk from the temple both inviting and thanking the gods, while Li Riyue read the sacrificial writ.

A local saying has it that "the Yous dare to live, the Huangs to die, and the Lis like to carry Wangxiandi." That is, the Wang-Yous were good at producing boys and had the custom of an annual dinner for the grandfathers and fathers with newborn sons on 1/15 As for the Huangs, they had many Filial Piety associations in their villages to pay for funeral rituals by local monks, especially the Destruction of Hell for women and the Carrying of Scriptures for men.

In Guanpi, on 7/15 village units did Pudu, with a Daoist inviting the solitary ghosts and a monk doing the ritual of passage (*chaodu*). Some say the annual Pudu went back to Dazong chanshi, who founded the Changlinsi in 1654 in the context of the Heaven and Earth Association: it was a ritual of salvation for the souls of the heroes of the anti-Qing resistance. The Longguang an Temple of Dragon Light, was built in 1567 on the dragon mouth of the main dragon artery of Guanpi, so as to ensure that the villages around would not fight over the site but work for common benefit. The Xiashantang, or Hall at the Foot of the Mountain, was founded as an academy but, when a statue floated down in a flood, was gradually converted into a temple for

Guandi, with an annual parade from 1/2 −1/7, one day for each of the six major segments of the Zhang-Liao lineage. The Shanglong an Temple of the Ascending Dragon, shared by many villages, had an image of Zhusheng niangniang the Lady who Gives Children with a peachwood penis next to her: women without a child would drink a bowl of water used to wash the Peach Ancestor. Originally the Jingtian Palace was a snake-shaped rock. One day a Taiwan returnee hung an incense bag on a tree that grew out of the rock. When he prepared to leave, it told him it wanted to stay there. So he left it, and it became the Lord of Wealth of three villages. Then, one day, it answered a prayer for rain and became the god of many more and was identified by a medium as Liu Bei. Each village had its own earth god "dragon head temple" —so-called because they always occupied the best geomantic site, on the dragon head.

In Xiage there was a Wutong Palace founded in 1403 by a generation 2 Huang. In 1708, the Zhao'an magistrate made it the village compact site, with a place to remember Liu Xianggong, who had fought with Zheng Chenggong and been enfeoffed by the Southern Ming, and also Huang Diaoyang, who had fought against the Qing. The Zhenlong an Temple for Holding Down the Dragon , near the market, was founded in 1584 by another Huang. It is said a Shen geomancer found the site and had plans to use it for a Shen grave site, but when the people of Xiage got wind of the plan, in the middle of the night, they brought the slippers of a Wuxian dadi from a temple in a nearby village and left its prints all the way to the site. The next day they proclaimed the god had "manifested its power" and chosen the site, and the Shens had no choice but to desist. One of its plaques recalled the "devotion to Hongmen" of Huang Diaoyang, meaning this temple was a Heaven and

Earth Association center too. The hereditary monk in charge before 1949 did an annual 7/15 Jiao for the souls of those who had fought to restore the Ming.

When Guanyin put a stop to a smallpox epidemic in the Tongzhi era and villages all around competed for her visit, the magistrate invited the elders of all northern Zhao'an to discuss an appropriate order for the god's circuit during the first month (1/2 − 2/2). When she came to Nanpi on 1/20, all newlywed males went with flags to fetch Aniang and then fought for the privilege of carrying her, for she would bring them a son.

In the essays on both Guanpi and Xiage mention is made of the peculiar custom of bringing a dog in to eat as soon as someone dies. While he is eating, a bowl is smashed and broken on his head, and his yelping is the signal that mourning may begin. In Guanpi, "incense and flower" monks do the *chaodu*. The day before burial, he "sends off the bad energies" by walking with a rooster and money in his hand and strewing rice and salt as he proceeds, muttering, to an intersection, where he dumps out what is left of the rice and salt. He then goes back with the rooster to see the gods off. The burial takes place the next day in the morning. Upon return from the hills, the paper tablet is placed in the paper house, and that afternoon the *chaodu* begins. After three years, the paper tablet is removed from the paper house, which is burned inside a circle of rice wine so that "evil ghosts" will not steal it. Then the paper tablet is carried under a black cloth to the sub-segment hall, where the gate gods are asked for permission for the soul to enter. The paper tablet is now burnt and its ashes placed in the incense burner. The wooden tablet is dotted, the new brush thrown onto the hall roof, and the tablet inserted with the others in the *shenkan*. In Xiage, when a parent died, a bamboo tree was dug out and placed upside down, its tail toward the sky, in the house, either in the courtyard or sticking out of a window, so that the "filthy energies" go off to a corner of the sky and descendants flourish. When the coffin was shut, it was carried out without being sealed. The monk used rooster crest blood to write a talisman on the head of the coffin to block all negative energies, then suddenly hollered and threw a mix of rice and salt inside the house. Then the coffin was sealed by putting in nails, starting at the head end. Burials were done in the afternoon.

Coastal plain Minnan

Lineage

According to Huang Jiaxiang's account of the major lineages of Sandu, the large coastal area including the county seat of Nanzhao, the Chens, Lins, Wus, and Shens all came in the Southern Song. The Chen Diaoyan resistance movement against the Yuan led to widespread massacres and, shortly after the county was created in 1530, the 1552 census registered but 20, 766 persons in 3452 *hu* for the entire county, about half of them living in Sandu. A good share of Sandu's land was forbidden in the early Qing, from 1661 till 1681. Total population of Sandu in 1829 was 110, 000, a figure that dropped to 70, 000 in 1935. In the early Qing there were 153 forts in Sandu. A long process of consolidation turned originally multi-lineage into unilineage villages; as of 1959, there were 205 villages in Sandu, most of them unilineage.

The Shen founding ancestor, Qiu, is said to have come from the same southwestern Fujian area as most of the lineage founders of the

Zhao'an interior. Moreover, Shen history has as many traces of extra-legal—or even outright anti-government—behavior as that of the inland lineages. And while the latter built *tulou* to ensure their defense, Official Ford (Shidu) was rebuilt as a fortress against pirate depredations in the Jiajing era. But what really distinguishes the two groups is the insistent mythical linkage of all major Minnan lineages to Chen Yuanguang and the destruction of the non Chinese indigenous society. This is clearest in the tale of Shen Yong as explored by Yang Yanjie: to make himself unattractive to the female chieftain of the native peoples' fort, he put on a mask, took Goose Fort, captured the chieftain, and went back to report to the emperor. But he had forgotten to remove his mask, and when the emperor burst out laughing, Shen Yong could no longer remove it. As a result, he is the Nuo exorcist of choice for the Duanwu festival in the county seat, when his fearsome axes must visit any household with problems in order to chase out the evil spirits causing the trouble. Geese are a necessary part of his worship because a flock of honking geese rose up and revealed his presence to the enemy. During the Cultural Revolution, when his worship was forbidden, an Anshang villager stole his statue from the TrueLordTemple in town and stored it in his attic. Word got out, and an Eastown villager stole it again and buried it in a yam field. A female cadre found out and had it dug up and thrown in a cane field where it was found by a peasant, who gave it to his work unit. They tried unsuccessfully to burn it till someone suggested dousing it with kerosene and a youth brought out an image of Mao to "inspect the burning." Soon after, the kerosene man hung himself, the female cadre fell ill, and the youth of the Mao statue broke both legs. As a result, the prestige of the Marquis of Martial Virtue soared and, with the help of Overseas Chinese, in the early 1980s, a new image was made and his ritual circulation restored.

According to Huang Jiaxiang, who quotes the local set phrase to the effect the "Shens constitute half the county population," as of 2010, over 100000 of the Sandu population of 281000 were Shens. Their four branches live in some 120 villages, all listed by Huang. The Xus, Chens, Lins, and Wus each number about 30000, distributed respectively in 26, 51, 41 and 30 villages. None of these lineages seem ever to have had genealogies worthy of the name. In the case of the Shens, for example, who claim their ancestor Qiu came around 1160, the earliest available document is a preface by one Shen Lang dated 1469. He refers to the four lineage branches as Upper, East, West, and South—derived from four fifth-generation brothers—and notes that their original lineage records had perished in a fire in the year 1449. "Thereafter, small lineage groups edited and the clan collated, so that the human hearts of the thirteen households would be united in the single heart of Meishan," the Southern Song founder. The founder himself is said to be buried just northwest of the county seat, and his grave was restored in the year 2007. The one of his four great-grandsons who lived in Nanzhao himself had four sons, the origin of the four branches that in turn divided into 13 "tax households". In our fieldwork, we found a number of recently edited genealogies, all of them rudimentary and more remarkable for their lacunae than for any coherent account of lineage history. According to local informants, no complete genealogy of any group has ever existed.

Dated lineage history of the fourth of the Shen segments, referred to as Jielin (generation 8), begins with generation 17 Shen Xi (1517 – 1579), who was buried with his wife in 1609 "next to the Buddhist Temple for Repaying Grace······ The living images of the Ancestor and his wife were worshiped in the Hall of Descendant Virtue in the county seat". [1] Shen Xi is above all important as the father of Jie'an (1550 - 1633) who, after earning his doctorate in the year 1574, went on to a brilliant career. Jie'an's son, Qijin (*jinshi* 1626), is "the loyal official who resisted the Qing in order to restore the Ming. He contributed heroically to the organization of the anti-Qing resistance of the Association of Heaven and Earth in Zhao'an, Pinghe, Zhangpu, and Sanrao." [2] Having in 1648 failed in an attack on Zhangpu, he withdrew into the mountains to carve out what amounted to a small kingdom. His final attack, on Huanggang in Sanrao, took place in 1661, when he was driven back to Xiuzhuan and there defeated.

In order to fill out lineage chronology for the Qing, we turn to the Eastown genealogy: [3] Danqing (generation 23), a famous calligrapher, obtained his *juren* degree in 1794; Shiliang (generation 23), after earning his *juren* degree in 1818, eventually became prefect of Ningbo [4]; Lüyuan (1777 - 1860; generation 24) was an 1804 *juren* and his fourth son, Yulin, an 1849 *juren*; Junhao (generation 24) was buried in the year 1896; Yaoyuan (1883 - 1954; generation 27) founded a primary school in the year 1920 in the South Altar Temple that was soon moved to the Hall for the Veneration of Parents. Clearly, from the late eighteenth century on, the Eastown Shens had begun regularly to produce successful degree candidates and officials.

But the most intriguing dated event in the Qing is the burning

---

①   Seethe *Shenshi zongpu* 《沈氏宗谱》edited by Shen Zaoshang （沈藻上）, Shen Yangfu 沈养福, and Shen Shuntong 沈舜通 in 1997 for the Guanyinshan segment, p. 35.

②   Ibid. , p. 37.

③   *Shenshi zongpu* 《沈氏宗谱》(1992) edited by Shen Ruhuai （沈汝淮）, pp. 152 - 61.

④   *Shenshi Shunqing tang jiapu* 《沈氏顺庆堂家谱》(2002), p. 78.

down, by the authorities, of no fewer than ten Shen lineage halls in the year 1847. This event is mentioned in the context of a paragraph on Ancestor Daoshu (generation 23), a Daoguang era (1821 - 1850) *xiucai*. According to the genealogy, "At the end of the Qing, the government recklessly abused the people, and lineage fighting grew worse by the day." The first example is that of a government official who, having insulted the womenfolk while viewing the lanterns in the Eastown ancestor hall on 1/15, was beaten to death by the people. Hastily, Daoshu put up signs indicating separate sections for men and women and, when the magistrate arrived, explained the official had gone into the section clearly marked for women and had misbehaved. "Because men and women should not have direct contact, the magistrate had no choice but to acquiesce. Thus Daoshu, by his extraordinary wisdom and courage, avoided a major catastrophe."[1] The second case involved a Shen lineage member who, thinking to forcibly recover an unpaid debt, unwittingly seized tribute grapefruit. By reverently explaining to the magistrate what had happened, Daoshu once again averted disaster.

The account carries on with Daoshu's unstinting efforts to get the men to plow and the women to weave and to teach the people to "respect the elderly and love the young." But the government extorted taxes violently, and the people could not make a living. Three times the people of Eastown revolted against the government and, to make matters worse, there was lineage fighting, and the government took sides. Finally, the authorities gave the magistrate permission to lead his soldiers

---

[1] *Shenshi zongpu* (1992), p. 153. Shen Meisheng gives essentially the same account in his essay in this volume.

to come destroy our village. It was in this context of a matter of life and death that Daoshu insisted everyone keep calm and told the villagers to keep farming and the women to keep weaving. Throughout the village there was nothing but the rising and falling of the sound of weaving shuttles and lesson recitation. When the magistrate in person made his undercover investigation, he sighed with surprise: "This is a village governed by rites. It cannot be exterminated!" So in the year 1847, the magistrate had ten Eastown-governed lineage halls burned down, rather than exterminating the entire village. ①

References to revolts, piracy, and inter-lineage fighting (*xiedou*) are frequent in Zhao'an history. In the Jiaqing gazetteer Ye Guanhai complains that "ne'er-do-wells" stir up trouble "because of a single incident", and a cycle of revenge from which no one can escape begins. In his 1832 *Wensu lu*, the magistrate Chen Shengshao says every village has a fortress with one heavily guarded gate. Huang Jiaxiang describes a fight between the Chens of Bushang and Xus of Xikeng that went on for thirteen years, and to this day they do not intermarry. Starting in 1853, local lineages divided into red versus white flag groups, and Huang describes conflicts between the two groups right into the Republican era. In one case involving the Shens, there were some 300 victims over a period of two years, and the fighting extended to the neighboring counties of Raoping and Yunxiao. In 1902, Eastown fought with people in the county seat. The magistrate led 40 soldiers to Eastown, which refused to submit. The magistrate called in reinforcements,

---

① *Shenshi zongpu* (1992), pp. 155 – 156. The legend to a picture of this hall on p. 7 of the genealogy adds that Ancestor Daoshu rebuilt the hall in the Xianfeng era (1851 – 1861).

nabbed three leaders, and put them to death in front of the yamen. Endemic fighting between Chens and Xus in 1906 was finally reported to the provincial governor, which took a hostage from each and beheaded them outside the city for all to see. That same year Meizhou and Macuocheng organized red versus white villages, the latter including Eastown, and 17 people were killed. In 1912 alone, there were five outbreaks of fighting, with 680 dead and wounded.

This background of piracy and rebellion is the most likely context for Zhao'an's most characteristic feature: massive lineage alliances, expressed and regularly consolidated by means of impressive parades.

Economy

Huang Jiaxiang begins his presentation of the coastal economy with a thumbnail sketch of seafaring history, forbidden through much of the Ming but carried on nonetheless. A first "route book" for the high seas was produced by one Wu Pu of Xiamei in 1537. Ten years later, when troops came south to destroy the port of Shuangyu, Zhao'an replaced it as the center for contraband. Only when the interdiction on private sailing was lifted in 1569 was endemic piracy finally brought to an end. At the end of the Ming, silk, cloth, pottery, tea, sugar, paper, and fruit were the goods shipped out of the main port of Gongkou, and incense, gems, leather, foreign cloth, and agricultural products the goods imported. In the Qing, access to the sea was forbidden until 1683, and the court remained very negative about commerce, especially with the Southern Sea, until 1717. When, in 1727, the private sale of rice and imports of rice from Burma and Vietnam in addition to Thailand were allowed, prices plunged, and imports of ivory, timber, swallow nests, and pepper began, together with exports of dried fruits, bamboo products, rush mats, sea salt, pottery, and honey. By the mid-Qing, Taiwan began to export rice, sugar, tea, and fruits to China, and received women and miscellaneous goods in return. While in the Qianlong era Lu'ermen in Taiwan and Xiamen in Fujian became the main ports, private ports like Gongkou continued to thrive. Several wealthy Zhao'an merchants moved to Canton when it became the sole official port of entry in 1757, but a far more regular commerce was carried on to the north in Ningbo and Tianjin, with merchants sailing north in months five and six with cane sugar, peanut oil, and hemp and returning in months eleven and twelve, from Ningbo with cotton, cloth, and rice and from Tianjin with beans, wheat flour, corn, and herbal medicines.

In the late Qing in the county seat and environs there were ten major shipping companies, four of which were in Shen hands. The Shunqingtang (Hall of Prosperous Felicity) Shens, in the county seat, got its start in the Qianlong era when Shen Wengong moved from Official Ford. He set up shop inside Eastgate selling jewelry. When he died, two of his four sons moved not only into shipping but also into the production of cane sugar and oil. Their fleets carried red and white sugar, peanuts, and peanut oil north, and brought back cloth, wheat flour, beancake, and water urns. They became one of the biggest landords in town, owning both land and houses. Likewise, Shen Jianbiao of Eastown grew so wealthy through shipping in the late Qing that he was called "Shen the millionaire". One of the most important docks in the seat was completely controlled by the Shens of Eastown. But if local shipping flourished for 150 years from Yongzheng to Tongzhi, when big seagoing vessels replaced junks, the Zhao'an port was too small, and in the Republican era, Shantou and Xiamen completely replaced it.

During the war, with Shantou and Xiamen occupied, Zhao'an became a transport center for inland goods enroute to Guangdong, with some 500 porters. Women were also involved, especially those whose husbands, because of the war, were unable to send money home from Nanyang, as was the case of Huang's own mother. Carrying 100 *jin*, she would set out at midnight for fear of Japanese planes and soldier bandits. All bridges were blown up, so she had to ford the streams. At dawn she would stop for a breakfast of cold rice and yams. When she got home, she would heat bricks or tiles and place a dried turnip on them, and her feet on the turnip to reduce the swelling of her legs.

In his account of commerce in Sandu, Huang Jiaxiang goes into extraordinary detail, starting with the widening of Zhongshan Road in 1931 and the statement that, by then, there were ten *baihuo* shops on that street selling both local and imported goods. There was a special alley 200 meters long for pig butchers; fowl were raised near the East River Straw Temple, then shipped to Guangdong; two of the four fresh fruit markets were near temples. Lumber from the interior was lashed into rafts and floated, heavily weighted with charcoal, down the East River to a point where it could be charged on special boats. Inland products were sold not only in the county seat but in other major markets like Xinan and Xitan. Virtually all markets were held near temples, whose festivals became major social and economic events. According to Huang's table of Sandu markets, almost all were daily. Sale of buffalo and pigs was facilitated by brokers who knew how to talk and understood the animals, and who also knew the "tricks of the trade" as well as its unwritten rules.

On agricultural production, Huang is equally precise, explaining rice types, the entire process of preparation, planting, transplanting, fertilizing, and weeding. For early rice, the harvest took place 80 days after transplanting, for late rice 100. Cane sugar production was transformed by the arrival of new species from Taiwan and Nanyang in the early Republican era. Huang goes into similar detail with regard to peanut production, water products, and fishing, done primarily from the late fifth to the mid-ninth month. Walled off areas of the sea were first layered with stones and tiles and then, after three to five years, planted with shellfish. Fresh water fish were fed grass and, conditions permitting, human and animal manure.

Artisans producing cloth, fish nets, water wheels, flour, umbrellas, boat varnish, stone building materials, cotton thread, oil presses, bamboo implements, and paper money, incense, and candles had each their own street or neighborhood. Before the war there were 130 households that produced or treated rice, 100 building materials, 90 sugar, 43 oil, 20 dyeing, ten flour, five wine, and four salt. In 1949 there were still 80 sugar cane presses, involving 500 workers. Pressing was done from the mid-twelfth to the end of the third month. Oil presses could press 500 kilograms of peanuts in a day and produce 150 of oil. The leftover was used for pig feed and fertilizer. Alcohol was made of rice, yams, fruit, and sugar cane. Huang Jiaxiang also describes cloth-making, bleaching, and dyeing, and the plants used for dyeing. There were also 150 artisans making bamboo and other wood products, with some specializing in red wood furniture using wood from Nanyang. Finally, there were twelve blacksmiths, two pewter makers, and 140 traveling repairmen. Huang devotes a separate chapter to capital, including descriptions of the kinds of money in circulation before banks. There were twelve silver and gold shops, who would put their chops on authentic coins. A good share of the ten registered pawnshops were run by Shens; Xitan alone had three such shops. Land could be pawned for eight to twelve year stretches. Sale of private land was not allowed without prior lineage agreement. Partnerships were common in shipping, fishing, and shops. In shops, the head was called *luzhu* incense burner chief, because he was also in charge of the regular sacrifices inseparable from doing business.

A fourth chapter deals with agricultural, artisanal, and commercial customs. When the gods returned from heaven on the fourth day of the New Year, water prepared with seven auspicious herbs and flowers was used to spray the rice seedlings. These were then placed in the kitchen to germinate, where pregnant women and drunks were not allowed lest they offend the stove god. Once germinated, sacrifice had to be made to the earth god in the fields to be planted. When transplanting was done, another offering of money was made. On 4/26, Wugu was worshiped so the drying seeds not ferment. Further sacrifices to the earth god were made on 5/4 and 8/14. Noodles, because they look like insects, could not be presented; the paper money was pressed into the earth, and more money offered when the rice was ripe. After the late rice harvest, pork and chicken were offered in the fields to the earth good. In some villages, when the harvest was good, opera was put on.

Rules for the color of boats were different for each province. In Fujian, boats had a white belly, green head, and black eyes. Throughout building, pregnant women and mourners were not allowed to approach it. Before putting the boat in the water, a sacrifice to the drowned was done next to the boat, and the boat head was worshiped. When the owner took possession of the boat, he went to worship Mazu and took incense back in a red pouch and an image of Mazu for the boat. When praying on the ship, the name Mazu should be used, not Queen of Heaven, because a queen would take too long to get ready. Before a fishing boat went out for the first time, a Daoist or *saigong* exorcized it. Mazu was worshiped in her temple on the first and fifteenth of every month, and on the following day money was burned on the shore. Every year, on the first outing, boats went to a sandbar to worship the god of the sea, who had neither temple nor image. The sixth day of the sixth month was a day to "improve the boat's fortunes" with a sacrifice to Mazu and Guandi on an island. No one went out to sea on 7/29 because it was a day on which the god of the sea ran into trouble. That night, all put on new clothes and went to the sandbar to throw offerings into the sea. Every so many years, a sea offering was held. If someone died on board, the blood of a black dog had to be poured in the water and the whole boat washed. Women on board had to spit or urinate on the boat's left because the flag was on the right. If husband and wife were together on a fishing boat, they could not have sex lest the water gods be angry.

Huang Jiaxiang provides equally detailed descriptions for raising domestic animals. For example, men without sons raised male pigs. If a pig was slaughtered in the twelfth month, his ears were hung from the rafters: this meant "get rich" (*facai*). An egg that dropped while a hen was eating was a "ghost egg": the hen should be brought to the coop gate and beheaded while uttering auspicious phrases. A white-headed black chicken could make people sick. When a buffalo was old and given for slaughter, the owner should take home its rope and nose ring and not look back: there was no choice but to give it for slaughter, but this was very hard to bear.

Many villages specialized in a craft, whether as pottery or porcelain makers, blacksmiths, stonecutters, or the making of bamboo products. Competing teams were engaged to build ancestral halls and temples and were paid differently depending on how they did. Among patron saints there was Lu Ban for wood, stone, and tiles, Taishang laojun for pottery, gold and silver, iron, and pewter, Xuanyuan for tailors, Sun Bin for shoemakers, Leizu for weavers, Ge Hong for printers, Lu You for tea, Du Kang for wine, and Lü Dongbin for barbers. If a builder was not happy about his treatment, he might put a talisman under the threshold that would produce bankruptcy or even death. Roof tile layers, when they slept, had to set out their shoes one up one down, like tiles. Coffin makers could not also be furniture makers.

Shop gods included Wenchang for paper, Guangong for silk, Zhanwang for restaurants, and Yaowang for pharmacies. Most reopened on 1/2. If the first client was a woman, especially a pregnant woman, the shopkeeper had to burn paper money after she left. He should never turn over an abacus lest the source of wealth be destroyed, nor sweep toward the outside, nor step on the threshold lest the god of wealth not be able to enter, nor say goodbye if running a drugstore or a coffin store. Care should be taken to offend neither local toughs nor the beggars' association.

Customs

Huang Jiaxiang's account of customs covers the worship of the gods, seasonal customs, and rites of passage. One of the most important local concepts is that of the *ditou* god, who plays the role of the earth god in small villages. When someone under his territorial jurisdiction dies, for example, he must be informed. This is done by an elder, who goes with a white lantern to inform key relatives, who then accompany him to the temple: "When we are born, we come via the *ditou*; when we die, we go via the *ditou*. This is the time for Laoye to know." Some such temples are at once a village and a lineage temple; others are the joint property of several lineages in a single village, or of several villages belonging to a single lineage. Those in the county seat itself all belong to several lineages, and Huang provides a table of all such temples in Sandu.

As for earth gods and their wives, they were found at every water exit, intersection, or where there are *sha*. A couplet says that he is just and fair, while she has the heart of a grandma. At the other end of the scale is Tiangong, the Lord of Heaven: the Jade Emperor. The stove god is his son-in-law and returns on 12/23 to report to him. For the next two days, the Jade Emperor comes down with his court to inspect, so on 12/25 all burn incense to welcome him. On his birthday on 1/9, many taboos had to be observed: the rooster sacrificed must be white; water used to wash the face must not be dumped outside, and children could not urinate where they pleasednor women's underwear be hung out to dry, as all of that would be disrespectful to Tiangong. Every so many years, a *haoshi* ("good ritual") had to be done: after 1/9 birthday worship, a Heavenly Bamboo with a Tiangong lantern affixed to it was set up in front of the local temple (as in northern Taiwan). The temple committee met that day at 4 a.m. to worship, then the whole village came, and all went with the lantern to float it downriver. Until the date of the *haoshi*, incense had now daily to be set out with tea by the temple keeper.

In 1562, when the county seat was under assault by pirates and was on the verge of falling, the magistrate dreamed that Guangong "manifested his power" (*xianling*). He informed the troops, who were galvanized and saved the town. Many tales of his salvific interventions are told locally, as of the 1556 pirate invasion of Meiling: the fishermen had taken refuge in the fortress when suddenly Guandi appeared on the wall with a big blade and cut all the ladders laid against the wall. Then fire-carrying crows flew out of the Guandi temple and dropped them on the 23 boats of the bandits, which went up in smoke. Sworn brothers swore allegiance before him, as in the Tiandihui. He became a god of all purposes, who also healed the sick: one need only take his big blade home, wrap it in red, and burn incense before it daily. The Guandi parade was among the biggest in Nanzhao. Members of the martial arts "halls" (*guan*) all joined and displayed their prowess. Enroute, they were invited into houses to exorcise them. Tortoise longevity cakes were the most prized offering.

Mazu's temple in the county seat became the *sidian* temple in 1720. On every boat she had her seat on the poop, and a talisman on the prow. Men without a son fought to carry her in processions. If the right was not obtained, they would pushthrough the crowd to rub her feet. When tuna gathered for her parade at the Tianhou Palace in Meiling, fishermen said they were coming to worship and could not be caught. Special cakes were thrown to them, and special noodles were eaten on that day because noodles are like threads and recalled how Mazu was weaving when she realized her father and elder brother were in danger on the sea. Holding the thread in her hands, she closed her eyes and went to the rescue: the thread became a strong rope, and the boat was saved.

In the Qianlong era, says Huang, there were twenty Daoist *tan* in Sandu, with one hundred Daoists. By 1937, this was down to seven *tan* and thirty Daoists. Local Daoists worship Sanma (Three Mothers: Chen, Lin, and Li) and do exorcisms. Those who save the living are called redheads, those who save the dead black. Most famous *tan* were run by Shens (his own source was the Eastown *saigong* Shen Huoxing). For illness, Heavenly Master Zhang talismans were used. The Daoist summoned Tianpeng and Huiji jingang, then wrote the talisman. "Incense and flower monks" are traced back locally to Dazong and the Tiandihui he set up in 1674 to fight the Qing. After the Qing victory in 1681, he created *xianghua seng* to continue underground. A Qing manuscript called "the secret classic" (*midian*) was kept in Fengshan's Baoguosi, and was used for rituals. They use loud percussion and flutes to attract attention, have beautiful *jiasha*, do military performances like climbing the sword ladder, use talismans and incantations, and often serve as temple keepers, though some live at home. Often children whose "eight characters" are in conflict with those of their parents, or who are often sick, or whose families are too poor to raise them, are turned over to monks for raising. (Here, Huang's source was Shi Daoyu, abbot of the Baoguosi.) Usually they will enter a temple at age 7 and take vows at age 16. They also studied healing, fate calculation, physiognomy, and geomancy.

Many temple keepers were mediums, who also operated at home in "divine halls" (*shenguan*). Mediums engaged lowly spirits, while divinatory writing engaged higher gods. Usually, mediums first experienced a long illness and then were suddenly healed, but with altered speech and spirit. Some suddenly acted crazily, laughed and wept and neither ate nor drank nor slept. When they woke up after several days, they said they had been to a god's place. Male mediums "inquired of the gods" (*wenshen*), female of ghosts (*wengui*). The latter descended into the earthly yamen to talk to deceased relatives or ask about family matters. The time to do this was the evening of 6/16. The people surrounding the medium recited until she "fell asleep" and then announced that the soul had arrived but could not be seen, only questioned, because yin and yang can't communicate. People learned the will of the gods from such as Guandi, Mazu, Xuantian, Rensheng dadi, and Guanyin, all of whose temples had divination slips. The night of 8/15 was the best for drawing such slips or throwing the divining blocks. That night women would also listen to hear people talking: this was called "listening to the incense." Huang describes the old lady-led writing séances that come out of this environment.

It is normal to respect the gods and fear ghosts, but most people fear both and, express that fear through multiple taboos: for example, no children's clothes should be hung out to dry at night, lest spirits take away their souls; one should not talk when eating lest one disturb the spirits of the food and attract hungry ghosts; one should not live in front of a temple or behind an ancestral hall lest one bump into the gods or ghosts (gods go through the front door; ancestors enter from the houshan); beds should have an odd number (yang) of planks and definitely not four (si) or six, as "six planks" refers to a coffin; when travelling, it is better to sleep in a cemetery than in a temple.

In his chapter on temple festivals, Huang begins with the tale which could be called Nanzhao society's foundational myth: Originally, on Liangfeng Hill there was a Generals' Temple dedicated to Chen Yuanguang and six of his generals. According to the Republican-era gazetteer, it was destroyed by pirates in the Jiajing period. Locals rushed in to save the statues, successfully, with the result that each lineage ended up with a god of a different surname: the Shens, for example, got not their own "ancestor" Shen Yong but Ouyang Zhe, who was henceforth worshiped in a temple in Eastown. A new temple for Chen Yuanguang, inside Southgate, was built in 1640 and restored in 1739, when it became the official *sidian* temple. If local militia had to respond to an attack, they would first gather in this temple to make vows, invite the flags, and give each warrior an incense sachet. Its annual three-day festival, focused on Chen's birthday on 2/16, required the magistrate to come read a prayer, a parade, and opera. A special dance was done by Eastown martial arts halls to recall Chen's heroics. When finished, a *saigong* and a *saipo* led worship of Chen and his generals.

Shen Yong's birthday is 2/22 and his death date 7/25. The wealthy Hall of Prosperous Felicity celebrated the former, Eastown the latter. The high point is a massive parade which, when it nears the ancestral hall, must rush in to imitate Shen's defeat of the barbarians. Because the Chens saved Shen Yong's statue from the Liangfeng fire, they carry him in the big parade on 5/5 described by Yang Yanjie. Another of the generals, Li Boyao, is worshiped in an Eastgate temple. His wife is said to be a local woman who took refuge from the rain in his temple, saw the god and prayed to wed someone like that. She began to worship regularly in the temple and to waste away—implying a sexual relationship with the god. Finally, the lineage head went to the temple to ask the god whether he wished to marry the girl, and the divining blocks said yes three times. That night she died, and a statue of the girl, now called Wangma or Wife of the King, was placed in the temple next to that of Li Boyao. In her native village there is a Grave of the Gupo.

Every third or fifth year in Nanzhao a great "prayer for peace" was done. A particularly big one was held in 1945, right after the end of

World War II. Supported by the magistrate in memory of all war dead, the ritual consisted in a four-day Jiao in the Eastern Peak Temple, followed by a four-day Pudu in the Chen Yuanguang temple done on the first eight days of the twelfth month. Traditionally, says, Huang, it was in these two temples that major rituals were done. Both Jiao and Pudu were done by local "incense and flower" monks under the leadership of Master Suzhi from the Gaoyin Buddhist temple of neighboring Pinghe County. Before beginning, a team of locals was sent out to collect the bones of the dead who had no sacrifices, wrap them in thick paper, place them in urns, and bring them for burial to the charitable cemetery on Liangfengshan. The yamen for its part buried all the bones of the war dead at the foot of the same hill and set up a memorial. Two days before the Jiao, all streets were swept and each household hung out a Lord of Heaven lantern. Day 1 was for the invitation of the gods. Day 2 included the ascent of a sword ladder by a "military monk". On Day 3 the five monks bearing different colored flags did an interweaving "run" to invite the gods of the five directions to come chase away demons. On Day 4 a great parade through the city was done. Its chief feature was Brothers One and Two, two four-meter tall papier-machégods carried by strong young men, and Shorty Demon (Aizigui), a fierce-looking made-up man hopping on stilts leading two Yaksha figures with pitchforks. Where invited, they went into houses to grab pestilence demons and throw them in the "bucket for the suppression of demons". Some women would tap their children on their backs three times with paper money, then throw it in the bucket. That afternoon the epidemic gods, called Wangye as in Taiwan, were driven to the river along a route where all shops and houses were shuttered. On the shore of the river, the Wangye were invited to board a five-meter long, two-meter high papier-maché boat, the people threw paper images of "Japanese devils" on board, the Wangye were asked to chase off all demons, and the boat was pushed into the water.

The Pudu required a four-meter tall papier-maché Dashi (Big Officer), also called Guiwang or King of the Demons, with a Guanyin on his head. On Day 1 the buddhas were invited to the inner altar (*neitan*), which was first purified and turned into a Pure Land. Then the fallen heroes were invited and a list with their names on it handed to a large white papier-maché horse with a monk on it representing the Pardon Official going to hell. After dawn, all relatives of the dead, with the monks, went to the site at the foot of Liangfengshan where the magistrate was waiting to read a writ of sacrifice (*jiwen*), after which the monks did a *Fang yankou* (Release of the Flaming Mouths). On Day 2 family members paid money for the rebirth of the dead as they crossed for them the Naihe Bridge. Day 3 included a visit to the Xuantian shangdi Palace to ask the Buddha of compassion to give passage to the dead and prosperity to the living. Fish and turtles were released at a point where streams converged. At dusk, lanterns were set afloat to Welcome the Underworld Guests. After these special lotus lanterns had floated a bit, boys rushed in to grab them because, by homophony, having a "lantern" *ding* could bring a baby boy *ding* to the family. On Day 4, Hell was destroyed by monks doing acrobatics and chasing Yaksha. Afternoon worship of Dizang was followed in the evening by the ritual to Succor Souls in Darkness. Mountains of paper money and many "soul houses" (*lingwu*) were prepared, the chief monk leaped onto a platform, imagined himself as the Heavenly Worthy of the Primordial Beginning—the highest Daoist god! —transformed the food with "the true words of the skeletons" and then distributed the offerings, after which all was brought to a set place for burning. Big Officer had to be turned around to face north for burning, and this had to happen before the *hai* hour lest it bring harm to participants.

All day on New Year's Day new brides had to stay in the bedroom, waiting for presents from her family to arrive. On Red Dog Day (3/3), those with recent dead in the family made sacrifices to his soul; only close relatives could come. It was also a day to send off the devil of poverty by sweeping filth out of the house and bringing it to the fields outside the village to burn, light incense, and send the devil off to be replaced by the star of fortune. An elderly woman led all in offerings to the well god, to open the well. The gods returned to earth the next day: firecrackers were set off and offerings set out at midnight, after which people went to the temples to burn incense. Observation of taboos stopped on 1/5, and parents could once again get angry with their children. It was also Zhao Gongming's birthday, and all shopkeepers worshiped him. On 1/5, the birthday of Zhusheng niangniang, newlyweds and new mothers, the latter with their sons, went to the ancestral hall to hang lanterns: thus were the newborn introduced to the ancestors and did newlyweds pray for a son. New brides were accompanied by their *popo* and after three days brought the lantern home to hang, but on the evening of 1/15 they walked slowly among the hanging lanterns "to ask the ancestors to help her to quickly give birth to a son who would carry on the line." That same evening, elderly women brought new brides to temples to worship. The City God temple had scenes of good and evil for the instruction of men on the east and women on the west. This was also the time for puppet theater in Guandi and Mazu temples and, from 1/13 to 1/15, for people to carry images of their local territorial gods and their founding ancestors to the village of the latter and then to villages derived from it.

The fourth month, around Buddha's birthday (4/8), brought to an end the period begun on 1/5, when monks began to go from house to house to recite scriptures. A family in which a death had occurred that year should do a *chaodu* rite on 6/5. The following day, women could ask female mediums about the dead. On 7/7 children under 15 worshiped the "grandparents" of the bed, while 15-year olds were led by the father in a rite to "leave the flower garden" of childhood. All hung out Pudu lanterns for the entire seventh month, and neighborhood temples did rotating Universal Salvation rituals. On "ghost day" (*guijie*, 7/15) itself, a Pudu was done by a ritual master on a platform in front of the main Chen Yuanguang temple. Women led children in worshiping the moon on 15th, Auq. Special glutinous rice balls had to be eaten and ginger tea drunk on the day of the winter solstice, lest one become a sprite (*jing*). Animals could also become sprites, so some of the ginger drink was given to buffalo and pigs. This was also a day to sweep graves and worship in the ancestral hall. On 12/24, the people of Zhao'an send all gods—not just the stove god—to heaven to see the Jade Emperor. It is said that this custom began in 1661, when the Qing court, in forcing locals to move inland 25 kilometers, in effect forced them to abandon their gods, so before departure they sent them all back to heaven, welcoming them back only when they were allowed to return to the coastal region some twenty years later.

On their wedding day, bride and groom wore white cotton inner clothing they would keep on for three days and not wear again until they were prepared for burial. Once the bride was dressed, her father took her for the only time in her life to the ancestral hall to say goodbye. She was given a special purse containing money, rice, and sugar, the coins and rice to be placed in the rice urn in the groom's house, and the sugar in the well and water urn. As the bride left her home, she had to weep, for good luck, or to prevent demons from being jealous. As the sedan chair set off, she dropped a "rest-assured fan" for the family to pick up before hurriedly shutting the gate: she thus promised to stay in her husband's family and not long for her home. When she arrived at the groom's house, usually before noon, the groom tapped the chair lightly with a fan and kicked open its door. With a rice sieve above her head, the bride stepped down into a bamboo basket, for her head must not see heaven nor her feet touch the earth lest she offend gods and ghosts. Auspicious phrases accompanied each dish at the noon banquet, after which the bride was visited in her room by female relatives who were not pregnant, widows, in mourning, remarried, well on in years without yet having given birth to a son, or of an incompatible year. When, on the third day after marriage, she returned home for a noon meal and then, toward evening, went back to her new home, torches had to be lit, and on the groom's side, too, people had to go out to greet her with torches, lest the torches pull good fortune away from one side or the other. Going, the groom went behind; returning, the bride.

"In Sandu people do not think of pregnancy and birth as a natural, physical process but one controlled by the gods, by means of which souls are reincarnated. There are gods who protect but also demons who attack. Pregnant women, children, relatives, and friends must all respect certain rules, lest the gods be unhappy and the demons cause trouble, bringing misfortune to individuals, families, and even whole villages." Thus a pregnant woman had to protect the womb god and avoid offending it: she must not touch dust in the house, no nails could be planted in the walls, and she must not step over a cow tether (because cows are pregnant for twelve months) or take part in either red or white rituals. A wife who had been long wed without giving birth went to worship Bixia yuanjun in the Eastern Peak temple, or else Guanyin. A maid behind the former, called Zhushengma (Mother who Gives Children), held a baby boy from whose penis women would scrape some clay and take it home to drink. Yearly, the penis had to be replaced. Help was also sought from mediums, who would fetch a child from the Flower Garden.

If the birth proved difficult, Sanguan (Three Officers) was invited into the parlor. After the husband went to report the birth to his in-laws, they would send a gift of noodles if it was a boy ("may you continue to have boys") and a pig's stomach if it was a girl ("may you change your stomach" and next time have a boy). If the mother died in the first month, her soul fell into Blood Lake hell and would have to wait for her son to grow up to do a Buddhist ritual to save her. After bathing the child on the third day to wash away all karmic filth, he was dressed in new clothes supplied by the maternal grandmother and then carried in the arms to worship the Elder Sister, goddess of the bed who protects infants. The mother was impure and could participate in no worship of any kind. Even her husband could not go visiting during the first month lest he bring with him "foul energies" (huiqi). At the end of the first month, some families went to worship the Mother who Gives Children, bringing back incense ashes and flowers to wash the child. The child's lineage generational name was given him by a lineage elder during a visit to the ancestral hall to report the birth. If a child's fate was calculated as full of dangers, he would be given a ritual name by a monk or a Daoist, often with the word guan in it, for Guanyin. A child whose eight characters were in conflict with his parents would be adopted out.

The souls of the deceased were thought to waitin the underworld to be reborn, so "to care for the living was not a big deal; seeing the dead off was." A death in the family brought everything to a halt for seven days. If the deceased was over 50 or a grandparent, he could be placed in the parlor, where the gods and ancestors had to be covered with a red cloth or a rice sieve and the Lord of Heaven lantern removed "to avoid gods and ghosts running into each other." If a cat or dog jumped over the corpse, it might sit up. If the death occurred in the seventh or the twelfth month, pork had to be hung up outside to prevent "wild ghosts" (yegui) from eating the corpse's flesh. Shortly after death, the body was washed, and all the deceased's medicine pots smashed so that his illness not be transmitted. The death had to be reported expeditiously by a family elder to the city or the earth god: "From the earth we come, to the earth we return. I come to inform Grandpa (Laoye) of the time (of birth and death)." If it was a mother who had died, when the maternal family came, the elder son went out to greet them with a red envelope: her flesh had been married out; now her bones had to be purchased.

Before dressing the corpse, the son went through a complex process in which he stood on a bamboo bench with a bamboo hat on, to say that he could not see blue Heaven (the Qing) on high nor touch the yellow (sovereign: Ming) earth below. It is also said that Wu Sangui's condition for surrender to the Qing was that "while alive he would wear Qing clothes but in death Ming." Anti-Qing sentiment, already evoked above, would seem to have been particularly strong in Zhao'an.

Only close male relatives went to the grave, with sons-in-law taking the lead and strewing mock moneyas they went so "wild ghosts" would not block their path. The soul tablet was dotted by a lineage elder in front of the grave. First he put two red dots on either side of the tablet while muttering, "May both ears hear well, male descendants be numerous, and exam successes come often." Then he dotted the character *wang* to convert it into *zhu* (lord). The return home was called "bringing the dragon back": the tablet was placed in a small chair, behind which was a lantern and a son with the soul banner, calling on his parent to "come home." The womenfolk went out to the nearest intersection to welcome the Lord home. Some families then invited *saigong*, Daoist or Buddhist, to do rituals on the odd-sevens, first, third (done by married daughters), fifth (married granddaughters), and seventh. By then the dead person had found a place to be reborn, so a more festive ritual was done, with friends as well as family. Throughout the 49-day period, family members could not go to other people's houses. If a person had died away from home, he could not be brought back into the village, and all rituals had to be done outside it, as did the subsequent annual rituals. Babies who died were buried in the wilds and covered with a rice sieve to keep dogs away. If a fisherman died at sea, his soul was summoned home from the shore by a Daoist or a Buddhist, accompanied by god statues. Parents were thereafter worshiped on both their birth and death days, grandparents only on the latter.

Two Shen villages near the county seat are described in separate essays. The first is Shidu (Official Ford), described by native son Shen Rongbo with the help of Liu Jinfeng. According to Shen Rongbo, the first Shen to come to Nanzhao was Shen Meigang, of the eighth generation after Ancestor Qiu. A friend of Liu Bowen, he was a late Yuan intellectual who came to Nanzhao to escape corrupt government. Official Ford Shens had two *jinshi*, Yikui in 1676, who became prefect of Huizhou, and Zuoli, a 1701 military *jinshi*. Official Ford was built on a tortoise, facing the sea to the south. Southgate was the main entry, but all four gates in this fortress-village had their own water exits and earth god temples to keep dragon energies and wealth inside. The village also boasted three temples and 19 ancestral halls. So as not to block the county seat's access to the sea, only one of each was built high. The best geomantic site was occupied by the main temple, called Linghuimiao (Temple of Efficacious Giving), which faced west toward the seat's ancestral hill. Also called Big Temple, it was the ancestral temple of all Shens of Official Ford, dedicated to the worship of Zhang Boji (Wanggong, Grandpa King) —whose statue the local Shens had saved during the legendary fire—and his wife (Wanggongma, Grandma King). The temple contained separate altars for Three Officers, the earth god, and their wives. Itself composed of five *jia*, Official Ford shares this temple with three other villages, each of which is one *jia*.

Official Ford did a "spring prayer" on from 1/13 − 1/15, with three days and nights of Chaozhou opera and a massive parade on 1/15. Wanggong's birthday was celebrated on 2/18 and Wudehou's on 7/25 The most *longzhong*was the 1/15 event, with an eight-man palanquin for Wanggong and his wife Wangma and a two-man chair for Three Officersand his wife. A big blade was also carried in this morning parade and invited in to exorcise houses suffering misfortune. One year, Sanguanye and his wife expressed the desire to go out again in the evening to see the lanterns. The King tried to dissuade them, but they said that, even if they were to lose an arm or a leg, they wanted to go out. So the keeper of the temple chose some 20 youths as their bodyguards on 2/1, and at 5 p. m. on 1/15, drunk, the youths hollered and clapped, grabbed the two gods, ripped off their clothes, and headed out into a crowd eager to rip off an arm or a leg and so obtain their "happy energies" (*fuqi*), whether a boy or a fat pig. The youths could make no headway, so they ripped off the arms and legs and threw them one after the other deep into the crowd. Each time the crowd rushed to get it, the youths could move ahead. Those who got one of the eight detachable items took it home, washed it carefully, wrapped it in red silk, and placed it on the family altar for three days of worship before bringing it back to Big Temple.

When the Liangfengshan temple burned down, Shen Yong's statue was rescued by the Xus of Northgate and placed in their Perfect Lord Temple. [1] On 6/30 every year, Zugong (Ancestor) was carried out from that temple by the Shens and began his annual tour of some 70 Shen-surnamed halls and villages. [2] Official Ford's turn came on 9/3 −4. They went to fetch him from the village of Pingzai, then ran to place him in Big Temple, where each of the eight *jia* had its set time for worship. Each *jia* had to offer a fat black pig and a fat goose, because the goose was his enemy. The old circuit has now broken up, and there are two images which circulate separately, that of Eastown and that of Official Ford. The latter statue visits 16 villages descended from Meigang between 7/14 and 10/26.

Traditionally, every fourth year a Daoist Jiao was done in Big Temple. The organizing committee would meet on 12/24 the day for the send off of the gods. On 12/30 locals went to Perfect Lord Temple to solemnly invite the Marshal of Martial Virtue. They stayed that night

---

[1]　This is a local version of the legend. See below for Yang Yanjie's historical analysis.

[2]　The *Shenshi zongpu* (《沈氏宗谱》) (1992), pp. 37 − 38, provides a list of 71 halls and villages visited by the Marquis of Martial Virtue every year between 6/29 and 10/28.

in the temple (*shousui*) so as to be sure, at the first (*zi*) hour of the new year, to be first in line to invite the god. Twelve days before the Jiao, percussion groups went to fetch the Marshal and to two other temples to get Mazu and Guanyin. On the first day of the Jiao, the gods were placed in the main seat, and paintings of the Three Pure Ones, Four Yamen, and marshals Zhao and Kang were hung up. At the temple door there was a double-decker Three Realms table and, outside, a high stage for the Pudu and another for Dashanren, Big Mountain Man. On the fourth day of the Jiao, the Daoists went out in five teams, each with five "generals" —local youths whose souls had been "hidden" —in a different direction. While one Daoist in each team spewed wine on burning oil in a wok to burn off all "foul energies", a second went into the kitchen of each house along the way to settle its stove god. As soon as they left, the master of the house would shut the gate and a Daoist would paste up a "chase-filth symbol" on the outside. This exercise brought all "solitary souls" out into the open and prepared for another parade with *jiaomian guiwang*, the demon king of burning face, that is, Dashanren, to herd these souls to Big Temple for the Pudu, whose special feature was the food sculpture offerings. At the end, a well-paid old widower climbed a ladder to cut off Dashanren's head, and all rushed to the riverbank to burn it. Worship of the Lord of Heaven took place the next day at dawn, after which the Daoist sent the gods off.

Eastgate, according to Shen Meisheng, was founded in the late Yuan by a ninth generation individual known simply as the ancestor of Eastown. In generation ten, two individuals called Liaodong and Houling went to Liaodong to fight. Both had two sons, source of the four local segments which ultimately spread to 20 villages. Their ancestral hall, he claims, was built in the Chenghua era (1465 – 1487) but modified for geomantic reasons by Ancestor Jie'an. In the late Qing, Eastown had eight sugar producers, two oil presses, three dyers, two inns, some 50 shops, four opera troupes, and one of puppet theater. It also had many boats involved in the trade north. A huge 12 – day Jiao was done in 1899, when Eastown was at its height, apparently by both Buddhists and Daoists. The Lantern Festival required food sculpture: pigs made with pig fat, lions with lean meat and squid, mile from a pig's head, and flour-molded animals. As elsewhere, the moon cakes for 8/15 are explained as the means to secretly order the massacre of Mongol soldiers stationed in every house, but the uprising is here said to have been organized by Liu Bowen. The annual Pudu rotation began in the village of Linzhong on 7/1 and ended with Shiya on 7/30; Eastown's turn came on 7/22. Heads of the ten big *jiashe* and the eight "divine houses" were decided on in the *ditou* temple on 1/5.

On the Zugong circuit, which Shen Meisheng says went from 6/28 to 10/28, Eastown's turn came on the Marshal's birthday, 7/25. On 7/24 a small group went to Dongshen (East-Shen) to fetch Zugong. When he arrived by boat at 4 p. m. , he was received with thunderous percussion, and a massive parade began to bring him to the hall. The last 50 meters had to be run at high speed (*paowang*). The following day, all killed fowl—especially geese—and went to worship in the hall. According to Shen Meisheng, in pacifying the southern barbarians Shen Yong destroyed 36 forts (*zai*), the most difficult of which, because of its complex shape, was Goose Fort. When Zugong went to a slope to reconnoiter it, a flock of white geese rose up and, calling, awakened the soldiers in the fort. Zugong escaped by hiding in a field of beans and ultimately took the fort but ever after liked to eat goose meat and avoided cakes wrapped in bean leaves. On the fourth day, the village of Tangxi came to fetch the Ancestor.

Chen Yuanguang, writes Yang Yanjie, received titles on ten different occasions in the Song, between 1075 and 1168. His six generals, by contrast, are not to be found in the *Song huiyao*. The "Running with tribute for the king" (*paogong wang*) rite described by Yang involves two *ditou* temples: the Perfect Lord Temple of Northgate, where Shen Yong's statue was first placed in 1755, and the Palace of Protection and Salvation (Hujigong) for the worship of Li Boyao. As according to the 1691 gazetteer the two gods were then worshiped together in a common temple, Yang suggests the 5/5 Running ritual originally involved just that temple. Be that as it may, Shen and Li are sworn brothers, with Li being the civil god and Shen, with his mask, the martial. A 1640 stele refers to them going together to see Chen Yuanguang. But an 1802 gazetteer manuscript says this encounter took place in the Northgate temple and no longer involved Chen. Today the Perfect Lord Temple has six *jiashe*, the Salvation Palace five. Li Boyao is paraded only in the palace's five sectors, while Shen Yong proceeds through all eleven. Shen carries fearsome axes used to exorcise houses that have requested it along the parade route. When the two gods meet, the carriers deploy giant fans between them to ensure they don't see each other: "Kings don't see kings," lest there be a fight. As the rite no longer involves running with tribute, its name has become a misnomer, and the rite is now about the more typical Nuo-like expulsion of epidemic spirits on 5/5.

Concluding remarks

Two things deserve particular mention in conclusion. The first is

Zhao'an's links with Taiwan Daoism, only alluded to in the Introduction. It was in 1987 that I first discovered that members of the Lin family of Nanbi had moved to Taiwan around 1820 and taken with them the manuscripts that lie at the basis of Daoist rituals in Northern Taiwan. The descriptions of Jiao in the present text show further links: the Heavenly Bamboo with the Tiangong (Lord of Heaven) lantern attached to it, the worship of the Lord of Heaven on the last day of a Jiao, and the role played by the Dashanren are all familiar from Daoist Jiao in Northern Taiwan.

The second is the utterly unique nature of Zhao'an lineages, whether it be the hyphenated lineages of the inland Hakka or the massive lineage alliances of the coastal Minnan. In both cases, they have little to do with Confucian ideology, and even less with Confucian practice. Funeral rituals, for example, have remained completely in Buddhist hands. But the fact they seem to have functioned more like military alliances than like lineages is what is most striking. This feature is clearest among the Minnan, with each major lineage group tying its fortunes to an ancestor (*zuzong*) who was a general of Chen Yuanguang, but without making any attempt to show a lineage tie. These *zuzong* are not "founding ancestors", for whom other myths have been created.

上　册

诏安山区与平原的
传统社会

诏 安 概 况

诏安是福建省一个濒海临边的县份，古有"东南门户，闽粤咽喉"之称。唐代以降，中原的汉人相继入迁衍绪，而原先的畲瑶土著则趋于式微。移民带来的生产技术、文学艺术和宗教信仰、风俗习惯，成了地方的文化主流，并在历史和环境的双重影响下有所变异，更形丰富。诏安背山面海，无严寒酷暑，物产种类众多。明清时期，地狭人稠的矛盾渐形突出，加之天灾人祸交相为患，为求生存谋拓展，县民视渊若陵泛海通商，带动土特产的商品化生产加工，从而造成了与传统农耕社会不尽相同的经济形态。

社 会 变 迁

作为边地古邑，诏安在漫漫的岁月中，有过自然环境和人文历

---

* 黄家祥，中国管理科学研究院特约研究员，并应聘任新编、续修《诏安县志》统编和诏安文史工作委员会顾问。

史的沧桑之变。

由于地壳运动和气候变化，这里远古时候曾交替出现海陆进退的景观。隋末唐初，在此犹然半为林莽半为水泽的"蛇豕之区""几疑非人所居"①的地方，生活着被称为"蛮獠"②的畲瑶族民。

盛唐时期，中央政府加强了对边陲的行政管理，同少数民族的自治意愿发生了冲突，于是，泉、潮间的绥安县（诏地时属绥安）爆发了以陈谦为首的诸蛮之乱。唐总章二年（669），归德将军陈政奉诏率府兵到此征讨。越八年陈政病故，子元光袭职，几经艰苦征战，地方渐次平靖，并于垂拱二年（686）获准置漳州。时在四方设有四行台，其中南诏行台的治所，就在现今诏安境内。天宝十三年（754），漳州人口每平方公里 1.53 人，按诏安现有面积1291.5 平方公里计算，当时生活在这块土地上的人口约 844 人，汉畲人口约各占一半③。

宋朝时，地方属漳浦县安仁乡海滨、遵化、修竹、思政等里，统称南诏场，距漳浦县治有 100 多公里。其间山重水复，路途险恶崎岖。由于管治鞭长莫及，"官司难以约束，民俗相习顽劣"，地方长期处于失控状态。而在明嘉靖时，这里已是"粮逾万石，户满三千"，南诏城"人烟稠密，舟车辐辏"，俨然"海滨一巨镇"，④具备独立置县的基本条件。经上下努力，终于嘉靖九年（1530）划出漳浦的二、三、四、五都共 4 个都、22 里、2886 户、20836人置诏安县。其时，都只是区域的划分，基层实行的是里甲制度。以 110 户为 1 里，推其中田产和人丁多的 10 户为里长，每年轮值 1

---

① 见陈元光《漳州刺史谢表》，载《全唐文》卷 164。
② "蛮獠"是古时候中原人对南方少数民族的蔑称，蛮系言其野蛮，獠言其以狩猎为生。
③ 据《新唐书》卷 43《地理卷》，又据陈元光在《请建州县表》原绥安县地"左衽居椎髻之半"之说。
④ 见民国版《诏安县志》附录之《奏设县治疏》，作者为明嘉靖年间叶龟峰。

人担任，其余 100 户编为 10 个甲，每年轮流 1 户为甲首。值年的里长、甲首主要负责按户籍催征丁口银、按地籍催征田赋。每个里还公推一位德高望重者为"老人"，负责排解纠纷、处理赌博、偷窃及婚姻等事务。

之后，诏安的辖区曾几经变动，明万历三年（1575）割南澳岛的云澳、青澳属诏，清雍正十年（1732）云、青两澳析出。十三年漳浦铜山岛（六都）归入，清嘉庆三年（1798）割四都余甘岭以东归云霄厅管辖，此后境域百余年未变。东西宽 40 公里，南北长 60 公里。

明中期倭寇多次犯境，杀掠无数。清初地方在清廷和郑成功、耿精忠两个集团之间三易其手。各派势力互相争战，轮番向地方横征暴敛，民众苦不堪言，更有迁界雪上加霜，诏安荒田 3.84 万亩，民众流离，饿殍枕藉，路有弃婴。清康熙二十二年（1683），土地展复民众回迁，全县人丁在清查之下，"前代之季犹载额丁四千四百六十、盐口九千二百七十各有奇。国朝以来仅存实丁二千七百九十有五，盐口五千三百有一十"。①

入清后，诏安行社、约之设，除县城直辖外，二都辖 6 社，三都辖 18 约，四都辖 7 约，五都（略），约下设寨。康熙四十年（1701），编定保甲，全县设 111 个保，通常每个保辖 20 个甲，每个甲 10 户。由于在乡村中，人们一般是聚族而居，所以保甲和宗族之间有很密切的关系。不少族房长本身就是保长、甲首，即便不兼任，没有族房长的配合，保长、甲首也是难以完差的。

明万历九年（1581），改革赋税制度，实行"一条鞭法"，将原来规定的地税、贡纳、徭役及人头税等都归入田赋里面，按亩征收。清康熙年间，又允许子民自己"合户"，政府册籍里的"户"直接登记的是土地或税粮，以人户现居村庄为编查依据，散落各地

---

① （清）《诏安县志》卷 8《贡赋》，康熙三十年（1691）编纂。

（不同保甲）的田亩，一概归于其户主名下，登册纳粮。到雍正年间"摊丁入亩"，又将丁口银摊给田赋负担，不登记丁口。这些制度的实行，赋税的征收与人口数量不再相关，不再对人口的增长起束缚作用，因而刺激了人口的增长，但人口究竟多少，并没个准数。其原因正如清道光年间知县陈盛韶所言："国家维正之供，全重花名册。诏邑不然，官陂廖氏、附城沈氏、及为许为林，田不知其几千亩也，丁不知其几万户也。族传止一二总户入官，如廖文兴、廖日新、许力发、许式甫是也。更有因隐避役徭数姓合立一户，如李林等户合为关世贤、叶赵等户合为赵建兴是也。"① 道光九年（1829），陈盛韶组织户口调查，将户口资料标在门牌上，钉于门首，由此共造册 82500 户、358599 人。

考之诏安的历史，在吏治较为清明、赋徭负担较为合理的情况下，封建政权通过保甲制度与宗法势力，将触角伸展到基层，是能维持其统治有效性的，反之，就容易导致社会动乱。鸦片战争后，一切灾难性的后果，都被清朝统治者转嫁到民众身上，仅光绪二十八年（1902）"庚子赔款"，就分配诏安民众负担一万两银。光绪三十一年（1905）废除科举后，州县在朝廷的授意下大开卖官之门。如此，便导致衙门里掌权者的素质、威信下降，政权对基层的控制力大减，社会各种矛盾加深。乡村里的精英阶层断了靠科考出人头地的念想，便不断有人离开乡村另谋出路。劣绅、恶棍乘机控制保甲和宗族，地方经济衰退、人文变质。清宣统年间，当局划全县为 15 个自治区，想通过对区长的任命来控制基层，却难以真正实行。

入民国，地方局面失控，民间械斗此起彼伏，各地抗捐抗税的事件时有发生。其中民国元年（1912）的 5 次械斗，伤亡 680 多人；民国 5 年（1916），靖国军两个连到秀篆抢劫粮食并强征银圆

① （清）陈盛韶：《问俗录》之《花户册》，书目文献出版社，1983。

24000 元，群众持械反抗，坑杀官兵 100 多名。

同年，六都和五都从诏安析出，置东山县。民国 9 年（1920）全县划分为怀恩（城关）、遵化、思政、东湖、维新、梅岭、梅港、奇湖、太平、霞葛、官陂、秀篆 12 个自治区。民国 33 年（1944），撤区并为 13 个乡镇，162 个保，2257 个甲。到 1950 年底，乡镇保甲制度被取消，全县改设 7 个区，下辖 89 个乡，8 个街道。在民国元年全县人口 15 万人（不包括东山部分），到 1953 年净增 74985 人。

经 济 地 理

置县时，诏地境域东边（新店）接福建省漳浦县，西边（分水关）和南边（琉璃岭）接广东省饶平县，北边（龙过岗）接福建省平和县。以后辖地几经划入析出，上节已详述。

诏安西北部，由平和县入境的莲花山与大芹山，分别向着偏东、偏西方向延伸，与东边的龙伞崬、高隐山、乌山和西边的犁头崬、高崬山、点灯山相接。东南部是东海和南海交汇的诏安湾，梅岭半岛突出于海中，与城洲岛隔海对望。横贯全境的东溪，全长 90 多公里，源自平和县大溪山，流经诏安的龙过岗，由汤头、陂龙向下，汇支流秀篆溪、樊沙溪，经梅仔坝、麻寮、纳白叶洞诸水，经墩上、走马塘，汇集金溪水，再经梅花至龙潭、美营，汇长田、塘东、赤水溪诸水，贴县城而过，经澳仔头，汇西溪入宫口海港。整个山水格局，其山宛如两条外环的青色游龙，在将要入海的地方，摆首回头顾盼，顾盼处便为南诏城；其水东溪则有如一条环护该城的白龙。用古志书的话说，诏安古城立基在"风水结聚之处"。

南诏城筑于元至正十四年（1354），为漳州地面较早筑就的一座城池。当时筑城，乃由于闽粤频发的反元起义，从军事用途考虑，期限又较紧，因此，所砌石城方圆不过 645 丈。明弘治十七年（1504），巡按饶瑭鉴于这里"地虽小实漳要会之所，为闽咽喉。而旧城过于狭窄，不便斥守"，于是下令扩建，工程历三年竣工。新筑的城墙，周围 1360 丈，高 1.6 丈。以后又几次予以加固改善。到嘉靖抗倭时，城墙已增高至 1.9 丈，城外筑东、西、南月城（北城门外临大池塘），用以屏蔽城门。在城墙上建瞭望台 5 座、虚台 1 座，墙周还设有窝铺 8 个。护城壕也加深、加宽各达 2 丈，壕内可通海潮。加筑外城，周围 1200 余丈，又筑西关城 300 余丈。之后这座城屡经重修，也多次经过战火的洗礼，直到民国 27 年（1938）实行"焦土抗战"，才将城垣拆毁了。

明清时期，城内分为东、西、南、北街，城外辟有东、西、南、北四关。及至清代，东西街上仍是商号店铺较为集中的所在；南北走向较宽的街道有夺锦街、圣祖街、铿塘街等。四关之地，也形成数十条街道。而在临溪岸的地方，置上水码头和下水码头，并建有一排货栈。民国初期建设的中山路、三民路，铺面林立。同时，县城还出现了 10 个日日市，与星罗棋布于乡村的近 20 个集市一起，为群众的生产生活提供了便利。

诏安水通东、南二海，陆接闽、粤两省，县内的水陆运输四通八达，县城适值陆上交通闽粤必经地和溪海交汇处，历来是对内对外交通的枢纽。

古代水路分海航和溪航。在宋元时，诏安湾作为中国海上丝绸之路的中经海域，湾内的梅岭港已有来往泉州、广州两港船只停靠。明中期，县人吴朴在其所著的中国第一部刻印水路簿上，也注有诏安与外交通的航路。清代，大驳船北上至辽东的旅顺、营口和京、津、杭；南下到台湾和南洋的暹罗、吕宋。民国期间，航程较清代要短，外海航道仅上通厦门，最远达浙江、上海；下通汕头，最远达香港、广州。货船用于海上贩运，它们的装载启泊处，往往在城郊溪岸。县城的内河航运以东溪为主、西溪为次，兼及几条小溪。据民国 26 年（1937）[①]，东溪可通航里程，由上游的官陂到下游的宫口港出海处，总长 72 公里，年均货运量 48～50 千吨，往来东、西溪各种内河木帆船约 200 艘。民国 34 年（1945）以后，东溪航道淤浅日甚，到 1949 年通航里程仅由龙潭至宫口港。

古代的陆路分为驿路和铺路。县城与外面联系的驿道有两条，向东一条经林家、洋尾桥、内凤、半砂铺、四都、上湖、梅州，至云霄驿 80 华里，通往漳州；向西一条出西觉寺经港头、双港、青金、雨亭、双过梁山、樟朗、分水关，至粤属的黄冈驿 40 华里，通往潮州。另铺路四条，一条向东南至铜山；一条向南至宫口港；一条向西南至广东所城；一条向北至平和大溪。此外，县城还有一些通乡村的道路。陆上交通长期主要以人力、畜力为主，民国 24 年（1935），汽车可从县城北达漳州，南达黄冈，诏和公路也可通车到太平。抗战期间，为防日寇入侵，对路面、桥梁予以破坏，并在港口、溪门沉船坠石。抗战胜利后，城关至分水关勉强通车。城关通往云霄的公路，直到 1950 年才恢复通车。

诏安属亚热带海洋性气候条件，地形地貌多种多样。唐宋两代，由于中原农耕技术与这里自然条件的结合，农业已成为地方主业。明清时，据志书所载，县内大多数水利灌溉设施在其时兴建，使农业种植面积有所扩大，并引进了水稻、番薯、甘蔗、花生、麦子、荔枝（"乌叶仔"）、烟草等 20 多种农作物新品种。国外早晚稻种和中国内陆大、小麦的引入并广泛种植，使得那些缺水的高地和积水的洼地被加以利用。番薯于万历年间引进，使减少粮食作物用地成为可能。地方传统工业的发展，主要体现在新的纺织、榨糖器具的使用，海盐的提取由煮法改为晒法。

明清时期，三都的商品生产和商品交换的规模、程度，要超过前朝和后代，在沿海一带也是有影响的。从明代亦商亦盗的海上武

---

① 《福建省统计年鉴》，福建省政府秘书处编印，1937。

装集团首领吴平，到清代广州十三行靠中籍洋务起家的商界翘楚叶上林、谢家梧；从万历年间邑人沈铁所言民众"贩东西二洋，代农贾之利，比比然也"，[①] 到清代县人生计"半资外运商舶"，[②] 都可资说明海运之盛。

在海上贩运业的引领下，三都的生产结构相应改变。因为种粮利润较小，而"蔗可糖，利较田倍，又种橘，煮糖为饼，利数倍"。[③] 为了追求经济利润，民间大幅减少水稻的种植面积，转种经济效益较高的甘蔗、花生、荔枝、柑橘等，通过加工，作为商品向外出售，换回粮食、棉花等。粮食自用或转口贸易，而棉花经过纺织加工，再行外销。其他如陶瓷业、制盐业也具有一定规模。

民 俗 风 情

畲瑶作为当地的土著居民，在汉武帝时，曾被强制迁往长江流域、淮河流域。唐代平乱，畲瑶民或被诛杀，或被迁徙，幸存者则退居山区，"崖处巢居，耕山而食"。及至元初，本邑陈吊眼、陈吊花畲族兄妹率畲汉义军抗元，失败后参加抗元的村族被血洗。之后，残余的畲徭后裔逐渐同化于汉人。

2000 年的全国第五次人口普查，查实诏安县全县总人口568156 人，其中汉族人口556853 人、畲族人口11048 人（其开基祖是于明代入诏），此外还有 1950 年以后迁入的 20 个少数民族，合人口256 人。在汉人中，75% 是"福佬人"，25% 是"客家人"。

福佬人、客家人是南迁汉人的两个民系，福佬人系由中原经淮河流域、大运河，取道江浙，由浙江仙霞岭入闽，再顺着闽江，过

---

① 诏安县方志编纂委员会编《诏安县志》附录《上南抚台经营澎湖六策书》，方志出版社，1999。

② 民国《诏安县志》上编卷一《天文志·民风》，诏安青年印务公司，1943。

③ 民国《诏安县志》上编卷二《地理志·物产》。

南平、福清、仙游、安溪抵龙溪，进入闽广之交的游移地；而客家人出走中原后，渡长江、过鄱阳湖，居留于闽西汀州治下的宁化县石壁村等客地一段时间，才沿着武夷山脉而下。入诏后，福佬人多住沿海、平原，客家人则多住在山区、半山区。由于福佬与客家、山区与沿海的不同，人们的环境认知、资源利用以及精神文化各个层面都有一定的差异。

福佬文化一个最明显的特质是海洋文化，人们重耕海、敢冒险。明清时期，渔盐业和海上贸易成为地方重要经济来源，出于对海的依赖，对海神妈祖至为崇敬。近代地狭人稠，故对生存空间的利用甚为讲究，不仅有"种田如绣花"集约农业，而且在建筑、饮食、服饰等方面也较为精巧，同时也造就了福佬人精明能干、团结对外的心理，这也是福佬人长期在外谋求发展，相互帮助、扶持形成文化潜质。在山区艰苦条件下，客家人形成以梯田文化为主体，以刻苦耐劳、穷则思变等精神为基石的客家文化架构。客家妇女最先破除缠足陋习，也不束胸，一顶遮挡烈日风雨黑纱边凉帽为她们特有标志。为求改变命运，在历次社会变革中，客家人皆踊跃投身其中，读书求出路，这也是客家人摆脱贫困的重要途径，"地瘦栽松柏，家贫子读书"，重教尚学风气在客家地区甚盛。

民系是移民的产物，而方言又是民系的重要标志。"福佬话"与"客家话"都是以中原古代音韵、词汇为主演变而来的，与现行的普通话大不相同。相比较而言，"福佬话"比"客家话"更不像普通话，研究语言的人有"潮音以闽"与"客音近赣"的说法。这是因为前者比后者早出中原数百年，辗转迁移中寄寓地不同。

诏地歌谣种类不少，量相当大，但论传唱久远的，当推畲歌和客家山歌。畲歌和客家山歌的内容皆十分丰富，有情歌、革命歌、劳动歌、生活歌……以情歌居多。这两种歌的曲调均属清新明快，旋律较简单，不用乐器伴奏，随时可唱，有独唱，有对唱。唱来大多感情纯真质朴，语言生动活泼，寓庄于谐，寓雅于俗。这是其相同之处。不同之处在于畲歌是用福佬话演唱，而客家山歌是用客家话来唱。在结构形式上，畲歌一般每首七言八句（可连为长歌），一首分两段，每段一、二、四句押韵，歌词第三句完全相同，其余三句末尾一两个字的改变，故意重叠反复。如："菱角开花四点金，桃李开花动人心。后园种花好打扮，娘仔开口值千金。菱角开花四支刺，桃李开花笑嘻嘻。后园种花好打扮，娘仔开口中人意。"客家山歌一般每首七言四句（也可连为长歌），歌词不求重复。如独唱："太阳出来红满山，革命革过分水关。大队红军打天下，红旗要插上乌山。月娘一出光连片，革命不分我和你。工农原是一家人，红旗飞舞闽粤边。"又如对歌，"男唱：石头硬硬烧石灰，团团塞在我胸怀；改革开放是活水，石灰见水心花开。女唱：千只鸬鹚落一潭，谁也难捕鱼半篮；放开手脚找门路，山门大开天地宽"。

再如葬俗，往昔福佬人与客家人有很大的不同。福佬人讲究死者入土为安，在未找到合适的风水地前，宁可在家中停棺几年待葬，然一旦将死者安葬，一般不再动土，就是迁移外地也不会迁坟；而客家却有二次葬的风俗，即亲葬两三年，掘墓洗骨，装在罐里，叫"捡筋"，如果骨头不黑，则原穴重葬，如果骨头是黑的，则先暂寄在岩石下、土洞中，请风水先生另选宝地建新坟，选取吉日安葬。在移民的时候，家人到郊野挖掘其祖先的骸骨，盛在一个所谓金罂（或木箱）里，由家中的男人背着，当抵达新定居地，就把金罂放在杵下，让先人得到安息，以后找到适当的地点作新坟，把先人的骨骸安葬在那里。新中国成立后这种做法已不多见，现今尸体实行火化，这种习俗已成了"明日黄花"。

沿海与山区在居住方面区别也很明显，平原多为方围寨，山区则多圆土楼，有的寨楼有两三重、三四层，一个寨楼就代表一个以血缘关系为纽带聚合起来的生产、生活单位。寨楼里除了分配给各家各户住的房间外，往往有厅堂、水井、碓房、仓库、天井、厕所、猪舍等公用设施，俨然"独立王国"。建造时基本上是就地取材，一般以黄黏土为主，掺砂石、稻草和适量石灰（有的还在墙基加上糯米饭、蛋清和红糖），经反复搅拌，夯压成坚固的楼墙，并以杉木做屋架、栋梁、门窗和楼板的材料。平原地区要在墙外抹灰浆，墙脚垫石头，以防水浸；山区则往往不加涂抹。寨楼抗震隔热、安全牢固，有的经历了二三百年风雨依然完好。

皆为中原传人，又长期共饮一江水、同顶一片天，相似处也不少。比如同样喜欢聚族而居，以至数里无他姓，"宗支村""子母寨"众多；就饮食而言，食者是以清淡为主，食物讲究原汁原味，标准是烹制什么菜就得有什么菜的味道，少用或不用辛辣之调味品；饮者以"功夫茶"特色最明显，很难再找到一个地方如此普及茶文化。无论是在高档的茶馆、酒楼或是街边的摊档、普通百姓家，甚至是农忙时的田间，你都能见人悠哉地喝功夫茶。人们有事喝茶，没事也喝茶，有朋友时陪朋友喝，没朋友时自己喝，只要你走进当地人家做客，迎接你的必定是功夫茶。而即使是家里冲泡，最少也有七道程序，而且道道有说头，像"关公巡城""韩信点兵""货如轮转"等。茶之外，还喜欢喝青草水、老红酒、药酒。

时年八节基本上承传的同是中原的风俗，信仰以儒为主，崇祀多种神佛，地方上宫观庙宇比比皆是，祀神庙、行神道、祈晴求雨、焚香跪拜、游神赛会、演戏修醮等民俗，有些活动甚是热闹。平时也有不少生产生活宜忌。至于地方上流行相当广泛的通俗文艺，诸如潮剧、歌册、潮州锣鼓、俗语、谚语等，则与中原相去较远，带有移民的很大创造性。

潮剧大约产生于明初，系通过从江西传入的弋阳诸腔加以改造的地方戏曲。它集诗、歌、舞、戏于一体，唱念用古谱"二四谱"，韵味浓郁，身段做工既有程式规范又富有写意性，音乐属曲牌联套体，唱南北曲，声腔轻俏婉转，长于抒情，行当生、旦、净、丑各有。数百年来，潮剧是当地占"统治"地位的剧种，清末民初为潮剧的鼎盛时期。现今，在中国许多地方剧种都面临传承困难的问题，但潮剧却有广泛的观众基础，特别是在农村，每有游神赛会活动，仍要请潮剧团搭台演戏。

歌册大约是于宋末明初，由江南通过福建、江西辗转流入潮州的一种"变文"，吸收了地方歌谣、俗曲、秧歌等成分而产生的。它是以潮州方言编写的长篇叙事唱本，内容大多由历史演义故事、话本小说、民间故事、杂剧、传奇改编而来。以通俗生动的语言、鲜明的艺术形象、曲折多变的故事情节，加之浓郁的地方色彩吸引听众，尤为妇女所喜爱。往昔，妇女们常在中午、晚上聚在一起，一人唱，众人听，此谓"唱歌册"。诏安唱歌册，是从潮州流传过来的，称为潮州歌册。

民间常有潮乐合奏，人称"对操"。逢喜庆活动，人们多要将潮州锣鼓搬出来敲打一番，图个热闹。闽粤边流行的俗语、谚语不尽相同，却都很精彩。

宜人的气候和复杂的地貌相得，中原情结和草根本色兼容，海洋文化与内陆文化碰撞，福佬与客家同在，历史传统与现代风尚并行，这个"中国历史文化艺术之乡"展现予人的正是这样看似斑驳却又和谐的风土人情。

一　山区乡镇

官陂镇的张廖氏宗族与民俗文化

刘劲峰　魏丽霞

秀篆客家的社会经济和民俗文化

李应梭

霞葛镇传统社会调查

黄木尊　李应梭

官陂镇的张廖氏宗族
与民俗文化

刘劲峰　魏丽霞[*]

张廖氏是在中国东南沿海地区出现的一个较特殊的客家复姓宗族。据称，该宗族自诞生之日起，至今已有 600 多年的时间，其族人遍布官陂镇所属的 17 个行政村，72 个自然村及其周边的进水、五洞、六洞、坪路，平和之廖安、赤安，云霄之水晶坪、白狗洞、小枋，广东之饶平、揭阳，广西之永福、番寨和台湾云林县的二崙、西螺，台中市的西屯，台北市的北区、板桥等地，有的还进入日本及东南亚各国，总人数达到 30 多万。该复姓宗族是在怎样的历史条件下形成的？其宗族文化的形成与地方社会之间到底有哪些有机的联系？带着这些问题，自 2005 年 11 月起，笔者在诏安县文化局原副局长李应梭先生的引领下，先后四次来到官陂镇，对这里的地理、社会环境、传统经济，民俗文化及张廖氏宗族的形成过程作了一次较系统的调查。

---

* 刘劲峰，江西赣州市博物馆研究馆员、江西客家博物院兼职研究员；魏丽霞，江西赣州市博物馆副馆长。

一　背景资料

（一）地理沿革

官陂，位于诏安县北部，距县城约 52 公里。它地处闽、粤两省接合部，介于诏安、云霄、平和三县之间，其东、南、西、北四面分别与云霄县之三星、高碟，本县之红星、太平、霞葛、秀篆，以及平和县之云中、庄上等乡（镇）相邻，跨过秀篆、太平与广东省的饶平县隔山相望。全镇占地面积 140.77 平方公里，其中 90% 以上为丘陵山地。诸山之中，以西北部的八仙座，龙伞崀及东南部的石笋山为最高点，海拔均在千米以上。由龙伞崀、石笋山延伸而出的犁壁石、尖峰头雄踞于该镇的西、东两面，成为该镇中面积最大、地势最险要的两块高地。山谷之间，有官北溪、新径溪、马坑溪、吴坑溪等数条溪流分别从东、西两面汇入发源于平和县境内的东溪河，而后由北向南，经过霞葛、太平、建设、西潭、南诏等乡（镇），从宫口港注入大海，从而成为诏安境内贯穿南北的一条主要河流。据分别修撰于民国 31 年（1942）、公元 1999 年的《诏安县志》（以下分别简称民国《诏安县志》、新编《诏安县志》）记载，官陂，明代以前为漳浦县属地，嘉靖九年（1530）析漳浦二、三、四、五都，设置为诏安县，官陂为诏安二都六社中的官陂社、九甲社所在之地。之后，诏安改设八、九二图 22 保，官陂为九图所属的福岭、龙径、白营、龙秀四保之地。清末，诏安全境改设为 12 个自治区，官陂为 12 个自治区之一。民国 19 年（1930），12 区缩减为 6 区，官陂又为 6 区之一，下辖今官陂、霞葛、秀篆三镇。之后，行政区划时分时合，名称变更无常。直到 1991 年，正式设置为官陂镇，下辖马坑、大边、凤狮、彩霞、下官、陂龙、吴坑、光亮、光坪、官北（北坑）、新坎、新径、地

坳、龙礤、公田、林畬、龙冈等 17 个行政村、72 个自然村、167
个角落①（见图 1）。2006 年统计，全镇共有耕地、鱼塘约 1.9 万
亩，山地 172.7 万亩，有居民约 4.8 万人（其中农业人口约 4.5 万
人）。在这 4.8 万人中，张廖氏约占了 96%，其余依次为谢（约
600 人）、钟（100 余人）、吴、陈、王、江、马、赖、曾等姓人。

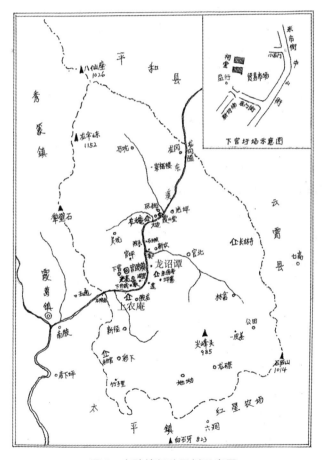

图 1　官陂镇行政区划示意图

---

① 通常情况下，一个土楼或一个山坑便算一个角落，其意义相当于屋场。

（二）传统经济

官陂经济以农业为主，由于该镇山多地少（20 世纪 50 年代初统计，全镇人均耕地为 7 分，如今只有 3 分，在大边、凤狮、马坑、公田、地坳、龙礤等山区村落则仅有 1 ~ 2 分），耕地全部用以种粮，尚不足自给，只能利用部分缓坡山地栽种荔枝、龙眼、黄旦等水果（官陂所产的荔枝、龙眼，因成熟期短、上市早，一度很受乡民青睐）及松、杉、毛竹等经济林木。为维持生计，农耕之外，绝大多数人要兼做米粉条、打草鞋、烧火炭、做碗或打担贩运方可勉强度日。

官陂及其周围地区"地极七闽，境连百粤"，"山林险恶，道路崎岖"①，过去物资流动十分困难。据当地人反映，新中国成立以前，公路尚未开通，境内的物资流通，主要依靠四条通道。一是利用东溪水道，将东溪上游所产的物资运到诏安县城或宫口港，再从县城或宫口港把山里人需要的各种工业品运回这里。由于东溪上游水浅滩多，沿途还有一道又一道的拦河水坝，故水运中需要反复接运。为此，新中国成立前官陂的上官墟长期备有 2 条小船，每条船上配备 2 名船工和 2 名挑夫。每到约定开船的时刻，诏安或官陂商人买好的货物（一般有产自平和大溪的棺材、竹篓、斗笠、箩筐，高村的黄麻、红枣及上官各地生产的米粉丝、面线、生姜、草鞋、火炭、干柴、荔枝、老红酒）都要通过挑夫趁夜运到停泊在庵边的船上，顺水运到新坎的石子陂。因这里有水陂阻挡去路，故随船挑夫需将船上的货物搬下，再将空船抬过水陂，然后重新装货上船，水运到官陂与霞葛交界处的石陂边。这里又有一条石陂阻挡去路，随船挑夫又要将船与船上的货物搬运过陂，再顺水运送到霞

---

① 陈祖荫：《诏安县志》卷 16 "艺文"，许仲远：《奏设县治疏》，修于民国 31 年（1942），以下简称民国《诏安县志》。

葛所属的店下坪。店下坪以下，石子太多，水道过浅，船只无法通行。货物需由货主另雇挑夫，从陆路运送 4 公里，到三姑娘处再搬上事先雇用好的另一条木船，通过水运到太平镇所属的大布墟。大布墟以下水流湍急，且处处是险滩暗礁，船只又无法航行，货物的搬运需再次雇挑夫陆行 10 公里，到西潭所属的下寮再次下船后才能顺利水运到县城（南诏镇）或继续航行到宫口港等候出海。这条水路全长约 50 公里，其间水陆接运多达 4 次，陆行路程长达 14 公里，行程十分艰难，非特别需要，商人一般不会选用这条运输线路。

水路之外，便是三条陆上运输路线：其一是从官陂到平和县大溪、安厚、九峰的石子小路，沿途须经过本镇的塘下、严眉山、赤岭、天子冈、枫树头及平和的新丰、下径，全程约 30 公里。到达大溪后，再往前便可直抵安厚、九峰等地。从大溪、安厚、九峰运回的主要是大米和竹木器具，而运去的则是食盐、布匹与百货。其二是从官陂到广东饶平县的小路，该条路线有多个走向，其中最常走的，一是从上官出发，经吴坑、大水坑到秀篆所属的黄麻坳，再转向西北，由石下、庵前、河尾、北坑、牛角墟，到达饶平县的茂芝墟，全程约 20 公里。二是从下官出发，经石陂面与霞葛的五通、下村子、新营、陈吊岭、流塘、科下，太平的梅子坪、黄村、石田，越过老虎关，直达广东饶平县的山饶、浮山，再往前则可进入饶平之黄冈（食盐产地）及揭阳、汕头等地，全程 35～40 公里，一至两天来回。运去的主要是大米、米粉丝、火炭，而运回的主要是食盐、海产品及洋纱、布匹等工业品。其三是从官陂到云霄县城，该线路分别从上、下官陂出发，经新坎、官北、林畲、公田，再翻过余甘岭，经云霄县的下河到达云霄县城，全程约 35 公里，当天来回。运去的依然是山区的特产，而运回的则有大豆、豆饼（做肥料用）、花生枯、春干（即个头很大的鱿鱼干，主要用作祭祀供品）、食盐。云霄县城所能买到的，都是官陂人最需要的物资，所以，官陂的挑担者去的最多。

以上三条道路都要经过许多高山险隘，不仅道路崎岖难走，而且途中还会时常遇到土匪打劫。其中，天子冈、三峻岭、余甘岭、老虎隘是土匪经常出没的地方。挑夫一旦遇见土匪，轻则货物被抢，重则有生命之虞，故新中国成立以前，凡官陂一带的人都会学些棍棒、拳脚武功（当地称“扁担阵”），且外出打担时，一般都会邀集二三十人同行，以便集体自卫。

食盐是挑担者的主要运输物品，原因是诏安近海，又地处闽粤两省交界，其所属的东山镇及与之相邻的广东饶平都是食盐的主要产地。而中国自汉唐以来，对食盐一直实行“专卖”（名曰“榷盐”）。受政治利益和经济利益的驱使，朝廷一再强迫江南一带的居民皆食淮盐。但淮盐质劣而价高，而闽、粤之盐“因成于日晒，性刚能持久，其味倍咸，食之多力，且贫者得盐难，生盐可以省用，南赣人醢酱用生盐，谓气力重于淮盐一倍”。且康熙三十年（1691）以前，“诏安非行盐地，无商引正课及诸禁例，听民从便贸易”，“大抵盐虽诏产而甚直贱，计一石所产，直不过三分”。自康熙三十年起，福建设盐院专司盐政。乾隆年间，诏安设盐场大使，规定所产日晒大盐分配给本县并平和、长泰、海澄、龙岩等州县，由商客采买行销，于是，诏安开始有盐场与盐引行销。“然原额给引不及渔鲍肆饮用，向来民间以出产之地，私盐无禁，互相买卖，盐白而价贱。”① 正是在这种丰厚经济利益的驱使下，自宋代以来“每年秋冬，田事既毕，（闽、粤、赣三地的乡民）往往百十为群，往来虔、南、汀、漳、梅、循、惠、广八州之地”，“私贩广南盐②以射利”，“捕不能得”。③

---

① 陈祖荫：民国《诏安县志》卷9《赋税》。

② 此时，诏安尚未建县，故人们将产自闽粤交界地区的食盐一概泛称为“广南盐”。

③ 魏瀛：清同治《赣州府志》卷29《经政志·盐课》。

位于闽赣两省接合部的官陂、霞葛、秀篆、平和，云霄及广东饶平、梅州是宋代以来食盐走私的主要通道。民国以前，各地以走私食盐为主要目标的打担者数量很多，仅官北一个村，20 世纪 40年代，全村 50 余户、80 多个男劳力中，除 2 户地主、1 户小商人家中没有人外出打担贩私盐之外，其余男女劳力都从事过这项营生，足见其涉及面之广。

历史上，私贩食盐属违法活动，尤其是自乾隆三十年（1765），诏安"知县陶奉文督销商盐起，闽盐商势大振"，"凡市肆私腌海产，贫民挑贩埕盐，截途搜室，官重治之，盐政遂严"。①所以，私贩食盐均要在十分隐蔽的状态下进行。而当时所采用的，多是分段贩运的办法。官陂、秀篆和霞葛位于这条贩运线的最前端，故私运物资一般均要从三地乡民手中取得。据调查，官陂打担者所贩之盐一般从两个地方采集，一是从下官出发，经新坡、林畲、公田到本县红星农场所属的坪水去购买（有诏安四都人会把私盐挑到这里贩卖）。另一是从上官出发，经霞葛、太平到广东的饶平去购买（当地人称，粤盐白，质纯，适宜炒菜；而闽盐色黑味浓，适合腌制各种干菜，两者各有各的优点）。贩私盐者多走羊肠小道，且一般要昼伏夜行，不仅辛苦，而且十分危险。据现年86 岁的张福均老先生回忆，他贩盐去得最多的地方是坪水；去时只带扁担，天还没亮就要出发，中午之前要赶到坪水；到了以后，立即买盐，并把盐很快挑进云霄县水晶坪的大山里，在这里落脚住店；半夜之后再经公田、林畲，在清晨七八点钟回到官陂。盐挑回后，小部分留在当地销售，大部分再由秀篆人贩运到牛角墟。而牛角墟上，早有来自饶平茂芝墟的盐贩等候在那里，并把盐立即贩运到广东的大埔或平和的九峰墟。到了那里之后，赣州来的盐贩子再把盐贩卖到赣州各地。

---

① 陈祖蔚：民国《诏安县志》卷 9《赋税》。

官陂地处诏安、平和、云霄三县之间，境内有东溪河可通往海边，故自然成了三省边缘地带山区物资的集散中心。相传从明代起，位于东溪河畔的新径便开辟出了墟场。[①] 入清以后，墟场由新径迁到人口更为稠密的庵边，不久又由庵边逐渐移往与之相邻的大边。民国 19 年（1930），随着官陂自治区政府的成立，作为诏安北部三乡的政治中心，下官墟场逐渐兴起，并在规模上很快超过上官墟，从而使官陂镇同时有了上、下两个墟场。

上官墟坐落于大边村内，这里是永安公长房大佐后裔占据的地盘，故墟上粮、油等大宗物资的交易过秤及墟市秩序的管理都由长房头人（即大家长）[②] 指派房中有势力的人承担。整个墟场呈"b"字形布局，有一条带形和一个与之相连接的环形街道组成。20 世纪 40 年代，街上共有各类店铺 15 家，其中布店 2 家、药店 3 家、染坊 1 家、饮食店 3 家、果饼杂货店 4 家、裁衣店 1 家、赌场 1 个。带形街的街头和街心还有上、下两块自由交易场地，主要交易品为柴火、蔬菜、竹木制品、鸡、鸭、粮、油，场地的周边开设了一些肉案。除此之外，在墟市外围的庵边村还开设了 1 家染坊、1 个豆腐作坊，凤狮村开设了 1 家布店、1 家果饼杂货店、1 家染坊和 1 个豆腐作坊。这些店铺的经营者全都是上官当地人，而参与墟市交易的，除了官陂人之外，还有来自平和大溪等地的山区居民。由于该墟辐射面较狭小，故墟市采用"朝市"的方式，每逢农历二、五、八的早晨开市，中午 11 时左右散市。没有成交的物资，当天还可拿到霞葛墟继续交易（霞葛墟采用的是农历二、五、八的下午开市）。

相对于上官墟，下官墟的规模要大得多。整个墟场呈不规则的工字形布局，由中山街、米市街（与中山街相连）、东门街、新墟

---

① 陈祖荫：民国《诏安县志》卷 4《建置》。

② 当地称房长为"大家长"。

场等 4 条主要街道组成。据当地长老张南山先生回忆，民国年间，下官墟上共有 120 多家商店，其中，仅中山街就有金银器店 5 家、杂货店 5 家、纸张文具店 3 家、布匹洋纱夏布店 5 家、染坊 2 家、糖果蜜饯店 5 家、油盐大豆米面店 3 家、海产干果店 4 家、长生店（卖丧葬用品）2 家、药店 7 家、烟丝加工店 2 家、客栈 1 家、饮食店 5 家、香烛店 3 家、镶牙店 6 家、酒醋调料店 2 家、棉被加工店 3 家、铁匠铺 1 家、木匠铺 6 家、缝衣店 6 家、油漆店 2 家、米粉丝交易店（货物由货主自卖，店主抽成）4 家、理发店 5 家、香烟店 5~6 家。此外还有一个很大的盐行，上、下两个农贸交易市场和一个猪仔市场。

与上官墟一样，下官墟的商店也全由下官本地人开设，墟市大宗交易物资的过秤和市场秩序的管理也由街道及交易场所所在地的大家长指派本房有势力的人负责。墟市管理由于具有较丰厚的经济利益，而下官墟原有的三条街道，几个交易市场虽长房（大佐）、二房（大任）、三房（大参）、六房（大位）分别有份，但其中六房在墟市周围的居民最多，而在墟市中所占的地盘却相对较少。为此，他们的心里很不平衡，便于民国 30 年前后筹划在与东门街相接的老六房的地盘上另辟一条新街（取名新墟场）。消息传开，立即遭到长房、二房、三房的强烈反对。由此，房际矛盾迅速升温。后仅因六房在墟镇周围的居民最多，势力最大，反对才没有成功。但从此以后，在相当长的一段时间里，各房人均各找各房的店，各赴各房的墟，互不理睬。

墟上交易的商品五花八门，其中较大宗的商品有大米、食盐、咸渍鱼、春干、花生油、黄豆、豆饼、布匹、棉纱、染料、竹木制品、火炭、米粉丝、荔枝、龙眼、老红酒。其中，火炭、米粉丝、龙眼、荔枝、老红酒、花生油为官陂本地产品，而布匹、棉纱等百货用品多来自汕头，大米、竹木制品来自平和，咸渍鱼、春干、黄豆、豆饼、染料则来自云霄县城，食盐部分来自饶平，部分来自坪水。这些物资的流动，90% 以上依赖肩挑背扛，所以，挑运是维持墟市正常运行的不可或缺的条件。

（三）张耍与万氏集团

"万氏集团"是明末清初在福建平和、云霄、诏安三县交界地区形成的一个以"结万为志"的民间异姓结拜组织。据张君燕先生回忆，该组织的首领万礼，原为平和县琯溪人，从小被官陂首富、张廖氏九世祖张子可收为义子（一说结拜为兄弟），取名张耍。对于张子可收张耍为义子，当地有许多传说，相传子可有一次外出经商，当他所坐的船在傍晚时路过琯溪时，只见溪边停泊的一条破船上发出阵阵豪光，船内还时不时传出婴儿的啼哭声。他觉得很奇怪，便上船询问，只见船内躺着一位奄奄一息的老头，老头的怀里抱着一个相貌不凡的幼童，一问才知幼童的母亲早已去世，只剩下他带着不满周岁的小孩依靠船运为生。十多天之前，他不幸染上了疾病，又无钱医治，只好躺在这里等死。问明情况后，张子可掏出 300 大洋，把这位幼童收为义子。据说张耍来到子可家后，无论是族人还是子可的几个亲儿子都非常歧视他。所以，他从小便开始习武，并练就了一身非凡的功夫，长大后成了子可外出贩盐时的好帮手。在贩盐的过程中，他先后结识了道宗（俗名张云龙）、蔡禄、郭义、李万、叶冲、鲁英、廖猛（又名福祯）、黄靖、刘阿贤等一批好朋友，并结成"以万为姓"的异姓兄弟。[1] 明崇祯十七年（1644），"因苦于缙绅之虐"，以张耍（此时改名"万礼"）为首的"万氏集团"率领以二都九甲为中心的数千群众，聚集在犁壁山，举行了声势浩大的武装暴动。[2] 暴动队伍转战东西，占领了官

---

[1] 罗炤：《天地会探源》(50)，《中华工商时报》1994 年 10 月 19 日起分 139 次连载。

[2] 陈祖荫：民国《诏安县志》卷 5《大事》。

陂周围的许多乡镇，并一度攻占了饶平重镇黄冈。清顺治七年
（1650），在郑成功部左先锋施琅的引荐下，参加暴动的数千名将
士投奔了以郑成功为首的反清队伍，为此，张耍被先后授予戎旗亲
随协镇、前冲镇提督之职，南明永历七年（1653）因海澄大捷，
功勋卓著，又被南明皇帝册封为建安伯，其他将领也恩赏有加。顺
治十五年（1658），张耍率兵攻破菁山、磁灶等 26 堡，接着又北
上攻打南京城，不幸阵亡。战斗结束之后，郑成功将其灵位安进了
忠臣庙，以示褒奖。但不久，因遭到诽谤，其灵位又被逐出了忠臣
庙①。此事引起了"万氏集团"众兄弟的强烈不满，于是，在道宗
的策划下，蔡禄、郭义率部叛郑投清。康熙十三至十四年
（1674~1675），因响应吴三桂的反清复明军事行动，蔡禄被清廷
杀害，而郭义则被长期囚禁。这一波三折的历史命运大大刺激了
"万氏集团"重要成员之一的道宗禅师，后来，他便以官陂的长林
寺、高隐寺为基地，授徒传教，从事反清复明的秘密结社活动。②

　　以结万为姓的"万氏集团"在官陂周围地区的出现是该地区
地理与社会环境相互作用的结果，而其后发生的一系列戏剧性变
化，对当地宗族社会的发展及各种民俗事象的产生都有很大的
影响。

二　张廖宗族

（一）张、廖氏的族属渊源

　　据《（上祀堂）族谱》大佐德佑房张浚川古抄本及《官陂张廖
氏（上祀堂）族谱》同治七年（1868）玉田楼抄本（以下分别简

---

① 卢若腾：《台湾外记》，转见罗炤《天地会探源》（37）。
② 罗炤：《天地会探源》（36）（37）（50）。

称《族谱》古抄本、《官陂张廖氏族谱》同治抄本）的记载，相传张氏的族属渊源可追溯到唐总章年间随陈元光入闽平王许之乱的张龙、张虎。功成名就之后，张龙带兵回了河南，而张虎则奉命镇守漳州南路。经五世，有明山公的五世孙（佚名）于宋隆庆年间因回河南省祖而留在了河南。又再传五世至元甫公，因宋帝避元于闽，又携妻带子来漳州寻祖，"直至西林而宅焉"①，于是，元甫公讳纶便成了张氏云霄派的开基始祖。元甫再传五世有天正公之子愿仔公感西林"虽号形胜，未足以当其远大之谋，藉游学以遍历都邑，择其尤者。至官陂仰视土田胜景，山高而水清，平原浅草间一大都会也，低徊留之不能去。时有廖三九郎者，见其英姿特达，意为非常之人，延至其家，尊为西席，稔知其行事，遂赘以女廖氏，田产财宝付公收管，公忠心义气，以婿而当子"②。（附录1）

关于廖氏的由来，上述两抄本均阙如，仅载其"廖氏之人俊也，富而好礼，忠厚长者，居于官陂，廖之人无不以物望归之"③。直到1959年，在由台中张廖简氏族谱编辑委员会编印的《张廖氏族谱》（以下简称台湾《张廖氏族谱》）中才出现"（廖氏）祖籍陕西雒阴，后称武威，后汉昭烈帝时骠骑将军第二十七代孙廖圭公于宋时随军驻扎上杭，分传八支子孙，第五支移往二都，官陂是其一脉"④。而到1979年由云林张廖氏宗亲会编印的《廖氏大宗谱》（以下简称台湾《廖氏大宗谱》）则进一步将这段历史演绎成两种不同的版本。其一，基本维持《张廖氏族谱》的说法，但增加了

---

① 《（上祀堂）族谱》《张氏源流纪略》，大佐德佑房张浚川古抄本。
② 《官陂张廖氏（上祀堂）族谱》"正祖张元仔公传"，同治九年（1870）玉田楼抄本。
③ 《官陂张廖氏（上祀堂）族谱》"始祖廖公传"。
④ 张廖简氏族谱编辑委员会：《张廖氏族谱》，台北新远东出版社，1959，"廖姓渊源"廖氏。

随陈元光入闽等内容，称"（廖圭）随宋朝陈元光开辟漳州，乃从戎随军，驻扎上杭。圭公字白光，生八子，其第五子讳义公，字居由，移居漳州防汛，后入诏安二都官陂垦荒山林，廖三九郎即其所传后裔"。① 其二，则称廖氏始于"大始祖光景公，讳德登，生于宋中叶，位登台辅，原籍江西，夫人张氏诞育九男，作于都、宁都、石城三县祖，分为三郡"。"闽省之祖花公，系文兴之子，避乱迁止于杭。花公生昌公，昌公生三子撤、政、敏……后裔散居各处，有迁福建宁化、长汀、上杭、永定、漳浦等地，有迁广东潮阳、海澄、程乡、长乐、兴宁、河源、和平、龙门各县住者。大抵六世移居者为多。"② 而长老张南山先生则依据当地传说，称陂龙村有位打鱼的老人家的家里收藏了一张祖先留下的纸条，上面清楚地写着："廖氏为汀州府宁化县礤下村人氏，分居来官陂坪寨李子园居住，为祖流传，子孙永远兴旺。"同时还排出了从官陂开基祖廖任到张廖氏始祖廖三九郎三代 12 祖的传代关系，即廖任生如常、杨荣、安献、感明等 4 子，杨荣再生士采、士宣、郭宁、士熏、士宁、舜宁、福宁等 7 子，郭宁即廖三九郎，从而确认官陂廖氏是从宁化迁入诏安的。

相传愿仔公被廖三九郎招赘为婿后，改名元仔，第二年，即洪武乙卯年（1375）就生下一男，名友来公。③ "居无何（几），廖家有为恶、为大逆者，国法欲捕若人而诛之。时若人业已脱逃，累及通族。众相告语，以为此事谁敢出身？惟友来公一人系以张当廖，胆略过人，（故）谋之捕兵，欲将友来公执之以塞其祸。（元仔）公乃对众云，事势至此，不有人以当其任，族诚不得安。悌

---

① 云林县张廖氏宗亲会：《廖氏大宗谱》"廖氏源流"，1979 年内部印刷，第 16～17 页。
② 云林县张廖氏宗亲会：《廖氏大宗谱》"廖氏族谱源流"，第 24～26 页。
③ 当地长老张南山认为，元仔公从入赘到嘉靖开户，历经两百年，才传了三代，甚不合理，故友来公的出生时间应是宣德乙卯年（1435）。

吾之一生得此血脉，实以一生而肩张廖之任，今欲以吾儿见塞责，吾安能忍？公等毋庸多议，吾请从此逝矣。于焉不避艰险，挺身作廖姓之人到官辩直……不料官司拖累多年，回至中途，染病沉重，临危之下亲书嘱友来公曰，父感外祖之恩，舍身图报，未尽其义。我殁后，尔生当姓廖，代父报德，死当姓张，以存子姓，生殁不忘张廖两姓，后乃克昌。书毕而卒……廖姓阖族感公代难鸿恩，劝廖公立友来公为亲孙，对天而誓曰，得我祖业而承我廖者昌，承我祖业而忘我廖者不昌。友来公能继祖父业而愿仔公以张承廖之志，绵绵蕃衍于无穷矣。"①

　　传说自廖公立友来公为亲孙后，友来公视廖公、邱妣如亲祖父母，并再次"盟誓，以嘱后嗣：凡我子孙作祖官陂，生则姓廖，殁则书张，不可违背，尊父临命，以报廖公之德也。若移居外省，姓张姓廖，听其自便"。② 由是，一个包含张廖两姓的复姓宗族便在位于中国东南沿海的诏安县官陂镇应运而生。

（二）张廖氏的发展

　　相传官陂及与之毗邻的秀篆、霞葛及平和县的大溪一带，宋元时期均为畲族钟姓人的地盘。元代以后，汉族张、廖、刘、杨、蔡、李、谢、邱、陈、郭、王、游等姓人陆续迁入此地，并把畲族钟姓的大部分人压缩到了乌山、林畲、犁壁山、五洞、六洞等相对偏远的地方。就官陂而言，据说在元仔公到来之前，这里已有刘、杨、谢、钟（畲族）、蔡、江、颜、李、郭、许、白、廖、黄、吴、陈、邱等18姓人在此居住。在这些姓氏中，以刘、杨、谢、江、蔡等姓势力较大，他们不仅人比较多，且财力也较为丰厚，族中出了不少的百万户、十万户。至于廖姓，因其立足官陂的时间不长，势力不大，所以在村中经

---

① 《官陂张廖氏（上祀堂）族谱》"正祖张元仔公传"。
② 《官陂张廖氏（上祀堂）族谱》"二世友来公传"。

常受到大姓人的欺负，以致廖三九郎去世未久"廖姓人又遭奸人含沙射影，（族人）密相议，以为我辈愚蠢，此处难以久居，遂将田产秘密出卖给乡富，让宅于（友来）公，一夜挈眷离去。次早，公往视之，但见竹篱茅舍，不见故人，感泣久之"。①

廖氏族众悄然离去后，友来公深感势单力薄，难以完成父辈的嘱托。祖妣邱氏得知后，告之"《国风》首咏《关雎》，旋歌《螽斯》，可多逑淑女，以宜尔子孙也。于是，公乃承命娶吕、柳、江、章氏，各生一男，共有四子，超群出类"。②（一说"友来公先娶江氏为德配，三年无出，后娶柳、江二氏，膝下犹虚。未几，廖氏祖妣故，逝前复训三儿媳曰，心常而善愿者，天必从之。尔等嫡庶无争，切须记之。三年制满，再娶章氏，连生四子，四位祖妣各抱一子，江抱永安，柳抱永宁，吕抱永传，章留永祖"。③）。

友来公所生的 4 个儿子，后来各自繁衍。其中永安生下了元钦、元仲、元志、元聪、元宗 5 个儿子；永宁生下了元亮、元通、元吉、元真 4 个儿子；永传生下了元振、元信 2 个儿子；永祖生下了元勋、元丰、元偬 3 个儿子。之后，子生孙，孙又生子，子子孙孙不断繁衍，张廖氏内部人口迅速膨胀，以至仅仅过了 200 多年，到第十世，族中男丁数量便增至 500 余口。

现依据（台湾）《廖氏大宗谱》所载，笔者将张廖氏一至十一世各世人口繁衍情况统计，如表 1 所示。

从表 1 可以看出，张廖氏从第四世起，族中人口便呈几何级数增长，及至第十世（约公元 17 世纪中期，即明末清初），族中男丁数量已达到前十世的顶峰。到第十一世，受清初乡民武装暴动的影响，人丁数大幅下降，但人口总数依然维持在一个较高的水平。

---

① 《官陂张廖氏（上祀堂）族谱》"二世友来公传"。
② 《官陂张廖氏（上祀堂）族谱》"二世友来公传"。
③ 廖丑：《西螺七嵌与台湾开拓史》"七坎箴规（七条祖训）的由来"，1998 年内部印刷，第 447～453 页。

表1 张廖氏 1~11 世人口情况统计

世次	房份	总丁数	其中				
			殇	失嗣	失考	外迁	外迁地点
1		1					
2		1					
3		4					
4	永安房	5					
	永宁房	4					
	永传房	2					
	永祖房	3					
	合 计	14					
5	永安房	18				5	潮州
	永宁房	13	1		1	5	潮州、海丰
	永传房	7			1	2	潮州
	永祖房	5			1		
	合 计	43	1		3	7	
6	永安房	24			6		
	永宁房	10				1	本县西潭
	永传房	5			2		
	永祖房	8			2		
	合 计	47			10	1	
7	永安房	41			5	6	潮州
	永宁房	16			2		
	永传房	6			2		
	永祖房	20					
	合 计	83			9	6	
8	永安房	78	1		8	3	潮州、本县新寮
	永宁房	24			2	2	潮州、海丰
	永传房	5					
	永祖房	45			6		
	合 计	152	1		16	5	

续表

世次	房份	总丁数	其中				
			殇	失嗣	失考	外迁	外迁地点
9	永安房	132			23	4	河南、潮州
	永宁房	47			8	3	潮州、海丰
	永传房	12			2		
	永祖房	82			3	1	河南
	合　计	273			36	8	
10	永安房	231			99	10	河南、广西、潮州、台湾
	永宁房	88			86		
	永传房	19			17	1	本县赤田
	永祖房	168			9	2	本县赤田
	合　计	506					
11	永安房	262					
	永宁房	9				1	台湾
	永传房	1					
	永祖房	118			22	2	台湾
	合　计	390			22	3	

　　十二世以后，由于资料欠缺，我们无法对其人口的发展做出准确的判断。但分别镌刻于乾隆三十五年（1770）、三十八年（1773）、五十三年（1788）及道光二十六年（1846）的彩霞村《重修永宁宫缘碑》、陂龙村《重修上龙庵缘碑》、上官（含大边、凤狮、光坪）《重修龙光庵碑记》、《重修（龙光庵）缘碑》（附录13、12、9、10）可以为我们了解该时期张廖氏在官陂各地所占人口比重提供一个有力的参考。《重修永宁宫缘碑》上共出现缘首70名，其中张（廖）姓61名，江姓6名，田姓3名，张（廖）姓在缘首总数中所占比例为87%；《重修上龙庵缘碑》（三方）共出现缘首365名，其中张（廖）姓235名，蔡姓80名，刘姓19名，田姓2名，林姓3名，钟姓2名，谢姓4名，黄姓4名，李姓2名，陈姓2名，许姓2名，江、王、罗、童、游、方姓各1名，张

（廖）姓在缘首总数中所占比例约为 64.4%；《重修龙光庵碑记》共出现缘首 290 名，其中，张（廖）姓 255 名，曾姓 13 名，赖姓 3 名，林姓 6 名，钟姓 5 名，蔡姓 5 名，卢、吴、廖姓各 1 名，张姓在缘首总数中所占比例为 88%。由此可知，到清代乾隆年间，张廖氏的势力在整个官陂镇已占绝对优势，只是因地而异，他们在不同地方所占的比例略有重轻，其中人口分布最集中的是上官的大边、凤狮、光坪及南部的彩霞等四个村庄，其所占比例高达 87%，而在除坪寨、莲塘里之外的陂龙村则是张廖氏最后光顾的地方，故人口比例稍低，但即使这样，其人口比例也占到了一半以上，在这个区域内，唯一能与之抗衡的仅有蔡、刘两姓，其缘首数共 99 名，约占缘首总数的 27%。由此说明，到张廖氏的第十三、十四、十五世，亦即公元 18 世纪的后半叶，张廖氏已基本占据了官陂的绝大部分地盘，只是在个别地域（如陂龙），张廖氏以外的其他姓氏（如蔡姓、曾姓、钟姓），尚保持有一定的人口或经济实力。进入 19 世纪之后，情况便进一步改观，以至镌刻于道光二十六年（1846）的《重修（龙光庵）缘碑》上所出现的 101 名缘首变成了清一色的张廖氏，其他姓氏则一概消失。而在位于官陂南部的陂龙村，据镌刻于光绪癸巳年（1893）的《重修上龙庵缘碑》的记载，在 297 名缘首中，张廖氏便有 291 名，约占到缘首总数的 98%，而蔡、钟两姓共有 6 名，比例降到 2%，刘、田、林、谢、黄、李、陈、许、江、王、罗、童、游、方等姓则在善缘名单中全部消失。由此说明，整个官陂已完完全全由一个多姓村转变成了张廖单姓村。

在以手工劳作为主的农业社会中，人口的繁衍意味着劳力的增加与财富的增长。尽管传说张廖氏二世祖友来公在被立为嗣孙时曾一度继承了始祖廖三九郎的部分遗产，但此时的他在整个官陂镇中仍处于微不足道的位置，其财力远不敌刘、杨、颜、郭、蔡等姓。第四世以后，随着族中人丁的增长，其财力也逐渐上升，乃至到六世，张廖氏中就不断涌现出一些家财万贯的富户。最早富起来的当数位于坪寨的永祖房后裔，据族谱记载，到六世祖天与公手上，便积累起了千租之产。① 紧随其后，永安房到第九世，也出了号称官陂首富的张子可，并首扛大旗，捐租、捐地兴建了规模宏大的长林寺。

在人口与财富迅速增长的基础上，张廖氏开始逐渐介入社会事务。据《族谱》古抄本记载，早在友来公时，便以张顶廖，取里班名为"廖良"，"时二都官陂，原属埔邑山陬僻处，人多顽梗，逋粮抗役，公教子淹洽诗书，敦豪强为醇厚，邑侯闻之，推公四子为粮长，于是粮完盗息，二都六社遂成仁里"。② 由此，张廖氏的社会地位逐渐提高，以至到第八世，永安房中的继明、纯吾便分别获得了"邑宾"和"乡饮大宾"的称号，以后，又有十一世祖素卿，十二世祖德尊、爵升、鼎梓、钦岳、钦荣、文升、德为、志高等多人也分别获得了这项殊荣。

随着张廖氏社会地位的提高，族中的士绅阶层也不断涌现出来，据《廖氏大宗谱》等资料记载，到第六世，便有日旺祖"官授通判"，接着，又有第七世祖兆基，讳灿，金选侍卫，历官瑞安协镇。此后，族中所出人才愈来愈多，而数量最集中的当数第十、十一、十二、十三世。是时，因"苦于缙绅之虐"，张耍率二都九甲的数千乡民举行武装暴动。后暴动队伍集体投奔郑成功，为此，不少将士被授予了官职。不久，蔡禄、郭义又率部叛郑投清，一些将士被清廷再次授予官职。在这前前后后被授予官职的人员中，有不少是张廖氏的后裔，如十世祖张耍，被郑成功授予前冲镇提督，敕封建安伯；十世祖廖兴，讳朗，投诚清廷后被授为左都督，世袭南靖镇守，其弟拱辰，讳推，被授予诏安营守副；"十世祖上拔，

---

① 《官陂清河世系录》，官北永祖元偲房 1988 年抄本。
② 《（上杞堂）族谱》"二世友来公传"。

适命六洞开镇，授公参将，奉命督理，讵奴陈鹏谋害终躯。其子国程，捐资招募为父报仇，后率兵投诚总兵督李，题补海澄公为左营，奉旨带兵移往河南光州地方。因伪藩郑伯踞台湾，蒙海将军施题请平台有功，实授浙江宁波府定海中军游击事，膺任八载，以原品致仕，诰授荣禄大夫。（国程）弟国亮，时适郑藩作乱，群雄蜂起，里社十庶立为乡长，出为捍御之，由是利泽施于人，声名于时，嗣后膺任协镇。"①此外，还有"十二世祖钦华，讳廖晖，康熙间任职南宁中军府""十二世祖樊襄，康熙间膺任总兵左都督"。②

自此之后，官陂便不断有张廖氏大小官员致仕返乡。他们的返乡不仅给张廖氏人增添了不少光彩，并且也为推动地方文教事业的发展起了很大的作用。据现已搜集到的各房房谱记载，康熙、雍正、乾隆时期前后，官陂张廖氏各房"大办私塾"蔚然成风，其中，有以下较有代表性的几个办学事例。

清康、雍间，永安日旺后裔、十世祖国宠公捐资在寨里园背筑一塾，取名"丹桂斋"。

清康熙六十年（1721）十一月，永祖元偬房后裔、十世祖姚董氏在楼角左片筑一书馆，托中将马坑下村粮田交换成锦，每年敬请明师教习兰桂。

清康熙年间，永安大佐房后裔、十一世祖益垣在霞山堂筑私塾一座，取名"观兰堂"。

清乾隆年间，永祖元偬房后裔、十二世祖震元建围屋5间，请井北江祥先生教习子弟。

清乾隆年间，永祖元偬房后裔、十二世祖应元在官北开办武馆

---

① 云林县张廖氏宗亲会编印《廖氏大宗谱》"日享公说明"，1979，第16~23页。
② 张忠文、张君辉：《官陂乡贤》，2000年打印本，第7页。

一座，取名"白水仙"。

清乾隆年间，永安大佐房后裔、十二世祖德宽在水尾楼办私塾一座，取名"玉峰轩"。

清乾隆前后，彩霞永安元仲房后裔集资在村中办"拳头馆"一座。

除此之外，不知从何时起，张廖氏还领头在龙哈潭构筑了一座"文祠"，凡官陂、霞葛、秀篆三地的文人雅士每月都会定期到"文祠"聚会，切磋学问，并解决文字上的纠纷。

为鼓励子弟积极进取，从乾隆戊午年（1738）开始，永安房"上祀堂"便从祖先蒸尝田租中拨出专租，用于资助学有所成的子弟。乾隆甲戌年（1754）又由公签统族家长、十四世祖宝公主持，分别订立了"道文公给赏文武科甲条规"与"日享公给赏文武科场条例"，全文如下。

道文公给赏文武科甲条规：

——议登贤书，每名公贴旗匾银三十两正，在祠、墓竖旗依乾隆戊午定例。

——议恩拔岁例捐经者，若在祠、墓竖旗悉依登贤书例。

——议捷南宫者，每名公贴旗匾银四十五两，祠、墓依登贤书例。

日享公给赏文武科场条例：

——议院试者，每名贴水脚银五钱正。

——议院试进泮者，每名贴衣巾银六十元正。

——议乡试者，每名贴水脚银三两正。

——议登贤士者，每名贴旗费银三十二元正。

——议恩拔副岁例捐明经者，若竖旗亦同登贤书之例。

——议会试者，每名贴水脚银三十二元正。

——议捷南宫者，每名贴水脚银三十二元正。

——议子孙沐先泽登仕籍者，照禄秩所得官品级拟银两充公，以广上开数条取用，扩大前徽，永垂奕祀。

正是由于有了宗族的大力支持，所以从十一世之后，张廖氏子弟中入学读书及考取功名的人数日渐增多。据《官陂张廖族谱》同治抄本记载，仅永安房大佐公派下，十三、十四两世取得庠生、国学、太学生资格的便分别有 39 名、48 名之多。而在科举取士中，明清两代，张廖氏共中式文科贡士 6 名，武科进士 2 名，武科举人 22 名，荣登仕籍者 16 人（附录 2）。其中，社会影响较大的有十三世祖廖国宝，中式乾隆十六年武科进士，被授予御前侍卫、直隶马兰镇曹家路都司，后升广东万州营游击，敕赠武翼大夫；十八世祖廖锦华，中式光绪十二年武科进士，被授予蓝翎侍卫、四川重庆镇标右营都司。就时代而言，张廖氏的科举中式以清代，尤其是清乾隆年间为多（乾隆间中式文武进士、举人、贡士共 16 名，占科举中式人员总数的 53%），而明代以前，人数寥寥（仅有 1 名文科贡生）；从科举取向而言，则以武科占绝对优势（武科中式共 24 名，占科举中式人员总数的 80%）。这种现象的出现显然与官陂的社会环境及张廖氏族人的价值取向有着密切的关系。

（三）分房与祭祀

相传张廖氏的发源地在官陂墟东面 2 公里左右的坪寨村，这里是廖三九郎，同时也是张元仔最早居住的地方。后来随着族中人口的增长，张廖氏便以坪寨为中心，不断地向外扩展。

先是友来公生了永安、永宁、永传、永祖 4 个儿子，派分成 4 房，长房永安被分配到下官的田心；永宁分到凤狮之洪溪；永传后裔迁居到潮州；只有永祖留在了坪寨。之后，各房内部又不断繁衍，不断分房。如永安到了田心后生了元钦、元仲、元志、元聪、元宗 5 个儿子，派分成 5 个子房。财产阄分时，元志"让宅长兄，听其自取田心，乃与众兄弟共分宅场，元志公分掌厚福，元聪公为公之弟，分在溪口。"① 据说后来因元聪喜欢打猎，而厚福离山更近，所以主动提出与元志交换宅场，由是，元钦留在了田心，元仲分到陂龙之莲塘里（后裔又由莲塘里扩展到下井城）、元聪分到大边之厚福，元志则分到新坎之溪口。与此同时，永宁也在洪溪生了元亮、元通、元吉、元真4个儿子，派分成4房。其中长房元亮留居洪溪，二房元通由洪溪分居到新坎之九源里，三房元吉迁往潮州，四房元真由洪溪分居到新坎之羊院里和吴坑的杨桃树下。永祖则生了元勋、元丰、元偬3个儿子，派分成3房。长房元勋由坪寨分居到林畲之火畲，二房元丰留守坪寨，三房元偬则由坪寨分居到官北之岭上。由此，张廖氏人口一代代增长，分房一代代进行，居住区域也一代又一代地向四周扩散，以至于很快就散布到了全镇的各个角落。

如前所述，官陂因受地理条件的限制，境内山多田少，经济资源十分缺乏。所以，任何一个姓氏在向外发展中，就必然要以排挤掉所在地的其他弱小姓氏（或房份）作为代价，张廖氏亦是如此。他们所采用的办法，相传一是凭借社会势力，用风水等手段破坏弱小姓氏（或房份）的生存环境；二是用挤压或赎买等手段，占据他们的生产与生活资料，从而迫使他们不得不离开原居地而到外地去寻找新的发展机遇。张廖氏挤掉刘姓、杨姓、郭姓人就是其中几个很典型的事例。传说刘、杨两姓原先是官陂境内很有势力的两个宗族，分别出过刘百万和杨百万。后因张廖氏发展起来了，张廖人便在杨氏祖祠右侧的白虎位上筑起了一座四角楼，从而堵住他们的生路，杨姓从此便慢慢地衰落了下去。紧接着，张廖姓人又雇用石匠凿去了坪寨龙溪河上的一块螺形石（一说螺形石的被凿，是风水师因受到坪寨永祖房后裔的冷遇而想报复坪寨张廖氏而用的手

---

① 《官陂张廖氏（上祀堂）族谱》"三世永安公、四世元志公传"。

段，结果却殃及了刘姓人），使龙溪水改变流向，直冲刘姓人居住的下宅土楼，由此，刘、杨两姓人觉得越住越不顺，最后不得不主动撤离官陂，搬迁到广东饶平县居住。光亮下井城的郭姓，据说原先也是官陂镇的大姓，他与颜、李两姓一起，在官陂风水最好的地方（传说官陂的地形为葫芦形，上官的大边和光亮的下井分别位于葫芦上下两节的中心地置，所以风水最好）共同建造了一个规模宏大的土城。后来，因其后裔郭义参加了由张耍领导的武装暴动，降清后又参与了由吴三桂领导的反清斗争，被清廷长期囚禁。郭姓因而受到牵连，从此一蹶不振。乘此机会，张廖氏大佐、大任、大位房的子孙便纷纷买下了郭姓人留下的宅产，逐渐占据了这座土楼。后来，据说因大任房在下井城南门的右砂上强行建了一座祖祠，使住在南门其他房的人感觉日子越过越不顺心，只好把宅地都让给大任房。于是，大佐、大任两房便堂而皇之地成了这座土楼的真正主人。

张廖氏在向外发展的过程中用挤掉其他姓氏的办法来获得自我生存空间的事例还有很多。如光亮村的尚墩，原是沈姓人的地盘，张廖大任房十一世祖发达起来以后，便以赎买的方式，将沈姓人的土楼及其他产业一起收到自己的名下，并把其土楼改名为"尚墩楼"，子孙也因此由庵背发展到光亮。与之同时，其弟赛华也一举买下了吴坑林姓人的基业，把林姓人原先居住的土楼改名为"茂兴楼"，子孙亦由庵背发展到吴坑。而畲族钟姓，本是官陂的原住民，后因汉人的不断迁入而逐渐变成当地的一个弱势族群。正是乘着他们衰落的时机，张廖大佐房的后裔逐渐买下了他们在陂头"南星楼"（这是畲族钟姓人的主要聚居地，里面仅钟氏祠堂就建有 3 座）中的大部分房产，从而由下官扩展到了陂头。

经过 600 多年的发展，如今，张廖氏已在官陂繁衍到 25 代，在镇总人数达到 4.3 万。其中，仅永安公后裔就达到 4 万多人，占

据了除林畬以外的绝大部分村庄；永宁公后裔有约 300 人，他们与
永安公后裔一起，杂居在吴坑村的各个屋场；永祖公后裔约 2000～
3000 人，主要居住在坪寨、官北、龙磜、林畬等一些村庄。而在
永安公派下衍生出的五大房中，又以元志公的后裔最多，总人数达
3 万多人，约占到永安公派下人口总数的 96%，主要居住在下官、
陂龙（除坪寨、莲塘里）、龙冈、马坑、大边、凤狮、光坪、吴
坑、光亮、新坎、新径等一些村落。其余四大房中，元钦房后裔大
部分迁往潮州；元聪房后裔大部分迁往台湾；元仲公后裔现有 3 千
多人，主要居住在彩霞、地坳等村庄；而元宗公后裔仅有 200 余
人，集中聚住在彩霞村的竹子里。

　　官陂地处偏僻，"山林险恶，道路崎岖，官司难以约束"①，其
所在的漳南地区，以往"民俗相习顽梗"，"强凌众暴，视如饮
食"。② 为保障生命财产的安全，村民向来以血缘关系聚族而居。
所以，张廖氏每到一个新的村庄，都要构筑或赎买 1～2 处土楼，
以便安身，以至繁衍得越快，其土楼的占有数量也越多。以元志日
享公派大佐房为例，大佐公与二房公大任一起从溪口分到官坪，二
人便在官坪合建了龙冈楼。后大佐生了龙山、玉泉两个儿子，玉泉
留居原地，龙山分到光坪，便在光坪建起了"新屋城"。玉泉又生
了英让、达卿、子可 3 个儿子，英让、达卿留居原地，子可则迁到
马坑，在马坑建起了"崇福楼"。不久，子可长子涵辉迁到新坎，
又在新坎建了"际云楼"。随后，英让之子念圭生了锡垣、联垣、
因垣、宾垣、枋垣、益垣等 6 个儿子，派分成 6 房（当地称其为
"新六房"），其中，长房锡垣公分居到凤狮，在凤狮建了"龙头
楼"，随后，其孙绍安又在其不远处建了"凤山楼"，绍远在吴坑
建了"大学楼"，绍图在大学楼旁边建了"万石楼"。次房联垣分

---

① 陈祖荫：民国《诏安县志》卷 16《艺文》，许仲远《奏设县治疏》。
② 陈祖荫：民国《诏安县志》卷 16《艺文》，许仲远《奏设县治疏》。

到新坎，在新坎建了"天禄里楼"；三房因垣分在大边，在大边建了"水美楼"；四房宾垣亦分居大边，在大边建了"石马楼"；五房枋垣分在光亮，在光亮建了"下洋楼"。六房益垣嗣下，人最多，财最旺，建的土楼也最多，先是在他自己手上，先后在大边建了"在田楼"（又称"大楼"）、"田下楼"、"新荣城"（又名"新城"）、"玉田楼"、"东峰楼"。之后，其长子基圣又在凤狮建了"乾头楼"，次子德为在陂里建了"山子楼"，三子德宽在大边建了"大寨楼""玉峰楼"，五子德裕在大边建了"庵边楼"。除大佐房之外，大任、大参、大位等房也与之类似，房中所建的土楼，多则二三十座，少的也有六七座。

据当地离休干部张君燕先生 2001 年调查，是年，官陂境内尚存土楼 159 座（附录3）。这些土楼，时代不一，大小各异；从平面看，有圆形、方形、委角方形、八卦形、半月形、内圆外方的古钱形与不规则的多边形；而从立面看，则有立方形、笠形、圈椅形等。其结构多为土木或木石结构，外层墙体多用生土、卵石、贝壳粉与红糖搅拌后夯筑而成，结实而厚重（厚度常达 1～2 米）。主体部分高 2～3 层，有单圈与双圈之分。但无论是单圈还是双圈，其内部结构均采用"两落一天井"的建筑形式，即每个开间之中，前有前落（用作厨房），后有后落（下层作客厅、饭厅，上层作住房），中间有天井，从而构成一套相对独立的生活单元。土楼之内，视人居数量的多少，分别开掘 1～4 口水井，楼外则有水塘。楼内外以大门相通，其大门数量以 1～2 门为多（3 门以上称其为"城"）。楼前水塘的形状，以圆形居多，也有的用一口圆形小水塘和一口半月形的大水塘组合成"明"字（如官北"际云楼""燕翼楼""岭上楼"）。对于这种水塘布局，有的认为与天地会有关（寓意"复明"），也有的认为与风水取向有关。

依照当地的习俗，无论建祠或建楼，其坐落位置、朝向，楼高、楼形及楼内外水塘、水井的位置都必须请风水先生测定，其中，尤以来自兴国县三僚村的风水先生在当地最具声名（人称"赣州先生"）。相传下官村的"陞成堂"、官北村的"岭上楼"及湖里村的"广福楼"都是由三僚村的风水大师廖弼测定的。"陞成堂"做成倒插金钗形，所以后来张廖氏元仔公的后裔繁衍得特别快。而"岭上楼""广福楼"的前面都开有水塘，每当农历八月十五的晚上，从池塘水面上反射出来月光，前者会照到祠堂的神台上，人称"犀牛望月"，故祠中出了乾隆武进士廖国宝；而后者，则会照到祠堂的香炉上，人称"山坛印月"，故祠内出了光绪武进士廖锦华。

在这些土楼中，建筑年代最早的相传是新坎的"溪口楼"（诏安县文物管理委员会所立碑文称其建于明建文二年，即1400年，但台湾《张廖氏族谱》则称其建于清顺治十八年，即1661年）。而体量最大的当数"在田楼"（又称"大楼"），大楼平面呈圆形，直径98米，楼高3层，楼围由64个开间组成，外墙厚度2米，墙基用大石叠砌，墙基以上用生土夯筑而成。楼东、西两面开门，大门用10厘米厚的整块木料拼接而成，门板上再包一层厚厚的铁皮，既坚实又耐用。门顶上还装有水槽，以防火攻。大楼正中套建了一座具有15个开间的四方小楼（俗称楼心屋），小楼的南面还筑有6开间的一排护屋，从而使整栋大楼的开间达到85间。

特别值得一提的是，在这些土楼的里面都建有祠堂，其数量视楼内居民的分支数量而定，有1~4个不等。故楼内居民的祭祖活动一般都能在本土楼内完成。

张廖氏的祭祖活动分宗族与房族两种。宗族活动一般为每年一至二次，其中最主要的一次是清明扫墓。其时间为清明前后15天之内的任何一天（由总祠的公签统族家长决定），对象为本族十三世以前的各代祖先。参加祭祖活动的主要是公签统族家长、24位大家长和族内有威望的士绅。

各个房的祭祖活动则一年至少有5次，其时间分别为清明节

（或三月初三的古清明节）、端午节、中元节、除夕日、祖先生日。是时，各家各户都要具香烛、干果及荤素菜馔到祖宗牌位前去祀奉。

在正常的祭祖活动之外，几乎所有的房祠每年都要举办一次丁酒（又称"花会"）。丁酒一般选在正月十五的前后五天内进行（具体时间，各房祠不同）。届时，以本房祠上年度第一个出生的新丁家长为头，邀集上年度的所有新丁家长，按本祠堂规定的时间、食品数量，给本房祠所有结了婚、成了家的族丁办一次"丁酒"，并在酒席前举行一次集体祭祖告丁仪式。每个新丁家长需缴纳的物资，各房多寡不一。现以大任习诚、亦行两房为例，据该房房谱记载："十一世钦达，字习诚……立祠尚敦楼……（嘉庆）二十八年子时议定，新丁在正月十七日午时办丁酒，主人限定熟鸡1斤，熟肉2斤，熟鲜鱼1斤，熟蛤蛏各1斤，大吉（当地人称椪柑为"大吉"）1粒，熟花生半斤，酒5斤，粄5斤，蒜2斤半。"[1] "十四世德潜，字亦行，嘉庆十五年立祠官墟诒奕堂，嘉庆十八年公议正月十七日晚办丁酒，得新丁者办熟鸡2斤，熟肉2斤，熟鲜鱼1斤，花枋1个，熟花生钱30文，熟蛤蛏各1斤，甘蔗2枝，蒜4斤，软饭6斤，大吉每人各1粒"。[2]

据当地长老张南生先生粗略统计，目前全官陂至少有各类祠堂174个，其中除6个钟氏祠堂、2个刘氏祠堂、4个陈氏祠堂、3个谢氏祠堂、1个吴氏祠堂，1个王氏祠堂和1个赖氏祠堂之外，剩下的156个都是张廖氏祠堂。这156个张廖氏祠堂中，只有一个是总祠，其余155个都是房祠，这就是说，张廖氏在官陂至少有155个大小房。笔者对其中的69个祠堂作了初步考察，现列表如后（见附录4）。

---

① 张元音：《族谱》（大任亦行房）"十一世钦达"条，1985年手写本。

② 张元音：《族谱》（大任亦行房）"十四世德潜"条。

如此多的祠堂，如此多的大小房，且每个房几乎都要办丁酒，这对经济并不富裕的新丁家长无疑是一个沉重的负担。据说民国时期，大任房第二十世祖有一户人家，家里生了4个小孩，为了办好最后一个小孩的丁酒，竟不得不卖掉之前的两个男孩。

（四）宗族管理

尽管经过400多年的发展，到清乾隆年间，张廖氏已成为一支具有数千男丁的泱泱大族。然而，诚如大佐房第十四世祖朝玉在《张氏源流纪略》中所言："计愿仔公自洪武甲寅赘廖，肇基官陂，至今龙飞乙未年共四百零二年，传代一有十八矣，而未有修谱者。"① 为什么这么久无人修谱，主要是在此之前，统一的宗族组织在官陂张廖氏中并未形成。是时，所有张廖氏成员，均以血缘为纽带聚族而居，大家生活在土楼，祭祀在土楼，土楼成了他们唯一的大家庭。而土楼与土楼之间基本不发生横向联系，所以就整个官陂而言，张廖氏人虽多，但只是一盘散沙而已。就社会组织而言，据《族谱》古抄本与《官陂张廖氏族谱》同治抄本的记载，明嘉靖以后，负责整个官陂张廖氏社会管理的是廖文兴、廖日新两个户长，其主要任务是为朝廷催粮征役。入清之后，在各户的基础上，官陂成立了官陂、九甲两个社，其中的官陂社，相传主要管理大边、凤狮、新陂、下官、光亮、陂龙等一些相对平坦的地方，而九甲社则管理林畲、马坑、吴坑、地坳、龙冈等一些较偏远的地方。其任务除了为朝廷催粮征役之外，也协助维持地方治安。但与其发生直接联系的主要是辖地的各个土楼及土楼内的大家长，与整个张廖氏宗族并无关系，所以，宗族在官陂社会中起不了决定作用。清乾隆以后，一方面是张廖内部人口迅速发展，而随着人口的发展，各房、各姓杂居局面逐渐出现（在下井城就有大佐、大任、大位

---

① 《（上祀堂）族谱》，大佐德佑房张浚川古抄本。

三房人共住一城，而陂头的"南星楼"更有大佐、大位后裔与畲族钟姓共居一楼的现象）。二是清康熙以后，社会上严禁异姓结拜兄弟，所以，在恶劣的生存条件下，要想得到社会的支持，只有依靠得到朝廷鼓励发展的宗族组织。为此，从乾隆初年开始，为凝聚宗族力量，由十四世祖元朝、愧铭等一批缙绅发起，张廖氏开始筹组统一的张廖宗族，并于乾隆十四年（1749）建了张廖氏总祠"陞成堂"，以祀奉始祖廖三九郎祖妣与正祖张元仔祖妣。

由于张廖氏内部分房过于纷繁，所以总祠的管理采用"大家长制"的办法，即全祠共设立 24 个家长席位，然后依照族中各派系人口数量的多少，将 24 个家长席位分配到各个大小房（人数较少的以层位较高的大房为单位，而人数较多的以层位较低的小房为单位）。根据现年 69 岁，曾担任过下官大佐房大家长的张东振先生提供的材料，20 世纪四五十年代，这 24 位家长的具体分配是：日新房（永祖）2 名、元仲房 2 名、子可房 1 名、下灶（即下官）大佐房 1 名、龙山房 2 名、大任房 2 名、大位房 2 名、大参房 1 名、锡垣房 2 名、联垣房 1 名、宾垣房 1 名、益垣房 7 名（内含基圣 1 名、德为 1 名、德宽 1 名、德尊 1 名、德佑 1 名、德文 1 名、德裕 1 名）。席位分到各房以后，由所在房自己确定具体人选，一般来说，该人选均由所在房的"头人"（又称"统族家长"）兼任。24 位家长确定之后，再用抽签的办法从他们中推出一名负责人，称为"公签统族家长"。

在官陂张廖氏中，无论是各个大小房的家长，还是全族的"公签统族家长"，既不实行"宗子制"，也不按传统的论资排辈的方法产生，而是依照谁的势力大，威望高，就由谁来担任的原则。据《官陂张廖氏族谱》张南山抄本的记载，乾隆七年（1742）在位的"公签统族家长"是大佐公派下的十四世祖宝公，字盈瑞，他从小就读于武馆，雍正五年（1727）以岁试第三名的成绩取得了"武生"资历。他由于武艺高强，有威望，所以被推举为"上祀堂"统族家长，后又兼任全族公签统族家长。而检点《官陂张廖氏族谱》张南山抄本，在他就任上祀堂统族家长时，其同房上辈人（第十三世祖）中至少还有端轩公（1676～1760）、太学生鲁瞻公（1701～1776），群悦公（1698～1751）及太学生君锡公（1711～1751）等多人在世，但他们都未成为统族家长。

乾隆三十四年（1769），族中开始酝酿首修《张廖氏族谱》（当时称《张廖氏合谱》）。为此，第十四世祖朝玉特意为该谱撰写了《张廖氏源流纪略》《始祖廖公传》《正祖张元仔公传》等篇章。正是在这篇《正祖张元仔公传》中，朝玉以祖先遗嘱的方法，第一次提出了"生廖死张"的概念，即所谓"元仔公临危之下亲书嘱友来公：我殁之后，尔生当姓廖，代父报德；死当姓张，以存子姓。生殁不忘张廖两姓"。

但不知什么原因，总谱始终未能修成。故十五世孙支驹在《修家谱序》中哀叹："（张廖）以张承廖祖官陂者，曰元子公，迄今四百余年，传世十八。世族浩繁，全谱未有合修者。乙丑初春，议五世小宗之派，愧铭叔身任其事，驹亦共切咨询。余散佚者，终有志未逮。夫长老渐销，孰能悟故事，文献不足，何以示将来？谱而不作于今也，后必愈久愈湮者。愧铭叔慨然谓驹曰，世系相承，未能合纂于通族，自可分逑于私房。我七世祖月梅公，统三龙而传其派，今亦蕃衍弥隆矣，宜亟修之，以俟合谱。"① 正是在这样一种背景下，张廖氏中的多个房派，开始兴起修"私谱"之风。在这次调查中，笔者搜集到两个古旧的张廖氏"私谱"版本，一为同治七年（1868）《官陂张廖氏族谱》抄本，一为张浚川《（上祀堂）族谱》抄本。张浚川为"别号"，故笔者在谱中未能查到其生平，但该谱仅抄到第十四世，且最后一名为惕公第五子举鼎，对照《官陂张廖氏族谱》张南生现代抄本，举鼎生于乾隆丁丑年

---

① 《官陂张廖氏（上祀堂）族谱》。

（1757），殁于道光癸未年（1823），由此说明，该抄本极有可能是道光三年以前的抄件。对照《官陂张廖氏族谱》同治七年抄本，两者在《张廖氏源流纪略》《上祀堂族谱序》《发兑六则》《始祖廖公传》《正祖张元仔公传》《二世友来公传》《三世永安公、四世元志公传》《一至五世总图》《五至九世总图》《五世养晦公道文传（含蒸田、道文公给赏文武条规、日享公给赏文武科场条例)》《日享公传》等篇章及一至十世的世次传略均完全相同，说明其来自同一个祖本（极有可能是来自朝玉、支驹等编纂的《上祀堂族谱》）。只是《族谱》古抄本十一世以后的世传仅摘抄了与德佑世森房有关的内容，可证其为德佑世森房的私谱。而《官陂张廖氏族谱》同治抄本十五世以前，凡大佐房的各代世传均全部抄录（十一世以后简录），而十六至十八世仅摘录了与德佑房有关的祖先世传，可证其为德佑大房的私谱。与此相类似的还有《官陂清河世系录》，该本虽然注明转抄于1988年，但谱中收录的全是永祖元愡房的世次，且所录的最后一名祖先为第十三世祖廖国宝。关于廖国宝的生卒年月，谱中虽然缺载，然据民国《诏安县志》记载，廖国宝为乾隆十六年（1751）武进士，且调查中，笔者又找到了一方廖国宝的墓碑，碑上记载的立碑时间为道光乙未年（1835）。该谱所载始祖传略与《族谱》古抄本及《官陂张廖氏族谱》同治抄本略有差异，故可以初步判断，该抄本所依据的母本应是清道光十五年（1835）前后编纂的永祖元愡房房谱。只是与前两个私谱比较，前谱编排有序，从头至尾均按照《发兑六则》所定下的"此谱以五世为主，五世以上寻一根源而录其详"；"六世开长、次两派"；"八世共有十六公。八世而下，派多而支繁，缕析条分，不可无以统之。即将此十六公续七世祖七公之后，联其大纲而列为小纪，支支派派，提纲挈领，溯上纪下，脉络分明"①。

---

① 《（上祀堂）族谱》"发兑六则"。

而后谱，则层次较紊乱，故无论是遣词造句，还是编撰体例，都比前者逊色得多，显然是由一位文墨水平不太高的人编撰而成。

与笔者所见到其他族谱不一样，在张廖氏的所有私谱抄件中均没有看到类似于"祖训""族规""族约"之类的宗族文书。其原因也许与合谱的命运一样，致使该宗族从组建之日起，就根本没有制订过族规、族训一类的规约。至于张廖氏为什么合修不成族谱与制订不了族规、族约，私谱中没有留下任何文字说明。但依据笔者对该宗族的调查，认为其主要原因是张廖氏一直是以血缘关系聚族而居，土楼及土楼内的宗祠，是他们相互认同的主要依据。且由于受地理与社会条件的限制，当地的生存环境非常恶劣，由此而练就了当地人既能吃苦耐劳、不畏艰险，同时又剽悍、尚勇、喜武好斗的性格。而在这种恶劣的自然环境下生活，人与人、土楼与土楼之间的利益矛盾从来是不可避免的，由此而使得房与房之间隔阂较深，矛盾不断。对于他们之间的关系状况，笔者曾听说过三件事。

第一件事是在祖先历史的认同上，永祖房与永安房至少在两个问题上存有不同的认识。一是关于张元仔的来历，永安房认为他是"游学官陂"，而永祖房则认为是"因逃军而来官陂"。[①] 二是关于四大房的来历，永安房认为是"（友来）公乃承命娶吕、柳、江、章氏，各生一男，共有四子，超群拔类"。[②] 而永祖房则认为是"祖妣四氏，三氏无生，章氏七娘生四男，按顺序养为生"。[③] 正是由于在这些方面认识不一致，所以，相传永祖房五世祖在坪寨建起"金坝祖祠"，以祭祀二世祖友来公及祖妣章氏七娘时，永安、永宁、永传三房人要求一起来参加祭奠，而永祖裔则坚决不答应，认为他们各自有祖。直到乾隆年间，以永安房为首，在下官修起了

①　《官陂清河世系录》，官北永祖元偲房1988年抄本。
②　《官陂张廖氏（上祀堂）族谱》"二世友来公传"。
③　《张廖（永祖元丰房）世系》，坪寨元丰房手抄本。

"陞成堂"，永祖裔才不得不将原来的祠堂改名为"承祖堂"，并改奉四世祖元丰为祠主，争斗才告一段落。但即使这样，直到如今，永祖房的后裔仍不允许其他房的后裔去祭扫章氏七娘的墓地。

第二件事是民国年间为争夺对下官墟场的控制权，同是元志公后裔的大佐、大任、大位三大房之间也发生过一次激烈的争斗，且这场争斗维持了相当长的一段时间，从而对后几代人的个人关系留下了不小的阴影。

第三件事是在玉泉公派系下发生的。据谱中记载，玉泉公生了英让、达卿、子可3个儿子。其中，子可发达得比较早，壮年时就成了地方首富，在当地具有很大的权势，而其长兄英让则时运不济、命运多舛，结婚的当晚，便因半夜外出小便而被老虎咬死。留下遗腹子念圭，由外祖父养大，直到成年后才返回官陂。传说子可对孤儿寡母十分歧视，以致在玉泉公祖妣去世时，其墓碑上也只刻"张子可"一人的名字，而把英让、达卿的后代都排挤在外。后来，念圭生下了锡垣、联垣、因垣、宾垣、枋垣、益垣等6个儿子，势力骤然大了起来。于是，其后裔便以墓碑上的文字为依据，找子可的后裔清算旧账，说子可想独占玉泉公留下的家产。子可的后裔为之不服，说子可在世时曾百般呵护他们母子俩。为此，两房人争执不休。

正是由于张廖氏内部关系复杂，矛盾重重，所以，其宗族虽然已经组建，但管理上仍然各自为政。凡族中的大小事情，都必须经24位"大家长"一致同意才能办成，否则，便只能长期搁置。除此之外，不管任何一个社会组织，若要维持正常运作，就必须要有切实的经费保障。为此，在官陂张廖氏的许多房族中，都保存有祖宗留下的蒸尝，有的甚至还有市场管理收入。而在总祠，笔者却从未听说有蒸尝田租这一项目。就这个意义而言，如果说张廖氏的各个大小房都是独立的社会实体，那总祠便只是个松散的房际联盟，自然很多事情都难以办成。

清末民国初，受当地时局的影响，迁居到台湾的官陂张廖氏曾多次派人回官陂搜集各房房谱资料。在此基础上，于1959年，台中张廖简氏族谱编辑委员会主持编印出了第一部以记述官陂张廖氏世系为主要内容的《张廖氏族谱》。但也许是囿于官陂张廖氏自身资料的欠缺，该谱几乎没有收录任何宗族文书，且对官陂祖先世次的追述也仅记录到第十四世。十四世以下均为入台后裔的世次。所以，就严格意义而言，这还不是一部完整的官陂张廖氏族谱。

（五）明末清初，官陂张廖氏的渡台垦荒

官陂因山多地少，随着域内人口的迅速增长，乡民的生存危机也日益加重。为此，从第五世开始，张廖氏便一面加紧开发当地资源，一面不断向外迁徙。其早期的迁徙目的地首先主要集中在与之相邻的潮州（含今饶平、揭阳、大埔等地）、海丰一带，这些地方均比官陂开发更晚，境内有较多的土地可种。其次为河南、广西及周边的五洞、六洞等更边远的地方。明末清初以后，张廖氏则把迁徙目标主要指向了宝岛台湾。

官陂张廖氏的迁台主要集中在两个时期。

第一期为明末清初，是时，因张耍领导二都九甲乡民暴动，不久，这些人便随张耍加入了郑成功的反清队伍。顺治十八年（1661），郑成功率师收复台湾，军中大量官陂籍张廖氏将士也随之东渡入台。其中数量最多的，是元聪、元仲房与元志大位房的后裔，据说大位房八世祖三龙公共生了7个儿子，其中6个儿子都随郑成功去了台湾。康熙二十二年（1683），郑成功之孙郑克爽降清，台湾正式列入清朝版图。之后，退出军队的大批将士便留在台湾，成了台湾岛上的第一批垦荒者。只是由于年久事寝，现在他们中的大多数人已失去下落。

第二期为清康熙二十三年（1684）之后，时因台湾已经统一，沿海局势平静。为发展经济，清廷中止了行之已久的迁海政策，下

令展复沿海边界，开放海禁。由是，大量入台者回乡探亲，并带回台湾人少、地沃、生存条件优越的信息。许多大陆人闻讯后便纷纷邀伴结伙，买舟渡台。一时间"沿海内外，多造船只，漂洋贸易采捕，纷纷往来，难以计数"；"数省内地，积年贫穷游手奸宄罔作者，实繁有徒，莫从施巧，乘此开海，公行出入汛口"①。

在这批入台者中，有不少是官陂张廖氏人。笔者依据目前所能搜集到的一些房谱与族谱的记载，经统计，从第八世到十五世，官陂张廖氏至少有 258 人迁入了以台中、云林为中心的台湾各地（附录 5）。在这批迁台者中，年代最早的为永祖郑坑（理文）房的八世祖振旭，迁徙年代约为明代末年。其次是九世祖卓云，谱载其生子而嫡、嫡二，父子共同渡台。而人数最为集中的则是第十三和第十四世两世，其数量占到全部迁台人员总数的 63% 以上。其中，有的是父子多人共同迁台，如元仲房十三世祖新猷生世听、世最、世醉、世耍、世勤、世挺等 6 个儿子，父子一起渡台；有的是兄弟多人渡台，如元志房十三世祖罩、聪、住、拙、爵、足兄弟 6 人共同渡台；有的是夫妻一起渡台，如元仲房十四世祖茂峰，夫妻共同渡台；有的是母子迁台，如元仲房十四世祖世卿，与母亲共同迁台；有的是全家人渡台，如元仲房十三世祖近鲁，妻陈氏，生 3 子世讨、世抄、世不，全家一起渡台。

值得注意的是，在这些迁台者中，尽管多数是贫穷无地者，但也不乏家庭富裕者，永祖房乾隆十六年（1746）新科进士廖国宝的父亲廖震元就是其中一例。据《官陂清河世系录》"震元公传"记载，廖震元在官陂拥有百余石田租，此外，还有围屋 2 处、书馆 1 处，乾隆年间诰封奉政大夫，应该说，在当地也算是个有头有脸的人了。但在渡台大潮中，他认为"夫人富厚则田园高价，裔孙

---

① 施琅：《海疆底定疏》，《靖海纪事》，王铎钱校注，福建人民出版社，1983，第 132~136 页。

繁则日用倍增"，故"间台湾地广土沃，公则乘舟以往，购园一所，房屋、器物等物，每年税银五十两"。几年后回乡省亲，因恋"台湾田园肥美，再欲加创，（仅）因（三弟庆元卒）而不果"。①

这些人入台后大多以血缘、地缘关系，相对集中地聚居在云林西螺、二仑、仑背、台北市板桥、三重及台中西屯、南投县等地。

尽管这些渡台者远离了故乡，但他们的心仍然与故乡紧紧地连在一起。所以，入台之后，他们还会经常派人回家乡参加家乡的祀神、祭祖活动。事毕返台时，更常常会从家乡的祠堂、寺庙香炉中带些香灰回去，以祈保家人平安（当地称"印香"）。官陂溪口的观音阁相传是当地最有灵验的一处庙堂，从清代迄今，这里接待了数以万计的台湾张廖氏印香者。家乡有修庙、塑菩萨金身等募捐活动，他们也会踊跃参加。官陂"龙光庙"内留下的一块落款为乾隆五十三年（1788）的《善缘碑》就是一个很好的证据，该碑全文如下。

上祀堂张道文公喜舍大柱一支。邑宾张钦岳公喜舍木瓜五个。

张宁周公舍左边神座前粗石条一完。太学生吴德泮公舍花头瓦三百二个。

台湾题捐银款名次开列如左：

信士张荣旭公助银十二元。信士张奇情公助银十二元。信士张奇俊公助银十元。

信士张周彻公助银八元。信士张焕庵公助银七元。信士张宗拈公助银五元。

候选知州张时齐助银四元。信士张天接助银四元。信士张成韬助银三元。

信士张文森助银三元。信士张有炳助银三元。信士张宗洞

---

① 《官陂清河世系录》"震元公传"，官北永祖元偲房1988年转录本。

公助银二元。

　　信士张廷苍助银二元。信士张廷墙公助银二元。信士张宗斗公助银二元。

　　信士张廷傍公助银二元。信士张世君助银二元。信士张友仁助银二元。

　　信士张世晓助银二元。信士张世且助银二元。信士张官福、信士张国润。信士张世焕、信士张国来、信士张朝富、信士张朝洩、信士张朝鲜、信士张朝福。信士张诗话、信士张廷递、信士张朝恺、信士张廷调公、信士张文炮、信士张世楚，以上各助银二元。

　　　　　　　　　　乾隆五十三年岁次戊申冬月谷旦

　　为不忘祖先根源，清乾隆五十三年岁次戊申（1788）[①]（一说道光二十六年岁次丙午[②]，即 1846 年）由廖昌盛、廖盛周、廖天体、廖裕贤、廖世歇、廖拔琦、廖贞义等七人发起，共同捐资在台湾下湳建立了张廖氏祠堂（现在西螺镇福田里新厝崇远堂之前身），以奉祀先祖，弘扬祖德。1959 年又率先编辑出版了以追本溯源张廖氏为主要内容的《张廖氏族谱》。

三　民俗文化

（一）年节风俗

　　官陂镇乡民崇尚的节日主要有春节、清明节、端午节、中元

---

①　云林县张廖氏宗亲会编印《廖氏大宗谱》廖名经《七坎之由来》，1979，第 48 页。
②　云林县张廖氏宗亲会编印《廖氏大宗谱》"张廖大宗祠沿革志拔录"，第 44 页。

节、中秋节、十一月秋报。

春节是官陂百姓一年四季中最隆重的节日。节日从头年的腊月二十四开始一直要闹到第二年的正月十五前后。

腊月二十四，当地称"小年"。从这天起，春节的序幕就拉开了，全家大小无论说话、做事，都要讲求吉利。

腊月三十是除夕，家家户户要具三牲①酒菜到福主庙、土地庙和离自己血缘最近的祠堂去祭拜祖宗与神明。由于张廖氏所住土楼有些是外姓人建的（如光亮的下井城是由颜、李、郭姓建的，尚墩是由邱姓人建的，陂龙的下宅是刘姓人建的），在这些土楼里都还有外姓人的祠堂。所以，这些楼里的住户每次拜祖时，除了祭拜自己的祖先之外，还要去祭拜外姓人的祖先。拜完祖宗、神明，已近下午4点，全家人便要在一起"围炉"。围炉是闽南地区特有的风俗，实际是吃团圆饭。但与外地不同的是，吃团圆饭时，台下要放个火炉（当地称"烘炉"），炉里放上木炭，并将其烧得很旺。火炉摆好，全家人按尊卑次序团团围坐（如家人因特殊情况不能到场，必须给他预留座位，并放上碗筷）。主人抓一把盐撒入火炉中，盐见火，立即"噼啪"作响，围炉即告开始，大家依尊卑次序，相互道贺，开怀畅饮。围炉结束后，主人要到别人家的田里偷根很粗壮的白萝卜，并用红纸将萝卜包好（名为"大肚"），再选两根木炭，也用红纸包好（名为"大赚"），分别放在灶神供台的两边。"大肚""大赚"之间再放上个大碗，碗里放5个大柑、1块银圆，面上放上1个大春干，以供奉灶神，祈求灶神保佑来年大赚、大发；当天还要留下一大碗米饭，以象征年年有余。

正月初一一大早，放鞭炮、开大门，以示开门大吉。接着，主人用头天剩余的那碗饭，加上萝卜（当地称萝卜为"菜头"，与"彩头"谐音）、薤头（当地称薤头为"窍头"，寓意开窍）、菠菜

---

① 三牲指水牲、陆牲、胎牲，即鱼、鸡、猪肉。

等煮成稀粥，再配上甜米粿做早饭，寓意来年日子甜蜜，大人小孩都聪明能干。早饭后，大人小孩开始外出，或向长辈、亲戚、朋友拜年，或到庙里烧香进供。

从这天起，下官的万古庙、上官的霞山堂、浮山的关帝庙、陂龙的上龙庵、吴坑的靖天大帝开始择日游神。彩霞村则选择初一的下午在土楼广场上舞狮、演武。演武须十八般武艺样样齐全，时间长达数小时。

正月初九是玉皇大帝的生日。新坎的永葆亭、官北的天复宫都是专供玉皇的庙宇，其中永葆亭相传是廖三九郎手上兴建的，历史最早。而天复宫，则是全官陂的张廖氏都有份。所以，每到这天，大家都要带三牲、米饭、糖果、春干等供品前去朝拜玉皇。如果路途太远，来不及去庙里朝拜，便要在自家门前设香案，以同样的供品对天奉祀。

从正月十三到正月二十，各大小房择日办丁酒，因"丁"与"灯"谐音，故办丁酒又称"闹花灯"，以显示此时是全村最热闹的时刻。

二月清明，各个大小房组织后嗣祭扫祖墓。当地习俗，扫墓须清明前后十五天之内进行，祭扫不完的，三月初三古清明还可去祭扫。

二月十九、六月十九、九月十九，分别是观音出生、出家和得道的日子。到时，溪口的观音阁、厚福的娘庵以及其他供奉了观音的场所都会举办法会。村里的妇女绝大多数会去赴会，以祈求观音保佑全家大小平安。

五月端阳节，因这里没有大江大河，所以既不赛龙舟，也不游船。但之前，每个妇女都会择时做些三角香袋给儿童佩戴，以求辟邪。到了这一天，主人还会摘些榕树枝，插在大门上，俗称"插青"。相传"插青"一俗，起于唐末，时因黄巢起义，天下大乱。在一处逃难人群中，有位中年妇女，身背一个大男孩，手牵一个小男孩正仓促赶路，黄巢见后觉得不解，便上前讯问。妇女告之，背上所背的大男孩，父母都已去世，只留下这一孤苗，须小心看护。而手里牵的是自己的亲子，即使路上遭遇不测，将来自己还可再生。黄巢听了很感动，便告之回去后可在大门上插榕枝为记，管保无虞。之后，一传十，十传百，便形成端午插榕枝的习俗。

五月十三是关帝的生日，当地人崇武尚勇，所以对关帝爷具有特殊的感情，到处都有祀奉他的庙宇。每到这天，家家户户都会具香烛、米饭、菜馔到供奉有关帝的庙里祭拜。无法去庙里的，也要在自家门口设香案奉祀。

七月初七相传是牛郎织女相会的日子，而当地人则称是床公、床母的生日，所以，这天家家户户要具香烛供品到床前祭拜。

七月十五是官陂镇内除春节之外的又一个重大节日。这天，每家每户除了要具最好的供品到祠堂拜祖，并烧些纸钱之外，还要以村（或地域）为单位，举行隆重的醮会。醮会规定要在十五前后三天之内择日举行。是日，从下午未时开始，每家人都要具一桌斋饭，送到指定的地方（有的送到寺庙前，如陂龙上龙庵所辖的各村；有的则要送到某个指定的坑垄，如彩霞村规定送到死人死得最多的塘背埂），并聘请一名道士和一名香花和尚主持该斋醮仪式。仪式开始，先由道士在供桌前请鬼，然后由香花和尚做超度，内容有请神（所请神明有三宝、观音、地藏等）、唱《本师赞》《七字忌》《长角赞》。然后按《施食科》为孤魂野鬼讲经说法，同时向四面八方散斋二次，洒水二次，最后将一张印了剪刀、衣衫、金条、银锭的纸张拿到三岔路口焚烧，以示礼请孤魂野鬼去别方安身。仪式结束，大家将供品带回家里，供一家人享用。

官陂的张廖氏之所以如此重视中元普度，据说是因为当地过去非正常死亡的人太多，这些人死了以后无人祀奉，便会出来做坏事，扰得民不安生，因此村民每年要超度他们一次。至于当地为什么会有这么多非正常死亡的人，各村说法不一。彩霞村的村民说，过去这里每个村都来了许多讨饭的人，后来不知何因，一个晚上全都死了。而住在际云堂的张子可后代则说与张耍领导的明末清初乡民大暴动有关。因暴动发生之后，南征北战，队伍中死了很多人。正因为这样，共同领导了这次暴动的"万氏集团"成员之一的道宗首先发起，每年都要在长林寺为牺牲的战友做一次超度，并乘机秘密联络志同道合者，继续从事反清活动。不久，这项活动便在官陂的其他地方普及开。据他们说，长林寺与际云堂是这项活动开展最早的地方，所以这里不仅每年要做一次普度，而且每三年要打一次大醮（也要在七月十五），每次打醮都要竖一杆"玉皇旗"，竖旗的毛竹要求兜尾齐全，且尾部要始终倒向东方。这杆"玉皇旗"竖起之后要一直保留到下次打醮才能换下。

七月二十四是灶神的生日，刚好头天是下官墟的墟日，所以这天赴墟的人特别多，人人都要买些鱼、肉回家，准备第二天晚上敬灶神。相传买肉祀灶神最忌买半斤肉，原因是宋代有个叫吕蒙正的宰相，在未出仕之前，家里很穷。太平兴国年间，他要上京赶考，临行前，想给灶神提前做生日，于是，便向屠户赊了半斤猪肉。正当他煮好肉，准备给灶神上供时，屠户上门取债来了，吕蒙正好说歹说，要求屠夫宽限几月，但屠户就是不答应，最后不仅把肉取走了，还在肉汤里洒下了一把脏土，使其祭祀不成。据说从此之后，灶神便不吃半斤肉了。

八月十五是中秋，官陂和其他地方一样，人人都要吃月饼。但除此之外，凡有月亮的晚上，官陂人还喜欢玩"请三姑""请簸箕神""斗牛"等巫术游戏。所谓"三姑"，据说是当地一位受虐待的童养媳。年仅七八岁，每天都要起早摸黑，负担全部的家务，但婆婆依然不满意，对她不是打，就是骂，最后还被婆婆浸到水缸里，变成了冤死鬼。"请三姑"的目的，就在于怀念这位社会最底层的弱者。据说"请三姑"之前，人们先要用白布包木勺、做成个人形，并在头部画上眼睛、鼻子、嘴，放在月亮下的一张椅子上。主持者焚香请神，并反复念诵乡民中流传下来的咒语。不久，椅子便会自动摇晃，即使用手指承托椅子的单足，椅子也不会倒下。而"请簸箕神"则要在月亮下安放张木桌，桌上竖4根竹筷。两人分站在桌子两边，扶住竹筷。竹筷上再盖个竹簸箕。主持者焚香，并照科本请神、念咒。据说不久，簸箕就会自动旋转。"斗牛"则要由两个男青年共同表演。是时，两人先面对面、头顶头地站好。另选两个男青年，各持一把点燃的信香，分站在斗牛者的两旁，他们一边挥舞着信香，一边大声地念咒。据说不久，这两个斗牛者就会像牛一样真的打起架来，直到众人上前强行拉开方止。据参加过这项活动的人说，当咒语一念起，斗牛者就会变得浑浑噩噩，根本不知道自己在干什么。

"十一月秋报"是秋报的日子。过去，大家会到各个寺庙去朝拜诸神诸圣。后因当地有了靖天大帝，而十一月十一又相传是靖天大帝的生日，所以，每到这个时候，乡民便会以股份制的形式，合伙买羊去为靖天大帝庆寿，以感谢神明一年来的护佑。

（二）结婚礼俗

结婚是人生的头等大事，官陂张廖氏的婚礼与其他地方相比，既追求礼规得宜，同时又尽量避免繁缛与奢华。就一般而言，其礼仪包含说合、定亲、择期、送亲、合卺、拜祖等六道程序。

说合，即由男方找媒人，媒人根据男方提出的条件去找适合的人选。在征得男女双方家长的同意，并在男女青年生辰八字基本相符合的情况下，媒人安排男女双方不经意地见面。如果双方无异议，女方家长便可提出"聘礼"等方面的要求，并由媒人从中周旋说合。双方基本达成一致后，便可举行定亲仪式。

定亲，一般在女方家进行，是时，由男青年的父亲或兄弟陪同，男青年携带鱼、肉、水果、香烟、糖果等礼品登门拜见女方家的父母、长辈，并互换信物：男方一般给女方首饰，而女方则一般给男方手帕。吃过中饭后，女方的亲人礼送男青年回家，并将聘礼清单连同女青年的生辰八字一起交给男青年带回。

男方得到女青年的生辰八字后，便请风水先生选定迎亲的日期、时辰，测定在洞房合卺时的各个方位。并提前将迎亲的日期、时辰告知女方。

女方得到日期后，立即做送亲的准备。迎亲前三天（亦有的说三至五天），男方须将商议好的彩礼（含聘金、贺礼）如数送到女方家里，时称"纳彩"。彩礼的数量与种类，因人而异，但最少须具备下列几项：一是要猪腿两个；二是依照女青年血亲数量的多少，凡父母、祖父母、外祖父母、母舅，每人须有一份包含一只鸡、一壶酒的报答礼；三是要有一定数量的米饭、糖果及红包；四是聘金，数量多取六的倍数，有 12 块、36 块、120 块银圆不等。据说光亮村的湖里还有个特殊的规定，即迎亲日期一旦定下，男方要按时"纳彩"，按时"接亲"。如果超期，便要按天加纳一定数量的大米、木炭，原因是自定下迎亲的那刻起，新娘便是男家的人了，故延期须按天缴纳口粮。

官陂的迎亲，与其说迎亲，倒不如说送亲更恰当。因为迎亲时刻到来之前，男方只要派人送顶花轿去女方家就行了（据说湖里村连花轿也要女方自备），而女方则要依据嫁妆的多少，出动庞大的送亲队伍。走在送亲队伍最前面的，是一个身背宝剑的开路先锋；接着，是两个一手提火笼，一手拿榕树枝及两个以兜叶齐全的甘蔗为杠，甘蔗的两头各挂一只红灯笼的仪仗。仪仗的后面是坐在花轿里的新娘。最后是挑衣箱、扛橱桌及手提布袋（袋里装的是小件物品）等嫁妆的挑夫。

到了男方家，男方以鞭炮相迎。花轿停驻，新郎的弟弟用脚踢三下轿门，轿门随即打开，随同新娘一起来的陪娘牵扶着新娘，在红灯笼的引导下，跨过门口放着的一个烘炉（里面生着炭火），进入男方家门，而后直奔洞房。此前，新郎的父亲（当地称家爹）早已手拿簸箕等候在洞房门口，陪娘祝赞："新郎、新娘进屋，生子生财发福。"新郎、新娘在祝赞声中，从家爹手持的簸箕底下钻过，进入洞房。进入洞房之后，送亲的人随即把宝剑放到新婚床上，把红灯笼挂到新婚床的两头，挑灯的甘蔗则兜向内、尾向外地放到新婚床的床顶上（榕树枝早在进门时就已插在了男方家的门上或灶前），新郎、新娘及观礼者分别按风水先生测定的位置和方向站好。新郎、新娘的前面此前已安置下一张饭桌，桌上点着一对大红烛，摆着一只全鸡、两碗甜米粿、两条红鲤鱼以及猪肚、猪肠等共 12 碗菜肴。新郎、新娘在陪娘的引导下，同饮一杯酒，同吃每碗菜。新郎新娘每饮一次酒，每夹一下菜，陪娘都要为之祝一次赞。最后，两人共同吃下一碗甜心汤圆，婚礼便告结束。当晚，送亲者在新郎的各个亲戚家歇息，第二天一早返回。而陪娘则要在新郎家住上两三天，以教习新娘料理各项家务。

第二天一大早，新娘就要起床，先拜门神、土地、灶君，而后到井里挑水。挑水时，要撒点红糖到井里，以预祝将来的日子如糖似蜜。回来后亲手用头天合卺时吃剩的饭菜煮饭给全家人吃。吃过饭，新婚夫妻一起去拜祖、拜庙。自此，新娘便要像平常人一样地操办各种家务了。

第三天（或第五天，以日子凶吉而定），新郎、新娘一起回娘家。去时，要带猪腿 1 个，香糕 12 包及若干香烟、糖果。当天吃过中饭，新郎、新娘便要返回夫家。返回时，娘家会送一些糯米粉和一些红糖，同时还会送一大碗糯米饭，饭面上插 12 支（如是闰年，则插 13 支）纸花。到家后，新娘要用带来的糯米、红糖包汤圆给亲人们吃。之后，新婚夫妇便要坐在床上一起吃从娘家带来的那碗糯米饭（这碗饭，如果新婚夫妇吃不完，只能让给家里的小孩吃，而不能给其他人吃）。饭面上插的 12 支纸花则要丢到新郎、新娘的床底下，以祈保早生贵子。

（三）丧葬习俗

官陂的丧葬礼仪，一般包括开声、报丧、沐浴、入殓、出殡、超度、做七、安位等八道程序。

先是"开声"。按照当地习俗，老人去世之前，不必像其他地方一样，把人抬到大厅里，也不能人一断气就放声痛哭。而是要牵条狗到亡者面前，先喂饭，再在该狗不经意时，用碗狠打它一下，并把碗打碎。狗受惊后，会大叫一声。于是，家人便随之一齐痛哭，名之曰"开声"。开声后，孝子跪着点亮亡者床头的油灯（这盏灯要一直亮到送殡而不能中途熄灭），并不停地在床前烧纸。

开声痛哭之后，丧家便可派人向亲友报丧。报丧一般由住在附近的亲戚承担。去时，报丧者要手持一根红线，每报一家，受报者要请他吃餐饭，或给他一个红包，并说些吉祥话。而家中的孝子此时则要前去河里买水。他们到了河边之后，先要敬香烛、烧纸钱，而后向河里丢12个铜钱（如是闰月，则要丢13个），最后用瓦钵到河里取水（如亡者为男性，便顺着水流取水；如为女性，则要逆着水流取水）。水取回后，由儿女们亲自给亡者沐浴、更衣。亡者所穿衣服数量的多少，男女无别，只视亡者所传子孙的代数而定，如传二代（即有子）则上身穿5件，下身穿3件；三代（即有子有孙）则上身穿7件，下身穿5件；四代，则上身穿9件，下身穿7件。凡传三代以上的男性亡者，上衣之中，必须要有一件长衫，并配一顶瓜皮帽。

亡故后两至三天，便要择日入殓。入殓仪式要请香花和尚和一名口齿伶俐的礼生共同主持。之前，孝子孝孙要全部披麻戴孝。接着，亡者离房，并按照男左女右的规定，放入停放在大厅左边或右边的棺木中。礼生手持纸扇，在尸体上面扇若干下（所扇数量视亡者在阳间的寿数而定，每一下准10年寿数，不足十年的零头数，按十年计算），每扇一下，要祝一句赞，如："一扇风调雨顺；二扇国泰民安；三扇子孙活到老；四扇子孙考状元……"扇过之后，香花和尚开始做法事。请神、净坛，并取若干根麻线，一头拴在棺钉上，一头抓在亡者亲属的手里（手心须垫上一张纸钱）。香花和尚一边诵经念咒，一边用利刀把麻线逐根割断。每割断一根麻线，持线的亲属便要把断线及纸钱就地焚化，并从焚化的纸上跨过，以示阴阳分离，各行其是。接着，在亡者住房的门口焚香点烛，并安放三碗供品，其中，一个碗里放 3 个熟鸡蛋；另两个碗里各放鱼、肉、鸡、春干及糖果、饼干。香花和尚手提雄鸡、拳握纸钱，并用一根信香从纸钱中穿过，信香顶头再立个瓷碗，碗里盛些米和盐，从亡者的住房开始，由内向外，一边撒米、撒盐、一边念咒，最后将米和盐，连同瓷碗一起，倒扣在三岔路口。就地念咒、挽诀，名之曰"送煞"；送完煞，和尚手提雄鸡回坛谢神；当晚，为亡者开香火路。

第二天早饭后出殡。出殡之前，先要在公众坪上放两张长条凳，将棺木从室内移到室外。再用五牲（鱼、肉、鸡之外再加猪头、猪尾）、鸡蛋、春干、米饭、果品、酒、茶等供奉，礼生做祭，献祭文，最后由香花和尚封棺（如时刻不宜，封棺时要在棺木的一头绑一只大雄鸡）。封完棺，和尚一声令下，抬棺人抬起棺木，并一脚把长凳踢翻，齐声上路。

出殡的路上，要沿路撒纸钱，放鞭炮，以驱散恶鬼。快要接近坟山时，除孝子之外的其他亲友从另一条路返回，洗过手、脸后便进屋休息。孝子们则要把棺木护送到坟地，而后手捧纸灵牌，亦从另一条道路返回家中。回来后，把纸灵牌放入灵屋。

从下午起，香花和尚开始为亡者超度。其时间长短，随事主的意向而定，或一天一晚，或两天两晚。

出殡之后，家人一日三餐都要在灵前供奉香烛、酒、茶、饭菜，视死如生。每七天（从亡故之日算起），要请和尚给亡者念一次经，共做七次，俗称"做七"。七次中，以三七、五七为大，所请的香花和尚需 3~5 人。三七时，与亡者关系较密切的亲戚会带香烛、糖果、礼金，女儿则会带三牲，白米粿（30~50 堆）及一个大纸钱柜前来悼念亡者。而五七时，前来凭吊的亲戚改带食油、米粿、三牲，女儿改带纸钱，大纸钱柜及猪头。"七七"过后，百日、对年时，也要请香花和尚为亡者诵半天经文。

灵牌放满三年（当地风俗，凡经过两个大节、一个春节，或两个春节、一个大节便可称其为三年），便要择日除灵。除灵请当地的礼生主持，在经过一个简单仪式之后，把纸灵牌从灵屋中取出，并把纸灵屋连同纸钱柜、香烛一起拿到公众坪上焚化。焚化时还要在纸灰的四周洒一圈米酒，以防恶鬼哄抢。纸灵牌则要用黑纱盖住（不能见天日），并于当日由亲人们（男穿常服，女穿红裙）护送到小房的祠堂。到了祠堂门口，孝子要在门神前上香，并请求门神："我的父（母）大人要上大祠，请门神准入"；入祠后，将纸灵牌放在供桌上，先秉烛敬香，祭拜祖先，再请一位命好（即结发夫妻双全，有子有孙）的人将纸灵牌焚化，并将纸灰放入堂前香炉内。然后请事先请好的行仪（2 位）、唱赞（4 位）、点主（1 位）到场。司仪声中，长孝子用一根头尾相连的专用彩带将事先做好的木灵牌背在背上，孝子与众亲人一起下跪，点主者用新毛笔朱砂在灵牌的上、中、下三个地方各点一下，唱赞者随之唱赞。点完主，点主者将毛笔丢到祠堂屋顶上，灵牌送入祠堂神龛中。全部葬礼即告结束。

（四）寺庙与庙会

官陂境内的大小庙宇，多得数不胜数。笔者依照信仰范围，将其分为三类：第一类是跨村落的庙宇；第二类是以村落为单位设置的庙宇；第三类为单个土楼的守护神庙。

1. 跨村落的庙宇

据笔者调查，官陂境内，跨村落的庙宇共有 13 座之多，它们分别是：林畬的长林寺，大边的龙光庵、霞山堂、娘庵，下官的万古庙、保福庵，新坎的永葆亭、观音阁，官北的天复宫，吴坑口的靖天宫，陂龙的上龙庵，彩霞的金莲庵等。在这些庙宇中，最值得一提的有如下。

（1）长林寺

长林寺位于官陂东北约 25 华里的林畬长林村内。它地处诏安、云霄两县交界的万山丛林之中，地形隐蔽，交通极为不便。尽管该庙现已荒废，但从庙中保存下来的大量碑刻、题记来看，该庙在历史上曾具有相当的地位。据其中之一的（南明）《长林寺记》（附录 6）及《长林寺弟子报恩题名志》的记载，该庙是南明永历八年，即清顺治十一年（1654）由大檀樾藩府[①]拓基，禅弟第五和尚主持，并有永安伯黄廷[②]暨列勋镇及当地首富张子可等众多善缘共同捐资兴建的一座以"大阐玄教"[③]为主的寺庙。据中国社会科学院宗教研究所研究员罗炤等人的考证，禅弟第五和尚即早期天地会的开山祖师道宗（又称达宗），俗姓张，为官陂一带的本地人士。他与顺治年间领导了二都九甲乡民暴动的张要等 18 人一起结拜为"以万为姓"的异姓兄弟，并因其排行第五，故又称万五和尚。顺治七年（1650）张要领导的暴动队伍加入郑军，道宗则回到东山九仙岩继续过修持生活。不久，张要的队伍进驻东山，为长远计，道宗在郑成功及军中诸多将领、地方善缘的支持下，选择地方十分隐蔽的林畬，建起了这座寺庙。[④]

---

① 据罗炤先生考证，大檀樾藩府即郑成功藩王府君。详见罗炤《天地会探源》（26）。

② 赫治清：《天地会起源研究》，社会科学文献出版社，1996，第 268 页。

③ 《长林寺弟子报恩题名志》上记载："禅弟第五和尚建成立梵刹，称'长林寺'，大阐玄教，弘开誓愿。"详见罗炤《天地会探源》（34）。

④ 罗炤：《天地会探源》（24）（25）（26）（27）（32）。

据说庙里过去不仅供奉了释迦、弥勒、关帝、观音，而且还供奉了"万氏集团"成员之一的李万及积极支持建庙的有功者张子可的塑像。每年七月十五，庙里都要为顺治年间乡民暴动中牺牲的将士做一场超度法事。而每次做法会，张子可的后裔一定会派人前来参与。

（2）龙光庵

龙光庵位于大边村的南沿。据庙中保存的清雍正《佛光普照》碑（附录8）、乾隆《重修龙光庵碑记》（附录9）的记载，该寺始建于明隆庆丁卯年（1567），后叠经明季，清雍正、乾隆、道光各朝重修。该庵由于坐落于自凉伞嶂下来的主龙脉的龙口上，是上官片（含大边、凤狮、光坪）中风水最好的地方，据说为了避免争执，维持公众的利益，所以建了这个寺庙。庙里祀奉的，以佛教三宝为主，同时也祀奉了当地人喜爱的地藏、观音、关帝、注生娘娘等。每逢释迦、地藏、观音、关帝生日，这里都要举行庆诞法会，七月十五则要举行盛大的盂兰盆会，以超度众生。

（3）霞山堂

霞山堂位于大边田霞楼的旁边。相传这个庙原是张廖氏大佐房十一世祖益垣公建的一座私塾（有的说是武馆）。有一年涨水，从溪水中漂来一尊关帝木雕像。当时，益垣公甚不在意，只在私塾的旁边为其搭了个茅棚，暂时安放。后因离庙不远的溪边出了一个夜嬷精，从表面看，这个夜嬷精只是一块乌黑的石头，但每逢天阴下雨或日近黄昏，夜嬷精就会出来作怪，把在溪边洗衣服的妇女拖下水淹死。为此，乡民恐慌不已。有天夜里，益垣公突然做了个梦，梦中，关帝对他说，这个夜嬷精已经被我斩杀了，大家以后不必再害怕。第二天一早起来，益垣公去溪边一看，乌石果然已被切成两半，再看茅棚里的关帝，大刀上还留有血迹。益垣公这下才相信这位关帝果然有灵，于是便将他迎进霞山堂正中的大殿上。从此，关帝也就成了益垣公属下七房人共同的福神。每年从正月初二起，关帝就要出游，其游神区域主要是益垣公七房人所居住的地域。具体路线是：初二玉田、玉峰楼，初三新荣城，初四在田楼，初五庵边楼，初六水美楼，初七田霞楼。游神以房为单位，由房中愿意做会的人逐年轮流做头。轮到游神的那天，所在房要组织人员去接神，而前一天游神的村落则要负责送神。是时，两支队伍合在一起，浩浩荡荡，气势非凡。凡参加送神与接神的人都要从房中 60 岁以上的老人中挑选，他们身穿长袍，手执信香，俨然一副士绅的仪态。而抬神的人则要从头一年刚结婚的男青年中挑选。游神队伍每到一家的门口，家人都要具供品虔诚礼拜，并点燃几支信香，插到游行队伍的香炉里，再从香炉里取出同样数量的信香，插到自家的大门与灶台上，俗称"换香"，以示分享福神的灵气。白天游完神，关帝被安置在临时搭建的竹棚里，供周围各房各姓的人一起敬奉。第二天吃过早饭后再送到下一个房。游神费用过去由众房负担，现在则以"做份"的方法解决。凡自愿"做份"的人均事先到庙里登记，并缴纳人民币 30 ~ 40 元（具体数额，由理事会开会决定）。游神期间，参与"做份"的人可到庙里吃 1 ~ 2 餐饭，并领到 2 个椪柑。

（4）万古庙

万古庙是个非常特殊的庙宇，据寺庙中保留下来的清道光十年（1830）重修该庙碑记（附录 11）的记载，该庙原为本爵万公（即万礼，因受永历帝封爵为建安伯，故称"本爵公"）的祀祠。而根据罗炤先生的考证，张耍于清顺治十五年（1658）在攻打南京的战斗中英勇牺牲，其灵位曾一度入祀"忠臣庙"，后因郑成功听信了谗言，将万礼神位撤出"忠臣庙"，下令不得配享，从而激起了张耍结义兄弟们的强烈不满。[1] 也许正是在这种情况下，才由其结拜兄弟之一的道宗主持，建起了这个祀祠，以祭祀以张耍为首

---

① 罗炤：《天地会探源》（37）。

的所部阵亡将士的英灵①。同时，道宗还在该祠的后面建了后楼，以讲经说法，授徒弘教。庙里现存的关帝像及庙门上"义高万古"的匾额，相传建祠时就已经有了，并传说这尊关帝像还是道宗亲自从外地带来的。而祀奉关帝的目的，是因关帝曾对张耍有恩。据说有一次，张耍打了败仗，慌乱中逃进了一座关帝庙。他一进去，蜘蛛就立即在大门上结起了网。清兵追来，看见大门上的蜘蛛网，以为里面没人，就没有进庙搜查，从而让张耍逃过了一劫。

至于该祠何时正式改名为"万古庙"，现已无从查考。但庙的前面，现在还立着一块清同治壬申年（1872）镌刻的《缘碑》，虽然该碑字迹漫漶，几乎无法卒读，但仔细辨认，仍可模模糊糊地看出碑上的几行文字："帝君之庙由来旧矣，庙庭历年久远……"此外，庙内还保存一尊长方形的铸铁香炉，上面有铸文"万古庙，答谢神恩。光绪丁丑年（1877）蒲月沐恩弟子张□敬献"。以上两件文物充分说明，该祠至少在同治初年以前便已更名为"关帝庙"，而自光绪初年起便已有了现在的庙名。这种情况的出现，也许与清代中期官府对异姓结拜活动的严厉查禁有直接的联系。

万古庙每年从正月初一开始，要抬关帝出游。其游神范围原先主要为下官日享公后裔（即龙山房、大佐房、大任房、大参房、大位房）居住的区域，20世纪70年代以后开始增加了永祖裔居住的坪寨、莲塘里。游神采用按同一路线，逐日轮流的办法，初一为庵背、尚墩，初二下井，初三湖里，初四四角楼、寨里、坎背、杨屋，初五新安楼、石坳头、陈斜、下坑，初六下官坪，初八过去休息，现改坪寨、莲塘里，初九陂头，初十坑里，十一七寨，十二彩霞。据说原来万古庙的关帝游神也像霞山堂一样，每天均有一队接，一队送。后因有的村接神不准时，相互间闹起了意见，所以便

---

① 据张南生先生的长女婿报告，万古庙里的阵亡将士灵牌一直保存到20世纪60年代才被毁掉。

改为：当天游完神，当天送回庙，第二天再由下个村派人到庙里去接。其游神方法与霞山堂的游关帝基本相同，即轮到游神的村，一大早就要派七八个德高望重的长者与道士和负责抬神的新婚青年一起赶往万古庙，先由道士请神、发文，再将关帝请进神轿，一路鞭炮迎进村。进村后，先将关帝放进临时搭建的竹棚里，村民则不论远近，每家均要具一桌供品（含五牲、春干、糖果、酒、菜及香烛等），在神前虔诚祭拜。然后，再抬着关帝到所属的各个屋场巡游。每到一处，主人都要以鞭炮香烛恭迎，并逐家换香。游完之后，再把关帝送回庙里，由道士为其上座。

（5）上龙庵

上龙庵位于陂龙村境内，它是由陂龙（除坪寨、莲塘里、龙哈潭）、新径（除半径）、地坳、龙磜、分田及与之毗邻的红星农场之五洞、六洞、百蔗、进水、白鹿盆等村联合兴建的一座寺庙。从庙里保存的三方《重修上龙庵缘碑》（附录12）可以看出，该寺于乾隆三十八年（1773）以前便已存在，而建庙的原因是该地位于龙脉的上首，"其位独高，精灵碧翠，为天下□双之福境"，说明其原先也是作为守护龙脉的土地神而设置的，所以直到清乾隆年间，参与该庙活动的信士有居住该地域之内的张、蔡、江、刘、陈、田、林、钟、谢、黄、罗、游、许、童、方、李共16姓之多。其中，人数最多的，自然是张廖姓，但起主导作用的却是蔡姓、钟姓与陈姓。但到了光绪十九年（1893），其管辖的人群便几乎只留下张廖一姓，以至在297名善缘名录中，仅张廖氏就有291名之多。张廖姓之外，只剩下了蔡姓5人，钟姓1人。

上龙庵供奉的神明非常庞杂，有释迦、弥勒、观音、十八罗汉、五谷、土地、花公、花母（当地又称"外公""外婆"）、注生娘娘、关帝、周仓、关平、南天将军、红面将军、黑面将军。

最有意思的是，为了满足妇女们求子的需要，该庙不仅供祀了专管人间生育的注生娘娘的塑像，而且还在注生娘娘的旁边，安放了一柄"陶祖"（即男性生殖器陶塑），据说结了婚而长久没有生育的妇女，只要喝一碗洗过陶祖后的清水，便保准能生个胖娃娃。

从正月初一开始，上龙庵所辖的各村也要轮流游神，但出游的只有一尊观音菩萨。

（6）靖天宫

靖天宫是官陂境内独具个性的一座祭祀场所。它位于吴坑村的乌石垅。虽称它为宫，但长期以来，它既无殿堂，也无雕像，只有一块形如蛇头、中缝裂开的大石。传说对它的信仰始于清康熙年间，这时期，有许多渡台的张廖氏经常会派人回家乡祭祖。有一年，一位祖居吴坑的渡台张廖氏人也回来祭祖并修墓。修墓时，他把从台湾带回作护身用的靖天大帝香袋挂在了旁边一棵从石缝中长出的小树上。谁知墓已修好，他正要取香袋归台时，香袋里竟发出话语，说他（指靖天大帝）喜爱这里山清水秀，打算长留此地。没办法，这位渡台者只好留下香袋，只身回了台湾。这事一传十，十传百，于是，这块安放了靖天大帝香袋的大石便成了吴坑以及大边之厚福、吴坑口三个屋场的福主神。每年的正月初一到初三，三个屋场的村民便要手捧靖天大帝面前的瓦香炉到自己所在的屋场里游神。后因有一年，官陂遭了大旱，数月之内滴雨未下，禾苗尽枯。无奈之下，大家想到了靖天大帝，便一起前去求拜。谁知这一拜，官陂当天就下了一场透雨，旱情立解。由是，靖天大帝由一个小村子的神明一下就变成了全官陂人共同信奉的神明。

谁是靖天大帝？当时，谁也不清楚。只听一个马脚说，其生日是十一月十一，并要求每六年一小庆，十二年一大庆，庆寿时要扎制一个大牌楼。神明的要求，大家当然要听。但按照要求，牌楼上要画神明的像，到底该画谁呢？这让大家犯了难。后经多方打听，村民才知道台湾的靖天大帝原来是三国时的昭烈皇帝刘备。

靖天宫的管理由理事会负责。为保证官陂的每个村和一些较大的屋场都能分到一个理事名额，理事会共设了100名理事。每次举办庆典的经费均由各村理事向所在村自愿报名做"首顶"的人筹集，并以神前跌筊的方式从"首顶"中产生出头首、二首、三首……乃至十首。由这 10 个"首顶"代表大家，按顺序向神明进香、礼拜。

除了进香之外，庆典中还要演戏，有时甚至还要请道士打醮。

2. 土地庙

土地庙是以村落为单位兴建的小庙。官陂的土地庙，大多按风水先生测定的方位，建在龙脉最关键的部位，故有的直称其为"龙首庙"（如尚墩）、"龙门庙"（如坪寨）或"龙福亭"（如龙冈），有的则称为"公王庙"（如官北）、"伯公庙"（如湖里、塘背），更多的则称为"土地庙"。也有的会在"伯公""土地"的称呼之外，再给它一个文雅的庙名，如下官兰秀楼中的"墟头伯公庙"，雅称为"延福宫"；"墟尾伯公庙"，雅称为"永福宫"；彩霞的土地庙，雅称为"永宁宫"；下井的土地庙，雅称为"重兴庙"等。官陂境内的土地庙，多得难以计数，以下几个土地庙则颇具特色。

（1）永宁宫（俗称"三山国王庙"）

永宁宫位于彩霞村西头的龙头山上。这是一座面阔三间的土木结构的房屋，里面供奉的是三个号称是异姓兄弟的三山国王。村民中传说，这里的三山国王，原先是三只大鸟，因被猎人追赶而逃到彩霞村。一到这里，它们就变成了三个美貌的男子，并说自己分别姓陈、姓林、姓李，因随陈元光平定蛮僚而落籍官陂，被封为将军，各守一方，故称"三山国王"。但从庙中留下的一方乾隆年间的《重修永宁宫缘碑》（附录 13）便可证明，该庙始建于清雍正之前，建庙的原因是该庙所处之地"上列层峦，下临曲涧，位高望远，窃拟鹭岭蓬莱，恍惚遇之"，于是，人们便在这里建了个小庙，以守住这里的好风水。清"雍正甲寅（1734）间新其制，拓其规"，于是才有了现在的规模。有意思的是，文人们对该地风水地理所做的形象比喻，在村民中却演绎出了一段生动有趣的人文故事。对于该庙的祀奉对象，乾隆碑中只字未提，也许当时根本就没有所指。但经过岁月的磨炼，如今，庙主已名正言顺地成了"三山国王"。据元代刘希孟《明贶庙记》的记载："考潮州西北百里有独山，越四十里有奇峰曰玉峰。峰之右有乱石激湍，东潮西惠，以石为界。渡水为明山，西接梅州，州以为镇。越二十里有巾山，其地名霖田……当隋时失其甲子，以二月下旬五日，有神三人，出巾山之石穴，自称昆季，受命于天，镇三山，托灵于玉峰之界石，因庙食焉。地旧有古枫树，降神之日，树生莲花，绀碧色，大者盈尺，咸以为异。乡民陈姓者白昼见三人乘马来招己为从，忽不见。未几陈遂化。众尤异之，乃谋于巾山之麓，置祠合祭。前有古枫，后有石穴，水旱疾疫，有祷必应。"可知三山国王原本是粤东潮州、梅州一带的信仰，所谓三山国王者，实际是巾山、明山、独山的镇山之神。也许是因为私贩食盐之故，历史上，官陂与潮州、梅州有较多的经济往来，所以三山国王信仰也随贩盐者传到了彩霞。有趣的是，三山国王一到这里，便与闽西客家人中普遍信奉的陈、林、李三奶夫人与闽南人普遍崇敬的陈元光平蛮僚的事件结合到了一起。三种文化相互交融，成了彩霞三山国王信仰的一大特色。

永宁宫原本是彩霞一个村的信仰，但 20 世纪 80 年代，因跨村落的福主庙"金莲庵"被洪水冲塌，神明被移到永宁宫。于是，作为土地庙的"永宁宫"也一跃而成了跨村落的神庙。每逢农历十一月十六，凡原"金莲庵"管辖的彩霞，地坳及红星农场之六洞、太平镇的磜头等村庄，都会派人来参加庙庆。

（2）下井重兴庙

重兴庙位于下井城的西门口，是一个占地约 20 平方米的单间土木结构建筑。庙里的主神是陈元光及伯公、娘娘，两边则分别祀奉关帝、赵子龙与玉帝、靖天大帝。其中，关帝、赵子龙从下井城印香而来，玉帝、靖天大帝则分别从永葆亭、吴坑印香而来。该庙神明多样性的安排，显然与下井居民大多分别来自吴坑、下官、庵背、新坎有关。而以闽南人普遍信奉的陈元光作为该庙主神，显然在提示我们，作为诏安客家人主要聚居区之一的官陂，同样也受到了闽南文化的深刻影响。

值得一提的是，在官陂，几乎所有的祠堂里面都不另立土地伯公神位，唯独下井城内的三姓祠（祭颜、李、郭三姓下井开基祖）里却另立了一个伯公神位。据当地人传说，这位伯公是郭义亲自背来的，所以要安放在三姓祠里。看来，在官陂乡民的心目中，神明也有私属。

（3）官北公王庙

官北公王庙在北坑，据说该庙过去也叫伯公庙，清乾隆年间，因永祖元儇房第十三世祖廖国宝要上京赶考，出发前便到伯公庙去辞行。不料殿试时，乾隆皇帝总能看到有位白发老人跟随在廖国宝的身后，皇帝看了很奇怪，就追问廖国宝。廖国宝不敢隐瞒，只好把临行前到过伯公庙辞行的事禀告了皇帝。乾隆皇帝听了，便脱口而出："呵，原来你有公王相随。"于是，"伯公"从此便晋升成了"公王"。

与其他地方的土地庙不同，官北的公王庙，天天都有香火。每日的上香进供，由全村村民中挨户轮流承担（每户两天）。每年冬至前夕，庙里还要择日请道士打三天醮。醮期的前两天，全村人都要吃素，第三天在庙前杀猪开斋，接着演两天大戏，以示庆贺。

公王庙里还有一颗"将军公王"的方印，由村中辈分最高的人掌管。每年打醮前夕，掌印者要用该印印制许多符录，散发到每家每户作辟邪用。领到符录后，家长要按规定的数额主动把钱送到庙里，庙里则用这笔钱来打醮、演戏。

公王庙的管理工作过去由大家长负责，现在由理事会负责。理事会由三人组成，掌印者为当然理事，其他两人则由全村村民，每三年一次，在神前跌筊确定。

（4）龙冈三界爷庙

龙冈三界爷庙位于龙冈村一个叫谷巴墩的小山坡上，说它是庙，实际只有垒在一起的三块小石头。这里是诏安、云霄、平和三县交界之地，据说有来自平和、云霄和官陂凉山崇的三条龙脉在这个小土坡上交会，所以村民便在这里搭了个很小的庙，以祀供"三界老爷"。又据说这里的龙势为蛇形，因蛇头不能抬得太高，故不能搞大型建筑，只能垒几块小石。但人们相信，既要供奉，又要游神，就必须要有庙有菩萨才行。于是大家便在山坳的对面给该神另建了一个行宫，取名为"龙福亭"，亭堂里塑了三尊菩萨木塑像。但久而久之，作为行宫，该庙竟渐渐独立起来，于是"三界爷"便演变成了"三老爷"，并演绎出了三老爷本是三个同母异父的兄弟，两个好武、一个好文的有趣故事。

以往，每年的农历十一月，人们都要请道士在"三界爷"所处的谷巴墩上打一次醮，并演三天戏。后来，据说大家觉得每年打醮，次数过密，所以便用跌筊方式，在经得神明同意之后，改为每三年打两次醮。龙福亭的三老爷则要在正月初三、初四两天外出游神（范围是本村的龙田、科龙等屋场）。游神用跌筊的方式在三个老爷中确定其中一个出门。有意思的是，跌筊的结果，常常是好武的老三中签出游。

3. 土楼的守护神庙

土楼是官陂组织系统中最基层的单位，也是与乡民贴得最近的生活场所，故每个土楼，甚至每个门洞都会有个守护神作为人们日常生活中的护卫者。

官陂土楼中的守护神常常与三国志中的人物，如关帝、张飞、赵子龙有关。如光亮的下井城，城内有三个门，过去在三个门的门楼上各安置了一个守护神。其中，西门为赵子龙，东门为关帝，南门则是张飞，统称为"三元帅"。相传有一年，天刚蒙蒙亮，下井城里的一位老人因上城楼去取东西，不经意时，竟被张飞的形象吓死了。于是，大家就把张飞撤下了香案，"三元帅"由此变成了"二元帅"。而在相传为天地会秘密据点之一的浮山城，城里也有两座守护神庙，一个叫关帝庙，一个叫望仙楼。关帝庙供奉的是关帝、周仓与关平。而望仙楼除供奉关帝之外，还奉了一尊一手指天、一手指地的神明，当地有的人说，他就是天地会的神明标志。除此之外，在新荣城的城里建有一座关帝庙，在新坎的塘下楼的楼门外也建有一座关帝庙，同时还有一个与万古庙相类似的传说，即关帝曾是楼主人的救命恩人。

土楼守护神的祀奉方式与土地庙基本相似，即只要择日献供，而不要打醮、演戏。

四　讨论

1. 关于张廖氏的源流世次

（1）张廖氏复姓宗族的形成是明清时期中国东南沿海地区出现的一个非常有趣的文化现象。关于该宗族形成的原因与过程，目前所依据的主要是官陂《张廖氏族谱》上的记载。但研究得知，官陂《张廖氏族谱》形成的最早年代为清乾隆四十一年（1776），在此之前"未有修谱者"，这时距离传说中的张元仔入赘廖家，已经过了402年，传了18代，而距离传说中的张氏漳州开基始祖张虎、云霄始祖元甫公更有千余年之遥。且据当地长者报告，由于明代初年民间立墓碑，官府要课以很重的碑税，所以张廖氏六世以前的祖墓（五世祖道文除外）一概采用不封不树的墓葬形式，外表看不出任何标志。为了证实这一说法，笔者在当地长者的引领下，特意考察了位于坪寨的张廖氏第二代祖姚章氏七娘的坟墓。的确，展现在笔者面前的，只是个稍稍凸起的土坡，如果不是有人指点及地上留有插过香的痕迹，谁也不会知道这是座古墓。又据民国《诏安县志》"选举志"记载，整个明代，官陂张廖氏只在明崇祯年间出过一个贡生，可见文人很少（尽管族谱中说友来公的4个儿子都是太学生，但那只是一个传说，并无真凭实据）。既然如此，那么在402年之后，第十四世祖朝玉及第十五世祖文驹又是如何知道始祖的历史及各代祖先的名讳与他们之间错综复杂的世次关系的？看来，唯一的办法只有传说加创造。也许正是因此，我们现在能很容易地看出族谱中出现的许多纰漏。比如，乾隆朝十四世祖朝玉在叙述其先世渊源时，自称"自伯纪公讳虎。始公之先，本河南祥符人氏，唐仪凤间从陈元光经略全闽，封威武协应上将军，镇守漳州，因家于漳"，"数传至明山公……有五代孙宋隆庆时回河南省祖，遂往河南不回。（又）传五世至明甫公，兄弟同登进士，共仕于朝。因宋帝避元于闽，元甫公遂挈其妻子来漳州寻祖……故至西林而卜宅焉"。在这段记述中，且不说整个唐朝根本就没有"威武协应上将军"这个职衔，[①] 且两宋之际，北方正经历外族入侵，战乱频频，从而使得大批北人渡江南迁。之后便是长达百年的宋金南北军事对峙。其间，南方相对安定，而北方则纷争不断。这时，明山公的五世孙竟会逆大潮而行，弃安就危，让人觉得不可思议。再看朝玉列出的张氏漳州一至六世与云霄一至六世的世次关系（附录1），从中可以很容易发现，前者的四至七世与后者的二至五世，不仅名讳相同，其所传后嗣的数量也一样（除前者的第七世稍增加了几名后嗣之外），显然是相互复制的结果。又官陂廖氏的祖源，乾隆时所修的《（上祀堂）族谱》[②] 尚且阙如，但到了1959年的《张廖氏族谱》，便变成其先祖为汉昭烈第27代孙廖圭公"于宋时随军驻扎上杭，分传八枝，廖义公移往二都，而官陂是其一脉"。而到1979年的《廖氏大宗谱》则进一步演绎成"（廖圭公）随宋（宋为唐之误——笔者）朝陈元光将军开辟

① 黄本骥：《历代职官表》，上海古籍出版社，1980，第230、264页。
② 所指为《官陂张廖氏（上祀堂）族谱》同治九年（1870）玉田楼抄本。

漳州，驻扎上杭"，显然这也是相互传抄，并稍加编撰的结果。可见张廖氏的先世历史并不完全可信。而对于张廖氏官陂始祖及第二、三世祖的来历，各房所撰的房谱也是说法不一。如对张元仔来自何方，当地就有两种说法，一说来自云霄的下河，那是客家话的流行区域；一说来自云霄的西林，那是闽南语的流行区域。也许因选择西林更有利于他们的生存，所以从十四世朝玉修房谱开始，便认同"西林"为张氏祖地。再如元仔公为何而来，当地也起码有四种说法：《（上祀堂）族谱》说是"（元仔公）游学……而至官陂"；而永祖房《官陂清河世系录》说"元仔公（是）因逃军，自西林和尚塘"；1989年由官陂三胞委根据台湾廖氏族谱资料所编印的《官陂张廖氏渊源》则称是"元顺帝时，白莲教倡乱……（元仔公）避居到官陂"；最后一种是民间传说"张元仔原在朝廷做官，犯了满门抄斩之罪，才逃到官陂来"[1]。又如对四个房的认识，《（上祀堂）族谱》认为是"友来公深感势单力薄……乃承（祖妣之）命娶吕、柳、江、章氏，各生一男，共有四子，超群出类。"[2]而永祖元丰房房谱则说是"友来公先娶江氏为德配，三年无出，后娶柳、江二氏，膝下犹虚……三年制满，再娶章氏，连生四子，四位祖妣各抱一子，江抱永安，柳抱永宁，吕抱永传，章留永祖"[3]。再如对明嘉靖年间的分户，乾隆朝玉房记载为"公之派下开班名廖文兴，其弟三人仍当廖日新"，而永祖房的《官陂清河世系录》则记载为"永宁、永传、永安开为廖文兴户，永祖为廖日新户"。也正因为《（上祀堂）族谱》出现了"其弟三人"的称呼，当地长老张南山先生才提出"从洪武乙卯的前一年元仔入赘廖家到明嘉靖开户，前后近200年，才传

---

① 这是当地49岁的饭店女老板张彩定告诉笔者的，而女老板又是听她已故的爷爷说的。

② 《官陂张廖氏（上祀堂）族谱》"二世友来公传"。

③ 廖丑：《西螺七嵌与台湾开拓史》，1998年内部印刷，第447页。

了三代，殊不合理。故元仔公入赘廖家应是宣德乙卯的前一年才对。"这些分歧的出现，说明早在清乾隆年间首次修谱时，张廖氏人对于自己早期历史的记忆便已基本淡忘，剩下的只是一些模糊不清的传说。

至于"生廖死张"的由来，目前所能见到的最早证据是清乾隆四十一年（1776）由十四世祖朝玉编纂的《官陂张廖氏（上祀堂）族谱》中的"正祖张元仔公传"。文中以元仔公遗嘱的方式，嘱咐后嗣"生当姓廖，代父报德，死当姓张，以存子姓，生殁不忘张廖两姓"。然而，从最近发现的明永历七年（1654）《长林寺记》及清康熙丙申年（1716）《高隐寺石碑记》（附录6、附录7）上的记载，则可证明清代初年以前，这种观念其实并不存在，因为按照1979年台湾《廖氏大宗谱》所载的世系，同是日享公的后裔，大佐房九世祖子可，在《长林寺记》等一系列碑记中，都署名为张子可，十四世志高在《高隐寺石碑记》中也署名为张志高，而同一大房的十世祖立庵、十二世祖清河及永祖元傯房的十二世祖震元则在《高隐寺石碑记》中分别署名为廖讳兴、廖清河、廖震元，一直到1959年编撰的《张廖氏族谱》，族人才将廖兴原来的姓名改为"字"，即"立庵，讳朗，字廖兴"。与此相类似的还有"万氏集团"18个结拜兄弟之一、龙山房十一世祖福祯（参加武装暴动后，在打下黄冈返回官陂的路上被民团杀害）和大佐房锡垣次子、十一世祖钦华。据张君燕先生报告，福祯原来的姓名叫"廖猛"，后来才在族谱中改为"张"姓。而钦华，据说原来的姓名叫廖晖，后来，族谱中才将"廖"姓改换成"张"姓，并将其原来的姓名改换成"字"。

更有力的证据是张廖氏五世祖道文公分别拥有的两座坟墓上的墓碑文字，前一座是位于官陂墟上的蟹形墓，而后一座则是位于大埔薯园的封堆墓。关于这两个墓的关系，当地传说，道文公年迈之时，想给后代留下一处好风水，于是，便派专人从赣州兴国县三僚村请来了著名的风水大师廖弼。廖弼来到官陂后，站在高处一望，知道这里隐藏着一只展翅欲飞的凤凰（即藏着一处凤形墓）。但凤凰到底落在何处？廖弼一连找了三年，直到道文公去世时，他也未能找到。无奈之下，只好在官陂墟的旁边给道文公另找了个蟹形墓地。当墓穴已经建好，正准备给道文公落葬时，天上忽然下起了瓢泼大雨，把在场的人一个个淋得像落汤鸡，工程只好暂时停了下来。一会儿，雨停了，前来送饭的人一身干净地把热气腾腾的饭菜送到了大家的面前。廖弼看了，觉得很奇怪，便问送饭人："刚才下了这么大的雨，你怎么身上一点没淋湿？"送饭的人回答："下大雨时，我们正走到前面那个小山冈的几棵小松树底下。说来也怪，刚才，其他的地方，雨都下得很猛，唯独我们所站的那块地方，却一点雨也没下着。"廖弼听了，心里一亮，赶忙叫送饭的人带他再去寻找那块地方。到了那里，廖弼一看，感慨地说："我苦苦寻觅了几年的凤凰地，原来就落在这里。"由是，道文公子孙当即决定，就在这里给道文公另建一座万世流芳的凤形墓。从上述传说故事来看，蟹形墓与凤形墓，虽然落成次序有先有后，但建筑年代应该是一致的。可从墓碑文字来看，前一座墓，墓铭为"春翁廖公墓道　辛巳年仲春立"；而后一座墓，墓铭则为"岁次辛丑种德张公四十显　守静江氏五娘　之坟　□□二房立"。从墓铭可以判断出，前一座墓，应是道文公正德十六年（1521）去世时的原葬墓，所以墓碑上的文字很简单，只有姓名和入葬时间。而后一座是嘉靖二十年（1541）其妻子亡故以后，将道文公遗骸迁来与妻子合葬时的合葬墓，故墓碑上既有宗族排序，还有私谥，而在官陂，给亡者立谥号，是清代乾隆年间张廖氏组建了宗族，并建起了总祠以后才兴起的做法，更何况墓碑上的"墓道"已改称为"坟"。而"坟"的应用，据笔者多年从事考古工作的经验，乃清代中期以后才在中国南方部分地区兴起的一种雅称。由此说明，这后一座墓，在其合葬之后，还在清代中晚期乃至民国初年曾经改葬过。由前一个墓的墓碑文字，可以说明原来的道文公实际是"生也姓廖，死也姓廖"，只有后一座经过改葬后的墓，才说明道文公已变为"在生姓廖，死后姓张"。

能与之相印证的还有明代崇祯年间的贡生张廷辉。在民国《诏安县志》"选举志"中，他被记载为"张廷辉，明崇祯年间贡生，二都人"。在他死了以后，清乾隆五十三年（1788）的《重修龙光庵碑记》依然记载为"太学生张廷辉公助银五元"①。这说明，明代的张廷辉，在生姓张，死后依然姓张。以上事例足可证明，明代以前，在现有的张廖氏家族祖先中，至少同时存在两个以上的种姓，一种为"在生姓廖，死也姓廖"，如廖道文、廖兴、廖霸、廖晖、廖清河、廖震元；而另一种为"在生姓张，死也姓张"，如张子可，张廷辉、张志高等。只是到清雍正年间以后，情况才突然发生变化，民国《诏安县志》"选举志"中，凡清代雍正以后的张廖氏科举中式者，无一例外的全部改成了廖姓，而在清雍正癸丑年（1733）的龙光庵《佛光普照碑》（附录 8）中，凡张廖氏的善缘人，又无一例外地全部变成了张姓。更有意思的是，在清乾隆五十三年（1788 年）的《重修龙光庵碑记》（附录 9）中，作为修庙倡导者的廖廷哲，在描述其倡导修庙经过时，直书其为"太学廖廷哲"，而在捐款名单中，则改载为"太学生张廷哲助银六元"。为什么同一个人、同一块碑，前者要姓廖，而后者要改姓张？经请教当地人士才知道，原来在他倡导修庙时，用"廖"姓，表明他是在阳人，以对应张廖氏"生当姓廖"。而捐款是为祖先积德，功劳要归到祖先的名下，所以要改为"张"姓，以对应"死当姓张，以存子姓"。由此说明，张廖氏"生廖死张"的统一概念，实际是晚至清代雍正年间以后才形成的。至于张廖氏为什么会在这个时期

---

① 在官陂各庙的"善缘碑"中，凡名字后面加"公"均表明该人已逝世，其缘款为其后裔代捐。

出现如此大的变化？目前尚不得而知。

值得一提的是，以上所说的都只是知识界中的一种说法，并见诸一些文字记录。而民间则传说，张元仔入赘廖家之后，并未要求后代要"生廖死张"，而是要求"男张女廖"①。多年从事道场法事的香花和尚高勇也证实，在他们现在做法事上表的时候，出嫁了的张廖氏，表文中都要写上"□门廖氏"，而不写"□门张氏"②。

其实，随机改姓，从过去到现在，不仅在官陂的张廖氏中，而且在官陂的其他姓氏中，也普遍存在。如下官村的陂头，与张廖氏杂居在一起的，有100多位姓钟的畲族人，他们为了寻求张廖氏的庇护，很早就改换成了张廖姓，并共同参加张廖氏族人的祭祖和扫墓活动。20世纪80年代，为了能享受到计划生育中多生一个小孩的政策优惠，他们才拿出保留下的依据，要求恢复为畲族钟姓。但即使如此，在他们的印章中，仍然一头刻"钟"姓，一头刻"张"姓，对外依然自称"张廖"，并直到现在还一如既往地参加同一个屋场张廖氏的所有宗族活动。在陂龙的梅子岭则有几户陈姓人，据说过去都姓蔡，后因其祖先多次参加科举考试都名落孙山，一天夜里，梦中突然得到九仙公的开导，说要出家当和尚才能转运，于是，该祖便毅然离家到九仙岩做和尚去了。留下几个儿子，为了便于科考，便把其户籍寄放到了姓陈的人家里。自此，子子孙孙都"在生以陈为姓"，但死后，灵牌上则要改写成"蔡□□"。在永祖房《官陂清河世系录》抄件中，笔者还在九世祖信台公立蒸尝的传记中看到这样一段文字："乾隆甲戌（1754）钟与突起兽行，率钟英打死钟提，牵连堂兄弟十数人，蒸尝尽废。"查永祖房房谱，从头至尾，未见有序谱"钟"字，这些人是否也像大佐房的廖兴

一样，是一些将姓名改换成"字""号"的钟姓改姓人？令笔者觉得有些可疑。

与官陂一样，改姓的现象在诏安的其他地方也有不少。号称陈元光六部将之一的马姓，据说南宋末年，因族人运粮支持小朝廷，全部遇害。仅留下一名小孩，因到姑夫家做客，逃过了这一劫，后被姑夫养大，改姓为李，从此之后，世世代代"在生姓李"，而死后，则要在灵牌的背后注上一个"马"，以示永不忘祖。而在民国《诏安县志》的"选举志"中，改名的记载就更多，如："周旋，康熙二十九年庚午举人，本姓朱"；"汾倬文，康熙四十年壬午举人，本姓陈"；"吴天培，康熙五十六年丁酉举人，榜姓林"；"吴宗宣，雍正四年丙午举人，榜姓沈"；"许开士，乾隆元年恩科举人，榜姓林"；"明贡生柳大叶，本姓李，正德七年由广东饶平县岁选漳平教谕"；"汪芷，本姓孙，康熙五十岁贡，任同安训导"；"王色佐，榜姓朱，雍正元年拔贡"；"吴琏，本姓黄，康熙五年武科举人"。

不管这些人改姓有什么理由，但起码一点，它说明改姓已成为官陂，乃至整个诏安地区一种较为普遍的文化现象。而这种文化现象的出现显然又与该地区较恶劣的生存环境有着密切的关系。

如前所述，官陂乃至整个诏安位于闽、粤两省的接合部，这里"山泽多而膏沃少，五谷所登，不足自给"①，为了糊口，农耕之余，人们只能以打担、贩运度日。而由于当地自然资源严重短缺，除了食盐，几乎无物可贩。而贩卖私盐的风险很大，其间，不仅道路崎岖难走，途中时常会遭遇土匪的劫掠。更有甚者，官府也经常派官兵沿路拦截，这些人以查私为名"暴虐过甚，居其室而掠其野，少不遂，鞭挞滥施，至经过之处，任意摧残，民若畏避，即拆房屋，毁器具，靡所不至"，"更有地方民牧，抚绥无法，而朘削

---

① 陈祖荫：民国《诏安县志》卷 2 《地理志》。

横加，差徭繁重而敲诈不已，民不安生，遂铤而走险"①。故以暴力反抗官府的事件在官陂乃至整个诏安时有发生。清顺治年间，由张耍领导的二都九甲的乡民武装暴动就是其中的一例，而平日间，乡民因忍无可忍而动手打死盐差、粮差、税警，乃至私通倭寇的事件也屡有发生。仅据这次调查搜集到的各房房谱的记载，在张廖氏中，明清时期发生的重大事件至少有过三次，其中两次发生在明代初年，时"官陂有廖氏为恶为大逆者，国法欲捕若人而诛之。若人业已脱逃，累及通族"（族中传说，这次的"为恶为大逆"就是打死了"官差"）；又张廖氏云霄五世祖"临寿公之第四子强大、五子强二，（也）因通倭倡乱，充军广东潮州"②。一次发生在康熙癸卯年（1663），有"坪寨（永祖房）叔侄抗饷殴死粮差涂才，（天与公）蒸尝尽废"③。而进入民国之后，打死官差的事件又至少发生过两次，一次在下官墟新墟场开市后不久，因税警前来抓逃税商户，激起民愤，当场有人将税警活活打死；另一次发生在某年的万古庙游神之时，因官府派警察前来阻止游神，乡民激愤，动手将一名前来阻拦的警察当场打死。这两次事件，后来都因得到张姓士绅、时任诏安县县长张贞的庇护，才使肇事者幸免于难。

在这样的自然与社会环境下生活，以姓氏为契机，以忠义为信条组建起来的强大宗族对于保障乡民的生存权利具有十分现实的意义。在其羽翼的庇护之下，不管其血缘关系的亲疏如何，相互之间都可以结成强大的社会联盟，以对抗来自自然与社会的各种危害。同时，也可在不重血缘的理念驱使下，用随机变换姓氏的方式来不断寻找社会力量的保护，以躲避法律的约束，逃脱官府的追剿。这

---

① 陈锦：《浙福总督陈锦议剿抚机宜揭帖》，《明清史料》丁篇第 1 本，转引自赫治清《天地会起源研究》，第 308 页。
② 《官陂张廖氏（上祀堂）族谱》"云霄始祖世系"。
③ 云林县张廖氏宗亲会编印《廖氏大宗谱》"各派世系说明"，1979。

也许是官陂，乃至诏安改姓频频出现的重要原因之一。

就在笔者对张廖氏这个复姓宗族为什么会在清代初年正式形成，并迅速变得非常强大而疑惑不解时，笔者又在永祖房官北村抄本《官陂清河世系录》中寻找到一条新的资料。抄者在世系最后一页的空白处记录下了"张廖族各房的旗号"，全文如下。

北坑	白旗镶红唇	日新
龙山	白旗镶白唇	
二房公	白旗与日新同	镶红唇
老六	黑旗镶红唇	
上官	白旗镶绿唇	

从上述记录中，我们看到，同为张廖氏，但族中却分出了黑、白两色旗，且旗上又有不同的镶边。而不同颜色的旗帜，在诏安地区，是不同姓氏的标志。证见新编《诏安县志》"大事记"："咸丰三年（1853）邑内红白旗械斗激烈，旷日持久，城厢内外以至农村的道路都不能畅通。"上述资料的取得也许能为我们解开张廖氏宗族形成之谜找到一条新的出路。

（2）官陂张廖氏，尽管无论从语言还是生活习俗分析，都是典型的客家人，但在他们对祖先历史的追述中，无论就张氏始祖，还是廖氏始祖，都千方百计地想要与开漳圣王陈元光挂上钩，自称是其部将留下的后裔，甚至在下官的"重兴庙"里，还将陈元光作为主神，奉祀在庙堂的正中（尽管这在官陂并不普遍）。而陈元光是漳、泉"闽南文化"中最有代表性的一尊神明，在族群识别中具有象征性的意义。这种现象的出现，不仅是闽南地区两种文化长期互融的结果，同时也反映出，弱势群体在强势群体的层层包围之中，其所代表的文化也会对强势文化表现出更多的宽容与依赖，这也许是"福佬客"现象会在闽南地区形成气候的重要原因之一。

2. 七嵌（坎）祖训

《七嵌（坎）祖训》是张廖氏宗族文化中十分重要的一项内容。祖训共分七条：第一条为"生廖死张曰张廖"，主要追述张廖氏的历史由来；第二条为"不食牛犬，知恩无类"，讲牛、犬为祖先的救命恩人，故子子孙孙不得食用牛、犬；第三条为"得正祀位犹胜篮轿八抬"，讲张廖氏建祠祭祀张、廖始祖妣的经过；第四条为"嗣续为女，继绝为先"，讲张廖氏中"无男而以女承嗣者，招婿生男，生廖死张固然也。如独生子，则生身之父无归宿，待子生孙，须先继祖父，为当务之急"；第五条为"制无苟，恐生戾气"，是说守制中有孕，恐生戾气之儿，故要重视"胎教"，守制前有孕，则要用一条与棺柩同长的布条束腰，以资区别；第六条是"堂教修谱，敦亲睦族"，强调祠堂不仅要祭祀，还要对子孙进行宗族道德教育；第七条为"迁籍修谱，天下一家"，该条主要解释张廖氏外迁者"姓张姓廖，听其自便"，但要通过修谱联络情感，不忘根本。第三、第七两嵌还以元仔公去世后，西林张氏宗祠慷慨相赠的名义，赠予张廖氏祖祠祠名"崇远堂"及前二十代"宗友永元道，日大继子心，为朝廷国士，良名万世钦"及后三十代"信能攻先德，作述照古今，本基源流远，诒谋正清深，克治祖家法，其庆式玉金"共50个字的序谱（附录14）。

该祖训最早见于1959年由台湾张廖简宗亲会编纂的《张廖氏族谱》中，祖训开宗明义，称其"为祖先遗留"，但并未明示为哪代祖先遗留，只在文尾标识为"十二世朝绅修谱重述，十三世廷球辑集，十二世朝彩校订"。直到1998年由廖丑先生所著的《西螺七嵌与台湾开拓史》才具体诠释为"明永历十五年（1661）五世祖道文、道行祖祠周围兴建溪口大楼时[①]其大门外设七坎（即七

---

① 《官陂张廖氏（上祀堂）族谱》记载上祀堂祖祠始建于清乾隆三十四年（1769），远晚于建楼年代。

个台阶），用意是要子孙时时刻刻铭记祖先留下的七条遗训，故又称'七嵌箴规'。"

检点《张廖氏族谱》，朝绅、朝彩、廷球①都是张廖五世祖道文公同胞兄弟道行系下的子孙，按理说，这么重要的宗族文件至少应该收录进以道文公为祠主的《（上祀堂）族谱》中，但奇怪的是，无论是同治九年（1870）的玉田楼抄本，还是道光前后的张浚川古抄本都没有收录进这份文件，甚至连"祖训"的片言只语在族谱中也从未流露过。更令人不解的是，第五嵌中出现了"胎教"这一现代才有的概念。而第三嵌则有"友来公转奉（元仔公）神位，连篮携往云霄西林和尚塘张姓祖祠，将过去情事奉告张族，张族嘉勉备至，大书'清河衍派，汝水长流'，并序谱50字，赠堂号'崇远'……乃将所居，改为祖祠，而为父立祠焉……廖永安公四昆弟，为地方粮长，并将堂号改为'继述'，由是，凡奉神主不用斗而用篮……"等语。且不说在友来公所处的年代，官陂张廖氏根本没有建立祠堂。目前所知，张廖氏最早建立的宗祠是永祖房五世祖世重所建的"金霸祖祠"，主祀二世祖友来。而奉祀张元仔的祠堂"陞成堂"直到清乾隆十四年（1749）才建立。七嵌中所说的"崇远堂""继述堂"实际都是台湾张廖氏所建的祠堂堂名，其中，堂名"继述堂"使用在先（该祠始建于清乾隆五十三年，即1788年或道光十八年，即1838年，后被洪水冲塌），而"崇远堂"使用在后（其祠建成于民国17年，即1928年）。而七嵌中记录的50个字的序谱也是1959年台中张廖简氏在编纂《张廖氏族谱》时才统一使用的序谱。在此之前，张浚川的《（上祀堂）族谱》古抄本上抄自乾隆三十四年（1769）的《（上祀堂）族谱序》里只有"祖有永元道，日大继子心，士廷文世时，上明国家兴"等20个字的序谱，无论字数与内容都与之有不小的差别。且

---

① 朝绅为道行日旺房裔孙，廷球为道文大位房裔孙。

这 20 个序辈也只有道文公系下的后裔部分采用，而在道文公派系之外，永祖房用的是"再友永元道天理振仕而可时世大有"，元聪房用的是"祖友永元道日良寿则吾宦永世朝恩"，道行日旺公房用的是"祖有永元道日大继子上国朝廷时士天正心大学本宜先"。正因为如此之故，在张廖氏中，同一个序字，在不同房里，所表达的辈分大不相同，如"朝"字，在大佐、大任、大位派的多数房中，代表的是第十二世，而在元聪房及大佐因垣上谷房中，代表的是第十四世。"廷"字，在日享派系（含大佐、大任、大位房），原先代表的是第十二世，后来代表的是第十三世，而永祖房代表的是第十四世。"国"字，在日享大佐、大任、大位房中，原先代表第十八世，后改第十四世，而永祖房代表的是第十三世，日旺房代表的是第十一世。"士"字，在大佐、大任、大位房中，原先代表的是第十一世，后改第十四世，而元仲房则代表第十三世，日旺房代表第十五世。"时"字，在永祖房中，代表的是第十二世，而大佐、大任、大位房代表的是第十四世，如此等等，不一而足。以上说明这 50 个字的序谱根本不可能是张元仔去世时，由云霄西林和尚塘张姓祖祠统一赠予的。同时，张廖氏各房所用"序谱"紊乱现象的出现也进一步说明张廖氏宗族组织的不成熟，从而使"序谱"在族中起不到"明世次、定尊卑"，稳定宗族秩序的作用。

至于"七嵌（坎）"的由来，据 1959 年台湾《张廖氏族谱》所刊张廖氏第十七世祖廖名经《七嵌（坎）之由来》的记载："乾隆五十三年岁次戊申，族内有廖昌盛、廖盛周、廖天体、廖裕贤、廖世歇、廖拔琦、廖贞义等七人发起，共同捐资在下湳建立祠堂（现在西螺镇福田里新厝崇远堂之前身）奉祀先祖，订立春秋二祭……当时为盛大举办轮流迎神祭祖大典，以人丁并经济情况为基础，划分为七角落，或一村里为一角落，或有数部落合并为一角落，共分成六角落半（作为七角落），故称为'七嵌（坎）'。"所以，七嵌（坎）乃台湾张廖氏所居区域的地域单位，与"溪口大楼大门前的台阶"并无关系。

综上所述，《七嵌（坎）祖训》应是迁台张廖氏在七嵌地区"乡规民约"基础上形成的宗族条规，其正式成文当不会早于1928年，即"崇远堂"建成的时间。

当然，"祖训"不成书于官陂，并不意味着"祖训"中的基本内容及其反映的一些民间风俗与官陂张廖氏无关，如"祖训"中提到的"凡张廖子孙作祖官陂，生则姓廖，死则书张，以报廖公之德"，"若移居外省，姓张姓廖，听其自便"，这些词语其实早在清乾隆年间由十四世祖朝玉撰写的《正祖张元仔公传》① 中就已经出现过。至于"祖训"中反映的许多地方习俗更是大部分由渡台同胞从家乡带到台湾去的，其间，笔者注意到"祖训"的第二嵌有"不食牛犬，知恩无类"，第三嵌有"（张廖太祖妣既故）时友来公既渐老，得正祀位之嘱未实行……乃率同永安公奉父、祖神位往廖姓祖祠进主立祠……廖族以篮盛神主，暂挂廊上善意奉还也。友来公转奉神主，连篮携往云霄西林和尚塘张姓祖祠。"等内容。而"不食牛犬"和"以篮盛神主"两种风俗以往在农耕与狩猎经济并行的畲、瑶族中十分流行，且"牛犬对主有恩"的传说不仅在畲、瑶族聚居区广泛传诵，而且在与畲、瑶族有过接触的闽赣地区的闾山教道士和官陂当地的香花和尚中也有流传，说明这种风俗与原始居民的生活习俗有着密切的关系。更有意思的是，云霄张氏祖祠在接待了该神主，并决定将其送回张廖氏时，竟不再用篮，而改用汉民族通行的"八抬大轿，鼓乐送回官陂"，这种习俗的改变，似乎隐藏着一个原始民族逐渐汉化的影子。这种文化现象之所以会在官陂张廖氏中出现，其实并不让人觉得奇怪。如前所述，官陂原本是畲族钟姓人集中居住的地方，自元末明初开始，随着域外

---

① 《官陂张廖氏（上祀堂）族谱》"正祖张元仔公传"。

汉人的不断迁入，畲汉杂居的局面逐渐形成。经过族群间长时期的互动，使得两种族群文化的界线变得愈来愈模糊，你中有我、我中有你的文化现象不断涌现。这便是官陂民俗文化中具有较多原始文化因素的重要原因。

3. 关帝与观音崇拜

关帝与观音崇拜是官陂镇内普遍性的民间崇拜，敬仰他们的庙宇几乎遍及官陂的每个角落。为什么官陂张廖氏对关帝、观音的崇拜具有如此大的热诚？

诚如万古庙匾额"义高万古"和新荣城关帝庙对联"威镇华夏，义勇三江四海；才兼义武，英雄千古一人"，"青灯观青史，着眼春秋二字；赤面表赤心，满腔存汉鼎三分"所表达的那样，官陂张廖氏对关帝的崇拜主要着眼于"忠义"二字，而对观音的崇拜则主要眼于"释困解危"四个字上。为什么会出现这种情况？笔者认为，这与官陂张廖氏的生活环境具有密切的关系。正如前面所提到的，官陂境内自然条件很差，生存竞争很激烈。在这种自然与社会条件下生活，单靠个人的努力远远不够，必须要有社会力量的支持。而在张廖氏宗族社会没有形成之前，乡民们唯一能依靠的只有经过异姓结拜而建立起的跨姓氏、跨地域的社会团体。正因为如此，所以从明代后期开始，异姓结拜在整个漳南地区十分盛行，以张耍为首的异姓结拜的产物"万氏集团"的形成就是其中的一例。

实践证明，凡属一种社会群体的建立，都必须要寻找到一个具有长效机制的黏合剂，否则群体就难以形成，或者即使形成，也难以持久。而明代小说《三国演义》中以"桃园三结义"为故事背景塑造出来的关羽形象及《西游记》中以"扶危济困"为主要内容塑造出来的观音形象，为平民百姓提供了学习的楷模，从他们身上体现出来的忠义、解危等封建社会道德也成了维系社会组织内部秩序，团结广大会众，并实现其理想追求的精神法宝。

据研究，自明末清初以来便广泛活跃于诏安、云霄、平和等漳南地区的异姓兄弟结拜，到后来蔓延到全国各地的天地会秘密社会组织无不把关帝、观音置于精神崇拜的最高位置上，认为"自古称忠义兼全，未有过于关圣帝君也"①，以至于天地会还把"刘、关、张桃园三结义"等内容都写入了自己的结盟誓词中，自称"本原异姓缔结，同洪生不共父，义胜同胞共乳，似管、鲍之忠，刘、关、张之义"②，并把对关帝、观音的奉祀列入该组织神明崇信之首③。

自清代初年开始，为防止民众的反抗，清廷对民间结社采取了一概禁止的政策。顺治初年，即规定"凡异姓人结拜弟兄者，鞭一百"；顺治十八年（1661）又下令"凡歃血结拜弟兄者，着即正法"；康熙十年（1671）清刑律将歃血盟誓、焚表结拜弟兄视同谋叛未遂行为加重惩治，明文规定："歃血结拜弟兄者，不分人之多寡，照谋叛未遂行律：为首者拟绞监候，秋后处决；为从者杖一百，流三千里；其止结拜弟兄，无歃血焚表等事者，为首杖一百，徒三年，为从杖八十。"④ 尤其是"乾隆三十五年（1770）天地会首领李少敏（李少闵）与蔡鸟强在漳浦、诏安毗邻地区发展组织、策划暴动，被清政府发觉杀害"⑤ 之后，官府进一步加紧了对官陂一带的严密监视，异姓结拜活动在这一带逐渐消失，而作为民众信仰的关帝、观音崇拜则依然顽固地保留下来，并赋予了其更多驱邪

---

① 中国人民大学清史研究所、中国第一历史档案馆合编《天地会》资料丛刊第六册，中国人民大学出版社，1980，第304页。

② 中国人民大学清史研究所、中国第一历史档案馆合编《天地会》资料丛刊第一册，中国人民大学出版社，1980，第161页。

③ 中国第一历史档案馆藏嘉庆十一年（1806）清政府在江西起获的刘梅占存天地会红布花帖抄件，转引自赫治清《天地会起源研究》"附图"。

④ 雍正《大清会典》，卷194《奸徒结盟》。

⑤ 诏安县县志编辑委员会：《诏安县志》"大事志"，方志出版社，1999，第15页。

保平安的内容。这也许正是关帝、观音崇拜能在这一地区经久不衰的重要原因之一。

补记：

为本调查提供资料的有：

张南山，男，73 岁，官陂镇下官村卫生所医师。

张君燕，男，76 岁，诏安县离休干部。

张东振，男，69 岁，原下官村党支部书记，大佐房家长。

张学雄，男，35 岁，光亮村党支部书记。

张赛武，男，78 岁，诏安供销社退休干部。

张茂顺，男，78 岁，原陂龙村党支部书记，老游击队员。

张自土，男，92 岁，光亮村村民。

张金喝，男，66 岁，原光亮村党支部书记。

张深文，男，78 岁，原大边村管委会主任。

张钦好，男，60 岁，庵边村村民。

张何哇，男，69 岁，大边龙光庵住庙。

张福均，男，86 岁，上官墟杂货店老板。

张彩定，女，49 岁，下官墟饭店老板。

张铁细，男，63 岁，光亮村杂货店老板，张廖宗亲会干事。

张高永，男，54 岁，龙光庵主持，香花和尚。

张春追，男，48 岁，坪寨村人，小学教师。

张思恭，男，54 岁，坪寨村村民。

张彩乾，男，80 岁，原陂龙村出纳。

张文川，男，60 岁，新坎村村民，张子可后裔。

张荣耀，男，64 岁，新坎村村民，张子可后裔。

张焕洋，男，77 岁，北坑村村民。

张信忠，男，54 岁，北坑村党支部书记。

张荣养，男，83 岁，原下官村村长，曾当过杂货店老板。

张炳维，男，77 岁，诏安县委退休干部。

张贤道，男，83 岁，光亮村下井城村民。

张金鉴，男，62 岁，光亮村下井城村民。

张传鉴，男，58 岁，光亮村下井城村民。

张其辀，男，83 岁，诏安县离休干部。

张金邦，男，60 岁，陂龙村党支部书记。

张传楚，男，75 岁，大边村村民。

张鲁洪，男，62 岁，下官村村民。

张海水，男，71 岁，原下官中学教师。

张文福，男，43 岁，汽车驾驶员，个体户。

张深德，男，72 岁，彩霞永宁宫（三山国王庙）管事。

张木见，男，54 岁，彩霞村村干部。

张阿桥，男，60 岁，上龙庵主持，香花和尚。

张银子，男，48 岁，香花和尚，下官村村民。

张国华，男，68 岁，陂龙村下宅村民。

本调查得到诏安县文化局原副局长李应梭、诏安县客委会主任张金静、下官村医师张南山、离休干部张君燕等先生的大力协助，谨致谢忱。

在本文初稿完成之后，笔者又在诏安县档案馆看到了一份署名"十二代朝绅次缙著述、十二代朝彩次素校订、十三代廷球绍殷辑集"的《张廖奕世族谱》手抄本。朝绅、朝彩分别为溪口下祀堂日旺派十一世祖国程的长子与第六子，其生卒年月，谱中失载。但该谱记载了其三弟朝经生于清康熙丁未年（1667），殁于乾隆丙辰年（1736）。谱中"张元仔传"既有"自张元仔官陂开基到雍正二年甲辰（1724），相传一十六世，建祠三十余座，人才钱粮过万"的记述，又有十七世祖文华生于道光辛卯年（1831），殁于光绪乙未年（1895）的记录，故可初步推断，该谱有可能始修于清雍正二年（1724），光绪后再经他人补、抄而成。谱中一至五世的祖先传略与《（上祀堂）族谱》张浚川抄本基本相同，四大房的由来也一如《（上祀堂）族谱》所言："（友来公）惩父孤立，为众所制，乃娶室江十娘，生永安公，柳五娘生永宁公，嫡母吕氏一娘生永传公，章氏七娘生永祖公，各具天资，才艺超群。"但六世以后，则仅记述与川溪房有关的各代祖先，可证其当为日旺川溪房的房谱。至于廖丑《西螺七嵌与台湾开拓史》一文中提到的"七嵌祖训"，尽管该谱的作者署名与廖丑文尾注中提到的作者完全一致，但谱中却只字未见该祖训内容，仅见以"家训"名义开列的 28 个字的"序谱"，即："上国朝廷时士天，正心大学本宜先，荣光显遂成名世，列位圣君亦尚贤"。谨补记于此。

附录 1 官陂张廖氏先祖世系

（一）漳州始祖

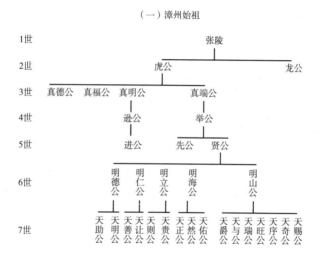

（二）云霄始祖

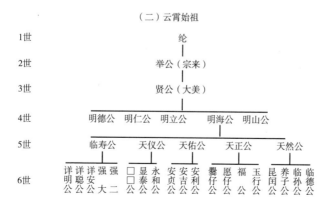

附录2
官陂张廖氏科举、职官一览表
（一）文科

世次	姓 名	科 名	任 职
8	张廷辉	明崇祯年间贡生	
13	廖 綵	清乾隆年间贡生	
15	廖支驹	清乾隆年间	
14	廖周文	清乾隆三年贡生	
15	廖士识	清乾隆间贡生	
17	廖彭年	清光绪二十七年贡生	

（二）武科

世次	姓 名	科 名	任 职
13	廖国宝	清乾隆十六年武进士	御前侍卫。广东万州营游击
18	廖锦华	清光绪十二年武进士	蓝翎侍卫、四川重庆镇标右营都司
	廖大力	清乾隆元年武举人	
	廖珍奇	清乾隆二十一年武举人	
15	廖士实	清乾隆二十一年武举人	
13	廖国安	清乾隆三十年武举人	
14	廖从龙	清乾隆三十三年武举人	
15	廖光国	清乾隆三十五年武举人	
14	廖朝兴	清乾隆三十九年武举人	
14	廖朝良	清乾隆四十四年武举人	
	廖观德	清乾隆五十一年武举人	
	廖其祥	清乾隆五十四年武举人	
17	廖日彰	清嘉庆五年武举人	
17	廖瑞临	清咸丰九年武举人	
17	廖春英	清同治五年武举人	
18	廖荣德	清光绪五年武举人	

续表

世次	姓 名	科 名	任 职
18	廖清光	清光绪八年武举人	
18	廖夺魁	清光绪八年武举人	
18	廖国英	清光绪十四年武举人	
18	廖行进	清光绪十五年武举人	
18	廖秋汀	清光绪二十年武举人	
17	廖耀烙	清光绪会试武举人	
18	廖丁魁	清光绪会试武举人	
	廖彪炳	清乾隆二十五年恩科武举人	

（三）职官

世次	姓 名	任 职
6	张日旺	明通判
7	张 灿	明检选侍卫、瑞安营协镇
10	张 耍	南明前冲镇提督、建安伯
10	廖 兴	清左都督、世袭南靖镇守
10	廖 推	清诏安守副
10	廖上拔	明参将
11	廖国亮	清协镇
11	廖国程	清浙江宁波定海中军左都督管中营游击事
12	张樊襄	清总兵左都督
	张敏垣	清殿前明威将军
13	廖国栋	总兵
13	廖国选	福宁游击
12	廖钦华	广西南宁中军府
17	廖廷芝	台湾游击
14	廖 盈	千总
15	廖国均	湖北道士浃都司署理兴国营参将

附录3

官陂土楼一览表*

村　名	数量（座）	楼　　　　名
龙冈村	2	天子地楼、上学堂楼
马坑村	10	东坑楼、上城子楼、四角楼、径空口老楼、径空口新楼、坪坑楼、刘埔楼、崇福楼、径屋洋楼、长冈楼
凤狮村	13	凤山楼、龙头楼、狮子嘴楼、庆丰楼、赤岭老楼、赤岭新楼、南楼、金钩楼、汤头楼、浮山城、湖田楼、红溪楼、乾头楼
大边村	16	在田楼、玉田楼、玉峰楼、田下楼、新荣城、石马楼、水美楼、庵边新楼、庵边老楼、朝源楼、老虎角楼、厚福上楼、厚福下楼、吴坑口楼、大学楼、燕翼楼
官北村	4	上学堂楼、北坑老楼、北坑下楼、碟子楼
光坪村	9	上碗窑楼、坪堂楼、下官楼、坎下楼、下洋楼、山斗里楼、山下背楼、田美楼、大方田楼
新坎村	12	塘下楼、月眉山楼、娄子楼、溪口楼、溪背岭楼、井头楼、天禄里楼、磜园堂老楼、磜园堂新楼、新屋城、下寮子楼、上砸楼
吴坑村	9	和顺楼、茂兴楼、朝源楼、水打楼、三个门楼、溪背楼、和溪楼、椒子科楼、溪唇楼
下官村	20	新安楼、官墟坪新楼、官墟坪老楼、兰秀楼、石坳头上楼、石坳头下楼、下坑楼、洋屋楼、七寨楼、陈斜上楼、陈斜下楼、浪荡楼、南星楼、寨里楼、径头楼、庵背老楼、庵背新楼、庵背上楼、四角楼、杨屋楼
光亮村	11	蓝田楼、尚墩楼、广福老楼、广福新楼、湖里上楼、塘子楼、塘背老楼、塘背新楼、上学坪四角楼、下井城、下屋子楼
陂龙村	11	龙治潭楼、坪寨金霸楼、龙城楼、莲塘里楼、山子楼、陂里楼、水缺头楼、黄京斜楼、下宅楼、上龙楼、梅子林楼
新径村	8	庵背坑楼、郑坑楼、新楼子、浮墩下楼、梭罗楼、老城、半径楼、新楼
彩霞村	16	彩霞楼、彩上楼、双荣楼、万柱楼、许厝老楼、旗山下楼、新楼、田屋楼、大坎楼、天坑楼、深塘楼、竹子里楼、竹巴楼、四角楼、许厝楼、迎喜楼
龙磜村	1	龙磜楼
林畲村	7	母庵楼、火畲楼、头畲楼、刘藤霸楼、黄苍崇楼、深山寨楼、长林楼
公田村	6	公田上楼、公田下楼、公田新楼、水尾子楼、一皮姜楼、坑尾楼
地坳村	4	南坪楼、科底楼、上杨坑楼、下杨坑楼

* 本表根据张君燕先生 2001 年的调查整理资料绘制而成。

附录 4

张廖氏祠堂调查一览表

祠 名	地 址	祠 主	房 份	建筑时间
陞成堂	光亮村	始祖廖公 正祖元仔公	总祠	1749 年
金霸祠	坪寨金霸楼	二世友来公		
世德堂	光亮村下井城	四世元仲	永安元仲房	
余德堂	彩霞村许厝楼	六世日盈	元仲日盈房	
追德堂	彩霞村彩霞楼	八世玉林	元仲日盈房	
仁德堂	彩霞村双荣楼	十二世解生	元仲日盈房	
明德堂	彩霞村迎喜楼	十一世起环	元仲日盈房	
思源堂	吴坑村溪背楼	十世袁瑜	永安道文大佐龙山房	
长庆堂	马坑长冈楼	十一世戴万	永安道文大佐龙山房	
长衍堂	马坑坪上	十一世福祯	永安道文大佐龙山房	
长发堂	下官寨里	十一世友柏	永安道文大佐龙山房	
思远堂	新坎村新屋城	十二世鼎梓	永安道文大佐龙山房	
余庆堂	光堂村下井城	十四世绍皇	永安道文大佐龙山房	
衍庆堂	光亮村下井城	十四世宸枢	永安道文大佐龙山房	
敦厚堂	马坑坪上	十五世郁宾	永安道文大佐龙山房	
上祀堂	新坎村溪口楼	五世道文	永安元志道文房	1769 年
下祀堂	新坎村溪口楼	五世道行	永安元志道行房	1769 年
报本堂	马坑崇福楼	九世子可	道文大佐玉泉房第三支	1814 年
易谷堂	新坎村际云楼	十世涵辉	道文大佐玉泉房第三支	
锡垣祠	凤狮村龙头楼	十一世锡垣	大佐玉泉锡垣房	
锡垣祠	大边村新荣城	十一世锡垣	大佐玉泉锡垣房	
联垣祠	新坎村天禄里楼	十一世联垣	大佐玉泉联垣房	
因垣祠	大边村水美楼	十一世联垣	大佐玉泉因垣房	
宾垣祠	大边村石马楼	十一世宾垣	大佐玉泉宾垣房	
耀金堂	大边村在田楼	十一世益垣	大佐玉泉益垣房	
仪式堂	凤狮村凤山楼	十三世绍安	大佐玉泉锡垣房	
钦荣祠	大边村霞子楼	十二世钦荣	大佐玉泉锡垣房	
绍远祠	吴坑村大学楼	十三世绍远	大佐玉泉锡垣房	
绍图祠	吴坑村万石楼	十三世绍图	大佐玉泉锡垣房	

续表

祠　名	地　址	祠　主	房　份	建筑时间
绍先祠	吴坑村凤鸣楼	十三世绍先	大佐玉泉锡垣房	
基圣祠	凤狮村乾头楼	十二世基圣	大佐玉泉益垣长房	
先德堂	陂里山子楼	十二世德为	大佐玉泉益垣二房	
宽德堂	大边村水美楼边	十二世德宽	大佐玉泉益垣三房	
德庆堂	凤狮村浮山城	十二世德尊	大佐玉泉益垣四房	
佑德堂	大边村玉田楼	十二世德佑	大佐玉泉益垣五房	
积庆堂	龙冈村龙上	十二世德文	大佐玉泉益垣六房	
新德堂	大边村庵边楼外	十二世德裕	大佐玉泉益垣七房	
成德堂	大边在田楼内	十三世翠林	大佐玉泉益垣五房	
集成堂	光亮村下井城	七世大任	永安道文大任房	
继先祠	下官村庵背楼	八世继先	永安道文大任房	
邦垣祠	下官村松茂楼	十世邦垣	永安道文大任房	
文逢祠	下官村新安楼	十一世文凑	永安道文大任房	
福崇堂	光亮村尚墩楼	十一世文信	永安道文大任房	
光裕堂	光亮村下井城	十一世文竹	永安道文大任房	
笃庆堂	光亮村下井城	十一世□□	永安道文大任房	
诒奕堂	下官墟	十四世亦行	永安道文大任房	
尊圣堂	凤狮村南楼	七世祖大佑	永安道文大佑房	
余庆堂	下官村坎下彩	九世子相	永安道文大位房	
德先堂	光亮村下井城	九世子栈	永安道文大位房	
子标祠	下官村龙潭楼	九世子标	永安道文大位房	
积庆堂	光亮湖里广福楼	十世丛五	永安道文大位房	
世德堂	光亮湖里广新楼	十二世世杰	永安道文大位房	
曲荣堂	下官村官墟坪	十二世曲荣	永安道文大位房	
联辉堂	光亮湖里新楼	十四世□三兄弟	永安道文大位房	
福衍堂	大边厚福凤鸣楼	十世道烈	永安元聪房	
福崇堂	大边厚福凤鸣楼	十世道昭	永安元聪房	
福庆堂	大边厚福凤鸣楼	十世道顺	永安元聪房	
慕庵祠	新坎村羊院里	五世慕庵	永宁元真房	
素庵祠	新坎村杨桃树下	五世素庵	永宁元真房	
元勋祠	光亮村下井城	四世元勋	永祖元勋房	

续表

祠　名	地　址	祠　主	房　份	建筑时间
承祖堂	坪寨金霸楼	四世元丰	永祖元丰房	
犀牛望月	官北村岭上	四世元偬	永祖元偬房	
垂裕堂	坪寨坎下	七世理文	永祖元丰房	
理尊祠	坪寨郑坑	七世理尊	永祖元丰房	
绍裕堂	坪寨李子园	七世理性	永祖元丰房	
燕翼堂	官北村燕翼楼	十一世光显	永祖元偬房	
大夫家庙	北坑大夫弟	十二世震元	永祖元偬房	
上学祠	北坑碟子楼	十二世庆元	永祖元偬房	
下学祠	北坑碟子楼	十二世应元	永祖元偬房	

附录 5

明末清初张廖氏迁台人员一览表 *

世次	名号	所属房份	世次	名号	所属房份
十三	士谋	元仲房文竹第五子	十三	门	大佐子可房文宏长子
十三	士内	元仲房有享长子	十四	毋	大佐子可房苞九之子
十三	士森	元仲房有享次子	十三	浅	大佐子可房朝通之子
十三	士碑	元仲房有享第三子	十四	橺	大佐子可房浅长子
十三	士怡	元仲房有享第四子	十四	翰	大佐子可房浅五子
十三	士向	元仲房子辉长子	十四	魁	大佐子可房曲长子
十三	士柱	元仲房子辉次子	十四	庇	大佐子可房曲次子
十三	士把	元仲房子辉第三子	十三	永尊	大佐子可房钦之子
十三	士宗	元仲房绳辉之子	十四	炎	大佐子可房永尊之子
十三	道从	元仲房廷谨长子	十三	郎	大佐子可房斌之子
十三	道成	元仲房廷谨次子	十三	廷发	大佐子可房文华之子
十三	道潜	元仲房廷谨第五子	十四	晞阳	大佐子可房都阳之子
十三	近鲁	元仲房瑞真第五子	十四	裕贤	大佐子可房都阳之子
十四	世讨	元仲房近鲁长子	十四	国塘	大佐子可房廷闹之子
十四	世抄	元仲房近鲁次子	十五	士直	大佐子可房国好之子
十四	世不	元仲房近鲁第三子	十六	麟真	大佐子可房世湮之子
十三	爵善	元仲房纯荣之子	十一	为见	大位三龙房心宁之子

世次	名号	所属房份	世次	名号	所属房份
十三	士锡	元仲房恬享之子	十四	国敏	大位云龙房廷仲之子
十三	士荡	元仲房恬享之子	十二	朝缀	大位云龙房宗路长子
十四	世祆	元仲房士拱长子	十二	朝雅	大位云龙房宗路次子
十四	世取	元仲房士拱次子	十二	朝博	大位云龙房宗路三子
十四	世递	元仲房士拱第三子	十二	朝骞	大位云龙房宗路四子
十四	世冉	元仲房士卿长子	十二	朝训	大位云龙房宗路五子
十四	世位	元仲房士卿次子	十二	朝烈	大位云龙房宗路六子
十四	世舜	元仲房士卿第三子	十二	朝审	大位云龙房为标之子
十四	世听	元仲房新猷长子	十三	廷添	大位云龙房朝铁之子
十四	世最	元仲房新猷次子	十三	廷坠	大位云龙房朝铧之子
十四	世醉	元仲房新猷第三子	十四	国敏	大位云龙房廷鼋之子
十四	世要	元仲房新猷第四子	十四	国贵	大位云龙房廷锡之子
十四	世勤	元仲房新猷第五子	十四	国英	大位三龙房官生之子
十四	世挺	元仲房新猷第六子	十三	廷霑	大位三龙房朝让之子
十四	世桧	元仲房凤仪长子	十三	廷送	大位三龙房朝作之子
十四	世檀	元仲房凤仪次子	十二	朝着	大位三龙房为团之子
十四	世川	元仲房凤仪第三子	十三	廷兴	大位三龙房朝簟之子
十四	世彪	元仲房济宽之子	十三	廷森	大位三龙房朝仰之子
十四	茂峰	元仲房君维第三子	十三	廷庚	大位三龙房朝参长子
十四	世堪	元仲房君维第四子	十三	养生	大位三龙房朝参次子
十四	志昂	元仲房君禄第六子	十三	廷在	大位三龙房朝襄长子
十五	承英	元仲房长爵次子	十三	廷当	大位三龙房朝襄次子
十五	承琛	元仲房会川长子	十三	廷阔	大位三龙房朝胐之子
十五	承琳	元仲房会川第二子	十三	隐中	大位三龙房朝扩之子
十五	承衫	元仲房会川第三子	十三	廷悠	大位三龙房朝系之子
十五	承登	元仲房孔修之子	十四	国言	大位三龙房廷片长子
十五	承答	元仲房次周长子	十四	神送	大位三龙房廷片次子
十五	承钺	元仲房次周次子	十三	廷喝	大位三龙房朝显之子
十五	承典	元仲房志谦长子	十三	廷尔	大位三龙房朝显之子

续表

世次	名号	所属房份	世次	名号	所属房份
十五	承直	元仲房志谦次子	十三	廷餐	大位三龙房朝弄之子
十三	士陪	元仲房德尊之子	十四	国成	大位三龙房泉生之子
十三	如璉	元仲房魁晋之子	十三	廷诰	大位三龙房子捷之子
十四	承逻	元仲房如璉长子	十五	士拔	大位三龙房国旺长子
十四	承衍	元仲房如璉次子	十五	士健	大位三龙房国旺次子
十三	士岭	元仲房心快长子	十三	质义	大位云龙房朝謇之子
十三	士光	元仲房心快次子	十三	廷苍	元志日旺房朝经之子
十四	世谋	元仲房心存之子	十三	廷营	元志日旺房朝荡之子
十四	世顿	元仲房协聪之子	十五	士参	元志日旺房时依之子
十四	世卿	元仲房启能五子	十五	士昰	元志日旺房时仰之子
十四	世走	元仲房士光之子	十五	天昰	元志日旺房时占之子
十四	世椎	元仲房捷夫长子	十四	时绿	元志日旺房朝禄长子
十四	世照	元仲房捷夫次子	十四	时桃	元志日旺房朝禄次子
十五	承谷	元仲房世捷长子	十五	士曾	元志日旺房时机之子
十五	承章	元仲房世捷次子	十三	廷繁	元志日旺房祖述之子
十五	承干	元仲房世捷第三子	十二	朝孔	元志日旺房国葱之子
十五	承路	元仲房世捷第四子	十三	廷绪	元志日旺房朝问之子
十四	世魏	元仲房启成长子	十五	士宝	元志日旺房时戒之子
十四	世怡	元仲房启成次子	十三	廷碧	元志日旺房朝路之子
十四	世楚	元仲房启成三子	十二	朝晚	元志日旺房国霸之子
十四	世霄	元仲房启成四子	十三	廷苗	元志日旺房朝柱之子
十四	乃谋	元仲房成群之子	十三	廷叶	元志日旺房朝柱之子
十五	承强	元仲房乃谋之子	十四	时吉	元志日旺房廷锦之子
十四	世照	元仲房捷夫之子	十三	廷兴	元志日旺房朝椿之子
十四	世椎	元仲房捷夫之子	十二	朝近	元志日旺房国瑜之子
十三	士的	元仲房有元之子	十二	朝厅	元志日旺房国强之子
十四	世渐	元仲房寔夫之子	十三	耀宗	元聪道烈房文山之子
十四	世见	元仲房寔夫之子	十三	耀远	元聪道烈房文山次子
十四	世禽	元仲房寔夫之子	十二	达成	元聪道烈房赞考长子

世次	名号	所属房份	世次	名号	所属房份
十五	承奢	元仲房志谦三子	十二	达惠	元聪道烈房赞考四子
十三	世祖	元仲房士牌之子	十二	永泉	元聪道烈房赞徒之子
十四	世宁	元仲房哲夫之子	十二	拈老	元聪道昭房宦乃之子
十四	世激	元仲房协隆之子	十二	崇洞	元聪道昭房宦添之子
十五	承和	元仲房世巽之子	十二	崇祺	元聪道昭房忠信之子
十四	世牵	大佐龙山房严之之子	十二	崇琴	元聪道昭房心一次子
十四	盈汉	大佐锡垣房绍安之子	十二	崇问	元聪道昭房心一三子
十五	进	大佐锡垣房盈宁之子	十三	天海	元聪道昭房崇列之子
十四	世周	大佐因垣房上谷之子	十四	有孝	元聪道昭房天旺之子
十三	罩	大佐因垣房榜长子	十三	葱公	元聪道昭房
十三	聪	大佐因垣房榜次子	十一	宦仁	元聪道顺房荣吾之子
十三	住	大佐因垣房榜三子	十四	勤直	永宁日惠房有撼之子
十三	抽	大佐因垣房榜四子	十五	望昭	永宁日惠房旋声之子
十三	爵	大佐因垣房榜五子	十五	承提	永宁日惠房大郎之子
十三	足	大佐因垣房榜六子	八	振旭	永祖房
十三	明案	大佐因垣房德思之子	九	卓云	永祖元丰房理明之孙
十五	平	大佐因垣房德思之子	十	而嫡	永祖元丰房卓云长子
十四	凤雏	大佐宾垣房甕之子	十	嫡二	永祖元丰房卓云次子
十六	温恭	大佐宾垣房国岁之子	十	仲	永祖元偬房友万之子
十七	名日	大佐因垣房显铭之子	十二	时总	永祖元丰房正宇之子
十三	问	大佐益垣房德文之子	十二	时饱	永祖元丰房友善之子
十五	达显	大佐益垣房问之孙	十二	时鳞	永祖元丰房云奇之子
十五	子缎	大佐锡垣房世质四子	十二	时笔	永祖元丰房可尊长子
十五	子总	大佐锡垣房世质次子	十二	时守	永祖元丰房可尊次子
十五	拔潜	大佐锡垣房汤檎之子	十二	时贤	永祖元丰房军实长子
十四	文靛	益垣德尊房而强之子	十二	时丹	永祖元丰房军实次子
十四	炮	益垣德尊房而强之子	十二	时聆	永祖元丰房军实三子
十五	意	益垣德尊房秀金之子	十二	时应	永祖元丰房襟正长子
十三	君一	大佐枋垣房钦昭之子	十二	时等	永祖元丰房襟正次子

世次	名号	所属房份	世次	名号	所属房份
十四	交	大佐枋垣房君一之子	十二	时思	永祖元丰房存性长子
十四	件	大佐枋垣房君拔之子	十二	时鞭	永祖元丰房存性次子
十三	天调	大佐达卿房上珩之子	十二	时桃	永祖元丰房存性三子
十三	廷县	大佐达卿房分长子	十二	时务	永祖元丰房及三之子
十三	廷正	大佐达卿房分次子	十二	时远	永祖元丰房可猜之子
十三	永嘉	大佐子可房坤之子	十二	时敏	永祖元丰房和侃之子
十四	聚	大佐子可房永占长子	十三	式章	永祖元丰房时敏之子
十四	金助	大佐子可房永占次子	十二	时仲	永祖元丰房益荣之子
十四	士富	大佐子可房永占三子	十二	时唐	永祖元丰房广生之子
十四	士略	大佐子可房永占四子	十二	时糯	永祖元丰房讯昭之子
十四	士兄	大佐子可房永齿之子	十二	时榜	永祖元丰房帝锡之子
十四	烈美	大位子可房厚轩之子	十二	寅生	永祖元丰房长兴之子
十四	成帝	大佐子可房永配长子	十二	成嘉	永祖元丰房可骏之子
十四	抱	大佐子可房永配次子	十一	义信	永祖元丰房
十四	淡	大佐子可房永配三子	十四	有湛	永祖元丰房大添之子
十四	名	大佐子可房永配四子	十三	文添	永祖元偬房三公之子
十四	进生	大佐子可房永配五子	十	万成	永祖元偬房位胜之子
十三	永相	大佐子可房朝钦长子	十二	刚直	永祖元偬房万成之孙
十四	元表	大佐子可房永相长子	十三	成功	永祖元丰房振助后裔
十四	朝正	大佐子可房永相次子	十一	永尝	永祖元丰房英达之子
十三	永苍	大佐子可房朝钦次子	十二	时周	永祖元丰房可转之子
十四	元甜	大佐子可房永苍长子	十二	时甄	永祖元丰房育我之子
十四	元梅	大佐子可房永苍次子	十一	衷敬	永祖元丰房仁达之子
十四	元桃	大佐子可房永苍三子	十二	时北	永祖元丰房可才之子
十四	元李	大佐子可房永苍四子	十二	序魁	永祖元偬房绍曾之子

* 本表根据张德深《张廖世德堂族谱》2000 年手写本、《官陂清河世系录》、永祖房北坑 1988 年抄本、《官陂张廖氏族谱 1 ~ 14 世系祖》张南山现代抄本与 1979 年云林县元子公张廖宗亲会《廖氏大宗谱》上的记载综合编制而成。

附录6 （明）《长林寺记》碑

皇明 长林寺记

夫接真□徒，则丛林著规，谈空证有亦义林开教，昔武林之□□，□禅门攸宗也，是以独踞宝林，曹溪开五叶之花，鼎建山林，跋陀际一乘之什，□□□□。长林与西林□□，灵隐灵鸾，武林□□林争胜，亘古延兹，□□□□□□□□□□□。长林宝刹□□第五和尚道宗创造也，地在平诏万山深处，有苍松翠柏，亭□□□□石□泉为□□百千梵宇之魁，佛天钟灵，机缘巧凑，得大檀樾藩府拓其基，缘首永安伯黄暨列勋镇诸公奠其成，经始于癸巳年腊月，竣事于甲午年后月。予乃邀□□□与道宗弟子共成之，则又以□之一□□□弟志庆，□为之劝勉。庆则庆之，于见在修六道，证四象，发长林其祥；勉则勉之，以□□悟八正，入三昧，曰：永言配命，未审有协于禅弟□□□□建立精舍。吾云有小隐，铜陵有九仙，随地喜舍，到处生莲，如是功德不可□□，□□□□□长林也，故□□□□□。

计开：缘主张子可舍寺地并田种六五石，坐址□□坑□□□□□等处，一陈氏子□子和舍田种一石七斗，坐址□□□□仔□□□，开山主自置田种三石，坐址老虎耳，并寺边□田种三斗，坐址本山，□□□坐址□□□□三斗。

助缘列勋镇爷：黄山、张进、甘辉、万礼、□茂、林胜、余新、□□、洪旭□□，信士□□□

甲午年腊月八日兄发僧士良思元甫顿首拜书　信官□□□

附录7 （清）康熙《高隐寺石碑记》

高隐寺石碑记

高隐寺在天马山之麓，与长林寺相距七八里，径路逶迤。岁在甲寅，禅师道宗因林壑之胜，建筑付厥徒实晟，以我先大人所舍之田属焉。山本高而连云雾，更与天际；林本密而缀烟雨，则接地阴，夕梵晨钟，与泉响松籁相应。历二十余载，榱椽间敝。辛巳冬，实晟师欲增修制，广募同人，果皆乐施，修葺堂宇，梵刹焕丽，金碧辉煌。后筑小楼，以备不虞。崇祀观音佛祖，静闲幽遐，尘坌不染。似俟恐费用未给，更募化诸善信，置田若干，庶香灯之需，可以不缺。噫，乃师创建，以是付之，厥徒继而述之，扩而大之，诚足以垂永久也乎！兹将鼎建维新之由及缘田来历、段落勒之贞珉，因为约略数言志不朽云。

一大檀樾主明中宪大夫张讳一栋率孙生员汴、曾孙天钦，喜舍田三段，一段坐址□斗坳，种六斗仔；一段坐址下窑，种八斗仔；一段坐址长圬畬，种四石五斗仔。

一僧实晟募缘□叶宅田三段，一段坐址淹封坑，税三十二石官并楼厝地田头山一完；一段坐址石碑背并石头垅，税十石二斗官；一段坐址水井窝，税十石三斗官。

一僧实晟秘置廖宅田二段，为日后祭扫之需，一段坐址墨斗坑，种一石二斗仔；一段坐址灯仔背，种八斗仔。

本寺山界上至淹封坑，下至墨斗坑，左至蔡厝鞍，右至马头山石碑背后。

大功德主、信官陈讳升、黄讳靖、叶讳伟、廖讳兴、太学生张鲤、廖清河、廖震元、陈殿扬、生员陈积、张家树、张逢遇、吴中珩、信士张全、张文□、张士□、乡宾张志高、叶士□

时康熙丙申岁孟夏谷旦。

佛弟子、信生张逢遇盥手谨撰
高隐寺住持僧实晟率诸徒子□谨立

附录8　（清）雍正《佛光普照》碑

佛光普照

龙光一古刹也，昉于明，泉石丘壑□□东林，由来旧矣，明季一修，果报如故。迄我朝久远历年，□像□□□□，几难复志，观者感慨久之。时雍正甲辰冬僧□施从厥工，扩前人所未扩，梵宇焕然□□□□□□金□涌秀，则磅礴融结者，龙也；瑞凝普映者，光也。种福不艾，伊谁力乎？金曰，微诸檀加之光族□□□□□□□之石，以垂不朽，云重修龙光庵。今将姓名明列于后。募化缘首：信士张士标、僧净□。

邑宾张德为助银十两，舍田五斗种，座庵前溪坝。明朝信士张太乙舍梁柱十二枝，田五斗，福田在□□楼后。

信士龚韬舍银二十两。国学陈英略助银六两四钱。信士张元朝助银五两六钱。宾生□□□助银五两。邑宾张士亿助银五两。国学张士龙助银三两。信士张□□□□□□。□宾张爵升、国学张士显、张林勇、张元勋、张廷成各助银二两。信士张士霸、张见、张廷年、张□□助银□□□。信士张孔助银二两五钱。国学张廷豪助银二大员。信官张元捷助银二两。信□□□、□□□、张石曾、张煌、张尚勇、张自强，各助银二两。国学张钦达、张怀玉、张晖挥、张振元、张庆二、张□□、张廷□、张芳世、张廷桢、张廷永、张廷扬、张廷□、张元文、张元彩、张应甲、张弘运、张弘扬、张□□、黄士敦、张惠吉、张君兴，各助银二两。乡望张胜昆、张宗显、张绍殷，各助银二两。□□□□□□钟成玉、张香、张钦华、张而□、张绍金、张文器、张绍可、张可增、张士恰、张钦、张凑、张□□□□□张锡、张怀曹、张顾可、张士海、张士襄、张朝海、张浮、张鼎帅、张士妥、张士词、张□□、张廷□□□□、张惟春、张瑞荣、张淡玉、张秉中、张廷仰、张瑜、张阵、张廷人、张廷适银四两。张廷宙、张廷助□□□□□张人谷助银二两。国学张国魁等舍室仔地下片三间，后至落水外石板为界。信士张愈奇助银□□□□□□。信士国盖、国强、国祥、信官国选、金魁喜舍□□□。信士张门吴氏、张门肖氏、张门陈氏、张门李氏、□□□□□。

雍正癸丑年满月谷旦　信士张致君□手勒表

住持□□□□□立石

附录9 （清）乾隆《重修龙光庵碑记》

重修龙光庵碑记

庵以龙光名志，灵昭昭也。此庵建自明隆庆丁卯年，距今清乾隆戊申年二百二十三载，废兴修葺，明以前尚矣。迄清雍正乙巳再修，花□□周，丹青刊落。父老观之，有太息者。太学廖廷哲、廷盛、文明、文彩、信士文永、太学生大诒、佳言等人合言于乡曰，是岁不修且坏□来慈慧门室类皆玲珑牖户，乃以闰龙升围绕天龙，刻龙光之灵昭昭，像貌漫漶得无情哉。众信乐肋，心发菩提，无废前人，无□后观，鼎兴于阳夏，竣工于仲秋，修龙光以继白马，甚盛也。固由董事之竭诚，实藉神佛之呵护，爰历叙兴筑胪名，以志不朽。记其事者，庠生廖朝瑑也。

信士张子可公助银十五元。太学生张廷陆助银十元。信士张明东助银五元。信士张廷集助银二元。岁进士张廷杰公助银七十元。邑宾张国升公助银十五元。太学生张怀伦公助银八元。信士张廷袍公助银五元。信士张德文公助银三十六元。庠生张廷栻公助银十五元。太学生张廷佐公助银八元。信士张玉轩公助银五元。信士张辉轩公助银八元。太学生张廷永助银十三元。太学生张廷成公助银五元。信士张刈臣公助银三十元。邑宾张德为公助银二十元。信士张振之公助银十二元。太学生张廷辉公助银五元。信士张汤苍公助银八元。信士张德宽公助银二十元。信士林承付公助银六两。邑宾张廷达公助银五元。太学生张廷清公助银十二元。太学生张士显公助银二十元。信士张太乙公助银十元。信士张大任公助银五两。太学生张廷昭公助银五元。太学生张廷敬助银二十元。太学生张弘朝公助银二十元。太学生张廷艺公助银二十元。太学生张元彬公助银二十元。寿官张道公助银十九元。信士张鼎谏公助银十元。信士张朝望公助银十元。敕赠武信佐郎张林勇公助银十元，又舍右边神座石一完。太学生张弘捷公助银十元。太学生张永瑞公助银五元。庠生张壮猷助银五元。信士张乾亮公助银五元。信士张时相助银五元。

信士张言宾公助银五元。信士张文玭公助银五元。信士张士珮公助银五元。信士张绍宫公助银四两。信士张源苍公助银四两。邑宾张爵升公助银六元。信士张明波公助银六元。太学生张廷茂助银六元。信士张冲天公助银六元。信士张双山公助银六元。太学生张廷哲助银六元。信士张元奇公助银六元。太学生张元芳公助银六元。太学生张元达公助银六元。信士张元经公助银六元。信士张思贤公助银六元。信士张源锡公助银四元。信士张永掌公助银四元。信士张时煌助银四元。庠生张庐煌公助银四元。信士张廷焕公助银五元。信士张文癸公助银四元。太学生张廷芳助银四元。信士张士宗公助银四元。太学生张文钦公助银四元。太学生张大用助银四元。太学生张鸣远助银四元。太学生张奇秀公助银四元。信士张日升公助银四元。诰赠奉政大夫张张光显公助银三元。信士张子浍助银三元。信士张郡侯公助银三元。太学生张廷祥助银三元。太学生张廷游公助银三元。信士张廷伦公助银三元。信士张廷敦助银三元。信士张襟正公助银三元。信士张明盆助银三元。太学生张廷器助银三元。信士张元标助银三元。信士张文眼公助银三元。信士张善答公助银三元。太学生张元略公助银三元。信士张元居助银三元。信士张时序助银三元。太学生张元高公助银二元。信士张文潦助银二元。信士张道轩助银二两。信士蔡文活助银二两。信士张文插公助银二两。庠生张太成公助银一两九钱。信士张讯昭公助银二元。信士张子灌助银二元。信士张源文助银二元。信士张源芳助银二元。信士张时笔银二元。信士张时赐银二元。信士张林助公银二元。太学生张廷闻公银二元。太学生张廷盛银二元。信士张明蕌公助银二元。信士张明收公银二元。信士张廷通公银二元。信士张君泉公银二元。信士张明敦公银二元。信士张起化公银二元。信士张起仰公银二元。信士张文澜公银二元。太学生张文绪银二元。太学生张文炳银二元。太学生张文纶银二元。信士林君佑公银二元。信士张廷登公银二元。信士张赖世井公银二元。信士蔡日生公银二元。信士

钟时福银二元。信士张世典银两半。太学生张元徐银两半。信士张
廷训公钱一千。邑宾张天悠公银两二。信士张来王公银两一。太学
生张弘辉公银一两。太学生张文灿银一元。

张明溃公、张廷在公、张明秋公、张若深公、张维托公、张传
芳公 张廷斗公、张舜贤公、张心洁公、张廷举公、张元臣公、张
有算公、张廷墩公、张有倦公、曾文俊公、张时应公、林君享公、
张元钧公、张坦之公、张其元公、张文刊公、张厅猜公、张拔进
公、曾文位公、曾文启公、张廷楷、张天郁、张福卷、张福安、张
时庆、张福和、张士杞、张时腊、张文寿、张廷优、张天卢、赖世
天、张心英、张心清、张文侠、张公国、张文国、张文楹、张文
亩、张文伟、张元剑、张世律、张朝赐，以上各助银二元。张文诣
公、林世禄公、林时乐公、张文祖、曾文大、曾成维，以上各助银
两二。张丛区公、张起猜公、张士对公、张廷韬公、张士材公、张
协和公、张廷收公、张廷仗公、张天洁公、张文炉公、蔡文院公、
张宗种、张时登、张贤五、张时业、张时珠、蔡日胜、张廷来、张
廷渐、张廷营、张宗悦、张文题、张文曹、张起踪、张维甘、张维
排、张天养、张天正、张文睿、张光陛、张光升、张元顺、张元
傍、张元良、张士泮、张心齐、张文邹、张文集、张文煥、曾文
器、张美雅、张美闽、张美孔、张世调，以上各助银一两。张君贤
公、张上居公、张汉贤公、张元侵公、张曲嵘公、赖世推公、张廷
秉公、钟国德公、张希远公、张廷戒公、张廷度公、张有律公、张
文豪公、张希圣公、张石荫公、张心耀公、张文杰公、张廷楄公、
张文取公、张士腊公、张文捐公、张世收公、张文叠公、张世瀍
公、张有桑公、张元汤、张世势、张廷屈、张时发、曾文兴、张佳驹、
张时男、张睦锥、张士布、张时金、张时远、曾文晚、曾文辉、张
士庚、廖国上、卢鼎公、张文潺、张世叙、张世西、张廷育、张廷
诺、张文纽、张文床、张廷济、张心实、张士递、曾文成、张士
荡、张明津、张文瑞、曾世强、林君和、蔡旭、钟世参、张旺、张

心周、张文缓、张汝将、张世畅、张元铜，以上各助银一两。

　　　　　　大清乾隆五十三年岁次戊申冬月谷旦立

　　　　　　宅主张廷猜　　住持僧真茂

附录10　（清）道光《重修（龙光庵）缘碑》

重修缘碑

　　神灵斯产人杰，人杰弥显神灵，龙光庵尊神其最灵也。朔自乾隆戊申修，道光丙午年于时未久，其庙堂依然如故，弟左片外詹挑手朽坏，瓦盖颓陷，众信观之，皆言翻盖重修。□□亦俭□□，爰是集议董事题捐，缘银一时。神灵显赫，人心乐助，择吉修理，既无废前人修葺之功，复再见后人重□之易且兼□□实得一应鸠工修整，神庥广披，伊谁力乎，皆众信诚心之力也。故捐银姓名立石以记不朽云。

　　邑宾张益垣公助银三十元。贡生张廷杰公助银二十五元。国学张文彩公助银十五元。信士张锐先公助银十三元。国学张士显公助银十二元。国学张廷敬公助银十二元。国学张时春公助银十二元。信士张锡垣公助银十元。邑宾张宾垣公助银十元。邑宾张德宾公助银十元。国学张文贤公助银十元。信士张众阳公助银十元。信士张义笑公助银十元。国学张抡元公助银十元。贡生张世锐公助银十元。贡生张世明公助银十元。国学张世泰公助银十元。邑宾张钦荣公助银八元。邑宾张德文公助银八元。国学张廷永公助银八元。国学张大受公助银八元。信士张元聪公助银六元。信士张子可公助银六元。邑宾张志高公助银六元。国学张元彬公助银六元。庠生张基圣公助银五元。信士张德佑公助银五元。庠生张廷栻公助银五元。国学张廷艺公助银五元。国学张廷□公助银五元。国学张元贞公助银五元。国学张元宽公助银五元。国学张时凤助银五元。国学张国馨公助银四元。信士张振之公助银四元。邑宾张德为公助银四元。邑宾张廷赐公助银四元。信士张赞礼公助银四元。国学张□□公助

银四元。国学张文□助银四元。信士张悦天公助银四元。国学张弘
捷公助银三元。国学张廷栋公助银三元。国学张林勇公助银三元。
国学张文修公助银三元。国学张文俊助银三元。国学张日晖公助银
三元。国学张元道公助银三元。庠生张光选公助银三元。信士张敢
明公助银三元。信士张振富公助银三元。信士张诵明公助银三元。
信士张晖轩助银三元。信士张钦万公、国学张廷录公、国学张瑞轩
公、国学张元勋公、庠生张元朝公、国学张大雅公、庠生张起凤
公、贡生张鸣凤公、国学张大记公、信士张元明、张元宾、张佑先
张德升、张世升、张元善、张元宪、张众美、张策勋、张文升、张
根羡、张国佳 张维与公、张盈美公、国学张荣先公、国学张世美
公、张秘学、国学张世旭公、张会川公、张大之公、张叶仓公、国
学张祥光、国学张冠三、邑宾张文运、张广兰、张廷调、张丁南,
以上各助银二元。庠生张式虞公、庠生张为成公、张怀若公、张时
椿、张怀安公、张叶卿公、张大任公、张金光、张士通、张文众、
张元敏、张裕谦,以上各助银一元。

宅主张紫生助银十元。

　　　　　大清道光二十六年岁次丙午阳月谷旦　立

附录 11　（清）道光《重修本爵万公祖祠碑记》[①]

重修本爵万公祖祠碑记

万祖师豪杰人也。弃俗归禅,保真养性,自筑静室,在其兄本
爵公祖祠之后,曰"后室",讲经说法,派衍四房。自明迄今,年
逾贰百,墙垣倾圮,理宜葺修。时有八代孙舜彬、舜应同□劝合各
房给银修整,栋宇焕然。此我祖师豪杰之灵所默为鼓舞乎?抑性真
之自然得以长存乎?爰立石以志之,各房给银之裔孙亦与有荣焉。

大房厦营庙□□祖师裔派给银十元。

────────────

　　① 该碑无碑题,碑题为笔者所加。

二房八代孙节志给银五元正。

三房高隐寺贤照晟祖师裔派给银七十七元正。

四房云来寺自性德祖师裔派给银三十元正。

本祠坐乾向巽兼戌辰，用丙戌丙辰分金。

道光十年岁次庚寅季秋重修

附录12　（清）乾隆《重修上龙庵缘碑》

（一）

重修上龙庵缘碑

位定一尊，首推乎上灵，偕四畜，莫重于龙，是庵以上龙名，诚以其位置独高，精灵碧翠，为天下□双之福境也。设梵居而修像□，昔既有其成模，祷求必应允，为乡人所利。赖第历年久远，不无倾圮之忧，而又以本境物力不足，未敢遽言修复。幸蔡讳义公与住持静勋和尚同心募化，由境内以迄他方，各乐倾襄，一柱一椽，咸资檀那之助；片砖版瓦，无非善信之虔，鸠工任事而是庵遂告成，俱见丹楹刻桷，庙奕奕者势常尊；塑像绘图，灵昭昭者神愈显，是不特上龙之名可以永传于不朽，而慈云遍复，亦将广济于无穷矣。因其请序也，缘数言，使各缘姓字皆得并登于石冶，亦不没人善之意也乎。

生员江浩然盥手谨书

张天赐公银三十员。[①] 蔡天义银两二。蔡士腊十六员。张元环五员。蔡天雉五员。蔡心长四员 蔡门黄氏男余四员。张应沐四员。蔡心船三员。张应坚三员。张任凡三员。蔡心锡三员。蔡士同三员。蔡宗声三员。张门刘氏男枫三员。蔡宗禀三员。张士瑠二两。张文集二两。陈天启银五两。刘可幸二两。蔡门赖氏男派两七。张朝麻、蔡心知、张门陈氏男芳、张廷敷、蔡国利、张李福、张士

---

① "员"为"元"的替代字。

并、蔡门吕氏男缤、张朝喷、张士调、张士廉，以上二员。刘可莲两五。蔡司曹两三。蔡文俄两三。张廷育两二。张朝肤两二。蔡宗肴两二。蔡宗君两二。蔡宗入两二。蔡天狮两一。张朝胡两一。蔡必灿两一。蔡士辅两一。蔡元严两一。张里练、张士念、张朝丹、蔡宗连、张元功、张元帖、蔡文耻、刘光赞、张朝杨、张廷凤、刘光赐、蔡门张氏男节、蔡志贤、蔡士成、张士璟、蔡成林、刘可苏、田士俸、蔡猷爵、张门黄氏男浪、张元来、张国朝、蔡士巩、张元贞、蔡士堵、刘光练、蔡门张氏男玩、张国庇、蔡宗追、张国安、蔡国焰、张天烩、钟士竹、蔡士钊、蔡祯荼、蔡士朗、蔡士抱、刘可群、刘门张氏、蔡士学、蔡士达、刘可清、蔡宗之、林□□□□□□□□。

乾隆三十八年岁次癸巳菊月　　谷旦

（二）

陂头钟宁来公喜助银二十二大员，扛梁一对。

（三）

乾隆癸巳年蔡所好公喜助地基。

信士陈秀援银三十元，助桩天圣底座。钟宁来公银二十二元，换梁柱一对又大树二支。张景阳银十三元。贡生张廷杰公、张理尊公、张有声公、信士张青线公，各银十二元。张善祈公、张重贤、高门张氏男进成，各银十元。信士张彬文公银八元。张上赠公大树二支。信士张万选公、信士张持群公、蔡得万公、张以万公、张元案、张广胜，各银七元。张廷镌公、张廷兴公、张禹奇公、张廷光、张西华公，各银六元。张雅士公、蔡文虚公、张玉轩公、张教直公、张显德公、张有万公、刘应德公、蔡心熏、张廷钰公、张肤谋公、张廷邦、张绍河公、张子可公、张德趋、张德成公、张信传公，各银五元。信士林荐银二元。张映然公、信士张朝桂、信士张从龙公，各银四元。张昆山公、蔡士同公、张来宾公、信士张朝瑞公、邑宾刘绍男公、邑宾张丛万公、张朝谋公、张昔贤公、张盈科公、刘天锡公、张士铦公、信士张有用、张承荣、张国泚、张文玩、张承豁、张国记、张国轩、张石帅、张文笃，各银三元。贡生张青云公银三两。张益箴公、张国泾、张规言公、张钦爵公、蔡步云公、蔡宗烧、蔡宗廪公、张礼福公、邑宾刘可幸公、刘可莲公、张廷堅、张声远公、张意欢公、方士坚、信生张声远、信生张时凤、张国虩、张益源公、张国雒公、信士张奇英公、张宜锵、信生张朝纪公、信生张朝配公、张廷吟公 张西成公、信生张廷永公、信生张廷茂公、信生张廷敬公、江持清、信生张士显 游厚暖、童义桥、信生张选清、张永凤、张理时公、信生张君翕公、信生张君庵公、信生张君俭公、谢宗廉公、邑宾谢在思公、黄立守、张世锦、信生张有光、许秀公、张爵公、张惟北公、张荣中公、张赠万公、张在朝公、张简文公、蔡悦夫公、蔡德英公、张君亮公、张燮和公、张国樽、张士奔、张纯衷公、张衍素公、张国权、张游苍公、张圣居公、张国寮、邑宾张廷任公、张国源、张昆湖公、张渭洋、张逸良公、张钦吾公、蔡德彬、张功辉公、蔡哲斯公、蔡逾海公、张会都、张君尚公、张次宽公、蔡文谟、张和音公、蔡世品、张承就，各银二元。黄志滚、刘益龙公银二两。贡生张支驹银一两五。蔡永安钱一千。张士贯、张次凤公、张义生公、林厚欣、蔡宗耽、张逊雄公、张众阳公、张经资公、蔡廷千公、蔡宗来公、蔡耀协公、张维登公、刘福善公、张迪舍、蔡献彩公、张国灿、刘传注、张欣万公、蔡心井、刘桓珍公、张时可、蔡日安公、信生张廷洽、张士连、张廷送公、张德闻公、张达升、蔡拔任公、黄富相、蔡元及、张汛源、信生张远清公、张为天公、张国奖、张宗蚕、蔡遂迎公、张元高公、信生张廷艺公、张垣山、张叶邦公、张敬福、刘石星公、张上宾、张立夫公、张承滑、张祖墓公、张士托、张士讲、蔡士赞、张德章公、张达才公、张上问、蔡宗肴公、张立标公、张娘旺、张子桃、张时先、田总公、罗成闪公、蔡尊五公、张心成、信生张廷昭公、蔡义成公、张时理、张钦艺、信生张安惠、张临筵公、黄功取、张廷作、蔡意学、黄文选公、张皇锡公、蔡心门、谢炬柱、张天送、张□□、张国福、张应□、张国□、张乘资、黄宝栋、邑宾吴君玉公、张□水、张世□、张肴农、谢仁佳、张利器、信生张盛兴、刘传长、张演九公、蔡心籍、王有□、官有水、邑宾蔡君威公、邑宾张廷廪、李魂助公、张时我、张世□、信生张士□、蔡德威、张荣钦、张维同、蔡宗苍、信生张国宁、张会东公、张道升、张士英、安溪林若、张蕴玉公、蔡宗录、张众美、张文赡、张顺成、张心顺公、张承秋、信生张朝村、谢抡元、邑宾谢悦衷公、张宗万、张永裕公、张承强、张国韧、张特才、会试张文侣公、张玉汝、张恭潆、蔡娘从、张秀利、蔡显南公，各银一两。　　坐丙向壬　丁亥分金

乾隆三十八年岁次癸巳菊月　谷旦

住持僧 通美

附录 13　（清）乾隆《重修永宁宫缘碑》

重修永宁宫缘碑

尝观景之胜也，神斯托焉。此地上列层峦，下临曲涧，位高而望远，窃疑鹫岭蓬莱，恍惚遇之。先人依此营工由来久矣。迄雍正甲寅新其制，拓其规，数十年来赖神灵呵护，士女咸安，永宁之名实昉诸此镇。神灵亘古常昭，庙貌及今而顿变，倘不再加修葺，几失鸟革翚飞之美。兹幸诸檀那输诚捐金，鸠工任事，行见洞宫璀璨而丹腾黝垩辉映，驱想冥冥漠漠中当有抚景欣然所为，呵护以安士女者，其泽应加新也，又奚必移浮图于海外，如古寺传奇，始信效灵之有藉哉。是为序。

生员江浩然敬撰

劝缘张世种二两。信士张君仓银十元。张士派三两半。张承茶三两三。国学张时茂三两一。张世经三两一。国学张盛李公三两。张鹿容公三两。张世本三两。张世楷三两。张宗习一两。田天审一

两。信生张君翕银二元。信生张君俭银三元。张承馨银三元。张世楫银二两。张世浒银二两。信生张世洋银二两。张世仲银二两。张世燕银二两。张承嵩银二两。张世案银二元。张士罗一两。张世踦银二元。张世墨银二元。张世务银二元。张承倡银一元。张门江氏男崇两半。张承奇两半。江以优银两二。张士兰银两二。张宠锡公两二。张承运两一。江士充一两。张士安一两 张士贵银一两。张门蔡氏男涓一两。江以快银一两。张宗约银一两。江士抄银一两。江士奉银一两。江士鹿银一两。张宗坤银一两。张宗出银一两。张士海银一两。张乃安一两。张世论一两。张世作一两。张世洋银一两。张世总银一两。张世洽银一两 张世院银一两。张世居银一两。江门杨氏男旅一两。张门江氏男泖一两。张世苑银一两。张世衷银一两。田世历一两。张世溽银一两。田先利银一两。张世科银一两。张世历银一两。张世顺银一两。张世龛一两。张世监一两。张世补一两。张世面银一两。张承则银一两。张世容银一两 江心对一两。张承桃银一两。张承兼银一两。

大清乾隆三十五年岁次庚寅九月　　谷旦

附录 14　七嵌箴规（七条祖训）的由来①

张廖氏一族有七条祖训，后来于明永历十五年（1661）在第五世廖道文、廖道行祖祠周围兴建溪口大楼时，其大门门槛设七嵌，用意是子孙要时时刻刻铭记祖先留下的七条遗训，因此从此之后子孙称这七条祖训为《七嵌箴规》，今将其来龙去脉，简述于后。

第一嵌：生廖死张故曰张廖。

概说：生存姓廖，户籍、兵籍、财产、名号、生辰、结婚属之，逝世姓张，神主、墓志、祭祀鬼神属之。

---

① 录自廖丑《西螺七嵌与台湾开拓史》，1998 年内部印刷，第 447～452 页。

详述：所谓张公廖妈者，张公，元子公姓张也，乃张天正第三子，原讳愿仔公，字再辉。廖妈，廖祖妣，姓廖也，乃廖三九郎之独生女，名大娘。廖三九郎公讳廖化公，年以白米三百石贡献朝廷，封员外郎，赐九品衔，乃称三九郎。德配邱七娘，单生一女，叫"大娘"，德淑贤惠，事亲至孝，助理家务，掌文房，父母爱如掌上明珠，因而择婿苛求。元子公张姓，乃是宋①开漳圣王陈元光将军之参将张虎公之后裔。父张天正公生四子，第四子即愿仔公，字再辉，生于元天历元年九月丁丑时。顺帝时，方国珍起事，被宰相脱脱所破，白莲教韩山童、刘福通乘势猖乱，韩山童、刘福通立韩山童之子韩林儿为宋帝。由是各处英雄割据，天下大乱，愿仔公避居官陂坪寨教读，宿馆于廖三九郎别墅，三九郎公时常过从……相处渐久，知其为人不苟，乃托人试谈，赘为东床而兼养子，即改名元子……大明洪武八年（1375）八月初一日友来公诞生，时元子公四十八岁。时廖族有犯国法之不容赦者，若干人逃逸无踪，株连廖姓。时凡少壮者株连不少，势将诬及友来公。元子公当众曰，若有人株连无辜而诬及吾儿，长此以往子孙殆矣。即以廖姓身份，负廖氏之全责，往官申辩。迨官事清白，无乎一、二年，返时年事已老，途中患病，乃亲笔作书遗嘱友来公："父受汝外祖父知遇之恩未报，汝当代父报效（时三九郎公夫妇尚健在）子孙生当姓廖，以光母族于前。死归姓张，以裕子孙于后。骸枢运回安葬，以慰汝母之心。"书毕而卒，寿年六十五岁，洪武二十五年（1392）岁次壬申正月十一日也。

第二嵌：不食牛犬，知恩无类。

概说：牛犬，兽类也，知主之恩，况于人乎？不食牛犬，有不食之恩，牛犬有恩于人也。兽类知恩，人兽虽异而灵，知恩则同，故曰无类。

---

① "宋"应为"唐"之误。

详述：当元子公为事往官申辩不在家时，友来公以祖母年老，乃代巡农作外务，常以牛犬为伴。一日遇虎，为救主人，牛与虎相斗，犬回家吠报。廖祖妣曰，牛犬同儿外出，犬独回，必有凶遇，连呼佃人往救。犬似解人意，前往引路，至则人在牛背，牛与虎斗也。遂一拥而前，救回牛犬。廖祖妣乃发愿曰："一点血脉幸天地神祇庇护，牛犬及诸佃人相救。从今以后，子子孙孙勿食牛犬，以报救主之恩。佃人不避危险，鼎力相救，从兹业佃均等，以志大德。"

第三嵌：得正祀位犹胜篮轿八台。

详述：友来公自脱虎厄以后，对待佃人情同手足。佃人对待友来公，敬如家长。出入结伴，晨昏互相问讯。对待牛犬，倍加爱惜，牛犬驯伏如人。一日忽接元子公噩号，举家惶恐，友来公急往看护，并运回棺柩。丧事办竣，齐衰、丧杖、芒鞋、庐墓三年，孝服时刻在身，黯面，自称棘人。见长者必跪，自称孤子，乡里为之震动，走相告曰："友来孝子而人也，牛犬且知报护，况于人耶？"

制满，吉祭。祭毕，跪于母祖之前发愿曰："父有遗命，生而姓廖，图报母族。死而姓张，归宿父宗。子孙光廖者必昌，背廖者不祥。存张者必宏，忘张者灭亡。请母祖者安心。"廖太祖妣（友来母）曰："世居官陂，儿言是也。迁籍外出，姓张姓廖，自称其便。"三九郎公曰："得正祀位，于愿足矣。"邱高太祖（友来祖母）曰："子孙孝顺，母祖慈爱，竹篮为轿之乐，犹胜八抬。"众人见三代发愿，互相慰勉，劝三九郎公立友来为嗣，三九郎公曰："吾早既决矣。于今未行，是待制也。"乃择日立友来公为嗣而训之曰："嗣者，嗣续蒸尝祭祀，得正祀位也。续者，继也。汝父既逝，立汝为嗣，继续汝父也。汝好自为之。"

廖太祖妣（友来母）谓友来公曰："男大当婚，女大当嫁，宜家为大伦之始也。"随择江祖妣为德配，三年无出。后娶柳、吕二位祖妣，膝下犹虚。未几，三九郎公夫妇相继而卒，廖太祖妣谓友来公曰："八抬之乐，勿听有憾。"乃复训三位祖妣曰："心常而善愿者，天必从之。汝等嫡庶无争，切须记之。"未几，廖太祖妣卒。三年制满，再娶章祖妣，连生四子，即永安、永宁、永传、永祖四公也。四位祖妣各抱一公，江抱永安，柳抱永宁，吕抱永传，章留永祖。转瞬间四子渐长，友来教子有方，四子亦颇孝顺，时友来公既渐老，得正祀位之嘱未实行。今嗣续既出，须宜为父祖正位，乃率同友来公奉父祖神位往廖姓祖祠进主立祠。因元子公及廖太祖妣均书"张公""张妈"，例不符合。廖族以篮盛神主，暂挂廊上，善意奉还也。友来公转奉神主，连篮携往云霄西林和尚塘张姓祖祠，将过去情事奉告张族。张族嘉勉备至，大书"清河衍派，汝水长流"，并序谱（50 字），堂号"崇远"，复以祖先所用八抬大轿，鼓乐送回官陂，相勉曰："生存姓廖，作古姓张，是为一嗣双祧，宜自立一族，以光张廖门楣，灯字勿废，尚有不适者，可自再撰。序谱字里行间，勿负父遗嘱，是为宗旨也。"乃将所居改为祖祠，而为父立祠焉。

地方长官以友来能秉父遗训，成立一嗣双祧之祠，且教子以孝为治家之本，呈祠上报。廖永安公四昆仲为地方粮长，并将堂号"崇远"改为"继述"。由是，凡奉神主不用斗而用篮，哭丧杖及迎送灵柩所穿鞋袜，留待制满焚等例，是表示父祖虽亡而教犹存也。

第四嵌：嗣续为女，继绝为先。

概说：无男而以女承嗣者，招婿生男，生廖死张固然也。如独生子，则生身之父无归宿，待子生孙，须先继生父为当务之急。嗣女须书"张廖妈"，以明由来，婿归本姓，例不入张廖之祠，此继绝为人道之始也。

第五嵌：制无苟，恐生戾气。

概说：守制中有孕，恐生戾气之儿，乃胎教攸关也。守制前有孕，乃求束带以资分别。带以布束腰，布长与柩齐。

第六嵌：堂教修谱，敦亲睦族。

概说：祠堂非祇祭祀，实乃教育子孙，使知遗训，并知修族，以明房派分布情况，引发敦亲睦族之心，纪念宗功祖德之伟，旨在育英而兼礼教。

第七嵌：迁籍修谱，天下一家。

概说：迁籍外出，姓张姓廖，听其自便，然必须修谱，庶几知木之有本，知水之有源，乃序谱之宗旨也。子孙分布虽远，序谱一查，天下犹一家焉。

详述：永安公谓诸弟曰："序谱将用于子侄，宜当对父请命也。"诸弟曰："子侄辈该用元字为序，岂非有犯祖讳耶，若此，则父为始乎？"永安公曰："非也，祖考讳之元字即宗也。祖考姚为张公、廖妈所生，曾祖考为父立嗣者。祖考既逝，立父为之继也，非父为始祖之义。"兄弟不敢决，同向父亲请示，友来公曰："永安所说是也。"祖龛元子公书"张公"，太祖姚书"廖妈"，以下男书"张公"，女书"张妈某氏"为例。序谱二十代前二十字，后三十代，三十字，计五十字，祖祠堂号由此而出。

前二十代序谱：宗友永元道　日大继子心　为朝廷国士　良名万世钦

后三十代序谱：信能攻先德　作述照古今　本基源流远　诒谋正清深

克治祖家法　其庆式玉金

友来公完成父亲遗训，正统八年（1443）偶感风寒，九年仙逝，享年七十岁。三年制满，三世祖永祖公授室，传四代仍以"元"字序名，后各房均循此序文，为子孙命名，或分房派，更换序文，原皆从此发出也。

（本《七嵌箴规》原文，大概于清康熙四十年前后所撰，记载于廖氏族谱。十二世朝绅修谱重述，十三世廷球辑集，十二世朝彩校订）

参考文献

陈祖荫：《诏安县志》，民国 31 年（1942）编印。

诏安县县志编辑委员会：《诏安县志》，方志出版社，1999。

罗炤：《天地会探源》，《中华工商时报》1994 年 10 月 19 日起分 139 次连载。

赫治清：《天地会起源研究》，社会科学文献出版社，1996。

廖国柱：《中国廖氏通书》，广西民族出版社，1997。

廖丑：《西螺七嵌与台湾开拓史》，1998 年内部印刷。

张忠文、张君：《官陂乡贤》，2000 年打印本。

官陂镇三胞组：《官陂简介》，1981 年打印本

张廖简氏族谱编纂委员会：《张廖氏族谱》，新远东出版社，1959。

云林县元子公张廖宗亲会：《廖氏大宗谱》，1979 年编印（内部出版）。

《官陂张廖氏族谱》，玉田楼同治九年（1870）抄本。

《（上祀堂）族谱》，大佐德佑房张浚川古抄本。

《官陂清河世系录》，官北永祖元偬房 1988 年抄本。

《官陂张廖氏族谱 1～14 世祖》，张南山现代抄本。

《张廖世系》，永祖元丰房手抄本。

《世系》（大任房 1～26 世），大任房尚墩福崇堂手抄本。

张德深：《张廖世德堂族谱》，2000 年手写本。

张氏玉泉公文辞组：《玉泉公族谱》，1999 年打印本。

《玉泉公第三支族谱》（子可房），1999 年打印本。

张元音：《族谱》（大任亦行房），1985 年手写本。

《余庆堂世系》，下官村民笔记摘抄。

秀篆客家的社会经济
和民俗文化

李应梭*

秀篆镇位于诏安县的西北部,距县城南诏镇62公里,系闽粤两省与饶平、平和、诏安三县的结合部。西与广东省饶平县茂芝镇、饶洋镇、建饶镇相邻;北与饶平县上善镇、平和县九峰镇相接;东边是平和大溪镇、本县的官陂镇;南边是赤竹坪林场、霞葛镇。总面积133平方公里,可耕地2.2225万亩,园地1.2188万亩,山林地12.2558万亩。

清康熙三十三年(1694)编修的《诏安县志》载:"诏安县山当闽封之极南,控引潮粤,其山多雄亘,自五岭龙门九牙山来,至大峰再立祖山,大峰之西出县治者曰小篆山。俗曰:犁头山嵯峨高大,为县龙之祖,丛险盘纡可当要害。"①

---

*　李应梭,诏安县客家文化研究联谊会副会长。

①　秦炯:《诏安县志》卷2《方舆志》,清康熙三十年(1691)编纂。引者按:文中九牙山在平和南胜乡,元朝至治——至元年间置南胜县;大峰山系平和灵通山,明朝正德十二年起,在九峰镇置平和县城。

秀篆镇四面环山，是诏安县龙之祖山的犁头岽，其海拔1076米，位于秀篆西边。东边的龙伞岽海拔1152米是全县最高峰，东北面八仙座山海拔1025米是第三高峰。秀篆境内共有山峰大小46座，联结组合成"篆"字，错落有序：崛龙的龙背岗（又叫望田岽）、汗伯田、与上洋的鸡琴岽连成竹字头；座东坑、三角塘、大笼岽、坑头笔尖峰连至狮子牙山组成豕字骨；左伸有福州岽、彩山、玉章寮、犁头岽、铁山、九华岭；右延有八仙座山、龙伞岽、黄麻凹、犁壁石、大山背、阎路坪。秀篆山川秀丽，曾有一位测绘师登上秀篆崛龙望田岽，在这个闽粤两省、诏安、平和、饶平三县交会点往下远眺整个秀篆山脉，纵横交错，峰峦连绵起伏，溪流与村庄交织在一起，像是镶嵌在大地上绚丽多彩的篆布，俗叫小篆山。通常也称为秀篆。

秀篆境内整个地势是西北向东南倾斜，有两条水系联结所有的村庄。西边是发源于崛龙麻坪里、栏泥洋的秀篆溪，流经东径、埔坪、焕塘、北坑、顶安、陈龙、寨坪；东边是发源于隔背长寮的青山溪，流经石东、乾东、青龙山。两条水在河美汇合，注入岭下溪水库，流经霞葛与发源于平和大溪、官陂的东溪水汇合，再流经太平镇、西潭乡、南诏镇、桥东镇，流入宫口湾。

秀篆总人口4万多（至2005年底是42200人），全都讲客家话。大部分是依山傍水住在秀篆溪、青山溪两条水系的山谷小盆地里。其海拔大都在225~350米，共划分为17个行政村，具体是砾岭、河美、寨坪、青龙山、乾东、石东、隔背、陈龙、顶安、北坑、焕塘、彩山、埔坪、注湖、东径、崛龙、上洋。清康熙《诏安县志·建置志》记载秀篆是二都六社（六社即秀篆社、官陂社、南陂社、金溪社、九甲社、四甲社）之一。秀篆社旧设团长四人，不设约正。至民国编印《诏安县志》建置志之十五，[①] 秀篆属于二都九图秀篆区，下设四个保，即河尾保（砾岭、河美、寨坪），石麻

---

① 陈祖荫：《诏安县志》卷4《建置志》，诏安青年印务公司承印，1942。

保（青龙山、乾东、石东、隔背），埔坪保（埔坪、东径、堀龙、上潭、注湖），黄祠保（陈龙、顶安地、北坑、焕塘、彩山）。1945年6月秀篆划成九保、128甲。九保即寨河、青山、隔背、龙潭、顶坑、陈北、塘前、埔坪、堀盘。1950年秀篆与官陂、霞葛合并为诏安县第六区。1955年秀篆划为诏安县第九区。1959年成立秀篆公社，1984年设立秀篆乡，1992年改为秀篆镇（见图1）。

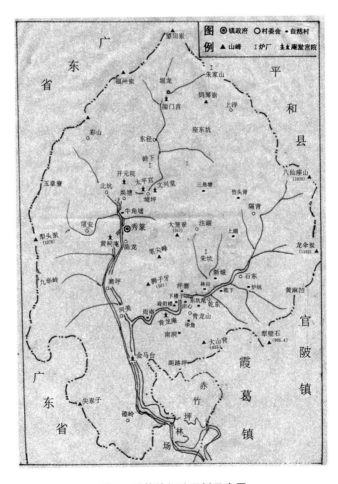

图1　秀篆镇行政区划示意图

一 秀篆宗族社会概况

在秀篆总人口 4.2 万多人中，王姓 1.8 万多，集中在陈龙、顶安、北坑，还住在埔坪盘石、后堀、东径的东坑、田心、新福，堀龙的老屋楼、上村、麻坪里、拦泥洋，上洋的石板桥、上屋、南坑、注湖的上湖、三角塘，隔背的小北坑、狮头楼。李姓 8000 多人，住在寨坪、青龙山、乾东，东径的梓亭，隔背的大北坑。黄姓 7000 多人，住在焕塘、彩山、砾岭、陈龙的山下，埔坪的下屋子、陂下坪，东径的路下。游姓 6000 多人，住在埔坪、注湖、大笼、石东的石下、上炉坑，隔背的竹头背，东径的砾头。吕姓 4000 多人，住在河美、堀龙的玉龙坑。叶姓 900 多人，住在隔背、长寮。邱姓 800 多人，住在石东的新城、乾东的乾霞、寨坪的大坪。江姓 400 多人，住在上洋的上村、石板楼，埔坪的江屋城。埔坪还住有赖姓、林姓的客家人。据当地老人口传：埔坪的赖姓始祖赖天龙是最早到秀篆开基的，而后是江姓、畲族的钟姓，至明朝万历年间，秀篆大凡众事都得由游、黄、李、吕、江、钟、邱七大姓的老大来解决，在泰山寺左侧建有陈龙文祠①，是秀篆老大们议事场所。至明代后期，住在秀篆七大姓有变动：钟姓外迁消失，江姓只住两三个小村。七大姓至清代末年，成为王、李、黄、游、叶、邱。下文给予分述。

1. 游姓

秀篆游姓分清游（上游）、王游（下游），渡台的裔孙统称游姓。据秀篆《游氏族谱》②记载：宋代建阳人游酢，字定夫，生七

---

① 按陈龙文祠何时建不详。该祠坐南朝北，二进三开间，清末至民国年间由游姓老大掌管，至 20 世纪 50 年代，作为秀篆中学筹建处和教师办公厅，后被改建为民居。

② 《游氏族谱》手抄本，游根木编集《游氏谱牒》，1998 年印刷本，第 8~10 页。

男。长男扔名行一，字子英，从江西芦林县息坑，移居福建宁化石壁村。生五子：长名文珍，次名文珠，三名文珀，四五公、五六公。其三子文珀迁居上杭县，传有二子：四一郎、四二郎。四一郎共生九子，第七子五七郎生乐水、乐山。乐山生四子：长子五九郎开基永定县金丰里大溪乡；次子六三郎开基平和县秀峰；三子念四开基诏安县秀篆；四子季四二郎开基永定坎市。

游念四，名大宥，系游定夫的七世孙，于元代从永定下洋月流村，迁到诏安县秀篆埔坪村，娶妻钟氏、曾氏、杜氏。传下五子：取名五一、三六、四五、五五、兴。成为秀篆游氏一世祖。在西洋建宗祠"广平堂"的石柱对联为："广念宗功轮奂维新隆祀典，平怀祖德诗书是学振家声"，门联为："立雪程门名扬学派，西洋祀典丕振家声"。其长子五一分居崩田，衍传东升房，裔孙建祠锡址堂，迁台的住台北、宜兰、桃园。次子三六分居后积、黄姐坑、楼子下房，裔孙建后积祖祠，迁台湾裔孙在诸罗县（今嘉义县）荷包莲开基。三子四五讳毓我，衍派汶紫房、东岑房、坑边房、过塘房，裔孙分住注湖、大笼、石下、竹头背等自然村。四子五五分居鼎坑、黄沙等，分居后迁往台湾。尾子兴过继涂氏住霞葛镇。现居秀篆清游姓裔孙住埔坪、注湖、大笼、石东石下、隔背竹头背，总计6千多人，已传衍至25代。

广平东升房昭穆字辈诗是："文应东升厚，进永安兴祥。本原能有志，蕃衍庆其昌。德盛昭钦仰，望隆定显扬。朝廷俊崇哲，邦国重贤良。一心维缵烈，万奕永传芳"。广平发里房昭穆字辈诗为："光祚成宗厚，世守兆祯祥。本原能有志，蕃衍庆其昌。德盛昭钦仰，望隆定显扬。朝廷俊崇哲，邦国重贤良。一心维缵烈，万奕永传芳"。与东升房的相比，只有稍微差异。

从明末至清乾隆中期，清游各房系迁移台湾：十一世进会、进忍、进荣、进想、游甲，十二世友明、友朋、友豪、提居，十三世宗罗、宗表、文澜、秀夫、守赐，十四世厚忱、景山，十五世阿端等共有100多位，从台湾带回族谱资料累计，在台清游裔孙共衍传有6万多人。

2. 王姓

据《王游氏族谱》① 记载：秀篆王氏乃唐琅琊王懿忠之后。明永乐年间，王懿忠后裔从汀州府宁化县移居漳州府浦漳县，王念七、王念八兄弟两人入诏，王念七卜居南诏，王念八移居秀篆埔坪际下村居住。王念八初到秀篆之时，勤工食力，铸铁营生，娶妻江氏八娘，单生一子取名先益。先益未满周岁，王念八不幸身故，遗下孀室幼子。时有埔坪崩田游念四之长孙东升房的游信忠，娶妻谢氏大娘，无子。与王念八生前有莫逆之交，遂将先益抚养成人，并分给田地、房产。先益因此随信忠改姓游，娶妻陈氏二娘，传下宗亮、宗武、宗晚三房。现秀篆王游氏盘石祖祠，祀王念八为始祖，祀游信忠为远祖，已传衍至23代。

太原王氏龙潭房昭穆字辈诗为："惟宝先宗福，开家瑞有基。王庭一学士，世德永垂贻。景象辉腾日，勋名骏发时。书传荣业绍，上国庆来仪。"

据清康熙五十五年丙申岁（1716）王游氏八世孙樊绩撰写的《述太祖千总公行略公德志》一文载：五世祖游四十五公，讳瑞清，字前溪，生于嘉靖八年乙丑岁（1529）。十三岁到霞葛南陂拜林迈佳（林八公）② 为师学经史三年。十八岁时，有白叶陈莹玉作乱，南赣军门传檄文至诏安县，游瑞清率乡兵讨之，使秀篆免受其害。明嘉靖三十五年丙辰岁（1556），龚有成任诏安知县，时篆山有吴湘作反，瑞清组织二十多人壮助平。明嘉靖四十年辛酉岁（1561），时有倭寇侵扰诏安三都，瑞清率督乡壮在大埔寨（太平大布一带）获倭首七级，交给抗倭名将俞大猷。俞大猷题匾"义

---

① 游万锵：《王游氏家谱》手抄本。王大路：《王游氏谱记》印刷本。
② 新编《诏安县志》人物志，方志出版社，1999，第1130页。

勇奇勋"，授瑞清为千总。而后领兵征讨广东河源的寇乱，屡建功勋。

瑞清祖辈住在秀篆溪上游埔坪盆地，那里早先已有赖、游、江、林等姓氏裔孙在居住，土地资源有限。明隆庆年间，时有江西三寮青囊明师廖梅林（廖弼）来到秀篆，得到瑞清及其妻张氏的热情接待，并送以厚礼。而后廖弼带领徒弟十余人，在篆山经览数载，将选定处于秀篆溪中游龙潭吉穴帐内将军大坐（又称黄蜂出巢），并定下宽窄尺寸，建祠规划一并给瑞清。瑞清怕后代裔孙改动，将龙潭祖祠阔狭高低尺寸，勒石于祖祠东北方的门楼上。

未建盛衍堂祖祠前，秀篆溪中游，是一片沼泽地，俗称龙潭蛇窟，灌木杂草丛生。游瑞清在廖弼师徒的指点下，得到李良才的帮助，购置龙潭田产，经筑溪堤制田，开垦成为秀篆镇比较宽阔的盆地平川，使千总具有领兵、练武的场所，建成龙潭家庙盛衍堂。盛衍堂坐西北向东南，祖祠面阔50.5米，进深30米，建筑面积1020平方米，后有花台，前有广场，半月形泮池，占地3800多平方米，系三堂式古制大庙建筑。面阔7间，进深4间，三进大厅带两厢、横屋，祠内8个天井，总计99间，规模宏大。围绕中堂中轴线，左右对称，高低错落有致，稳堂规整，端庄严肃。崇祯年间曾被火烧，清顺治四年（1647）修复中堂，康熙二十三年（1684年）续建两侧横屋，道光六年（1821）、民国36年（1947）重修，于1992年台北、台中、台南、高雄、宜兰、彰化、桃园等地王游氏裔孙，集资80多万元按原貌修复，1993年被列为诏安县级文物保护单位。

瑞清传下裔孙现在秀篆镇的陈龙、顶安、北坑三大自然村共一万多人，成为秀篆镇最大族群。游瑞清曾孙八世游廷院，系郑成功驱逐荷兰殖民统治者后，驻守台湾的郑氏部将骑都尉隶虎尉。他与族兄弟廷科、廷录、廷琳、廷碧等，与侄儿一江都是武生，于康熙丙辰年（1676）在福建漳泉聚集数百人自成一军，北上兴化与清兵作战。战败后，廷院死在乌龙江，其子一涵同廷科、廷录、廷琳、廷碧及秀篆丘、游、李、吕，官陂的张廖姓等乡亲，一起回台湾安居立业。现台胞中祖籍秀篆、官陂者众多，与此举有关。十二世游祖送则从台湾迁回秀篆龙潭，带回台湾罗汉松树苗在祖地盛衍堂附近栽种，至今仍枝壮叶茂，郁郁葱葱。他还提倡复王姓，在盛衍堂张挂王、游两个灯笼，而后王游子孙兴旺，成为秀篆最大族群。至新中国成立初期，王游派下的裔孙在秀篆全复王姓。

3. 李姓

据清道光十四年（1834）青龙山的李闻渠、李慎潜编的《李氏族谱》，以及大坪头《李氏族谱》等资料记载[①]：现住在秀篆镇寨坪、青龙山、乾东村的李氏8000多人，系由上杭[②]县李火德公的第十世裔孙李仲仪、李仲信两兄弟先后进到秀篆定居，传下的裔孙，已传衍至23代。

李仲仪，号念七，出生于明永乐十二年甲午岁（1414），于明正统五年庚申岁（1440）进到秀篆河尾保大坪头，后成大坪头李氏一世祖，娶妻黄晚娘、罗十一娘、蔡五娘。传下二子：长子名九郎，娶妻林一娘，传下裔孙住寨坪村坝头、大坪，后建祠"余庆堂"。清乾隆年间，十一世益墙、益楼，十二世定钦等到台湾桃园发展，其裔孙在桃园、土城集资购地、建楼，组成李我任祭祖公业管委会，也建祖祠"余庆堂"。次子十郎，娶妻黄五娘，传下裔孙住寨坪村的寨背、高丘、新光、大坪、上谢，其十世裔孙善明、善班等于清乾隆年间移渡台湾发展。特别是李善明，出生于康熙六十一年（1722），乾隆年间率妻黄氏，儿子先俅、先琏、先洛、先极、先抓一起到台湾桃园县大溪镇月眉里。他先帮人挑猪肉，后来

---

① 李应惠编印台湾省云林县《李氏族谱》，1997；李进兴编印《桃园县李氏宗亲会特刊》，2004，第76～79页。

② 黄仁永保存的《黄氏族谱》手抄本，黄钱玉编印《秀篆黄氏九子黄公后代概况表》。

自己卖猪肉，积攒了一点钱，便迁到大溪美华里垦田耕作谋生，日子并不好过。其尾子先抓，娶妻廖氏，自闯天下，务农产米，经营米业，生下三子后，不幸在 41 岁时早逝，其妻努力撑持，待其三幼子长大，适逢大溪作为台湾北部重要商埠进入繁盛时期，其长子李炳生，不仅经营米业，又购置帆船，往返台北、大溪之间的载货行商，后又购地兴建了和平路街道，历经数代，成为月眉李氏大家族聚居区，用李金兴商号，建成李金兴祭祖五大公业，富甲一方。

李仲信，号百十三，出生于明永乐十五年丁酉岁（1417），明景泰元年庚午岁（1450）从平和南胜郑坑到秀篆青龙山开基，成为青龙山李氏一世祖，其从小习得打铁技艺，在青龙山天子窠下以打铁为业。先后娶妻沈氏、吕氏、吴氏。传下裔孙现住青龙山、乾东村两个行政村、15 个自然村，共计 5300 多人；迁本县金星乡山斗村，广东饶平、大埔的约 3000 多人。从八世国烈、忠直，九世青浓、熙文，十世君实、达宵，十一世李转、子逊、熙士，十二世李圣、凤灵、胄样到十三世养成、因察等共计 106 人迁到台湾台北、宜兰、桃园、台中、南投、云林等县市居住，从寄回的族谱资料统计共有 3 万多人。

在秀篆青龙山，其六世李凉峰，于明隆庆六年壬申岁（1572）创建青龙庵，主供五显帝，现系县级文物保护点。于万历四十四年丙辰岁（1616），李氏创建祖祠"肇修堂"，供奉青龙山开基祖李百十三公（仲信公）及祖妣沈氏、吕氏、吴氏神主。于明崇祯八年乙亥岁（1635），世李先阳选穴"荐虾起水"，合葬开基始祖考妣。十世李成蹊编撰了大陆、台湾宗亲共用的昭穆字辈诗 40 字，抄录于后："先公原上客，禹甸梓垂青；世胄因方衍，昆谋应日新；作求昭祖德，修纪迪天经；文焕高曾弟，和光集后祯"。

4. 黄姓

依据秀篆《黄氏族谱》记述：从汀州府宁化县石壁村迁移至秀篆开基的黄镇秀，系入闽始祖黄峭后裔，于元末明初，先迁到永定金丰里，又迁到广东饶平上善百嵩村，再迁秀篆伯公前开基的。黄镇秀娶妻邵氏九娘共传下九子，称九子黄公。其裔孙大都居住在焕塘、彩山两个行政村。还有一支是黄镇秀的侄儿黄二十一郎，住在陈龙的山下自然村，称山下黄，连同迁到砾岭枫树门、下屋居住的才500多人。现住秀篆的两支黄姓共有1300多户，近7000人。已传衍至25代。

焕塘黄姓昭穆字辈诗是："元钦万国定封疆，亿遮超群奕世昌。重义兴仁崇政教，荣华富贵耀宗房。昭明日月乾坤泰，玉树田财大发芳。为官做相朝天子，金榜标名永代扬。"其中较大的房系有如下几支。

九子黄公的三子，即黄明，其裔孙住在焕塘村杨梅堂、东经村的路下，共计1000多人。

九子黄公的五子，即黄安，传下三兄弟，其裔孙在伯公前建了三座品字排列、只建上厅三开间的宗祠，即大房建园屋祠，二房建前屋祠，三房建背屋祠，传下的裔孙住在焕塘村的伯公前、彩山的观彩堂、山都秀、鸡母斜、大麻崀、埔坪下屋子总人口2000多人，是黄姓最大的房系。

九子黄公的七子，即黄义，直到九世都是单传（俗称八代单传）。至九世孙黄仰贤，家业大兴，有关他发迹的故事众口相传，记录如下。

> 黄仰贤娶妻吕氏生下一子后，吕氏得病身故。黄仰贤独自一人到广东省普宁，给翁财主当长工。有一天到一家命馆算命，恰遇翁财主之女，身材高大，体魄壮实，长相一般，尚未婚配，也到命馆卜算婚姻前程。算命先生看在其家中当长工的仰贤身强力壮，丧偶未娶，今日同来的一对，倒是生辰八字般配，由其掺合作媒，结为秦晋之好。两人都住在翁财主家，谁也不敢启齿，只好求请算命先生向翁财主疏通。

　　过后，算命先生到翁财主家，把其女儿婚姻和仰贤如何般配进行说服，翁财主感到这样是红花女对上二婚男，在家名声不好。无奈女儿长相不扬，难以高就，年龄已大不嫁也不行，只好在边远田寮里，划一片田产，让女儿女婿去经营。

　　黄仰贤和翁氏女两人情投意合，搬到边远田寮建立家庭，还把同来做工的妹夫林龙准一起叫到田寮去。时过不久，翁氏女到井边挑水，忽然跑来一匹白马前来饮水。其从井里打起来的水，不一会就被白马一饮而尽。白马怎么会渴得这么厉害？看到白马可爱，舍不得赶走白马，只好加快打水，并解下腰上的围裙，系在白马脖颈上。白马喝足了水，一转身跑开了。翁氏女继续打水，田寮里等水煮饭呢！可白马一会儿不见了，丢下围裙在山坡上。翁氏女做好标记，捡起围裙，挑水回到住处。

　　黄仰贤和林龙准在田寮里等着翁氏女挑水回来，赶快生火煮饭。饭后，仰贤问她为什么一担水挑了那么久？翁氏把遇到白马饮水过程细说一遍；黄仰贤跟着翁氏到白马失踪处，用锄头、铁锹挖开，地下竟藏着一棺材的银圆。黄仰贤和林龙准先把银圆取回住处，而后告别岳父，回到秀篆黄厝坝，建成规模宏大的"步高楼"，购置一千多石租的田园（相当一百多亩）。并在埔坪村，为妹夫林龙准建房，购置了田产。

　　黄仰贤和翁氏女夫妻恩爱，共传下 7 子，加上与吕氏传下一子，共计 8 子。现其裔孙住在黄厝坝、塘尾共 1300 多人，外迁饶平栋屋的 700 多人，普宁汉塘的 3000 多人，迁到台湾开基立业人数众多。2002 年，在台宗亲黄文仁捐资人民币 62 万元，修复步高楼三大厅（即门厅、下厅和上厅）。步高楼的上、下厅是三层楼房建筑，并在中厅供奉祖宗神主。楼前坪建有半月形的大泮池，占地一亩多，规模宏大。

清康熙四十二年癸未岁（1703），在焕塘村的坝里自然村建总祠"崇德堂"，又称"黄氏家庙"。两落中间为天井，右带厢房，单檐歇山顶式土木结构，占地 1305 平方米，中厅神龛上供奉"开闽始祖黄峭"、秀篆开基祖黄镇秀等神主，大厅石柱对联为"源来十一世遗及真容九房头高挂洋洋如在，产下八九子支派启开千万口耕读济济流芳"。

5. 吕姓

依据《吕氏祖谱》《吕氏阁下溪房谱》等资料①；秀篆吕姓先祖吕万春世居汀州府宁化县石壁乡，传下五子：秉彝、秉濯、秉仁、秉东、秉信。明代初年，秉彝、秉濯、秉仁三兄弟来到诏安，卜居二都秀篆，而后秉彝、秉濯又迁往广东饶平车头居豪村、东界贤春村，留下秉仁成为秀篆吕姓的开基祖，繁衍甚众，传下八子，裔孙开八房。为求平安，集中在河美村建筑"乾乐城"，同住在一座大土楼里。

秉仁三子吕十六公名孔斌，号吕八公，传有三男：长名钦贤号大郎、次钦财号二郎、三钦养号三郎。据传，明嘉靖七年戊子岁（1528），吕三郎钦养跟风水先生学地理已三年，其父孔斌吕八公死后骨骸装金斗（陶罐）未葬，大郎钦贤催三郎选处吉穴，择吉时好安葬先父遗骨。其实三郎钦养虽学地理三年，选吉穴心中无数，选时择日倒是知晓一些，一再推辞说：等些时候再说。选定黄道吉日后，告知两位兄长，两兄背上金斗、扛着墓碑，说是到山上一起选地择穴。当走到寨坪村蛇坑山上，顿时电闪雷鸣，急下暴雨，兄弟三人只好把金斗和墓碑靠在斜坎边，人先回家避雨。等到天晴再上蛇坑山，金斗已被上坎崩下一堆土，蚂蚁嵌泥封盖住，墓碑仰天紧挨着。三郎一看，吉时已过，真是顺应天意，吕八公已天葬了。在墓地前有一坪斜，坪斜下是石壁。暴雨过后，石壁石缝里

---

① 吕溪来保存的《吕氏族谱》手抄本，吕国强编印《吕氏阁下溪房谱》。

流出一小股泉水，形似小孩屙尿，故取名"囝子坟"。三兄弟便带来香烛、纸帛、米酒祭奠先父在此安镇吉穴。

由报告人带着笔者，到"囝子坟"实地勘察过，墓穴坐东朝西，来龙寨子顶山蜿蜒起伏，结穴石壁面，面朝大山、犁头崇尖峰，墓碑至今已 480 年，仍是仰靠着斜坎未埋入土，碑文正中是"显祖吕八公之墓"，左边题署："明戊子年春吉立"，右边题署三人名号，因年代已久，碑石风化无法看清。碑高一尺八寸，宽八寸，碑脚一尺未埋入土，是未经加工过的粗石。现河美村吕姓裔孙，凡是得新丁的父亲，此年清明节都得集中在"囝子坟"扫墓祭拜。周边已婚未养育新丁者，不分姓氏也到"囝子坟"祭拜吕八公，求他赐福早生贵子，群众称他们为偷拜"囝子坟"。

明朝时期，吕秉仁裔孙八房人口繁衍众多，同住在乾乐城里。明嘉靖三十九年庚申岁（1560），当时有吴湘、黄寿一伙，向乾乐城讨钱粮，邑主逃往广东。而后，于七月二十二日，吴湘纠集饶平张琏等攻打乾乐城。连攻三天，至七月二十五日城被攻破，住城里的吕氏男妇老幼 124 人被杀，17 人被抓走。前面说到筑"囝子坟"的吕三郎钦养夫妇，在此劫难中也一同被杀，其长兄的儿子五世吕益用人血抹在脖颈上，倒在死人堆中才逃过此劫。匿藏在戚友家的吕姓成为幸存者。吕姓遭此大难，人丁大损。后蒙知县袭有成①组织义军平乱，吕姓族人遂能在溪背楼吴氏祖祠后将 124 具尸首火化，装成三大缸七瓮集中收敛，称"坎上公"，立牌公祭。

吕姓八房裔孙现在河美行政村的石溪房，即吕十六公属三房的人口最多，住在寨上、塘楼、溪背楼，已传至 22 代，近 3000 人。并在寨上建有分房祖祠"衍庆堂"，立派序昭穆诗："文德一伯仲，元先有大宗；华祖声作振，世远端荣隆"。其余分住河美的塘洽子、新丰楼、松茂楼；寨坪村的盛坝楼、寨背；隔背村的大北坑、

---

① 新编《诏安县志》卷 23《明清知县名表》，第 656 页。

堀龙村的玉龙坑等处，总计吕氏 4800 多人，外迁广东、台湾的宗亲众多。

清康熙五十三年甲午岁（1714），吕姓在河美村的阁下溪始建"著存堂"供奉始祖，三年后即康熙五十五年丙申岁（1716）仲冬完工，迎祖入祠。著存堂坐西向东，后靠三秃，面前过三水，祠前大泮池，形穴"片月沉江"。每年正月初四和八月初五两天，拂晓前月牙照在池水里，倒影回照祖宗神主成为奇特一景。2000 年 6 月由台湾土城吕万春祭祖公业，出资人民币 90 万元，在著存堂原址盖成钢筋水泥结构的三层楼殿，供奉始祖姜太公、吕洞宾、吕万春公、开基始祖秉仁公等神像和神主牌位。

6. 叶姓

秀篆叶姓住在全县最高的龙伞崀西坡、青山溪上游的隔背小盆地里，长寮自然村 23 户 200 多人、隔背村 165 户 700 多人，共计 188 户 900 多人。

明万历十八年庚寅岁（1590），原住在平和大溪镇庄上村的叶志廷，系大溪叶姓开基祖叶云波的九世孙，为避兵乱到秀篆隔背村姑母江氏家里居住，看到隔背山林茂盛，土质肥沃，山清水秀，可垦殖土地多，便定居于此。他娶妻吴氏，传下六子：福成、耀、记、尾、江、晚；仅有大房福成一脉传至十四世，有玄孙 14 人。随着人口增长，便在隔背买下原是林姓建的生土楼"阳春楼"共计 16 间的 15 间，一间卖给江姓，林姓搬回霞葛南陂村居住。居住在隔背的叶志廷裔孙，沿用大溪云波公的世系，从十一世起的昭穆字辈诗如下："瑞弘文士随春芳，光祖成宗世德长；大木天生钟英秀，年开果运基永昌。"

十六世叶荣发有 5 子、24 孙，现已传至二十三世德字辈。单叶荣发派下有 500 多人，成为隔背最大旺系。其第 5 子叶玉德，生于清道光二十四年甲辰岁（1844），于清光绪五年己卯岁（1879）考中贡生，在叶氏宗祠"启裕堂"前，立有石旗杆一副。其侄儿叶万清，生于清同治四年乙丑岁（1865），于清光绪三十二年丙午岁（1906）考中武秀才，而后到中国香港、泰国经商，与秀篆游子光①一起为振兴秀篆经济、为叶氏宗族的发展做出贡献。

根据隔背村《叶氏族谱》②，叶氏十三世叶楚卿、叶旗章偕其六子（士显、士往、士读、士重、士及、士庄）渡台居住，还有十四世叶士让（字礼士）渡台。2005 年有叶氏二十世裔孙叶博文回到隔背村拜祖，在台叶氏裔孙大都住在台北三重、桃园一带。

7. 邱姓

据秀篆《邱氏族谱》手抄本、世界河南堂邱氏编印的《闽粤台河南堂邱氏族谱》资料，秀篆邱氏是从广东饶平水口村迁至秀篆河尾保大坪村开基的。开基祖邱伯顺生于元至正十七年丁酉岁（1357），年少立志，壮走四方，移住大坪，娶妻赖氏、张氏，传下二子：承拿、承仙，于明永乐二年甲申岁（1404），伯顺 48 岁外出不知所终。长子承拿外迁，次子承仙娶妻钟氏，传下二子：德隆、德富。三世德隆娶妻邓氏，生三子：长子名全、次子名禄，仍住河美大坪；三子名颗，移居青山溪中段庵前村。现住庵前系六世凉山公派下：长房茂华裔孙住乾下新屋里，四房茂隆裔孙住石东新城村。据谱记：邱伯顺裔孙十世仕干迁台，裔孙现住在桃园县龙潭、大溪、中坜等地；十一世登凤、德芳、章进、章木迁台；十二世华雄迁台裔孙住台北县板桥市土城乡；十三世强芝、国双、日培、孔卷等迁台，现裔孙住桃园县八德、中坜、花莲县、台北市等地。历史上共计有 35 人迁台，均裔孙昌盛。在秀篆裔孙传衍至 23 代，至今仍是 600 多人。在河美大坪建祠"瑞云堂"祀开基祖伯顺公及二、三、四、五世祖公，祖妣神主。在新城建祖祠"余庆

---

① 新编《诏安县志》卷 38《人物志》。
② （清）乾隆年间叶有成《隔背叶氏族谱》手写本，叶雄伟编纂《隔背叶氏族谱》，印刷本，1999 年春。

堂"祀凉山公，乾下新屋里建祖祠"继新堂"祀奉八世瑞岳公。
外迁台湾的邱氏裔孙人丁兴旺，事业发达，近代建立的世界邱氏宗
亲会的理事长、副理事长，近几届都是伯顺公派下裔孙，可以说他
们是台湾裔孙的一大旺族。

二 秀篆的传统经济

秀篆四面环山，交通不便，在农耕社会里，单靠种地产粮难过
上好日子，要发展就得多种经营，多搞副业，就得靠市场来调节和
交换。据老人口传：秀篆最早的市场设在靠上洋的东背洋，现只留
下大片遗址，没有文字记载的材料可资考证。至明代龙潭沼泽地被
开发利用后，建成牛角墟，同时在青龙山、寨背、埔坪和陈龙梅子
墩都设立小市场，统称墟子。一般只在农历三、六、九①上午进行
赶集和买卖，下午都集中至牛角墟来。《诏安县志》民国版也记
载，秀篆市场是牛角墟。

牛角墟位于秀篆溪中段，在北坑、顶坑、木作坑三条支流的交
汇处，从公前村至木作坑口溪边的狭长地段，形似牛角，是陈龙、
顶安、北坑、焕塘四个行政村的接合部。市场上的重大事件，都得
由四保老大共同解决，当时四保系指龙潭、顶坑、陈北、塘前。市
场上建有共用墟寮两排，两边建有大小商店近 50 间，最大的商店，
由阿勇经营布匹、百货的益隆和记，游望琴、游象槐的泉源百货店，
大埔饶平的禄仙、梁生竹、张德坤、丁立中、罗国生、刘镇汉等先
后开的中药店，黄邦泰开的西药店，本地游寿南药店。秀篆最兴盛
时单茶行商号近 20 个，有广泰、春记、福记、宝记、兴程、合利、
泰培、泰顺、达纪、益发、芳园、二隆、日春、合春、荣春、恒发、
松荣等，多个商号在牛角墟上设有茶叶收购店。秀篆的岭下、朱坑、

---

① "三、六、九"指农历每月以三、六、九为尾数的日子，下文同。

朱家山三个铸铁厂，在市场上设有产品销售以及采购所需生产、生活物质的采购店。市场上还有米店、盐店、糖果店、豆腐店、缝纫店、理发店、饮食店、客房、棺材店、柴草木炭收购店等。

三天赶一墟，每逢农历三、六、九是牛角墟的赶集时间。到市场上斗墟赶集的，不仅有秀篆村民、官陂、霞葛的小贩和挑夫扁担阵，还有来自广东饶平、大埔、平和九峰的民众和小贩。一到斗墟日，牛角墟从上午10点起，通常至下午3点，之后，赶集人群才逐渐离去。住在秀篆上洋、堀龙、隔背、青山、彩山、砾岭的村民把种植的生姜，采制的茶叶、药材，砍伐的木材，烧制的木炭，编制的竹木加工器具，一大早挑到墟上出售，换回米、盐、油、酱、醋、煤油、火柴、布匹、衣物等生活必需品。官陂、霞葛的扁担阵则把米、盐、糖、海产品等担到市场上叫卖，到下午卖不完的，则给米店、盐行收购进仓。饶平、大埔的民众则到市场上购买米、盐、糖带回去。至民国30年（1941），日本侵占了汕头、潮阳。相对而言，秀篆是一处比较安定的地方，牛角墟是山区中比较热闹的集市。

秀篆山多，可耕种的田园少，加上光照时间短，冷水田、烂泥田土质差，产量低，前面已讲可耕田园才3.33万亩，山地却有12.3万亩，可封山育林，伐薪烧炭。秀篆人靠山吃山，高山种茶、兴建铸铁厂，成为秀篆传统经济的两大产业，以下分别予以简述。

1. 种茶、制茶产业的发展

在诏安客家的官陂、霞葛、太平等地民众中流传着："秀篆出好茶，黄冈好鱼虾。"这反映了当时诏安山区客家人与饶平黄冈镇经济往来比较密切。秀篆有茶叶商号20多个，加工的茶叶，不仅在客家地区销售，并且还通过三饶直销汕头、潮州，运往中国香港、泰国。

秀篆山多，可耕地少，在房前屋后种茶，在山边园角种茶，从砾岭到堀龙、上洋，从彩山到青山、隔背，大多数的农户开垦种植有大小不等的茶园。家里备有竹制采茶的茶篓、制茶的茶筛、焙茶的茶笼，自制或邻居互助加工出毛茶来。喝茶解渴，以茶待客，品茶健身，更是秀篆客家人的文化习俗。因此，秀篆人逐步把种茶、制茶作为发展经济的一个产业，成为诏安的老茶区。

早在 200 多年前，台胞游祖送（1756～1797），从台湾带回"小叶乌龙"茶苗，在龙潭种植，而秀篆人先后从平和、安溪、广东等地引种梅占、毛蟹、种子、黄模、奇兰、铁观音等各品种的茶苗到秀篆种植。据已 78 岁家住龙潭的退休干部王泮派说，清末民国初年，龙潭洋坑口的为足、为意两兄弟，先是在山丘上开垦茶园，种植奇兰、铁观音等。为意制茶技术好，自制茶叶销往广东。自产自销数量有限，就把周围乡亲自制较好的茶叶集中起来，以满足客户的需求，后来又在洋坑口与乌石下楼之间的园地上，建起广泰茶叶加工厂。两兄弟共生有七个男丁（合称七兄弟），其中，垂培任技术员，凤钗任会计，水深任采购员，他们把秀篆各村、官陂马坑、平和九峰、崎岭，以及安溪、建阳、建瓯等地出产的茶叶收购集中起来分上、中、下三个等级，经过过筛、过簸、过选、过焙、装箱，运到饶平三饶，用水运、汽车托运至澄海、樟林、东里、汕头、潮阳，远销中国香港、泰国。

过筛：把初制茶叶的幼心、细末用竹筛筛出来，不至于过焙时烧焦，保证茶叶均匀，茶味一致。

过簸：把过筛后粗茶倒在簸箕上扬簸，除去渗在茶叶中的轻浮叶片和杂质。

过选：用人工把茶叶中的枝杆、白粗叶挑选出来，使茶叶不至于过粗、过细，茶色一致。

过焙：这是加工茶叶的关键工序，前三道工序普通工可完成，焙茶得由师傅才能完成。茶叶质量好坏，主要靠过焙使茶叶香味提升。首先得选用硬木柴炭，还得去炭头有烟部分的，焙一笼茶大约需木炭 30 斤。用土砖建焙窑盛着木炭全部点燃，个别有烟的木炭得等木炭燃烧至无烟后，再盖上一层草木灰，使炭灰热成为温火，热度均匀，而后把盛有 5 斤茶叶的茶笼扣在焙锅上，茶笼里的茶叶（指前三道工序后，去细末，去白屑，去枝骨的）经常翻动，得上下多次翻动焙上 5~6 个钟头，那茶叶的香味、清气可以一泡就显示出来。

茶叶通过焙制加工后，即可装箱。盛茶的茶箱是特制的，每箱约装茶叶 50 市斤。由挑茶工运到三饶，三饶设有货栈，专为秀篆接运茶叶木炭，并代为采购煤油、布匹、棉纱、肥皂、火柴、手电筒、干电池、鱼干等生产生活用品。身强力壮或脚力比较好的青壮年充当挑运工，当茶厂焙制成一批茶叶后，成批量挑到三饶，而后挑回日用商品。一个茶叶加工场得雇有采购员、挑担工、选茶工、焙茶师傅等，解决几十人至上百人的劳作生计。

为使茶厂生意兴隆，每个茶厂都供奉财神爷（又称招财爷）。每天清晨烧香奉茶，每月初一、十五烧香上茶，买些果品奉拜。到年底做尾牙（农历的腊月二十至二十四），各茶厂都杀鸡宰鸭，备办猪头五牲、米粿菜肴等供品祭拜。而后用供品请制茶师傅和全体工友，对制茶认真、贡献大的师傅、工友发给红包，以资奖励。

秀篆 20 多个茶叶商号，可以解决几千人的就业和生活出路。种茶、制茶、装焙加工、销售茶叶是秀篆地区的一大产业。新中国成立后，诏安县的茶叶公司、茶业站就设在秀篆。秀篆的焙茶技术员，有的成为县茶叶站的职工。当年有名的茶叶商号，在龙潭除广泰外，还有和茂、合利、塔成、嘉茂；在顶坑则有春记、福记、宝记、发记；在焕塘有兴程、和记、协记、泰顺、达纪、益发；寨坪有芳园、二隆、日春、合春、荣春、恒发、松荣。

这些茶商的制茶技术员经常在一起探讨，交流制茶和品评茶的经验。广泰的垂培、春记的阿如是品茶评茶能手，从大茶袋（每袋可装粗制毛茶 30 斤左右），手抓起茶叶可断定茶叶产地，捧到眼前闻一闻可定出是大晴天还是下雨天采制加工的茶叶。在秀篆产自高山多雾的犁头崀、凹背斜、砾岭、尖崀子、彩山大麻崀的茶叶，那里是红火土（红壤），经加工以后质量最好。来自隔背的茶叶，土质肥沃，长得快，数量多，加工技术不太讲究，制成茶叶质量较差。秀篆种茶一年可采摘五茬：春茶耐冲泡，质量好；冬茶产量低，香气浓；六月暑茶因气温高、雨水足，长得快，采取的茶叶较差。勤劳的秀篆人，家家户户种茶、学制茶，为秀篆 20 多个茶叶商号提供比较充足的粗制茶叶资源。在这 20 多个商号里，广泰能坚持三四十年主要靠信誉好，经营有方，其远销汕头、潮阳的客户，仅凭茶样（样品）就可定价成交。秀篆粗制茶叶不够，则要到平和九峰等外地采购粗制茶，资金短缺可以到汕头、潮阳经销商那里先借支。广泰七兄弟茶叶加工场，建在乌石下楼角山边，距牛角墟市场二华里，所需焙茶木炭、加工茶箱松木板、粗制茶叶大户都自己挑担送至。远地送来的村民，午餐可到茶厂食堂用餐，赢得村民们的好评。广泰茶厂建有茶叶、木炭、箱板、茶袋、焙笼等专用库房，占地 300 多平方米，一年四季都有成批的茶叶发售，至1947 年挑茶工游溪偏、游阿其等十几人，常年为广泰茶厂担任挑工，由于国民党兵源紧缺，在饶平他们全部被抓去充当壮丁，后来他们转为解放军复员回来。

2. 铸锅产业

在秀篆开基的王姓始祖王念八初来时靠铸铁为生；李仲信却是熟习打铁的技艺。在农耕为主的山区农村，铸铁、打铁在当时应算是掌握先进技术的能人。后来从清代至民国，在秀篆兴办铸铁厂的，也都是王游姓和李姓的后人。在清朝道光十二年（1832），秀篆游际昌的铸铁厂，领到了省督抚衙门颁发的营业执照，成为漳属七邑的锅炉商。

据游文琅于清光绪二年（1876）编写的《十二世世珍公十三世惠宗公功德历志》一文记载："前人积德莫必衍派之盛，而后人缵绪毋忘创业之艰。忆我曾祖世珍公早故，继曾大伯祖第三男为嗣，号惠宗，实永怡之祖也……公耕商，妈纺织，勤苦食力，鞠育四男……寿终四十有二，时大伯年方十八岁，二伯年方十一岁，三伯年方八岁，父甫四岁。当此之时，家贫子幼，供给不赡。幸大二两胞伯年纪虽幼，而才识过人，遵顺母训，克勤业艺，创造弹棉生意，督三弟勤学，晚弟力稿。及兄弟长大，士农工商各精其业。嗣更数载，财谷渐丰，家资稍裕，兄弟计议欲创锅炉生理，第三胞伯素抱深谋远虑之思，善儒修而图货值，舍教读而务行商。此缔造锅炉之业所自方也。当日欲设此业而血本不足，故邀同谨思公（引者按：李姓）合伙。始自三坑炉后迁昌记（引者按：昌记在上洋）及获有厚利。故于道光十二年，抵福建省督抚藩宪请饷，给帖六座，分为南胜、崎记、秀记、美山、上洋等炉，总号游际昌，包漳属七邑锅铁炉商。"

文中的惠宗公，就是从台湾返回大陆的游祖送。创办游际昌锅炉商号的是他的四个儿子，即王游姓十四世的娘宽、捷登、云从、贤林四兄弟。他们统管六座锅铁厂，所铸铁锅等从清道光年间起就在漳州管辖的七县中销售（注：当时七县系指龙溪、长泰、南靖、平和、漳浦、云霄、诏安）。至民国年间秀篆还有三间锅铁厂一直坚持生产锅、犁头、犁壁、铁锭、生铁盘……朱佳山锅炉厂是从上洋昌记分出来的，厂主李协海，商号"生记"；埔坪岭下锅炉厂是从堀龙三段岭搬迁来的，厂主游义纵，商号"安记"；朱坑锅炉厂是李成谑创办的，其子李炳华经营，商号"联成"。

朱坑锅炉厂建在青山溪支流朱坑山，是咸丰年间李仲信的十四代裔孙李成谑创办的，开始时从闽西武平、广东五华、兴宁聘请师傅，后来培养出一批本地师傅。据已84岁的铸锅师傅李昆合介绍，他18岁就到朱坑锅炉厂跟兴宁来的师傅罗福龙学习铸锅技术，先从二炉、炉背开始，到掌铁水师傅，至20世纪70年代才回家务农。单从朱坑炉厂培养出来的师傅，就有李昆权、李昆哈、李谋丁、李谋浅、李荣溪、李长林、李上达等一大批。本地师傅中李昆权技术最好，他是跟兴宁请来的陈景昌师傅学的技艺，比别人略高一筹。

炉厂开工后得请师傅、技工，通常得有十人。因高炉、熔铁炉一点火就得日夜不停地开工，为了保持炉内高温，节省木炭，工人得分两班工作，每班有以下工种。

师傅（又称头手）：制修模具，掌管铁水勺，修补产品，负全部责任，工资最高。

炉背（又称二手）：管下料，管铁水，撬炉出铁水，浇铸后出锅，工资属二等。

二炉：得二人，负责组装模具，修补模具，帮拉风箱鼓风，工资低些。

头炉：在师傅指挥下加炭、打杂，帮拉风箱，一般是新手担任，工资最低。

当时秀篆生产的铁锅，在市场上统一销售的规格有9种，即五半、七耳、九耳、十耳、二尺一、二尺二、口三、口六、口八。数量是以担计算（每担约80市斤），不同规格每担的数量不一样：五半是24个、七耳20个、九耳18个、十耳16个、二尺一14个、二尺二12个、口三10个、口六8个、口八6个。秀篆生产的铁锅，铸面光滑耐用，薄平易热，节省柴草，厦泉漳、潮汕一带均为热销，特别是朱坑锅炉厂生产的铁锅不易生锈，尤受好评。

朱坑锅炉厂厂主的孙子，已75岁的李炳林先生介绍说：炼铁铸锅为了顺利，每座炉厂都供奉"七宝王"。开炉得用活公鸡、米酒、猪肉、鱼、蛋等牲礼、香烛纸帛祭拜"七宝王"[1]，用活鸡血止煞。炉厂最忌有秽气，家里女人坐月子，男工得带一瓶酒在"七宝王"前祭祀，作为洗礼。铁炉顺利生产时一天可产锅18担，有秽气、不顺利时一昼夜产不出5担锅来。炉厂里每月初三、十六

---

[1] "七宝王"是什么神，现无人能讲清，有待查证。

得买牲礼给"七宝王"打牙祭（又称"作牙"）①，实际上也给炉厂师傅、工友改善生活。

秀篆及周边的九峰、饶平大山里有铁矿，溪流里蕴藏大量的铁砂，可从溪沙里掏出来，每百斤铁砂可熔炼出生铁 60 ~ 80 斤。每个锅炉厂都建有生铁炉（俗称矿炉或高炉），一丈多高；把木炭先填进高炉加热，再按比例倒进铁砂，用特大型风箱鼓风，加热至铁砂溶化后，撬斜高炉让铁水流出，倒在砂盘里制成铁砖或生铁盘。再用生铁盘和乡下收购来的破锅、废铁，再倒进 1 米高的熔铁炉内，熔化成铁水后倒在制锅、犁头、犁壁等模具里，待冷却后即制成铁锅、犁头、犁壁等铁用品。

秀篆流传着一句俗语："开不尽石下的山，开不完河尾的田。"河尾是秀篆溪、青山溪汇合处，秀篆水系的下游。以往没有坚固的溪堤，一发洪水，溪两边的田园常被冲毁，每年都得围沙滩开田。在石下、隔背山高林密，一般薪炭林，每十年开采一次，可轮流砍伐烧制木炭。炼锅所需木炭量大，对木炭质量要求不那么严格。据李昆合介绍：炼铁的用炭量，每百斤铁砂需要 150 斤木炭才能熔成铁水，可以制成铁锭的生铁砖、生铁盘 70 ~ 80 斤；再用生铁砖加热软化加以捶打去杂质（当地叫炒铁），最后由铁匠加工成各种器械，如锄头、铁耙、镰刀等日用工具。从清道光至民国秀篆先后办过 5 座锅炉厂，当地出产的木炭供应制锅、焙茶所需绰绰有余，经常有霞葛、太平的扁担阵，到秀篆担木炭到广东或诏安县城出售。

办炉厂只要有技术过硬的师傅，加上场地好，就能长期经营，像朱坑炉厂自开办以来直至新中国成立后公私合营，一直在铸铁、制锅，从未间断，发展至生产 10 担锅只要生产 3 ~ 4 担的成本就够了，获利 60% 以上。如前族谱记载，数年后"获有厚利"，又可带

---

① "作牙"本应初二、十六，因秀篆山区每逢农历三、六、九才有墟日，作牙需要购买牲礼、菜肴，与墟日配合才方便，所以改为初三、十六。

动其他产业的兴盛。

销往厦漳泉的铁锅是靠雇工挑运的。第一天从秀篆到九峰，第二天到小溪（现平和县城），再由小溪搭船到漳州，漳州、厦门驻有朱坑炉厂的头家（经销商）。运往汕头、澄海的是雇工担到三饶，搭船运到汕头、澄海，当地也有头家接收。运到诏安城关的多数是雇工挑到桥东昌泰炉厂，由其营销。办炉厂成为当年很红火的一种实业经济。厂主李成谑赚钱后，在光绪年间用银圆买了个"监生"，穿长衫马褂，头戴瓜子帽。锅炉总商号游际昌后来由游凤署接任，成为秀篆一大财主。民国 35 年（1946），其在盛衍堂"做丁桌"，摆出最大的场面。岭下锅炉厂主游义纵，在民国 30 年（1941）兴建龙潭楼时，其家族占了全楼的 1/5，计 10 开间。只有有经济作基础，才能在秀篆争取功名，搞建设，开展大型民俗文化活动。

三 秀篆的民俗文化

在秀篆镇里，各宗族以姓氏聚居，在传衍和发展中，游姓可说是较早和较快的。游念四是元代来到秀篆开基的，其大兄游五九郎到永定金丰里大溪乡开基时，只带一尊观音像。[①] 无独有偶，秀篆的客家人对观音（俗称阿娘）也特别崇拜。在秀篆溪上建有隘门宫、太平宫、金马台，它们都是主奉观音菩萨的，三个观音俗称"三姐妹"，来到秀篆镇守三宫宇。三处观音举办大型祭拜、建醮、演戏时据说是全秀篆人都有份，全乡群众都要集钱，分享财气。

隘门宫位于堀龙村水口，可说是秀篆溪水的源头，建在来龙结穴金牛斗坎，坐东向西，门宽 4.22 米，进深 5.18 米，门高 2.56

---

① 杨彦杰主编《汀州府的宗族庙会与经济》，国际客家学会、香港中文大学海外华人研究社、法国远东学院，1998，第 35 页。

米，门顶书写"隘门宫"，落款为"中华民国戊辰年（1940）端月，殿翼敬奉（殿翼即王游姓裔孙）"，门外对联是"隘之中不嫌地窄，门之外自有天高"，非常形象确切地写出了这座宫庙的特征。宫内主奉观音坐像（俗称大姐），并有女乩童。尽管山狭路险，前来跌筊抽签的信众络绎不绝，加上有乩童可以问话，解答迷津，因此朝拜者甚众，香火鼎盛。

太平宫建在埔坪小盆地出水口的发里村，也是20多平方米的小宫宇，却是坐西向东，门对面是庵下埔小市场，建有桥梁相连，主奉观音神像（俗称为二姐），周围民居多，游、王、赖、江、黄、林宗亲齐有，香火旺。

金马台建在全镇出水口的河美村，俗称河口塔。坐南朝北，来龙结穴蜈蚣吐珠，在河边石壁上，于清乾隆四十八年癸卯岁（1783）建成。用方条石堆砌，四方形，塔基高4米，平台36平方米，石塔底宽5米，高12米，内有环阶可上，外观为五层，内四层，依山傍水，气势磅礴，极为壮观。塔底层主祀观音菩萨、玄天上帝、土地伯公；二层奉祀五谷帝君；三层奉祀关帝，四层奉祀文昌帝君。民众称塔里观音是三妹，法力高强，并有众帝君相助，保护秀篆的众多百姓，除暴安良，百业兴旺。前来朝拜的信众不单是秀篆乡亲，还有来自官陂、霞葛、广东饶平的民众。现开通公路，交通方便，回秀篆祭祖、探亲的台胞、侨胞，对金马台观音也极崇敬，祭拜后踊跃捐款建成金马台旅游风景区。金马台进山大门对联为："金塔耸云天遍施法雨，马台朝秀水普度众生。"

秀篆客家人的祖先是从黄河流域、中原大地南迁而来，沿途历经磨难，来到山区林深路险，为了生存与发展，对于集儒、佛、道三教于一身的五显帝的信仰和崇拜比较普遍，境内先后建有黄祠庵、青龙庵、清凉庵、龙峰庵、开元院、文兴堂、东坑庵，都是主祀五显帝的重要庵院。庵院里对众神的摆放位置比较特别，大殿正中神像有四排：最高的一排中间是三宝佛，即释迦佛、弥陀佛、弥勒佛，左、右两旁是文殊菩萨、普贤菩萨。次二排中间是道教的三清，即玉清元始天尊、上清灵宝天尊、太清道德天尊，左、右两旁是玉皇大帝、紫微大帝。前两排居中是地藏王，左、右两旁是明日神、清风神、袈裟佛、中年童佛。前排居中是牟尼佛，两旁的是吉祥子，左、右各一尊：文天将、武天将。

左侧殿神龛里奉祀的是观音菩萨，右侧殿神龛里奉祀的才是五显灵官大帝，还有小尊的顺风耳、千里眼。民众进庵朝拜，通常只在大殿、左殿烧香，带来供品都堆放在五显帝坐像前的供桌上，迎请出游也都是五显帝。老人说建庵以来就是这样。雕塑神像的游姓传人也讲与民间传说的"四游记"有关的《华光传》故事，即五显帝是由佛祖面前油灯蒂，经众神注入肌肉与血液而成为法力广大、降妖伏魔、为民除害的五显灵官大帝。其为找生母、救母亲赴汤蹈火，不怕触犯天条，为达到目的锲而不舍。客家人敬仰这种精神，就在族群聚居地建造大宫庙，作为地方保护神。秀篆有俗语说："秀篆七大庵管，各有所管"。青龙庵的五显帝是由青龙山、乾东村李姓裔孙供奉的；清凉庵的五显帝是庵前的新城、乾霞邱姓裔孙供奉的；龙峰庵五显帝是河美吕姓、寨坪李姓裔孙供奉的；黄祠庵五显帝是陈龙、顶坑、北坑王姓裔孙供奉的；开元院五显帝是由焕塘、彩山、埔坪下屋子、陂下坪、东径新福、路下黄姓，以及埔坪赖姓、梓亭李姓等地裔孙供奉的；文兴堂五显帝是埔坪游姓、注湖、大笼、竹头背等地游氏裔孙供奉的；东坑庵五显帝则由东径、堀龙等地王姓裔孙供奉的。改革开放以来，秀篆的七大庵院已修复了四座：黄祠庵（后改名泰山寺）、青龙庵、开元院、文兴堂，还有三庵院未修复。

由此可见，秀篆的神明崇拜有不同的区域特色。三个主祀观音的宫宇俗称"三姐妹"，保佑整个乡镇的平安。而在各个姓氏聚居地，又有七个主祀五显大帝的大庵院，分别管辖不同的居住区，从而形成地域界限清楚、层次分明的神明崇拜体系。

在秀篆，当地百姓还流传一句谚语："游敢生，黄敢死，姓李爱扛五显帝"。这充分显示不同姓氏族群在历史上形成的不同民俗文化特色，以下对这三个有代表性的活动分别予以叙述。

1. 王游敢生的民俗文化活动

"游敢生"主要是指王游裔孙繁衍快，特别是生育男丁，在宗祠每年元宵节办丁桌特别隆重。据居住在龙潭家庙边的、已78岁的退休教师王启宗，75岁的退休干部王象火介绍说：王游姓出生男丁与其他姓氏的一样，在第三天得在家门口拜祖宗，用糖粥、糖饭、鸡、鸭、鱼等饭菜请亲人和邻居。做满月得请外公、外婆、母舅等亲友、亲人作陪。

每年正月初五，在埔坪村盘石祖祠，由总祠管理人①召集各房长把当年出生男丁的"主人"②聚集一起，祭拜始祖王念八公妣、远祖游忠义公妣，及二、三、四世祖公妣。祭拜后共餐，给办丁桌的主人捡客。凡是瑞清公派下已婚的男子，都有资格免费"食丁桌"，每位丁桌可分几个丁客，按当年新丁人数和享受丁客人数分配，房亲可认领，余下的用抽签捡客。在总祠里抽到的客人，不管平时关系如何，到正月十五都得热情宴请。

抽选完丁客后，就选定在龙潭家庙作大型祭拜的内席、中席、外席人选。按规定当年辈分最高的裔孙得新丁，其供品不管多少摆在祖祠里厅，称为内席；供品摆在中厅的是选经济条件较好的，每位得有全猪全羊，并摆有斋桌、荤桌，称为中席；经济条件最好的，摆在祖祠大门口，称为外席。摆不上三席的，在祠外两边摆放供品。在正月初五盘石祖祠祭拜时，供品中有五秀糖塔、糖狮象，

---

① 清朝末年至民国年间，游瑞清八世长孙游廷锡、号竹塌派下裔成为最大房系，报告人记得是由当时在牛角墟开店的游水清作为召集人。

② 指上一年十二月十七以前出生男丁的"主人"，正月十五都得办丁桌。十二月十八至二十九出生男丁的家长，可视经济状况而定。

谁拿走糖塔就得摆外席，不但供品要最好，还要用食品摆成彩景。

到正月初十，每位新丁的"主人"得用小碗盛上花生油，插上灯芯，写上新当上父亲的人的姓名，在神主牌位前点灯，一直点至十五夜（又一说是点到"天川"即正月二十晚），盛衍堂开始张灯结彩。

正月十四，路远的办丁桌的裔孙，就得把供品抬至盛衍堂，按规定摆好。正月十五上午八点，放铳21响，由司仪唱念，分成内、中、外三席，得新丁的祖、父两代人都穿着长衫、戴毡帽，按司仪喊班念词，虔诚跪拜，围观者热闹非凡。祭拜完后，供品拿回各村新丁家里，宴请分得或抽派得的男士"食丁桌"。赴宴的丁客回家时，主人得奉送一对柑橘和两块圆饼，祝福赴宴者大吉如意。正月十六，请亲戚朋友，叫"食丁尾"，赴宴的宾客一般得带礼品。

从正月十六开始至二十天，公婆领着未育新婚夫妇，到盛衍堂拜上代祖宗，采灯花，祈求祖先庇佑早生贵子。

启宗先生记得他六岁时，那年他的祖父游凤署喜得两位曾孙，从八月开始，由其大兄启先设计，启西、启家等帮忙，用稻草扎一只狮、一头象，裱糊上纸，再用瓜子壳、通草、糯谷粘在表面，做成似小牛的狮、象各一头，用木板架在盛衍堂前的池塘水面上；再用谷粒贴成小洋楼，用米糖塑成两只白鹤，用小米粘贴成功夫茶具，用面粉和酸枣糕揉合，做成龟鳖，浸在花生油中，摆成一彩景，活灵活现，那斋桌、荤桌供品排场，轰动全秀篆。

盛衍堂派下有三个舞狮班：大房陈厝坑、二房安美村、五房百顺楼等，每年春节都会组织到盛衍堂进行舞狮表演；龙潭溪唇有汉剧曲班，北坑的三房有潮剧曲班，也会到盛衍堂唱演。瑞清公有公租公产，每场演出都可领取一些费用。每年春节，盛衍堂是全秀篆最热闹、喜庆气氛最浓的场所。

2. 黄氏裔孙组织孝义会简况

秀篆黄姓裔孙讲孝道，以房头、自然村建立孝义会，聚集资金对去世老人做夜灯，请和尚为死难亡魂超度，对前来吊唁的亲友讲礼仪，安排最好的伙食。因而俗称"黄敢死"，是指黄姓裔孙对去世老人办丧事舍得花钱，尊老风尚好。

黄姓裔孙主要住在焕塘、彩山两个自然村。据住在彩山的 78 岁的黄子平、住在伯公前 74 岁的黄政阳回忆：新中国成立前，在焕塘、彩山，大村按房头、小村按村建立孝义会，俗称孝子会。当时是规定每户每次得出一块大洋、一斗米，以支持丧家把丧事办完、办好。公前大村按房头设有三个孝义会，坝里有两个，梅塘、塘尾、墩巷、东兴楼各一个；彩塘两个，山都秀、麻口、麻下、坪石、母斜各一个。焕塘、彩山两个行政村共建有 16 个孝义会。有孝义会的经济作基础，当事人经济好些，可多出些，在秀篆地区相对来说，请住开元院沙门和尚做好事（也有称作夜灯），理账者比较好安排，请来的和尚也多。通常在出殡前请和尚热符、开光、割棺，起师送遗体出殡。当晚，还得在广场上请太公、顶礼、奉饭、请神、发表、破秽、打砂、朝灵、沐浴、造桥、担经①，诵读三本忏，还官钱、解结、谢公王、谢神、送神。和尚和子女互动，为死亡者作功德。现对做夜灯中的打砂、担经作详述。

秀篆民间丧俗中，打砂"破砂墩"，是比较重要的一项内容。凡是女性身故，都得请和尚打砂，黄姓裔孙讲孝道，则更为重视。因女性在世时，担负养儿育女，传宗接代的重任，遭受临盆流血之苦。身故后，被认为是不清不净之身，破斋犯戒了，亡魂过不了鬼门关，将被关进丰都地狱，受苦受难。丧家贤孝裔孙，得请法力高强的和尚，打破砂墩，从地狱里救故者亡魂出苦海。

而男性身故，则依故者寿龄按"天、地、人、佛、竹、鬼"六道进行排算，得地道者，得打砂，"破砂墩"。得其余各道者，

---

① 男的唱目连歌，讲二十四孝；女的唱十月怀胎歌，讲大禹治水、人心不足蛇吞象等小故事。

有神、佛、仙、道荐领故者亡魂通过鬼门关。得地道者（按六道推算：凡50、56、62、68、74、80岁等男性身故者），其亡魂过鬼门关时，会被鬼王关禁在丰都地狱里。在做夜灯功德道场时，家人也得请和尚，打破砂墩，好让身故者的亡魂从地狱中超拔出来，驱除秽煞，才能供奉于祖祠。

做夜灯，是选在村庄中宽阔场地，搭寮设置佛坛、灵堂。在佛坛和灵堂对面，事先挑回四至五担溪沙置砂墩。砂墩上插红、白、黑、黄、绿五色三角旗各一面；用小碗或茶盅放灯芯，注入花生油或茶油，点上火成为"砂灯"；用湿溪沙堆叠成东、西、南、北四个拱门。正对佛坛的拱门边，用一碗反扣砂墩，以示亡魂幽禁地狱中。依故者子女多少，备上等量的血碗（用食品红冲开水代血，男性打砂则不用）。

打砂开始前，砂墩上点着"砂灯"（一般是十二盏），插上香烛。主坛打砂和尚，身穿海青衫，头戴青僧帽，脚穿草鞋，手持锡杖。随着喧闹锣鼓，响亮的唢呐吹奏，边唱边跳，手舞足蹈出场。列请灵山三世如来佛、观世音菩萨、地藏王、阎罗天子、万法宗师、三位夫人、土地龙神、当境五道将军等神祇，下銮车登宝座，以证明破狱之功德，使故者亡魂得度早超升。

接着是宣疏文、发关文、化奉财帛纸仪，荐引故者真魂真魄，速赴道场承功超度。

而后是主坛和尚，以道场法师名义，引领丧家孝眷亲友，巡行于砂墩之四门。秀篆规例得由女婿奉丈母娘（或老丈人）神主灵牌（没女婿的则由外甥或堂亲侄儿扶奉），儿子和长孙拄孝杖，女儿、媳妇、裔孙等孝眷及亲友，跟着巡行队伍绕着砂墩转。主坛和尚，挥舞锡杖，口念破狱经文，每唱一段破一方狱门。最后，主坛和尚问孝子孝女敢不敢喝血碗，孝子孝女下跪齐声回答："敢！"示意喝尽血碗，放置地上，主坛和尚用锡杖将血碗一一戳破（男性打砂，不用喝血碗，只戳破反扣之碗，以示破地狱）。孝眷亲友们纷至砂墩，先用双手拨砂示意齐心合力破地狱，紧接着快速用铁锹、锄头将碗砾溪沙铲除，并立即将五色旗、香烛一起烧掉。

女婿将故者灵牌扶回灵堂安奉、烧香祭奠，孝眷们跌筊验证，故者亡魂真的已超升，此仪式方告完成。

担经，是对孝眷进行尊老敬老、互助关爱等传统美德教育的科仪。故者亡魂过了鬼门关后，在佛教经书的指引下，顺利西行，但路上多险阻，需要孝眷亲友的扶助和鼓励。由灵活风趣的和尚主坛，用一根小扁担，一端是挑着事先固定在箩箩里的故者灵牌和香烛；另一端是挑着用布袋装的《弥陀经》《血盆忏》等经书。主坛和尚一手抓住一头，边唱边舞，表演爬山越岭，跨跳过沟，碎步过桥，跨越过河等舞蹈动作。表演一段，歇息一阵，引导孝眷来押经（向盛着亡灵的箩箩里丢钱）寓意给往西天的故者亡魂以扶助，每丢进一次钱，担经和尚依据孝眷与故者的关系，用说唱形式，编说吉祥语句，用以褒奖。丢的钱少了，也说唱些乞讨用语，激励孝眷出力扶助；唱十月怀胎歌，讲二十四孝小故事，解脱孝眷和亲友对故者思念和悲哀的感情。全场是由主坛师表演和领唱，后场司鼓领合，打击锣鼓者帮唱，唢呐伴奏，热闹、欢快、祥和。内容依据气氛可长可短；对于平时不孝眷属给予教育，对于贤孝裔孙多加褒奖。

3. 姓李爱扛五显帝的活动

住在秀篆青龙山和乾东村的李仲信派下裔孙，在青龙山村屏山东坡，建有一座青龙庵。

青龙庵坐西朝东，是一殿二进带两廊三天井、悬山式屋顶的古寺院建筑。面宽 28 米、进深 16.13 米，建筑面积 297.5 平方米，占地近 3 亩。庵旁是一条通往河尾、广东饶平的石阶路，在山凹顶有一犀牛神石，该庵俗称"牛头石庵"。青龙庵大殿面阔三开间，除主供五显帝外，正中和两旁共奉祀民间崇拜的道、佛、儒各种神像 53 尊。

此庵系以李仲信公六世裔孙李凉峰为首创建的。原青龙山村在背头寨建有奉祀五显帝的小庙。明隆庆年间，李凉峰青年志盛、学识过人，稍有名气，与江西三寨前来建造龙潭家庙的廖弼先生结为兄弟。有一天，廖弼先生带领徒弟到青龙山勘查地理，认定在屏山西坡有一处是"梁上吊钟"吉穴，便用茅草结扎成一束作标记。而后，来到凉峰家中，对凉峰告知此事，并说明第二天是吉日可开工造坟穴。此事恰巧被来到凉峰家里做客的吕姓外甥听到。其外甥聪慧敏捷，当夜故装肚子痛，急需返回故里，服用偏方中草药，连夜摸黑跑回河尾村。第二天一早，就叫吕氏家人上屏山西坡找吉穴筑坟，先下手为强。

李凉峰看到屏山西坡的金钟吉穴被吕氏外甥先占用了，便与契兄廖弼先生计议，在屏山东坡建庵，每月初一、十五请住庵和尚诵经、敲钟、击鼓，用钟鼓齐鸣争回屏山龙脉气势，以取吉祥。当时青龙山小盆地里，住着李、江、洪、沈、朱、杨、黄、林、何、曾、钟、罗、赖、蕉等十多个姓氏裔孙①。为了发动众姓氏裔孙齐心协力建庵，凉峰发动族人晚上把背头寨小庙里的五显帝神像搬到屏山东坡，第二天一早就造舆论，说是五显帝显灵，自选屏山东麓为庵址。在神威的感召下，众姓氏裔孙大兴土木，至明万历初年，建成规模壮观的青龙庵。李凉峰在大殿神台前的石柱上题写对联，左联是："与尔邻里乡党相安于光天化日"，右联是："保我子孙黎民长拟于春台玉烛"。青龙庵开光庆典之时，恰有一云游雅士，看到此庵壮观，称赞不绝，欣然题咏对联一对："绿水浅天精水长流协天同运，青龙绕地脉龙变化配地无疆。"落款是"师古氏"，至今仍刻写在青龙庵大门两旁。

十世庠生李成蹊题长联："龙升海屋驻青山播荡神恩里闬均沾

---

① 现青龙山里仍有各姓氏住处遗址：简头江、洪家寨、沈墓地、朱厝、杨厝楼、黄屋祠、林屋子、荷莲坑、赖坑、罗家坪、曾市地、下城蕉等。

化雨，牛下仙宫贡石径辉煌佛法士民共仰天光"。十二世监生李方华于乾隆乙亥年题："一元吐气洩精英径石峥嵘宛若名山胜地，九种嘲风绕梵刹青龙赫濯定然法雨祥天"。现存青龙庵大殿内四对八根石柱的柱础上，则留下了李阿福、曾祖传、李宗荣、李缘广、罗万福、罗宗莲、罗宗福、张十六娘捐赠石柱的题刻。廊柱和前厅石柱的柱础留有李宁、李福、李天德、吕四娘、廿六娘等题名。这些是李凉峰发动各姓氏裔孙共同建造青龙庵的一个佐证。另外，青龙庵里还留下清乾隆乙未年（1775）、同治年间、宣统二年（1910）修建的题刻。

自明至清，青龙庵的五显帝领受着青龙山信众的朝拜，流传着保庇青龙山李氏裔孙的种种佳话美谈。据已77岁的退休老教师李树林先生介绍：从小就听老人说，明末清初，山贼和土匪多次到青龙山抢劫扰乱，但都被五显帝派阴兵把山贼土匪打败。民国年间，山区中红白两军争斗，青龙山村秋毫无患。想要进到青龙山抢夺的兵匪，来时汹汹，一进村就心惊肉跳，来不及动手就匆忙逃离。五显帝是青龙山信众的保护神。

民国初年，官陂的廖造在青龙山芳园祠开花会①，所赚取的青龙山民众银圆有三大谷桶，心里乐滋滋的，想过几天运回官陂。时有东坑尾村的李衍科，向青龙庵五显帝讨米粿钱，上香求诉："我初一、十五都做米粿上供，现赌花会都输得一塌糊涂。廖造空手而来，扬言赚了三谷桶银圆。他讥笑给您朝拜上供的人，赶快拿条毛巾给您擦目汁（眼泪）。您应给弟子赢回做米粿的钱啊！"过不久，五显帝显灵，乩童大跳，叫喊明天花会开"三槐"。衍科从青龙庵到东坑尾沿途大喊："五显帝点字了，花会明天开'三槐'"。廖造听到叫喊感到好笑，明天赌具未放印码，看你怎么开"三槐"？就

---

① 清初至新中国成立前，诏安山区各乡镇，有人用抗清阵亡的将领志士36人的名字或绰号编成花会名，庄主每天开一名，信徒押一赔三十用来赌博。

把"三槐"印码，藏在身上。到第二天黎明要装赌具时，打开印盒一看全是"三槐"，心想身上事先藏好的该不会是"三槐"，匆忙装上。压花会的人全来到芳园祠，自己忙着收花会信封，叫人帮点银两。一到中午该开局了，将赌具盒子一打开，真的是"三槐"，一年多赢来的钱全被领光。

青龙山信众不仅初一、十五到庵里拜五显帝，还把五显帝扛抬到乡村祭拜，十个自然村轮流祭拜。这个活动从何年开始没记载。据已90岁的王茶老人回忆：她从小来到迎阳楼，她家小姑李花比她年长12岁，若李花还活着该是102岁，其4岁时，就轮到迎阳楼扛五显帝了。

住在麻角村的李应炮，已89岁，他回忆说：从小就开始按自然村扛五显帝，青龙山按十个自然村轮流，每十年轮到扛一次五显帝，按自然村形成的格局，应是一百多年前，即是道光、咸丰年间开始。新中国成立后中断35年，从1986年重新开始，从林田、尚南、南洞、坪寨、田心、麻角、迎阳楼、下城、下娄子、东坑尾。通常称其顺序是：上从泉源，下至水口，左右包抄轮转，东坑尾包尾（青龙山村轮流扛五显帝次序，可参看秀篆镇政区图）。

每轮值到的自然村，年初得选定或推举活动的主持人。具备资格的人选，通常是老夫妻健在、儿孙满堂、经济条件较好的家庭，选个吉日，在五显帝像前跪拜，跌圣筊，跌得圣筊最多的为中席，次者为东一，再次者为西一，承担该村年底扛五显帝的主祭人。全村各户从年初起就饲养猪、羊、鸡、鸭，准备年底作供品，并要通知出嫁女儿、亲朋好友，年底参加该村的迎扛五显帝活动。

轮到扛五显帝的自然村，用主祭人的生辰八字，请选日师选取黄道吉日。村中推选比较有组织能力的人，组成"扛五显帝理事会"，设理事长1人，副理事长2人，会计、出纳、理事3~5人，下分四个组。

（1）场地布置组：在自然村空旷场地、冬闲田，设置五显帝坛，中席、东一、西一，分三行按需排供桌多少预留场地，牵置红线，中间留二条通道，让主祭人行大礼时使用。

（2）迎扛神像组：选择村中新婚男子、壮汉作为迎扛五显帝人选，在主祭人的带领下到青龙庵迎请，祭拜后游村，并负责扛送回庵。

（3）祭拜组：村中按三席三人或增至五人，祭拜时穿长衫，戴毡帽，在司仪的指挥下，对五显帝顶礼跪拜。

（4）治安组：维护祭坛秩序，组织放炮手，有秩序地燃放众多鞭炮，保护祭拜场地，疏导人员进出，使祭拜活动顺利进行。

通常选日师选取的吉时是在黎明。每席供品都得有斋桌与荤桌，猪羊杀后上架，糕子粿叠成塔，五秀糖狮象，有的用米谷粘成高楼、谷仓，把食品做成龙凤、飞鹤、龟鳖走兽……中席一般得有斋桌供品三张，荤桌供品三张，一般信众按经济条件，可多可少，至少得斋桌荤桌各一张，跟着三席按照次序排放。吉时一到，祭拜开始前一刻，桌席两边点着蜡烛，烛光一片通明，全场肃穆，表现出对五显帝的一派崇敬。

祭拜仪式结束后，各家信众与亲友把供品抬回家，当天中午宴请亲朋好友。当晚由亲戚带来祭拜五显帝的鸡、酒，一齐切开鸡，斟酒，让大家分享，这叫"食拉被"（此俗现已简略）。

第二天才让外村亲戚，带着糕子粿、鸡、鸭、猪肉、糖果等供奉过的物品回家，分享福分。

附录

林田村丙戌年扛五显帝记事

李日悦记录　李应梭整理

林田村 1949 年以前属青山保管辖，1958 年后至今隶属乾东行政村，位于青山溪中段。因青山溪源自全县最高峰的龙伞嵊西坡的隔背村，由东向西流入河美村与秀篆溪汇合，青龙山村的十大村落大都在青山溪两岸，林田村是青龙山的第一村。全村由三个小自然村组成：溪南岸是房背，北岸有新屋、新楼，中间建有林田桥把三小村连成一体。全村现有124户723人（其中房背48户275人、新屋48户276人、新楼28户172人），按人口计算属于青龙山的第三大村（青龙山第一大村迎阳楼790人，第二大村华角750人）。该村离青龙庵最远，但对五显帝最为崇仰。

清代末年（具体时间失记），田心楼李昆告祖辈三兄弟，在与官陂、霞葛交界的大嘴角山搭袋凹开山烧炭。时有官陂人到秀篆龙潭坑头村拜神，遇上蒙雨天（客家话：阴沉沉，雨蒙蒙），要从赤竹坪山路返回官陂，天晚迷路，便在搭袋凹炭窑前烤火取暖驱寒。

住在田心楼昆告一家祖辈，看到前两天刚密封的炭窑有火光，以为那是炭窑被人捅开出炭，前不久也是曾被人把炭窑出空，辛辛苦苦烧成的木炭全部报毁。顿时三兄弟操起木棍、耙头、笔子楸（长矛），一起冲上山凹，看到窑坪上有人在烤火。不由分说，冲上前去，三件武器对准烤火人刺去，以致误伤致死。常言道："打死一人七里荒！"要是此事传开如何是好？把烤火人的尸体丢在山上早晚会发臭，埋在山上，挖掘新土会被人发现。无计可施，三兄弟只好连夜把尸体抬回来，在田心楼外荒屋地的菜园里，挖了一个大坑，将烤火人的尸体埋掉。过几年后，其家人事不顺，捅人致死的人常做噩梦，患病死去。其媳妇，有媒人介绍，恰好又改嫁到官陂烤火人的村庄去。

那媳妇在妯娌们闲聊中，谈论做人的命运时，无意中讲出自己的命苦。原来住在田心楼，夫妻恩爱，无奈先夫做恶积（有罪孽），上山烧炭时，把一个过路烤火的人打死了，而后经常患病，最后去世，自己命苦要改嫁。讲的人无意，在旁听的邻居有心，认真地询问这件事发生的全过程，她把所知的一五一十全讲了。她所讲的情节与十几年前该村到秀篆拜神未回的人刚好吻合。该村的长辈便请人写成告状，告到当时二都都会红花岭。

青龙山田心楼萧岳公派下裔孙众多，共有五房，即仰南、瑞南、华南、耿南、振南。时有大房仰南公派下住在肩头埔裔孙李伴仙，是一位远近闻名的讼师，得知此消息后，认为这是人命关天的大案，会株连整个宗族，便赶快叫人把埋在荒屋地的尸首挖起转移别处。而后红花岭一庭官，按官陂人的告状，多次派官差到青龙山田心楼取物证，均找不到证据。

田心楼众裔孙与官陂的人命官司案，一连打了好几年，每次官差一来，都得盛情款待，花费大笔钱粮。昆告一家祖辈，肇事者已家败人亡，要花费得由众房裔孙共同承担。在田心楼里各大房宗长，在商议如何凑钱、应对官司案时，长房老大对连续几年接待官差，既花钱又受怨气，感到心烦，便赌气地说：大房硬贴银圆壹佰元，再打官司哑唛份（客家话：官司输了不多出钱，赢了不讨回银圆）。林田、田心、南洞、石桥几房系宗长认为，肇事者已人亡，不可追究，官差再来，应付吃喝便罢，要打多久官司，与其奉陪到底。在议论中，有人提议，遇到大事还是到青龙庵求拜五显帝，请五显帝指点迷津。派去求拜的人，在帝座前连跌三圣筊，说官司会赢。

其实官陂受害的那边，长辈们认为官司已打了几年，凶犯早已去世，单有人证没物证。其人证已成为该村邻舍房亲之妻室。到红花岭见官一次，就得花一大笔银两，还是省些钱，过好日子为上策，官司不要再打了。

林田、田心等村，把筹集起来准备打官司的银圆，在石东蕉坑购置蒸尝田，以感谢五显帝灵感，指化了这场官司案。至 1949 年前，其水田由田心的李境早，李昆腊、林田的李井甲等人耕种，收集的田租作为五显帝春祭总扛时的费用。林田村全是田心华南公派下裔孙，人心较齐，定每年农历二月十三，总扛五显帝游村祭拜，这一民俗活动坚持得最久。

青龙山每十年轮值扛一次五显帝的民俗祭拜活动。1949年后，说是迷信活动被废除了，五显帝不让人祭拜，林田信众就把神像匿藏起来。改革开放后，于1986年首先恢复扛五显帝这一民俗文化活动。1996年第二轮，2006年丙戌岁算是第三轮了。现把如何组织祭拜的过程记述如下。

（1）农历正月初六晚，召开丙戌年扛五显帝预备会。

地点：乾东小学办公厅。

内容：制订扛五显帝活动初步计划，推选李应春（退休教师）为总指挥，李应埔（新屋代表）、李应魁（房背代表）、李金准（新楼代表）为副总指挥。

（2）农历正月十五下午，召开扛五显帝筹备会。

地点：乾东小学办公厅。

内容：落实领导小组办事人选，明确活动的准备工作任务。

①确定李应春为总指挥，李日悦为总会计，李应进为出纳。

②确定新屋为祭拜活动中席，房背为东一首席，新屋为西一首席。

③议定每人收取8元为全村统筹金，作为购买鞭炮、大香、大蜡烛、搭神明寮、请选日师择定良时吉日等费用。

④确定买鞭炮中席为1200元，东一1000元，西一900元。购制大香三支，每支200元，计600元。定制大蜡烛三对费用300元，搭迎客彩门200元。

（3）三月十五晚，副总指挥与三席户主落实准备工作具体人选。经商议：

①预订三串鞭炮，总价值2100元，由李金杭负责订制并保管。

②三支大香价值600元，由李日良预定并包运到场地。

③三对大蜡烛价值360元，由李焕金预定包运到场地。

（4）五月十六晚，副总指挥与三席户主会议。

地点：房背李应魁住家。

出席人员：李应村、应魁、金准、日悦、应进、金核、谋贤、应浓、日伍、向阳、流坑。

①选日师李日伍报告择选吉日是：农历十二月十三或十二月二十三。

②议定由李金准、金校、慎元三人到青龙庵跌筊，请五显帝选定吉日良时。

③检查三席认养三只作供品山羊的落实情况。

（5）八月二十晚，扛五显帝领导小组会议。

地点：房背李应魁住家。

出席人员：李应村、应魁、金准、日悦、应进、金核、谋贤、应浓、日伍、向阳、流坑等。

商议并决定祭拜五显帝的唱也祭拜程序，确定有关人员训练日期。①喊班（司仪）：李应浓；②读祝文：李日悦；③礼生：李日良、李才喜；④拜神行大礼代表5名：李顶顺（十六世昆字辈）、李焕金（十七世谋字辈）、李学崇（十八世应字辈）、李学兵（十九世日字辈）、李向阳（二十世新字辈）。

（6）九月十八夜，推选组织祭拜活动领导人选。

地点：房背李应魁住家。

出席人员：李应村、应魁、应进、谋放、荣原等。

内容：商定祭拜活动总指挥：李应村（村干部），副总指挥：李日悦、李应进、李谋放。下分三个工作小组：

①神坛组：组长李日悦，负责唱也祭拜全过程。工作人员12人。

②治安组：组长李应进，负责祭拜唱也有序安全。工作人员15人。

③燃放鞭炮安全组：组长李谋放，负责指挥全场的鞭炮有序燃放。工作人员15人。

④演戏车辆管理组：组长李荣源，负责夜间演戏场地的车辆安全管理。工作人员 5 人。

⑤商议决定：请平和县九峰镇潮剧团，上演潮剧三台，日戏三昼。

（7）十二月二十二上午，由神坛组，组织男童举着彩旗先导，本村锣鼓班，潮剧团吹鼓手，每户出动 1 人，到青龙庵、田心天覆宫，迎请五显帝、玉帝、太师公神像。

儿童们手持鲜花，浩浩荡荡的队伍，扛着神像，通过村口迎客门。迎客彩门上，正面横批是：神州欢庆。两边对联为：欢歌笑语迎嘉客，鼓乐喧天庆丰年。背面横批是：祝君平安。两边对联为：人泰地泰三阳开泰，家安人安合境平安。

信众们用鞭炮连声响，鼓乐喧天，把神像抬进神明寮。神明寮上横批是：神光浩大。两旁对联为：迎答显帝麻福佑，报酬神恩降祯祥。

正中供坐五显帝，前面供奉玉皇、太师公两尊小神像。

（8）十二月二十二夜十二点，开始摆席。

中席、东一首席、西一首席，先把 18 张八仙桌分开排列，行距六米。中席拱门横批是：合境平安。贺联为：圣福无疆荫仙乡，神恩浩荡福黎庶。东首席拱门横批是：神光普照。贺联为：福祈降众频酬愿，梦叶经熊早发祥。西首席拱门横批是：恭迎圣驾。贺联为：大帝荫恩佑国泰民安，五显威赫保风调雨顺。三席拱门下都摆上彩景：用糕子粿沾贴叠砌成九层宝塔，1.8 米高、2.6 米长的大铜马，全铜制造的十二生肖像，各种瓷瓶古玩，还有八仙过海、孙悟空三打白骨精、鲤鱼跳龙门、仙姑嬉水，转动的凤凰鸟，闪烁的彩灯，让人目不暇接……

在神坛前广场上，全村每户摆上两张八仙桌的供品，其中一桌是素食果品，另一桌是鸡鸭鹅五牲菜肴。全村 112 只猪、8 只羊全杀后上架，各种米糕粿、糖果什锦都用箩筐装着摆放两旁。八仙桌两边全都点上蜡烛，一户紧接一户，6 排 60 米长的烛光火龙，连接着神坛与戏棚间，场面极为壮观。全村信众，前来祝贺，观赏的亲朋好友，站立在祭坛两边广场。

（9）十二月二十三早晨，祭祀。

祭拜时刻一到，先由原住青龙庵老和尚的曾孙赖良州和尚起师，请神，诵念由其祖辈编写的《说案科仪》经书（经文附后）。念完经卷，端上茉草水，默念净坛咒、净水咒，用茉草水往全场供品上喷洒，破污荡秽，法水清灵。

说案科仪

香烟起处宝幡瑶，万民恭敬尽来朝。舍内变成琉璃殿，一炷心香炉内烧。宝香一炷焚在金炉，未敢奉上尊王。先来祝上当今圣寿，千岁万岁万万岁！太子千秋，皇后齐眉！文武官僚加增禄位。

今来拜请今年某月某日某时，三界传章奏事值符使者。惟原符使头穿凤彩，腰佩露刀，奔走如风，去来似箭，左手执得文章奏事，右手执得驱邪宝剑，云爱泰雾朦胧，精神霹雳无障碍。若无使者显威灵，凡人怎能通三界。再焚心香，同心奉请，佛中上善，天下正神：第一显聪大帝、第二显明大帝、第三显真大帝、第四显惠大帝、第五五显灵官大帝。位下总管爷爷，华光藏王妙吉祥，如来圣父，太乙真君，圣母懿旨，皇后王宫，五殿夫人，王子王孙，相公武列侯，敕封护国广平王，开山黄梁二太保，王端二舍人，高公邓惠二禅师，二面献花吴总师，生身打马冯检察，左千里眼唐使者，右顺风耳林使者，勾除薄历善恶二判官，沿江四十八庙，庙庙有祷神祇，十大元师，本庵护法蛇岳灵王，伽蓝土地，本家堂上观音菩萨，三代宗亲，神首、接案弟子各人随来香火，一切等神各个离宫下马。启告尊王公卿宰相六部尚书，合王圣化，今则有事通呈，无事不敢。

　　谨据中华民国福建省漳州府诏安县二都秀篆石麻堡某处神首弟子，自于农历某年某月某日，在于青龙庵五帝尊王炉前，承奉香火朔望焚香，一年将满，今见本新年某月某日某时，请得祝神弟子，带下五音雅乐，迎动尊王，沿乡绕境，遍天下集福消灾，变满抄题，十方善男信女，喜舍资财，为释迦庆诞大会之辰，年年长相侣，岁岁保平安。今日来到神首、接案弟子某位等，各人虔备清香宝烛，荐合盛架，三牲礼仪，黄禾米粄，金银财宝，杂食一筵，搬在帝王炉前，祈保平安良福，伏愿尊王，伏惟领纳！

　　接着祭拜仪式开始。喊班（司仪）李应浓站立高台上高喊（以下称通）擂鼓三响（场外放铳三门），鼓铳初嚷，再嚷，三嚷，奏乐。执事者各司其事（礼生：李日良、李才喜分站在主供桌两边）。主祭者就位（李顶顺、李焕金、李学崇、李荣兵、李向阳五位代表，林田村昆、谋、应、日、新五代裔孙，身穿长衫礼帽，站立于神坛前的草席上），参神鞠躬跪。

　　引（李向阳）：叩首，再叩首，三叩首。兴，跪。叩首，五叩首，六叩首。兴，跪。叩首，八叩首，九叩首。

　　通：俯伏兴。平身盥洗。

　　引：盥洗所。

　　通：上香案前。

　　引：上香案前。

　　通：执事者焚香。上香。初上香，次上香，三上清香。鞠躬跪。执事者开壶酌酒，行初献酒。

醑酒降神，行亚献酒，行三献酒。俯伏兴。平身复位。

　　引：复位。

　　通：参神鞠躬跪。

引：叩首，再叩首，三叩首。

通：俯伏兴。平身行初献礼。

引：青龙庵五显灵官大帝，列位尊神立座前。

通：鞠躬跪。执事者开壶酌酒。行初献酒，行亚献酒，行三献酒。执事者奉馔、奉牲、奉果，俯伏兴。平身复位。

引：复位。

通：参神鞠躬跪。

引：叩首，再叩首，三叩首。

通：俯伏兴。平身亚献礼。

引：青龙庵五显灵官大帝，列位尊神立座前。

通：鞠躬跪，执事者开壶酌酒。行初献酒，行亚献酒，行三献酒。执事者奉馔、奉牲、奉果，俯伏兴。平身复位。

引：复位。

通：参神鞠躬跪。

引：叩首，再叩首，三叩首。

通：俯伏兴。平身上香案前。

引：上香案前。

通：鞠躬跪。执事读祭文者就跪，开读祭文。

李日悦读祭文：

　　公元二千零六年夏历丙戌，十二月朔，越祝日二十三日辰时，设坛于福建省漳州府诏安县秀篆镇乾东村，林田全乡里还有石论堀、中央楼乡里的首事信士弟子：中席李学崇、东首席李填鹏、西首席李金准。

　　新屋信士弟子：金杭、永生、日彬、顶清、谋平、福来、才喜、日向、谋贤、长和、金县、金校、流坑、日上、荣兰、金通、应相、应满、长流、长庚、目标、建泽、学立、应明、应仑、玉荣、金坤、日胜、金矿、森云、谋幸、应蛋、应讲、东浩、日连、日悦、森河、日炎、永丰、应框、日周、日雄、日进、才森、永红、清湖、学钦、应枪、长龙、建光。

房背信士弟子：容希、应进、廷彪、日文、焕金、焕车、容杰、顶兴、金练、明杰、明亮、明照、东海、日荣、日明、应春、应魁、金仁、应坎、应鸿、金洋、应梭、新含、新凤、应轮、建元、旭东、应桃、金门、廷海、容运、福州、旭旦、日富、日展、日金、顶顺、谋放、日耀。

新楼信士弟子：永福、学兵、日桂、应浓、向阳、上利、新烟、金饶、金阔、日伍、草埔、日周、日海、日中、锡金、细桂、日田、荣如、南胜、日同、新希、日东、荣源、日良、日生、荣清、日钊。

中央楼信士弟子：永华、二喜、祥发、祥宝、宪章、宪通、耀南，暨合境信士弟子人等，谨以刚鬣柔毛，牲体案盛，庶馐果品，连炮、大香、财帛之仪，敢昭告于青龙庵五显灵官大帝、玉皇大帝，太师公暨列位尊神明之座前曰：

伏以恭维显帝，赫耀声扬，金砖挥斥，慧眼高张，施恩布德，共仰恩光，恭迎帝驾，巡游列庄，涓兹吉日，处设坛场，体物牲饶，具备牲浆，申锡无疆，五谷丰登，六畜兴旺，百业昌盛，集福迎祥，财丁骈臻，愈炽愈昌，文武超拔，略展鹰扬，士登云路，技艺精良，时时通吉，人人高强，诸事胜意、富贵吉昌。

伏以尚飨

通：执事者开壶酌酒，行初献酒，行亚献酒，行三献酒。执事者奉馔、奉牲、奉果、奉米粿。俯伏兴。平身复位。

引：复位。

通：参神鞠躬跪。

引：叩首，再叩首，三叩首。

通：俯伏兴。平身行终献礼。

引：青龙庵五显灵官大帝，列位尊神之座前。

通：鞠躬跪。执事者开壶酌酒，行初酌酒，行亚酌酒，行终酌酒。执事者奉馔、奉牲、奉米粿、奉刚鬣柔毛。献财帛。俯伏兴。平身复位。

引：复位。

通：参神鞠躬跪。

引：叩首，再叩首，三叩首。

通：俯伏兴。平身执事者、主祭者各退其位，焚祭文，化财帛。

通：执事者各司其事，至祭者就位。参神鞠躬跪。

引：叩首，再叩首，三叩首。

通：俯伏兴，平身执事者进酒。

引：主祭者交财，复位。

通：参神鞠躬跪。

引：叩首，再叩首，三叩首。

兴。跪。叩首，五叩首，六叩首。

兴。跪。叩首，八叩首，九叩首。

通：俯伏兴。平身执事者、主祭者礼毕。

再由赖良州和尚谢神。

撤馔，收供品，各户用供品宴请宾客，多的五六桌，少的一两桌，然后分发福肉、果品，让亲朋好友分享福气。

本文写作过程中，除文中提及调查人外，以下人士也大力提供资料，现列名予以感谢。

李会副　男，83岁，青龙山村农民。

李玉炉　男，76岁，乾东村农民。

李克恭　男，74岁，县防保站退休干部。

王景者　男，72 岁，陈龙村农民。

王大路　男，60 岁，北坑村农民。

黄钱玉　男，76 岁，县民政局退休干部。

黄仁永　男，73 岁，秀篆供销社退休干部。

吕国强　男，58 岁，秀篆电力公司干部。

吕溪来　男，57 岁，河美村农民。

叶雄伟　男，78 岁，赤竹坪林场退休干部。

游高标　男，63 岁，县规划办退休干部。

霞葛镇传统社会调查

黄木尊　李应梭 *

　　霞葛镇位于诏安县西北部，东北面与官陂镇相连，西北面是赤竹坪林场与秀篆镇，南面是太平镇，西面是广东省饶平县建饶镇。地处诏安县山区乡镇的中心地带，距诏安县城南诏镇 45 公里。四面环山：北有犁壁石、张高崇；西有牛头山、油柑岭；南有龙山岩、高崇山；东有溪东山、竹子里、大岗岭，是诏安县山区乡镇中颇为壮观的一大盆地。盆地里的矮山：鸡笼山、马石埔、石桥山、沙固路等，都可垦殖。全镇总面积 67.6 平方公里，拥有山地 7.2 万亩，耕地 5.6 万亩，其中种植水稻、甘蔗、地瓜等农作物 2.5 万亩，种植荔枝、青梅等水果 3.1 万亩。发源于平和县大溪镇流经官陂镇的东溪（大溪），同发源于秀篆镇流经岭下溪水库的秀篆溪（庵下溪），再同发源于大元中上际头的彩下溪，三条溪流在该镇的双溪尾、桥头处汇合，流经石桥、店下坪、下河、三姑娘深潭，

---

　　* 黄木尊，曾任霞葛中学工会主席，于 2006 年去世；李应梭，诏安县客家文化研究联谊会副会长。

再流入太平镇、西潭乡、桥东镇流入宫口港。

从明代至清代，该镇是诏安县二都都会所在地，曾在这里设置二都南陂社，后改林婆社。① 清末划为二都霞葛区，辖华茶、大元、南陂、天南、下溪、径口、庄上等保。民国29年（1940）整

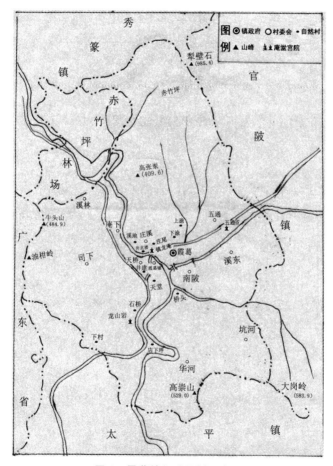

图1 霞葛镇行政区划示意图

① 陈祖荫：民国《诏安县志》《建置制》，诏安二都都会在霞葛红花岭。

编划为第三区霞葛乡，民国 34 年（1945）撤区划为平葛乡，辖五通、铁花、枫林、南陂、石河、元中、新营、白叶、科下、麻寮等保①。1949 年后，该镇被划属诏安县第七区，后与官陂合并为官陂公社；1987 年与官陂分开置霞葛乡，1992 年 2 月起改置为霞葛镇，分辖 10 个行政村，即溪东、五通、庄溪、天桥、南陂、坑河、华河、司下、庵下、溪林。

一　宗族社会概况

霞葛镇现有人口（2005 年底统计数据）30713 人，其中溪东村 1952 人、五通村 6411 人、庄溪村 3961 人、天桥村 5757 人、南陂村 5444 人、坑河村 2726 人、华河村 2309 人、司下村 2411 人、庵下村 1354 人、溪林村 739 人，全部讲客家话。黄姓有 12000 多人，住在五通、庄溪、溪东、溪林等行政村；江姓 9000 多人，住在天桥、司下行政村，以及坑河的上坑头、下坑头、寮屋洋、小元中，庄溪的井北楼、华河的黄茶；林姓 7000 多人，住在南陂、庵下行政村，溪林村的桃李林；田姓 800 多人，住天桥村的石桥、下村子自然村；陈姓 700 多人，住在坑河村的楼下自然村；杨姓 500 多人，住在华河的杨屋自然村；赖姓 600 人，住在华河的下河自然村；李姓 80 多人，住在华河的黄茶；涂姓 100 多人，住在五通的下涂自然村；卢姓 400 多人，住华河店下坪、天桥下坝自然村，还有罗姓 3 户住溪东罗屋，郭姓 1 户郭伴荣住庄溪的庄头。该镇的黄、江、林三大姓占全镇总人口近 90%，现把他们传衍发展情况分述如下。

1. 黄姓

霞葛黄姓开基祖有两支，俗称上黄（五通黄）、下黄（庄溪

---

① 新编《诏安县志》卷 1《政区》，方志出版社，1999，第 74 页。

黄）。

（1）据五通村黄草齐保存，由十一世黄因，字怀修编写的《黄氏族谱》记载：元延祐甲寅年（1314），宁化石壁村黄潜善的第七代孙黄搁（原名黄元隆）只身到霞葛五通村深里楼劳作兼"仙师"，娶妻张氏，传下四子：文通、文达、文选、文远。长子黄文通分住半头村，后传衍溪东行政村，以及五通行政村的径口城、马子堀、丰田洋、布林下、马安石、新娄子、坑背田、寮寨等自然村，成为黄姓最大的支派；次子黄文达分住陈坑村；三子黄文选分住官陂径头村，后移往广东；四子黄文远留居深丘里。

五通黄姓原在溪东山下子建有始祖祠，后又在马子堀大楼里建奉祀一世祖的祖祠。于清康熙年间在径口城内中心地带，建奉祀六世祖及其传下列宗神主的井头祠"传芳堂"，二进三开间土木建筑，面阔 16.9 米，进深 25.4 米，建筑面积 433 平方米，占地 532 平方米。中厅梁上挂着"国民党中央执委"、福建省主委陈肇英题匾"行道有福"，褒奖黄姓族人捐巨资支援抗日前线。井头祠左边建有大夫家庙"德馨堂"，二进三开间土木建筑，面阔 13.5 米，进深 25.2 米，建筑面积 340 平方米，奉祀十世祖荣禄大夫及其衍传列宗神主。黄靖之四子均为监生，其孙黄世桓任清南澳镇总兵，祠内梁上悬有"礼清在兹""监生""贡元"等多方匾额。井头祠右边建有奉祀黄靖总兵三兄，俗称三伯爷祖祠，二进三开间的土木建筑，面阔 17.4 米，进深 24.5 米，建筑面积 428.8 平方米。祠内梁上挂着"典型堪式"匾，褒奖其支持黄靖总兵开创伟业的功德。径口城东西长 190 米，南北宽 175 米，占地 33450 平方米。城内建房 108 间，还建有奉祀十世祖的四伯爷祖祠"德福堂"，曾建有"径安祠""通榜祠""门口祠""百世祠""就街祠""大伯爷祖祠"等，多数已拆毁建成住房。径口城设东西门，东门题匾"琴歌解阜"，西门两处题匾是"千顷世第""秋阳焕照"。径口城是五通黄姓宗族发展的一个大本营，近几年来，"传芳堂""德馨堂"

"三伯爷祖祠"已先后修复。

五通黄姓昭穆字辈诗为"黄波编缮序，重义兴仁孝。廷仕国心承，龙文荣草井。英杰达皇朝，富贵耀宗祊。超群奕世昌，万里定封疆"。五通、溪东和庄溪的庄尾共有五通黄元隆公派下裔孙7676人，已传至24代，从十三世开始，先后有200多人迁往中国台湾、泰国，近年常有人回来拜祖。

（2）据民国年间庄溪黄观澜《黄氏族谱》手抄本记载：庄溪黄氏始祖应昌公（1517～1573）于明代中期，从本县三都西潭途洋尾（现白洋乡湖美村），因避难徙居二都林婆社下城子（现天桥行政村下城自然村），二世单传名质朴，三世拔林娶张大任之女为妻，搬至庄溪溪边村居住，传下四子：我然、仁居、仁安、仁怀。单传长房黄我然，传下五子：寅旦、有钦、君博、隆冬、约华。其三子黄君博创居庄头楼，四子黄隆冬创居振溪楼，长、二、五房仍居溪边大楼。于康熙四十一年壬午岁（1702）建成庄溪黄氏祖祠"炽昌堂"，二进三开间土木建筑，建筑面积220平方米，祠前有广场和半月形池塘，占地1200平方米。祖祠大厅神龛奉祀始祖黄应昌及其衍传派下列宗神主。祠内大厅对联是："识热丹心三七男儿思共祖，昌茂碧叶万千支脉念同根。"其派系昭穆字辈诗为"乾坤定位开文国，全民超类耀宗祀，居仁立义垂诗训，嗣续英贤奕世扬"。庄溪黄应昌派下已传至18代，住霞葛庄溪村共有3158人。

2. 江姓

据大元中保存的《江氏族谱》手抄本，霞葛中学退休教师江玉湘、小学教师江龙根保存的清康熙二十六年丁卯岁（1656）由江鸿渐编写的《江氏族谱》复印件，霞葛族人与广东阳江市于2005年由江万商合编的《江氏族谱》印刷本，都记载了江姓"遭难不绝如线"的早期开基故事，概要为：元景炎年间，江百七郎之第五子江百十二郎，从永定县金丰里迁至诏安二都霞葛五通下涂自然村（其原名系"诏安二都林婆社龙乾保江寨甲"。江姓裔孙向上祖祭祀时，沿用此地名至近代）。元朝时，霞葛属广东潮州府海阳县管辖。江百十二郎选址蛇形结穴脑王字上，建造土堡，垦田纳粮百余石，一发如雷，丁多而悍，家富而骄。由于府县远隔，法令弗加，元泰定三年丙寅岁（1326），海阳县督粮通判委典史官到江寨催缴钱粮，族众受刑，集众抗暴，致委官顿足捶胸，呕血而死。衙役回府申祥，府衙派兵乘夜剿戮，赤族无遗。幸有出生于至治元年（1321）的江启昌正六岁，跟着其姐住梅子潭（现天桥村绍兴楼对面，有遗址），同其兄江十郎的儿子江永隆时住东坑，免遭此难。而后，叔侄二人承蒙梅子潭黄姐夫多方蔽掩，抚养长大，同住井边田寮，均分井边田产，建家立业，成为霞葛江姓9000多人的始祖。

江启昌娶妻八娘，单传江宗贵。宗贵娶妻生下五子：天生、天福、天禄、天寿、天全。大房江天生裔孙居住天堂、小元中，另有外迁广东阳江；二房江天福裔孙外迁广东普宁；三房江天禄裔孙外迁广东饶平、普宁；四房江天寿裔孙住太平镇的大元中、上际头、下际头，霞葛镇的寮屋洋、上坑头、下坑头；五房江天全裔孙住井边、下城、庄溪井北楼、司下村司昌楼等。

江十郎之子江永隆裔孙住绍兴楼、下楼、眼树下、下笼子。

江姓的昭穆字辈诗为"二世应明时，朝廷万选其，茂修光祖德，建立振鸿基"。从十二世起，每字一代，已传至24代。

明天启四年甲子岁（1624）出生的江生一，时住井边村，系启昌公九世孙，命格为四鼠夜游，长大后经营粮油生意、贩卖耕牛，积蓄大笔财富，置田亩数广量多，成为霞葛首富，娶妻沈氏、田氏、黄氏，共传下五子：长子名高、字乐序，次子名见武、字奋揆，三子名云、字建勋，四子名熊，五子名韩。至清康熙三十九年庚辰岁（1700），经名师指点，在其庵下溪北岸的田产上建井北楼。此楼建在黄姓溪边村旁、庄头村对面，黄姓族人竭力阻止。时有住天堂村的启昌公十二世孙江道生，庠生，为人淳厚积善，在诏安县衙任财粮官。祖孙合力，发动江姓全族裔孙和太平沈姓佃户，按名师勘测指定的井北楼址，圈围成直径 80 米、52 开间，占地近十亩的大圆楼，日夜加班，兴建三层生土楼，由江道生在县城与黄姓老大打官司。等到漳州府、诏安县衙派官差到霞葛实地勘察时，楼将建完。第二年即康熙四十年辛巳岁（1701），在井北楼内建宗祠"追养堂"，二进三开间土木建筑，面阔 12 米，进深 8 米，建筑面积 216 平方米，奉祀始祖启昌公，而后裔孙奉祀生一和道生公及其传衍下的列宗神主。井北楼的建成，成为江、黄两姓各自聚族齐心的一大焦点，成为两姓在霞葛竞争、均衡发展的一大事件。庄溪黄姓于第二年才建成宗祠"炽昌堂"，形似虎穴，而江姓的"追养堂"形似狮穴，每年春节至元宵祭祖时，两姓燃放鞭炮多少常发生口角，成为争执至吵闹的导火线，清末至民国常发生摩擦。在宗族社会里，以居住地田园、山林、风水等的问题发生争执是常事，在相互制约中，求生存，共同发展。

3. 林姓

据林姓《南陂族谱》"始祖本末"记载：始祖林向日，祖居宁化石壁，元代中岁进士，任署程乡县教谕，期满欲回原籍，时遇元末乱世，于泰定五年（1328）由广东迁徙至诏安城外溪东乡（今西潭上营福鼎金村）开基立业，娶妻张氏，传下四子：原吉、原兴、原庆、原隆。其四子林原隆挈家定居于二都林婆社大塘唇，俗称下坪林，成为霞葛林姓一世祖，娶妻杨氏，传下四子：真成、洪孙、臭头、荫妹。其大房真成，传衍裔孙住南陂背屋，俗称背屋林；二房洪孙，三房臭头失记；四房荫妹传衍裔孙住南陂岭尾，俗称岭尾林。其大、四两大房传至六世已有 27 男，宗族逐渐发展壮大。至七世荫妹公岭尾房系，以原隆公为一世编制了从七世起的字辈序诗是"明万一光宗，心期汝愈隆。开先宜继后，守法念群公"。真成公背屋房系，其以原隆公之父向日公入诏为一世，从十一世起编制字辈序诗为"天元从日仁，上德竖芳荣。欲汝敦和睦，允期毓愈兴"。现在南陂共传至 25 代，共计 6000 多人。

林姓从十世至二十二世，先后有 33 人迁台，据在台北、桃园、嘉义、云林等地寄回的族谱资料上记载，现今共计 6 万多人。

据南陂八世孙林迈佳于清顺治十四年（1657）编写的"筑南陂土堡"篇记述：由南陂开基原隆公七世孙林双溪与族兄弟——若彬、若清、若阳、若添、若福梦、若大庆、若廷贵等 8 人，于明嘉靖三十八年（1556）以筑土堡，保一方平安，发动族人历经一年多的努力，建成东西宽 172 米，南北长 110 米，建筑总面积 18920 平方米，墙厚坚固的南陂土堡。而后，在土堡里建林氏大宗祠"怀德堂"，二进三开间土木建筑，建筑面积 268 平方米，奉祀开基祖原隆公派下的列祖神主。当时的林松风为寨长，因守土堡，有效地抗击秀篆吴襄（湘），饶平张琏带兵前来骚扰。而后近一百年里，宗亲得以生聚，子孙得以繁衍，岁时伏腊，长幼欢欣，昭穆秩然，吉相庆、凶相吊、贫贱患难相依持，宗族人力得以发展。

林迈佳还在明万历四十七年（1619）写的"祖先功德"篇里，记述双溪公的原名叫深，字明远，号双溪，好学有礼，才智过人。他带领乡勇，按知县龚有成调令①，在参加征剿吴襄战斗时，抓获了一个胡氏老人。有乡勇提出用老人祭旗以图吉利，双溪公及时制止，并说老人憨厚善良，不是贼首，应加以抚慰放回秀篆山村，改用牲畜祭旗。征剿吴襄得胜后，他用分得的酬金在秀篆山村购置田产。至其 48 岁时，前往秀篆山村收租，遇上胡氏老人之子胡善班，相交至深。胡善班得知双溪已娶官氏为妻生下二女无男，认为父辈恩人不该无后，托人撮合，将其 24 岁的次女许配给双溪公为侧室。双溪公明媒正娶了胡氏，九年间传下八子二女。官氏、胡氏和睦，尽心养育子女，后八子中有六子传有后代。至明末，仅双溪一脉就已传下曾孙 70 人、玄孙 40 人，南陂林姓族人由此得到了较快传衍。

---

① 新编《诏安县志》，第 565 页，《明清县署·知县名表》。

又据南陂九代孙林一让（别名时修）编写的《南陂守御土堡传》：清顺治五年至十六年（1648～1657），八世孙林恭修策划守御南陂土堡方略，在土堡四周、三座门楼上增设七座铳楼，安置火铳，成为山区防御中最坚固的一座大土堡。林恭修故后，由寨主林巨角、林辈采组织土堡内族人，先后同霞葛黄朋五、黄华、江惠锡、江景融、陈朋、官复宇等人组织的乡勇多次交战，并与前来催缴征饷的国姓爷（郑成功）部将海镇余新、万礼义军对抗，拒不缴纳征饷。而在镇总王邦俊、诏安知县欧阳明宪派兵支持下，他们先后杀死黄朋五、黄华、江惠锡、江景融等人，赶走居住桥头村的官姓族人，使南陂林姓与霞葛的黄、江、官等姓对明清政权交替持有不同政见，而引起对立争斗，结下了世族怨仇。

在霞葛田野调查中，据老人们讲述，清光绪年间，霞葛的江、黄、林三姓族长，请秀篆青龙山华角村的宣化佬做中讲和。宣化佬长年在霞葛教书，为人忠厚，选定每年在双溪口中心坝迎请龙山岩观音菩萨演戏时，要求三姓族长都来出资，各演三台戏。而事先同戏班班主讲好，演九夜戏，每晚不重复，戏文内容是劝世文、将相和之类，族长们都得在台下一起看戏。大家一起看戏，议论剧目中的劝世文，获得教益，悟到同住霞葛大地都应以和为贵，化干戈为玉帛，互让互助，才能共同发展，并在议事地点镇龙庵立下"乡和乐"碑记（碑文已残缺）。为感谢宣化佬的安排，各自回村后，对裔孙加强道德教育，并先后赠送给宣化佬较丰厚的酬劳。而宣化佬用三姓族长赠送的酬劳，在秀篆华角村建一座"梦笔杆"小楼。后人为该楼题写对联为："梦幻俱进随时趣，笔意纵横有古风。"

二 传统经济

在农耕社会里，土地是农民的命根子。据72岁已退休的原霞葛镇副镇长黄天送回忆，1950年，霞葛、官陂合成一个区，人口为 22846 人，土地 28300 亩，人均 1.23 亩。但在新中国成立前，土地大都集中在少数地主手中，多数人耕作地主的地要缴租，即使一日三餐吃稀饭、地瓜，农民也还艰难度日。

大多数山地是矮山（海拔在 100 米左右），但山地只有树木或丛草，没有什么果树。仅在坑头村有梨、蕃李子等为数极少的水果。各村只有少量的荔枝、龙眼。

农田主要是种双季稻，水稻品种有南特号、竹扫种、大乌等，亩产只有 300~400 斤。施土杂肥、牛栏粪、厕所水肥，冬季可种烟叶、小麦及过冬地瓜及蔬菜。经济作物有少量的花生（地豆）、黄麻、芋头、粟米、绿豆、短荚豆、甘蔗等。大部分村庄有土榨寮，用蔗汁煮制红糖。多数家庭自制红糖供传统节日（主要是清明节和春节）蒸甜粿用，或拿到市场去卖，添补生活用品。

1. 霞葛墟

霞葛墟历史上曾有一个变迁的过程。早期，墟场曾设在南陂田心、霞葛楼，后迁至镇龙庵北面的庄尾村。相传，因管理者收市场税偏高，一些村民颇有微词。当时，有个广东人叫罗水爱，挑着自己编制之畚箕在今霞葛墟溪沙滩上摆卖，躲过市场税收，之后，便陆续有人在此处交易。时有江姓族人江生一，财谷丰盈，盖于乡族，便由他出资搭建墟场。

霞葛原老墟场规模较小，沿秀霞溪溪唇而建。每逢山洪暴发墟场受浸，常要搬迁转移物资（至 20 世纪 70 年代后方有筑堤防洪）。墟场占地约 30 亩，中间部分用 8 尺长的花岗岩坯柱搭建成空壳之墟寮，共 4 只大寮，每只约长 20 米，宽 4 米左右，寮与寮之间均留通道 2~3 米，供摆摊的居民防晒防雨。其余中心部分留有空地，也供人露天摆摊。周边有少量简陋土墙和瓦房，设固定店铺。据调查，截至 1949 年，店铺先后有药店——广东潮阳人许希武开的"利昌"；潮阳人许庆光开的"胜泰"；潮阳人许金城开的"龙昌"；诏安秀篆人王作涌开的"益生"；广东饶平人詹床开的

"民生"，后由其子开药店至今。缝纫店均由广东大埔人李会英、李德新、罗石孙、罗石卵开店，直到新中国成立。糖果糕饼店有天堂江水槽、井北楼江阿潭、井北楼江秋来开的"振盛"、胡里洞江阿莲开的"和盛"。布店有马埔黄阿茶、溪边黄方兵开的"振发"。染布坊为井北楼江水防所开。镶牙及修理店为天堂江龙特所开。长生店为庄尾黄为足所开，专卖丧事用品。另有夏秋两季农忙前从广东大埔或官陂来的临时打铁铺1~2家，永定县来的打耙师傅。这些师傅有时还直接到各村巡回营生。

霞葛墟每逢农历二、五、八即斗墟。上午陆续有些外地客商逐渐到墟，下午才开始正式赶集贸易。墟内有一株近600年树龄的古榕树，树旁有一土地庙，为纪念罗水爱，土地庙打上"水爱墟"三个字。所以熟悉市场的人，也把霞葛墟叫作"水爱墟"。在榕树旁以及墟尾或四只大寮内，均为墟日摆摊点。每逢墟期，人们从四面八方赶来，熙熙攘攘，热闹非凡。霞葛墟每到墟日下午，在距离墟场很远的地方就能听到人声鼎沸，人们说这是由于霞葛墟的地理有"水泡形"的特点。这种现象一直延续到20世纪的60~70年代。据分析是回音所致，因为霞葛是一个盆地，当时周边都还没有建什么高大的房屋。现在，随着溪流两边以及市场的扩大，当地建了很多楼房，破坏了这种回音的环境，故不再能从远处听到嘈杂声了。

墟场主要交易有：从太平或广东双箩及本地下河等地产的手编竹篾器具，如农用的畚箕，农忙前晒谷子用的谷笪，围谷桶用的篾围，手挽装东西出门用的各箩，春节前蒸米粿用的笼床（蒸笼）及配套笼床用的笼床缠、笪子，还有取火烤暖用的火笼，以及竹编的箩筐、米筛、簸箕等竹篾器具。此外，木炭、薪柴、火油（花生油）、茶油、番仔油（煤油）、大米、米糠，豆饼也是交易品。还有几摊糖果糕饼，卖猪肉的有三四摊（逢墟日才有卖肉的，平时除了年时八节，一般不杀猪，因为贫困没销路），另有卖鸡、鸭、猪苗的几摊。

少量卖香烟的（兼营，没有专营的香烟摊点），山里人经济贫困，绝大部分人都抽自产的土烟丝。个别富裕人家，平常也抽烟丝，平和庐溪来的或龙岩来的烟丝算是上等货。买香烟大都为礼节请客用，或是逢大节日演戏时偶尔抽香烟。很少有人能买一包的，所以香烟有买 3～5 支，也有买 1～2 支的。市场有卖茶叶的，有从秀篆来的土山茶，也有从安溪来的包子茶。当时霞葛几乎不产茶或很少产茶，加上经济困难，一个大村除了三几户人家偶有泡茶外，绝大多数人家连茶具都没有，所以茶叶销量很少。市场上也有卖小吃的，如面、米粉、稀饭、汤丸、粿条等，特别是山里人爱吃的炸油饼，其材料主要由米磨浆，配以大蒜、芹菜等菜，少数有包猪肉的。另外，本地人还会在墟场上出售自己加工或贩卖来的日用品，如南乾有织草席、下涂及庄头做烘炉、五通半头村做笼盖，还有木器货，如水桶、木盖、脚盆、木勺。卖陶瓷的主要有瓮、钵、碗、杯碟、汤匙等。

霞葛墟的猪苗跟官陂墟的猪苗交易有自己特色，即猪苗卖给买主后，只需先付少量的钱，或免付钱。等过了一墟（三天）后，猪苗平安无事才付款。如果猪苗有病，可以退回，或经买卖双方协商由卖方医治。没钱者，买主还可以分期付款。附近的墟场是没有这个规矩的，此规矩直到今天还在使用。

三天一次斗墟，又是各地人员交流的地方。有的相亲也到市场，男女双方在市场见面，若有意，则会询问对方何方人氏。若问到对方尚未婚配，就会托人去说媒。如果双方有认识的意愿，就可以托中间人约定墟日在墟场见面。有的就这样成了夫妻。这是民国时期的事，比封建社会的不见面，全凭父母之命、媒妁之言，进步了许多。

客家人大都热心肠，加上农民本质的憨厚、耿直、坦率，他们在市场上既进行交易，有时也争吵，讨价还价，但很多都是好朋友，每逢演戏，必在墟场上请亲朋好友到自己家乡看戏。而看戏者，可以一个亲友带一个乃至一群人到对方家看戏，并到对方家吃饭。往往几桌客人中，没有几个是主人认识的，但他们都觉得光彩，有人缘，并不认为这是亏了。

另外，墟日也有算命、卜卦、杂耍卖艺，乃至开赌场的。小小市场每到近春节的腊月二十五、二十八两个墟日，就挤得水泄不通，人与人是摩肩接踵。一些平时没有摆出来的年货，都挤上市场，如鞭炮、筵肠（一种用猪肠子灌入猪肉的客家特色香肠），用的五香粉（中药铺配置的），当场摆摊卖门联的、卖煤油灯的，以及各种大量的糖果糕饼，如橘饼、生仁、面糖、冰糖、红糕等，咸鱼摊里增加大量的鱿鱼、春干（乌贼干），这是每家每户必买的春节供品。卖香、粗纸、蜡烛的也大量增加货源。瓷器摊增加了碗、杯、汤匙、筷子等日常用品。

山民清贫，却对美好的生活充满憧憬。他们有时还要冲着人说上几句大话，也标榜自己丰衣足食。其实绝大部分人处在极端贫困之中。为了市场繁荣，乞求平安，霞葛墟也经常做醮。规矩是三年连续做醮，三年停做，以此循环。地点在墟场内大榕树下土地庙处。时间都是做七月半醮（即中元节），一般是两天醮。以上官陂张苏枝老和尚（前几年才去世，活到 90 多岁）为首，他带领一班和尚做醮。按规矩，做醮必先推举"会首"（领导人），例如曾常住市场开店的许尊文、江云蹄、江水防、黄阿茶等，做四大会。而霞葛墟的醮一结束，一般就连着镇龙庵做醮。

2. 担竿阵

霞葛镇由于地理环境属于山区中心地带，市场虽小，但赶墟的却来自两省八个乡镇，另加少量县城经商者，接触面不小，所以实际上霞葛又成为当年各种物资交流的集散地。由于这些地方是诏安北部山区，霞葛、官陂、秀篆，以及平和的大溪都在 1957 年以后才通公路。因此，为了物资的流通，这几个乡镇的先辈都是用肩挑货物，所走的道路都是崎岖的山路。他们所挑的货物及所走的墟市及路线大致相同。笔者以自己最熟悉的家乡——溪边村的担竿阵为例，把有关打担的情况介绍如下：

> 提起担竿阵，声嘶泪雨淋。双肩挑日月，两脚踏山林。
> 兵匪常拦劫，虎狼更扰侵。茫茫山路绕，何日拨乌云？

当笔者去采访不知挑过多少担子，也不知走过多少里路，从15岁就开始靠扁担挑担子，现已85岁的老妇人黄万花时，她第一句话就说："说打担（即挑担子），艰难哩！"两眼便泪花闪烁。当采访到12岁就开始和祖母挑40斤盐，现已89岁的黄居章老人时，他第一句话也是说"讲打担，正经艰难！"问他说，这么艰难，为何要去打担呢？他顺口说出了一连串客家话顺口溜："打担打担，莫奈莫何上刀山""担竿一歇起，米瓮就莫米""担竿一放平，钱莫米也城（完的意思）""天下事有千般苦，尼啥（谁）能比担盐牯""布袋一放空，你去门边坪食西北风"。这些话一直流传到今天，父母辈的艰辛坎坷可见一斑。

溪边村是位于霞葛墟边一个较大的自然村，家家户户（除了极个别的富户以外）、祖祖辈辈都是靠"打担"出名的，这说明普及面很广。附近几个墟场，如平和县的大溪，本县的官陂、霞葛、太平、秀篆，广东省饶平县的黄冈、浮山汇仓、东山、新丰等地，几乎每个墟日都有溪边"担竿阵"的踪影。担竿阵出门经常一次就五六十人，或八九十人，最多的一百多人。他们构成的关系也很典型：有的是父子、兄弟、夫妻、叔侄、妯娌、婆媳、姐妹、祖孙，还有的连带秀篆、官陂的亲戚，有的一家几兄弟及妯娌全家出动。年龄最小的12岁、15岁就开始加入，最大的至50多岁到60岁还在打担。这种担竿阵延续到1957年霞葛通公路后才慢慢减少，那时还有打担，把汽车运来的物资挑到秀篆（1959年后才开通公路）或广东新丰。

现把担竿阵重点经过的墟市场及路线介绍如下。

（1）霞葛溪边至广东省饶平县新仓（黄冈附近）担盐：溪边—太平新营—太平—龟头—江庙坑—西潭途洋尾—西潭洋边—深桥上营—广福两省交界的汾水关—广东饶平新仓，约10铺路程。[①]

清早天蒙蒙亮就起程（偶尔还有挑上百斤的木炭到新仓），挑担人中午一般到龟头（又称"布头寨"），吃饭包（早餐在家做饭要准备一个饭包——用山上一种席草编制成俗称"茄际"的，用以打饭包），约太阳快下山时到达新仓；到达新仓后，有木炭的把木炭卖给"头家"，后立即各奔东西寻找盐；买到盐以后，急速回到头家处煮饭、吃晚餐。晚餐后歇息一会儿，又准备打饭包，约在下半夜1~2点时，担竿阵又开始挑着盐上路。如果没有盐差霸路，则按原路线顺利返回，下午2~3点到家，家里人就到霞葛店下坪或更远一点的与新营交界的赤圆树头岭脚接盐，以顶替担盐者最后之辛苦。但这条路经常有盐差拦路，更有土匪劫径，所以经常要绕道。绕道者有走到广东双箩回家的，也有绕到大布寨，绕点灯山而过回家的，总共有五条小路可以绕道而行。但若绕道，路程就远得多，行人少，路更坎坷蹉跎。

第三天，一早又出发，把盐挑到秀篆墟。到秀篆墟的路线是：溪边—上田—庵下—岭下溪—寒婆省（又称三峻岭）—阁路坪—秀篆溪背楼—寨背—龙潭楼—牛角墟（即秀篆墟），全程约4铺路程。一般约上午10点到达牛角墟，到后即在墟煮饭，一般是几个人合在一起煮。

从饶平县茂芝墟来的盐商即到牛角墟采购盐，统一算钱。担盐重量以斗计，男人后生仔一般挑4斗盐（约老秤70斤，老秤68斤等于市秤100市斤），女人一般可以挑三斗至三斗半盐。根据市场

---

① 1铺路程等于5公里。

涨落价，一般一担盐可以赚到 2~3 斗米，平均一天赚 1 斗米，而 1 斗米是 5 市斤。又如，曾经有两人从太平买盐到秀篆牛角墟，共赚得 60 个铜钱，而 60 个铜钱则可以买两斗米。两斗米在一般家庭可以吃上三天。

盐绝大多数挑往秀篆牛角墟，由广东饶平茂芝墟（茂芝墟距离秀篆牛角墟约 10 公里山路，现在已通简易公路，可以行驶三轮、四轮车）的盐商老板到牛角墟收购，然后再从茂芝墟转运到广东大埔县（湖寮）、福建平和九峰等山区县镇市场。挑盐大约有季节性。农历十月，晚稻收割完后，山区客家人每家每户都要在收割好的稻田里种萝卜（菜头）。农历十二月春节前，萝卜可以收成，然后腌制萝卜，有时也腌制一些芥菜，制萝卜干，以备一年咸菜之足用。故从下半年起，特别是农历八月份以后，大量销售食盐，而挑盐者的主要季节也在秋冬两季。也有从太平墟挑盐到秀篆的，情况大致相同。也有挑盐到广东饶平新丰墟的，但新丰墟大多数情况都是挑米去的。而米则是从平和大溪挑来，再从溪边挑到新丰墟。而大溪墟的米除了大溪本地以外，大多数又是从南靖挑到安厚，或直接挑到大溪墟。

（2）到大溪墟挑米后挑到饶平新丰墟。主要路线是：溪边—下涂—五通宫—石陂面—官陂墟—塘下溪—严眉山（鹤表）—赤岭—天子地—龙过岗—枫树头—下径—大溪墟，全程约 5 铺路程。

第二天把从大溪挑来的米从溪边出发挑到广东饶平新丰墟，其路线：溪边—南塘角—嗣昌楼—官寨岭—杨梅坪—黄村—石田—大陂洋—温仔窠—黄泥洽—三兰溪—洋坑—新丰墟、全程约 5 铺路程。

到大溪挑米，青壮男人一般可以挑 6~7.5 斗米（每斗即大溪斗 15 市斤），女人约挑 4~5 斗米。有的挑 7.5 斗，明天要挑去新丰墟前，自家留 1 斗米，家人煮饭用。每次担米大多能赚一斗米（霞葛、官陂每斗则是 5 市斤），则挑 6.5 斗到新丰墟。

从平和大溪挑米，第二天挑到浮山（广东）的路线是：溪边

—天堂—石桥—新起楼—水尾—河子溪—东山墟—长教—尼姑庵—浮山墟，全程约 5 铺路程。

前后两天时间，第一天到平和县大溪，第二天到广东饶平县浮山。

溪边到太平墟路线（主要是挑盐，第二天把盐挑到秀篆牛角墟）：溪边—天堂—石桥—店下坪—下河—三姑娘—麻寮—太平墟，全程约 3 铺路程。行程分两天，一天到太平，隔天到秀篆。

另外还有到广东汇仓担盐的，但走得较少。

广东新丰、浮山两市场主要是挑米去，源源不断，多到一个村便有百余人往新丰或浮山，而这两处如此多的大米又运往何方呢？浮山墟多半靠船或竹筏运往黄冈、汕头等地，而新丰墟的也用竹筏或船运往潮州等地。

从新丰墟回来，有时还要挑一些"随头货"（即返回不空手），主要货物有：煤油挑两小桶（约 60 斤）、黄豆等物。这些物品供霞葛、官陂销售。

挑到新丰墟的主要为大米，还有一些火油（花生油）、乌糖（红糖）等物。

另有从广东浮山溪嘴挑壳灰供自家农田使用的。

还有到诏安县城，出时挑木炭、做香烛用的香末、生姜等物资，回来时买些海产品。但人数不多，数量不多。

也有秀篆人提前一天先到霞葛溪边亲戚家，第二天跟着溪边的担竿阵到新仓挑盐，然后挑入秀篆牛角墟。

担竿阵对各墟场情况都掌握得很清楚，特别是要明确斗墟的时间，因与霞葛附近墟场有关的斗墟时间不同，他们才有可能买到盐米等物，然后又有可能在集市时把货物卖出去。下列是霞葛附近墟场赶集时间：每逢农历一、四、七即太平、大溪墟日；每逢农历二、五、八即霞葛、上官陂墟子、平和后嗣墟日（但上官陂墟子是在上午斗墟，下午流动生意者可以到霞葛墟斗墟）；每逢农历三、六、九即广东浮山、广东新丰、秀篆、官陂的墟日。

除太平、上官陂墟子以外，这些市场都在中午以后斗墟。太平市场上午斗墟主要有诏安县城及广东黄冈外客到来赶墟，他们早晨很早就从县城或黄冈出发，有的是从县城、黄冈挑鱼到太平卖，有的是到太平采购竹篾（竹编）倒出诏安或黄冈，他们要在傍晚时候赶回去。而上官陂墟子赶集是补官陂墟不足，只有一些日常生活用品，市场较小。其他各墟在下午时间斗墟是因为山区有的距市场远，交通不便。这些斗墟时间沿用至今，仍没有改变。

担竿阵除了要经受路途遥远，山高路陡的颠簸，还要遭受风霜雨雪。他们长年累月披星戴月，起早贪黑，艰难地奔跑在羊肠小道上。虎狼野兽自不必怕，因为手中都有可以自卫的扁担，肩上货物一卸即可以和野兽搏斗一番，更何况他们一般都结伴而行，像一队非常悲壮的蚂蚁，缓慢地攀山冈、越溪涧，走过沿途的村庄。炊烟常见却很少去讨口水喝，更没有去吃别人的饭。他们饿了吃带去的饭包，渴了喝几口山泉水。有一次他们被盐差赶得急，没有在溪河处喝上几口水，竟在半路上的一个小水窟捧水喝，由于天黑看不清，等到把水喝进去方知是一个牛棚边的牛尿水。至今他们还记忆犹新，喝后一直呕吐不止，但却没有任何食物可以吐出。这些让人心酸的往事，他们还可以克服；参加担竿阵的都是兄弟姐妹，他们共一命运，互相帮助，历经了千辛万苦。有时偶尔也在歇脚时唱几句山歌，如"阿妹听我唱山歌，一唱便有几大箩，而今不唱你爱我，只唱打担苦楚多""阿哥要唱莫啰唆，好汉不怕山多高，肩上担子摇两摇，可知阿妹话几多"。这些许许多多的山歌都是他们自己编就的，而且会即兴而编，清脆和浑厚的歌声回旋荡漾在山谷间，也给担竿阵增添了苦中作乐的许多情趣。

担竿阵的成员们凭着粗壮的体魄和坚韧不拔的毅力，遇上风霜雨雪，各种困难都可以克服，但是，遇上兵匪人祸实在无法战胜。打担经过的几条路线大多有官兵或匪徒，半路霸拦或抢劫。如：去广东新仓挑盐谓为走私盐，当地盐差要霸道，凡被碰上就被没收；

到太平白叶处有抢劫；到新营赤圆树头岭有抢劫；到霞葛天堂红花岭，有警察霸道。有一次黄万花等到天堂红花岭，以为快到家了，但却被官陂警察抓到了，令他们把盐挑到官陂墟警察所。警察审问时，问她为什么屡次被抓，还敢挑盐，她说"我赌造化呗"。现年已85岁的黄万花碰到当年担竿阵叔侄时，人家还叫她"赌造化"，而"赌造化"成为黄万花的别名，这其中包含着无限的辛酸。

挑盐到秀篆牛角墟，就会在深坑（老林深山没有人烟）被抢劫。抢劫者手持枪刀，把人捆绑起来搜身，一些妇女则把银圆或纸钞藏在头发里，也被搜出。那年（黄居章20多岁，具体年份已记不清）八月十三，抢径贼从深山老林里窜出来，一共八九个人，他们都带着枪和刀。大部分乡民都被洗劫一空，黄娘查只看了贼一眼，就被打了一枪；黄宗讨动作稍慢些，肩背就被砍了一刀。而后，担竿阵们用"络脚"①把他们俩从深坑扛回家，过后花了不少药钱才治愈。

据现年77岁的黄仁片回忆：在他们17～18岁时，1946～1947年9月期间，有一次，担竿阵挑米去广东饶平新丰墟，官陂警察所的警察竟然到溪边村的溪对面拦截。事先派几个警察观察担竿阵的动静，担竿阵开始出发后，他们把警察都引到了马石铺上去的青仔园口处。青仔园口与牛眼树下山和南塘角村连在一起。当时这一带都是松柏林。警察就全部埋伏在松柏林里等候担竿阵过来。当时全阵约有100多人，警察约10多人，全部荷枪实弹，被他们前后截住，只有少数人冒着危险把米挑了回家，大部分人都把米丢下了，警察一次就拦截了近百担大米，而把米全部搬进南塘角村。两位担竿阵兄弟还被抓送诏安县警察局关押，后又花了很多钱，才把他们领回来。警察所完全是假公济私，把拦截来的米变卖为钱，中饱

---

① 挑担工用具，竹篾做成圆底，边有个耳，穿上绳子把装米盐的麻袋扎口后，放在"络脚"上两袋成一担。

私囊。

劫匪、警察、盐差，他们在霞葛通往附近墟场的所有道路上都进行抢劫，经常出现地点是：

霞葛至秀篆：当担竿阵卖完盐从牛角墟回来，身上带有钱，在深坑处，劫匪拦路抢劫。

霞葛到大溪：在枫树头对面深山常有劫匪抢劫。

霞葛至太平：在霞葛的红花岭主要是官陂警察所警察拦劫食盐。

霞葛至浮山：在太平白叶、濠子溪或与霞葛交界的新营赤圆树头岭，常有劫匪抢劫担竿阵在浮山卖完米后所得的钱。

霞葛至新丰：在关寨岭常有抢匪，抢走担竿阵的米钱或盐钱。

霞葛至黄冈新仓：常有盐差、警察在汾水关、搭桥、西潭、走马笼、白叶、赤圆树头岭等处拦截食盐。

据现年 80 岁的老担竿阵成员黄水浒回忆：有一年他们挑米到浮山墟，那年农历二月初九、十九、二十九连续三个墟日都有劫匪在赤圆树头岭抢劫。因为当年他年轻力壮、又高大、跑得快，许多同一阵的人都把身上的钱托付给他，一旦碰上劫匪，他可跑得快。一次果然碰上，他就凭着身强力壮逃脱了劫匪的抢劫，而当时黄文旋等一些人就被劫匪抓住，钱银抢劫一空。

面对日复一日，年复一年无休止的抢劫，面对盐差、警察、劫匪的一个个抢劫网，面对抢劫次数的不断增加，担竿阵虽然人多，但因为抢劫者都有枪和刀，他们真的无可奈何。淳朴、憨厚的担竿阵兄弟姐妹，不得不把希望寄托在"神灵"化灾上。他们经常在出发前一晚到村的"仙公老爷"处去叩拜，求得神灵的保佑，然后投掷竹制的圣筊[①]。有一次，担竿阵要去大溪挑米，未出发前晚

[①] 一种用竹头做的，在神灵面前，高抛在地上，如果一个是正面，另一个是反面，则预示着神灵认为可以这样做。

上有人到"仙公老爷"处去求问经过官陂墟时应走哪条路，才能躲过警察的拦截（因为官陂墟尾，即现在的中山路口就是官陂警察所住处）。走大巷（即现中山路）是最便当的大路。但要经过"虎口"即警察所；另有一条小路从吴坑的山路经过然后再从五通穿出；再一条小路绕道官陂的陂仔（即现在的陂龙村）再到霞葛溪东穿出，但绕道要走既远又坎坷的小路。这三条路在"仙公老爷"面前求问的时候，却是走经过"虎口"的这条路是安全的，其余两条小路，反而掷得"阴筊"或"笑筊"。有的人不敢贸然相信，认为经过"虎口"那条路太危险了，结果凡胆小的人都分别走了两条小路，胆子大的人相信"仙公老爷"的暗示，直奔"虎口"而去。结果，因为警察也认为担竿阵有可能走两条小路，把警力全部调到吴坑、陂龙两条小路去拦截。警察所变成一个空所，顺大路闯"虎口"的人安全地通过，另外两条小路的担竿阵全部被拦截了。不管神灵真的显灵也好，还是凑巧也好，这是一个真实发生过的事。现在还健在的少数老担竿阵兄弟姐妹，一谈起来都如数家珍，即谁跟谁顺利地通过了"虎口"，谁跟谁又因走小路不信仙公老爷的话，结果被拦截了。而警察一个拦截就把米全部没收。这是一段历史佳话，笔者很愿意把它记载下来。因为这也是一段辛酸事，在幸存的几位老人中，都喜欢说这一件真实的亲身经历，以示纪念。

担竿阵经历了几代人的千辛万苦，为了生计，他们不得不要冒着艰难困苦的折磨和警、匪打劫的危险。由于艰辛劳累、生活窘迫，绝大多数人已英年早逝，但他们给山区的物资流通、市场的活跃带来生机，为社会和人民生活做出了贡献。我们永远怀念他们，并愿逝去者安息，健在者长寿，为了永久纪念，特把他们的名列如下（总计122人）。

已作古的担竿阵的父老乡亲：

伟男者有：方朗、冬冰、水希、方僻、方狮、春英、变头、树郁、宗软、宗韧、方曳、方木、良腾、木坑、方坤、方哲、木荒、高测、方勇、狗子、清彩、月福、清溪、木六、荣富、水根、仁划、秀火、纪火、方串、居旅、方榜、方敢、方夹、方份、一宝、一玉、云鹤、云木、吉兆、水龙、水凤、娘船、娘轩、云庄、木状、天养、文水、狗策、方冻、火孔、土开、方锦、居保、木开、狗鹏、鸡纪、为锡、火捆、方上，宗闷、光裕、文旋、火线、火龙、茂章、耀帛、娘焕、阿拱、龙义、文欺、宗雀、阿廷、方伴，阿罗、罗耳、荣路、水运、文同、文党、文雅、文约、文蹄、水湾、文正、火圈、阿令、元成、吉日、阿吹、水机、文板、木堤、阿家、金钱95人。

烈女者有：女兑、女桶、鲜花、女鲜、女捧、女叶、女姆、女冷、女佣、秋花、女啼、女旦、女歇、阿细、阿晚、女菲、女殿17人。

尚健在的担竿阵父老乡亲：

健男者有：居章89岁、水浒80岁、仁片77岁、水动75岁、水石79岁、仁赐80岁、树木79岁，7人。壮女者有：万花85岁、阿邑？岁、女票77岁、女赛76岁，4人。

笔者谨以一组"担竿阵"诗作结：

一

云路深深涧水凉，穿山越径去新仓。风霜雨雪相交迫，日月星辰共伴长。

苦水三坛无处倒，穷人几辈有谁伤？肩挑脚走万千里，未语泪流绞断肠。

二

鸡啼鸟叫一村喧，唤起弟兄百十员。秀篆新仓交替去，盐差警察相继拦。

扁担稍歇炊烟断，冤路不行儿女寒。苦辣酸辛何处诉？咬牙吞气任熬煎。

三

摩托飞驰说扁担，岂知先辈怎艰难？翻山越岭肩头压，涉水蹚河脚腿淹。

劫匪盐差争抢径，虎狼魔鬼共嚣山。维艰举步怀惊恐，半夜归家灶冷寒。

四

采访穿街又走巷，揪心之处泪成双。亲邻老伯当年痛，旧事新时对语伤。

无奈肩挑追日月，唯求腹裹度炎凉。天翻地覆山河改，共惜升平幸福长。

三　神明庙会

霞葛镇境内共有大小庙宇十多处，供奉的神像有观音菩萨、玉皇大帝、真武帝、三官大帝、五显大帝等，也有道教神祇、佛教佛像、儒家圣人。神明庙会文化集儒、道、佛于一体，做醮求平安，游神庆典隆重热闹。较为有名的是五通宫、镇龙庵、龙山岩，其分别于1987年被诏安县人民政府公布为县级文物保护单位，信众较多，香火较旺，现分别简述如下。

1. 五通宫

五通宫建在五通村，诏安通往平和县的省际公路旁，背依鸡笼山，面朝东溪水，坐北朝南，面阔38.6米，进深20.3米，建筑面积784平方米，前有大广场，后有花台，占地3818平方米。由主殿、左右两护屋组成的大宫宇，主殿面阔五间，进深五间，凹寿式三开大门，由门厅、天井连两庑，拜庭连大殿，共有明暗50根木柱、石柱支撑着一斗三升式抬梁，单檐歇山式大屋顶。两边是一厅二房，天井、花台组成的护屋，始建于明永乐元年（1403）。①

从明至清，五通宫经多次重修。由于年代久远，加上鼎盛的香烟熏炙，精雕细刻、古色古香的梁架构件，这一直是一座恢宏伟严的大宫院。清乾隆四十八年（1783）的石碑记为："规模诚宏达也。"②

相传，五通宫是由五通村黄姓二世祖、时任福建省泉州府参军的黄文通倡建的，当时居住霞葛的陈、罗、涂、江等姓氏共襄义举，建成主殿大厅。明万历二十八年庚子岁（1600），乡贤黄华宇发动众姓扩建至成大宫宇，其女黄五娘嫁于官陂张龙山为媳妇，门楼下厅由张龙山捐资赠建。而后每逢下厅重修，张龙山裔孙全都捐资相助。清康熙十八年己未岁（1679），黄靖总兵捐建"通隐室"，建成左、右两边护屋，并将其家供奉的十八只手观音佛像移至"通隐室"让众信民参拜。

在大殿正中供奉五尊五显帝的神像，据《南游记》的神奇传说：华光天王原是如来佛前的妙吉祥童子，因杀独火鬼王忤逆如来，遂令其到民间投生历劫，并赐以五通道法：一通天，天中自行；二通地，地中自裂；三通风，风中无影；四通水，水中无碍；五通火，火里自在。经多次投生，在萧家范氏投生时，一胎产下五兄弟：长子显聪、二子显明、三子显正、四子显志、五子显德。显德即华光，其四位长兄自幼出家修得正果。华光天王用五通道法降妖伏魔，为民除害，玉帝封赐为"五显灵官大帝"。五通宫正殿塑像五尊，四尊是泥塑，居中一尊是木雕的，供信众迎请朝拜。大殿左侧神坛供奉观音菩萨，右侧神坛供奉注生娘娘与金童玉女；在大殿上，还塑有文、武将军塑像。

大厅正中悬挂明大学士黄道周题写"正位居体"巨匾，石柱上挂着清乾隆四年（1739）己未科进士、时任福建宁道监察御史、

---

① 　五通宫大殿东墙立有奠基石："大明永乐癸未年仲月奠基"。
② 　清乾隆四十八年岁次癸卯冬月谷旦立石碑附后。

广东饶平县人詹肯构题写的嵌字木刻楹联，上联"正位而临之，东西庶士偕起敬"，下联"居体以育也，南北乡民永蒙庥"。中堂梁下还悬挂着乾隆年间任闽粤南澳总兵的黄靖十二世裔孙黄世桓题写的"有诚有神"横匾，倡导为人"诚信"的道德风范。

在门厅里挂着清康熙戊子年（1708）仲春，诏邑知县陈汝咸题写"乡约所"牌匾，显示五通宫亦作为"乡约所"的集会场所。下厅两边竖着供奉定远大将军刘相公、大明都督黄调阳的神主。刘相公原是广东人，率领一个船队顺应郑成功反清复明，与清军作战英勇就义，南明朝廷追封其为定远大将军。黄调阳系开基五通黄欠隆公裔孙，明末清初参加反清复明的一位首领，任郑成功义军大都督，在督运粮草途中遭清军阻击英勇献身。每年春秋，五通宫理事会和黄姓裔孙都会组织祭拜黄调阳。马堀村黄金欢至今仍保留着清咸丰五年乙卯岁（1855）祭拜黄调阳的祭文手抄件。祭文云："明族叔祖都督调阳黄公座前曰：……追惟老叔祖，德显岗陵，功施海甸。扶明纲之将坠，允为先朝之保障；遏群寇于已炽，诚为梓里之干城。决策运筹，才若管毅；什伍简阅，法类孙吴。威震闽粤之界，名书字版之中。功业崇隆凤昔，俎豆奕祀维馨。"

五通宫五显灵官大帝每年正月、四月抬出来游乡，时有时停。每年的农历九月二十八，是五显帝诞辰，俗称"五显帝生"。其庆典庙会比较隆重、热闹，有大型祭拜，还演戏三至五天，外出子女，亲朋好友都来参与，声势大、影响广。

2. 镇龙庵

镇龙庵位于霞葛镇政府与霞葛墟场之间，省道诏安通平和公路擦肩而过，又名铁花庵、塔化庵、八卦庵，始建于明万历十二年甲申岁（1584），由绅衿黄仕阳倡建。清代重修碑记有记载："昔明有乡人希图此境，而神灵人杰□和尚□古迹。飞镇塔化，故名'镇龙'。"民间广为流传的是：明万历初年，南诏有位精通地理风水的沈氏乡贤，来到霞葛后，发现此处属"鱼形宝地"，若把祖宗坟墓建在此穴，霞葛日后可归沈姓一族。霞葛民众得知后，一致反对，几经商议，共同策划了"神明不允"的对策。他们深夜把供奉在庵下村的五显大帝之双靴脱下，从"鱼形宝地"穴倒印靴模回到庵下村，第二天即传出五显大帝显灵了！自选了灵穴，一时全霞葛都传开了。这位沈氏乡贤生疑，沿着靴迹查到庵下村，果然看五显大帝一双靴沾满泥沙，只好叹息真是神灵不允，就此作罢。

当地名绅黄仕阳便发动霞葛黄、江、林、涂、郭、田、卢、赖、李、杨等姓信众，建成坐东朝西，八角，十六柱，直径9.5米的亭塔式建筑，按《周易》两仪八卦置两门：正门向西，西有长庚，庚年属金，金可生水；南侧门引箕星至门前，可通明昌盛。其余六面是各个年代修建镇龙庵的石碑记，砖石砌成的八面围墙，正门楷书"镇龙庵"三字，相传是明天启五年乙丑科（1625）进士沈起津题写，笔法苍劲有力。亭塔里正中供奉着手握三角宝的五显大帝木雕像，其后靠墙是泥塑三宝佛像，两边的泥塑为十八罗汉佛像。清乾隆四十八年（1783），平和大溪生员陈时和在两个石柱上题刻对联："西疆保障龙神镇，东注澄波福泽长。"塔顶上挂着大明督都黄调阳题书的匾额"精忠洪门"，两边是洪门弟子捐赠的大匾额"泽傅恩深""忠贞献礼"。明末清初有一股反清复明的义士在诏安山区活动，镇龙庵是天地会活动的一个据点。

在镇龙庵南侧建有观音亭，供奉十八只手观音佛像，其楹联为"镇地祥乡施福译，龙天清雨赐恩波"。

镇龙庵在1949年前，都由坑河村寮屋洋真宽和尚世家管理。每年七月十五，请和尚做醮，为反清复明死难亡魂超度。每年十月请道士做平安清醮，同时要演压醮戏三台，所需的费用通常都由在霞葛墟做生意的商家到镇龙庵五显大帝神座前跌茭选定，时间在年初，然后由顶会首选定理事长和副理事长，定下出资数额后，做醮时交理事会筹办。镇龙庵五显大帝每年农历四月和十月以庄溪村为主，抬神游乡两次，上半年四月驱虫消灾保田禾丰收，十月是

"还平安"。

3. 龙山岩

龙山岩坐落于霞葛镇南部，省际公路旁的龙山山腰上，依山建有龙山书社，系三进二天井石墙土木结构的古建筑，悬山顶式屋顶，面阔12.5米，进深22.5米。前门是凹寿式门厅，门顶是南明大学士题写的匾额"龙山书社"①，门厅梁上挂着木匾"弥纶天地"，中厅挂匾是"洗心之藏"，顶厅挂着木匾"炳裕堂"，祀台上供奉着伏羲、神农、文王、周公、孔子五大圣人的神主牌。

龙山岩左边是斗天石室，石门上刻着"洞元室"三字，石室里供着石佛像。右边在一块宽7.8米，进深8.9米的形似莲花座的大石坪上，盖着一座面阔3.2米，进深3.2米的"董莲庙"。庙里供奉着观音佛祖（客家人称阿娘），庙边的对联是："龙伴春风薰万户，山邀秋月照千家。"信众们称此处即是龙山岩。

依据南陂村《林氏族谱》和《修龙山岩碑》等史料记载，龙山岩是由南陂村林迈佳于明天启六年丙寅岁（1626）与其兄林养谦一起开创的，得到当时同科学友黄道周、薛士彦、张苍岱等人的支持和帮助，创办"龙山书社"，于明崇祯六年至八年（1633～1635）在诏安二都招收学子19人，有张子心、廖鸿年、李文渠、沈金容、江浩然、张清、赖先科、程延芝、江鸿渐、钟中春、钟光策、吕子龙、游文豸、吴金、吴道崇等18人考中秀才。龙山书社培育的弟子对山区文化教育发展大有促进，成为求学上进的好去处。林迈佳弃科举，专心治学，在龙山岩编写了汇集天文、地理、易经等学问的《环中一贯图》，并把在南陂家中供奉的观音佛祖，请到龙山岩供众学生和信众朝拜。在清同治年间，山区天花瘟疫流行，龙山岩观音佛祖显灵，凡前往朝拜的人得救，神像被信众抬到

---

① 见文后附录，碑记4，《重兴龙山岩碑记》，创建时，"龙山书社"原匾是张苍岱题写的，现无法找到真迹，而用黄道周笔迹描上。

瘟疫流行村社，瘟疫得止，名声大扬。同治壬申年（1872）三月立的《修龙山岩碑》①记述："逮同治辛未年，观音佛祖发灵。列神显圣光，被回请，德施万民，祈祷报应捷于影响，故四方□迩，善男信女莫不朝叩夕拜者焉。"自此，接连十几年，各村社信众争着迎请，常发生争执和纠纷。光绪年间，时任诏安知县的方朝矩②顺应民心，召集霞葛、官陂、秀篆、太平邻近龙山岩的乡村长老商议，排定出每年正月初二至二月初二，迎请龙山岩观音佛祖的秩序表，一直沿用至 20 世纪 50 年代，改革开放后，于 20 世纪 80 年代又重新恢复（详见表1）。

轮到迎请观音阿娘的乡村，由长老组织本村信众，选择广场或冬闲田等宽阔场地搭盖棚寮，张灯结彩，统一备办供品，隆重朝拜。

由于南陂村是龙山岩所在地，每年轮到迎请的正月二十，又正是客家人的天川日，朝拜的活动更是大型、热闹。当天清晨，南陂村长老率领彩旗锣鼓，以及所有这一年内结婚的新郎官，到林婆陂大圳迎接庵下村送来的观音阿娘轿。新郎官们穿着礼服，轮流抬请观音阿娘。相传抬阿娘将庇佑新婚夫妇恩爱，早生贵子。那一天新郎官个个争着迎抬。进到南陂村后，按顺序抬到 14 个自然村供信众们朝拜，较大村还组织行大礼，其顺序通常如下。

第一村田心，第二村霞葛楼，第三村岭尾大乡，接着到禾坪临近中午，新郎官将阿娘抬进事先搭好的棚寮让信众朝拜。长老和迎请队伍休息吃午餐。下午从楼子、赤泥堆开始，接着是后安、下园、山下、龙见里、车田，最后在南门田，全村统一备办丰盛供品，集中行大礼。大型朝拜后，观音阿娘供放在事先搭好的大棚寮，第二天再奉送到廖屋洋去。

---

① 碑文详见文后附录。
② 新编《诏安县志》，第 660 页，《明清县署·知县名表》。

表 1 龙山岩观音佛祖游乡顺序表

镇	村（自然村）	日期	天数	镇	村（自然村）	日期	天数
霞葛镇（逢受历日可以加一天自然村）	天桥村石桥	初二或初三	一天	秀篆镇	际岭村 龙坑 尖崀子	十八	一天
	天桥村天堂	初三或初四	一天	霞葛镇	庵下村 庵下 上田	十九	一天
	天桥村井边	初四或初六	一天	霞葛镇	南陂村全村	二十	一天
	庄溪村井北楼	初五或初六	一天	霞葛镇	庵下村下坪子 寮屋洋 上、下坑头	二十一	一天
	天桥村下楼	初六或初七	一天	官陂镇	彩霞村全村	二十二 二十三	二天
	天桥村绍兴楼	初七或初八	一天	太平镇	元中村全村	二十四 二十五 二十六 二十七	四天
	嗣下村南乾	初八或初九	一天	太平镇 霞葛镇	元中村新径子 坑河村小元中旱涧	二十八	一天
	嗣下村 眼树下下笼子	初九或初十	一天	霞葛镇	华河村黄茶	二十九	一天
	嗣下村 大坪巷才子巷	初十或十一	一天	霞葛镇	天桥村下坝 华河村店下坪	月大三十 月小二月初一	一天
	嗣下村嗣昌楼	十二	一天	霞葛镇	华河村下河赖	正月大二月初一 正月小二月初二	一天
	嗣下村南阁 庄溪村溪边	十三	一天	霞葛镇	华河村下河杨	正月大二月初二 正月小二月初三	一天
	庄溪村庄头	十四	一天	霞葛镇	观音佛祖回庙	正月大二月初三 正月小二月初四	上午
	庄溪村庄尾	十五	一天	镇、村累计数字			
	五通村下涂	十六	一天	霞葛镇、秀篆镇 官陂镇、太平镇	天桥村、庄溪村、坑河村、彩霞村 嗣下村、五通村、元中村、华河村 溪林村、际岭村、庵下村、南陂村		
	溪林村 桃林龙狮	十七	一天	4个镇	12个行政村		

　　每逢丰收喜庆，创业大兴进，南陂村都会在春节后，由长老选定吉日良时，召集全村较有经济实力的村民，在大宗祠前的广场上，备办香案、香烛、素果，当天敬请龙山岩阿娘祈求允许村民在正月二十到南陂乡村当日演戏庆贺。阿娘应允后，用跌笅形式选出"大会""二会""三会""揽榜"等人选。而后由被选定人选筹集资金，请戏班，通常是连演三台戏，正月十九开始，二十为正日，二十一结束，请阿娘看戏，是南陂村春节后最热闹的一天。

四　民间习俗

　　"十里不同风，百里不同俗。"霞葛地区虽然是偏僻的山区，但儒家的传统文化却根深蒂固。明天启年间黄道周与林迈佳选胜结社于龙山岩，传授儒家思想，特别是程朱理学，对霞葛邻近乡镇有深远的影响。释道两家在山区一带也颇为兴盛，因此民俗融合了儒释道各家文化。霞葛与官陂的民间习俗比较一致，与毗邻的秀篆、太平、饶平、大溪，虽大致相同，却有些小差异。

　　改革开放以来，市场经济活跃，村民外出务工、经商，从而带来人口大迁移，客家民俗也随之发生变化，有的简化甚至剔除，有的又从外地引进而新生。就民俗而言，从生产、服饰、饮食、居住、婚姻、丧葬、节庆、祝寿、生育、礼仪、信仰等，林林总总，是写不完的一部大作。平民百姓与达官贵人、富庶人家又有所不同，前者因政治经济地位低下，他们往往删繁就简，后者则尽量讲究排场，以求声望。囿于客观条件和水平，这里仅取"丧葬"礼仪的民间习俗作介绍。

　　丧葬礼仪俗称"白事"。有一句俗语："死人套路比猫毛还多"，可见"丧葬"风俗，足够繁杂。为此，笔者拜读了一些民间礼俗的手抄本，采访了几个经常料理"白事"的老者，还采访了一些和尚。当地一般把喜庆类民俗简称为"红事"，而把"悲哀"

类民俗简称为"白事"。在"丧葬"民俗里，为"老人添寿材""为先祖造墓"又称为"红事"；从人临死前的准备开始到守灵满三年把"灵位"送进祠堂，这段时间，又称"白事"。现分述如下。

（一）丧葬前的准备（"红事"）

1. 添置寿材

客家人提倡孝道，由于过去都是土葬，因此他们节衣缩食，尽力为祖辈父母添置寿材。客家人年龄到 50 岁，儿孙辈就开始为长辈选取棺材。添置寿材有两种方法：一是直接到长生店去买，到长生店买寿材的，要尽量选材质好，忌讳木板有"环眼"的，买好后可以暂寄于长生店中（长年寄在长生店的要交管理费），逢春节，跟放在家里的寿材一样，在棺材头处要贴红纸"福"字（男性）或"寿"字（女性）。二是自己采购好木材，本地人比较喜欢杉木，树龄长的、树身大的为好木材，然后选择黄道吉日请做棺材的师傅到家里做寿板。师傅在动第一斧时，要专门给主人讲好话（吉祥话），主人应递给红包。

选购好的寿材要选良辰吉日迎回家里，并且此事要事先通知出嫁的女儿、孙女和邻居亲人。迎寿材这一天，男人穿礼服、女人穿红裙，在村口等候，寿材抬到时要燃放爆竹，行跪拜叩头礼。棺材组装好后，家人要一直将之迎到放置的地方，放好后（有竖放和横放）就不能动，动了会不吉利。春节同样贴"福"或"寿"。当天还要为老人做"大顿"（即像庆寿旦一样设筵席），置办猪肉、公鸡、鸡蛋、面线、鱿鱼、春干（乌贼干）、米粿、糖果等，要向上代祖宗、门神、灶君爷拜谒行礼，燃放爆竹。被添寿材的老人，要穿新衣服，如是女性，头上要插花、玉如意（有的是银如意），梳妆打扮。中午宴请时，老人须坐首席（大位），晚辈及亲友要分别向老人祝贺。

2. 添置寿衣

这里的寿衣，仅指长女在父亲做生日时（十年一次大生日），专做给父亲穿的长衫（女性不穿），颜色为青蓝色。父亲在迎神等红事活动中可以穿，百年后同样可穿，但现今也有不穿的而放在棺材里。

3. 做寿域（或称"佳城"）：

客家人相信风水，生前就请风水先生选择好地穴，待百年后即在地穴里埋葬。寿域不称"坟"或"墓"，安墓碑时，才把"寿域"碑换下来。这一般只能是富庶人家做得到，而平民百姓，生不果腹，想要也办不到。做好寿域也称"圆坟"。举行仪式时，女性穿红裙，由大媳妇提着"租斗"，内装五谷和硬币，撒在寿域上。"圆坟"时，晚辈和亲戚朋友都要参加，并带礼俗中规定的一些礼品，以表祝贺。

普通百姓也会选择风水宝地，然后划出一定范围，简单做一个"印堆"，挂上"金银纸"，每年清明节时也要"挂纸"。"印堆"还不是"寿域"，只不过是事先选定日后筑坟的位置而已，以示他人不得与之争夺。

以上三点是为老人百岁之前之"红事"。

（二）丧葬阶段（"白事"）

1. 送终

老人在病重期间，子女、媳妇要轮流守护，不得离人。眼看着病危，要通知子女、孙子、孙女、媳妇全部到老人面前听授最后遗嘱，老人会给所有后裔交代后事和讲好话（吉祥语）。在外地的晚辈也要尽量赶回见老人最后一面，如若没见老人最后一面，视为没有尽孝道，而成终生遗憾。老人去世后，要准备几项工作：一是为老人全身洗净，脱掉上面几层衣服仅留贴身衣裤，把老人拉直放平，撤去枕头，把蚊帐拆除推到后墙，用被单盖好（连脸部全部遮盖）。二是准备茅沙和纸钱钵。茅沙即用碗装干净的溪沙，以备插香安灵；纸钱钵是烧纸钱用的。三是掘竹，老人归天后要到附近挖掘一株连头带尾的竹子，把竹子尾巴透向天空，有天井的透向天井，没天井的透向窗户，有的要在瓦房中，透出一个窟窿，让竹子伸向天空，此曰"透竹"。其意是让竹子把一切晦气带到天涯海角，子孙繁荣昌盛。四是准备一个陶罐或容易摔破的碗。喊一条活狗来，打一些饭给狗吃，趁狗不备，把罐或碗摔到狗头上，要把罐或碗摔破；听到罐或碗破碎的声音，子孙后裔方可放声大哭，并烧香、烧纸钱。五是守夜，老人登仙后不能离人，子孙后裔要轮流守夜，并要常有哭声，香烟不断，纸钱焚烧不断，直到出殡。

2. 报丧

孝子及孝孙出门要戴斗笠，以避天；媳妇、女儿扎黑头巾，孙女等则扎白头巾。凡直属后裔均不能进到别人家，直到"首七"后才能解除禁忌。为此，就要请堂（叔伯）兄弟先去请善于料理白事的亲人长者，到不停放逝者的房间或叔伯家商量后事。因直属后裔有孝在身不能登别人家门，所以要请最亲的叔伯侄去报丧。

理事者要问清亲朋好友人数，开出带有地址的名单，决定报丧者人数，并安排分路报丧。凡报丧者都要带"红丝线"，到亲戚朋友家报丧也不能顺便到自己认识的亲友家串门。报丧时，要讲明逝者何人、何时出殡以及如何做法场等事项。亲朋好友要留报丧者吃长寿面、酒，并送给一个红包。如果逝者为女性，最重要的要去报"外家"，即舅父母或表兄弟，要讲明何时登仙、何时出殡、有多少和尚来做什么法事，送葬时有多少鼓乐队等主要情况。报丧者要一天之内跑遍所有亲友，并回来以后向主理事者报明情况。对住得远的亲戚朋友，报丧者可以用电话通知，并就不能登门告之表示抱歉，一般都要派人登门报丧，否则会被视为不恭，尤其是"外家"绝对不允许用电话。另外，理事者要派人去请"土公"（殓葬师傅）、和尚（要交代做什么形式的法事，要几件袈裟，由和尚穿袈裟在出殡时送葬)、鼓乐队(有的可以用电话通知)。通知族亲邻居的只要红丝线,被请者一般不能推辞,最亲者即便在外地很远,也要尽量赶回家帮忙。外客多的,办丧事者要用白纸写出讣告,贴在墙上,也有用白纸条写好送给每位外客,内容要写清楚,何时出殡送葬,何时祭奠及吃饭地址等。

3. 祭奠、出殡、做法事等的准备工作

出殡前一天(霞葛的出殡时间通常为下午)就要开始准备,所有被请到的亲人,都要到场准备。一般分为几个小组同时开展工作。

(1)厨房炊事组

视丧事规模大小,请四到十几人不等,专门做厨房炊事工作。大坪开阔处为主要丧事活动地点,做4~8个不等的临时灶,并搭好帐篷,准备一切用餐器具及礼仪、做法事等所需的祭品,关于丧事活动中有时要三牲,有时要菜桌果品,视丧事规矩给客人吃什么、几碗、什么不能吃,拜神佛或拜灵位用不同的酒饭果品牲仪,炊事者均要熟悉。主理事者要和炊事主办者商量根据人数和礼节准备猪肉、鸡鸭、鱼虾、蔬菜、米面、米粿及酒的数量等。

(2)采购组

专门负责采购物资和丧葬礼仪所需之礼品,一是采购食物,如香菇、木耳、鱿鱼、春干、虾、猪内脏、鸭蛋、鸡鸭鱼、红糖、大米、糯米、面粉、花生油、蔬菜等。二是采购棺内要用的物品,如寿衣、鞋袜、面遮等。三是采购祭祀用品,如糕饼、糖果、冰糖、寿面、香、烛、粗纸、五色纸、鞭炮、草鞋、灯笼、黄麻、丝线、毡子、草席、白布及黑布、绿布、蓝布等。所用的器具如锅、柿子笪、锅铲、凳子、椅子、桌子,则可由自家或兄弟邻居借用。

(3)后勤组

主要负责搭建佛堂、灵堂,兼借一些祭奠做法事,或鼓乐队需要用的器具。

（4）上山组

以前都用土葬，大多数百姓没做"寿域"，所以要临时请风水先生在山上选择利向（即坐向）、风水较好的地方做坟地。风水先生定点以后，上山组负责挖掘、挑沙、整平，出殡时迎棺，下葬后盖土，至做坟完成。

（5）制作挽幛、簇、联组

主要负责写挽联、制挽幛、布置灵堂、制作魂轿及其他相关的文字工作，佛堂一般由和尚布置。

（6）司仪组

出殡前，司仪者要准备写好"奠章"（追悼词），负责祭奠时唱班，配备四名接酒烧香烧烛的"理生"，司仪人员均要穿白色长丧礼服、头系白色布巾。宣读"奠章"的也是同样的穿戴。

（7）做衫组

做衫组人数视情况增减，一般4~5人，其中要有一位会裁剪做衣服的，一位会用缝纫机者，一位熟悉做衣服礼仪的。主要任务：做逝者寿衣（现今有全部买来的）、制作灵堂用的挽幛、剪裁白布帕子（到祭奠现场的人均要用），制作孙女等用的白头巾、帽，这一组人，到出殡后的第二天中午（现改为当天晚上），由厨房炊事人员做长寿面给他们吃（现改为吃鸭蛋，较方便）。

（8）剃头拔毛组

孝子孝孙要理发（过去常理成光头），孝女、媳妇、孙女等要鬓角拔毛，这些礼节都遗留至今，其中还要为男逝者礼节性地比划剃头。

（9）招待组

有"外家"的，特别要重视派专人负责，从头到尾陪"外家"这些叔公或舅公、舅母，按礼仪要求尽量做到周全满意。"外家"人数一般为奇数5人、7人，最多9人。自家派代表，要有男有女，自家人数不及，可请最亲的叔伯兄弟、姐妹。另要请一位懂得行使礼仪的男性长者。还要备办一只簝箩盛着一壶酒、香纸、蜡烛等祭品，一个驼连（连在一起的两个布袋）。驼连的一个布袋装着长衫，另一个布袋装盖盒（放着三种糖果糕点），然后将这些用肩挑至丧家。丧家主人接"外家"时，孝子等后裔到村口等候。"外家"到来后，长孝子要双手捧着茶盘至头上，茶盘中一字形摆着三杯茶，长孝子举着茶盘欲下跪，"外家"长者双手示意向上扶，示意不必下跪。然后，把旁边的一杯茶端起放下，使原来的三杯由一字形变为三角形，然后端起第一杯茶向空中洒去敬天，端第二杯茶向地下洒去敬地，第三杯留给长孝男，让其带回逝者灵前，洒在灵前敬死者。再到逝者面前示意查看，孝子女一应人等下跪痛哭，"外家"示意查验无诈即可同意入殓。其他亲戚也要依礼接待，并负责把所有亲戚带来的礼物送到主理事者那里登记，并放在一处，待祭奠时，把礼物全部搬出，一同祭奠。鼓乐队也要由接待组接待，安排停顿休息用房。办完丧事亲朋好友要走时，招待组成员必须相送致歉。

（10）打杂组

因为丧事时间紧，人员多，杂乱冗繁，主理事者身边不能没有机动的人，打杂组就要及时补充其他组，或及时跑路去完成某一任务，完成后要汇报情况。

以上十个组，就一般而言，有的丧事并没有分工得如此仔细，经常调来换去，顶替而上，而逝者的亲人大多积极主动完成任务。主理事者要负责全盘，还要理财，解决矛盾与纠纷，使每场丧事办得有条不紊，可谓难度不小，既不能急躁，又要果断，提高效率，防止节外生枝。

4. 出殡

出殡一般在第三天，是最复杂、隆重的仪式。现就主要仪式做一些简介。

（1）买水

长孝子双手捧着钱钵，肩披一件做财气（吉利）的衣服哭着到河边，向水公水母买水。到河边后，要口念："水公水母，今用阳钱（要事先准备一些硬币，在念词同时，把硬币掷入水中）向你买水，为父（母）洗身。"孝子把水捧回，用此水为逝者洗身（此系礼节性比划，真的洗身已由孝子女事先洗好）。

（2）剃头，拔毛

男性逝者剃头，剃头师傅用剃头刀比划，然后向孝子讲好事（吉祥语）。女逝者梳头包脚，由长女，如有二女，每人包一只脚，长女在梳头时口念："梳到头前春，后辈更春"（客家话"春"既是把头发梳好，很顺畅的意思，又包含"余"的意思，"后辈更春"就是子孙都昌盛发财之意）。

（3）入殓

女性逝者经"外家"验证后，认为是正常逝世，就允许入殓（男逝者则不必）。入殓前逝者须洗身、穿衣，一般较重视者均由孝子女洗身穿衣。夫妻双方，一方健在的则穿衣七层，裤子四层；夫妻已经双双逝世，则穿衣七层，穿裤五层；女逝者四代穿红、青、黑三条裙，三代的穿红、青两条裙；二代的穿青、黑两条裙。穿鞋袜，男的戴帽（以前都戴清朝的礼帽）；女的三代以上头扎黑色缭纱。原来穿的贴身衣裤，在这时首先脱去要分给每个孝子，以示孝道。逝者的枕头是用白布做成的，内装粗纸，还有鸡毛、狗毛，寓意鸡啼狗吠，以示朝暮。桃枝，放棺木内，寓意春夏秋冬季节变化。男性逝者还要做一个烟袋（袋内装火柴、烟丝等），一个钱袋，内放阴钱、粗纸，挂在左右裤头。穿完衣服，由"土公"用黄麻穿过后背，双手提起入殓。用瓦片卡住头部两侧，以防迎棺时头部侧向。孝子女要跪在旁边，"土公"抽出黄麻，把黄麻分给孝子孝孙及女儿、儿媳妇、孙媳等，并让他们将其扎在腰间，然后"土公"再把棺盖上，留下一条缝，不密封。

（4）热符和出煞

在大坪处，和尚架起八仙桌，准备好一只雄鸡，一碗"茉草水"（一种香草，相传可以避邪），然后摇动法铃，口中唱念一段，再用鸡冠血画符贴在棺木头止煞，经往停尸处（此时，孝子女等均应出到房外），突然大喝高叫一声，端着事先准备好的盐米（盐和米搅拌在一起）在屋里抛洒，并喷洒"茉草水"，是为了驱鬼邪，以保此房无鬼邪秽气。

（5）牵麻际

将黄麻撕成条丝，接成一条长线。众亲人到停尸旁门口按次序排队，两手用粗纸垫住，拉着黄麻线。和尚出煞以后，用事先准备好的割稻镰刀，分别在拉麻线的两个人的交界处割断。割断后，各人都送到旁边烧毁，以示阴阳有别，和鬼永诀，可求平安。

（6）赐扇

女性逝者由"外家"来的人赐扇，男的由亲人长者赐扇。赐扇时，孝子女后裔均应跪在棺木旁。"土公"站在一旁，把棺木开留一缝。赐扇者应穿上白色礼服，头扎白巾。孝子应事先捧洗脸清水新毛巾给赐扇者洗脸洗手，赐扇者从棺木中取出事先准备好的纸扇（象征性的，由长生店制作的简单纸扇），走出门外，头顶青天，双手高捧纸扇，口念："朱洪武赐来一扇"（俗称"请天"），后入屋走到棺木边。棺木头朝门外，赐扇者从脚赐往头。逝者为男性则在左边赐扇，逝世为女性，则在右边赐扇。赐第一次口念："一扇人长生"；赐第二次口念："二扇冥途含笑"；赐第三次口念："三扇子孙昌盛"（前面这三扇从屋内赐向屋外）。赐第四次扇时默念（不出声）："四扇鬼灭亡"（反方向从屋外赐向屋内）。紧接着则按逝者年龄，假设活到八十五岁，则赐一扇口念："一十寿"；赐第二扇口念："二十寿"；赐第三扇口念："三十寿"……直到赐第八扇口念："八十寿"。余下五岁，赐一下则念："八一寿"，二下则念："八二寿"……直到第五次念："八五寿"。结束时，赐扇者将纸扇重新放入棺木内。长孝子双手捧着红包送给赐扇者。

（7）扶柩

扶柩前所有亲人、亲戚到停尸房门口等候，女亲人身穿青裙，头系白巾。所有亲友均据不同情况头系白巾，唱班读祭文及"理生"者全部白衣服，大女婿同样穿戴负责撑伞遮灵牌，大外甥同样穿戴，擎招魂幡，侄儿辈头戴麻帽（与孝子略有不同，孝子待晚上做灯时才上麻），鼓乐队也在门口侍候。灵柩由最亲的子侄辈6人用双手（不放肩上）捧着灵柩扶出门外（小心不能让灵柩碰到门或门框石，否则视为不吉利），长孝子双手捧着放在篓箩里的灵牌走在前头，长女婿撑开伞遮灵，长外甥手擎招魂幡，其余按孝子女及后裔、亲戚、朋友等次序跟在后面。鼓乐队齐鸣，哭号声顿起，把灵柩扶到事先准备好做法事的空旷地，准备祭奠。

（8）祭奠

有孝子祭奠、孝女（女婿）祭奠，有时为了节省时间这两种可以合祭。

①祭品：猪头五牲（鸡、蛋、猪肝、鱿鱼、春干、猪肠等）、糕盒（内盛橘饼、糕或酥糖等三种糖果或糕制品）、酒（放酒杯三个，一字形排）、茶、菜碗、汤、干饭、整蒸床米粿等。供品摆在八仙桌或高脚漆桌上。其他所有亲友带来的糕盒酒，各从屋里搬到祭奠地点，一起祭奠。

②祭奠排阵：司仪（唱礼者）站一边，四个"理生"者分列供桌两边。孝子女及后裔按次序列下，亲戚朋友列后。潮州大锣鼓乐队排在一边等候。

③祭奠仪式：按三献礼顺序（有唱礼仪式的格式）行跪拜叩头礼。孝子女及其他人等应按唱礼仪式，站立或跪拜。潮州大锣鼓乐队（主要是唢呐）按唱礼顺序要求吹奏。在第一献礼后，法师行读祭文（亦叫奠章，一般用毛笔写在粗纸上，读完烧在灵牌里）。三献礼毕后，祭奠结束。

④封棺：男性逝者，由族亲长者封棺，女性逝者，由女方娘家（外家）长者封棺。棺木盖事先已由师傅钻好钉孔，此封棺仅仪式而已。

封棺仪式：封棺者身穿白色礼服，头扎白布巾，用新毛巾洗脸洗手，准备封棺。孝子女及后裔在一旁跪拜灵枢。由长孝子把斧头放在茶盘上，双手举过头，封棺者双手接过。封棺者双手举金斧过头，头略仰天，口念"伏以日吉时良，天地开张。天上五雷神，地下鲁班仙师，赐我钉棺"。钉棺开始，男性逝者从左边钉起，女性逝者从右边钉起。先钉棺头，口念："钉棺头，神灵赫濯镇千秋"；次钉棺中，口念："钉棺中，诗书孝悌显门风"；再钉棺脚，口念："钉棺脚，积德儿孙受禄爵"；最后钉子孙钉，口念："钉子孙钉，荣华富贵房房代代增"。所有都是拿斧做一个钉下去的姿势而已。钉棺毕，长孝男递上红包给钉棺者。"土公"再用斧子把棺木钉紧。

⑤旋棺

长孝子排头，孝子女及后裔按顺序手拿着点燃的香，排着队，围着灵枢先向左转三圈，后又反方向转三圈，孝子再把香送回自己家，孝女则跑到路口朝自己家（夫家）方向插下。

⑥西洋铜管乐队、歌仔戏、哭孝队等逐队进行哭灵枢、旋棺等表演。（注：这是20世纪90年代初才传到此地，过去没有。）

（9）出殡送葬

一般出殡送葬的队列：走在前面的是放纸钱的、燃放鞭炮的、敲铜钟鸣锣开道的，接着是灵枢、长孝子扶灵牌神位、长女婿撑伞、长外甥擎招魂幡，再接着是"魂轿"（即用交椅缠白布，扎花，内放逝者相片，过去没有相片则没有"魂轿"），一切孝子女及后裔排在"魂轿"后面，其余的鼓乐队等穿插，亲友跟在后面送葬，挽幛、挽簇、横幅等穿插，若干披袈裟和尚的人也在其中。

如有五代的（现在四代的也有）可做一"灵旌"（由红布做，

中间写上标榜五代或四代的字样，要写明几代，享寿若干，字数符合生老，并上下落款）。做五代的玄孙本人可以穿红衣，头戴红帽。现今做四代的则由婿或甥做"灵旌"，重孙头带前面贴有红五星的白布帽（注：这些都是后来增添的礼数）。

送葬队伍送到一定路程后（一般指过了河、转了弯、上了坡、过了桥等），一般亲友则不再送，按礼拜别。扶柩者欲先把灵柩转回头，让亲友拜别，孝子女及后裔则应下跪，表示感谢送葬亲友。孝子女及后裔均应送到坟边，唱礼理生、鼓乐队都要送到坟边。下葬时，若没有时辰吉凶禁忌，即可立即下葬，若有凶时，则暂架一旁，待良时下葬。下葬时孝子女及后裔要争相撒进坟里一些沙土，稍做掩埋后即返回（有留下专门的一些人继续埋土做坟，做不完隔天再做）。返回后，孝子把灵牌位送进灵堂，送葬结束。

5. 做夜灯

做夜灯，就是和尚为超度亡灵而做法事，雅称："做功德"。做夜灯因规模大小不同，其整个过程节目也有所不同。规模大，则规格高，节目多，和尚人数及鼓乐队也人数多，乐器齐。规模大、规格较高的还要连做七天，也叫"做斋""要放生"等（这一般是富贵人家），和尚会多到几十人。鼓乐队全用潮州大锣鼓，大鼓、小鼓、沙锣、清波大钹、小钹、长号、小锣等一应俱全，乐队以唢呐（双唢呐）为主，配有各类琴弦和笛。当第一个节目"发表""请神"开始时，鼓乐喧天，和尚高亢的歌唱（带有西北高亢的唱腔），震天动地。

这里主要介绍一般普通老百姓做夜灯的场面及节目。

场面：主要是佛堂布置，可以在空旷地面搭棚，也可以在祖祠里面布置，敞门上方写上"森罗万象"字样，两边有对联一副，中座挂三佛图像，神案设香炉一个，焚香烛，左侧为唢呐等乐器，右边为鼓锣。较大型的以前两侧也挂神佛图像，神案上摆设各类糖果、糕点等供品。灵堂可设在一起与佛堂相连，但佛堂必须在左边，因为左边为大。不论在何方设二堂均要一开阔地，以便《打沙》《担经》《穿拱》等节目表演时用。

做夜灯的时间：原本是出殡后晚上开始直到天明，从 20 世纪 80 年代末逐步改为从当天中午开始断断续续进行，到晚上 11 点左右方可结束，减少一些熬夜之苦，现已被群众普遍接受。

具体节目及顺序：①请神发表；②破秽；③招灵；④安灶；⑤沐浴；⑥安灵穿拱；⑦赐杖；⑧拜盏盒；⑨秉烛开明路；⑩金山海会；⑪课颂；⑫打沙；⑬担经；⑭开忏头；⑮还官钱；⑯排祭；⑰捧七献；⑱谢神。现选几个节目作如下介绍。

（1）赐杖

即是出殡后，安逝者灵牌位，男性逝者由同宗长者，女性逝者由"外家"长者，赐孝杖给孝子及孝长孙（其他人没有孝杖）。孝杖据逝者男女有别。《家礼》载："父之节在外坡（按，向阳之坡）取乎竹，母之节在内坡（按，阴坡）取乎桐，盖以设杖伏哀痛之躯。长与心齐，以二尺七寸为定式，故曰二十七个月之内①。哀痛由心而生也。杖上圆下方，父天母地之义。亦有用长二尺四寸为定式，是取二十四孝之义也"。孝杖制作时除上圆下方外，上方要包上麻布，扎紧。

赐杖时地上铺草席、地毯，"理生"者两个站立一旁，据拜者方向转换地毯位置。若逝者为父，则由亲人长者为孝子孙赐杖，若逝者为母，则由"外家"（即母之娘家）长者为孝子孙赐杖。赐杖者身穿白布礼服，头扎白布巾，穿鞋袜，用新毛巾洗脸洗手，双手捧着茶盘，上放孝杖，请天——双手高捧头上，头略上仰朝天，口念："天苍苍，地灵灵，今夜叫我中堂来赐杖，使我万事大吉昌"。

---

① 注：凡守孝 3 年，孝杖方可焚化，3 年后，把灵位送上祖祠，雅称为"座大堂"。而实际只要两个完整年，即 24 个月，另过一个清明节，即 3 个月，合计 27 个月。

赐杖者先拜天八拜，次拜神八拜，再拜灵八拜，计二十四拜，代表二十四孝。拜时，鼓乐配奏，孝子孙后裔等人员跪在地上。二十四拜完后，孝杖要送到长孝子面前，圆好事（吉利语），即："竹（桐）杖上圆下是方，天经地义孝思长。今夜执赐行丧礼，子报圣恩大吉昌"（以上吉利语中，如果父母均逝则用"圆"字，若一方健在，改用"麻"字，另有多种吉种语可灵活掌握使用）。"圆好事"后将孝杖赐给长子，长孝子接杖后，即将预先准备好的红包交给赐杖者，赐杖毕。

（2）打沙

场地要准备一堆沙子，沙堆上插香烛。这个节目前后约需两个小时，和尚边唱边跳，形式多变，内容精彩。

（3）担经

一般由孝女出资，演此节目。和尚演到此节目时，边唱边走，并时以一些语言逗趣，意欲解脱孝子女的悲哀情感（以上两条参见本书第 151～152 页）。

（三）做"七"

人死后，每逢七日，要举行祭奠，俗称"做七"。一般人家做五个七，称五七，五七又称"圆事"。有的也做"七七"，即七七四十九天守灵。在"五七"内每天三餐孝子或媳妇者要送饭酒菜到灵前，拜灵、哭灵、掷圣筊（一般用两个铜钱，今因铜钱少，即用硬币，掷地，一正面一反面即称为圣筊，双双反面称阴筊，双双正面称笑筊）。做夜灯结束后，要交代和尚做"灵屋"。"头七"祭奠时，和尚带着"灵屋""钱柜"（均为纸糊的）来，把"灵屋"放上桌案，灵牌摆在"灵屋"内。"三七"时请亲房，"五七"时请亲戚，孝女及其他亲戚带着"发粿"，五七也可以做"红粿"，孝女到村头，等候娘家人送面线之类在村口野外吃。"五七"时孝女可换上红头绳称"脱粗"，即由白转红的意思。"五七"时祭品繁多，有猪头、五牲、鸡、肉等，比较丰盛，请和尚进行祭奠亡灵。"五七"以后，改为每逢农历初一、十五，孝子媳要到灵前送酒和饭菜。

（四）"做对年"和"做三年"

人死后一周年要进行隆重祭奠，叫"做对年"。仪式与"做五七"的差不多，亲戚也要到场。孝女一定要到灵前一同祭奠，烧钱柜等，行跪拜礼。两年后再过一个节，就可以"做三年"（虽称三年，有时从简，实际上只有一年多的时间）。"做三年"同样隆重，一应祭品齐全，请和尚念经，行祭奠礼，燃烧纸钱、钱柜、烧灵屋、烧孝杖、麻布、桌围，把纸钱钵送到远处自销，然后把灵牌香火用篸箩由长子扶到祠堂，把香火插在祠堂香炉上，炉灰倒在祠堂香炉上，叫先灵入主祠堂，俗称"座大堂"。这样三年守孝的任务才算完成。另外守孝三年不能嫁娶，有条件可娶媳的，在老人归天未承孝前，先娶媳再承孝；也有的在老人归天百日内嫁娶，这是可以的。

（五）捡金造墓

人死后初埋葬叫"坟"。除富贵者在生前有请风水先生先造"寿域"外，大多数平民百姓，做不到先造寿域，所以，只顺便叫风水先生或"土公"选一利向的地方下葬，叫"寄丑"（也叫"出山葬"），可能对风水没有十分讲究。8 年或 10 年后（有的更长一些时间）坟会被掘开，由"土公"把骸骨装进一个陶瓮，骸骨是按照人的骨骼构造叠成放进瓮内。有条件者即将"金斗"（此举叫捡金，装骸骨之瓮雅称"金斗"）放进预先选好的风水宝地，称"造墓"（没条件者葬回原处，或选一田坎，挖一面朝外的洞放进金斗）。造墓亦算一项大工程，常礼节多，花费大，第二年的清明节扫墓时要开祭，以后清明节才可以"醮伍"祭奠。

（六）扫墓祭奠

每年清明节，居住在外地的子孙，常不远千里赶回家乡，进行扫墓祭祖，甚至到很早以前的老祖宗处"醮伍"。这是客家人纪念先辈的最重要的节日。有的宗族由于子孙繁衍众多，祭祖的场面也非常壮观，杀猪宰羊，场面隆重，祭品一应齐全。墓头坐一男童打伞遮住墓头，唱礼者在一旁司仪，按祭墓礼节，行三献礼，子孙均要跪拜。没有造墓的祖先，则拿纸垫在坟或金斗上，称为挂纸（送纸钱给老祖宗）。有的也用簝箩装着猪头五牲祭品去拜祖宗，放爆竹，分给围观孩童钱币，以图发财吉利。

丧葬类的风俗习惯，非常复杂，后人已经精简了许多，有的是嫌太烦冗，有的是因经济问题。新中国成立前的平民百姓，本来生活就很拮据，老父母逝世，即便不提隆重，只普通的简单仪式，有的就已债务累累。所以亲房料理者，一般也会尽量节约，抽烟只有土烟丝，很少有香烟，少量香烟是招待亲戚、和尚等之用。有饭吃、有菜配就行了。新中国成立后，曾一度反对封建迷信，禁止做佛事，和尚的传统袈裟、手炉等被没收，还组织和尚去参加改造思想的学习班，并强制他们参加劳动。但风俗是千百年来形成的，此起彼伏，曲折婉转，村民们有时偷着做佛事，当地一些干部在没有搞运动时，也睁一只眼，闭一只眼。改革开放后，这些风俗得到保留，并继续传承过去的一些礼节。但目前，村民经济条件好了，基本上解决了温饱问题，有些先富起来的人家，又讲究起排场来，故此西洋铜管乐队、潮州戏哭丧队、歌仔戏等又重新兴起，往往仅乐队等就有五六队，多的达到十余队，既增加丧葬开支，也耽误时间。此外，数年前改土葬为火葬，现在已经全部实施火葬了。

附记：

本文原作者黄木尊先生 1947 年出生，毕业于云霄师范学校，先后在霞葛、官陂小学、中学任教，曾任小学学区校长，霞葛中学工会主席，于2006年写完初稿后患病去世。现文系依杨彦杰先生草拟提纲，由县客家文化研究联谊会副会长李应梭执笔修改，在补充资料调查中，获以下人士大力支持，现列名以表感谢：

林汝凤，83岁，小学退休教师，南陂村人。

林辉祥，37岁，霞葛中学教师，南陂村人。

黄金幸，72岁，霞葛镇退休干部，五通村人。

黄焕光，71岁，小学退休教师，五通村人。

江木拱，78岁，税务退休干部，天桥村人。

江玉湘，63岁，霞葛中学退休教师，庄溪村人。

附录 石碑记五方，由刘劲锋、叶宗榜、沈义榕抄录

碑记1（清）乾隆《重修五通宫石碑记》

重修缘碑

乡社之有庙宇，所以庇人民隆祈报西庆盈宁也，故径山之麓有五通宫焉，由来尚矣。地方会其胜，神昭其灵，凡托在宇下，莫不禋祀。维谨拜祷必诚，是以□□□庥享兹福祉，而且□生俊杰，奋绩□扬禅锡，无□询不诬也。庙宇旧址基□□柱□□□□□翼飞，往年前人规模诚宏达也。适星霜已久，风雨漂游，不能无颓废之忧。五十年前，黄母一品夫人林氏、阖乡士众捐资重新。当时董其事者，太学黄讳世敏公，邑庠生黄讳时可公，诚□□理，调度有方，□其得利□□□题六百余两，工竣之日，恰如其数，无赢无亏，俱因经营之密，亦默佑之徵也。自修以后，神威愈赫，获□弥□□□□□□□麟□□□□□□名标虎榜，神人协应有固然已。迄今历有年所，墙壁渐倾，□□□□□乡土□□□□□□时齐心，阖□□倾口题缘，□共□醵金一千余两□□□□加倍，而工费亦□加多，同□裔□□□□□□□□□□□，将□人数□□□□□他日之献，瑞星□必更有加于昔，其所以庇人民，隆所

报所庆□□□□□名勒贞□，以昭来□，是为序。总缘首黄世国
肋银五两。

特授荣禄大夫黄靖公助银壹百两正。信土涂宗光助银伍拾两。
太学生黄国乾助银六元正。太学生黄国□□□。太学生黄国群助
银伍拾元正。信士涂宗□助银拾伍元正。太学生江世壹助银六元。
乡宾涂□□助银四拾元正。信士江达可公助银拾伍正。信士黄心目
助银五两壹钱。庠生黄必中公助银□□□正。信士黄元常助银拾叁
元正。太学生黄国那助银伍两。太学生黄国□□□。诰赠武显大夫
黄必遇公助银贰拾贰元正。信士江□发公助银拾贰元正。太学生黄
心雷助银五两正。信士□□□□、信士赖尤田公助银贰拾贰元
正。太学生黄士立助银拾元正。信士黄元合助银伍元正。信士
□□□□、太学生黄世捷助银贰拾元正。信士黄国衍助银拾贰元
正。信士黄国盆、太学生黄□□、特授闽粤南澳镇总兵官黄世桓助
银贰拾两正。太学生黄国乾助银拾元。太学生黄荣□□□□□。太
学生黄世□公助银拾伍两正。信士黄国柒大元。信士涂成秋、信士
涂□□、乡宾黄□助公助银拾伍元正。信士黄国□助银六两正。太
学生黄国安公、信士□□□□□。

清乾隆四十八年岁次癸卯 冬月谷旦立石

碑记 2（清）雍正《重修镇龙庵石碑记》

佛光普照

镇龙庵者镇保一方也。稽塔化庵址基，东吉星石旋绕远，吞山
光华，挹江烟汛，形势揽异也。明有乡人，希图此境，而神灵人
杰，发和尚筑古迹，飞镇塔化，故名镇龙。镇者安也，镇斯土以安
斯民也；龙者隆也，隆福泽以隆祀也。营塔旧迹也，塔化以成庵
也，制两仪像八卦，中门通斗庚，金生水象也，前门引南径，通明
晓济也。今年久庙旧，神像非新默化，黄心诚、维广募物□于士
庶，随缘乐捐，鸠工新彩，于昔又有光焉。敢曰首缘之力，是众信

之功也。维众信之功，实神之助也。勒石为记，福泽锦远云：

邑宾江生一公陆两。国学黄中品银柒两。信士黄中榜五两正。国学江湖五两正。信士江廷受叁两正。信士黄恭正贰两贰钱。国学黄中立贰两正。信士郭资瑞贰两正。信士江香钟贰两正。信士黄百腌壹两。信士黄馥门壹两。信士林洞澡壹两壹钱。信士黄照禄壹两贰钱。信士黄显□壹两贰钱。信士黄天为公壹两壹钱。信士黄士堂壹两壹钱。信士黄仕壹两壹钱。信士黄振壹两壹钱。信士黄桔彬壹两壹钱。信士江秀爵壹两陆分。信士黄董华壹两陆分。信士林盈豪壹两五分。信士黄恒恢壹两伍分。信士黄士玉、信士江梅馥、生员江子芳、国学江埕、信士郭浴茂、信士黄秀春、信士郭康威、信士林容青、信士黄际善、信士罗益海、信士黄词熙、信士黄贤□、信士江廷熠、信士黄叶向、信士杨盛德、信士黄于时、信士江秀□、信士黄福崇、信士黄云龙、信士黄世豪、信士田定、信士郭得正、信士杨文殿、信士杨足有。

劝首郭华赛伍两正。黄怀慎壹两伍钱。黄为先壹两贰钱。黄伟政壹两。张禄□壹两 林瑞玉壹两。林文玉壹两。首缘黄维广贰两正。劝首黄上美壹两伍钱。黄盛恭壹两贰钱。江□河壹两。杨怀宽壹两。

生员江夏时可谨书

雍正十二年腊月吉旦立祀庵黄心诚

林时秀同募修

碑记3（清）乾隆《重修镇龙庵石碑记》

宝刹生辉

亭临霞水，庵号镇龙。藉塔化而显精灵，吞山光而隆保障。呵护惟神典祀，须仪注体，金刚治非圭窦可诵，蒲团铁脊又非祸腹堪支。凭旧址增其式廓，因善果新种福田。禅食有资，僧乏芒鞋之苦，窑灶可力，释普甘露之喜□。良缘于众力，发善愿乎群英。缘由乐施，馨香永垂百世，各方不吝寺租，建立万年琉璃灯，辉昭一轮皎月。宝篆香腾，成五彩禅云，同沾塔化之庥，共沐登瀛之泽，答恩叨景福于无疆也。于是乎书。

庠生江国英公伍两。涂元贾田一斗种。国学江煌银六元。信士黄安之六元。国学江朝宗四元。贡生江汉清四元。信士黄耀明四元。寿耆黄秀春三元。信士黄利安三元。信士涂元阖三元。信士林捷英三元。信士黄选辖三元。信士黄时尊三元。信士黄国光三元。国学江朝东公六元。信士黄显万三元。涂一布二两。涂它之两捌。郭宙边两陆。黄明政二元 张文斋二元。黄盛崇二元。国学黄中立二元。黄馥南二元。杨永成二元。江隆达二元 国学黄选拔二元。黄德崇二元。黄春政二元。国学黄功炎二元。国学江朝琏公四元信士涂成帝二元。黄荣隆二元。黄胜儒二元。张淮兴二元。黄友崇二元。张南天二元。林捷魁二元。黄国兴二元。黄善尚二元。黄叶奠二元。黄功灼二元。黄功兴二元。信士黄功汉二元。江芝洋两三。黄象清两二。黄声浓两二。黄能光两二。黄宜九两一。江廷两一。谢廷有两一。黄有涵两一。黄镇仪两一。钟君荐两一。钟朝选两一 钟正□两一 黄桔权一两五分。田列伍一两五分。郭胜这一两五分。郭志亮一两三分。黄会□一两。涂美璧一两五分。黄宜真一两。涂于猛一两。黄戴中一两。黄如山一两。张列攀一两。林士钻一两。张利邦一两。张仍璧一两。涂绍魏一两。黄天绪一两。黄选栋一两。张益芳一两。张义行一两。黄中一两。黄国尊一两。钟彦圣一两。张各就一两。黄时进一两。黄造朴一两。林提元一两。张烈贤一两。

涂元质田一丘，坐址田心伯公前，租七斗，实田三分五厘；买田一丘，坐址下葛洋米梭丘带大路上丘，共种三斗，租三石，米一斗价银八十五元，实亩一亩四分五厘四米忽。

缘首信士黄彦生银三两。信士黄永谅银三两。黄鄂钱、郭智能一两二钱。黄礼存一两二钱。张达怀一两一钱。杨利□一两一钱。

涂玲英一两一钱。涂国贤一两一钱。黄锦之艮一两。钟日登艮一两。

乾隆二十二年岁次丁丑拾月吉旦主持僧真宽

诒翌楼黄元璧拜撰

碑记4（清）嘉庆《重修龙山岩石碑记》

重兴龙山岩碑记

龙山岩有明征君林迈佳先生著图处也。征君明季弃举业，当天启丙寅年岁次□□土彦薛先生、石斋黄先生、苍岱张先生选胜开山筑为耆室。于时洗心弥纶，故石斋扁曰龙山书社。后值贼兵猖獗，于乙未遭贼废。顺治丙申，征君嗣子讳时修启邑候欧阳公、宫保府吴公捐金修葺，□□□未久复废兵变，嗣是而古□□□荒秽，百余年来久无议兴者。林叟亮、征君六世孙也，偕弟朝敬，董族捐资再造，乡人士亦欣欣乐助，共襄厥成。丁巳秋兴工，越庚申春落成。嗟呼！是山之废兴屡矣。虽征君之名不因屡废而其逸韵曲焉，此奇岩秀气，千秋万□□□绚遥蓬辉映也。山耶、人耶两相郑重，夫岂偶然者哉！是为记。

林崇广公银二十元。明远公银五元。信生著和公三元。信生法科二元。□□□□□。庠生信候公银十五元。恭修公银五元。韵熏公三元。庠生及成公银十五元。庠生章孝公银五元。益章公三元。节先二元。烈和公银十七元。庄严公银五元。友清三元。耿先二元。华元银十五元。义发公银五元。信生元彩三元。增先二元。达加银十一元。成肃公银十元。信生元荣公银十五元。心扶银十元。周尊银十元。兰居银八元。烈楷公银五元。名籧银七元。步塘公银六元。彩芳银六元。晦之公银五元。定畿公银五元。善儒银五元。名妹银五元。特兹银五元。意顺公银四元。贤冠银四元。用明银四元。宠□公银三元。会东公银三元。万伦三元。品稽公三元。诚之三元。列武二元半。受封公二元。直安公二元。视居公二元。信生受和二元。明远二元。汝铃二元。廷水二元。期午二元。端荣二元。林门廖氏男汝月二元。弟先二元。列□二元。列瑞二元。朝存二元。汝乾二元。约加二元……（以下七行字迹不清）

嘉庆庚申年三月吉旦立

碑记5（清）同治《重修龙山岩石碑记》

修龙山岩碑

粤稽龙山岩，乃明征君林迈佳先生创始于天启丙寅年，迄今世远年湮，废兴屡矣，不能尽述。当咸丰年间劝首修葺中止，所有捐金者不知其谁？逮同治辛未年，观音佛祖发灵，列神显圣，光被四请，德施万民，祈祷报应捷于影响，故四方遐迩，善男信女莫不朝叩而夕拜者焉。于是捐金修整，都人士亦欣欣乐助，共襄厥成。时徵壬申三月哉，生明重修是岩，并筑石室，诚心捐金者，名勒于石。为序。

劝首信士林桂州助银三十二两。信士林发和三十两。林志成二十两。林海生十两。信生林隆培六两。林芳选六两。信生林如福艮五两。信生林安邦五两。林世灿五两。林世超五两。林监益五两。林芳一五两。林芳落五两。林芳元五两。林芳□五两。林芳骞五两林魂而银五两。林芳奢五两。林火叶五两。军功江流程两柒。信生江逢禧两三。江君样一两。以上劝首。

林义胚公助银二十两。兆永公十五两。畹植公十两。信士哲晏公十两。继皇公十两 信生于宽十两。芳毓十两。信生国英十两。成桂公五两。义和公五两。厚之公五两。守道公五两。信生钱之五两。芳滋五两。芳五两。容简公四两。员一公三两。盛姬公三两紫苍公三两。声元公三两。尚元公三两。万元公三两。恃厚公三两。天保三两。显绩三两。芳佺三两。魂丙三两。文茂公二两。安简公二两。钦为公二两。义山公二两。笋恭公二两。瑞和公二两。临尊公二两。芳岁二两。芳静二两。步安二两。魂娘二两。芳松二两。荣祝二两。列周公两半。义成公两半。温良公两半。信士周复两半。临蚱两半。周发两半。荣或两半。欲庆两半。明远公一两。

成甫公、可三公、芳万公、晦之公、孟清公、清香公 益甫公、正样公、佳谊公、敏贤公、潜夫公、声远公、鲁侪公、勇源公、迎来公、拔怡公、佑漠公、清甫公、有凤公、和康公、协巡公、捷忠公、元瑞公、显贤公、养源公、庆宝公、庆养公、声以公、世便、世白、念愿、念臻、念养、念沁、念珑、念平、齐假、德韫、隆念、隆蕊、隆鸟、隆会 娘捷、竖端、竖的、竖□、竖光、文广、开日、开慢、开旺、开捷、开龙、耀算、耀□、耀盛、芳欢、芳拢、致和、君心、芳吓、华江、芳点、芳离、芳义、芳万、芳巧、芳□、芳时、芳纲、芳办、芳同、荣耿、荣向，以上各艮一两。

　　　　同治十一年岁次壬申三月□日吉旦立

二　平原乡镇

仕渡堡与仕渡民间信仰

刘劲峰　沈荣波

东城村的传统经济和民俗文化

沈梅生

诏安县城北关的"跑贡王"

杨彦杰

仕渡堡与仕渡民间信仰

刘劲峰　沈荣波 *

仕渡是诏安县境内一个颇具特色的临海小村，这里不仅环境清新秀丽、村落布局巧妙合理，而且村民的日常信仰也丰富多彩，充分显示出闽南沿海地区别具一格的传统文化魅力。

一　背景资料

仕渡位于诏安县的南部，距县府所在地的南诏镇仅有一公里之遥。它东邻溪边园村，北接岸上村，南面隔西溪与南山相望。发源于广东潮州饶平县的西溪，由西北向东南，从村境的西部缓缓流过，并于距村庄不远的桥东镇沃井城与东溪相汇后流入大海。

自明代嘉靖年间诏安建县后，仕渡一直归属于三都管辖。是时，三都设置 18 约，仕渡建制为南关约仕渡寨。清宣统年间，诏安全县改设为 15 个自治区，仕渡改制为遵化区仕渡堡，下辖仕渡、

---

* 沈荣波，诏安县仕渡梅圃沈氏宗亲会秘书长。

大美、仕雅、东埔园、溪边园、大埔、尖石、大石鼓 8 个自然村。民国年间，改区为乡，仕渡改制为遵化乡仕渡堡。1949 年新中国成立后，改保甲制为区村制，仕渡建制为诏安第一区仕渡乡，所辖范围由 8 个自然村缩减为仕渡、大美、岸上、斗门头 4 个自然村。之后经历农业合作社、人民公社等乡社合一体制，村名时时更替，至 1984 年才正式定名为仕江村（下辖仕渡 1 个自然村），隶属深桥乡（现改名为深桥镇）管辖。

仕渡地处诏安南部东、西两溪交汇入海的三角地带。相传元代以前，这里还是一片荒芜的滩涂，滩涂的外沿有一个小小的渡口，渡口边有几户徐姓渔民在此搭寮居住，故名"徐渡"。在离徐渡不远的岸屿（现更名为岸上村，下同），至今还保留一处叫"问潮屋"的小地名，据说这便是当年渔民观望大海潮起潮落的地方。元末明初，有一位沈姓读书人，因不满朝政腐败，自愿放弃仕途，退隐到与徐渡仅有一溪之隔的南山寺里，过起了躬耕自学的生活。他就是当今仕渡人尊称为开基始祖的梅港公。

相传这位梅港公是唐代名将沈世纪的后裔，据 2000 年新编《沈氏东城宗谱》记载，沈世纪，名勇，原籍河南光州固始县人。初为河南某县案牍，后投身军旅。唐总章二年（669 年），泉潮土著人啸乱，沈世纪奉旨随同陈政、陈元光父子进驻古绥安地，一举荡平寇氛，成了助陈元光开辟漳泉的六部将之一。沈世纪之后，其十二世孙彬公又率长子、三子、四子离开漳州，移居到浙江松阳开族。彬公再传五世，有太乙郎名廷辅于宋高宗建炎年间，为躲避金兵，随宋室南渡，经建州移居到汀州。不久，其子揪公再由汀州清流县嵩溪迁居到漳浦县所属之南诏，成了当今南诏沈氏的开基始祖。

梅港公，谥号梅圃，为揪公的八世孙，其父桔林祖士达，曾任元代都指挥使，后来为国捐躯。梅港公自幼天资聪慧，一生勤奋好学，尤喜天文地理与术数之学，并与明代著名术数家刘伯温有过同窗之谊。他在南山寺隐居时相中了徐渡这块风水宝地，晚年便携带一家大小，从南诏镇迁居到了这里，并在现在祀先堂所在的位置建起了仕渡沈氏的第一座祖屋。梅港公名下共生了东桥、梅塘两个儿子，到徐渡后，东桥又生了儿子刚齐，而梅塘则生了东山、敦素、东屿、忠诚、福场、亭角、东皋、懿德 8 个儿子。于是子生孙、孙生子，子子孙孙不断繁衍，家族势力也随之迅速壮大。到清末民国初，其居住地便由徐渡发展到四周岸屿、大美、斗门头、溪边园、东步园、阳山、近居、乌屏、径尾、塘西、灰窑头、大石鼓、大埔、赤鼻、新起寨、旧庙、宫口、腊洲、大石湾、大埭、柳厝埭、尾乡等 20 多个村庄，有的还迁移到广东潮州，或漂洋过海，远赴中国台湾、香港、澳门，以及新加坡、马来西亚、印度尼西亚等地，沈氏梅港家族亦因此成了诏安下水片最有影响的一支旺族。随着沈氏家族势力的迅速膨胀，徐渡亦于明代中期，以谐音方式，改称为"仕渡"。目前，该家族已繁衍到 26 代，总人口达到 3 万多人，其中长住仕渡堡内的有东桥、梅塘两个大房以及下属刚齐、初三、睦族、清江、尖峰、南峰 6 个小房的后裔，共有 400 余户，3000 余人。

仕渡经济以农业为主。尽管该村位于东、西两溪入海口的冲积平原上，地势平坦、灌溉便利，但因村中人多地少（据 20 世纪 80 年代统计，人均仅有 3 分地），且地多沙卤，农作物产量较低，"五谷所登，不足自给，民间糊口，半资外运"①。故自古以来，就有许多村民利用大海便利，从事对外贸易，时称"行北船"；还有的进城经营工商，开设金店、药铺、洋行、孵坊及买卖食杂用品等。在获取丰厚的经济利益之后，他们中的不少人又将财富转化为土地资本，大量购置耕地，从而摇身一变，成了坐拥一方的工商地主。据当地村民报告，仅溪山祖一人，清末民国

---

① 陈祖荫：《诏安县志》上编卷 2，《地理》（以下简称民国《诏安县志》）。

初便在四都一带购进了数百亩耕地；终慎祖名下，是时也在大坂埭、抛口埭、成州埭独占了良田数百亩。又据 20 世纪 50 年代当地进行土地改革时的统计，是年，仕江乡各个公堂在外地占有的耕地面积就达到 6000 多亩。这些公堂所收的公租，除了用于祭祖、游神、打醮、奖励子弟读书之外，每年还能向族民发放"积谷"，其数量视各房经济状况而定，多则人均一二百斤，少则三四十斤。

正是由于有了家族经济强有力的支持，才使仕渡的文教事业有了较快发展。相传自明代中晚期开始，这里就开设了许多私塾。民国十一年（1922），由祀先堂出资，仕渡开办了全县第二所新学，并以其祖先的名义将新学命名为"梅溪学堂"（不久，更名为"丹诏小学"，现名"仕江小学"）。随着文教事业的发展，族中人文荟萃，科举蝉联者前后接踵，不胜枚举。其中，仅在当地较有影响力者就有：

沈　灿，明万历十四年（1586）岁贡，任山东武定县同知。

沈一葵，清康熙十五年（1676）进士，初选曲阳县令，因待民如子，持法刚正，升徽州知府。是时，"徽州民赋额征为豪右包揽，前后积欠至三十余万，（葵）痛为釐革。复多方设法，民争输恐后，不一年完正课银二十九万有奇，民脱逋累。任满调任汾州府，入补刑部主事"。[①]

沈作砺，清乾隆二十六年（1701）武科进士，任广东惠州府守备。

沈　勇，清武科特用，任广东顺德镇总兵。

沈世亮，清嘉庆二十三年（1818）恩科举人，初任吏部郎中，后因办案有功，升浙江宁波知府。

沈腾蛟，清道光元年（1821）恩科举人，任县学教谕。

---

① 民国《诏安县志》上编，卷13，《人物》。

沈向奎，军校出身，任国民政府新编八军军长，少将。

沈耀初，台湾十大著名画家之一，曾荣获台湾画坛最高荣誉金爵奖。

二　仕渡堡

仕渡堡是让仕渡人引以为傲的一项古代建筑工程。关于该堡的始建年代，当地人认为是清乾隆年间由该村武进士沈作砺主持修建的，其根据是土堡南门城楼上至今还保存了一方石匾额，上面清楚地篆刻着"南熏门 清乾隆壬戌桂月立"。也许正是依据这点，民国31年（1942）《诏安县志》卷7《武备》记载："仕渡堡，在三都，清乾隆七年筑。"但检索其他地方志书，仕渡堡其实早在清康熙三十年（1691）修撰的《诏安县志》中就已经有了记载（具体建筑年代阙如），其间，它与官筑的悬钟城、铜山镇、南澳镇、川陵土堡及民间自发修筑的南陂土堡、岑头土堡、甲洲土堡、溪南土堡、象鼻土堡、上湖土堡、梅州土堡、后港土堡、张塘土堡相提并论，是当时诏安境内著名的14个军事城堡之一。关于城堡的建筑年代，官建者大多成于明代初年，而民间自建，具有明确纪年者，最早的一座（梅州土堡）成于明正德二年（1507），而最晚的一座（甲洲土堡）成于明嘉靖二十五年（1546）。建造这些城堡的目的大多与当年防备倭寇有关。据康熙《诏安县志》卷7《武备》记载："考蒲葵关百里而控漳引潮则蒲冶之南诏场也……唐嗣圣三年左郎将陈元光筚路蓝缕，以建州冶，立行台于四境，命分营四时躬巡，南诏保其一也。自下游抵潮之揭阳，宋置沿海寨，元为万户府，俱调官兵屯守。时代湮没，故垒无传，明初乃谓南诏场。弘治甲子冬，寇盗充斥，地方骇鹿，始调漳州卫所官军置守御南诏千户所。嘉靖十年设诏安县治。从县治而东三十里至悬钟千户所，洪武二十年江夏侯周德兴为备倭而建也。所之城外又有南澳游营，专治水军。距南澳总戎一苇航之与拓林、铜山诸营所鼎峙相望，百里以内札以二所，兼连营镇……此何论弹丸之安堵以之保障遐荒，折冲瀚海而有余矣。""县治丛山阻海，盗贼出没，设险守要，置为关隘、墩堡，或调官兵协守，或召民兵共守关隘，以防奸细、备寇盗。近卫所则拨旗军轮守，无卫所则拨乡兵把守。城堡旧唯巡检司及人烟凑集之地设有土城，自嘉靖辛酉以来盗贼生发，民自为筑，在在有之。"① 仕渡位于县城的南郊，距大海仅有咫尺之遥，是海寇出入诏安县城的必经之地。自明代初期以来，这一带寇贼时发，军民死伤惨重，如"弘治十七年十月十五日，有贼百余人诈称公使入城，杀伤甚众，掳七十人而去"。"嘉靖三十五年，有倭寇自漳蒲六都登岸，屯住江头土城，流劫诏安，焚掠无数。""三十七年三月，有倭寇数百人自潮州突至三都径尾屯聚，杀伤男妇二十一人。""十二月，倭由四都至县治四关外，烧毁房屋二百余间，杀死男妇一百余口。又连劫港西土楼，杀掠五十余口。""三十八年二月，倭寇数千自潮州来屯西潭村，烧毁房屋一百五十七间，掳男妇九十余口，杀死四十三人。又破岑头土围，烧屋杀人无数。""四十年，许朝光自铜山登岸，围攻畲安土堡，杀掳六百余人。"②正是在这种严酷的斗争形势下，仕渡人也不得不像其他地方的人一样，修筑起坚固的土堡，以抵御寇盗的进犯。由此可以推定，仕渡堡的始建年代当不会晚于明代中晚期，清乾隆七年（1742）只是后来的一次重修而已。只是这次的重修，到底是整体修缮，还是只重修了南门城楼，因资料欠缺，现已无从查考。

从现存建筑考察，仕渡土堡不仅墙体厚实、用料考究，具有坚固的军事防卫功能，且土堡的选址、造型及内外空间的布局也与其

---

① 秦炯：《诏安县志》卷7，《武备志》之"关隘"，清康熙三十年（1691）编纂（以下简称康熙《诏安县志》）。
② 康熙《诏安县志》卷7，《武备志》之"兵燹"。

自然和社会环境十分和谐统一，充分显示了中国古代传统建筑对风水意象的理想追求与完美运用。

中国古代传统建筑对风水意象的运用主要体现在建筑规划设计中，力求使建筑物本身与其所在地的自然和社会环境，亦即龙、砂、水、穴之间能相互配合，协调一致。同时依照所在地的来龙气势与结聚状态来规划城乡规模的大小、形状与具体建筑物的所在位置，即所谓"大聚为都会""中聚为大郡""小聚为乡村、阳宅及富贵阴地"。

诏安的龙脉"亘自五岭龙门九牙山来，至大峰①再立祖山，大峰之西出，来县西曰小篆山，俗称犁头山，嵯峨高大，为县龙之祖"。"由大峰山发脉向西南，于县治东北发为檺林仔山，山势葱茏，崖石并立。九侯山、初稽山与檺林仔山联络，为县邑之镇山。"由大峰发脉而来的小篆山再一路奔腾，至县西之赤岭再发为本祖出卿山，其势如五星聚讲，"其一支入西山饶平界；一支入县治，曰桂山，曰乌石鼓山，曰寨山，曰浮山，曰县治主山良峰，耸拔奇丽。识云，良山青，出公卿，朝暮有紫云；一支系平路至斗头山、五老山而止"。一支趋县西南，为"焦岭山、分水关山、龟山、琉璃山、大南山、小南山、象头山"②（见图1）。

与龙脉走向一致，"县治水脉亦发自西北，至县城停蓄，始趋龙汀甲沔腊诸洲，西北汇饶潮境诸细流入海者，特雄壮"③。

依据该县龙脉走势，县城南诏镇有两条来龙相会，为境内最大结聚之地，堪当建县立州。故叶观海先生评曰："尝云东南来脉，过海而止，则元气其之蟠演者几何？然诏之水虽近于归巨海，诏之山贯远发大峰，登高望之，则洪涛在其南，侯山峙其北，雄关西

---

① 大峰山位于福建平和与云霄、诏安三县交界区。
② 康熙《诏安县志》卷3，《方舆志》之"山川"。
③ 康熙《诏安县志》卷3，《方舆志》之"山川"。

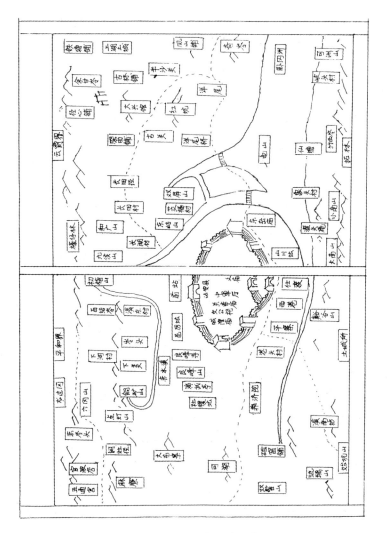

图1 诏安南部地理形势图

注：本图根据康熙辛未《诏安县志》绘制。

殿，清溪东绕；渐岳一峰拔地千寻，蜿蜒磅礴，直走铜陵、苏峰，
大帽蠹立拥护，与潮汐相浮沉，非灵鳌举首戴之，几于蓬壶方丈，

从风云去矣。自宋以来，名贤辈出，濒海尽处，尤产大儒，直谓海滨邹鲁可也。"①

　　由九侯发脉而来的祖龙，经县城稍作停蓄之后，一路向南匍匐而行，在一片如湖水般的宽阔平地上又突起一座海拔为235英尺、形如龟背的墩阜结穴（其位置在今内井祠的东北面）。龙穴的西面和东面分别有来自饶潮境内的西溪和来自县城的东溪左右环抱，两溪在离龙穴不远的桥东镇沃井城温柔相会，而后流入大海。故其前后左右，皆如汪洋巨浸，既澄静不流，又无冲刷之势，实为一处不可多得的风水宝地。为此，仕渡土堡的设计者们便依据所在地的自然风貌，以龟形墩为中心，将整个村落规划成坐北向南，占地面积不足0.5平方公里的"出水莲花形"②土堡。其中，龟形墩为该村的主山，它在风水布局上起到了将周围龙气引入土堡的作用，堡内的所有宗祠，寺庙及民居建筑均以它为坐山或靠山，呈辐射状地向外绽放。村落的四周则围筑一道下宽55厘米，上宽65厘米，高5.5米，用黏土、贝壳粉、沙子、黑糖搅拌后夯筑而成的坚固土墙。为与周围环境相协调，土墙造型为不规则的弧状四边形，外观酷似一朵盛开的莲花。这道土墙，就军事意义而言，是抵御寇盗的坚固阵地；就日常生活而言，又是一项阻挡海潮侵蚀的防灾减灾措施；而就风水意象而言，它更是在村落建筑实体与堡外空旷原野之间架起了一道人工屏障，起到了标明村落范围，分割土堡内外空间，以聚藏堡内生气的作用。在土墙的外面还完满地保留了7块小高地，并在土墙内外开挖了7口大小不一的池塘；这7块小高地分别为北门外的西港埭，东门外的林厝埭，西门外的大坂埭及南门外的咬尾埭、埭下墩、大墓埭、东城埭。就风水意象而言，这些小高

━━━━━━━━━━

① 民国《诏安县志》上编，卷2，《地理》。
② 现在当地有些村民因不了解土堡过去的历史，而将土堡造型比喻为"带埭葫芦形"。

地既是村落的案山及左、右砂手，同时又象征扶持"莲花"的片片"莲叶"。而7口池塘则是城东北土墙内的柳枝塘及与之仅一墙之隔的园塘；城西北土墙外的奉先塘；城南土墙内的墘仔塘和土墙外的头塘、二塘、尾塘，合称为"七星坠地"。就日常生活而言，这些池塘具有蓄水、排水的功能，它既能防火、排涝，同时又能调节小气候，使居住稠密的土堡，空气更加的清新、凉爽。而就风水意象而言，这些池塘，能养育龙脉，使龙气更加生发雄壮。

在土堡的东、西、南、北四面，建筑者们各建了一道城门，分别称之为"长春门""紫来门""南熏门""拱秀门"。其中，"南熏门"为土堡的正门，它面向大海，为防备海上寇盗的袭击，城门建得非常牢固，不仅城上建有城楼，城门之内还加建了一座瓮城，以增加其防卫的功能。所有的城门都面朝名山，其中，东门面朝的是高如建牙的石鼓山、悬钟山；西门面朝的是形如五星聚讲的出卿山、五老山；南门面朝的是绵亘数里、形若巨屏的大南山与秀耸奇丽的小南山；北门面朝的则是作为县邑镇山的九侯山。据清康熙三十年（1691）《诏安县志》记载："（九侯山）九峰并立，有石门可通，顶上可坐数十人。中为棋盘，有天然桥、香炉石、风动石、云根石、观音石、鲤鱼石、三宝石，一石如复船。又有飞来佛、罗汉石、松涧泉。"① 可见其景观十分秀丽。出于定局与消砂、纳水的需要，各道城门都有不同程度的偏斜，且其出入口亦分布很不均匀，以至东门与南门及西门与南门之间，距离过于遥远。为方便村民日常生活，在这两处距离过远的地方，建筑者们又各开了一道小门，名之曰"水门"；在东、西、南、北四道城门及堡东水门的旁边，还各开了一个排水口，并在排水口的旁边，各建了一座土地庙（西门的土地庙与灵惠庙合二为一），以示守住堡内的龙气与财气（见图2）。各道城门的方位与朝向如表1所示。

---

① 康熙《诏安县志》卷3，《方舆志》之"山川"。

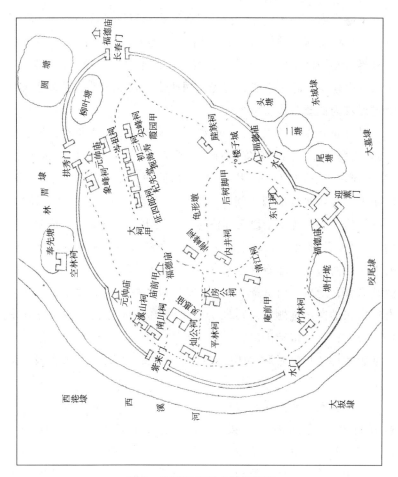

图 2　仕渡堡空间布局示意图

表 1　仕渡堡城门朝向及坐标

名　称	朝向	地理坐标	
长春门	E 093°	N23. 69437°	E117. 17918°
南熏门	SE130°	N23. 69191°	E117. 17645°
紫来门	NW292°	N23. 69375°	E117. 17588°
拱秀门	NW320°	N23. 69477°	E117. 17808°
堡东水门	SE135°	N23. 69265°	E117. 17801°

土堡之内，鳞次栉比，高低错落，密密麻麻地散布着大小数百座民宅及灵惠庙、振海寺、元帅庙3座庙宇、19座祠堂。该堡由于坐落于县城南郊的一片开阔地上，入首龙较为低矮，结穴较小，所以堡内建筑，除灵惠庙、祀先堂两座主要建筑之外，其余建筑物都建得较为低矮，体量偏小。

灵惠庙是该村的主庙，相传始建于明，后经历代重修。该庙由于地位特殊，所以被安排在土堡西面风水最佳的位置上（N23.69362°，E117.17634°）。它坐东面西，正对诏安县的祖山：出卿山。主体建筑面阔3间，由门廊、正殿、川亭、拜厅、顶厅、后库等前、后两栋6个建筑部位组成，硬山顶，三架五瓜抬梁式结构，总长23.96米，占地200平方米。整栋建筑雕梁画栋，气势恢宏。庙门两边及顶厅石柱上还篆刻着两副对联。前联为"海不扬波黄耇喜，地虽斥卤贤豪生"，相传为明代晚期内阁大学士、著名书法家张瑞图亲笔题写；后联为"九侯峰高龙脉长，感百谷朝宗挺生人杰；玄钟雷动涛声壮，看风帆上下永念神功"。两副庙联形象地表达出了村民对居住环境的自我认同及对村庙神明的百般感激之情。

祀先堂是仕渡沈氏家族的总祠，其地位与灵惠庙不相上下，故被安排在土堡北面又一处风水最佳的位置上（N23.69411°，E117.17778°）。它坐南朝北，正对耸拔秀丽、苍翠欲滴的县治主山良峰山。其主体建筑结构与灵惠庙大致相同，梁、枋、雀替及屋脊、瓦檐上也布满了花鸟虫兽、人物故事等各种彩塑装饰，做工十分精巧。顶厅石柱上亦篆刻一副藏头对联："梅开茂盛文明见，圃傅衍派世泽长"，深刻表达出了梅圃公（派名仁公）后裔对先祖们的敬仰之心。

除了总祠之外，堡内还建了大大小小的18座分祠，它们分属于梅港祖下的各个小房，其名称、方位、朝向等各项主要信息如表2所示。

表2　18座分祠情况统计

祠　名	朝向	地理坐标		祠主	所属房、裔
东门祠	SE117°	N23.69254°	E117.17769°	12世东门祖	东桥祖房
宝林祠				17世宝林祖	东桥祖房
大房公祠	W268°	N23.69324°	E117.17648°	11世刚齐祖	东桥祖房
初三祠				12世初三祖	梅塘祖东山房
顺德祠				12世顺德祖	梅塘祖东山房
睦族祠	SE112°			12世睦族祖	梅塘祖东山房
清江祠	W286°	N23.69285°	E117.17672°	12世坑美祖	梅塘祖东山房
尖峰祠	N346°	N23.69421°	E117.17832°	12世尖峰祖	梅塘祖亭角房
象峰祠	NW323°	N23.69461°	E117.17783°	12世象峰祖	梅塘祖亭角房
南峰祠	W286°	N23.68350°	E117.17704°	12世南峰祖	梅塘祖亭角房
溪山祠	W288°	N23.69400°	E117.17616°	16世溪山祖	梅塘祖亭角房南川裔
南川祠	W289°			15世南川祖	梅塘祖亭角房尖峰裔
岭祖祠	N340°	N23.69445°	E117.17819°	15世秀岭祖	梅塘祖亭角房象峰裔
竹林祠	SW232°	N23.69218°	E117.17623°	?世竹林祖*	梅塘祖亭角房南峰裔
内井祠	W285°	N23.69312°	E117.17693°	13世内井祖	梅塘祖亭角房睦族裔
征四郎祠	N340°			?世征四郎祖*	梅塘祖东山房初三裔
平林祠	W280°	N23.69336°	E117.17599°	?世平林祖*	梅塘祖东山房清江裔
灿公祠	W288°	N23.69358°	E117.17606°	13世祖沈灿	梅塘祖亭角房南峰裔

说明：*表示资料没有记载属于第几世。

　　从表2可以看出，这些分祠尽管散布在堡内的各个角落，但它们都按照各自的方位，呈辐射状地面朝土墙之外，从高处张望，犹如莲花绽放时开出的一支支花蕊。

　　以土堡南门为终端，堡内修筑了由东门至南门，由西门至南门的两条主干道，并从主干道上分出了长长短短的十多条支线，从而把堡内的祠堂、庙宇、民宅有机地连接到一起，形成了一张密密麻麻的交通网。

经过土堡设计与建设者们的艰苦努力，使仕渡村如同碧绿湖水中一朵枝繁叶茂、迎风绽放的莲花，它与四周的名山巨海交相辉映，显示出一派祥和、兴旺的景象。故有先辈评曰："吾乡，诏之名区也。良峰峙其北，天马①列其南，河水萦带，四面旋绕，昔之名师号谓'出水莲花'。坂曰叶坂。祝曰，有花有叶，富贵绵绵。产是乡者，英杰辈出，后先贯辉映焉。"②

但时过不久，因族中人丁兴盛，而堡内居住空间十分狭窄，有的村民便私自挖坂填溪为埕，并企图在新埕上建新屋。如此一来，土堡的环境风貌势必遭到破坏，使"坂挖则叶伤而花不茂，室筑则溪狭而水不通。顾兹地理为伤实多"③。为此，清乾隆三十八年（1773）全族公议会禁，并勒示贞珉，规定"嗣后堡外不论东西南北，一概不许填埕筑室，违者公革止户，断不徇纵"。所禁内容具体开载为 3 条："一议堡外东西南北，所有圹地，不许筑屋开厕。一议叶坂各处圹塘，不许围筑、移岸改筑，并不许坂内岸脚填砌稻埕。一议溪边塘垅各照旧址，不许再填，有碍水道，并不许堡脚堆积粪土。"（见附录）正是由于有了这块禁碑，该土堡虽历经数百年之久，其环境风貌却依然完好如初。

1931 年"九·一八"事变后，日本军国主义对华发动了大规模的侵略战争。1944 年，仕渡土堡的西北段城墙被日本飞机炸毁。由此，仕渡土堡元气大泄，水灾频发，瘟疫流行，村民的生命财产遭受到巨大的损失。于是，战争一结束，他们就在总祠家长的发动下，依照旧址重新补筑了被损的土墙。因这场战争，仕渡的经济大不如前，所以新筑的土墙，厚度减了近半，质量也较前大大缩水。

---

① 天马，谓土城南面的南山诸峰。康熙《诏安县志》卷 3 记载："戴冠曰，琉璃、竹栖一派皆南山，惟拱学宫而驰者，形如天马。"
② 清乾隆三十八年（1773）《通族会禁》，详见附录。
③ 清乾隆三十八年（1773）《通族会禁》，详见附录。

三　仕渡的民间神明信仰

仕渡的民间神明信仰贯穿于仕渡人日常生活的方方面面，其内容丰富多彩，形式多种多样。

（一）庙宇

仕渡堡，方圆不到 0.5 平方公里，内部空间非常狭小。但在如此狭小的空间内，却林林总总地分布着大小八九个庙宇。这些庙宇的层位高低不同，有的属全村人共同所有，有的则仅属堡内某个区域的人所有。由于庙宇的层位高低与管辖范围不同，其信仰方式也有很大区别。

1. 灵惠庙

灵惠庙是仕渡的主庙，故当地人又称为"大庙"。从庙门对联"为廿四乡源本，宝地钟灵文采英风频耀族；经七百载沧桑，华川毓秀斜阳回水永朝宗"就可以看出，该庙尽管坐落于仕渡堡，但它的辐射范围却远远超出了仕渡范围，成了仕渡沈氏家族共同的祖庙。神明信仰与祖宗信仰在这里已难分彼此。

庙里供奉的主神是仕渡沈氏家族的共同保护神张伯纪夫妇，当地人称之为"王公妈"。供奉他们的主神龛据说是经过风水师们精心测定的，从初夏到秋末这段时间，每到申时前后，夕阳照到西溪水面反射出的光影就会进入神龛，并产生波光粼粼的效果，人称"日月精"。而正是因为"日月精"的长年照射，所以这个庙的神明特别灵验。

相传张伯纪是漳浦、诏安一带张氏的开基始祖，名虎，祖籍河南祥符，与沈氏开基始祖沈世纪一样，唐总章二年（669），为平定泉潮蛮獠啸乱，随陈政、陈元光父子一同进驻古绥安地，成为陈元光所属的六部将之一。因其骁勇善战，宋绍兴间被封为威武协应将军①，之后又加封为殿前辅德侯，并以配享方式，从祀于唐将军庙。

唐将军庙，原址在邑北良峰山上。清康熙辛未《诏安县志》卷5《祀典志》"庙志"记载："唐将军庙，祭唐将军陈元光也。将军有开拓之功，九乡人皆得祀将军，乡各有庙，号'陈王庙'。惟祀典所载，庙在县西北二里良峰山麓，有九座，元时所建。明嘉靖间寇乱庙毁，诏民悉兵逐寇，疾负王像而出，庙中六将俱全，寇亦寻灭，始建庙于县城东南……每岁春秋二仲之望日，本县正官致祭，以前锋许天正、分营将马仁、李伯瑶、欧阳哲、张伯纪、沈世纪配焉。"② 据说正是由于良峰山上的九落庙被寇盗捣毁，诏安九乡各姓才蜂拥入庙去哄抢各自的祖宗。不料慌乱中，大家都把祖宗抢错了。其中，南诏北关许氏抢到的是武德侯沈世纪，东城沈氏抢到的是祈山侯欧阳哲，而仕渡沈氏抢到的是辅德侯张伯纪……于是，这些被抢错的祖宗便成了九乡各姓的地方保护神。

主神龛的两边另设了两个小龛，分别供奉着三官爷、三官妈及土地公、土地妈。

1981年重修大庙之后，庙里又另加了天上圣母（妈祖）、五谷帝王（神农）、山西夫子（关帝）、观音佛祖、城隍爷、城隍妈、水仙天公及骑马征战的武德侯。他们一起被安置在主神龛前面的金座上。

该庙归属于仕渡、大美、溪边园、岸上4个村共同所有。依照居住区域，4个村共分为8个甲，其中，大美、溪边园、岸上3个村，每村各组成1个甲，而仕渡堡因人口居住密集，堡内共分成5个甲，即庙前甲（以大房公祠前面的道路为界，包括大庙、南川

---

① 以上据《官陂张廖氏（上祀堂）族谱》的记载，但仕渡人相传张伯纪，字世贤，祖籍山东，曾中武状元，并被皇帝招为驸马。

② 康熙《诏安县志》卷5《祀典志》"庙志"。

祠、南峰祠、宝林祠在内的堡西一带区域）、后树脚甲（以水沟为界，包括睦族祠在内的堡东南一带）、霞园甲（在大祠甲北面，包括尖峰祠、岭祖祠、象峰祠在内的堡东北一带区域）、庵前甲（以大房公祠为界，包括大房公祠、内井祠、平林祠、东门祠在内的堡南一带区域）、大祠甲（以祀先堂为中心，包括祀先堂、征四郎祠、初三祠在内的土堡中部一带区域）。

大庙的日常管理由总管及4个村的甲首共同负责。总管与甲首任期4年，具体人选由各甲提名后经4个村推举出的代表共同协商后产生。任职条件是要办事认真，具有一定的组织能力，并在当地具有较高的威望。因笔者沈荣波的祖父是监生，在当地很有威信，所以曾连续多次被村民推选为大庙总管。

大庙的长年守护则由庙祝承担。庙祝一般挑选本族无儿无女、责任心较强的孤寡老人担任。庙祝无报酬，但每年早、晚稻收割时，庙祝会分别组织一次发饼仪式。是时，庙祝需预先请人制作好许多小甜饼（时称"福饼"），然后把饼分发给每家每户。得到福饼的人家都要主动回赠给庙祝若干稻谷。这样，一年两次的散福下来，庙祝至少可收入三四百斤稻谷，除了全年食用外，多余的部分还可出售，以换取油、盐、酱、醋。

大庙的集中祭祀，一年至少有12次。其中，6次大的活动由4个村共同承办，其余6次则由就近的岸上甲、庙前甲、后树脚甲、霞园甲、庵前甲、大祠甲轮值举办。

由4个村共同承办的祭祀活动有以下几个。

（1）正月初一的贺新，主要由大庙总管及4个村的甲首、60岁以上的耆老参与。是日，子时一到，耆老们要身穿长衫，携带荐茶盒①及12碗寿面齐集大庙，在锣鼓与鞭炮声中向神明顶礼膜拜，并相互致贺。拜毕，大庙总管要向每位耆老分别敬献甜寿面，预祝

---

① 即由分装糖果、蜜饯、糕点等食品的木盒或漆盒组成的礼盒。

耆老们平安长寿。

（2）正月初二祈春，目的是请王公、王妈显灵示意，以占卜本村一年到头的吉凶祸福。是时，各村代表要齐集大庙，先进香、请神、献供，而后由总管领头，就王公、王妈本年度是否愿意出社巡游及早冬、晚季、海水4个项目分别辄盾、祈杯，以领受神的示意。所谓祈杯，即通常所称的"跌筊"，杯由两片贝壳形的杯叶组成，在神前祷告后，将杯抛到地上，如两片杯叶均仰身向上，称为"笑杯"；如两片杯叶均俯身向下，称为"阴杯"；若一仰一俯，则称为"圣杯"。只有得到"圣杯"，才表示符合神的旨意，否则，便意味着不合神意。而盾为一个柱形六面体的小竹筒，每个柱面上分别刻有"上上""大吉""和合""中平""防备""称意"6个专用名词。占卜中，大庙总管先报事意，然后在红地毯上滚动竹盾，当竹盾停下后，朝上一面的文字，即表示占卜的结果。要检验该结果是否符合神的旨意，接着便要祈杯，如祈得的是圣杯，则表示该结果准确；否则，便表示该结果不合神的旨意，需要重新辄盾、祈杯。

在所要占卜的4个项目中，第一个项目只要祈一次杯就可定夺。而后面3个项目，则要分别辄3次盾，并在祈得3次圣杯后，通过综合分析才能得出最后结果。

（3）正月初五迎神。依照惯例，每年的腊月二十四，大庙都会举行一场仪式，以欢送神明上天去参加年会，报告人间善恶之事。而初五这天，是他们返庙视事的日子，所以大庙又要为之举行一场仪式，以欢迎他们胜利归来。仪式选在当天的子时进行。之前，大庙总管及4乡8甲的甲首、阁老①都要齐集大庙。待吉时一到，由村民共同推选出的主祭孙带领大家焚香、请神、祷告，而后就新的一年神明是否愿意回庙护佑子民反复祈杯，当祈得圣杯后，

---

① 所谓阁老，是指村民中年过60，且品德高尚、受人敬重的老年人。

场上鼓乐、鞭炮齐鸣，主祭孙带大家到庙门口迎接神明，同时为之安座、献茶、献酒、致辞。信众们争先恐后，虔诚礼拜。

（4）正月十五是王公妈的寿诞之日，前一天（即正月十四）的下午，4 村 8 甲的信众要各备香烛及猪肉、鸡（鸭）、鱼、虾等五牲、酒、发粿（面包或发糕）前来为王公妈庆寿。庙里则要举行一场隆重的庆寿典礼。典礼邀请村内 60 岁以上，夫妻双全且有子有孙的耆老参加，他们身穿长衫，代表全体信众向王公妈敬香、献供、顶礼膜拜。除此之外，从头天（正月十三）开始，要在庙前大埕①上搭台演 3 天 3 晚的潮剧，以示庆贺。

如果当年祈春时得到王公妈的同意，寿诞正日（正月十五）的上午，庙里要组织一场规模空前的游王公，王妈及抢三官爷、三官妈的活动（详情请见后述）。

（5）二月十八是王公寿诞，七月二十五是祖公武德侯寿诞。在这两个寿诞之日，庙里都要为他们举行隆重的庆典活动，其仪式规模与王公妈寿诞基本相同。只是武德侯寿诞时，不但庙里要举行庆典，且大祠（祀先堂）还要举行另外一场仪式。

（6）九月初三、初四是迎接祖公武德侯来村巡视的日子，大庙与大祠要为之联合组织一场迎祖公及游祖公的仪式。

除了上述 4 个村共同参与的活动之外，庙里还有 6 次分甲轮值的庆典活动，它们分别是：三月二十三的天上圣母寿诞；四月二十六的五谷帝王寿诞；五月十三的山西夫子寿诞；六月十九的观音佛祖寿诞；八月初二的城隍寿诞；十月初十的水仙天公寿诞。

这 6 次庆典的轮值次序年年不同，故每年正月初二祈春时，各个甲的甲首要齐集大庙，通过神前祈杯的方式，确定当年的轮值次序。其方法是，先将当年需要轮值举办庆典的 6 位神明的名字各写在一张红纸条上，再把需承担轮值的 6 个甲的名字也各写

---

① 埕，闽南方言，即通常所说的坪。

在红纸条上。大家在神前焚香祷告后，便把神名与甲名逐一配对，如，先将天上圣母与岸上甲配对，通过祈杯，如得到的是"圣杯"，说明该配对已得到神的恩准；如果得到的是"圣杯"之外的其他卦象，则必须将该神名与其他的甲名重新搭配，并再次祈杯。如此循环往复，直到全部搭配完毕。今以 2007 年为例，经过祈杯，其结果为：

三月二十三	天上圣母寿诞	由岸上甲（含斗门头）当值来朝
四月二十六	五谷帝王寿诞	由庙前甲当值来朝
五月十三	山西夫子寿诞	由后树脚甲当值来朝
六月十九	观音佛祖寿诞	由霞园甲当值来朝
八月初二	城隍寿诞	由庵前甲当值来朝
十月初十	水仙天公寿诞	由大祠甲当值来朝

每逢当值的日子，当值甲的全体村民，要各备香烛、五牲、酒、包果前来为神明祝寿。而没有轮到当值的村民则以自愿为原则，可去，亦可不去。

2. 振海寺

振海寺位于堡北祀先堂的右侧。相传该寺始建于元代，后经历代重修。现存建筑分为前后两栋，每栋建筑均为面宽 3 间，进深 3 间，为硬山顶抬梁式土木结构，总面积 110 平方米。前栋祀奉观音及十八罗汉，每逢六月十九观音寿诞，沈氏女眷都会携带香烛、纸钱及素果来朝拜观音，祈求多子多福。后栋建以楼阁，楼下祀奉文昌帝君，楼上则祀奉朱文公（朱熹）及韩文公（韩愈）。每逢春、秋二季，堡内堡外的沈氏读书人都来此聚会，祭拜文昌帝君及朱、韩二公，时称"文公会"。

3. 元帅庙

元帅庙位于土堡西北面，主神不知其名，相传它是清代中期由一名印尼华侨带入此地的，由于灵验，所以大家就为它建了一座小庙。每逢过年过节，附近的村民会来此进香朝拜，祈求平安。

4. 土地庙

仕渡堡内的土地庙均被称为"福德庙"，其数量多达 6 座，它们分别为南门福德庙、西门福德庙（现与灵惠庙合二为一）、东门外福德庙、东水门福德庙、北门福德庙及石路巷福德庙。这些福德庙，除石路巷福德庙之外，其余多建在城门排水沟的旁边，结构简单（为单间土木结构），内部空间非常狭小，庙内多供奉土地公、土地妈两尊木雕小像。

石路巷福德庙是一座颇具传奇色彩的土地庙，它位于土堡中心，在西门至南门的石子路边。相传该庙的修墙与清康熙年间沈氏第二十世祖一葵公赴京赶考有直接的关系。是年，踌躇满志的一葵公在经过几场科考失利后又要上京应试了，但他对这次上京应试能否成功依然心存焦虑。一天傍晚，忐忑不安的他独自外出散心，当走到石子路边这座已经废弃多年的福德庙边时，忽然看见一男一女两位老人从废址上站了起来，连声称呼："贵人来到，贵人来到。"一葵公知道，这可能就是老人们常说的土地公、土地妈，于是不敢怠慢，立即上前作揖施礼，并许愿，如果这次上京能金榜题名，回来就一定为土地公、土地妈重修庙宇，再造金身。谁知经过这番许愿，一葵公上京后果然场场考试得心应手，一举中文科进士。回来后，他便立即捐资重修了这座福德庙，并重塑了土地公、土地妈及十八罗汉的雕像。正因为有了这段传说，所以村里人认为该庙特别灵验，来此上香进供的人，每天络绎不绝。

传说每年的五月二十九、八月十五，分别是土地妈、土地公的寿诞之日。每到这天，堡内的各家各户都要备香烛与五牲（或三牲）供品，到就近的福德庙去祭拜土地公、土地妈，祈求他们保佑合家平安。

（二）王公、王妈出游

正月十五的王公、王妈出游是仕渡堡最隆重的民俗活动之一。

整个活动由王公、王妈出游，新娘落庙，抢三官爷、三官妈三个阶段组成。

1. 王公、王妈出游

王公、王妈出游是正月十五游神活动的重点。之前，总管要在村民中挑选 20 名抬轿手、50 多名仪仗队员，并聘请 7 队以上的锣鼓班（其中大庙 1~2 队，就近 6 个甲，每甲 1 队）。抬轿手及仪仗队员除了要求年轻力壮外，还必须是身不戴孝及妻子生育后已满月了的人。

上午 8 时之前，全体参与游神的人必须穿戴整齐，齐集大庙。8 时一到，主祭孙带领大家焚香祷告、请神下座，然后大家便按照预先排好的次序列队出发。

走在队伍最前面的是两位开路先锋，他们一人手提装满了米和盐的小木桶，沿途撒米、撒盐；另一人手提装满石榴花水①的小木桶，用嫩柳枝沾石榴花水沿途挥洒，以示驱邪赶煞，净化周围环境。紧跟其后的是马头锣、"仕江发祥"、"平安仕江"彩绵、"沈府文武世家"、"沈府圣公王妈"灯笼、"肃静""回避"告示牌、"圣王公妈"横匾、龙虎旗。旗的后面是大庙锣鼓班以及霞园、庵前、庙前、大祠、后树脚、岸上 6 个甲的甲标。锣鼓班后面则是马队及排成两行的 16 名执士，手持佩刀、箭斗、木瓜、宫灯、木瓶、雀瓶等 6 对仪仗的 12 名童生，手举偃月大刀的勇士，手牵神马的侍从，手持虎叉的孟良、焦赞和一架双人抬着的香亭。香亭后面是端坐在神轿中的王公、王妈及三官爷、三官妈。其中，前两架神轿为八抬大轿，神轿的后面还有三个侍男、侍女分别手撑凉伞与万民伞，后两架神轿为双人轿，轿前各插了一把宝剑。走在最后的是身穿长衫、手持信香的各甲耆老。整个游神队伍浩浩荡荡，

---

① 石榴花水过去要用刚刚开放的石榴花花蕊用水泡制而成，现因原料短缺，改用嫩柳枝泡水制作而成。

延绵近百米。

　　游神队伍从大庙出发—岸上（祭无定所）—斗门头（祭无定所）—西门口—大祠背—东门—大美（祭无定所）—溪边园（祭无定所）—东步园（绕 2 圈，祭 2 次）—东门—大房公祠（祭）—内井祠（祭）—平林祠南大埕（祭）—竹林祠（祭）—东门祠（祭）—楼子城（祭）—睦族祠—尖峰祠（祭）—尖峰祠后大埕（祭）—岭祖祠（祭）—象峰祠（祭）—大祠（祭，跑王公）—宝林祠（祭）—大庙（祭，跑王公）。其间，凡标明"祭"的地方，四周信众都早早在此设下了香案，并摆上了茶、酒、素果等各色供品。神明到此后要稍作停留，以接受信众们的敬香、礼拜。信众进香后，要从香亭中各取回三支香，分别插到自家的门口、大厅及灶台上，俗称"换香"，以示同享神明的灵验。

　　偃月大刀是神的宝物，在游神过程中，凡家中有人生病或自感家运不济者，就会请持刀勇士带刀到屋内巡游一周，以示驱邪纳吉。

　　游神队伍到达仕渡沈氏总祠祀先堂及回到大庙时，要分别在大埕上举行一场"跑王公"的仪式。是时，以马锣为先导，仪仗队及被抬的神轿要一路奔跑入场。入场后，大家立即按尊卑次序把神位安好。紧接着，手举"仕江发祥""平安仕江"锦旗，偃月大刀及"圣公王妈"大木牌，手牵神马的壮士们要与执士一起，一队接一队，一次又一次地面朝王公、王妈快速奔跑，俗称"跑王公"。相传该习俗来源于开漳圣王陈元光在位时，每年都要定期召见六部将，而部将晋见陈王时，每次都必须跑步入帐。久而久之，民间便仿照六部将晋见陈王时的礼节，创建了"跑王公"仪式。

　　中午 12 时左右，游神结束，王公、王妈及三官爷、三官妈背身入庙，并在一片锣鼓、鞭炮声中升帐归位，在场信众虔诚祭拜。

2. 新娘落庙

　　依照当地习俗，凡头年正月十五到当年正月十五之间仕渡沈氏男青年娶进的媳妇，均称"新娘"。在新娘阶段，媳妇们不能在堡内随意走动，也不必进庙上香。故新娘落庙，既是她们加入大庙信众行列的一次例规，同时也是她们首次在公众面前展示自己的机会。是日午时一过，庙祝便要清理庙场，不管大人小孩，凡属男性，一概要拒之于庙门之外。未时一到，身穿花红柳绿上衣，下裹红裙，梳妆打扮整齐的新娘们便要携带荐茶盒、大红柑，在家婆们的陪同下，从四面八方汇集到大庙。早已等候在大路两旁的男女老幼你挤我拥，争相观看。有些孩童甚至故意点燃鞭炮，嬉耍路过的新娘。大庙前面，人声鼎沸，一片热闹。

3. 抢三官爷、三官妈

抢三官爷、三官妈是仕渡堡最具特色的一项民俗活动。相传三官爷是圣王公辅德侯的中军，他和他的妻子秉性相同，平生都喜爱玩耍与郊游。正月十五的上午，他们原本已陪同辅德侯在仕渡的堡内堡外巡游了一周，但回来后仍感意犹未尽，要求晚上再出去观灯赏月。为此，辅德侯一再劝阻他们，说晚上天黑人多，你挤我拥，行走不方便。而三官爷两夫妇竟豪爽地回答，只要能再出去走一遭，即使会挤断手脚也心甘情愿。于是，仕渡便有了抢三官爷、三官妈的习俗。

活动之前，庙总先要挑选好一二十名壮汉做三官爷、三官妈的护卫。这项挑选工作，早在正月初二祈得王公妈愿意出游后便悄悄进行。正月十五下午5时左右，被物色好的人员要齐集在大庙专门为他们准备的一间官厅里，庙总用信众们敬献给圣王公妈的美酒及五牲佳肴为他们举行晚宴。晚宴上要让壮士们开怀畅饮，一直等到大家都喝得酩酊大醉时，晚宴方告结束。乘着酒性，壮汉们一边拍掌，一边狂叫，飞步进入大庙。待主祭孙致辞完毕，壮汉们一把将三官爷、三官妈从神龛里拖下，并粗鲁地脱去他们身上的衣裤（只留下贴身的内衣、短裤）。待出游的时刻一到，在其他壮汉的护卫下，两名赤裸着上身的壮汉分别抱起三官爷、三官妈，向着门外冲去。但此时，庙门外面早已挤满了前来哄抢三官爷、三官妈的人群（相传这天抢到三官爷、三官妈手脚的人，能得到三官的福气，生孩子能生到男孩，养猪的猪能膘肥体胖），任凭壮汉们怎样冲撞，始终出不了庙门。为了引开大家的视线，壮汉只好一把扯下三官爷的小手臂，用力抛向远处。趁着大家去哄抢小手臂时，壮汉们便一个箭步冲出大庙，飞快上路。但瞬间，没有抢到小手臂的人又一窝蜂地围了上来，令壮汉们寸步难行。不得已，壮汉们只好再扯下三官爷的另一只小手臂，远远地抛了出去……如此一边走，一边丢，直到把计划中的游神路线（绕土堡一周）走完，三官爷、三官妈身上的 8 个部件（左右小手臂、大手臂，左右小腿、大腿）也被抢得干干净净。

这次夜游中抢到了三官爷、三官妈手脚的人被认为是最有福气的人。他们会像捡到宝贝一样地高兴，回家后立即用石榴花水将该手、脚洗得干干净净，然后用红绸缎小心翼翼地包好，供奉在自家的神台上，早晚敬香，虔诚祭拜。待三天供奉期满，他们又恭恭敬敬地把手、脚送回到大庙，并在神前献供、谢罪。一场轰轰烈烈的抢三官爷、三官妈的仪式便告结束。

（三）迎祖公

迎祖公是仕渡堡内与游王公、王妈活动等量齐观的一项重大活动。所谓祖公，即诏安沈氏传说中的开基始祖武德侯沈世纪。由于相传在九落庙被毁，大家前去哄抢祖先时把祖先抢错了，于是沈氏开基始祖沈世纪反成了南诏北关许姓人的保护神，神像被供奉在北关真君庙里。为表达沈姓人对祖先的怀念，同时也为了借祖先的名义进一步提高沈姓人在当地的社会影响力，每年从农历六月三十开始，他们就要把武德侯从真君庙中请出，轮流到沈姓人集中居住的近百个村落里接受子孙后裔的祭拜，时间长达 4 个月，称"迎祖公"。

　　仕渡迎祖公的时间固定在九月初三、初四两天。届时，大祠与大庙要联合组织庞大的迎宾队伍（其规模大小与游王公、王妈基本相同，只是"沈氏文武世家""沈氏圣王公妈"的灯笼与"圣王公妈"的横匾要改换成"文武世家""武德侯祖"等字样）到与之相邻的坪寨村将祖公的神像迎来。祖公迎来后先要举行一场"跑祖公"仪式，然后把祖公安置在大庙的正殿里，接受堡内村民们的祭拜。

　　祭拜仪式按甲轮流进行，第一天为庵前、大祠2个大甲，第二天为庙前、霞园、后树脚3个小甲。在祭拜中，除了每家每户需要各备1桌祭品外，轮到当值的甲还要联合筹办1桌祭品，并在神前宰杀一头黑色的大肥猪（办祭品与买猪的钱由当值甲按户数均摊，办完祭后的所有祭品亦按户数均分），以示庄重。

　　无论当值甲还是每家每户，祭拜祖公的祭品都筹办得格外丰盛，除了通常所用的香烛、茶、酒及猪、鱼、虾、鸡等五牲菜肴、寿桃、发粿之外，桌上还要摆设一个用猪油网制作的花瓶，瓶里要插满榕枝，柳枝及各种鲜花，瓶前最显眼的位置上更少不了要供奉1只大肥鹅。相传鹅是武德侯的仇敌，有一次，武德侯与敌军作战，战斗失利后，他躲进了一片甘蔗林里，被几只鹅发现后，竟在旁边拼命地大叫，结果引来了敌人，让他受了重伤。自此以后，武德侯就把鹅当作了最大的仇敌，沈氏人因此也把鹅称为"祖公恨"，每次祭祖时，都要以它作为主要祭品。

　　九月初四上午10时左右，按照王公妈在堡内巡游的路线，大家准备全套仪仗，抬着武德侯在土堡里巡游一周，并沿途接受子孙后裔的祭拜。下午，再伴随着小半石、洋塘来的迎祖队伍，把祖公送出本村地界。

　　20世纪六七十年代，武德侯成了"文化大革命"运动中"破四旧"的主要对象之一。为了使其免遭破坏，岸上村的一位沈氏后裔特意将它从真君庙里偷出，藏到了自家的小阁楼上。不料这个消息很快被其他人发现。于是，东城村的一位沈氏后裔又偷偷将它接走，放入一个密闭的大水缸中，并在一个漆黑的夜里，将缸埋到了附近的红薯地里。谁知这一行动又被该村的一个女干部发现，并当即报告了驻队的公社干部。为避免惹祸上身，该后裔只好当晚又把武德侯从地下挖出，扔到了一块茂密的甘蔗地里。没过几天，武德侯的雕像就被一位下地干活的农民发现，并交到了生产队办公室。当时，队里的干部要将它就地烧毁，但不知是因为雕像过于陈旧，还是因雕像长年裸露在外，所含水分过多的缘故，任由队干部怎么烧，也始终烧不着。这时，在场的一位沈姓继子便出主意说，只要在雕像上浇些煤油，便一定能烧着。另一位沈姓青年则自告奋勇，从室内搬出一尊毛泽东石膏塑像，名曰"监烧"。经过他们这番折腾，武德侯的雕像果然很快就被烧毁了。但据说不久，这些参与销毁木雕像的人都落得悲惨的下场。其中，报信的女干部第二个月便得上了花痴病；搬毛泽东塑像前来"监烧"的沈姓青年，不久也平地跌断了双腿；而出主意浇煤油去烧的沈姓继子竟无缘无故上吊身亡了。

正是有了这些传闻，所以沈氏后裔更觉得祖公灵威无比，迎祖公的仪式要代代延续下去。于是，1981～1984年，在海外沈氏后裔的积极支持下，仕渡人重雕了武德侯的塑像，并恢复了迎祖公的仪式。但据说因有的村庄迎了祖公后迟迟不肯把雕像归还，以至后来仕渡便不愿再把雕像借给其他村的人去游了。不得已的情况下，东城沈只好另雕了一尊祖公神像。由此，沈氏迎祖公的活动便一分为二，形成了仕渡、东城两大派。

仕渡派的迎祖公活动，主要在以梅港公后裔为主的16个大村里轮流进行。其轮流次序及迎祖日期依然遵照历代以来的安排，即：

七月十四、十五，后岭；十六，仕雅；十七，大美；十八、十九，岸上；二十，斗门头。

八月二十五、二十六，坳子头；二十七、二十八，溪边园。

九月初一、初二，坪寨；初三、初四，仕渡；初五、初六，小半石、洋塘。

十月十一、十二，后林；二十，下港；二十三、二十四，柳厝、大埭；二十五、二十六，梅塘。

（四）建平安醮

除了游王公妈、迎祖公等活动之外，仕渡每12年还要建3次平安醮，具体规定为每逢鼠（子）、龙（辰）、猴（申）年，为建醮之年，时间为三天五夜。

1. 建醮的准备

建醮的组织工作由1名会鼎、6名会副全权负责，故建醮的第一项准备就是确定会鼎、会副。而会鼎、会副的确定早在头年的十二月二十四送神之前就已开始进行，是时，大庙就近6个甲的甲首要先在本甲中物色3～4名会鼎、会副的候选人，候选人的条件必须是年届60、夫妇双全、有子有孙，且办事认真的人。送神日的晚上，庙总及各甲甲首、会鼎、会副的候选人要齐集大庙，先焚香、请神，再由庙总向神明通报事意。接着用6张小红纸条分别写上就近6个甲的名字，揉成小纸团后，逐个在神前祈杯，如果哪个纸团在祈杯时得到了"圣杯"，便立即将其打开，纸上所书的甲，即为会鼎甲。会鼎甲确定后，再在该甲的3～4名候选人中用神前祈杯的办法确定1名会鼎。会鼎确定后，再用同样的办法在6个甲中，分别确定1名会副。除此之外，在各个甲中，按地缘关系，每5～10户组成1个联户，每个联户要推选1名缘首，以协助会鼎、会副的工作。

会鼎、会副确定后，就要组织工作班底，并筹划建醮经费。由于仕渡建醮，每4年就要进行一次，且每次建醮的规模基本相同，所以大家对经费的使用了如指掌，计划也能很快做出。计划做出后便要依据计划筹集经费。其所需经费以往均由各房从公产中开支，如今则以按户分摊为主，同时也接受部分村民的自愿捐助。

建醮前的第二项准备是聘请神职人员。依照惯例，仕渡的建醮均聘请本县南诏镇静玄坛的火居道士主持。该坛主事接到聘请后，便要立即组织坛班（按照法事安排，三天五夜的平安醮，须聘用道士10人，其中3人吹奏乐器，7人科演法事项目），准备文书，并确定起醮的具体时刻。

会鼎接到起醮时刻后便要预先确定恭请武德侯等神明前来镇坛的时刻，并将该时刻分别书写在几张大红纸上，送到神明所在的庙宇去。其中，送交"恭请武德侯"的红帖尤为庄重，是时，会鼎要派专人于头年的除夕赶到武德侯所在的真君庙（现改在仕渡祀先堂）里守岁，待新一年的子时一到，该人便要把红帖张贴到庙墙上。据说只有这样，其他的村才不会在这段时间里再占用该神的雕像。

2. 仪式主要内容

（1）请镇坛神

建醮前12天，会鼎要带领就近6个甲的耆老，备鼓乐、仪仗前往南诏北关真君庙（20世纪80年代以后改为前往本村祀先堂）恭请武德侯，往仕雅港美庙恭请天上圣母（妈祖），往本村南山寺恭请观音佛祖前来镇坛。神像请来后安置在大庙的川亭两侧，每天早晚定期进香祭拜。

（2）挂天灯

建醮前3天，甲内各家各户要备好一根梢、叶齐全的小毛竹，并把毛竹竖在自家门口或门前屋埕上，竹的顶端挂盏五彩灯笼，名曰"挂天灯"。

（3）装坛

正式建醮的当天下午，坛班道士开始进驻大庙。他们先把大庙正殿里的神像全部转移到大庙的顶厅①，并在那里重新设下香案。在被空出的大殿里，正面墙上悬挂三清、玉帝、紫微大帝及大师的神像，两侧分别悬挂天、地、水、岳（合称"四府"）及赵元帅、康元帅的画像。大殿的中间则设下3张科仪台，正中为中台，这是中尊（即主坛道士）活动的主要场所；左右两边分别为东案、西案，是供会鼎，会副及助理道士活动的场所。科仪台上依次摆放香炉、烛台、茶、酒，各色供果及道士们所要使用的各种法器。

大门口要用两张八仙桌搭起高台，台上设三界公神位。三界台的左前方竖起1根梢叶齐全的青毛竹，竹的顶端挂盏天灯及1串纸长钱。

庙前大埕的左边要搭个高台，台上设香案，这是供道士普度时讲经说法的地方。右边则搭个大士台，台上立纸扎大山人，大山人前面设张骷棚（即用竹片和稻草搭起来的长台），棚上摆放猪肉、鱼、鸡、鸭等13份供品，有的还加麻将、扑克牌等娱乐工具，以供孤魂野鬼们在此尽情吃、喝、玩、乐（见图3所示）。

（4）请神

待吉时一到，醮场上鼓乐齐鸣，主坛道士身穿道服，登坛启教、请神。其所请神明有三清、四帝、佛祖等上界诸圣，城隍，土地，东、西、南、北、中五方神将以及东至油柑岭、南至玄钟城、西至分水关、北至九侯山原三都境内各大庙宇的主神。请神明之后，主坛师带领会鼎、会副及在场信众，备鼓乐、鞭炮到庙前三岔路口去迎接诸神。迎得神明后，逐一安座，并献茶、献酒，虔诚祭拜。

---

① 有的报告人称，建醮时，庙里要在庙前的大埕上搭个神棚，并把庙里的神像一起转移到神棚里安放。安放神像时，面孔要一概向外，以示迎接其他神明前来赴会。

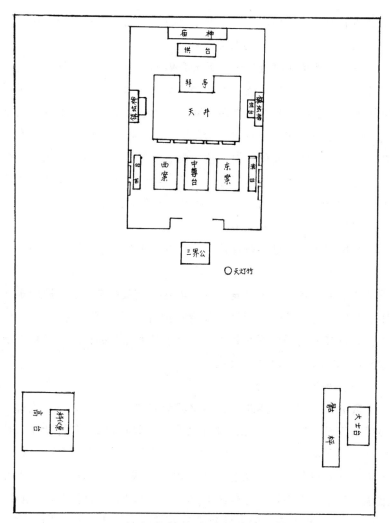

图 3　仕渡醮坛布局示意图

（5）发奏

　　发奏选在第二天凌晨的子时进行。其所发奏文主要有玉皇表、天府表、地府表、水府表、岳府表。这些奏文均事先用珠笔分别写在一张黄纸上，外面用四方形的封筒封好。仪式开始后，主坛道士先启师请神，然后拜表，拜完表，再将表文送到天香炉中火化。

（6）早、午、晚三朝及诵经拜忏

一日三朝是建醮过程中，每天必做的科目。每次朝拜后，道士们都要敲锣打鼓，集体绕坛若干周，名为"巡坛"。午朝时，还要给坛神分别献供，其所献供品，除茶、酒、米饭之外，前两天还要供干煎（油炸米粿）、豆腐、金针菇、木耳、豆支（腐竹）等素肴，最后一天则还要供猪肉、鱼、鸡、虾等五牲佳肴。

建醮过程中还要诵经拜忏，其所诵经忏主要有《朝天经》《朝天忏》。其中，《朝天经》共有 10 本，分 3 天诵完。

（7）穿灯笼花、火把花

穿灯笼花、火把花是喜神、娱神的一项科目，一般安排在第二天晚上请神留驾时科演。是时，在场的 7 名道士须全部上场，每位道士的双手要各挂 2 盏灯笼，手上再各托 2 盏灯笼，点燃后依次在场上穿梭前进，使灯光闪烁，如流星般地上下飞舞。舞完灯，首、尾二人收灯退场，剩下 5 名道士再双手各举点燃的火把，在场上继续不停地穿梭，名曰"穿火把"。

（8）敬油火、安灶

敬油火、安灶是建醮过程中驱邪纳吉的重要科目，一般安排在最后一天的中午进行。科目进行之前，先要物色 55 名青壮年，他们被分成 5 队，每队由 11 人组成。11 人中，5 人扮将军，1 人挑油火（一头挂信香，一头挂油镬，镬里装满点燃的清油），3 人奏鼓乐，其余 2 人为护卫。仪式开始，主坛师先于坛前请神、通意，接着为 25 名装扮将军的青壮年分别藏魂变身，把他们分别变化成康、赵、温、雷、刘五员大将，并给他们各授一道"保命符"，以确保他们的人身安全。

变身之后，敬油火队伍兵分 5 路，每路由 2 名道士带队，在堡内分区域搜索前进。走在队伍最前面的是 5 员大将中，1 人右手拿斧，左手拿凿；1 人右手拿柳枝，左手提石榴花水；1 人身背草席；

1 人手舞宝剑；最后 1 人手拿扫帚。将军后面是挑油火、奏鼓乐的壮士。每逢祠堂、公厅、住屋，打油火的队伍都要进去巡逻一圈。其间，5 位将军挥舞手中的法器，先在各个角落做驱邪赶鬼动作。接着，1 名道士口含烈酒，用大把信香沾起点燃的油火，并将酒不停地喷洒到油火上，使之燃起熊熊烈火，以示烧尽各种邪魔秽气。与此同时，另一名道士则在灶前安抚灶神。待敬完油火，事主立即关上大门，道士在门边贴上一道驱秽符，单套仪式即告完成。路过水塘时，油火队伍要绕塘巡游一周，并不停地向塘中心喷洒油火。

当区域内的每家每户全部走完，油火队将多余的清油倒入水塘，回坛谢师，科目便告结束。

（9）游大士

大士，又称"焦面鬼王"。相传他是观音佛祖的三十六化身之一，其职责是管束游逛在四面八方的孤魂野鬼，使之不在人间残害善良百姓。

传说经过敬油火仪式之后，藏在各个阴暗角落里的孤魂野鬼都被赶出大门，游离到了室外空间，所以，敬油火一结束，人们都要把大士抬到堡内巡逻一圈，以驱赶这些孤魂野鬼到庙前大埕设下的寒林所去接受普度，以使他们尽早脱离苦海。

（10）放水灯

放水灯是普度之前的一项辅助科目，目的是接应水上的孤魂野鬼前来接受普度。该灯，由 1 盏形如灯笼的灯头和若干盏小灯组成。仪式开始，主坛道士先在坛前启师请神，而后乘着夜幕，在鼓乐的伴随下，会鼎手捧灯头，其他人手捧小灯，从大庙一路来到宝林祠前的西溪河边。道士再次设坛请神，并当场发出一道召请野鬼前来接受普度的榜文。简短的仪式过后，大家便七手八脚地把水灯逐一放入溪水中，任其顺水漂去。

（11）普度

普度，又称"放焰口"。它是建醮过程中最为重要的一项仪式，目的是超度那些为种种不明之事冤屈而死，且长期无人祀奉的孤魂野鬼，使其灵魂早日超生，以后不再在人间为非作恶，从而保障当地人畜安泰，五谷丰登。

仕渡的普度仪式场面十分壮观。之前，各家各户都要为普度购置大量的祭品，如鸡、鸭、鹅、鱼、海参、鱿鱼、香菇，木耳以及大金（即用金银纸箔制作的金砖、银锭）、纸钱、匹帛（即五色纸张，象征布匹绸缎）、经衣（即印了许多小人衣、裤的纸巾）等，同时还要制作许多的糕点，90%的家庭要杀猪宰羊。

仪式选在庙前大埕上进行。大埕的右边，早已架设了大士台和骷棚，棚上摆满了各式各样的祭品。大士台的对面，则搭建了一座讲经台，那是主坛道士为孤魂野鬼们讲经说法的地方。而在大士台与讲经台之间，会鼎、会副则为孤魂野鬼们专门新设7张供桌（1人负担1桌）。供桌的正面安放着许多纸扎的小人（它们象征孤魂野鬼，即闽南人经常祭供的"圣公妈"），小人前面供奉香烛和五牲祭品，品种有整猪、整羊、鸡、鸭、鹅、鱼、青果，发粿以及用面粉制作的虾、蚶、青蛙，用红薯雕刻的农夫烧柴、和尚念经、村妇织布等人物故事，用纸篾扎制的龙、虎、狮、象等。整张供桌上摆得密密麻麻，十分气派。除了会鼎、会副之外，其他人则要以户为单位，在自家门前或屋埕上各摆供桌，供桌上摆设的祭品与庙前大埕供桌上所设祭品基本相同，不仅品种丰富多样，制作精工巧妙，且每种祭品上都要点上一个红点（一年之内家人戴孝的除外），并插上一支点燃的信香，以示吉祥。这些信香必须统一在大庙神坛上点燃，俗称"引香"。

仪式开始，主坛道士在大埕左边的讲经台上为孤魂野鬼们讲经说法，奉劝他们改恶从善，早登彼岸。

普度之后，由会鼎高价聘请来的一位孤寡老人爬上楼梯，用砍刀一刀把大山人的头颅砍下。接着，大家七手八脚，把纸扎大山人、骷棚、天灯竹及建醮用的所有纸扎用品、醮场对联，连同供桌上的残香剩烛一起搬运到西溪河边焚化。普度便告结束。

（12）拜天公

如果说敬油火、游大士、放河灯、普度等一系列科目都属于建醮过程中的"破旧"，那普度之后的拜天公便是破旧之后的"立新"，是为村落重新构建起一个神圣空间的重要科目。

拜天公选择在第五天的凌晨子时进行。之前，先要打扫醮场，并在庙前大埕上对空安置好1张天公桌，桌上设烛台、香炉。天公桌的后面再安1张供桌。仪式开始，在一片鼓乐、鞭炮声中，主坛道士先在天公桌前焚香、燃烛、请神。之后，从会鼎、会副及会鼎甲开始，4村8甲的各家各户均要派出代表，依次向天公敬香、献供，虔诚祭拜。每个前来祭拜的人都要自带供品，并于祭拜之前先将供品献上，祭拜后再立即将供品从供桌上撤下，以便让下一个人继续献供、祭拜。所献供品因人而异，但五牲绝不可少，尤其是会鼎、会副，除了须供鱼、鸡、鸭等荤素菜肴12碗、红丸12碗、荐茶盒1件之外，还要另外加献肥猪（或肥羊）1头。

拜天公时，远在数里之外的大美、溪边园村的村民都会赶来参加，所以拜天公仪式要一直做到天亮。

拜完天公后，主坛道士带领大家逐个送神。整场建醮便宣告圆满完成。

补记：

本文采访对象有：

沈荣波，男，81岁，仕江小学退休教师，祀先堂祭祖理事会秘书。

沈春德，男，75岁，原仕江村村长，现祀先堂理事会理事长。

沈绿平，男，63岁，仕江村村干部。

沈火兴，男，87岁，南诏镇静玄坛主坛道士，职号"中尊"，法号"广通"。

附录：

通 族 会 禁

吾乡，诏名区也。良峰峙其北，天马列其南，河水萦带，四边旋绕，昔之名师号谓"出水莲花"。坂曰叶坂。祝云：有花有叶，富贵绵绵。产是乡者，英杰辈出，后先贯辉映焉。兹因族姓蕃衍，室庐稠密，族内诸人，每挖坂填溪为埕，并希图起筑为屋。不知坂挖则叶伤而花不茂，室筑则溪狭而水不通。顾兹地理为伤实多。此西南之处所宜禁止填筑者如是。至于东北，梅祖之佳城在焉，间圹之地乃明堂局面，所关非浅，起筑房屋又伤祖茔。爰是公议勒示诸贞珉，嗣后堡外不论东西南北，一概不许填埕筑屋，违者公革出户，断不狥纵。开载条规于后，永垂不朽云。

计开：

一议堡外东西南北，所有圹地，不许筑屋开厕。

一议叶坂各处圹塘，不许围筑、移岸改筑，并不许坂内岸脚填砌稻埕。

一议溪边塘墘各照旧址，不许再填，有碍水道，并不许堡脚堆积粪土。

乾隆三十八年岁次癸巳端月□日公禁

东城村的传统经济
和民俗文化

沈梅生[*]

一　宗族溯源与传统经济

　　东城村位于诏安县城南隅，全村长约 2 华里，宽 1 华里许（包括田地、池塘、园地）。元朝末年诏安沈氏九世祖（即东城祖）迁居现址。盖东城祖原居诏安城东畔白水庵边，故后世子孙称为东城祖，该村亦称东城。这个地方原是杂姓地，有洪姓、许姓、巫姓、麦姓、方姓……东城祖抚二子：长子辽东祖、次子后岭祖。明洪武三年（1370），辽东祖（已有二子）代弟后岭祖（尚未婚娶）从军戍辽东。嗣后岭祖亦抚有二子。这就是东城十一世四房头。东城祖十二世孙计 10 人，人丁兴旺。繁衍至十三世、十四世、十五世，已经有两百多人。而其他名姓则日益衰败，纷纷迁走，于是东城村逐渐形成以沈氏为主体的村落，外姓迄今仅存"洪桃井""许厝

　　*　沈梅生，诏安沈氏桔林祖派源流研究会顾问。

寨"几个遗迹而已。东城沈氏人口繁盛后，开始播衍至全县各村落，其聚居地主要有山宝雷、官牌、樟仔脚、龙冲、岑头、东里、塘西、平寨、宝树楼、厚福寨、东山、东径、上梅塘、拜头山、大埔、宫口、山前、新寨、朝窝寨、沃角、西埔、湖仔、院前、后岭等20余个。分布各村寨的东城人，主要以农业为本，少数做些小生意，搞些工匠工作，过着男耕女织的温饱生活。

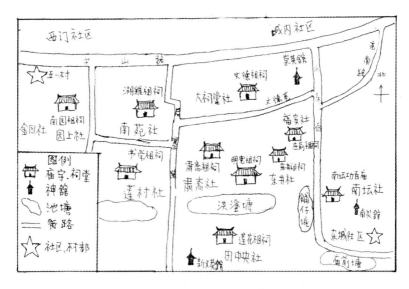

图1　诏安县南诏镇东城村区划示意图

明宪宗成化年间，东城祖派十二世祖诸房筹资兴建祖祠，明宪宗是中兴之主，故称"明宪"祖祠。祖祠兴建后，人丁兴旺、经济发展，但读书人就是科举不中。明万历年间观音山祖派进士沈介庵（当时的天文、地理学家）为明宪祖祠作了更改，即①子孙门开在厅下走廊上，与其他祖祠迥异；②神龛不正坐，稍偏西（配合灵穴）；③屋顶椽为双数。加上祖祠内有一口龙泉，泉水长流不息。此就是明宪祖祠的"四奇"。

经济是基础。东城村依傍县城，经济繁荣，市集点多，村民农闲时间多数从事捞水蚊（一种可作鸡、鸭、鸟的饲料）、石螺（一般多销山区），搞泥水，当木匠，当店员，卖菜……经济上比较活跃，可供孩子们上学练武。加上祠堂的更改，灵气一发，到清康熙、乾隆年间，东城人就有中进士、解元、举人，并当了官，发了财的。

鸦片战争以后，中国的大门被打开了，庞大的封建大国沦为半殖民地半封建社会，洋货开始充斥中国市场。资本主义经济渗透全国各地，诏安的资本主义经营也开始萌芽了，东城村也由此迎来了农、工、商蓬勃发展的时期。在清咸丰、同治、光绪三朝50年间，东城村有糖房（糖作坊）8间，即老长记、新长房、老源记、新源记、承发、老仁发、新仁发等，榨油坊2间、染坊3间、客栈2间，行铺有：油行、布铺、杂货铺、鞋铺、打铁铺、手工艺铺、饼铺、酒店、药铺等不下50间，加上柿栈（制柿饼的），还办了4个戏班，即潮剧两班、汉剧两班，还有小木偶戏、皮影等。上述作坊、糖房、客栈、染坊、店铺、酒店、药店、戏班等均需雇员，所以随着经济的发展，农村居民被雇佣，这也增加了他们的收入。

当年发展经济靠的是搞活，即依靠水、陆两路促进生产、交易的发展。水路即"行北船"，就是组织船队把本县本村土特产白糖、红糖、仁油、花生、大米、蜜饯、枣糕……往北运，以宁波、上海为转运点，交易北方的布匹、洋货、参、茸、干果、火腿、皮革……陆路贸易主要与汕头、厦门、漳州、潮州等处。东城设有承运处，召集一批壮汉，备有牛车、手推车，专门为人肩挑手推载运货物，往返于漳、汕、潮之间。清末东城经济的发展达到了高潮，人们也安居乐业，温饱有余。随着经济基础的夯实，上层建筑自然也就更上一层楼了。单举东城的东井祖派为例：当年的卫千总沈建标荣归后，开糖坊，组建北船队，派人驻上海、宁波，号称沈百万。他还办了三间私塾、一个武馆。他的儿子、孙子、曾孙三代人中两人中文举、一人中武举、一人中贡元。儿子沈士菁任惠州府同知、河源县正堂、赠中宪大夫（四品），孙子沈纲授文林郎（六品）。东井祖派在同治、光绪两朝就中了六个文举人、三个武举人、三个贡员、十六个文秀才、八个武秀才，其中有三人出仕。这一宗族在政治、文化上均有颇高的地位。

辛亥革命后，孙中山就任中华民国临时大总统，可是南京国民政府是建立在脆弱的经济与实力基础上，不久孙中山把总统的大位拱手让给袁世凯，加之孙中山的革命不彻底，因此当时中国陷入军阀混乱的年代。各军阀独霸一方，诏安是南北军阀争夺的交会点。南兵（指广东陈炯明部队）得势便盘踞诏、漳；北兵（北方军阀）得势赶走南兵，盘踞漳、诏。这个年代被诏安人称为南北兵时期。军阀们横征暴敛、巧取豪夺。继之而来的是日寇的蹂躏。这时期北船队不能行驶，承运处无货可运，糖房、行铺、染坊、榨油业、店铺纷纷倒闭。东城的生活随着经济的衰退而陷于水深火热之中。

1949 年新中国成立，人民翻身做主人，东城人与全国人民一道迎来了经济复苏之曙光，迎来了全面发展的新年代。

二 民俗文化与节日活动

东城村源远流长，自元末明初建村以来，迄今 650 余年的历史。其民俗文化与节日活动丰富多彩，它是宋南渡以后，中原文化与当地民俗文化融合的结晶。

（一）"做好事"

说起民俗文化和节日活动，应首推"做好事"。"做好事"即建醮，祭鬼神，规模盛大，活动时间长。"做好事"，县城周围各地时间不同。有的每三年做一次，有的则六年、九年、十年、十二年才做一次。如东沈村每三年做一次、仕江村每四年做一次、城内每六年做一次、胡厝寨村每九年做一次、大美村每十年做一次……

东城村没有固定几年做一次"好事"的规定，而是要看村里特别兴旺、出贵多，才"做好事"。自清光绪二十五年（1899），村里做过一次"好事"，迄今没再做了。因为清同治、光绪两朝，是东城村最为光辉、兴旺的时候。其时，东城村中了14个文武举人，其中还有几个出仕：沈士菁当过河源知县、赠中宪大夫，沈凤苍当过顺昌训导、纳授文林郎，沈建标任卫千总武略骑尉，沈大鹏官至武奋郎。在这兴旺发达的基础上建醮做好事，规模当然也是空前热闹。

"做好事"从起鼓（迎神）到谢伽蓝（佛教护法神）前后要12天。首先要确定顶首事（即会顶），即选取定财、丁、贵俱全的大户为顶首事、副首事，然后以顶首事生辰八字选定"做好事"日子以及迎神、拜天公、祭鬼神，做醮诵经超度的日子等。

各地每年"做好事"一般在农历十月到冬至前做完。选日子一般须在地头庙祈杯（跌笅）。日子确定后要请道士、僧尼，届时诵经做法事。全村家家户户要筹集资金，要养猪、羊、鸡、鸭、鹅等。"好事"首先是迎神，迎神就是迎四大神文圣孔子、武圣帝君公、东岳、城隍，以及佛祖、魁星、祖公、地头公等。迎神要用三天时间。接下来是第四天竖天公灯、设坛等。第六天凌晨拜天公。第七天上午拜众神，下午拜祖宗，晚上拜圣公妈（即孤魂野鬼）。其中拜圣公妈供品最多，家家把供桌置于门口。官家、富家、豪绅还要请来做供品的师傅，将供品做成狮、鼠、虎、人、假山、佛像等，以便观赏。当晚要唱大戏，孤棚上要摆上顶首事、副首事的供品。晚7时左右各甲社要举火炬、敲锣打鼓，与普度一样，会顶要送水灯头到溪边，并迎来圣公妈。"做好事"的供品除牲礼、生猪外，还需办四式粿：甜粿、发粿、红龟、红包，供品越丰富越好。在"做好事"期间，家家要大宴宾客，哪家宾客多就越显其富贵荣耀。道士、和尚、尼姑在第七天、第八天要挂三清或佛祖圣像，诵《华严经》《金刚经》《大悲咒》等。此间家家要把拜好的粿份分别赠送给亲友，即使平时少往来的亲友也须送，叫作"好事粿四散摔"。第十天回神，即用锣鼓班送神回各自的庙宇。第十一天拆孤棚、拆天公灯。第十二天谢伽蓝，由会顶、会副主持。这样一场轰轰烈烈的活动就告结束。

一场"好事"要花很多银子。当年当顶首事的举人沈士菁花了三千多两白银，在广场上搭了七个棚子，祭品生猪七头、羊七只，粿品牲礼不计其数，还请来潮州艺人，打扮供棚让人们观赏。其他各家各户，因为要请客、送礼花费也不少。整个过程热闹非凡，包括观赏的客人、亲戚朋友，可谓人山人海。但一般三年、五年、六年做一次"好事"的，其活动仅三天就结束了。

（二）岁时节庆

东城村除了"做好事"外，每年还有项目繁多的民俗节日活动。

从大年初一起，善男信女就得早早起床，到地头庙向王公拜年，祈求一年平安。各祠堂轮到收租的，必须办糕饼、茶水到祠堂里向祖宗拜年，并在祠堂外鸣放鞭炮、地铳。其他各家各户也必须在家里拜神明、祖宗，当天拜的都是素菜，大年初一人人须吃素菜。接下来就是向长辈拜年，到亲戚家拜年。拜年须说吉祥话，如"新正如意""恭喜发财""过年庆好运"……这时长辈们会给孩子们送压岁钱。这个活动一直持续到正月初五。

正月初五是神下天，这时家家户户、各个庙宇，须于初四下午备荐盒、茗茶、烧云马去接神下天。因为除夕前的腊月二十四各庙宇、各家神明上天聚会，总结汇报一年来人间的善恶、功过，所以正月初五神下天，家家要迎神。村中的族长、耆老必须云集地头庙，在初四晚11时开始烧香迎神，接着用杯在神前抛掷，如果是圣杯，说明神准时回来了，如果是阴杯或阳杯，说明神还没到，那么就得再等一等再烧香再问杯。问到神回来了，庙门外马上响起马头锣、鼓吹班吹打起来，欢迎神回庙了，接着鞭炮齐鸣、地铳轰轰。此后就是向地头公请示全年大事（指有无灾害），并祈杯决定年尾祈安日、祈出普度的会顶等。有时也问问国事，这是用扶乩的，如1945年神下天扶得乩文为："日本指日亡，中华不一统。"此乩颇灵，因为日本于1945年9月投降，接下来内战就开始了。

正月十五元宵日，是东城村颇为多彩盛大的节日之一。全县各地亦然，但形式、内容各不相同，摆灯花最为普遍。所有祠堂、庙宇均摆灯花，有的唱戏，比较突出的有武庙摆匼仔灯，城隍庙挂恶毒匼图，西门外打秋千。东城村最为精彩突出的是明宪祖祠大摆灯花，最大的花每朵直径有30厘米，每盏灯花从地面直接到中脊桷。各个灯桌请来潮州艺术师，雕出灯桌碗（已失传），同时用白猪肉做成猪油象，用赤瘦肉和鱿鱼做成鱿鱼狮，用猪头雕成弥勒像，用猪肚做成玉兔，用鸡、鸭、鹅做成老头儿等。更为精彩的是用面粉调颜色捏成各种小动物，如蛙、金鱼、虾、蜻蜓等放在盘子上，添上花生油，看上去栩栩如生。

元宵节，热闹非凡，凡上年元宵结婚的新娘，晚饭后必须按原做新娘时的打扮一样：插花着裙，随着婆婆到地头庙拜地头，俗称"落庙"，祈求平安早生贵子。当晚庙里、明宪祖祠均唱大戏。人们闹花灯，一直闹到子夜，可谓金吾不禁。

值得一提的是，明宪祖祠多了两盏与众不同的灯。事情还得从清道光年间说起。那一年明宪祖祠照例大摆花灯，展灯桌碗，城关各地游客纷纷来东城观灯，时县衙的差役亦到明宪祖祠来。差役们狗仗人势，作威作福，在祠堂内调戏妇女，当即为义愤填膺的村民打死。此系人命关天的大事，何况打死的是官府衙门的人，一场灾难将降临东城村。当时东城村家长到叔公①，临危不惧，他立即指派族人，迅速制作两盏方灯，分别书上"男东""女西"，挂在祖

---

① 到叔公：名沈到，族长之一。

祠的东、西两方。因打死的差役刚好在西边。嗣后县太爷带领三班衙役，前呼后拥地到明宪祖祠，家长到叔公上前申明吾村是文明观灯，男女有别，衙役仗势欺人，横闯西边妇女观灯的地方侮辱妇女，故被打死。封建时代男女授受不亲，知县自知理屈，只好缄口无言，一场大灾难因到叔公的大智大勇得以避免。从此逢元宵节明宪祖祠就多了"男东""女西"两盏方灯。

东城村除了上述几个节日和民俗活动外，尚有三个颇具特色的节日，这三个节日是清明节、端午节（也称五月节）、中秋节。

清明节，祭祖宗、上坟等活动与全国各地一样，唯一区别的就是东城与诏安平原地区的人，家家要做"乌龟粿"。"乌龟粿"是用艾叶捣细和糯米面做粿的皮，然后包上"绿豆酥""大枣酥"等做成的，蒸熟后粿皮呈深绿色，故称乌龟粿。除诏安外，上至云霄直到漳州、福州，下至广东潮州、汕头，均没有发现"乌龟粿"。

清明节，除在家里拜祖宗外，还须上坟。上坟有两种，贫困人家就在当天下午，用小菜篮装几个乌龟粿到先人坟上，在墓四周压白纸条，修修墓堆、扫扫墓埕，简单拜一拜，叫"到压纸"。富贵人家上坟叫作扫墓。东城村扫墓分两种，一是公墓，一是私墓。公墓指远祖，私墓指近几代的祖宗。

公墓一般都有公租，扫公墓由当年收租人负责。收租人的条件是：以功名论处，即以中进士、举人、秀才、童生者轮流收租，也称收公。到了民国以大学、中学、小学毕业可收租。收租人必须负责春、秋二祭，以及元宵、扫墓、普度、祖公生等祭祀活动的一切经费。清明东城村扫墓，颇具规模，层次亦高，即每桌八菜十六盏（一种竹丝做成的大盘），一暖锅。八菜固定为猪肉、鸡、鱼、猪肝、虾、蚶、肉卷、粉肉圆。每菜二盏，故称十六盏。同时每桌每道菜都要过称，保证足量。参加扫墓的要有一定身份，即具备"前程"资格与当上爷爷的可到墓地祭拜、享食。清朝时，"前程"

指童生及捐班的。"前程"有食、有交（即"交猪肉"①），当爷爷的如果无"前程"资格，就只有食无交。凡参加公墓扫墓的还可乘驴、马、轿，但只能报销一半的钱，较穷的只好步行。扫公墓，一般祭祀中有吹鼓班吹打，由耆老主祭，并读祝文，梵帛时鸣炮及地铳。由于礼别尊卑，扫墓中还有挑担的、牵马、牵驴、抬轿的，这些人不能享受八菜十六盏，只享用简单的三大锅有肉的大菜，菜饭吃饱就是了。每次扫墓花费甚大，有如笔者的十三世祖（笔者二十九世），每次二十桌。公墓不能请墓客，私墓为了讲排场，讲热闹，可以请墓客，形式同公墓。如笔者的二十四祖，因为发大财，每次扫墓时各房都可请墓客，因为以前女人不能到墓，男人的数量不多，因此要广泛地请客。

接着是端午节，即农历五月初五。这个节日是全国性的，其节日特色就是吃粽、吊唁屈原，处处龙舟竞赛，家家插柳、挂艾叶。诏安亦然，但怪就怪在诏安人（东城亦同）过端午节竟无人吃粽子，诏安人把粽子用于丧事。即上年或端午节前有父母"年老的"（即死亡）做女儿的必须在五月初一备拜粽子，回娘家拜父母，称死鬼哭粽。所以诏安人端午只有死了父母人家的女儿要备粽子外，其余见不到有人做粽子的。

八月十五是中秋佳节，是时秋高月圆，是个吉祥的日子，也是家家月圆人庆的好节日。中秋节，瓜果成熟，月饼上市。此时家家备办瓜果月饼，拜神明、祖宗，夜里当明月上升时还要在天井中设香案、供品（月饼、水果、茶等），烧香赏月，欢庆合家团圆，五谷丰登。

说起月饼，还有一段有趣的故事。诏安平原地区（包括东城村）的月饼与全国各地截然不同。这里的月饼甚是简陋，是无馅的饼。每块直径在五厘米左右，先将面粉发酵后，捏成圆球，再压

---

① "交猪肉"当地俗称，即分领猪肉及其他祭品。"交"即"分和领"的意思。

扁，然后撒上白芝麻，烘烤而成。饼出炉后用毛笔蘸红颜料，在饼上写上字，一个饼一个字，一般都是写上吉祥的字，如：上、好、吉、祥、庆、美、善、优……还有一种大月饼，最大的每块直径在20厘米左右，其他也有十来厘米不等。这些大月饼与小月饼一样做法，但不写字，而是画画，如画"状元拜相""京城会""瑶池赴宴""加冠晋禄"等吉祥画。

小月饼上写字的习俗要追溯到元朝末年。当时元政权对南方的统治、压迫非常残酷，规定每十户要养一个元兵，伙食要好，如果发现元兵瘦了就要惩罚。由于怕汉族百姓反抗，政府规定每三户用一把菜刀。人们处在水深火热之中。元朝末年各地纷纷爆发抗元起义。当时刘伯温领导的一次抗元起义，就是约定在八月十五子夜人们一起动手，杀尽监视他们的元兵。为了迷惑敌人，他们就在月饼中装进小字条，字条上写着："八月十五子时杀元番"（番指少数民族）。由于暴动成功，后来刘伯温帮助朱元璋建立了大明王朝，所以后人在月饼上写字表示纪念。此风俗只有诏安至今仍保存着。

除了中秋节之外，东城村各个祖祠，每年都要举行祭祖活动，祠堂公租多的，祭品比较隆重丰盛，比较穷的祖祠只得马虎了事。此外，还有普度、"祖公生"等大型祭祀，有关后两者的活动盛况，以后再作专门介绍。

各祖祠的春秋二祭，也叫作春祀、秋礼，一般在春二月初二，秋八月十六举行，但按各祖祠的具体情况，也有不同的规定。如明宪祖祠的秋祭定于九月二十四，这天是三房祖妈忌辰。因三房祖妈嫁到东城时随奁颇丰，有大量的田产、现金。东井祖祠的春秋二祭定于正月初二、九月十七。这两个日子，一是东井祖生日，一是东井祖忌辰。

现在以东井祖祠为例说明祭祖的盛况。东井祖祠是比较富有的，公租较多，春秋二祭，每次16桌，其中有一桌细桌，15桌粗桌。细桌有16样菜，粗桌8样菜。细桌规格接近满汉全席，是举人、秀才享用的。粗桌则供一般"前程"资格的人享用，当爷爷的也能享用，不过不能"交猪肉"。粗桌八菜一火锅，加荷叶包。八菜分别为：鸡、鸭、肚（猪肚）、蹄（猪脚上的那块方肉）、鱼、虾（指虾丸）、参（海参）、燕（燕窝）。祭祀过程有行"三献"礼，读祝文，三献即由主祭孙向各神主献：茗、酒、馔、胙肉、果品、羹饭、金帛。读祝文在亚献礼后，三献礼后焚帛、撤馔、礼成，主祭孙退位。祭拜完毕，大约下午四点钟开席，散席后就席中有"前程"资格的可领回猪肉及菜品。晚 6 时许细席才开始，细席菜式多，质量高。一般有：鱼翅、海参、鲍鱼、燕窝、火腿、烤肉、鱼胶夹、金钱肉……请高级厨师精工细作。

九月以后，集体的祭祀活动少了，如九月初九重阳节、冬至、除夕等均由各家各户自办。比较有特色的算冬至。冬至诏安家家要搓糯米圆，拜神明祖宗。拜完后要把糯米圆粘在门上，一扇门一颗。家中的大床、大桌、柜、橱等都要粘圆子，一些细小的木器、木柴等则必须用圆汤喷洒，据说这样可以驱邪，不然的话它们会变成妖，并会捉弄人。在喷洒圆汤时，妇人们还要口中念念有词："十一月是冬天，柴夫、木截来吃圆。"这样就能平安了。

冬至过后，就是腊月。每年腊月（十二月）二十四是神上天的日子。各神庙、家里的神明、灶神等都要上天，汇报一年间人间的善恶美丑等事，同时在天上拈阄，以主宰下一年村运、家运的好坏。这时家家要为神准备好干粮，让他们在路上当点心。干粮一般都是糯米面煎成的饼。送神上天要烧"云马"，即一种黄纸，上面印有人夫、轿、马、马头锣、凉伞等图形。烧"云马"时须注意"云马"前腿朝向。如果是神上天，"云马"必须头前腿朝外；如果是神下天时，则"云马"必须头前腿朝内。从神上天到神下天这十天内是假期，私塾先生、学生放假，唱戏的也放假（因为神上天，过去的戏，都是节日、神寿诞做给神看的）。

　　全年最后一个节日是除夕，除夕也是一年八节中最大的节日。一年终结了，首先必须谢谢天公，所以在除夕的前一天就要谢天公了。谢天公一般在除夕的子时，也就是除夕前一天的半夜十一点或十二点，也有的快天亮都行。拜谢完天公，家家放鞭炮，由于没有统一时间拜，有先有后，所以鞭炮声此起彼伏一直闹到天亮，谢天公必须贴对联、办牲礼、酒粿等。对联通用的有："一点精诚通帝座；万般瑞气降人间""在我尽一心诚敬，求天赐两家平安"等。牲礼必须五件，称"五牲"，即：鸡、鸭、鱼、猪肉、虾等，粿必须是发粿。富有人家有的拜全猪，有的拜猪头，或双鸡双鸭。拜完天公，上午必须拜见地头庙，拜家中的神明。虽然神上天还没有回来，但各庙宇、家家神明都有炉神守炉，他会代收香火牲礼等。中午拜祖宗，晚上合家团聚吃围炉年饭，各家各户喜气洋洋。吃完年夜饭，开行、铺、店、作坊等的老板及放债的债主就忙于催债了，不让人把欠款拖过年。所以各行、铺、店、作坊、债主都派人提着灯笼火，催收债款。还不起债的人，凑不上款的只好出门逃债。以前，生活较贫穷，所以就有这样的对联：年难过，年年难过年年过。

（三）两次大型的祭祀活动

1. 普度

　　普度始于唐朝，据小说《西游记》记载：唐太宗下幽冥界，由崔判官领他至"枉死城"，只见枉死城尽是枉死的冤孽，无收无管，不得超生的孤寒饿鬼，惨象十分可怖。崔判官教唐太宗回阳间要做一个"水陆大会"超度这些孤魂野鬼，这就是普度的来源了。因为普度刚好在农历七月十五中元日，因此诏安人亦称"做中元"。全县中元日从"林中"村起，至"仕雅"村止。即六月三十开地狱门，七月初一林中村做中元，七月三十仕雅村做中元并关地狱门。开、关地狱门，各户应备饭菜在门口祭拜。

东城村排在七月二十二做中元。其程序如下：首先要在正月初五神落天，由耆老在地头公前祈杯，定出"会顶"，即顶首事，负责中元（普度）的一切事宜。东城村有十大甲社、几个小社和八个神馆。十大甲社：南坛社、东井社、南苑社、大祠堂社、田中央社、肃齐社、园上社、莲春社、金田社、福安社。八个神馆：南兴、上兴、中兴、同兴、崇英、新义英、竹斋、新斋。中元日晚上各甲社及神馆都要有锣鼓班举火炬到溪边放水灯并迎圣公妈来村享祭。从七月初起顶首事必须办好几件公务，即定做"走马报子""大士像"，请好道士或和尚准备诵经超度冤魂。

进入七月十五后，全村就紧张地筹备中元的事宜了。各家各户准备拜品：松粿、发粿、雪糕、红龟（一种像饼状的有馅的粿）、水粿、发包及水果、鸡、鸭肉……同时忙于扎小火炬和大火炬。①七月二十一上午，地头庙由顶首事负责，请了一班道士或和尚诵经烧符，燃烧"走马报子"（用纸竹糊成的，报子骑在马上，背着书文），意即背文书去通知圣公妈明日来享祭。

七月二十二，人们要洗扫门口，洗供桌，把备好的供品写成"标红"（用红纸写的供品清单），写上家主姓名贴在地头庙的墙上。下午4时许，顶首事的锣鼓班要去请大士（大士是用竹、纸扎成的，上首白衣观音大士站在净坛使者头上；净坛使者青面獠牙恶狠狠的，负责管理孤魂饿鬼不得乱抢争食）；请完大士便供在孤

---

① 小火炬和大火炬均用芦苇竹做原料。小火炬大约十来枝芦竹扎成后，用草纸割成条状，叠起来圈成圈，然后用锤子一捶，再一张张搓成条状，沿着芦竹从上往下扎，浇上花生油即可。大火炬先用芦竹编成芦排，围成圆圈，一般的周长50厘米、60厘米、70厘米……厘米不等。大火炬底层要用整齐的木料垫底，然后用松树柴装满，这时大火炬的主体就完成了。大火炬一般有两米半左右高。装完松柴后，要打扮大火炬，即糊上纸，再用各种颜色的手工纸剪成图案装饰一番，或请画家在纸上画画，书法家写字……最大的火炬几百斤重用小车推着走，最小的也有几十斤重。捧大火炬的必须人人戴战笠。

棚上。大约下午 5 时许第一声地铳（号炮）就响了，提醒人们做好准备；下午 6 时许第二声号炮响了，人们必须摆好供桌吃完晚饭；第三声号炮于 7 时许鸣响，这时全村各甲社、神馆的锣鼓震天动地地响起来，放水灯的队伍点起火炬分别从各个角落按顺序走出村子，会集到城内的中山路，长长的火龙煞是好看。顶首事和副首事走在队伍的最后，副首事提着小灯笼，顶首事捧着水灯头，两人搀扶着，前面还有 8 名提着铅斗火的开路。浩浩荡荡的火炬队伍到达溪边后就停下休息，顶首事、副首事便恭恭敬敬地来到水边，焚香膜拜，和尚念经，然后放下水灯头，意即照路让鬼魂来临。几个壮汉即燃起大把大把的香。这时放水灯的队伍就可往回走了。几个壮汉抓着大把大把的香，跑回村子，分发给各家各户。各家各户把得来的香插在供品上，然后按供品多少，一件要插一支香。这时孤棚对面还搭一个小棚，里面有和尚或道士奏起鼓钹、唢呐，开始唱经，一直唱到晚 11 时才停。顶首事和副首事的供品应按定量可多可少地摆在孤棚上，各家各户的供品要由和尚逐桌念过经（只几句平安的话），等晚 12 时地铳（号炮）响三声后，化过纸才可收回。号炮响后即可烧掉大士，一场普度就宣告结束。

2. "祖公生"

常年，东城村最大的节日活动应算七月二十五的"祖公生"（即太始祖武德侯寿诞）。因为诏安县沈姓人口众多、居住村落广，人称"沈半县"。而东城村又是沈姓最大村落，且财丁兴旺。因此年年祖公生，隆重盛大。请祖公（即迎祖公神像来村里）是最大的活动。每年从六月二十八起，全县沈姓 70 多个村落和地区，分别为武德侯祖祝寿，至十月二十八回庙，整整 4 个月。七月二十五是祖公寿辰正日，故特别隆重。东城的请祖公（迎祖公神像）规模最大，内容最丰富，阵势最雄伟壮观。东城村请祖公是在七月二十四迎请祖公到明宪祖祠，二十五是正日，家家办祭品到祠堂祭拜，并大宴宾客。

迎祖时东城村有 10 大甲社，7 个神馆，甲社与神馆都有锣鼓班，加上东里（东城村的大房）的一班锣鼓计 18 班。队伍的排列按次序为南坛社（土头公的所在地）、东井社、南苑社、大祠堂社、田中央社、肃斋社、福安社、园上社、莲村社、金田社。甲社的排列除南坛社外，其余按各甲社出贵多寡为依据。神馆以大小为依据，分别为：南兴、上兴、中兴、同兴、崇英、竹斋、新义英。请祖公一般于下午 2 时出发，以号炮三响为号。大约吃午饭后，响第一声号炮，要人们做准备；下午 1 点半左右响第二声号炮，这时人们及锣鼓班分别到各甲社及神馆所在地集结；听到第三次号炮（三响），全村锣鼓班就震天动地地敲响了，并分头出发，前往龙亭（地名）等候。因为要渡河到东沈村请驾，大队人马只能在龙亭等候，只派一小队执事人及吹鼓班到东沈迎祖公。大约 4 时左右，祖公圣驾上岸，这时又鸣号炮三响。听到号炮声，金鼓齐鸣，人群踊跃，走在最前面的是"清道旗"，接下来是马头锣两面，号角一对（作战时的军号），再接下来就是灯笼、彩旗，祖公的仪仗：龙头一对、小斧一对、仙掌一对、佛手一对、金瓜一对、大刀一对、水火棍一对、龙旗两面、虎旗两面、凤旗两面、回避牌两面、肃静牌两面、官衔牌两面。这些过后就是锣鼓班及各种节目表演。锣鼓班分大锣鼓与小锣鼓。大锣鼓就是潮州锣鼓，一班锣鼓有八面以上平锣、大锣、深波、大钹、小钹、大鼓、唢呐等，敲打起来声音极其雄浑。小锣鼓叫作三不和，即一面深波、一面小铿一个，大小钹各一个，三种乐器，配上一个锣鼓亭，亭上摆个小鼓，为指挥人击打用。小锣鼓可一边走一边演唱。锣鼓班中还配插擎号旗的、打标的（一种横旗子由两人擎）、扮地景的。地景就是戏班上的演员化妆后穿着袍服，扮"京城会""三英战吕布""八仙庆寿"等戏目。迎祖公队伍按次序前进，锣鼓班过后就是一班唢呐队，唢呐班要整程不停地吹打。此外还有文武执事、扮马队、捧宣炉、牵神、擎大斧等。武执事有三十六把，九种兵器，即叉、矛、蛇矛、关刀、銮刀、朴刀、三尖刀、撷，都是全钢的，银光闪闪。执兵器者，头戴战笠，全副武装，腰系彩带，脚缠绑腿，威风凛凛，重现武德侯当年征战的雄姿。文执事由 16 名少年儿童组成，他们个个着贡缎的长衫马挂，捧着八宝，走在武执事后面。这八宝指：宫灯一对、环灯一对、木瓶一对、雀瓶一对、印一对、剑两把、宣炉一对、文房四宝一对。文执事过后就是扮马队。扮马队由两名五六岁的男童装扮，穿上新衣，化好妆，骑在马上，一个背着祖公的印鉴，一个背着皇帝敕封祖公的诏书。马队过后，就是几个打扮威武的年轻人擎着大斧（大钺），缓缓而行；大钺过后就是几个年轻英俊的小伙子，武装打扮，勒着神马，缓步而行；后面有两个用木盘捧着宣炉的当年新中童生或秀才（民国后改用新毕业的学生）。他们一个在香亭前，一个在祖公圣像前。在祖公神像后，就是村里的耆老及有"前程"的人。当迎祖队伍到达明宪祖祠前约50 米的地方，执事神像等便停下来，等锣鼓班散后，还须由 8 人抬着祖公和香亭，在马头锣引导下飞跑入祠堂，以壮武德侯军威，俗称"跑王"。参加跑王的有武执事、执号旗者、神马、执凉伞者、擎大钺者等。这些都要在马头锣引导下，飞跑入祠堂。难度最大的要算擎大钺的，他们必须双手平举，跑时大钺要保持平稳。牵神马的叫作牵拍马，必须勒紧马头，开始跑的时候，观看的人要用竹子打马，马一挨打就狂奔，所以牵马的人要紧紧勒好马，不被摔倒。最后就是香亭、祖公飞跑入祠堂了，当祖公入祠时，场上鸣地铳（礼炮）三响，整个迎祖活动就结束了。其过程浩大、壮观、热闹。

当天晚上，村里的耆老们、"前程"们必须云集明宪祖祠，备寿面、寿桃、清茶，先为祖公祝寿。第二天（七月二十五），家家杀鸡、鸭、鹅，备牲礼到祖祠祭拜。大部分牲礼中都有鹅。这有一个美丽的传说：据说武德侯祖勇冠三军，英勇善战，在平闽过程中，破 36 寨，其中鹅仔寨地形险峻、复杂，易守难攻。一次侯祖公只身为探军情，察看地势，来到一处山坡时，遇到一群白鹅，惹来阵阵惊叫声，惊动了山寨寇兵，纷纷出动。侯祖公立即躲身于六月白（一种白豆）园中，靠繁茂的豆藤叶，隐藏起来，躲过了这一劫，并探明山势，顺利地破了鹅仔寨。从此祖公爱吃鹅，不吃包有白豆馅的粿。

是日，全日唱戏，戏班要办仙（演十仙拜寿），状元夫人要下棚到祖公神前礼拜。村里公家要举行隆重拜礼，祭拜过程要行三献礼，读祝文，东城村的祖公生持续四天，第四天塘西村到东城迎祖，东城村必须备一班锣鼓，村里耆老、"前程"要送祖公至村外，届时整个祖公生活动就宣告结束。

三　诏安婚俗

男大当婚，女大当嫁，人之常情。在诏安传统婚嫁颇为讲究。首先是门风相对，即富人对富人，官士家对官士家，自然穷就对穷了。其次是形式的讲究。旧婚姻须父母主婚，媒妁之言，意即主婚为父母命，介绍由媒人。旧婚姻有六礼——问名（行庚）、纳采（行定）、纳征（行聘）、纳吉（过小酒）、请期（报日）、迎亲（娶归）。通常过程为：媒人介绍，双方问过名字、住址、生肖。只要男女生肖不会冲、克，即可谈亲。通过媒妁沟通后男方认为可行，即可通过互相相亲，即男方可派人上女家看看新娘的容貌行止，女方可派人到男方看看女婿的容貌，了解女婿的为人、女婿家的家事（指财产、住房）。通过双方了解后，如果双方满意即可纳采，就"行定"了。这就是派有身份的人带四式（礼物）到女家求婚。女方收了采物即表示同意婚嫁了，但四式要回一半，此时仍不用按亲戚称呼。此后即可择吉日纳征，即行聘。男方行聘必备8式或12式，其中有聘金若干、发粿一瓿、猪肉一腿、酒两樽、茶（若干包）、烟（若干包）、红柑、糖果等。女方接受行聘后，应把煮熟的猪肉切成小片，把发粿也切片，然后分送房亲通知女儿已应聘。行聘后就是纳吉了，即男方送些酒肉向女方要来新娘的出生年、月、日、时，以便与男方的年、月、日、时合在一起送算命先生看吉日，填成"日课"以备迎娶用。其式如下：

乾座×年×月××日建生大吉

坤座×年×月××日瑞生大吉

此命书乾坤合一必须双字，然后送看命先生推算并填写"日课"。"日课"内容包括：新娘几时修妆、几时出房、几时辞祖、几时上轿、几时进房，男方则按规定几时安床、几时迎亲等。接下来就是请期（即报日）。请期可迎亲前一个月或十二日或三日前进行。请期（报日）须送大饼、猪肉、酒、茶、烟、红柑、糖果、红包等8式或12式，并呈上报日帖，其帖如图2。

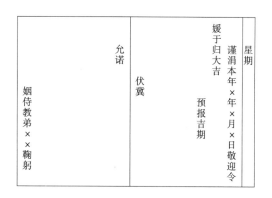

说明：
① 星期：指吉星高照好日期
② 谨涓：指仔细挑选
③ 全帖字数必须双数

图 2　报日帖示例图

女方收到报日帖及大饼（一般 120 块、360 块、400 块乃至 600 块、1000 块不等，视女方亲戚朋友多少而定）后，必须广泛送大饼给亲戚、房亲、邻居，收到大饼的必须给新娘添妆。

迎娶的日期到了，新娘必须按时起床、修妆打扮，按时辞祖拜别双亲上轿，族人及亲戚齐集送嫁。若是达官贵人、富贵人家的女儿则坐大轿（四人抬），穷人则坐小轿，甚至要步行走嫁。

富贵人家送嫁队伍（送嫁都在早上），灯笼彩旗前导。出仕人家灯笼可书官衔、科举功名等以示荣耀。接下来为鼓乐队，再以下是扛"春橙"的人，"春橙"是装放新娘的嫁妆、首饰、布匹、衣裳、金银器等（"春橙"多寡以嫁妆多少为定）。接下来便是大轿，大轿后面跟着一个挑红布袋的，布袋里面装一对枕头，红布袋象征夫妻日子过得红火。后面还有一人扛两枝甘蔗（蔗叶蔗根齐全），象征新人日子过得甜蜜。最后一个拖着榕树青，象征长寿、百年偕好。这些提灯笼、彩旗、扛春橙、挑布袋、扛甘蔗、拖榕青的统统叫差奴。

送嫁的队伍到达新郎大门口落轿，差奴们把嫁妆等物摆放在厅上，吃完甜圆领过小礼，便可回家。接着女婿要踏轿门，女婿手执纸扇，用扇头往轿顶一敲，抬脚一踢就完事了。然后由族中最有声望的耆老领新娘进洞房，沿途必须用米筛遮住新娘的头，进门槛时要跨越烟火，以示兴旺。随后举行拜堂仪式。首先要拜的是神明，再则是祖先，接下来族中人从长辈至平辈兄嫂均须拜。即由新郎新娘捧茶按辈序逐一跪拜，受拜者必须送红包，口说吉利的颂语祝新人幸福。

拜堂完毕后，时近中午了，新郎新娘须吃合卺酒，俗称吃新娘桌。吃合卺酒由媒婆主持。吃过合卺酒婚礼基本结束。婚礼晚上就是宴宾客，闹洞房了。

男方宴宾客须先送"候光"帖，即恭候其光临婚席，俟对方送来贺礼后，再发申谢帖。送完申谢帖须三次催请，以示诚意。恭请男、女宾客的请帖款式如下，帖面写"正"字，见文后图3。

婚庆结束后，新娘第三天早应下厨房，开始正常生活。

补记：

本文所记述的资料，多数来源于以下族贤，他们都已故，现列名以告慰：

沈耀垣，清代贡元，民国 15 年（1926）任诏安县教育署长，东城村明宪小学创办人。

沈达材，曾任南华大学、广州中山大学教授。

沈庆生，笔者兄长，诏安一中高级教师。

说明：在"×府"之上冠"大德望""大闺范"一般用于长辈、年高者。男客中青年用"大英俊"，女客中青年用"大懿范"。

涓农历×月×日小儿完娶治茗奉迓

大教伏冀 台驾祗聆 早临不胜荣幸之至

上右

大德望×府×××××阁下

眷 ××× 鞠躬

启

说明：请读书人或有小功名的人，若在县、府试年可用"大案元"，意即预祝县府试第一名。若在"子、午、卯、酉"乡试年可用"大解元"，预祝乡试中式。在"辰、戌、丑、未"会试年可用"大会元"，预祝会试及第。

涓农历×月×日小儿完娶治茗奉迓

慈舆祗聆 闺训伏冀 早临不胜荣幸之至

上左

大闺范×府×××××妆前

眷 ××× 鞠躬

启

图 3　婚宴请帖范例

诏安县城北关的"跑贡王"

杨彦杰[*]

一　引言

　　关于闽台地区的"祖神"崇拜，笔者已有多篇文章进行讨论。[①] 这种崇拜从性质上说介于祖先和神明之间。也就是说，从同姓族人的角度看，他们崇奉的对象既是自己的祖先，也是神明。然而从异姓崇拜者的角度说，他们祭祀的就不是祖先，而是被社会大众普遍接受的神明。这种"祖神"崇拜如何从某姓祖先演变成社会的保护神，就是一个值得关注的问题。此外，这种"祖神"崇拜不仅客家地区有，在闽南福佬人居住区也明显存在，因此具有跨

　　[*]　杨彦杰，福建社会科学院研究员，原中国闽台缘博物馆馆长。
　　[①]　参见杨彦杰《华南民间的祖神崇拜》，载《法国汉学》第5辑，中华书局，2000；《闽西东山萧氏的宗族文化及其特质》，载蒋斌、何翠萍主编《国家、市场与脉络化的族群》（第三届国际汉学会议论文集·人类学组），台北中央研究院民族所，2003；《从祖先到神明：闽台"东峰公"崇拜之研究》，"2006年族群、历史与文化亚洲联合论坛：人物与地域研究"学术研讨会论文，中坜中央大学客家学院，2006年12月2~3日。

族群的区域文化特征。本文所要探讨的诏安县城北关所谓的"跑贡王"活动，就是一个存在于闽南福佬人居住区的个案。它的意义在于让我们更清楚地了解在闽南地区的"祖神"崇拜中，祖先与神明的不同角色如何被混杂转换，以及民间崇拜活动与地方社会多重历史文化因素的相互关联。

二　漳州地区的陈元光崇拜

诏安是福建省最南部、紧邻广东的一个县份，属漳州市管辖。诏安县城北关的"跑贡王"活动与漳州地区的陈元光崇拜有密切关系。

陈元光是唐初开发漳州的一位历史功臣。有关他的事迹、籍贯、文献等诸多方面，学术界已有比较深入的讨论。[①] 简言之，作为重要历史人物的陈元光，他的贡献主要有两条：一是率军讨平潮州的"南蛮之乱"；二是在垂拱初年上疏朝廷建议设置漳州，任刺史，此后陈氏及其后代在漳州早期开发史上具有很大影响力。陈元光去世后，有关他的崇拜就开始出现。王象之《舆地纪胜》之《循州·古迹》载："朱翌《威惠庙记》云：陈元光，河东人，家于漳州之溪口。唐凤仪中，广之厓山盗起，潮泉皆应。王以布衣乞兵，遂平潮州。以泉之云霄为漳州，命王为左郎将守之。复以战殁，漳人器之痛，立祠于径山。有纪功碑、《灵应录》见于庙云。"[②] 这里

---

① 参见《陈元光国际学术研讨会论文集》，厦门大学出版社，1993；谢重光：《陈元光与漳州早期开发史研究》，台湾文史哲出版社，1994。有关学术界对陈元光事迹、文献资料的讨论，发表文章甚多，仅举谢重光《〈龙湖集〉的真伪与陈元光的家世和生平》，载《福建论坛》（文史哲版）1989年第5期；杨际平《从〈颍川陈氏开漳族谱〉看陈元光的籍贯家世——兼谈如何利用族谱研究地方史》，载《福建史志》1995年第1期，作为参考。

② 王象之：《舆地纪胜》卷91，《循州·古迹》。参见谢重光《陈元光文献资料辑校与疏证》，载《客家》1995年第3期，第41～58页。

提到的径山，即在当时漳州之所在地云霄境内。此后，陈元光崇拜又从云霄县扩散到邻近的漳浦，诏安以及今日漳州城区等地。这些地方不仅建有陈元光祠宇，而且有坟墓、行台、战场等传说中的遗迹。

迄两宋时期，有关陈元光崇拜进一步发展。特别是南宋政权为了稳固其统治，加强与地方社会的联系，对普通百姓广为崇拜的地方神明更屡次予以敕封，陈元光亦在其列。据《宋会要辑稿》①载：两宋时期，陈元光被封10次，其中北宋年间3次，南宋年间7次。具体是"神宗熙宁八年（1075）六月封忠应侯，徽宗政和三年（1113）十月赐庙额威惠，宣和四年（1122）三月封忠泽公。高宗建炎四年（1130）八月加封显佑二字，绍兴七年（1137）正月又加英烈二字，十二年（1142）八月加封英烈忠泽显佑康庇公，十六年（1146）七月进封灵著王，二十三年（1153）七月加封顺应二字，三十年（1160）又加封昭烈二字……孝宗乾道四年（1168）九月加封灵著顺应昭烈广济王"。与陈元光一起受封的，还有他的父母、妻子、儿子、儿媳和曾孙。可见从两宋以后，陈元光崇拜受到皇朝的肯定和推崇，原来作为地方民众广为祭祀的神明转而成为朝廷认可的正神，其神格和正统性大大提高了。

当然，作为民间崇拜的神明，它仍然会朝着自己的方向发展。至少从南宋开始，一些地方士大夫已经在批评民间祭祀陈元光有如"淫祀"。如朱熹的学生陈淳就说："惟威惠一庙……今帐御僭越，既不度庙貌丛杂不肃，而又恣群小为此等妖妄媟黩之举，是虽号曰正祠，亦不免均于淫祀而已耳。"②也就是说，当时

---

① 徐松：《宋会要辑稿》第20册《礼二〇》，"陈元光祠"，中华书局影印本，1957。

② 陈淳：《上赵寺丞论淫祀》，载《北溪先生全集》第4门卷23，光绪七年芗江郑圭海安国氏重刊本。

的威惠王庙建得过于堂皇，很不严肃，庙内的活动也完全不符合儒家规范，有巫术的色彩。至元、明时期，这种民间的祭祀活动越演越烈，不仅有大量灵异传说出现，而且祭祀的对象除了陈元光及其亲属之外，还扩及追随陈元光的部将以及某些部将的亲属等，陈元光崇拜几乎成为一个"文化丛"，在民间社会迅速蔓延扩展。

诏安县对陈元光的崇拜至少在元朝已经出现。据康熙《诏安县志》记载，该县最主要的祀典庙宇是建于良峰山的将军庙：

> 唐将军庙，祭唐将军陈元光也。将军有开拓之功，凡乡人皆得祀将军，乡各有庙，号"陈王庙"。惟祀典所载，庙在县城西北二里良峰山麓，有九座，元时所建。明嘉靖间，寇乱庙毁，乡民悉兵逐寇，疾负王像而出，庙中六将神像具全，寇亦寻灭。始建庙于县城内东南，庙甚湫隘，举尚有待。每岁春秋二仲之望日，本县正官致祭。以前锋将许天正、分营将马仁、李伯瑶、欧哲、张伯纪、沈世纪配焉。①

这座庙宇现仍在诏安县的县城南关内，② 庙内还存有明崇祯十三年（1640）及清道光十五年（1835）两次重修庙宇的碑记。当地百姓对这座庙宇也有很深的记忆，只要一提到它，就会谈到它原来建于城外的良峰山麓，民间称作"九间九落庙"，③ 而且还会生动地讲述庙被毁时怎么去抢救神像，以及后来这些神像的去向等。

---

① 秦炯：《诏安县志》，卷5，《祀典志·庙祭》，康熙三十年（1691）修，以下简称康熙《诏安县志》。

② 此庙现称"开漳王庙"，又称威惠王庙、将军庙、圣王庙等。有关庙的情况，参见《诏安县文物志（资料本）》下册，"威惠王庙"条，诏安县文化局编，1994年油印。

③ 关于九间九落庙的调查，可参见《诏安县文物志（资料本）》下册，"将军庙"条。

当地人说：

> "九间九落庙"原来规模很大，明朝时庙被烧毁。当时，城内百姓听说庙被放火烧了，很多人就赶快跑去抢救。最早赶到的是许姓，他们冲进火里抢救出自己的祖先许天正，放在门口，又冲了进去。这时林姓赶到，发现庙门口已经有一尊神像，就把它抬回家。许姓人出来时，看到自己的许天正已经被人抬走了，只好把刚抢救出来的沈世纪也抬回去当"地头"。而沈姓人赶到时抢了另外一尊神像欧哲回去，北关人还抢抬了李伯瑶。这样，原来庙里供奉的六部将就都被不同姓氏的人分别抬去当"地头"了。

如今，诏安城内及周边乡村有几座很有名的"地头庙"，就是供奉与这个事件有关的六部将神明。如桥东镇的林家巷村供奉许天正、东城沈氏的祁山庙供奉欧哲、北关真君庙供奉沈世纪、护济宫供奉李伯瑶；另外东门的灵侯庙也供奉李伯瑶，据说是后来分香的，但很有名。这些"地头神"原来是属于某姓祖先，而由于一场历史变故，就成了其他姓氏或某个社区的保护神。这种祖先崇拜转化成神明崇拜的过程是非常偶然的，同时也是诏安城内很值得关注的历史文化现象。

当然，历史的演变不会像民间传说那么简单明了。诏安城内各宗族什么时候把陈元光的六部将当成自己的祖先？这个问题就很难解释清楚。从前引《宋会要辑稿》来看，在南宋时朝廷有敕封的仅是陈元光及其父母、妻子等，并没有所谓六部将的说法，但在民间陈、许等姓族谱以及近年新创作的有关陈元光传奇的书籍中，却常有一份南宋绍兴年间朝廷追封陈元光及其亲属以及众多将领的诰书。[①] 如《南诏许氏家谱》载，南宋绍兴二十年（1150）朝廷追封陈元光六

---

① 时间或载于绍兴十五年（1145），或为绍兴二十年（1150）。

部将的封号是：

　　许天正　翊忠昭应侯　　马　仁　威武辅顺将军　李伯瑶
威武辅胜将军
　　欧　哲　威武辅德将军　张伯纪　威武辅应将军　沈世纪
威武辅美将军①

　　这些封号是否属实，由于族谱、书籍中都没有注明出处，在南宋正史文献中也找不到可以佐证的资料，只能令人心存疑窦。不过有一点是可以肯定的，在诏安县的"九间九落庙"里，原来就有六部将的神像，这至少说明在庙宇被毁的嘉靖以前，所谓六部将崇拜就已经存在了，往前追溯或许就在建庙初期的元朝，或者更早。至明代中叶以后，民间社会普遍出现了宗族制度，诏安素有"沈半县、许半城"之说，这些巨姓大族自然会把他们的早期祖先追溯到赫赫有名的唐朝将领身上，因此许天正、沈世纪、李伯瑶在诏安县城及其周边就受到更加热烈的崇拜。据当地人说，现在仍存留下来的早期遗物有：一尊许天正的神像（供在林家巷村）和一块沈世纪的神主牌（供在北关真君庙内）。沈世纪的神主牌刻着："唐太始祖开漳功臣追封武德侯沈公暨妣妙嘉夫人尤氏之神位。"从"唐太始祖"这个称谓来看，在雕刻这块神主牌时，沈氏族人已经把沈世纪当作自己的"祖神"来崇拜了，而且他的封号不再是"威武辅美将军"，而变成了"武德侯"（其他部将的封号也有改变②），这显

---

① 诏安县许氏理事会文史资料研究委员会编《南诏许氏家谱》，1995 年编印，第199～203 页。

② 现在诏安民间使用的"六部将"封号是：许天正——昭应侯、马仁——辅顺侯、李伯瑶——灵佑侯、欧哲——祈山侯、张伯纪——辅德侯、沈世纪——武德侯。联系康熙三十年（1691）修的《诏安县志》就有"祈山庙""灵侯庙"的记载（卷4，"建置志·祠庙"），可知民间称"侯"的封号当在清初以前。

示民间崇拜在不断提高神格以适应广大崇拜者热烈崇奉的需要。

三 诏安北关的"跑贡王"活动

诏安县城北关的"跑贡王"主要涉及两座庙宇：一座是真君庙，另一座是护济宫。真君庙供奉沈世纪，而护济宫供奉李伯瑶。

不过，在清朝初年这两座庙供奉的神明并非以上二位。据康熙《诏安县志》载：真君庙也叫慈济宫，"祀吴真人"；护济宫称灵佑宫，"在县城北，祀柔懿夫人"。而供奉沈、李二将的是沈李二公庙，"在县城东北隅白水营，祀唐将军裨将李伯瑶、沈世纪。元夕张灯，为诸庙冠。明天启间毁，在重兴"。① 可见在康熙三十年（1691）修《县志》时，北关的真君庙、护济宫都没有供奉沈世纪和李伯瑶。至清朝中叶以后，情况才有了变化。据民国《诏安县志》载：

> 真君庙，在北关外，即旧志慈济宫。前座祀吴真人，后座祀武德侯沈公世纪。未详建于何时，清乾隆二十年知县秦其焜重建。②

吴真人即吴夲，民间亦称之为吴真君、保生大帝，祖庙在今天厦门的青礁和漳州的白礁，因此这座庙的主神是闽南人广为崇奉，生前经常给人治病的吴夲。直至乾隆二十年（1755）。重建时才增加了后殿，沈世纪由此才被奉祀进来。又载：

---

① 康熙《诏安县志》，卷4，《建置志·祠庙》。
② 陈荫祖：《诏安县志》，卷4，《建置·祠庙》，民国31年（1942）印，以下简称民国《诏安县志》。

> 护济宫，旧志名灵佑宫，在北门外。后座祀李伯瑶，前座祀教练夫人，即昭应侯许天正之姑，有开漳功。旧志称柔懿夫人，误。[1]

所谓的"柔懿夫人"是指陈元光的次女怀玉，主庙在西潭乡岑头村。而这座护济宫的主神后来被确认为许天正的姑母教练夫人，李伯瑶也是扩建以后才增祀的。

沈世纪和李伯瑶据说是结拜兄弟。沈世纪作战勇猛，而李伯瑶是个儒将，会看风水。在诏安各庙的神像中，李伯瑶是文身，沈世纪经常有文、武两种，其中武身神像骑着高头大马，脸上戴着傩面具，很是凶猛。[2] 当地流传的故事说：

> 沈世纪本来很英俊。有一次去攻打鹅仔寨，女寨主想招他为亲，还险些把他生擒了。后来沈世纪就戴上像"小鬼壳"一样的假面具，经过几年的反复较量，最终才把鹅仔寨攻下来，活捉了女寨主。可是后来他去朝廷觐见皇帝时，竟然忘记把假面具摘下来。皇帝见他戴着鬼脸取得胜利，不禁一笑。这一笑，假面具就再也取不下来了。因此，在六部将中，只有沈世纪有这副装扮。[3]

民间传说往往成为普通百姓诠释历史的工具。真正的沈世纪是否有傩面具已无从查考。而这个戴着凶猛面具的"唐朝英雄"由于他面目狰狞，令人望而生畏，因此被普通百姓认为是现实生活中

---

① 民国《诏安县志》，卷4，《建置·祠庙》。
② 在诏安供奉六部将的庙宇中，除了沈世纪之外，还有马仁，这两个神像都带有傩面具。
③ 以上为笔者简要描述，详细故事请见《沈世纪平鹅仔寨》和《沈世纪食鹅忌食豆》，载诏安县民间文学编委会编印《中国民间故事集成·福建卷·诏安分卷》，1992，第33~35、314页。

驱邪赶鬼最有力的保护神。

诏安县城北关的"跑贡王",其实就是每年端午节当地居民以沈世纪、李伯瑶为中心的绕境活动。其缘起与六部将觐谒陈元光的仪式有关。据明崇祯十三年(1640)立的《郡司农江藩朱公重建唐玉钤庙碑》记:"又端午旌旗鼓吹,导其故将趋庙谒如岁觐,礼甚恭。"① 这些故将去觐谒陈元光,至少在明末就已经有了。至康熙年间,当时的《诏安县志》也说:端午日,"唐将军神裨将祀于诏者,社中人鼓吹具仪,各导其神觐于将军之庙,谓之贡王"。② 值得注意的是,这里用的是"唐将军神裨将祀于诏者",看来这个"贡王"活动在明末清初是全城性的,即祀于诏安各处的部将都会在五月初五这天到城南的将军庙去朝觐,并非只有北关有此活动。然而到了清朝中叶以后,情况发生了很大变化。民国 31 年(1942)修的《诏安县志》云:

> 端午为天中节……是日,唐将军神裨将沈、李二公祀于诏之北关者,社中人鼓吹具仪,各导其神觐于将军之庙,谓之贡王。(按,叶志云:将军即威惠陈公元光也。庙在南内。而北厢祀沈、李二公者,端午迎神游街,社众金鼓前导,齐唱掉歌。未几,异神疾走入庙,未尝觐于将军,不知贡王之意何居也。今仍仿行故事。)③

这里说的"叶志",是指叶观海修于嘉庆七年(1802)的《县志》稿本,已难获见。④ 因此从这条资料看,大约在清乾隆年间,

---

① 该碑文亦收录于康熙、民国的《诏安县志》,但文字有所删减(均见"艺文志")。原碑仍存于庙内。
② 康熙《诏安县志》卷 3《方舆志·风俗》。
③ 民国《诏安县志》卷 1《天文》。
④ 参见傅崇毅《只手修志的文苑名士叶观海》,载氏著《夕拾集》,2006,第 210 ~ 212 页。

全城性的"贡王"活动已经消失，① 此时只剩下北关（即"北厢"）百姓抬沈世纪、李伯瑶的出巡活动，也没有入城觐谒陈元光，所谓"跑贡王"只是延续历史的称呼而已。

值得注意的是，前引《诏安县志》说北关的真君庙重建于乾隆二十年（1755），而在此时段内（即乾隆年间）北关的"跑贡王"活动兴起，看来这是同件事情的两面，换句话说，建庙与"跑贡王"这两者是相互关联的。乾隆年间，全城性的"跑贡王"活动停止，② 而北关却把它当作本社区的文化资源加以发展，这是一个重要的转折点。

北关是诏安县城北门外的一片社区，其地位相当于今天常说的"城乡结合部"。当地居民主要为许、沈两姓，此外还有谢、张、刘、黄、何、孙、涂、田等其他姓氏。在这片社区内又划分出许多"甲社"，若干甲社就有一间庙宇为其地头庙，其中供奉沈世纪的真君庙领辖 6 个甲社，供奉李伯瑶的护济宫辖有 5 个甲社，此外还有广美庙（又称港尾庙）辖有 4 个甲社。这三座庙各有自己的地盘，最后又统辖于被称作诏安县城"北坛"的慈云寺。换句话说，从北关社区的神庙设置情况来看，它就是一个有明显层级关系的社会系统。在这个系统内，甲社是基本的社区单位，一个神庙统辖几个甲社，由此组成大一点的社区；再往上就是慈云寺，统辖三个神庙的所有甲社，形成北关完整的社区系统（请参见下文图 1）。

"跑贡王"就是由真君庙和护济宫这两座庙所辖的甲社举行

---

① 叶观海是诏安名人，他生于乾隆二十三年（1758），小时候在诏安长大，因此尽管他的《县志》修于嘉庆初年，但记载的民俗活动显然与他的生活阅历有关，故此判断乾隆年间诏安的"跑贡王"活动已经停止。

② 全城性的"跑贡王"活动为何消失，现在找不到任何文字记载。据北关的居民口传，当时各处去城南的将军庙晋谒，常遭到阻挠，时有摩擦发生，因此以后就逐渐没有人去了。看来这应该是活动消失的原因之一。

的，但与广美庙、慈云寺也有某种联系。表1为上述庙宇所辖的甲社及其居民情况。

表1 北关的庙宇与甲社一览表

庙宇系统		所辖甲社	所辖街区	居民姓氏	人口（户数）
慈云寺	真君庙	渡头甲	渡头	许	100
		后塘甲	后塘巷	许、沈、涂、孙、黄等，许姓居多	40~50
		兰亭甲	兰亭巷	沈、许等	40~50
		庙前甲	真君庙前、笃庆巷	沈、许、黄等	100
		庙后甲	真君庙后	杂姓	100
		新街甲	真君街上	许	70~80
	护济宫	庙前甲	护济宫庙前、庙后、水阁、楼雅、龙亭	沈、许、谢等，沈姓居多	140
		十八间	孙厝、后埕、油车、后塘	许、沈、孙、黄等	140
		新兴甲	同济、大宅、小宅、何厝寨、许厝寨	许、沈、何、陈、涂等	200
		大路甲	大厝社、大路街、百岁祠前后	许、沈、田、陈等	100
		盐行甲	盐行、新市街	沈、谢、刘、张等	70~80
	广美庙	庙后甲	丽君巷、广美巷	许、沈、谢、黄等	60
		西头甲	世德前、东北街、世德后一部分	许、沈	40
		巷内甲	世德后一部分	谢、黄	30
		新市甲	新市街下段	杂姓	70

注：本表据各庙宇报告人所提供的资料整理。表内人口户数只是大约估计，并不十分精确。

从表1可见，慈云寺所辖的三座庙宇，真君庙和护济宫领辖的甲社最多，人口也占大多数。广美庙是一座比较小的庙宇。该庙据说建于明万历四年（1576），原来供奉三山国王，至乾隆四十八年

（1783）庙宇重修，才增祀了祈山侯欧哲。如今庙门上方仍存有一块当年的石质门额，上刻"祈山保障，乾隆岁次癸卯年桐月谷旦，社内弟子许□拜立"。也就是说，这座庙也是北关供奉六部将的庙宇之一，与真君庙、护济宫是一样的。所不同的是，该庙供奉的欧哲并没有参加北关的"跑贡王"活动，即被排斥在这个祭祀活动之外。广美庙供奉欧哲是乾隆四十八年（岁次癸卯）才出现的。而我们前面已经谈到，北关"跑贡王"的兴起与重建真君庙有密切关系。真君庙重建于乾隆二十年（1755）。这就从另一个侧面再次说明，北关的"跑贡王"活动是比较早就成型了，至迟不会晚于乾隆四十八年（1783），否则供奉欧哲的广美庙就不会在这个圈子之外了。

真君庙和护济宫每年都在五月初五这天抬着各自的"唐将军神将"出来巡游，虽然是同一项活动，但真君庙和护济宫是分头进行的。2007 年我们去调查时，真君庙的牵头者是该庙董事长许平顺，护济宫则是通过文管会"祈杯"确定顶首谢建喜，其他董事会、理事会成员配合安排。活动的准备工作包括：拟订走贡王的起始和结束时间；游行的路线；向企业、个人拉赞助，筹集经费；落实抬舁神像、持仪仗的人选；购（添）置锣鼓、旗帜和银纸、香烛等。在端午节的前一天，诸项工作就已准备就绪。

五月初五，这两座庙的"跑贡王"活动同时又分别举行，以真君庙为例。

中午 11 时开始，在董事会一干人焚香禀告之后，武德侯神像被抬出来放在庙前的大埕上。经过一番组织安排，锣鼓即轰轰烈烈地响起来，队伍依序而行。走在前面的 3 人，沿路一个扬盐米，一个用艾柳枝洒水，一个举着真君庙锦幛；接着是敲马头锣的，手举"肃静、回避"牌的，抬"合社平安"匾（上插 6 支龙虎旗）的各两人；再接着是持将军所使用的兵器（开山斧）

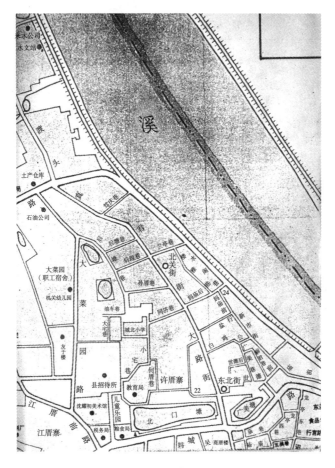

图1 诏安县城北关社区

和文武仪仗、箭台、旗帜的;再后是捧香炉、执旗官、抱印官和太子爷公等6尊小像;其后才是由8名壮汉抬舁安放武德侯骑马武身像、坐姿文身像神辇,及为其执掌扇、凉伞的;画着脸谱扮成孟良、焦赞的两个人,手握三尖叉;最后是锣鼓队和董事会成员。整个活动一直持续到下午4时左右才结束,其巡游路线详见表2。

表2　北关"跑贡王"的巡游路线

庙　宇	巡游路线
真君庙	真君街—笃庆巷—渡头—许氏宗祠—大菜园—后塘巷—真君街—妈庙后—同济巷—慈云寺—大宅—世德祠—小宅—许厝寨—何厝巷—福场—百岁祠—广美庙—新市街—妈庙前—护济宫—妈庙后—真君街—入庙
护济宫	龙亭—水阁—楼雅—妈庙后—后垾巷—孙厝—后塘巷—油车巷—慈云寺—大宅—世德祠—小宅—同济巷—大路街—许厝寨—何厝巷—福场—百岁祠—广美庙—旗尾寨—新市街—盐行—龙亭—入庙

以上资料反映的是民国时期两座庙巡游的面貌。如今巡游路线没有大的变化，但范围已有所扩大，下面还会谈到。

从表2可见，这两座庙宇巡游的路线各有不同。相比较而言，护济宫巡游的只是它所辖的5个甲社的地盘，而真君庙除了自己的6个甲社之外，还包括了护济宫的5个甲社，即把两个宫庙所辖的11个甲社都巡游了一遍。真君庙供奉的是沈世纪，而护济宫供奉的是儒将李伯瑶。在民众的心目中，戴着傩面具的沈将军"连鬼见了都怕"，而且他有两把大斧，传说威力很大。每次游神，凡是家中有不顺的大都会事先与庙方取得联系，请大斧进去横扫一遍，然后放鞭炮给个红包。因此，从两座庙宇的巡游路线和基本特征来看，与其说五月初五北关"跑贡王"是在纪念陈元光及其部将，还不如说是在陈元光崇拜的背景下，民众借助有威力的地头神来扫除社区内的所有"污秽"，以求得观念上的"洁净"并换来心灵慰藉。

真君庙、护济宫巡游路线既有重叠的地方，也有自己管辖的领地，然而这两座庙宇的神像都会按传统的做法在固定地点停留，以让周围百姓上香供奉。这些祭祀点极多，几乎每隔几分钟就会停一次。每个祭祀点早已摆好香案，游神队伍一来，上香者即跪在地上迎接。此时，庙方一名庙祝就捧着小神像放在案桌上，同时还有一个香炉置于神像前。周围民众争先上香。第一个上香者把点燃的三根香插在庙方的大香炉里，庙祝即将原来炉内的三根香换插到祭祀者的小香炉里。第二个上香者又往大香炉插三根香，换回第一个刚插进去的三根……如此循环反复，香支在庙祝与信众、大香炉与小香炉之间不断传递。有时人多手杂，这个本来很有规律而又充满意涵的集体"换香"却成了杂乱无章。几分钟后，小神像就要到另一个祭祀点，庙祝顾不得那么多了，只好把已经插在炉内的整把香支都抓起来扔到地上踩熄，只留下三根准备下一轮交换。此时，鞭炮顿起，人们忙着磕头送神，并开始燃烧表示答谢的黄纸。跟随神像的一名财务人员很快就拿起摆在供品上的红包，这位财务人员是个很尽职的财物保管者。

"跑贡王"最引人注目的是"跑"。真君庙和护济宫出巡的神明都有大、小组合，小神像是供一般祭祀点用的，大神像则需要八人抬，排在队伍最后，到了几个重要的祭祀点就要抬着奔跑，并放在中心位置供人们祭拜。"跑贡王"不管巡游路线如何，有几个重要祭祀点都是不容错过的，它们是慈云寺、大宅、许厝寨、广美庙等。慈云寺、广美庙是北关的地头庙，因此都必须去。大宅是沈姓聚居地，许厝寨是许姓宗族的核心区，而且沈、许两姓不管在城内还是北关都是重要的大姓，因此在这个重要的祭祀活动中，他们的聚居地自然也是必不可少的祭祀点。上述这些庙宇或祠堂前面都有大片的广场，主神进来后，整个广场已挤满了人，香案上的供品重重叠叠。主神由八个壮汉外加几个力士佐辅，以最快的速度在场地上奔跑，急转弯时尤为惊险，两面铜锣急敲如雨在前开道。主神安座后，铜锣又急敲起来，一遍又一遍地引导所有执事、旗帜、小神像在场内狂奔，擎执者汗流浃背、挺胸鼓气，一个个涨得满脸通红。如此紧张的场面不单是为了热闹，也是为了提高神的灵气，以使这几个重要（也是关键）的地点都能够求得神明足够的庇护。

有意思的是，在"跑贡王"过程中，大宅作为沈姓的聚居地，他们的表现特别引人注目。真君庙供奉的是沈世纪。对社区而言，他是地头神，但就大宅的居民而言就是"祖公"。自己的祖先回来了，崇拜者的心境自然与其他人不一样。笔者在调查时发现，沈世纪被抬到大宅附近一个称作小桥头的地方，原来庙方选定的扛抬者就让给了大宅沈姓的壮汉。他们另有统一服装，齐整号令，抬着自己的祖先入广场内反复奔跑并在祠堂前安座，所有人家都出来祭拜。宗族的活动与神明崇拜交织在一起。活动结束后，沈世纪再由大宅人送出至小桥头由原班人马接走。护济宫供奉的李伯瑶来临时，同样也是如此。沈姓人说，"沈祖公"与李伯瑶是结拜兄弟，所以也像"祖公"一样对待。其实，在北关人的口语中，不管是沈世纪还是李伯瑶，人们都习惯地称为"祖公"，大的神像称"大祖公"，小的神像称"小祖公"。这大概是受沈、许等大姓人习惯称呼的影响。"祖公"的概念既突显了北关社区"祖神"崇拜的意涵，同时也是普通崇拜者为拉近与神明距离的一种表示。但对于沈姓人来说，他们对于"祖公"的崇拜却另有一番心境，更怀有发自内心又充满自豪的"血缘"情感。

真君庙和护济宫，各自抬着供奉的"祖公"，沿着几百年来既定的路线在巡游。然而由于社区不大，路线也有重叠，因此就必然会发生相遇的情况。碰到这种情况，队伍经常相当混乱，但负责擎扇的人就会赶快把两只大扇子并在一起，遮住神明，然后缓慢移动脚步通过。人们解释说，双方都用扇子遮住神明是因为"王不见王"，避免尴尬。神明的仪式就是民间社会生活的翻版。在入庙时，神明也是倒退进去的，给出的理由同样是"王不见王"。因为庙里还有其他主神，再说这两个"祖公"都是后来才增祀的，供奉在后殿里。

四 结语

庙会是民间的节日。一个延续几百年的庙会仪式全程记录了当地的历史文化，是历史积淀的结果。诏安北关的"跑贡王"来源于陈元光崇拜。这种崇拜是自发形成的，表达人们对英雄的崇敬和祈盼。所谓"（王）战殁，漳人器之痛，立祠于径山"，即是指此。至明朝中叶以后，随着宗族制度在民间普遍设立，地方的强宗大族更希望把自己的祖先和历史名人联系起来，于是陈元光及其部将先后成为某些姓氏的"英雄祖先"。尽管一些族谱的编撰者清楚知道他们的肇基祖很难与唐朝英雄挂起钩来，① 但同姓即有血脉联系的观念以及现实需求仍然会毫不犹豫地实现自己的梦想。早期的"英雄"变成了"英雄祖先"，"唐将军""裨将"等神明变成了跟某些姓氏有特殊联系的"祖神"。

明嘉靖年间的变故又使得这些"祖神"社会化。"九间九落庙"被烧毁，某姓的"祖神"变成了他姓的保护神。一个大姓宗族既有自己的"祖先"神像，又把他人的"祖公"拿来当"地头神"，保护着居住区的安全。于是"祖公"的概念不再严谨，唐将军及其神将都被泛称为"祖公"，唐朝部将朝觐主帅的"贡王"也逐渐变成了单纯的"地头神"绕境活动。"祖公"与"地头神"在此经常混淆替换，直至宗族仪式的场合才又清晰起来。

诏安北关的"跑贡王"承接着诸多历史文化因素。它不仅承续了不知起源于何时的"贡王"仪式，而且又是五月初五民间驱邪除瘟活动的一种延续。这种活动在民间社会相当普遍。将乐县城关在民国时期还有五月初五抬王船收集"污秽"的送瘟神活动。② 普通百姓在这天也会打扫屋宇、挂艾叶、佩香包、喝雄黄酒，均与

---

① 如许氏七世孙许判在嘉靖九年（1530）写的谱《序》中说：从唐到宋许氏祖先由于"世代绵远，莫得其详"，"不必强为附会也"，认为应"断自宋季可知之真，不启人疑也"（《南诏许氏家谱》，第27～29页）。另外，诏安沈氏也有类似的情况，其一世祖从南宋的楸公算起。参见《东城沈氏宗谱》，诏安县《东城宗谱》编委会编印，2003，第11页。

② 参见蒋维绪《将乐县镛城的庙会与游神》，载杨彦杰主编《闽西北的民俗宗教与社会》，香港国际客家学会、海外华人资料研究中心、法国远东学院，2000，第1～27页。

这种习俗有关。作为北关"跑贡王"的主神，沈世纪的巡游范围明显超出了他管辖的界线。而当地百姓之所以会这样做，合理的解释是因为他戴着傩面具，又有两把相传威力无比的大斧。民间神明的具象往往与历史文化的积淀相联系。沈世纪的面具和大斧与其说是他英雄事迹的象征，还不如说是南方地区"尚巫"习俗的一种遗留。所谓沈世纪攻打鹅仔寨的故事等，都是地方文人把底层文化与官方意识相互对接并加以创造的结果。这种文化产品有助于普通百姓从现实生活中得到简单生动的历史解释，同时也把民间习俗活动的早期来源给深深地包裹了起来。

北关"跑贡王"从清朝乾隆以后已经完全演变成社区的游神驱瘟仪式。带有官方伦理色彩的"贡王"没有了，民间文化传统占据主导地位。如今，这个源于历史的活动还在历史中延续。人们把"跑贡王"看成是一种文化传统，它是习俗的，也是生活化的，而且活动的范围也在扩大。我们在调查中发现，现在巡游的路线除了原来规定的社区之外，还包括了木瓜路、玉良路等一大片新社区。当地人解释说，这些新区的居民都是原来住在北关搬出去的。传统影响着人们的生活。随着城市的扩展，外迁的居民也把这个祭祀圈扩大了。现代化的生活并没有使传统消失，而是在传统的基础上增加了新的现代因素。

参考文献

王象之：《舆地纪胜》，中华书局影印本，2007。
徐松：《宋会要辑稿》，中华书局影印本，1957。
陈淳：《北溪先生全集》，芗江郑圭海安国氏重刊本，1881。
陈荫祖：《诏安县志》，铅印本，1942。
秦炯：《诏安县志》，木刻本，1691。
诏安县文化局编《诏安县文物志》（资料本），油印本，1994。

诏安县民间文学编委会编《中国民间故事集成·福建卷·诏安分卷》，铅印本，1992。

诏安县许氏理事会文史资料研究委员会编印《南诏许氏家谱》，1995。

诏安县《东城宗谱》编委会编印《东城沈氏宗谱》，2003。

论文集编委会编《陈元光国际学术研讨会论文集》，厦门大学出版社，1993。

杨彦杰：《华南民间的祖神崇拜》，载《法国汉学》第5辑，中华书局，2000。

《闽西东山萧氏的宗族文化及其特质》，载蒋斌、何翠萍主编《国家、市场与脉络化的族群》（第三届国际汉学会议论文集·人类学组），台北中央研究院民族所，2003。

《从祖先到神明：闽台"东峰公"崇拜之研究》，"族群、历史与文化亚洲联合论坛：人物与地域研究"学术研讨会论文，中坜中央大学客家学院，2006年12月2～3日。

杨际平：《从〈颍川陈氏开漳族谱〉看陈元光的籍贯家世——兼谈如何利用族谱研究地方史》，载《福建史志》1995年第1期。

谢重光：《〈龙湖集〉的真伪与陈元光的家世和生平》，载《福建论坛》（文史哲版）1989年第5期。

谢重光：《陈元光与漳州早期开发史研究》，（台北）台湾文史哲出版社，1994。

谢重光：《陈元光文献资料辑校与疏证》，载《客家》1995年第3期。

蒋维绪：《将乐县镛城的庙会与游神》，载杨彦杰主编《闽西北的民俗宗教与社会》香港国际客家学会、海外华人资料研究中心、法国远东学院，2000。

傅崇毅：《夕拾集》，2006。

附录　碑刻集成

南诏镇主要庙宇碑刻集成

李应梭　林建发 辑录

南诏镇主要庙宇碑刻集成

李应梭　林建发＊　辑录

前　言

杨彦杰

　　诏安城关是我们走过的所有县城中最令人难忘的一个地方。这里有明清时期的大街小巷，有民国年间建造的骑楼马路，更有改革开放以来兴建的大型建筑和现代化街区。因此，当你在这样的地方行走，你就像进入一座没有刻意修饰的历史博物馆一样，不同时代的建筑风貌伴随着你的脚步在移动、互换，有形和无形的文化资产在你身边流淌，触手可及。

　　明清时期，诏安县城建有四个城门，在这四个城门之外又有四关，称东关、西关、南关、北关。而在四关之地，还设有四个祭坛，其中东坛为先农坛，西坛是社稷坛，南坛为山川坛，北坛为邑

＊　李应梭，原诏安县文化局局长。林建发，诏安县"诏安文史资料编辑部"编辑、"诏安县诗词学会"副会长兼秘书长。

厉坛。如今，这四门、四关、四坛都已经不见了，但地名犹存。与这些地名相联系的便是大大小小的街巷、各式各样的神明庙宇及其碑刻。这些历史遗存使我们很容易联想到诏安城关的历史风貌，而各个不同时期留下来的庙宇碑刻，则为我们了解诏安提供了十分难得的第一手资料。

原诏安县文化局局长李应梭先生和他的合作者林建发先生，对诏安的历史文化充满着热爱和情感。当我们多次赞叹这么一个小县城居然保留如此众多的庙宇碑刻时，两位老人的脸上写满宽慰。后来在我们的建议下，他们承担起了抄录碑文的任务。这是一件并不轻松的工作。由于历史原因，不少碑刻文字已经难以辨识，他们要先把石碑清理干净，甚至找人帮忙描红，再逐字逐句识别抄录。有时为了一块碑刻就要反复辨认好几次，来来回回，从清理、辨认到抄录、校对，十几座庙宇的资料，他们不知道要走多少路。经过一年多的努力，这份"南诏镇主要庙宇碑刻集成"终于完成。当我们在书桌前很容易就能阅读这些碑文的时候，应该对李应梭、林建发这两位年逾古稀的老人致以敬意！

这份《碑刻集成》共抄录 13 座庙宇的 61 块碑刻资料。如果按朝代划分，属于明朝的有 9 块、清朝 51 块、民国仅 1 块。在清朝的 51 块碑刻中，从乾隆到光绪年间就有 48 块。而我们知道，诏安目前存世，能够方便利用的《县志》有两部，其中一部修于康熙三十年（1691），另一部修于民国 31 年（1942），这期间虽然还有一本"叶志"（嘉庆六年叶观海修纂），但由于没有刊刻，一般人根本看不到。因此，这些碑刻资料刚好可以弥补这两部《县志》之间的空白，它的珍贵价值是毋庸赘言的。

诏安县成立于嘉靖九年（1530）。从那以后，诏安城关的碑文书写和镌刻就陆续开始了。现存最早一块碑刻立于万历二十一年（1593），是一个信徒为捐造东岳大帝神像石座而刻立的。随后在官方祭祀的西门武庙、城隍庙、南门开漳圣王庙，都相继出现了明末的碑刻。这些措辞讲究、刻工精美的石质碑记都是官府设立的，碑文出自有名的儒家知识分子之手。它一方面代表官府的权威，另一方面则以其文字的神圣性和石碑的庄严向民间传达多种信息，成为民间建庙立碑的样板。而对于我们来说，如今仔细阅读这些碑文，可以从中了解庙宇的沿革兴衰，以及当时人们从各自不同角度对官祀神明的认识及其演变等。

民间建庙立碑可以说是诏安城关庙宇碑刻的主体。这些碑刻绝大部分都出现于清朝，尤其是乾隆、嘉庆年间，这与当时诏安社会经济的发达以及宗族力量的成长显然有密切关系。诏安历来有"沈半县、许半城"之说。这类碑刻大都是修建庙宇的捐款记录，从如此众多的官员、缙绅以及各姓族人、商号、堂号、祖派的书写中，读者可以得到许多史志上没有记载的内容。这些资料与其他历史文献相配合，对于理解和研究明清以来诏安城关的社会结构、经济网络，乃至人文社会环境的变迁等方面具有非常重要的意义。

从民间庙宇的角度看，有两间神庙的碑刻特别值得注意。一间是位于东关的东岳庙，另一间是地处南关溪沙尾的朝天宫。前者供奉东岳大帝，至少在明末就已经存在；后者供奉妈祖，清乾隆初年重建，被列为祀典庙。这两间原本属于民间的庙宇，后来都与官方建立了密切的关系。我们在收录的碑刻中发现，共有8块官府发布的"示禁碑"立于这两间庙宇内，每间4块，而且大都在乾隆年间。东岳庙虽然不是祀典庙，但它的地位十分重要，每年的春祈秋报两次全城性活动都与上帝宫一起举行，官府派员参加，而且清代官府还把该庙列为宣讲圣谕的场所。因此，官府在何处立碑是有多方面考虑的，其中一个重要因素即是庙宇的社会地位及其影响力。

由此观察，庙宇碑刻有其重要性。在传统社会中，庙宇是圣地，碑刻就是圣迹。它是权力的象征，更是各种力量相互交织的结果。碑刻不仅记录着历史，同时它作为历史文化遗产，以其文字书写和特有的表现形式在默默述说着已经过往的故事。

一　武庙

1.（明）万历《重建武安王庙记》
重建武安王庙记

城西祀关武安王，非今日矣！三嬗而定于兹地。始阙宇未丰，嘉靖壬戌，倭内讧，城将坏，邑侯龚公睹王夜巡城，故城完，缔庙立坊以表之。岁久栋桴为碴裂，前模湫隘，众乃谋再新焉。纠闲规隙，地不加扩也，上人勾龙有余居矣！只树金铺财，不科索也，施舍檀越无吝家矣！环材究奇，增饰崇丽，遂殿幽宫，神栖俨焉，飞甍雕桷，人观耸焉！事举甲辰之腊，成奏乙巳之秋，功力便焉。此非众人之能也，署所郭将军之所鸠也，县黎神君之所主也，神关协帝之所默相阴翼也。庙成，征予为志，乃言曰：人知所以祀王矣，亦知王所由事乎？自古英俦烈彦，赍志含耀炳异人寰，启敬祀也者岂乏哉！过首阳者吊夷齐之魂；适安毫者钦逢干之躅。其他，如吴相胥吴兴，愤王至侠烈优猛也。然皆祀不数世，享不出其里。孰如王没于汉季，迄今而庙祀益皇。穷谷极陬，人爇青木之香，家抗黄土之畤，此何以故？人间世惟忠义一心，万载不磨，哲凡共有。当王事汉帝也，扫黄巾若败叶，馘良枭德缚禁，陷七屯若承蜩淹蚁，是王不朽之雄威。夫人而能言之，而非所以不朽也。独其间关故主，万死不移，汉烬欲颓，一线力抗，麦城之役，穆然就冥。若泯泯盖垂五百年而一显於玉泉之刹；又垂五百年而再显于蚩尤之战。威灵烜赫，亿兆分身；捍患恤灾，随叩辄应。以故，上而都掫，下而闾井，以至魋结侏僻，靡不供祀伏腊，如帝如天，奔走恐后，忠魂义烈，河岳星辰。此则劫夫不焚，永无销灭。是王之神所以久且大而世世不朽者也！今夫，执途之人，语以王之由，孰不怒发刺肝，思踵芳烈，况以豪杰亢爽自命者乎！此贤愚所以共捐兹庙，所由景彰也。虽然，烂丽之必为圮蠹也，庙之蠹于世数者也，吾不能以今日衡万祀之功。禋祀之，兴诏无穷也。人心镕于忠义者也。吾有绳万祀，多今日之举矣！是为记。

万历三十三年九月九日　邑人胡士鳌谨撰

注：此碑206厘米×86厘米，立在庙内通廊左墙。

2.（明）万历《武安王庙首创香灯租碑记》

武安王庙首创香灯租碑记

吾生平慕关云长将军，自髫年已然，故神魂梦寝间无所不遇。而杯酒击节，每饮，逢侠夫豪客，醉中辄亮亶继往矣！忍不置诸怀。何者，天性之激发，由中心达诸面目，非浮力慕已也。孟轲氏称浩然之气，至大至刚，以直养，而无害，则塞于天地之间，夫气故。吾也天地间自塞也，天之所予，谁能害之。盖圣贤之气，陶镕冶化，养而直，直而无害人力既至，天然益□□。关云长蒲州之豪杰也。气植自天，而不由乎人。孟子兴宣尼之流亚也。气养以人，而不靠乎天，天人之际，有数焉。存乎其间，胆意若有粗细，精神实无彼此。假令将军，生出于仲尼之世，有不早入门者乎。行行之仲由，升堂未入于室。云长殆其人欤，而白马渡之，报效曹孟德，意亦仲由结缨之雄，无乃好勇过武，而□于义乎。至其力扶汉室，为一代之忠巨，而英灵叠显于历代，则又为历代之忠臣始，无论唐宋。即如我朝闽广倭变，其杀戮几不遗种。盖甲子至庚午间，及今黄童白叟，皆能记忆之。自余为诏安，幸际太平，杯酒□□□□矣。而南诏所署篆千户侯邓公，为余述其曩昔乃纯翁之遗言，倭偷入城，有萧墙为导引，盖其变也。而云长之神阴佑之。此等灵异，与吾惠州之变，大略相似。倭之猖獗也，士兵渐兵不敌也，而反戈相向。城中人民，白日见红面将军作风雨退敌。其灵显，与诏安无异，余故特重表之。以视邓千兵并以视若丁若郭若张若陈，使知安不忘危。非独军士咸戒不虞，而诏令捕官，共临深履薄焉。云长之功大不减唐将军，一创一守，绳绳不绝。而守御邓公，才猷文武，□资而义无巨细，□举，乃追云长保障之勋，切公侯干城之念。捐俸首倡部署各耆老等设香灯，以垂不朽。而余来莅兹尘更申□好，遂为之记。且叮咛绸缪，以图同舟共济之义。

一买溪雅统广埭田租叁石八斗，一买长脚湖田租壹拾捌石，一买章朗田租壹拾叁石，一买麻园头田租叁石，一善女郑清福喜舍塘西租叁石。

时万历四十年壬子仲冬朔日知诏安县事罗浮车登云立

本所诸耆老仝建

注：此碑 206 厘米×86 厘米，立在庙内通廊右墙。

3.（清）康熙《重修关圣庙功德碑》

重修关圣庙功德碑

尚论孔圣，生于周末，病天下之诸侯大夫僭天子诸侯之事而作春秋，以拨乱逆反之正，使天下后世共知尊周之微意焉！关帝生于汉末，权臣窃柄，几移汉祚。圣起布衣，深明春秋大义，别邪正□□，就任征伐，起敝维衰，乃心王室。故于君臣、昆弟、朋友之道，各尽其极。斯知真儒，作用迥出凡流万万已。况乎百世之下，称忠称义称勇，封公封王封帝，究与髯翁何加。至于精灵不泯，无□千人，普天祠构尸祝，弥久弥芳。其与孔圣道义之宗，万世不朽盛事，若合一辙。诏内城西，关圣庙久阅星纪，庙貌徒存。凡官府朔望，必勤致告士民，有祈必应。诚一邑护卫之真宰，今古之是凭是依也！己未春，忽然檐牙高啄，画栋雕墙，金碧辉煌，举目新庙翼祀，谁之纪纲？乃镇莅总府徐公再造也。公发大愿，不吝所爱，穷工极丽，愈畅神威，其居歆于启焕者，自有默眷。非敢曰肇祀出自军户，触私复畴，则可谓通邑保障，壮峙金汤也云耳！夫敝以改，为功必倍之。志德贞珉，其不忘于公也。与依棠勿剪之怀并耿耿矣！是为记。

檀越主，辽东沈阳人镇守诏安等处地方副总府徐讳天禄，号宠锡。喜缘鼎新督工官百总朱明、康廷选、黄日彩、商惜、郭明贵。

壬子科举人杨栴，同事生员林绍虞、郑佳枢、郑渥骝。

信官丁礼、卢一凤，乡宾林日茂、钱沂宇，练长郑纯礼、蓝求，信士沈眷忠、沈弘绪。

子民石维洵、王用、陈景瑞、林景星、王嘉宾、卢希文、王新恩、曾硕富、蔡政、黄伯昇、魏尧章、杨岳祥、徐宗智、曾士凤、李时徵、李朝栋、康英、林维盛、陈嘉典、马斯才、西岗、陈觐光、柯维桧、郑胜、黄君旭、郭魁阳、吴盛日、魏尧忠、吴碧元、郑近廷、詹受祖、洪茂槐、林郁之、陈禹宜、林桂、苏毓祯、李馨儒、马尚几、张可行、郭文佐、商维会、涂宗颖、王国鼎、钱我居、洪克绍、李毓玑、阮荣世、翁石、林弘贵、卢克、柯胤隆、郑镗、詹士志、余朝遴、林福。

康熙十八年五月□日勒　　住持僧衍照仝立

丹青林泽茂、翁瑞高　石匠朱妈镌

注：此碑 206 厘米×86 厘米，立在庙内通廊左墙。

4.（清）乾隆《重修帝庙志》

重修帝庙志

帝以忠义俎豆于天下，叠受诰封久矣，岂独诏邑人氏景仰已哉。虽然，人皆欲其忠义之坚，而莫知其学问之远也。自英谷之会，宣圣摄行相事曰：有文事者，必有武备，有武备者必有文备，请与左右讨忌，以遄至会所，目遇礼相见。于是，却莱兵诛优侏，文武互用，钦功节哉。□□其强起者，欲现其罡烈，载续春秋志。在襄晁之襄，斧钺之威著已而。且股肱王室业绩也，安然无恙焉。故邑众□□兼礼教也，之□□宫诗教也。盖其忠义奋发，皆其学问之□镕而助之，所以文建业为王得□重建。然诏邑城西帝庙之建由来已久，一修于嘉靖，邑侯龚公再修于该处，□□□□□□□多久经。本邑侯姚公、镇侯黄公甫下车谒庙，见其盘踞龙脊，城域人刘氏所荐，□□□□鸿鹄之志，尚集绅众军民人等鸠工重建，于

丙寅七月兴工，至丁卯九月竣工。执于□□□□□□□□□启忠
□□以砺学问诗书可焉。甲胄干戈可为礼乐，其自兹允文允武。

    书于邑人杨大鸿敬撰 僧禅陶、林廷琏同捐

     乾隆拾贰年□月□日 林廷芳敬书

  注：此碑212厘米×86厘米，立在庙内通廊右墙。

5.（清）嘉庆《重修帝庙乐捐芳名碑》

重修帝庙乐捐芳名碑

  诏安县正堂钟讳师唐捐银伍拾两。儒学正堂林讳得震捐银
□□□两。漳州同方讳鹏举、督捕厅陈讳嘉生各捐银拾元。诏安营
副总府马讳良栋捐银拾元。中军府吴讳京捐银肆元。巡检□龙捐银
肆元。花司厅黄讳大旺捐银贰元。种德堂举人许梦华捐银拾元。举
人江葆光捐银五元。沈国栋捐银五元。监生何长清捐银一元。信士
胡荐捐银一元。

  本邑仓科、库科、税科共捐银贰拾肆元。本邑六班共捐银陆拾
元。本邑捕快班共捐银拾元。

  诰赠儒林郎沈士华祖派捐银贰百二十五元。诰赠武信郎刘□□
祖派捐银肆拾贰元。武信郎吴鹏鹤祖派捐银壹拾伍元。监生许建业
捐银拾贰元。王席斋祖派捐银壹百肆拾叁元。董良泽捐银叁拾肆元。
监生陈士英捐银壹拾肆元。许尾结捐银拾贰元。叶朝选捐银拾贰元。
郑吉瑞祖派捐银壹百贰拾元。乡宾李廷芳捐银贰拾肆元。监生康国
桂捐银壹拾叁元。乡宾严振华捐银拾贰元。贡生许禹嘉祖派捐银柒
拾伍元。商振祥祖派捐银贰拾壹元。举人许沅兰祖派捐银壹拾贰元。
乡宾谢世镛捐银拾壹元。职员陈志道捐银陆拾捌元。廪生谢天祖派捐
银壹拾捌元。乡宾刘钦捐银壹拾贰元。翰林林倬云捐银壹拾元。许纯
孝祖派捐银肆拾捌元。监生沈廷标、友莲、□鲤捐银壹拾陆元。监生
张廷瑞捐银壹拾贰元。监生黄廷举捐银壹拾元。张文郁捐银壹拾元。

  注：此碑205厘米×65厘米，立在庙内门厅左墙。碑文无年
号，钟师唐为清嘉庆十六至十八年（1811～1813）诏安知县。

6.（清）嘉庆《重修武庙喜缘碑》

重修武庙喜缘碑

聚德堂、乡宾徐世宽、徐必文、监生谢长恩、监生陈文杰、职员谢腾高、监生许宗海、监生沈国桢、许士泉、蒋觉、沈邦贤、洪顺胤祖派以上各捐银玖元。监生谢世显、监生许长清、监生吴启基、叶次云祖派、黄捷三、林火、乡宾许玉卿、郭梅以上各捐银捌元。乡宾邓宠荣、监生谢志道、监生吴启祥、职员吴钟玉、生员许耀椿等以上各种捐银柒元。外委郭士鹏、郭彪、监生许元椿、郭攀、杨振勋、监生林达璋、乡宾陈得宪、林九、孙宽、职员林炳璋、陈王、朱妹顶、李牒、生员许爱莲、职员谢廷选、许唠、许尼姑以上各捐银陆元。监生陈士宽、职员陈良玉、李学、钟煎、乡宾黄名芳、郭世荣、许德祖以上各捐银伍元。例赠修郎药旭若、职员陈修、郑爱以上各捐银肆元半。州同郑大年、监生谢允辉、监生许士均、监生许廷玉、署中军守备赵飞龙、吴应凤祖派、许妈保、陈元会、郭琏、阮伯祖派（加元半）、陈五、郑乌、陈章以上各捐银肆元。生员王平、监生许秉哲、监生沈若海、监生许光、监生许大琼、职员林嘉兴、何天平、乡宾戴大捷、乡宾许思荣、林云开、谢进、沈占、陈甚祖派、林岱、吴宝、胡雨、钟乌、李振南、涂元龙、陈天、吴马、康茂、许才、陈招、郭逢、盛七、黄敏、千总许夺元、郭锭、沈诵、林丹梅、沈嵩石、沈永龄、许进生以上各捐银叁元。生员何准、陈壬、许保、黄子、吴员、黄作谋、黄振以上各捐银贰元半。举人谢庆安、贡生董良佐、生员江廷柱、生员许九龄、外委吴光灿、信官沈兆希、陈皆、许盛、监生沈有孚、涂八、林友和祖派、许文、陈智、林白、吴天助、谢魁若、蔡名芳、许练、沈叶声、许明瑞、叶宜荣、黄妈宁、颜和尚、吴戆、萧煎、江乞以上各捐银贰元。生员林炳臣、生员许炳光、乡宾沈连城、监生陈伟、乡宾林其泰、乡宾郑廷耀、郑章使、郑汉南、乡老陈乡、萧乌记、阮志戍、高海生、邱结、董亩、董风、傅训、吴尧、茅耸、陈扁、李琼、郑张、陈添、高料、曾海、沈奏、张志仁、吴天送、吴德然、陈永芳、梁绍勋、所鼎臣、田坏、郝宗、陈定、王荣、陈福、郭晃、何举、沈万、陈禄、王溪、许深、刘享、林日皓、萧二、沈炉、李狮、沈旦、谢清、萧朴、商旦、陈龙、许总以上各捐银壹元半。廪生谢瑞安、生员林翰、生员李谋、监生许泉、杨得、乡老邓乌显、乡老陈七、乡老陈赛、朱传生、吴士贵、张绍、陈习、张计、林瑞、许水、康万、魏章、田艮、杨狙、魏国、陈仁、林清、陈妈赐、乡宾许元海、林阡、许西玉、许仁九、陈果老、康果□、郑宾、高满、许范、沈济、郑天、黄沄、陈欧、王添、吴国、沈潜、陈才、林菲亭、郭廷枝、郑景、许水、周承宗、许守、许绍、许古、许尾、许怕、林美、谢喜、刘红、阮里、张中、陈笑、沈昆、陈希五、乡老沈张、乡老许和尚、许□、沈世、刘宽、商解、陈孔、陈宗、吴来、陈春、林传、谢荣、陈猷、许鹄、陈剑、许协、郭樑、叶求、职员罗保观、谢麟使、张营、曾气、林日生以上各捐银壹元。黄维、许江各捐银贰元。江和尚捐银叁元。监生沈友吾捐银壹元。长发楼林中书祖派捐银陆拾元。吴天助、陈七、陈轻、许士均、沈廷标、许梦华、许妈保、沈若海、王益谦、商祭时、谢孝基、东城村沈丹书捐银拾陆元。□杨门张氏捐银拾元。

董事：戴大捷、邓乌显、许和尚、许锦灼、许世雄、董良佐、李大斌、黄作谋、沈友直、阮暹、沈飞鹏、黄赛、沈张、蒋觉、陈文杰、刘銮、陈志道、吴光灿、王鸣、吴仁勇、郑文进、郑占苑。

嘉庆拾捌年菊月□日　城内绅衿士庶等代立

注：此碑218厘米×86厘米，立在庙内门厅左墙。

7.（清）光绪《重修武庙缘碑》

重修武庙缘碑

诏安县正堂罗讳运端捐贰拾元。诏安县正堂江讳仁葆捐拾元。儒学正堂王讳克明、督捕厅张讳泉各捐陆元。钟文海、诏安营游击施讳才学捐拾元。中军府何学成捐陆元。把总许达魁、把总杨文彬、把总许靖海各捐肆元。把总石澄江贰元。中书许师轼捐伍拾元。监生李英捐伍拾元。谢树德堂捐贰拾元。州同陈登魁派拾伍元。举人沈钦文捐拾贰元。州同李华芳捐拾贰元。监生谢珍宝捐拾贰元。贡生李玉山捐拾壹元。贡生沈嗣昭捐拾贰元。监生谢登梯捐拾贰元。州同许璜恪祖派捌元。贡生许嘉猷捐银捌元。贡生沈朝辅捐银捌元。贡生郭受义捐银捌元。贡生张直声祖派捌元。监生吴启祥祖派捌元。监生许耀光捐银捌元。监生黄士魁祖派柒元。职员郑云衢捐银柒元。贡生郑笃进祖派陆元。贡生沈严□祖派陆元。监生吴士章捐银陆元。职员谢发祥、陈文麟以上各陆元。恩贡生沈受书、岁贡生沈錬金、都司张诚惠祖派、贡生黄朝阳、许麟径祖派、黄永盛以上各捐伍元。武举许联元、武生许清扬、州同吴吉光、贡生许攀龙、监生谢珍谷、监生谢博、监生许清华、监生许子初、商振祥祖派、陈琢轩、许东圃、聚珍当、许水以上各肆元。武生沈启祥捐银叁元半。岁贡生许迪德、贡生陈□祥、贡生黄泰清、监生方天璋、监生许清吉、监生许清光、监生翁建标、监生杨木华、职员陈朝泰、信女杨门佘氏、易金祥以上各叁元。许松江、许春水各捐贰元半。举人刘煜、武举人沈汝舟、恩贡生刘维桢、岁贡生谢剑冲、训导许联三、廪生王乃光、增生陈一平、增生沈承谦、县丞吴天章、生员许黄旌、生员杨家龙、生员陈以璠、武生沈龙英、武生萧士龙、把总阮建珍、外委许威勇、贡生许启元、贡生陈成烈、监生许元英、监生商明远、监生陈炳星、监生陈廷献、监生杨成章、监生陈炳星、监生陈廷献、监生杨成章、监生谢家祥、监生王耀光、监生沈特达、监生许飞光、监生许希点、监生许启光、监生沈承恩、监生沈谦益、监生吴启成、监生沈耀春、五品衔沈伦当、职员林仲陌、职员郑炳南、职员许受书、职员许景德、吏员杨寿、信女沈门陈氏以上各贰元。生员许汝慧、贡生郭海树、监生杨景云、监生吴振盛、监生徐树英以上各元半。郑叠三、沈兆祥、许秉生、许祥麟、许荣周、许荣宗、沈来水、董龙恩、许廷襄、林加文、沈留山、张乌记、田有年、杨柳香、商佑、陈臣、沈乌、林佛、高佐、许中、许敏艺祖派以上各贰元。举人沈耿光、廪生蔡芹、廪生张星、增生许秀、增生沈恩敬、增生谢毓芝、生员沈昆玉、生员许初声、生员林逢春、生员盛开昌、卫千许国成、武生王之光、武生魏珍龙、贡生李迈美、贡生庚炳章、贡生许承章、贡生陈鸿章、贡生何英清、监生许溪吉、监生沈克家、监生刘维干、监生许宗荣、监生黄翔、郑作雨（肆元）、监生谢济世、监生江龙标、监生沈明扬、监生张调元、监生郭作捐、监生黄玉藻、监生许瑞光、监生陈盛昌、监生涂锦池、监生许葆初、监生黄鸿儒、监生许飞鹏、监生许国精、监生许天球、监生沈监文、监生杨达章、监生康三木、额外李克魁、效用李平光、职员万云祥、职员陈容钦、职员杨济英、职员曾鸣瑞、职员沈德□、职员许汶贤、职员林廷梧、职员阮廷玉、职员蒲有纪、职员何廷璋、职员许汝舟、职员郑良浣、郑熙、许都、许默、许荣、徐鼎、陈岩、沈芝、沈福、沈粮、张琴、梁济、李筒、陈沛、林樟、董松、郭祥、陈玉、王天、吴缄、陈平、黄顺、王枝、林福天、田文光、陈待用、沈玉□、林家相、陈升启、沈鸿章、许文水、许德来、陈宜甫、李芝珍、许木英、陈文溪、林老生、陈玉鸣、王保和、吴启明、李而香、陈国珍、许桔轩、廖荣光、许□辰、沈庆煜、郑乾茂、叶仲光、沈□□、李兆庆、吴裕珧、王国昌、林顺兴、许在兴、许□珍、谢绍祖、张振成、陈乌灯、陈娘生、董建兴、林马光、郑振宝、黄妈保、陈波、严顺、陈兆、胡花、杨尼、康才□以上各壹元。

注：此碑212厘米×72厘米，立在庙内门厅左墙。

8.（清）光绪《重修大庙西亭西门乐捐名次》

重修大庙西亭西门乐捐名次

诏安县正堂陈文伟捐银贰拾元。诏安县营游击刘志庆捐壹拾元。中军府守备刘三俊捐银肆大元。众六班共捐银叁拾元。黄永盛祖派捐银贰拾元。州同陈作霖捐拾贰元。州同沈国昌捐拾贰元。例贡沈炳烽捐拾贰元。监生林维诚捐拾贰元。守备许斌阳捐银拾元。林天水捐捌元。黄庆龙捐捌元。例贡吴嘉猷祖派陆元。例贡莫云祥捐银伍元。职员沈从龙捐伍元。监生沈呈东、监生王镇江、监生邓梦南、沈文济、沈□□、许□祥、吴□水、陈余生、胡振枝、聚德堂祖派、下洋村沈仰周以上各捐肆元。许三有、许明、许心田、郑井宝、董鹄、曾德黎、仁和当以上各捐叁元。陈春池、陈春潮、陈加作、陈成德、陈尖翠、陈如松、陈阳平、陈盛、许泉元、许昆纯、许顺吉、许天喜、许玉华、许龟、王乌、王汉、王石头、陈立雪、郑火炉、严山香、杨狗母、黄金英、高创、钟蝶、监生沈承恩、监生沈镇邦、监生沈炳章、廪生蔡芹祖派、童生陈如金、黄冈张余氏、溪沙尾沈飘香、郭厝寮、徐丽生、大宅沈天佑、西关把总林国昌、龙兜村吴瑞麟、沈有全、沈国兴、沈拒、沈地、涂湿、沈秋花、沈东海、沈手、卢合、生员林观宏以上各捐贰元。贡生沈凤开、职员许受书、职员陈熙和、陈福香号、陈四明、陈崇山、陈天思、陈大红、陈武周、陈开祖、陈祥发、陈计明、陈长喜、陈恩、陈成、陈顺、许连光、许庆瑞、许秋水、许祖德、许振明、许谦评、许四散、许乃泉、许坪本、许坤福、许继、王兴、王存、王后、王济、王格、沈碗、沈鹤、沈怀、沈旺、沈凯、沈梅江、沈江怀、黄水来、黄煌庚、黄笋、李全、李斌、李春山、王开泰、王连春、王或柿、林泉长、林瑞麟、林瑞祥、林爵、林顺、张新、张蛏脚、郑凤、郑旦、方浩元、方茂德、杨阿丑、杨有德、蔡春成、蔡仙、阮雨锡、胡妈腰、程米骚、严虎卿、颜香溪、刘佛成、韩水籣、翁□员、何少圃、吴红、锺粒、邱八、叶鹅、宝桥叶刘氏、玉墩头何恶以上各捐壹元。

计共捐光银肆百零柒元。

光绪二十八年岁次壬寅十二月　西门众董事仝立石

注：此碑 208 厘米×62 厘米，立在庙内通廊左墙。

9. （清）光绪《重修大庙西亭南门乐捐名次》

重修大庙西亭南门乐捐名次

监生沈瑶芳捐银贰佰元。例贡黄龙江捐银壹佰贰拾元。例贡林希济祖派捐银捌拾元。例贡许景辉祖派捐银贰拾元。州同张铭捐银贰拾元。林仰楠捐银拾陆大元。例贡张真甲祖派捐银拾贰元。监生陈勤敏祖派捐银拾元。例贡许次休祖派捐银拾元。监生许希中祖派捐银拾元。监生许轩昂祖派捐银拾元。例贡许启光祖派捐银拾元。监生谢登木祖派捐银拾元。例贡谢元捐银拾大元。监生张腾飞捐银拾大元。监生陈廷福捐银拾大元。例贡陈登科祖派捐银捌元。中书董临□捐银陆大元。州同林金宽捐银陆大元。监生许佛赐、郑炳光、授贡生张俞、沈公海、许鸿发、许水、生员许然、谢维嗣、谢胡程以上各捐银肆大元。监生沈贤文、监生许勤轩祖派、监生谢英祥、杨恭、黄常大以上各捐银叁元。生员方汉清、生员李天溪、泉州侯同钦监生沈昌明、例贡许廷玉、监生许绍衡、生员黄来华、监生沈宗河、泉州魏龙正、监生郑超香、州同谢德、生员许兆寅、增生谢东澜、武生□土龙、监生徐佛明、徐梵龙、增生吴晋潮、生员许海□□、沈坚、林翠、□壬、陈和、许瑞、许淑、张扁、许戽、许石、沈维、沈绍文、沈清溪、谢永泉、许宾茂、许松溪、许阿大、许险顺号、许洁成、陈怡英、源泉当、许元鹿号□以上各捐银二元。例贡许清浦、监生张永员、监生许皮生、例工同许三、职员谢良胡、生员谢汝南、生员许所直、吏员何益三、监生张振卿、州同恒益号、沈杏花村、张广永堂、许长益堂、许□五、谢锡廷、谢软继、谢民瑜、李清启、朱和尚、许水旺、曾良魁、董溪池、许松德、陈乾瑞、李秋满、李德盛号、沈清鸿、许豆粒、许锦兴、李文明、陈玉水、陈桂朴、许开益、许妈抱、曾阿漠、吴水清、沈泰奂、沈清杨、许坤助、许来闩、许聪达、薛逢裕、许清枝、许步云、何昆光、谢窍嘴、郑坤生、吴溪河、许汉湖、萧晁焜、许年结、许红痣、沈长发、张铜钲、谢锡□、许水毛、许芋袍、陈南

阳、许天送、郑湮、许德、许椿、许右、伍福、许红、吴宗、沈
馥、许水、谢西、许琳、沈印、陈能、沈祖、许燩、刘生、董里、
陈杨、许桂、许吉以上各捐银壹元。

光绪壬寅年十二月　南门众董事全立石

注：此碑220厘米×61厘米，立在庙内通廊左墙。

10.（清）光绪《重修大庙西亭北门乐捐碑记》

重修大庙西亭北门乐捐碑记

监生李英祖派捐银捌拾元。职员陈国平捐银叁拾大元。监生吴
际隆祖派捐银贰拾肆大元。职员涂金榜捐银贰拾肆大元。都司御沈
国堃捐银拾肆元。岁贡生吴梦舟捐银拾贰元。徐五美堂祖派捐银拾
贰元。知贵州天柱县事谢锡铭捐银拾元。贡生郭维纶捐银拾大元。
陈丰兴号捐银拾大元。职员陈安然捐银捌大元。商五常堂祖派捐银
捌元。郑亲亲堂祖派捐银捌元。沈刚廉祖派捐银捌大元。吴德惠祖
派捐银捌大元。谢珍宝祖派捐银捌大元。许穆文祖派捐银陆大元。
陈铭杨祖派捐银陆大元。许恒美号捐银陆大元。陈福和号捐银陆大
元。吴期昌祖派捐银陆大元。许清吉祖派、沈上达祖派、州同许希
文、生员沈钟泗、生员许金榜、黄钦文、许克恭、黄旭、职员叶国
龙、职员徐国华、职员许大德、职员许宗岳、职员吴作金、贡生刘
廷琛、监生徐维薪以上各捐银四大元。职员陈三馀、监生沈玉井、
陈吉祥、贡生许师灏、沈长兴、吴水成、黄政、许西泰、陈振祥、
黄仁兴、许周福以上各捐银叁大元。贡生郑廷瑶、生员黄际熙、生
员翁正心、武生黄捷声、监生谢汪祥、监生涂泮池、监生刘云龙、
职员沈德彰、职员刘桂碧、肖水地、许初桂、陈茄花、叶白水、张
海、翁开、陈莲、刘范、谢启元、沈宗阳、陈龙庆、许梨花、罗纯
美、程长庆、叶敬昌、郑顺泗、陈正初、吴文英、刘天受以上各捐
银贰大元。贡生陈铭勋、廪生吴梦沂、廪生方照麟、增生郑汝梅、
生员沈觐光、生员陈堂勋、生员许南坡、生员陈梦江、五品阮珠
玉、监生沈作甘、职员陈书戎、职员许焕奎、职员邱国之、许育舟

祖派、沈克粟祖派、林钟英、沈德昭、许松年、谢丕显、刘绍祖、吴际清、郑成义、李福寿、张启元、郭光祖、叶震东、叶芳海、萧怀芳、杨申封、王神送、陈开仲、许丙寅、陈沧洲、许长福、陈汝能、林中秋、陈汝成、黄山海、陈开兴、黄承发、陈文溪、黄甲戌、陈门龙、阮邦、陈振烈、涂奎文、沈秋良、郑昌盛、沈桂顺、刘卓文、沈柳亭、李振成、沈水祥、叶永奠、沈南河、郭窍嘴、陈若渊、刘猷、李玉山祖派、洪鸡妲、陈文龙、许克家、陈汝霖、吴汉池、陈成士、吴成良、陈和尚、阮福泰、陈朝玉、谢启交、陈心妇、吴长庚、陈火呖、陈成保、杨启昌、锺宽、吴四邻、陈长荣、郭佛平、萧饭碟、陈意、沈锐、陈郁、许光、陈泊、许鸽、陈溪、郭淡、陈海、郭海、陈瑶、郑达、商从、沈普、叶狗、亮观以上各捐银壹元。

总共捐银伍佰伍拾叁元。

光绪甲辰年十一月吉旦　北门众董事全立

注：此碑216厘米×63厘米，立在庙内通廊左墙

二　城隍庙

1.（明）万历《重建城隍庙纪灵碑》

重建城隍庙纪灵碑

城隍之建，黄使君鼎彝之章软，夫颂使君者胪列而具，余复何言。第神之贲灵，实丁余躬，佩明赐而思飏，又焉能已于言哉！

国家祀典，郡邑各有常秩，惟城隍于守令为最亲。故国有大事及旱雩修禳，必邀惠神，守令为民，民亦自为也。凡有乞灵奔走祠下，不啻家尸而户祝之，民各有欲显，以听于郡邑之长，阴口口于神。则夫城隍，不特于守令亲，而于民尤最亲也。我诏九侯之胜，实甲闽中。而清流左口口口口峙，云树菁葱，朝烟暮紫，斯亦一粤区矣。地灵所钟，邑多贤父母，而显泄于神灵者尤甚。口口口口祈

应纮日者，维新之典，固邑父母为民崇报至意，亦神灵赫奕有以使之者。当余为者□时□某者，梦游城隍中，忽见一人从天而坠，如官府递急报状，其神辟人而阅之，客窃从旁窥，则余纪禄籍也。神觉叱客，客籍为门仆，因属报焉！是春果余捷。以今按之，亦俾不爽。夫鬼神之事，子所不语。然赟帝弼占，非圣世不讳，马耳之缺，至今以为奇谈。则余亦何必追语神为讳，而不扬神之灵哉！且癸卯间，家君有密友为义安人，避难至，时摄令某，必利其略，索之急。家君以虞卿身效用，匿不出，摄令者至，迫家君入诅于庙，家君以实告。谓人急就，我以义固不可使之出，非有所利而为之也。此心无他，神明可质。且私念庙宇湫隘，它日惠邀一第，当为一拓之。乃贱父子捷春宫之日，而庙已巍然鼎新矣！远官寂寥，愧无官报，且亦未遑也。兹余便道还里，政当新庙告成，肃衣登谒，因憾前事，敬表而出之。若夫黄使君冰檗之声，岂弟之仁，三年报政，人称神君而崇祀典，特其一耳，兹不赘。

时万历丁巳端午日也　邑人林日烺记

注：此碑 276 厘米×118 厘米，立在庙内通廊左墙。

2.（明）万历《重建丹诏城隍庙记》

重建丹诏城隍庙记

邑之有城隍，以为民也。君子勤心民瘼，修救祈禳，必斋心以告。而邑之休咎，神实司之。若以佻心徼福，则君子不事焉。抑国家令申，凡新宦是土者，必斋宿于是，矢心明神，而后视事。是天子显以法令，激励有司，复阴借神以惕之。则城隍之建，亦朝廷莅官意也。

诏邑建于嘉靖间，城隍基是时诎举，赢草创成事文明之规以竣。今日我侯英六黄公下车以来，邑无废典，野无冤民，神明之声，溢于海宇。乃一旦欣然以更新城隍为己任，捐俸倡义，众皆乐助。遂缘旧址辟而广之，轮奂之美，丹艧之饰，视旧百凡有加。东偏得隙地，复建数楹，以为新官斋宿之所。于某年某月鸠工，及某年某月告竣。杰栋峥嵘，层檐晕飞，重门轩豁，四宇玲珑，宝象庄严，群庶斋肃。是洞天福地之府，而庇民报主之弘规也！

金谓不可无述，徵言于余。余闻之夫子曰："务民之义，敬鬼神而远之。"戒媚神也。媚之一字，臣子当戒。然至于忠君爱民之心，则媚于天子，媚于庶人。《卷阿》之音，直足千古，由斯以谈，以忠爱之故而行媚，即媚于鬼神可矣。

季梁有言："圣主先成民，而后致力于神。致力于神，则不得言远矣！"君子爱民之心无已，苟可荐其馨香，致其禋祀，以徼福于神，又何力之敢爱？则我侯之致力于神，正其所以务民者欤！况夫百年之陋，振于一旦，至断也。斋宿有舍，不至委君命于草莽，至敬也。土木之需，得于捐俸，及得之施者，不烦官帑，不费民财，至惠也。董役之任，最难其人，不以染指则以废事，侯以公心用之，人以公心应之，期而竣事，至敏也。一举而众善备，侯之为民以事神也，不既勤且钜哉！则神降之福，动能有成，我侯受之矣！

侯讳元立，字某。直隶之六安人。繇乡进士起家，莅丹诏，三年报政，行将以福诏邑者福天下，所在神明且赖尔主矣！是为记。

万历四十六年□月□日立　邑人林日烺志

注：原碑文蚀损，此文以清康熙三十三年（1694）戴冠编纂《诏安县志》卷12"艺文"，《邑侯黄公重建丹诏城隍庙碑记》进行断句。

此碑278厘米×115厘米，立在庙内大门边左侧墙。

3.（明）天启《重建城隍庙碑》

重建城隍庙碑

夫国在于民，民依于社。自古启土建邦，而右社之规营随设。凡以御灾捍患，于是乎凭焉。故郡邑之有城隍也，即古立社遗意也。

诏自嘉靖辛卯建邑，迄今百载。尔时以戎马弗靖，财诎民贫，城隍庙权在壮穆侯祠为之。毋论斋坛翼寝，多所弗具，即栖神亦仅仅一楹，义不与秩祀称。万历癸丑，黄公来莅兹土，讶之，遂拓地

□□□，厥后两饧时若神民以和，故公之治状，凡四列荐，刻百姓讴思，至于今弗替。夫亦明德恤祀之孚卷也。即□□行时，坊门之茨犹未尽饰，嗣任者卒传舍视之，风雨之不蔽弗顾也。识者虞必有门外之寇，何以仅□□□□，果绿林啸聚，民社震惊。幸马公适至，视事谒庙，时即默祷于神。旋请命口当道，不阅月，而尽□□□□□。德威所致，公谢不居，归助于神，因顾瞻祠亭坊表之弗饰，亟以属受事者。乡约林汝韬、沈淄、许以□、沈缙□而人，捐资卒役，然后庙貌一新，神楼以宁，则兹宇一旦之落成，洵万世之永赖也。向匪得黄公□□奠基，□而尽制。今匪得马公亦胡以定命而成。终是黄公丐灵于神，而征应于平康；马公晴氛于郊，而燕□□□□。□□大有造于民，而马公之独竟其成，又足见寅恭和衷之雅谊，所当敬书以式者也。虽然御灾捍患，□□□□□而安社稷以安民，马公与黄公真永垂不朽哉！若夫庙制规划之宜，徒佣诸用之数，则有黄公前纪□□□□□。黄公，讳元立，六安人。马公，讳登科，镇远人。谨勒之以为记。

　　赐进士出身、江楚告三藩邦伯、前礼部郎中沈铁撰

　　赐进士出身、北京户部主事林日烺全撰

　　赐进士出身、户部观政沈起津，举人翁竟成、沈希轼、张作范、胡士桂、沈琥、吴从东，儒学教谕郑子纲、主簿宋应斗、训导吴明治、典史程玉章。

天启五年岁次乙丑仲夏吉旦立

　　注：此碑278厘米×115厘米，立在庙内大门边右侧墙。

4.（清）康熙《重建城隍庙碑记》

重建城隍庙碑记

　　今上御极以来，五十有三年矣！两间呈瑞，百神效灵，车书一统之盛，旷古所希有也。惟侯以卓异之荐，膺州伯之迁。会诏缺需才，朝廷权以侯莅其事，诏何幸而得侯为父母哉！斋宿之日，庙宇荒落，侯蒿目而心志之，未言也。视事后，冰蘖自矢，天日可质，

宽弘慈厚，秉自性生。举其听讼一端，容温而词蔼，务令两造心折。是以情无不得，民无覆盆。侯勤于政治，而明敏足以济之。其视穷帘疾苦不啻切身，古人视官事为家事，若侯之谓乎？自从履任，雨赐时若，禾麦丰登，民归德于侯，而侯谦让弗居也。一日，集诸绅士而告之曰：邑有城隍，民之望也。起大事、动大众，莫不有事于此，奈何听其荒落耶？治民事神，非予谁任。捐修之费，唯于予是问，其能佐不逮者，请商之。遂择课工之日，遴董事之人，庀材就理。废者修之，侧者正之，坏者葺之。自春徂夏，凡四阅月，而堂檐、廊庑、榱桷、户牖次第改观。侯之成民而致力于神也，识轻重缓急之序矣！为稽邑乘，当县治初设时，城隍草创未就，六安黄公经营继之，仅成堂宇，而祠亭坊表之制尚缺。贵池马公，极力举行，然后体制大备。计其去鼎建时近百年。今侯至而庙貌重新之，期亦近百年。且侯之姓，又与前符，岂神灵之式凭不爽欤！何伯益之贤，后裔著于扶风，而大有造于吾诏也。昔圣门论政，先劳之后，继以无倦。侯今者事无大小，必躬必视，由是而力行持久，以底化成，将于侯是望矣！邑之绅士金曰：是不可忘也。因属予纪其大概，树之丰碑，以垂永久云。侯讳世兴，字时可，三韩人。谨勒之以为记。

赐进士出身吏部观政沈一葵撰文，赐进士出身吏部观政孙庭楷同撰。

赐进士出身侍卫邓绍熙、协镇广东春江统辖思开那扶水陆等处地方副总兵官左都督仍带余功二次加一级何国宾、侯选州同沈锡燔、林柏龄、原任浙江绍兴等处地方副总兵官左都督兼一拖沙哈喇番仍带余功四次何国举、福宁州儒学何诗、候选县丞林仲熠、儒学教谕杨振纲、训导蒿□、典史华嘉祺、漳潮司巡检朱楷、南澳镇标右营守备加一级田华、督标世袭参将给一级他喇布勒哈番黄必显、江西抚州府东乡县知县署府事加一级朱旋、举人陈倬文、胡应达、沈壮猷、林授中、林葆光、潮阳县举人内阁中书萧敉、贡生张馥、谢廷宪、沈煜、叶士钦、沈玉泉、官商候选州同许扬祖。

董事：生员林绣、约正沈国瑞、里民沈顺、钟梅、何开、洪长、吏书陈绥、何瑞、陈德、僧昙明、监生廖廷家、林元煌、林元后、黄德然、沈永基、沈振光、沈振垣、沈椿、林凤瑞、叶荣、沈天赠、廖朝绅、杨绳武、沈耀宗、林亨城、廖朝纮、廖仪兴、廖盛李、许朝佐、钟宏音、何清沛、陈金赋、沈赞成、沈光辉、许杨祖、谢斯成、生员沈克武、沈朱略、沈一勲、钟锡爚、林飞熊、许秀士、林弘坊、何士崑、沈清、沈伯期、沈应用、沈其倬、许清、许成文、许世芳、胡论、何剑光、林日球、林中柱、陈日晶、沈中立、许根牟、陈俦、涂于光、胡绍甫、何履芳、乡宾杨州畅、林廷诏、江茂仁。

约正：林崔先、沈阿河、沈士英、林斐然。百岁寿民钟志高。

康熙五十三年岁次甲午蒲月吉旦立

注：此碑292厘米×112厘米，立在庙内通廊左墙。

5. （清）乾隆《重建城隍庙碑记》

重建城隍庙碑记

诏城隍庙址于城西之衢，昉于前明嘉靖间，拓于国朝康熙五十三年邑侯马公。其间历任贤侯，或修或补，皆因陋就简规模狭小，且又年久多倾圮剥蚀，诏绅士庶谋欲请当道而重兴不果。乾隆四十三年戊戌夏，邑侯刘公承天子命来视篆，甫下车谒城隍，见庙宇颓然而喟曰：城隍者，民之保障也。且古圣王以神道施教，五祀之设，明有尊也，示有亲也。矧城隍以保民，明威赫赫，大典煌煌，顾可忽乎。遂以鼎新为志，捐俸罚锾，鸠工度地，命诸董事者因旧制而增广之。为楹九，为间三，中为正座，翼以两罋，下于门庑旁建置斋宿。而候又于其中增置拜亭，为神蔽风日，昭其敬也。移东西廊六科臣像于正座之旁，示一体也。另买民间地一座以拓照墙，又于外门庑埕地低者填之，堤之以石，而大观具矣。斯后也，取材伐石、陶、瓦、砖，施丹□。自乾隆己亥三月兴工，迄庚子二月告竣，共费金钱一百七万九千有奇。视旧制倍蓰什伯，诏绅士庶咸颂我侯功德于不衰。盖官以莅民，神以护民，民志不摄，无以厚民之性；民财不阜，无以厚民之生。我侯自莅诏以来兴利除弊，勤勤惓惓，曰无使吾民吮血于豪猾，无使吾民空杯于蟊贼，无使吾民横索於包赔，以故政清人和，讼狱寝息。既建尊经阁，复修乡贤祠，而又殷殷斯庙，非仅为吾民之水旱疾苦祈祷计也。理发之为爱敬，气禀之为知能，过墓思哀，入庙思敬，感于不自知耳。城隍者，民之血气，心知周流无间，即在于是尊君亲上，为善去恶，阳以化之于人，阴以移之于神，民志慑则民风淳，民生之命脉益安。

国家之金汤永固，然则侯之所以保障乎，斯民也至矣。

侯讳嘉会，字礼耕，号熙堂，直隶顺天正黄旗人。由贡生出宰，历试有声。建庙之后，又告诸绅士，欲为诏邑构造塔□，以振文物，作人雅意。故其令子炳华，本年己亥恩科应顺天乡试，即登贤书，盖为保障之报也。因为之记。

赐进士出身、湖南宁远县知县、署零陵县事治、年家眷弟陈丹心撰文

乾隆四十五年岁次庚子三月日谷旦　合邑绅衿士庶全立

注：此碑290厘米×115厘米，立在庙内通廊左墙。

三　西亭寺

（民国）《四城乐捐》碑

四城乐捐

吴梦丹捐廿四元。李端勤祖派廿元。许大有秋廿元。沈瑞东捐廿元。吴克仁祖派十四元。吴正初捐十元。陈泰裕号十元。陈长成捐十元。陈中和捐十元。陈承恩堂祖派八元。陈诚笃祖派八元。吴逊华捐八元。沈子衡祖派八元。许斌扬捐八元。张天保堂六元。谢祖贻捐六元。郑亲觊堂六元。沈丽生捐六元。陈宏顺捐六元。陈安然捐六元。徐国华捐五元。沈若琛、沈阿存捐五元。

许玉成、许良元、许冬水、杨益三、陈可舟、沈青榆、郭丕谟祖派下、陈符徽、陈作霖、胡怡芳、林成和、阮大车、黄碧发、徐逊初、涂石生、沈矩源以上各捐四元。吴勤厚祖长房捐三元。

许雅、许采、陈恩、郑泽、翁开、许受、薛蠖、杨永、郑海、黄江、徐和、沈仪、徐佛、郭珍、陈士英、李养塘、沈濯缨、沈裕康、沈子和、康阔嘴、谢明光、涂震泰、许秀轻、许玉昌、田受之、吴秉钦、曾文金、陈求甫、沈冬瓜、林良柄、许半垂、沈多年、杨镇初、李永泰、许大保、陈登科祖派下、陈桂圃、许惠元、陈厚皮、郭洪泽、陈猪溪、陈永美、沈允绵、沈上清、商振祥祖派下、沈同贤祖派下以上各捐三元。

许舜南二元半。许水笑二元半。许亦珍、许培颖、许江永、徐兆龙、沈锐之、杨济和、高流、沈璟、沈浩、陈目、谢鄙、严虎西、许三友、邓炳坤、林吉鸿、沈东海、胡开发、陈乌番、陈振耀、沈添成、沈敦睦祖派下、廖俊卿祖派下、沈永筹、沈咏春、沈执夫、徐载添、张振江、谢照庭、陈毛狮、吴耳钩、徐育、王若兰、许成祖、吴茂兴、邱文香、林山乡、方茂德、沈国兴、许开益、许大庭、许振魁、许德远、许象六、许文克、许荣钦、许源兴、张尧咨、郑大茂、李再考、黄福昌、谢腾耀、谢郎溪、沈德宾、许锡铭以上各捐二元。

谢耀明、谢隐山、阮猪高、阮蜜来、沈秋、许庵、郑众、黄魁、徐禧、萧梧、杨荣、许元、李怨、沈头、许尖、李坞、许猪、萧蔡、郭惠、许细母、沈从右、郑天来、沈琼甫、陈焕章、郭希达、许永熙、吴祥泽、沈加添、陈春江、徐百宜、吴吉钟、郭耀溪、廖锦溪、陈宗渊、沈成芬、钟济枝、蔡耀、陈乌、沈潜、沈头、徐庆、许贻借、许德辉、许奇生、许济清、许明瑶、许梦春、许崇明、许德宗、黄山海、许软纳、林国槙、林观宏、李得金、陈琼瑶、陈杰三、陈福香、蔡慕颜、蔡有溪、黄淮泗、沈成枝、陈尖嘴、沈毅民、黄金当、林汉清、陈兆祥、莫文煦、许沈氏、沈清溪、王柳光、吴茂之、邓良碧、陈寿年、陈漏乞、沈长济、伍红记、沈山珍、沈仲渊、林茗娘、沈镇海、许永全、许天送、杨狗母、沈耀驹、许仰南、许大婴、沈凌云、黄番慈、吴桂龙、陈文水、黄扁鱼、陈长喜、蔡子珍、林赤鱼、许贞干、谢细贪、沈育堂、徐乌番、董明祖、徐由甘、许清和、沈文柄、徐成祖、许振茂、谢镇江、许肉螺、许启文、许道立、郑江淮、泉兴号、沈成枝、谢耀章、林宝寿、许番枫、许海云、徐贞祥、许芝帆、许镜池、李瑞麟、许启书、李成加、许如江、谢交枢、许耀坤、许旭初、谢天来、何友仁、许绍港、许如六、许达光、许大佛、沈添丁、许金江、许镜生、许名山、谢登文、谢会宗、黄钦荣、陈开兴、涂秀卿、许天溪、张金殿、许妈娇、陈桂朴、许瑶之、沈旭初以上各捐一元。

许筒一元半。北门街洗石碑工资银十四元。沈锡玉、陶金友、沈耿六、沈水竿、吴水旺、孙瑞兰、叶成以上各捐半元。

乡社董事、震泰号、善男信女、林汉钦捐十元。沈焕文捐五元。吴金顺捐元半。项耀堂捐三元。康德三元。康槌三元。黄小福、吴兴顺、吴王氏、林胡氏、吴廷干、何合丰、吴祖成、黄□以上各捐二元。林秋陶、沈启明、许大鼻、沈得胜、沈荣和、陈咨培、老顺利、何明林、沈后进、沈蔡氏、陈金玉、沈俭、郑汉、沈坤以上各一元。

民国十六年丁卯十二月重修

注：此碑228厘米×90厘米，立在寺内后天井右墙。

四　开漳王庙

1.（明）崇祯《邑君司农江藩朱公重建唐玉钤庙碑》

邑君司农江藩朱公重建唐玉钤庙碑

县西山迢递倜傥，瞰城内雕薨绣囷缯绫。龙鳞下，平衍有地，如前代宫阙，数石马卧丰草苍莽，可念故玉铃庙在焉。而带城而阳□□，宏实与东南楼相控引者，即邑君司农朱公捐俸所建新宫也。西庙自前朝或近代，皆不可考。今址又即嘉隆间庙废时所迁城南庙，而大拓之。前后为楹，若于丹镂黝垩，不饰不朴，其兴废亦将百年，戎马荆榛，皆亦可数。而故老无存者，但肃弁冕，趋而入，再拜庭下。则庙之所以世食是邦，与司农公所以力肩兹庙之意，皆俨如告语焉。公广其廉，博士李君、尉孙君宣其力，禹州别驾许公载玄又率其亚旅，文学君许贞度、许寅周、许大范、许之懈、乡三老许兴、许钿、许遵度、许履观、许绍裘、许学龙、许家祥、许善、许承业、许兆亨等合佐百余缗，以朝夕纲纪其事。始崇祯戊寅冬十一月，迄己卯冬十月。公以视师至海上，而兹庙适成。合乐宴落，大夫士让其有司，有司让其长，长又让于其属，与民彬彬乎。礼乐文章以对，扬明神休烈。今而后，神妥与饷，可知也已。谨按，神故唐玉铃将军，世守漳州刺史，氏系爵谥，启宇功业，郡乘及欧阳四门状之备矣，不具论论。其庙祀，始唐迄今，显于漳而盛于诏。枚伯祠春秋，村翁荐伏腊者千余年，与长沙、鄱阳间祀吴芮、番君，晋安祀无诸，江浙间俎豆蜥蜴碑等俗。又端午旌旗鼓吹，导与其故将，趋庙谒如岁觐，礼甚恭。然而，诸以帝王后君其俗，番君会云蒸龙变，谨事汉泽，易耳。钱越王镠，乘乱割据，益不足道。惟神以命世儒英，披荆斩棘，建陈常之烈，光父祖之勋。生建行台，身死讨贼。今旧德名氏又多蠹与，俱光州人，魂魄故应眷此。定国勤事，御患捍灾，于法皆宜祀也。祀如法，而歌思泯灭，如广陵罗池，一再传便不可识，其不如法，而喜怪诞牵惑傅会如鼻祠、黄牛、野庙之类者，又不可胜数也。祀如神，方世世勿绝。今国家隆平，疆域万里，天子复县诏，以镇抚南服，声教文物之盛，什佰前代，推厥所自山高水深。乃或者，有憾于唐史，谓记载缺焉，不知神状，已显于欧阳生。生去神未远，其文传之文也，宋庆历中始一修唐书，只据旧本，五代散佚，之后传不传未可知，亦不关史事也。且尔乡人知朱公所以义举兹庙之意乎？公丁丑摄令，谒庙览想，慨然谓玉钤公水木兹土，于谊为主为父，而堂庑湫痹，殊非尔民所以昭事高僧之意，欲复于西，不果，因即其迁庙而张之而许之。先太尉公故尝立功，事神为州将，故趋事独勤。然世为太尉，后即安焉。而不知一旦知之，来趋其主若父恐后者，不可谓非公之训也。凡公所为，比礼比乐，周防固圉，皆有干城腹心之略。而其大者，则在忠孝，而祸福之说，不与焉。夫处事瞻祷称引谴告者，神道之教也，而公不屑。诏人以君，诏人以父，修明德而荐馨香者，仁义之泽也，而公必勤。煌煌钜典，上下交让，使凡过庙者，忠孝之心油然而生，则太平之业将有取焉！盖神嘿相之矣！通判君邑事朱公讳统钪，石城府镇国中尉。博士李君逢昌，安溪人。典史孙君仲魁，蜀荣经人。而一时共事者，府学教谕□□人，傅君元祯，晋江人。贡士主簿丁君学诗，蜀绥阳人。并勒石，以志不朽。

赐进士、正奉大夫、广东等处承宣布政使司右布政、

邑后学林日瑞顿首拜撰

崇祯庚辰岁孟春吉旦立

注：此碑248厘米×94厘米，立在庙内通廊左墙。

2. （清）乾隆《本社募修僧室碑记》

本社募修僧室碑记

本庙更新有年，僧室悬宕未修，今有首事沈容、许作栋、沈宰、陈世珍、许永思、许蕴若、林角等商议出而募修，旬日之内，而功告。延僧住持香火长新，神光永耀，垂佑靡既矣。

邑宾沈容喜银肆员。信生许作楫、林轩昂、邑宾许作栋、陈世珍、李智、陈廷瑞、许蕴若、秋埔湖、李渊、李淡、李满以上俱出银二员。大坪陈辉杨等喜银二员。信生胡廷□、谢兰馥、大学生许文标、林文迈、陈宗□、许宗纶、董天招、董天培、谢玉藻、邑宾许光福、许文瑛、信士阮助、吴院使、沈宰、吴福、陈会、周石、许珍、沈斐、胡其禄、许泽民、林淑青、嘉当郭忠、林角、黄有

侯、阮伯昆、李补、康迈、郭孝、许清瑞、朱天送、许士突、许六、李莘、李华、许二、许豪千、林协、李赤、李贵、叶朗、许启漠、翁随、许韬、柳妈保、沈快、陈佛赐、张峰岩、罗达章、吴意以俱出银一员。吴子荣等出银一元。

乾隆三十六年岁次辛卯蒲月立

注：此碑 140 厘米×46 厘米，立在庙内右厢房墙上。

3. （清）嘉庆《本社香灯碑记》

本社香灯碑记

本庙更新有年，香灯延久未置。今有首事缘圣王改造龙袍，题捐剩银买园壹丘，受种叁斗余，坐址花墩土名狗摸坑尾，东至沈家园，南至园敢，北至沈家园，西至沈家园为界。众等商议，永属圣王香灯，神光普照，垂佑无疆矣。

首事：信生沈翰、许清瑞、吏员郑屋、信士刘伍、贡生董艺、谢檀、信生许光、信官赵飞龙、许炎、陈径、信生康檀、陈等、许尾、陈豫、陈味、陈合、信生陈壁。

嘉庆玖年岁次甲子桐月吉照立

注：此碑 88 厘米×36 厘米，立在庙内右厢房墙上。

4. （清）嘉庆《本社香灯碑记》

本社香灯碑记

本庙更造圣王龙袍捐金余资，议买园壹丘，受种贰斗八升，坐址普庵村土名水港尾，至西南北各至刘家园界。又园壹丘，受种贰斗半，坐址普庵土名岭头，东西至许家园界，南至刘家园界，北至路界。众等勤劳勤用，置足圣王香灯，神而明之，福无疆矣。

董事：信生沈□、信生许□、信生许□、信生许溪、吴听、信生许明、□□□、□□□、吏员赵吉、郑万、吴员、□□、钟启、许□、信生陈德、陈□。

嘉庆二十四年岁次己卯荔月立

注：此碑 90 厘米×44 厘米，立在庙内右厢房墙上。

5.（清）道光《重修圣王庙乐捐芳名碑记》
重修圣王庙乐捐芳名碑记

庠生谢魁文捐佛银四百元。监生许元仲捐佛银三百元。例赠文林郎许宗海捐佛银三百元。州同陈慎轩捐佛银一百二十元。吏员陈登科捐佛银一百二十元。贡生郑廷锦捐花边一百元。监生许长清捐佛银八十元。监生许捷动捐石狮一对。贡生张而翔捐佛银六十元。监生许士均捐佛银六十元。监生吴捷锋捐花边五十元。监生许世雄捐花边五十元。东厝寨社裔孙捐花边五十元。溪南西门社裔孙捐花边五十元。埔上社裔孙捐花边五十元。邑宾陈广卿派下捐佛银四十元。信士谢重安捐花边三十元。溪南北门社裔孙捐花边三十元。监生陈登魁捐花边三十元。职员沈淳捐花边三十元。邑宾沈容祖派下捐花边二十八元。震阳楼裔孙捐花边二十四元。监生董希孟捐花边二十二元。大坪湖祖派下裔孙捐花边二十元。监生陈英之捐花边二十元。贡生陈名达二十元。监生许长泰捐花边十六元。许襟三捐花边十六元。聚和号捐佛银十六元。上里社裔孙捐花边十六元。陈明杨捐花边十六元。陈嘉猷捐花边十六元。溪南南门社裔孙捐花边十五元。许冠鳌捐花边十五元。监生康敦朴、邑宾许绵远、李长泰、陈文彬、陈腾、新厝社裔孙以上各捐银十二元。薛居仁捐花边十一元。监生徐必兴、监生林登云、庠生许锡械、监生邓汉星、监生许志金、监生陈玉成、吴丽源号、许孝穆、萧津、陈辉、监生陈恙、陈采南、陈捷以上各捐银十元。钟妈思捐花边三元。陈向捐花边三元。陈元量捐花边三元。贡生许凤、监生许世勖、监生谢志诚、庠生董景□、监生张发祥、庠生黄金台、许明、陈庆、许妈赐、陈秉钜、谢勇、吴□、王吉、郑养以上各捐银八元。涂哮、李材、廪生胡纯修、下里社裔孙、沈细、□美、李结、陈明德以上各捐银六元。周光、监生吴肇厚、曾地、陈权、陈阔、许志宽、许成章、钟尔献、陈球、陈全、陈上珍、陈绍祖各捐银五元。陈春侯、监生许志錢、生员谢连标以上捐银二元。许九、康香、陈棕、江火、庠生陈经、监生沈友直、庠生谢鸣谦、效用吴麟、库房、税房、择日杨易简、许敬、张□、沈参、陈水、廪生陈兆凤、江味、谢□、陈旺、陈中、监生陈文杰、许菊花、徐□、陈月香、陈成喜、陈鸣岐、林省以上各捐一元。陈枝、洋林村裔孙各捐银四元。凤岗潮裔孙捐银二十元。

董事：监生许廷桂、庠生谢鸣谦、监生许大章、廪生胡纯修、监生吴肇厚、监生许志录、贡生郑廷锦、监生许登清、贡生张而翔、监生许景文、监生许维桢、庠生谢奎文、吏员陈登科、庠生许锡机、庠生谢魁文、监生沈友直、沈普、吴长庚、贡生许景辉、许佳。

道光拾伍年岁次乙未荔月日吉旦立　住持僧普苑全立石

注：此碑248厘米×88厘米，立在庙内通廊右墙。

五　威惠王庙

1.（清）乾隆《重建王庙捐银碑》

重建王庙捐银碑

功臣威惠建自前朝，莫知何年，旧原浅狭，内低与外等。岁庚戌，因洪水涨入庙内泛殿，水退，众议改建，增其旧制，易坐向，加内填高数尺。议定，恩贡生沈飏、生员谢捷登、戴大捷、刘鸿业等鸠众随力题捐，共襄厥事，不三月而庙貌改视。此虽人为实神使然，董事者不敢以为也！唯是题捐姓名，不可不勒石以彰厥善。

署诏安营中军府余登龙捐佛银贰拾元。侯选直分州李国猷木瓜料。侯选州左堂郭大年佛银捌元。太学生董天招捐银肆元。职员沈兆龙等捐银叁元。陈道捐中梁。叶武捐飞鱼钱肆千。沈乌痣捐银壹元。俱光社太学生沈光淡捐银贰拾贰元。林福瑞等捐石门石扁，另银陆元。太学生刘国银拾柒元。太学生刘国培捐拜亭石柱充银拾伍元。蔡□等捐上厅石碇，另福捐佛银贰元、炎银壹元。乡宾陈使、郑兰俱捐银□元。涂修、陈舍、陈营等俱捐银拾叁元。萧韬捐银玖元，另上厅柱联壹对。太学生许琅树、许奇俱捐上厅石柱，俱捐佛头银贰元，捐钱拾贰元。诰赠奋武校尉孙纪荣捐银拾元。张维捐银玖元、佛银壹元。李五捐银玖元。许乞捐银捌元、佛银壹元。许元光、捷俱捐银柒元。刘国域、郑四、商泉、庠生沈志成、谢云鸿俱捐银陆元。萧梅捐花佛银陆元。康次达、郑荣、许泉前俱捐银伍元。太学生陈士纪捐银伍元、钱壹百柒。萧智捐佛银伍元，另捐香炉。黄红、李狮、陈宗俱捐银伍元。许南捐银肆元半。周合、阮捷元俱捐银肆元。郑湧捐银叁元半。庠生谢捷登、谢清、林佳兴、徐国柱、江平、马兴、李榜、王振、陈严、翁贤、洪资、吴琼、许福禄、田松纯、许爱珍等、郑斌俱捐银叁元。郭珍、许登俱捐花佛叁元。林鼎银贰元半、钱贰佰肆。刘斌、曾茂捐银贰元、钱肆佰。商旦、张中俱捐银贰元半、□钱贰元、钱贰百。吴牛粽等银贰元、钱一百六。恩贡生沈飏、何臻、许立、陈阔、陈门颜氏俱捐银贰元。林恩生佛银贰元、钱壹佰陆。陈泉花佛银、陈承祖、蔺隆俱佛银贰元。王万、蒲峻、林炉、谢尾、沈恭、刘宽俱捐银壹元半。杨实银壹元、钱肆佰。刘汉银壹元、钱叁佰肆。林妈求、徐院俱壹元、钱贰佰肆。林赤、商补银壹元、钱贰佰。庠生吕廷标、郭畴、王登银壹元、钱壹佰陆。沈招钱壹千。叶标钱玖百肆。王雷钱玖百。陈将佛银壹元。许扬佛银壹元、钱壹百。李发、林保、陈斌银壹元、钱捌拾。张荣、黄尚、沈深、商明敬、商华、谢木、谢满、周隆、谢漏、谢敬、林果、陈敬、许佳、谢梅琼、谢亦崇、沈三、陈博、林悦俱捐银壹元。陈奏、许镇、沈石、萧博、陈白、许乌、高安俱捐佛银壹元。郑泮钱捌百。林观保钱柒百。谢旺钱陆百肆。□□钱伍百。沈福、蔡得恩钱伍百陆。沈善钱四百九。林泰山、许育四百八。韩旭钱四百五。陈寅、周溪俱四百四。钟乌钱四百三。官色钱四百二。沈波、陈启恩、谢结、王勇钱四百。□□捐佛银一元半。洪潭捐佛银一元、钱二百八。外委沈大兴、许宗俱捐钱三百八。黄鉄捐钱三百六。洪海捐钱三百四。邓谟、卫门陈氏、辜细、徐扁钱三百二。刘斗捐钱三百一。林樟捐钱三百。谢喜、许九、沈炉、朱桧、林金、吕莫、太学生许廷瑞、陈显、余天送、陈镇侯、刘栋、洪衍、陈义俱二百四。

注：此碑214厘米×72厘米，立在前殿庙外北巷墙上。碑名为抄录者所加。

2.（清）乾隆《重建王庙捐银碑》

重建王庙捐银碑

陈天生、张梅俱钱二百四。游黄、陈冬、谢董、潘逸俱钱二百。辜四、沈德、朱贵、陈举、郑赞、陈荣、郑坛、郑栋、陈芳、沈公惜、林胤、刘丹、王富、吴香俱钱二百。萧卯捐钱一百三。田□捐钱一百二。江节、叶全、沈善、陈笏俱钱一百。谢缉、陈降、陈圭、涂泮、黄礼、曾果、徐凤、林养、许岱、阮彦、许取、卢善、刘爵、刘振、张深、吴邹、江阔、魏梓、钟籍、黄伍、许潮、萧莲、刘晃、刘邹俱钱八十。吴荐捐钱四十。许天生钱一百六。郭严捐银一元。生员许耀椿喜石鼓一对。

董事：张纪荣、郭聘廷、黄尚、许爱珍、李榜、蔡炎、洪潭、郑兰、阮奏、马兴，一共捐花佛银四百六十四元半。

一共结□五十九千三百七十四。

一共总计银并丁口钱，钱拆钱共费□四百六十五千四百二十七。

乾隆五十五年岁次庚戌玖月□日

注：此碑152厘米×38厘米，立在前殿庙外北巷墙上。此碑碑名为抄录者所加。

3.（清）咸丰《重修王庙》碑

重修王庙

外社：陈重骏派捐银拾肆元。陈长发捐银拾贰元。监生陈金魁捐银肆元。贡生陈振祥捐银肆元。举人沈承英捐银贰元。举人沈聪章捐银贰元。武生谢道来捐银贰元。□金成捐银贰元。举人许门沈氏捐银贰元。商炎捐银壹元。陈棕捐银壹元。

本社：郑唤标捐银贰拾元。贡生吴捷峰捐银拾肆元。监生沈国英捐银拾四元。监生孙洽捐银拾四元。郑云衢捐银拾贰元。监生李士馥捐银拾贰元。杨振盛拾贰元。监生郭倬云捐大银拾元。吴笃捐银捌元。郭敷捐银肆元。谢济英、钱人笃、陈通、陈隆以上各捐银叁元。武生许魁标、邑宾阮步云派、何三寅、林启元、陈顺、孙诏、吴阔嘴、陈钰、吴望、□□□捐银贰元。增生刘长济、监生杨□□、监生涂洪山、杨赶、郑秋、杨居南、严开、吴子、郑芬、商明、郑□□、许锡乾、德玉、李朴、许锦、陈岳、黄□、何尊、梁□、沈□、许长、刘炬、涂扬、张瑶峰、郑扁、陈锦、陈□、孙艳以上捐银壹元。

董事：生员郑联标、禀生陈文、郑云衢、陈斌魁仝立石。

咸丰元年阳□月□日

注：此碑 152 厘米×65 厘米，立在前殿庙外北巷墙上。

六　东岳庙

1. （明）万历《东岳大帝像石座碑》

东岳大帝像石座碑

在坊信士沈维鱼，喜塑岳帝宝像一身带石座一完。祈佑幼男冗官成人，子孙昌盛贵。

万历癸巳年仲秋吉旦立

注：此碑 46 厘米×110 厘米，置在庙内大殿东岳大帝像下石座。碑名为抄录者所加。

2. （清）乾隆《本县主林公奉宪革除灰窑德政》碑

本县主林公奉宪革除灰窑德政

惠民之政有二：兴利也，除弊也。兴利难，除弊尤难。除数十年豪猾宿弊则尤难，除数十年豪猾宿弊见诸下车数月，盖旷古罕见矣！东关福广通衢，沿溪一带，土豪填塞水旁筑为灰窑，累累相望。每烟光蒙蔽，行人过客，目迷口哑，窑旁居民以薰蒸死焉。夫杀人者死，律有正条，而窑雾杀人，独脱法网。杀人而免于死，是遭杀者惨更甚。□□人者，罪尤浮于大憨也。乾隆十七年，前邑侯秦宪饬严禁，务令移置。而巨猾狡计，多方延遏，居民痛心疾首。如何也，申之以邑侯，重之以宪禁，而无如何焉，则终无如何矣！终听其毒气薰蒸，日临于死矣，呜呼哀哉！乾隆二十六年，邑侯林公，讳彩云，号其聪，潮州海阳人。署篆两月，爱民礼士，颂声载道，民喜其命之，□□□□□之言，清除于□公，公恻然关情，下令除之。土豪聚谋，冀延以免。而公稔知其弊，不令延也。沿溪灰窑，即□□□，所迫近民居者，移置别处，并不许盖筑为铺，以碍水道。数十年熏蒸之害，一旦消除。于是居民踊跃舞蹈□□□，举手加额，以为自今而后，死灰其不复燃矣！噫嘻！公莅诏数月，而豪猾宿弊，一旦剔清，□□之□□□□□。公莅此土，吾诏之民不尤幸欤！

是役也，民不能忘，爱寿诸石，以比甘棠之咏。

赐进士第出身江南太平府繁昌县知县陈天堵顿首拜，赐进士第吏部观政陈丹心、赐进士第吏部观政林名世全顿首拜，赐进士第许名标顿首拜，举人吴叶芳、林传芳、许开士、杨美华、林雪从、吴叠元、林光殿、方廷基、林国栋、林开先仝顿首拜。阖邑生监许作揖、林从龙、杨英南、胡梦峦、林嵩、林克珍、翁勉昌、林起骏、林开业、林光□、林文荣、朱耀明、林如彪、林克锐、沈懋进、钟云龙、林逢盛、江兆凤、沈砥柱、李国标、林文丛、叶茂春、吴廷昌、李文苑、林轩昂、林太极、林槐茂、沈元宽、许大力、林豪杰。

乾隆二十六年岁次辛巳荔月谷旦

注：此碑230厘米×68厘米，立在庙内前天井左侧墙。

3. 清（乾隆）《邑侯张公浚沟碑记》

邑侯张公浚沟碑记

诏之县治唯东关最为洼湿。盖其水自东溪出海，而于北关分一支入濠渠至东南界，爰浚三沟以泄之。一由炮台下从布街、溪沙尾而泄；一由桥仔头从沈厝市而泄；一由新店旁从许厝寨而泄。三沟之中，唯炮台下一沟泄水为多，其次莫若桥仔头一沟。盖两处之沟多架铺店于其间，人迹辐辏，则泥沙易于堙淤。每当夏雨秋露，涨流壅塞。自大街至东岳炮台下一带地方，几如陆沉。居民当汛洪浸之苦，未□不伤心于极，□之无人也。本县下车以来，登城环视，按其形势，颇熟悉于胸中。政治之暇，召诸父老而问之，道及浚沟之事，莫不欢欣鼓舞。或称此沟，自前任庄爷，经发铺户自行开浚。然弗躬自勘验，则或从或违，徒塞其责而已，而于事终无济也。本县到此□□炮台下一沟至石牌前，止其洼，两旁俱系砌石涵，如其石而□深焉，为事尤易。推自石牌后从□溪沙尾两旁石砌，俱为豪强居民潜移，此浚之所以难也。且沈厝市后一沟至朝天宫后，亦多□强民塞狭矣。本县务令必阔六尺、深六尺，凡铺户者，一如前砌。狭或私自壅塞者，则推练之罪是问。唯时父老告余曰：公之制，可云尽善尽美矣！然得于一时而不垂于后世，保无人而复淤□。余曰：是用勒诸贞珉，限练保三年督清一次，□则见官治之。嗟乎！□□为令□渠以利民用，□侯清渠，以兑民溺，区区之政，敢云己德！亦欣使后之司是土者，知民溺之苦而谅余之心也云耳。因为数言以记之。

乾隆二十九年岁次甲申孟春谷旦

文林郎知诏安县事灵山张所受志

注：此碑202厘米×75厘米，立在庙内前天井左侧墙。

4.（清）乾隆《陶县主示禁碑》

陶县主示禁碑

特授诏安县正堂加五级、纪录五次陶，为乞恩示禁等事。本年叁月拾贰日，据东关保林彩、林邦彦禀称：诏邑东岳庙，系喧讲圣谕之庙，岳神系合邑保障之神，所关甚重，不可亵渎。近被附近居民竟将岳埕晒晾粟粒，岳内坛弹棉花，并有无籍棍徒聚集赌博，以及病丐投宿，种种污秽。若不禀明示禁，神人糜宁等情。据此，查东岳庙宇，理宜清净，以妥神灵，岂容污秽。除饬保巡查前项，聚赌棍严拿禀究，并驱逐游丐往来外，合行示禁。为此，示仰附近东关居民人等知悉，嗣后尔等不得仍在庙埕晒晾粟粒，并于庙内坛弹棉花秽亵，及纵容子弟燃点火烛，致有不测。倘敢故违，许该练保立即指名禀究。该练保等，如敢籍端滋扰，察出究革不贷。各宜凛遵毋违，特示。

乾隆叁拾壹年叁月贰拾陆日给

公讳浚，号让泉，安徽滁州人也。莅诏多善政，不能遍及，但此禁除污秽，便民好恶，诚为乐。只君子民之父母，下令日久，不无废弛，合邑人等于是勒石永禁不朽云。

注：此碑158厘米×47厘米，立在庙内前天井左侧墙。碑名为抄录者所加。

5.（清）道光《重修东岳乐捐芳名》碑

大清道光四年重修东岳乐捐芳名

诏安县主苏苏捐银二百两。诰赠奉政大夫林世涟捐银三百元。诰赠儒林郎林世燮捐银二百五十两。州同林世潆捐银二百元。朱合顺捐银二百元。州同林华春捐银一百元。监生沈怀玉捐银一百元。中军府张□捐银一百元。赐赠武信郎蒲泽秀捐银一百元。贡生杨元恒捐银一百元。仕渡邑宾沈士欣捐赠寺田二斗三种，又银十元。贡生蒲长荣捐银六十元。饷当许广生、饷当陈平裕、饷当许合饷、生员沈涯以上各捐银五十元。监生郑士香捐银四十元。赐进士侍卫武翼大夫林龙光三十二元。贡生林嘉猷、监生沈正仲、刘伯凤派、邑宾蒲瑞和以上各捐银三十元。生员傅锦、监生林振兴、生员林舟楫派、林本立、林本俊以上各捐银二十四元。监生林玑斗捐银二十二元。岸上诰授昭武都尉沈邦安、北门外州同傅大椿、监生林锡恩、监生陈步陞、监生汪企东、监生蒲长流以上各捐银二十元。邑宾蒲长垣捐银十六元。林祖德捐银十五元。北门内监生刘国圻派下、林都林锡记、贡生李克亭、监生林绍徽、监生林克镕、监生林溥、监生吴士魁、林兴祖、朱然、宗文元以上各捐银十二元。岸上贡生沈焜光、仕渡贡生沈鹏里、邑宾林登标、林政、林冇、陈荣、万里号以上各捐银十元。宫口海关林安国、金永鉴、白石贡生沈席玲、邑宾方守和、邑宾林嘉漠以上各捐银八元。傅明远捐银七元。监生林之骥、□林泉、黄振风、李维炎、林庆以上各捐银六元。林士荣、许寿明以上各捐银五元。东城监生沈之瀚、上园村沈君政、城内邱瑞周、城内邱蒲吉、石门监生许秉哲、新店街许景珠、沈国相、生员马上锦、生员林珠光、监生朱国藩、监生郑光远、监生林应泰、监生林耀西、邑宾郭长发、黄振韵、吴士芳、林曰、方士成、方倬云、吴廷桂、翁承烈、吴国栋、林崇德、林户辉、杨龙德、杨龙光、蒲秋、李旺、邑宾杨尚金以上各捐银四元。城内赐赠中宪大夫沈惠和捐银十六元。监生林国柱、林逢年、李来修、沈登以上各捐银三元。霞河杨大章、上陈村陈陞、厦寮何闾、城内许光、城内许明、城内陈资、城内吴海、城内中孚当、溪沙尾江永合、溪沙尾陈崇、新店街许兴盛、东路乾信士沈大德、举人林开先、举人林绍光、廪生王际平、生员林如彪、生员林蠾、生员林灏、监生陈朝用、监生李克珊、监生林星斗、监生沈定国、监生林嗣爵、监生林文渊、登仕郎刘尚浩、邑宾谢国梃、邑宾蒲长坤、邑宾朱国珍、叶碧云、沈福海、陈全、林甘、宗泰义、江春峰、林成瑛、黄顶峰、举人林乘恩、蒲利、林振发、林周、沈国佑、陈称、郑欣、沈简捷、刘立生、杨砥柱、林石泉、李克、三合号、朱文漪、陈禅、林盛、林世光、沈邦江以上各捐银二元。魏丑捐银一元半。永定李衍福、东沈例授文林郎沈朝柱、城内生员王宗质、城内监生徐必哲、仕渡监生沈瑞麟、北门监生许怀谦、仕渡沈佛水、五都李辅、上湖胡鑑亭、樟仔脚沈檀、上陈村陈笋、西潭吴杰、宫洋头杨妈枱、桥头街林永盛、城内蒋角、二溪雅林元亨、二溪雅林元镖、二溪雅林湛、西沈沈学古、东路乾沈福、北门关国、溪沙尾魏公惜、溪雅徐尚、半天庙黄合利、贡生吕镛、生员林珠头、生员林山斗、生员林高华、生员林射斗、邑宾林启瑜、邑宾潘光殿、杨廷恩、张祖卿、郑焕、张敬承、郑凤、沈大观、陈子杰、陈乌、香村聚源林笺、朱浩、林振、林茂、江开、沈辉、李权、林颜、林仕涵、林达怀、沈肇基、林钦、郑松、李苞、林买、林锱、林石虎、林雍玉、林樟、杨光春、林汪、朱虎、林正木、林禄、林红、林令、郭池、邑宾林桂、林振起、林德仁、林清光、林逢荣、林满州、李有光、林西河、甲州邑宾陈最、溪沙尾沈牛、蒲硕、黄岳以上各捐银一元。福泰捐银廿六元。太子美沈淡夫、监生林文理、荧敦头奋武校尉何国勇以上各捐银二元。

董事：进士刘时勇、贡生林象、邑宾蒲长坦、监生林玑斗、监生沈怀玉、邑宾林国珍、监生林初鸣、监生蒲瑞环、监生林浦、傅企仁、监生林玉柱、生员刘锡馨、蒲美彦、宗学义、生员沈钧。

注：此碑230厘米×68厘米，立在庙内前天井，保生大帝殿右侧墙。

6.（清）道光《徐县主示禁碑》

徐县主示禁碑

调署诏安县正堂加十级、纪录十次、记大功三次徐，为严禁棍徒在庙滋扰，以安神灵，以肃庙宇事。照得东岳庙崇祀大帝为全邑保障，声灵赫濯，惠泽群黎，理宜谨敬供奉，以安神灵。访查该处庙内，每有一种棍徒聚赌、酗酒、睡卧、喧哗、任意滋闹，实堪愤恨。除饬差驱逐外，合行出示严禁。为此，示仰所属军民人等知悉，尔等应知庙貌，为神明灵爽所凭，当存敬畏，以荷嘉麻。嗣后务须恪遵示谕，毋许在庙聚赌、酗酒、睡卧、喧哗、亵渎滋扰。倘敢不遵，许绅耆练保人等，指禀赴县以凭严拿究治，决不姑宽，毋违特示。

道光五年肆月十二日给

　　注：此碑 90 厘米 × 52 厘米，立在庙内前天井保生大帝殿左侧墙。此碑碑名为抄录者所加。

七　西关武庙

1.（清）康熙《创建关圣庙众姓助缘记序》碑
创建关圣庙众姓助缘记序

　　天地口令所掌持而不故者，气为之耳。气不虚行，配义与道，可聚可散而不可损爵，可全可分而不可磨灭，可间出于千载上下而不可沦彩。全之聚之，则为千载以上一人之身；散之分之，可为千载数人之身。而能以其气势磅礴于上，使后之人，薪尽而火则传者，准□□□□□□□关壮谬一人乎？历观贤祠神宇，雁塔猴地，其销毁豸剥者可胜道哉！辛丑秋奉旨迁界，神人俱移，而关壮谬圣像亦自悬钟所移入于西觉寺。卷掏之间，我同人照防诏安千把各营总司王世泰等上其事，原任副府推升中路总镇刘、原任大厅会升右军副府张、正堂欧阳、儒学陈、揭二师，并漳潮、金石、洪淡三巡司以及士庶军民人等，各以其忠形义质、月魄星章，当兹时而与予共事诏邑，同气相求，一见圣像，而咸为抚伏。乃为庀材鸠工，以成兹宇。夫神灵不借庇于土木，精魂不托体于泥塑，而世之尊崇道义者，若谓非此无以降之报之，起敬而盼蠲之故。关圣祠宇满宇区，然人不厌多。明人有言：孔圣日也，关圣月也，日月无处不照临，故人皆凿户牖以纳之。佛经云：琼枝寸寸，是王旃檀，片片皆香。则兹宇之成也，全之而可，分之而可，一人聚之而可，数人散之而可，无非千载上下，一气磅礴也！予于神灵之照答不复述，仅其道义之在人者，不可斯助于世如此夫。爰纪其捐助银两数目、姓氏于右。

　　驻防诏安右路副府张成远助银伍两。儒学教谕陈洪图助银壹两。揭皇谟助银叁钱。诏安县正堂欧阳明宪助银伍两。巡检司助银壹两。朱宗峙助银伍钱。施泰来助银伍钱。太子封君刘图龙助银壹两。信官王□彪助银壹两。公府差官刘国瑞助银壹两。信官赵帮成助银壹两。信官于天相助银叁两。刘守忠助银叁两。魏登峰助银伍钱。刘国柱助银贰两。唐大斌助银叁两。缘首信官郑文明助银伍两。檀越信官王世泰助银伍两。一典岩坑路下田种壹石，银拾两正。一典尤充寨后岩坑田种壹石，银贰拾两正。信士徐成佑、□文章助银□两。同化□□□□、信官李天祥助银拾壹两，另买田租大斗陆石，以为常输香灯之需，□座址四都大陂洋。

　　　　檀越主诏安县尉、关西乐兰张凤制碑与众姓题缘记石
　　　　　　　　　时康熙甲辰岁仲秋桂月谷旦

　注：此碑 232 厘米×96 厘米，立在庙内通廊左墙。

2.（清）嘉庆《西关武庙香灯田园碑》

西关武庙香灯田园碑

　　西觉寺关夫子庙宗，原有少尹张公老爷兴捐四都大与洋香灯租税，致被前住僧俩变□哉。社众觉□银两别□□近田园，永为供养关夫子香灯之资。今因骑往僧□启祸胎，辄行重索佃仪，是以社众议逐，另俞举修堂□田园租税，止许住僧近年查收供奉灯课资用。至田园佃户，倘有退耕懒交，务须会明社众议招承耕，住僧不得擅自更改，再启弊端。但世久年湮，难免弊窦，合将大庙香灯田园坐落、□教种□，逐一镌石，以备查考，永垂不朽。

　　一白井巷口田大小九垞，捌斗种。

　　一染沙华表交盘坑路下田大小捌垞，伍斗种。

　　一西路西坑村超坑田大小拾垞，伍斗种。

　　一本亩西觉下园壹段，肆斗种。

　　一白井巷口园壹段，壹石贰斗种。

　　　　　　　嘉庆拾贰年拾壹月　社众职员沈建唐等

注：此碑94厘米×70厘米，立在庙内通廊左墙。碑名为抄录者所加。

3. （清）光绪《帝君神像题银芳名》碑（1）

帝君神像题银芳名

诏安县正堂捐银七元。诏安营副总副施捐银四元。诏安县学正堂王捐银二元。诏安县学左堂陈捐银二元。诏安营中军府李捐银一元。悬钟汛峃防厅曾捐银二元。县城汛峃防厅石捐银一元。花翎侍卫林天骥敬冕一顶。监生沈祖泽敬木像全身。信生林炽昌敬五全付。武生沈龙英敬油身五全付。众糖商捐银八元。陈延禧祖派捐银八元。沈英烈祖派捐银七元。林君节祖派捐银七元。沈济英捐银七元。江庆昌捐银七元。太学生李英捐银六元。泰枭、天泰、忠泰、鼎源、监生江龙标、监生江天民以上各捐银四元。奉政大夫林世连派、五品军功沈伦常、监生陈胜春、青云寺、光裕堂、许魁以上各捐银三元。举人沈镜秋、贡生沈祖文、生员江南春、厂生江涛、沈广泉派、监生吴士龙、监生沈鸿图、监生郭朝禧、职员郭奇璋、监生江天恩、悦来堂、同济堂、顺茂堂、协生堂、顺吉堂、陈兰孙、林火茂、胡仕、胡坚、陈问、藏珍、荣桂、集云、许立木当、郭红居、沈妈蔡、许奉缔、沈籴民、沈水成、沈鸿秋、沈陈氏、林溪水、南法寺、澹园寺、西林寺、明兴、肃川、林稚以上各捐银二元。鼎昌、陈常、沈富、沈乃、郭□、杨外、江长、副贡生沈凤□、恩贡生王乃□、生员范之□、生员胡文□、邑宾陈文□、生员叶士□、监生沈从□、监生沈凤□、监生朱之□、监生、陈成□以上各捐银一元。

光绪辛巳孟秋

注：此碑136厘米×50厘米，立在庙内通廊左墙。

4. （清）光绪《帝君神像题银芳名》碑（2）

帝君神像题银芳名

监生陈时旭、监生杨木华、监生胡永寿、监生许珠树、职员沈举、陈玉兔、沈源兴、东兵泰、许沈氏、孙福兴、杨光彩、许瑞美、源泉当、陈福和、沈曾氏、吴士章、涂海银、许振泉、陈玉成、许木盛、林阿细、林米武、陈时修、张沈氏、林许氏、陈周南、陈大舟、林得胜、郭汝聪、沈春祈、胡暗目、许诚知、杨陈氏、林阿噜、沈水秋、胡佛藤、盛鹏初、沈逢时、胡朝鸣、江成梁、江文益、沈水象、沈锡泉、黄桂林、杨推彦、郭股三、陈锡麟、胡杨氏、金竹寺、竹林寺、西云寺、圣祖庵、沈艳、江狮、黄明、林叶、胡蚶、江斜、陈若、许集、钟洁、沈闽、沈崖、莊水、胡仕、盛生、江龟、沈海、方一、胡珠、陈诗、陈仕、江腾、江云、胡仲、胡明以上各捐银壹元。

董事：监生沈清香、生员沈天福、生员胡文豪、生员陈德英、贡生王乃光、生员江南春、武生萧士龙、生员陈登检、职员沈祖□、监生杨木□、武生沈龙□、军功沈伦□、监生杨成□、生员范□□。

光绪辛巳孟秋

注：此碑136厘米×52厘米，立在庙内通廊左墙。

5.（清）光绪《本关乐捐芳名重修武庙》碑

本关乐捐芳名重修武庙

祖派沈天德捐光银肆拾。方德思祖派捐光银陆拾元。生员江天恩捐光银肆拾元。沈雍简派捐光银肆拾元。监生沈汉章捐光银叁拾贰元。陈勤朴祖派捐光银贰拾贰元。贡生陈遇珠偕与监生泮森捐光银二十二元。监生陈国安捐光银贰拾贰元。江笃厚祖派捐光银贰拾元。沈东海捐光银拾叁元。沈诚实祖派捐光银拾贰元。江流光捐英银拾贰元。职员林承恩捐光银拾贰元。胡蚶捐光银拾贰元。孙象捐光银拾贰元。贡生沈镇江捐光银拾元。监生郭吉成捐光银拾元。监生许玉璋捐光银八元。监生江天心捐光银八元。生员江文轮捐光银八元。胡妙捐光银八元。林意捐光银七元。陈锡麟偕男生员炳勋捐光银七元。生员江一峰、生员江文渊、邑宾林维桢、邑宾胡永清、沈艳、沈秋水、沈国泰、沈天送、沈利、陈慎以上各捐英银六元。胡焕章、陈锡爵、沈中秋、陈景沂、沈举、林明、胡客、陈袍以上各捐光银五元。增生江天开、陈韵松、江奇、江静、郭郁、沈孝、林浦、黄福、陈朝恩、陈加作、陈成兴、陈四季、沈财丁、沈红春、沈阿血、林永让、沈荣川、胡春梅、沈木光、沈汉章以上各捐银四元。江蚶、盛升、沈庆、江柳、郭泰、沈维、增生江文光、叶权、林东南、黄嗣胡、胡阿大、胡文安、钟虎西、郭暗目、沈开生、莫冬桂、沈女祈、沈兴旺、陈佛送、沈顺章、江羊以上各捐光银三元。沈长鹿、沈长春、沈添财、沈猪牯、沈元闪、沈开济、江鼠毛、沈水开、江阿世、江火镜、陈全水、陈继承、陈德清、阿乌记、陈四斗、陈炎生、胡红狗、陈长和、胡文良、胡朝凤、许白番、胡荣华、许阔嘴、许福荣、范来泉、方成泰、叶国长、张火六、顺吉堂、郑妈爱、生员范之齐、林添、生员林洪涛、陈郁、生员陈瑞澜、林福、林璧、沈源泉、许得、职员江天鹏、沈长春、陈玉成号、许扁、江门沈氏、廖蒂、生员陈冠源、陈严、沈龙江、杨闵、盛德、沈彝、沈柿、江泉、江军、江贝、江王、江长、江炳、江憨、江门、江弄、沈佛来、陈汜以上各捐光银贰元。沈发、陈仁、沈番、陈蛟、沈尧、陈敬、沈连、陈养、陈喜、沈刊、陈芋、沈溪、林蛋、江成、陈海、江佛、陈固、江宾、许兴、江寅、许莫、江含、郭续、江乌、郭丑、江头、刘珊、江合、黄周、江享、方佑、许朱平、陈子□、林江水、陈仔香、郭玉镇、陈水隐、郭良成、陈秋潮、郭小狗、陈彩萍、郭淮逸、陈宗文、萧宝珍、陈冬玉、孙加顺、陈介德、盛桂元、陈阿狗、盛大千、陈鹏影、盛番悉、许长水、庄汰高、黄秀龙、杨再送、李清江、□□□、□□□、江阿妹、沈火龙、陈巧思、沈媞娽、陈阿能、沈妈倚、陈老程、沈小兰、陈光来、沈□□、陈井松、江长修、陈□乞、江挽盛、陈荣桂、陈番慈、许氏、李氏以上各捐光银一元。

青云寺捐光银七元。西林寺捐光银贰元。锄经寺捐光银四元。澹园院捐光银贰元。金竺寺捐光银贰元。郭国珍捐东畔铺地七间。

董事：生员江文渊、生员林洪涛、耆老陈韵松、职员胡春芳、贡生沈镇江、监生许玉璋、生员陈瑞澜、生员范之齐、监生许泮霖、监生沈天德、生员江文翰、生员陈炳勋、生员陈冠瀛、贡生方清波、主持僧锦英、玉光全造。

光绪辛丑年桂月吉昌

注：此碑 236 厘米×66 厘米，立在庙内通廊左墙。

6. （清）光绪《西关武庙各关乐捐芳名》碑

重修西关武庙各关乐捐芳名

诏安县正堂倪捐银一佰元。诏安营范府刘捐银三十元。诏安学正堂林捐银十元。诏安学左堂胡捐银六元。□衍田成王偕□□并捐光银七十元。沈长记号捐光银伍十元。吴淡如祖派捐银伍十元。沈世安祖派□□捐银三十二元。□□李英祖派捐银三十元。沈承发号捐银三十元。沈悦来号捐银三十元。忠泰号捐银二十伍元。许绍庆堂捐银二十四元。林□诚祖派捐银二十元。沈鼎源号捐银二十元。沈怡顺号捐光银二十元。沈英合号捐银二十元。沈珠光捐银二十元。董龙江捐光银二十元。沈清溪捐银二十元。林敦伦祖派捐银十六元。天和号捐银十六元。林世涵祖派捐光银十二元。许笃园祖派捐光银十二元。胡友□祖派捐光银十二元。黄华亨号捐银十二元。沈廉正祖派、沈佛成祖派、□宗汶川、贡生吴敬德、监生沈达河、贡生沈瑶龙、吴□同、田淑和、何一枝、同济当、崇茂当、鼎昌当、顺茂当、同茂当、平裕当、瑞茂当、沈合顺号、沈荣裕号、沈长兴号以上各捐光银十元。同知衔吴国泰、武举沈金汤、主薄许国河、田佰良、吴益、董重号、闽海关公局、何证光、许焕良、监生沈根鹭、张中和号、涂振泰号、涂琼成号以上各捐光银八元。胡动样祖派、钟承远堂派、待卫林天骥、监生林陈、贡生吴家礼、街兑干黄瑞书、徐厚德堂号、马近光、武生许一之、监生陈嘉穗、沈有光、陈贤证号、沈泰记号、宜昌号、仁茂号、沈腾记号、广和号、常泰号、鼎兴号、沈佛权、林玉源号、合顺咸号、沈裕茂号、何文、洋塘后村、许门沈氏以上各捐光银六元。武举许云龙、监生张飞鸿、职员陈炳辉、许恒德当、吴秀裕堂、许集云当、吴包、大和堂以上各捐光银伍元。沈光琳、涂元声祖派、许良显、校贡生张俞、武生吴茅丹、教谕郑薰、武举沈庆三、武生沈建初、贡生许廷障、举人沈铣銮、贡生沈得千、林守正祖派、沈般、德钟、沈明馨、生员许书、武生煥国堃、职员许光、武生涂奎光、贡生林骏照、武生许清光、武生许香若、监生许乘经、监生沈洛、武生何天源、监生沈夺锦、武生吴璧、武生高德龙、监生沈从云、州同陈广川、贡生沈楚正、监生沈大勋、武举许大□、武举叶振中、贡生叶登□、贡生叶骏、贡生林以待、监生王宗濂、武生朱朝发、何永驾、沈游乾、叶平烈、何成周、李友□、沈镜波、黄庆泰、蒲开宗、沈宗周、许镜湖、涂彬、田成章、许春号、安泰号、盈源号、永泰号、许同源号、许永春号、朱源丰号、沈万顺号、林骏成号、沈义盛号、吴协春号、新锦成号、许永兴号、江集成号、许和春号、林元龙号、林合兴号、阮藏泉号、蒲丽源号、方玉春号、来顺泰号、振隆号、许发号、吴门许氏以上各捐光银四元。涂瑞祖派、沈鼎源祖派、陈永恩堂祖派、郑登州、贡生兰士龙、贡生郑宜三、叶国栋、谢珍瑞、林诚、沈庆嵩、吴文德、沈裕德、沈诵章、黄振□、陈光斗、监生沈克家、李石司、长源号、振合号、□□号、□□号、黄根号、黄□号、许□号、陈□□以上各捐光银三元。

董事：孝廉马近光、举人沈士菁、举人沈镜銮、训导许良显、生员李温、贡生许纯炉、恩贡许舟、恩贡生许仕开、武举许文光、骑尉沈荣锦、生员陈宗虞、武生萧士龙、武举沈金汤、岁贡生吴梦丹、武举沈庆三、教谕郑薰、拔贡生张俞、武举沈大顺、生员沈彦章、廪生涂奎光、武举许清潢、武生沈国堃仝造。

注：此碑236厘米×66厘米，立在庙内通廊左墙。

八 南坛功臣庙

1. （清）乾隆《募捐芳名碑》

募捐芳名碑

信士景、信士好、挥使、信士苗、妈克、登、帝、广西、标、密、孔、丹鲸、居、问、信士成家、梓、清和、位清、捷、汉缓、协、糙、乞生、士魁、哈、天、位、献琛、士黄、苞、钦、德、忠等、适、天祐、丙、廷昌、潮、发、选、咏、永丰、永盛、发术、吏员廷贵、乌、福、劝、三发、美如、全、龙以上各捐银一元。

己亥庆成建醮，各祠堂社捐丁口钱三千五百七十文，东里社捐丁口钱三千文，南坛社捐丁口钱贰千零六十文，□□□丁口钱壹千九百五十文，后寨社捐丁口钱一千一百文，新兴社捐丁口钱一千二百六十文，和兴社捐丁口钱七百二十文，玄坛社捐丁口钱六百三□□，□□□捐丁口钱五百七十六文，书学社捐丁口钱五百五十二文，园上社捐丁口钱五百十六文□事捐钱四百文。

缘钱费用不敷首事十二人各捐钱：信生可受捐银一元，信官良捐银一元，吏员次中捐银一元，信生丕章捐银一元，信生士□□□□，信士荣捐银一元，乡宾振铨捐银一元，乡宾聿逊捐银一元，鹤屿捐银一元，信生□□□□，信生长春捐银一元，乡宝志道捐钱四百文。

首事：信生可受、武信佐郎、吏员次中、信生丕章、信生邦、举人青锷、信生□□、信生崇凌、信生板茅、乡宾士铨、乡宾聿逊、乡宾志道、信生振铨、信生国梁、信生□□、信生士晃、信生士荣、信生俊桐、信生其泮。

乾隆四十五年四月□日谷旦
住持僧春园偕徒朝桧仝募建

注：此碑128厘米×58厘米，立在庙内后天井左墙。碑名为抄录者所加，捐款芳名全是沈姓族人。

2. （清）《本族内捐金建筑南坛庙各名字》碑

本族内捐金建筑南坛庙各名字

贡生起龙捐银六十五圆。信生士彪捐银二十四圆。信生璀璨捐银二十一圆。信生邦勋捐银二十圆。信士眉寿捐银十六圆。信生锡光捐银十四圆。信生长瑞捐银十二圆。信生士鹤捐银十二圆。沈门何氏捐银十二圆。信生天达信生振光、信生聿杰以上各捐银十一圆。信生秉璋、信生长春、信生鹤桂以上各捐银十圆。信生廷艺、信生唯经、信生鹤梁、乡宾聿逊以上各捐银八元。吴氏捐银七元。信生廷佐、进士之骁以上各捐银六元。信生见龙、信生兆阳以上各捐银五圆。光里信璋捐砖银五元。信生国兴银五元。信生嗣元、信生达夫、信生家传、信生援艺、信生国真、信生其德、信生启艳、信士丙、沈门郑氏、山各捐银五圆。州司马攀龙、信生瑞龙、信生元达、信生廷辅、信生嗣晃、信生其柒、信生士、信生铨榜、信生秉均、信生渊源、信生锡爵、信生秉乾、信生光邦、信生彩彰、信生文英、信生秉仲、信生有章、信生式宾、乡宾汝梅、乡宾士铨、信士次开以上各捐银四圆。大白山、士雄、信士挽、信士尚瑛以上各捐银三圆半。信士□□、信士锯、信士丹墀、信士尚琨、信士志笃、乡宾聿振、信士武、信生懋、信士慎修、信士赏、信士元叶、信士定恩以上各捐银三圆。乡宾景彬、信士绍、信士福、信生高年以上各捐银二圆半。员士县、信生名榜、举人天阶、吏员秉均、信生国梁、信生鹗荐、信生大鹤、信生秉发、信生遇昌、信生俊耀、信生俊榕、其璋、信生禀、得意、信生宜、信生谟、乡宾志道、乡宾向春、信生之煜、信生之煁、时中、乡宾亦仁、乡宾廷铭、信士成候、备、公宣、玉澡、岐山、信士奇元、恺之、锡、信士爵、启方、客、信士振海、信士焕、荣、佳、信士济南、信士淑、惟元以上各捐银二圆。信士甘捐银一两半。信士启捐银一两二钱。信士欧捐银一两一钱半。信生鹤屿、廷显、信士齐、永耀、献南、信士希揭以上各捐银一两。信士齐、信士妙同捐室地。信生载、信生宪、信士填、信士高、信士娘生、信士溪、信士杜阶、信士兼、信士料、信士造、信士绍、信士视、信士侯、信士志行、信士镇、银荣当、信士论、信士语以上各捐银一圆半。信生崇凌、信生荣生、信生典邻、信生建勋、信生启东、信生其耀、信士位三、信士掌、信士春、信士厚、信士智、信士江、信士霖、信士露、信士柱、信士陛、信士茂、信士雨田、信士妈立、信士妈羡、信士寻、信士永、信士信、信士俊、信士年、信士乾、信士思、信士意以上各捐银一圆。

注：此碑144厘米×66厘米，立在庙内后天井左墙。捐款芳名全是沈姓族人。

3.（清）光绪《乐捐芳名》碑

乐捐芳名

长记俊豪祖派捐银贰佰元。承发号捐银贰佰元。贡生沈士元捐银壹佰元。谨厚祖派捐银五十元。沈神助捐银三十元。长兴号捐银三十元。瑞峰祖派捐银二十元。茂记号捐银二十元。谨笃祖派捐银二十元。益美号捐银二十元。英慎祖派捐银二十元。六宜居捐银二十元。振发号捐银十六元。砚光祖派捐银十二元。笃诚祖派捐银十二元。宽宜祖派捐银十二元。沈桂华捐银十二元。沈长春捐银十元。福源号捐银十元。沈雪官捐银十元。沈初二捐银十元。沈益官捐银十元。沈天庆捐银十元。贡生沈健谟捐银十元。沈建侯捐银十元。孝友祖派捐银八元。州同沈维哲捐银八元。沈佑官捐银八元。小王安定浴捐银八元。沈逢太捐银八元。沈角螺捐银六元。沈妈爱捐银六元。沈顺江捐银六元。笃慎祖派捐银六元。沈寿桃捐银六元。监生沈秀帘捐银六元。沈水贯捐银六元。春崩祖派捐银六元。大石廷彦莫江捐银六元。沈玉章捐银六元。文德朴诚任沂捐银六元。沈江官捐银六元。沈举官捐银四元。沈荣官捐银四元。沈同禄捐银四元。生员沈耀东捐银四元。沈树官捐银四元。生员沈炳辉捐银四元。沈金如捐银四元。沈马三捐银四元。沈杞官捐银四元。沈源水捐银四元。沈果官捐银四元。沈凤姿捐银四元。沈源记捐银四元。士荣祖派捐银四元。英敏祖派捐银四元。

注：此碑108厘米×47厘米，立在庙内后天井左墙。

4.（清）光绪《重修庙宇》碑

重修庙宇

阿鹄捐银四元。沈扁捐银四元。沈葵、沈在、沈辉明、沈赠、沈福贞、三角、沈阿贪、洪水、沈福建、枫官、沈敬祖派、雨顺、敦厚祖派、职员沈朝时、杜仲、国德、文宗、源茂、振荣、阿六、沈潜、沈满、火荣、春雨、清水、伏水以上各捐银三元。凤炉、家和、沈桂林、沈蛏、沈架再、沈统、沈岑、和生、树得、袍盛、监生沈其华、沈洋、淡清、沈宽、耀明、沈招、康明、汰高、顺章、沈茜、金鸡、沈蛋、□□以上各捐银二元。福寿、绍武、沈高、元禧、沈田、墨池、沈篮、沈聘、继盛、沈扁、红毛、景盛、番蛋、沈煌、沈溪、丰盛、乾砸、隆得、端正、沈王、沈榕、友恭、公惜、绍和、沈谷、茂腾、沈勇、沈暧、逢戳、金枣、百忍、启赐、桂贤、沈宝、振宗、松文、桂生、水笼、秩宗、乞食、沈红、克谐、丹桂、沈利、员生沈桂员、日宣祖、沈耀宗、沈妈惜、沈万贯、沈点、沈诚，以上各捐银一元。

光绪己亥年拾月　寿桃胥、里福胥、荣胥、香胥共捐建

注：此碑116厘米×40厘米，立在庙内后天井左墙。

九　北坛慈云寺

1.（清）嘉庆《香灯租田碑》

香灯租田碑

本社沐恩太学生沈辉炳偕侄中潘，因祈祷长男剑冲乡试中式有应。兹将红坑田一坵，土名石敢，受种一斗二升，逐年租二石七斗

为佛母香灯田，付住持掌管收租，日后毋许典卖。

嘉庆二年正月吉旦立石

注：此碑60厘米×32厘米，立在寺内门厅大门左旁。碑名为抄录者所加。

2. （清）嘉庆《捐银修寺碑》

捐银修寺碑

本社信生涂周尚，缘旧屋有后门二口，面向庙埕，今改后门为前门。社众佥议，周尚捐银壹百圆，以为重修庙宇之费，嗣后不得侵占庙地，社众亦不得遮塞门路。议令勒石，永远存炤。

嘉庆七年十月□日　阖社公立

注：此碑52厘米×28厘米，立在寺内门厅大门左旁。碑名为抄录者所加。

3. （清）道光《香灯粮田碑》

香灯粮田碑

大子美村邑庠生沈炳文，字星岩，因祈求应愿，于康熙贰拾年间喜捐粮田四亩柒分五厘五毫陆丝贰忽，受种柒斗有奇，酬答佛母鸿恩。其田四坵相连，俱宿字号。坐址洪厝寨前，土名喜吉坑，俗呼纬骨坑，佃耕早晚收粟，概付住持僧收取，以为香灯斋粮之资。令其世世相承，不得变易。合该勒石以垂久远，尚有叙议另镌于板。

道光元年岁次辛巳五月谷旦　施主长房、次房派下子孙仝立

注：此碑95厘米×50厘米，立在寺内门厅左墙。碑名为抄录者所加。

十　上帝宫

1. （清）嘉庆《北帝庙碑记》

北帝庙碑记

我诏邑旧号南诏所，明嘉靖年间始置县，改易今名。县之东路

东关社，为一关之保障，有岳帝、北帝二庙宇。其□岳帝之庙位东路之中，官民相共迎春，于是而迎焉。北帝之庙位东路之北，凡岁时伏腊以及祷雨禳灾等事，皆与岳帝而并行，即关外之人亦有时于二庙乎祈祷。此虽东路一关之保障，而实通邑生灵之所荷赖也。原夫北帝之庙之所自肪也，自前明甘肃巡抚林讳日瑞公建置文峰，始构堂而祀神灵。爰及皇朝，世远年湮，堂宇不无毁坏。乾隆四十年，里人、丁丑科进士林讳名世公因其毁坏，而同众捐修，再筑前厅。四十八年，壬午科举人李讳国梁公、太学生林讳飘香公又同众捐题，顺扩兴筑后楼。林姓东里祖裔派捐屋地二间，以成庙貌，俾得张皇端正。但庙宇虽然端皇，而庙前店铺横冲直射，未为全美。故嘉庆十九年，举人林殿飏、林荣光同社众等议捐题拆筑，各欢欣踊跃，奋发善心，又捐金契买店铺，拆筑方圆而再筑之，铺又逐年议税，交付住持香油斋粮之费，猗欤美哉，何事之隆也！夫庙宇修而神灵妥，神灵妥而居民安，而且山川之秀媚，足以名嘉瑞而起人文，年是丰而物是阜，将神人之得以共乐斯土也，是岂不雍雍熙熙，而庆於以无穷哉！因历叙以志。

嘉庆二十年岁次乙亥蒲月谷旦刊石

注：此碑 177 厘米×55 厘米，立在宫内后殿通廊左墙。

2. （清）嘉庆《乐捐芳名》碑

乐捐芳名

林世莲祖派下殿邦、殿飏、殿选捐银五十元。林素堂祖派下建国、叶国、兴国捐银二十六元。庠生林凤藻、贡生林象仪偕侄续合捐银二十六元。朱合顺捐银二十四元。大学生杨绍书捐银二十六元。吏员朱锡壁捐银二十元。林兴祖捐银十六元。吕庆德堂捐银十五元。举人林荣光捐银十一元。贡生郑建绵捐银十元。庠生李朝东、贡生李朝选共捐银十元。贡生沈谱捐银八元。贡生林嘉计、林嘉全捐银七元。州同沈沂捐银六元。头兴行捐银六元。大学生林希陶、贡生蒲长荣、林宴禄各捐六元。林大香、林大勋捐银五元。广生堂、谢钦、庠生沈文轸、庠生傅锦祖派下、大学生刘培辉、宗文街、沈万各捐银四元。大学生林叶春、大学生林世法、乡宾商思、黄盛溪堂、黄凤、吕昆、陈叶、林土俊各捐银三元。太学生蒲长、庄康、郑光远各捐银二元半。太学生林飘香、太学生林世荣、太学生林卜古、太学生林士莰、太学生林世和、乡宾蒲奋飞、林镤、宗学义、陈铳、林以莊、黄耸、吴嚷、郑英、苏义、黄地、黄顺、陈荣各捐银二元。金兴号、乡宾蒲长荣、蒲瑞和、蒲长坦、林金、周天生各捐银一元半。德茂当、义盛当、太学生沈祐、庠生沈梦龙、贡生林玉斗、贡生李克瓮、太学生谢、太学生林田、太学生沈正、太学生林嗣、太学生林羽、太学生蒲长、太学生李克、庠生朱琼林、庠生黄中以上各捐银一元。

注：此碑176厘米×58厘米，立在宫内后殿通廊左墙。

3. （清）嘉庆《乐捐芳名》碑

乐捐芳名

庠生林珠光、庠生马上锦、乡宾陈志生、乡宾林兆芳、乡宾林廷、乡宾林启宾、乡宾郑据文、蒋觉、陈彦、林春光、谢敏、林阔、朱炎、朱结、蔡昂、方烈、林寅、黄供、林溪、黄细、林柱中、泉盛号、蒲长坤、蒲长升、蒲瑞璜、蒲长茹、蒲瑞理、林玉洁、沈朝朝、黄辉绍、江青爷、陈国宝、李来修、谢太山、黄名芳、朱陈氏、林曾氏、林张氏、吴沈氏、崔贺、林铭、朱茂、黄根、陈成、陈会、沈光、洪红、陈粿、宗问、宗览、黄瑞、林印、朱宁、黄维、翁饶、林随、杨辑、林桂、陈音、杨海、林含、陈琏、杨希、黄炮、陈长、黄钺、杨岩、谢德、陈憨、郭泰、沈登、徐籁、江开、吕初以上各捐银一元。

张兴顺、朱庆盛、张邋源、蒲长蒂、李玉泉、林涂氏、林凤、郑焕、陈诺、郑眉、林蒲、张启、沈勤、吴桃、陈唱、陈杰、黄飕、林若、许属、杨兴、李昌以上各捐银一中元。

一东路头边第二间铺一连三间，一庙前厝一座二落，一西汛地边铺一间，一西后巷第二间厝一座，其年厝铺之税付住持收管，不许私胎典卖，其佃户亦不得拖久分文，违者呈官究治。

董事：太学生林文锐、林光玉、陈房、朱洁、宗学义、林威、林光鸿、林生、林阔、乡宾陈铳、蒲奋茂、黄贤、谢敏、黄振凤、陈钦、林赞、林柱中、林新、方烈、林春光、蔡鼎、主持密照全立。

嘉庆二十年岁次乙亥蒲月吉旦

注：此碑176厘米×62厘米，立在宫内后殿通廊左墙。

4. （清）嘉庆《拓建上帝宫捐地》碑

拓建上帝宫捐地

林衙东里祖派下仝捐，兴建庙后楼厝并地一间。

注：此碑82厘米×36厘米，立在宫内后殿左厢房门边。此碑碑名为抄录者所加。

5. （清）同治《重修东关上帝宫碑记》

重修东关上帝宫碑记

诏庙宇有楼者四，其在城内者曰文昌阁、曰魁楼，城以外则南关有天后宫，东关有上帝宫，皆俯临一切。而巍巍帝座，独揽山川之形胜，背枕南峰，其西八仙罗列，东北蜿蜒豪广，峙其右九侯巉巍如锯，点灯山则棱棱孤峭，当面矗立。北方水位变成火体。前人筑宫受朝，非一隅之见。而其水之自平和大溪度浤来者，百余里迂回演迤，入东溪，夹长湖，一派平行二十五里达县治之北，过东码头南下五里与西溪会，又二十里东注于海。庙在码头上方，帝以水灵奠丽于此，为我民消灾敛福者，自前明迄今三百年矣。劫之行也，有开必先。甲子孟秋，不晴不雨，洪流淹没民居者三旬五至，水累尽则风累生，帝先几示异，而民罔觉。阅两月，发逆遂陷漳郡，蔓延至乙丑三月六日县城失守，庙亦在灰烬中。盖运穷数极，神与民同患，固其理也。维时编户流离，乱定之后，稍稍还集，过斯庙则颓垣碎瓦，委翳荒墟，而后楼犹存半壁，咸谓神所凭依，不容尽泯。然俯仰今昔，未尝不悼痛于兴复之难。里人孝廉方正林公雍慨然曰："是吾责也"。己巳正岁首，议倡捐诹吉择材。父老子弟欢欣踊跃，各随其力所能致以自致，虽负贩竭诚恐后。乃经始于五月□日，泊八月□日上竣，楼高如旧制，前后若干楹，黝垩丹漆，焕然一新，计费白金千六余两。是举也，趋事效勤，人心齐一，亦德意之感孚，气机之鼓荡使之然欤！凡地方举行公事有所神补而民宜之，皆不可不书，于是父老属记于予。予不敢以不文谢，顾因自愧焉。曩贼溃时，县招邑中绅士为善后计，诸祀庙被毁者以次修葺，独文昌阁旧为崇义堂，原非官庙，众议别建，白于县，业就公廨废址，画定规模，兴工筑作，徒以么么虱吏，不便己私，浮言为梗。县因循不执其咎，浸至太阿倒持，事遂中辍。继起观成，何知异日？怀新忆故，未得忘情。既以为东关士民幸而益叹，事涉于官，动多掣肘，诚不若出自民者得以各尽心力。如今天柱又飞光也！噫，废兴有时，登斯楼者前望后顾，能无感慨系之哉！

同治己巳八年八月重兴　　邑举人沈钦文撰

注：此碑 175 厘米×56 厘米，立在宫内后殿通廊右墙。

6.（清）同治《乐捐芳名》碑（1）

乐捐芳名

林诚朴祖派下捐银三十五元。林尚惠祖派下捐银三十元。岁贡生林含润捐银三十元。监生林国桢捐银三十元。贡生林纯修捐银三十元。监生黄开盛捐银三十元。谢世棠派下捐银三十元。沈廷铦派下捐银二十七元。生员蒲光辉派下捐银二十六元。童生杨子质捐银二十五元。贡生傅廷珍捐银二十五元。傅鸿猷祖派下捐银二十元。监生沈景泰、杨万青祖派下、沈兆苍祖派下、林世法祖派下、监生杨清河、刘冬喜、蒲英从、贡生沈伯韩、监生杨绵庆、林大头、朱光辉、邱朝救、李恩黄项以上各捐银十六元。张中和当、监生沈世美、职员杨汝培以上各捐银五大元。许百禄、廪生蒲良儒、刘鼎监生林登科、监生傅廷槐、职员蒲士光、林来章、监生林士熏、许眼、翁希、沈鼎源号、黄聚田号、监生蒲英杰祖派下以上各捐银八大元。杨然、许太和号、魏艺、朱果、明兴号、监生刘振策、潘佛成、叶祥符、黄果老、蒲邱山、沈金生、阮喜、谢溪茂号、监生林琼草以上各捐银十大元。杨纯、陈荣发、生员林宝树、许城、林春雨、职员杨春魁以上各捐银十四元。监生林焜、监生郑锡福、陈得春、监生朱炳文、沈兴、林艳生、张中兴号、黄振光、许顺光号、许枝、朱兴、杨绳武、沈炳以上各捐银四大元。陈瑞云号、朱茂春、蒲英群以上各捐银七大元。朱鸡、林锡福、林汝南、监生林琼、蒲唱、林继周、生员林大单祖派下、郭昭□、林火生、林日新祖派下、朱邦彦、朱大兴、黄锡如、黄祝三、姚哈、黄印、林哲、阮和成号、李纯原祖派下、沈华山、林兆振、监生林振业派下、林简朴祖派下、杨蔫厚、方训、监生林逢时以上各捐银十二元。李开茂号、监生林来以上各捐银六大元。生员马近光、陈刊、杨乌佛、黄赤、黄碰、许协和号、陈襟、监生林莲英、黄义兴、傅镇三、沈珠、监生林永泰、柯海、林合、监生林日成祖派下、林泉、朱兆祥、萧猪、汪猪、林浚、生员林瑞草、林聚成号、林掌来、黄企、恩泰号、施热、黄香以上各捐银三大元。

注：此碑182厘米×62厘米，立在宫内后殿通廊右墙。

7.（清）同治《乐捐芳名》碑（2）

乐捐芳名

林定、监生林启荣、朱柱、监生蒲天一、林五、林永福、林易轮、杨士□、戴三、蒲前、赤兔号、林头、谢金、周才、生员杨梦珠、林待、悦兴号、沈潭、刘飞山、福昌号、林香、陈胡、杨来、蒲鲁、庆昌号、傅南、吴待、黄价、永万兴号、林杰、监生林之桂、沈租、梁大监、沈妈爱、蒲樟、林宰、杨载、朱咏、协源号、林鹊、陈斗、沈守、沈元英号、侯头、生员林鹤鸣、黄吉、杨炳煌、蒲景泰、林爵、李崇、杨番、朱栋、智兴号、林芬、林容、陈鸢、吴广昌号、朱舜、廪生林雨、林保、林大进、刘宁波、蒲步、林贡、林□、沈真、歧阳堂、沈连、刘闰、陈济、怡丰号、沈槌、伯爷林大茂、林元、生员林旭、黄木、蒲阿噜、蒲福、林四、林三、怡茂号、蒲溪、叶喜、李显、康裕源号、林钦、绵盛号、林彦、林西河、黄水庆、沈盘溪、蒲洪、林待、林述、协隆号、胡辰、陈才、李搭、贡生林天珠、林鉧、仁德号、李金、刘水元、许木、李贡、杨慎、江猛、许剑、林隆盛号、蒲比、黄栱、杨楴、监生林之杞、林明、林天翻、林锦、傅受炉、林水来、林乌□、沈子、涂杰、陈元、玉兔号、陈汀、潘象以上捐银三元。诰封恭人林门沈氏、蒲砸、林来香、沈扶、杨汉文、许卓、林佑、杨营、黄槌、莫贵、林蛤蛄、林帕、沈疏、林母子、林文池、杨生、生员杨春、吴枝、沈李礼、吴成、蒲细、林猪、沈宇、沈齐、林保赐、蒲烧、黄送、蒲知、怡泰号、林潮、林再荣、陈泉、吴细狗以上各捐银二大元。林得元、杨报、陈金、林炒、杨渭溪、吕桂、郑有、林来、董文辉、林振、福利号、陈员、陈和□、监生锺喜音、黄得兴、杨乾、陈养、周佛、沈戴明、林香、傅宁、蒲大、林木笔、林恭、陈秋水、陈舜、林宝传、荣产号、林佛、杨林、林刊、生员杨准、生员林玑、林额、林绿、董提、朱觐光、严监、陈福和号、陈波、林国安、刘长禄、郭木、林华、陈节、新益元、林明通、黄鹄、林善、黄恭、监生沈屋、沈荣、监生林大鸿、林来、林佛琴、陈启盛以上各捐一元半。林德林、林王、彭妈添、庆长春以上各捐一元。

注：此碑182厘米×58厘米，立在宫内后殿通廊右墙。

8. （清）同治《乐捐芳名》碑

乐捐芳名

源合号、发记、顺兴、平吉、沈载、春发、乌钦、吴金龙、潘佛桃、林坪臭、沈茂芬、林敢额、蒲士志、陈火明、新益记、源记号、成美号、陈妈送、彩锦号、源昌号、沈桂华、中孚号、林门沈氏、蒲英之、朱佛助、林妈喜、郑佛赐、沈献宾、萧山乡、张成室、黄明朝、林顺美、邱金溪、李南山、林阿大、林小鸽、吴狗娘、刘盛、杨梅、杨气、林池、林接、沈树、林庚、林六、吴妈来、金兴号、林五一、林景南、林启和、德兴号、林成结、朱佛赐、蒲品、朱目、杨礼、宗鼻、林孟、林院、林光、魏盛、川成、吕肉员、林金生、林福全、合源号、秀林号、蒲天沛、林万宇、林招连、林桂阳、陈宸、郑亦、沈其、沈伏、林恙、吴栅、黄保、林觉、杨营、朱门陈氏、林庆条、蒲木监、林宝田、李三友、林窈嘴、林虎狮、林珠川、李合事、李茂清、沈英茂、郑江溪、林文克、林大兴、刘汰高、林志生、沈妈意、林佑觉、林孟津、林间枝、林汝荣、沈春祈、许二定、林目、木□、监生林作梅、杨门黄氏、生员林以潘、监生杨明、林成、蒲兴、魏江以上各捐银一大元。

千总林天衢喜头盔一顶。贡生林纯修喜银肚四元。生员沈英喜银肚一元。沈门刘氏喜朝靴一双。施英喜庙前厝地一兜、添油银一元。

主事千总林天衢。董事：生员朱拭之、监生林国桢、生员沈英、监生黄锡如、李荣昌、蒲英群、潘佛成、林迈英、林汝荣、涂杰、朱通、林彦、李显、杨粮、陈□、林世、沈潭、林杰、许成泰、林陶大。

注：此碑182厘米×44厘米，立在宫内后殿右厢房门边。

十一　朝天宫

1. （清）乾隆《大老爷费示禁》碑

大老爷费示禁

溪沙尾朝天宫崇祀太后元君，护国庇民，为历代所褒封，各朝所加敕，春秋祀典煌煌。其庙前左右暨戏台地，系沈姓明仁、春德喜舍，不容有所侵占而冲塞也明矣。因被土豪沈胜、沈院、沈寺、沈富、沈岳、沈卓如、沈丁等，故筑侵占雍塞明堂，士女往来为艰，此神人所共愤，官法所不宥，以致生监、社众暨约、练、保等匐呈。本县到此踏勘，果系不堪。饬合拆毁，清还旧址。但恐日久，不无觊觎再筑，仍谕丈量弓步，使东西南北立明界限，以杜后日侵占雍塞之弊，立石示禁。

弓步间例，自庙左虾须巷口起，至东铺滴水止共量贰拾捌弓半；庙尾北铺滴水起，至南铺滴水止量明拾壹弓；庙右滴水起，至东铺滴水止共量贰拾捌弓半；横中央沟边墙界起，至北铺滴水止量明玖弓；虾须巷口起，至南沟边止玖弓。

具呈生监：沈轩元、薛陵、沈启贤、沈云纪、沈大内，社众：沈神、沈就、沈裕、沈五、沈保、沈汉、沈达三、林荣祖、薛日晃、施于骥、吴起雍、陈奇漠、陈奇权、陈志远、许捷，约练保：沈呈芳、吴天、沈志道、沈石、沈耀华、谢振明，□头：沈禄、许补、张振、郑佛、何通。

乾隆拾肆年捌月□日

注：此碑174厘米×78厘米，立在宫内门厅右墙。

2.（清）乾隆《秦县主免征渔税碑》

秦县主免征渔税碑

福建漳州府诏安县为采捕照例免征渔民，甘棠至德，勒石永垂，以昭久远事。案蒙本县主正堂加三级秦批，据郭照等具呈前事蒙批，查诏邑渔船采捕，向无征饷之例，即近奉将军宪出示晓谕，止令经由汛口请验，毋许混越，亦非饬令纳税，何得辄以征饷为词等因。嗣承移委管铜山等口税务府禀奉将军宪批，仰将该口安字渔船、利字艚船腌鲜鱼货，无论多寡，仍遵旧例办理，毋得故违。严饬遵照移县晓示。随蒙本县主正堂加三级秦，查照移内奉批出示：嗣后凡有采捕船只所载腌鲜鱼货入口，无论多寡，遵照旧例，永免征税等因，晓谕示禁。

乾隆贰拾年梅月　通县众渔民立

注：此碑146厘米×74厘米，立在宫外南巷前殿墙上。此碑碑名为抄录者所加。

3. （清）乾隆《秦县主造船湾泊修船示禁碑》

秦县主造船湾泊修船示禁碑

诏安县正堂加三级秦，为援例请禁，恳恩一视同仁事。乾隆贰拾年八月初六蒙护理福建分巡巡海汀漳龙道事、漳州府正堂加三级记录五次岳批：据本县商渔船户沈兴、郭良、林连、许佛、刘舜、林春、林等、郭捷等具呈前事，词称窃准船只修造，例有成规，凡外洋巨艘新造比造，理应赴县为禀给料单，方敢兴工。至于内澳，有盖无盖之钓艇及遭风损伤，板片割补塞漏，概从民便，毋庸禀给，所有规礼，经奉宪禁革除，不许澳保胥役骚扰，通行已久。唯龙溪、海澄二县，悉遵例禁，毫无滋累。而漳浦、诏安二县不遵宪例，是以上年浦民廖腴等，援照溪、澄之例，呈请革除，蒙准示禁。案据即如溪、浦、海三县商渔乐归，鼓哺升平。无如兴等一县，诏安、铜山二澳，俱属内河采捕，商渔仅有本县主刊□安吉、利港、宁脚六号船只，并非外洋巨舰。有一二船如遭风伤碍板片，湾泊在澳，割补枋片塞漏，屡被奸鳄漳潮司役胡嘉、江添等貌违宪例，每只船索礼钱三百文，又从欲则听其动工修补，不遂，餂禀敝陷，顿使远通商渔，忍驾破船而愿泛苦海，不敢湾泊而修补也。泣恩宪禁森严，岂容奸鳄违例，病害商民待毙，相率匍呈，亟除弊害，恩准照例示禁，蝼蚁得生，舟船共戴等情。蒙批：仰诏安县查禁，具报等因。蒙此，除行漳潮司查禁外，合行示禁。为仰合湾大小商渔船户人等知悉，嗣后新造补造，仍照例禀给料单，其余遭风损伤或年久枋片朽烂，割补塞漏，概从民便，免赴该司给单，倘有胥滋扰勒索，许即据实禀究，该船户等亦不得借端私造，致干察究。各宜凛遵无违，特示。

乾隆贰拾年捌月拾陆日给

注：此碑158厘米×70厘米，立在宫外南巷后殿墙上。此碑碑名为抄录者所加。

4.（清）乾隆《领课盐石碑记》

领课盐石碑记

特授诏安县正堂加三级、纪录五次、纪功二次杨，为勒石示禁，以杜弊窦事。据渔船户沈成等呈称：生长海滨采捕船为活，凡有大小采捕船只，分季别为大、春、冬、海，届期遵例按额领配课盐，前去采捕腌浸，成例已久。缘本年三月内，各照常例领配课盐，外司哨等复欲每只船加配伙食盐三石，不已匍呈。蒙批，据称该馆于常例之外，欲加配伙食盐三石，难为裕课起见，但未免加征滋扰，候即谕止。续据再呈为恩准勒石杜弊除萌等事前来。查渔船出口，领给鱼盐，以资腌浸，至令发伙食盐三石，前据具禀，业经谕饬禁止，准即抄录原批，勒石示杜弊窦。除批饬外，准即勒石示禁须碑。

乾隆肆拾叁年伍月□日给

众渔户呈首沈成、吴伍、林连等仝立

注：此碑72厘米×80厘米，立在宫外南巷后殿墙上。此碑碑名为抄录者所加。

5.（清）乾隆《捐地石碑记》

沈桔祖派下孙定恩、逊贤、日升等捐僧室地三间。

注：此碑96厘米×40厘米，立在宫外南巷后殿墙上。

6.（清）乾隆《捐地石碑记》

生员沈崇凌等捐地三尺。

注：此碑72厘米×30厘米，立在宫外北巷后殿门边。

十二 护济宫

1.（清）嘉庆《香灯田租碑》

香灯田租碑

本社沐恩太学生沈辉炳偕侄中潘因祈祷长男剑冲乡试中式有

应，兹将红坑田二坵，土名泉井石墩，受种一斗二升，逐年租二石七小斗，为夫人妈香灯田，付住持僧掌管收租，日后不许典卖。

嘉庆二年正月吉旦立石

注：此碑60厘米×33厘米，立在宫内二殿正面墙左侧。此碑碑名为抄录者所加。

2. （清）嘉庆《香灯田租碑》

香灯田租碑

太学生沈辉炳因祈求嫡孙生员殿鳌入泮有应，兹愿将田一坵，受种一斗，带水堀灌溉，坐址上陈，土名东绞，递年租二加六斗，九斗眷教练夫人妈香灯永远，住僧不得变卖。

嘉庆十七年十一月吉旦立

注：此碑50厘米×34厘米，立在宫内二殿正面墙左侧。此碑碑名为抄录者所加。

十三　真君庙

1. （明）天启　残缺石碑

……民之寒□衣衣之虽有得我之

……立足以锡无□之休是……

……邑民无□所城中……

……其状毅然欲……

……总才能者为……

……侯而忘□劳也不……

……三拆□不计……

……后而民不见……

……浅九□两轻……

……道□留不遂乃晨……

……采以福吾诏……

……大爷□偕群父老属……

……书以□□□于不朽建城……

……七月竣工于十二月督工□□□马□孺也

……天启之隆□侯诏士□□□立别号木湾粤

注：此碑 206 厘米×108 厘米，立在庙前埕左侧。碑名为抄录者所加。

2. （明）《施公爱民》碑

大明郡州施公爱民父母

注：此碑 186 厘米×84 厘米，立在庙前埕左侧。碑名为抄录者所加。

中国地方社会与民俗丛书

劳格文（John Lagerwey）

谭伟伦／主编

闽客交界的诏安

杨彦杰 ◎ 编

（下册）

ZHAO'AN:

Where Min and Ke Meet

社 会 科 学 文 献 出 版 社

SOCIAL SCIENCES ACADEMIC PRESS (CHINA)

下 册

诏安三都的
传统社会

黄家祥[*]

* 黄家祥,中国管理科学研究院特约研究员,并应聘任新编、续修《诏安县志》统编和诏安文
史工作委员会顾问。

诏安三都概况

诏安县地极福建、境接广东，连山艮其西北，大海浸其东南。在山海之间，有一个土地平衍、溪流纵横的小区域，这便是史称的"三都"。

据考古发现，在远古的时候，由于受地壳升降运动和气候冷暖变化的影响，这里曾数度出现海陆交相进退的景象。直到唐代，仍然半是陆地半是水泽，鳄、象出没其里，地方一片蛮荒。以后，由溪流挟带的泥沙在海潮的顶托下，逐渐淤积成洲，海岸线外移，以致元代建在海边的南诏城，如今相去大海10多公里。通过濒海悬钟城外通往海底的石砌小径和离海30多公里铜螺岭上的海洋生物化石等遗存，人们仍可感受到这种沧海桑田的巨变。

在唐垂拱置漳州之前，三都地方居住着"畲瑶"土著。之后，前来平叛靖边的中原将士及其眷属于此落籍屯垦，土著则避居二都山区。继而又有汉人因避乱、为官、戍守、游学、经商续来。尽管元初因抗元斗争致使许、陈等姓几遭灭族，清初迁界居民又锐减过半，但尔后历经近200年的休养生息，到清道光年间，地方人口达

11 万。随着地狭人稠的矛盾渐显，人口陆续向海外迁徙，而入迁则大为减少。至 2010 年诏安第六次人口普查，地方人口 28.11 万人，140 多个姓氏，其中汉族人口 26.95 万人。

明嘉靖九年（1530）析漳浦的二、三、四、五都置诏安县。时三都的范围东达凤山岭，与四都接壤；西临分水关，毗邻广东省饶平县；南达宫口海港，面对诏安湾；北至牛皮岭，与二都接壤。三都作为行政区划，相沿数百年，到民国 9 年（1920）方改设怀恩、遵化、思政、东湖、维新 5 个区。现今，则属南诏、深桥、西潭、白洋、建设 5 个乡镇和桥东镇的大部分及金星乡的湖内村，总面积约 375 平方公里。

在全县几个"都"当中，三都堪称首善之区。《县志》言其"山环九侯、赤坑之雄秀，水汇象溪、大海之吞吐，地势夷旷，民居稠密"。[①] 作为全县政治、经济、文化中心的诏安县城，就在三都的中部。封建时代置县城，必依山川而相其土泉。传统堪舆学将山势起伏绵亘、逶迤曲折的脉络视为龙脉，在界水的地方，气脉所结之处为龙穴，穴地又须讲究山环水抱。据说县城便是风水结聚之处，其龙脉从县龙之祖的小篆山逶迤而至出卿山赤坑（良峰山的本祖），呈"五星聚讲"，其中一条经桂山、乌石鼓山、寨山、浮山至县治主山良峰山，与此走向大体一致的东溪出自西北大山深处，经陂龙，汇支流，沿龙潭汤而下，至县城停蓄，始趋近海的诸洲屿。三都的东北、西南，各有一条山脉如左膀右臂拥着。如今若是登上城区良峰山上的高塔，我们可以看到整个县城依地势向四周缓缓伸展，形状如同撒开的一张网。郊外，东、西两溪左右襟带，南面是葱郁的南山，北面是平衍的原野。星罗棋布的新区旧寨，杂色斑驳的田园塘埭，纵横交错的水渠道路，铺陈其间。更远之处，河港山、九侯岩、八仙山、大湖山、铁湖港、

---

① 陈祖荫：《诏安县志》卷 2，《地理志·形势》（以下简称民国《诏安县志》）。

宫口港历历在目。

三都的对外对内交通，不论水运陆运，皆以县城为枢纽。明清时期，大驳帆船从城郊的溪海交汇处起航，出诏安湾，可下南洋、上北地、到台湾。东西方向连接广东、福建两省的驿道，则傍城而过，横贯三都。得此之便，地方上有不少人从商。在以船舶为重要交通工具的年代，三都人冲破重重险阻，泛海贩运。从明代的走私贸易到清代的合法贩运，努力开拓生存发展的空间。得海运之引领，种养业、加工业形成一定程度的商品化。在中国的传统社会中，重农抑商、重陆轻海的文化心态和经济格局居于主导地位，而诏安三都却显现出农耕经济与海商经济共生并存的特点。

三都的民居聚落，经历由相对集中到逐步扩散、由多姓杂处到聚族而居的演变过程。由地方史志、姓氏族谱的记载以及田野调查情况分析，地方居民的居聚点最先是在南诏堡及周边地带，继而沿东、西溪两岸延伸，随着水利、交通建设的推进，村庄渐渐星罗棋布于各处丘原。同时，在开基祖之后，随着人口的代代繁衍，各姓子孙相继分迁播居，从而形成众多的宗支村、子母寨。这样，三都的村寨便由小到大、由少到多，众星捧月般地簇拥着南诏城。从明末清初的 153 个自然村发展至今，已有 207 个自然村，13 个社区。

明清时期，诏安行政机构仅设县一级，知县（知事）连同下属官吏不过十多名。在这种情况下，基层社会很大程度带有自治性质，其政治特征是将推行保甲制度当作消弭盗贼，维护治安的手段，以扶植族权来"补王政所穷"，收"约束化导之功"。三都在诏安置县前后，沈、许、林、陈、吴等大姓率先建祠堂、兴族田、修族谱，组织化、制度化的大姓宗族蔚起。迨至清代，地方聚族而居已相当普遍，宗、支祠亦比比皆是。宗族，尤其是大姓宗族的社会功能彰显，在不少乡村，保、甲和族、房实际上是掌控在同一批人手里，影响乡村的政治、经济、文化、建设的发展。三都作为若干个宗族组成的乡族共同体，历史上，族际关系既有契合也有争斗，彼此在共利的前提下，可以合作建设水利、道路等公用设施，或者联防互保以抵御寇盗，但为了各自的利益，各宗族之间又时而产生纠纷，甚至酿成大规模的"红白旗"械斗。三都僻处边陲海隅，历史上"倭寇""红夷"，海盗山贼表里为患，官府鞭长莫及，居民建堡寨、备武器以御侮，遂成民间械斗张本。

三都居民由于大多是开漳将士的传裔，加之历史上腥风血雨、刀光剑影交叠纷呈，因而人们对开漳功臣这类英武伟烈人物倍加崇

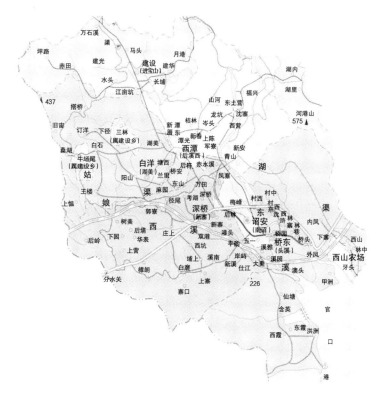

图 1　诏安县三都行政区划示意图

拜。他们在乡族中往往扮演着地头神、太始祖双重角色，陈元光、许天正、沈世纪等的塑像在城乡庙祠中比比皆是，建醮祈安、走王祭诞、迎祖巡安、演戏庙会等祭祀、纪念活动，异常隆重热闹。光是沈姓一年一度为沈世纪侯祖举行的"迎祖巡安"活动，就长达5个月，有74个村庄参与，国内罕见。

　　以上这些，便是诏安三都值得陈述的概要。

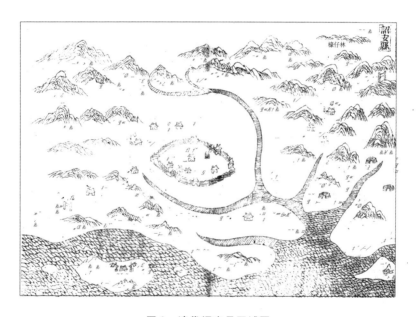

图 2　清代诏安县区域图

上篇　宗族社会

第一章　宗族聚落

千百年来，随着汉民的入迁，诸多族姓世代以继的开发，使得这块蛮荒之地逐渐成为宜居宜业的共同家园，在村族繁衍的过程中，形成了众多血缘、地缘交叠的民居聚落。三都境内星罗棋布的城堡楼寨，显示了基于特定的历史条件和自然环境，人们以族群为单位而建立起来的生产生活关系，而那些经历过风风雨雨的宗祠先茔，则体现出传统伦理观念之根植人心。

第一节　族姓衍播

一　汉民的入迁

唐初，在诏安所在的泉、潮两州边地，居住着畲瑶少数民族。当封建政权试图在这里推行王化统治时，却遭到畲瑶部落的抵制，最终酿成群起啸乱事件。总章二年（669），归德将军陈政奉旨率兵前来平乱靖边，过了八年，陈政殁，子元光袭父职，行剿抚并举之策，使地方渐趋安定。垂拱二年（686），朝廷准元光所奏，于泉、潮之间置漳州，不久，在漳之四境设立"行台"，行台之一的"南诏堡"，便落址于今诏安县南诏镇。① 屯边将士携家眷在此且耕且守，而土著则退避到"万山中，丛谷峭岭半插天表"的西北山区，"崖处巢居，耕山而食"。② 明末丁丑（1637）《诏安县志·瑶人篇》载："山区徭人俗呼畲客，常称城邑人为'河佬'，谓自河南迁来，畏之，陈元光将卒始也"，亦可成为这一历史事实的佐证。

有唐一代，诏安三都尚为半是林莽半是水泽的荒凉之地，野兽出没，人烟稀少，住民要在这种环境中拓荒殖土营造家园，其艰难困苦可想而知。在经济、文化水平落后于中原地区的情况下，入迁的移民为数不多。据《新唐书·地理卷》记载，直到唐中期的天宝十三年（754），漳州人口密度仅为 1.53 人/公里。

南宋时，中原板荡，汉人因避战乱而大量南迁，南诏地方人口有所增加。目前三都沈、陈、林、吴等旺族的先祖，皆是在那时入迁定居的。及至元初，县人陈吊眼发起声势浩大的抗元起义，与当时由许夫人领导的闽西畲汉农民武装相呼应，给予元朝统治者以沉重打击。数年后，义军在元朝重兵合围之下归于失败。元军对参加抗元的南诏村族大肆屠戮，开漳将领陈元光、许天正、马仁遗诏苗裔几近灭绝，许、马二姓仅各一人幸存，不少民众因此逃亡在外，如余姓聚居的上溪，全村只遗留 1 户，300 多户外逃，地方生齿大耗，经济亦遭严重破坏，元代入三都可查的姓氏仅有叶姓。

入明后，政府召集流亡返乡复业，还工匠以自由之身，对外来

---

① 秦炯：《诏安县志》卷 3《方舆志·沿革》，康熙三十年（1691）编纂（以下简称康熙《诏安县志》）。

② 康熙《诏安县志》卷 12《艺文志·游六峒丈量学田记》。

开垦荒地的民人，采取谁垦谁有"听为己业"的鼓励措施。于是，移民促进了地方的开发，而地方的开发又吸引了移民的续来。为了改善农业生产条件，三都兴修了溪东陂、黄塘陂、初稽陂、车陂等蓄水灌溉工程。境内西潭、东湖、考湖、港头、仙塘和城郊"下水片"一带，由于东、西溪挟带的泥沙受海潮顶托，也逐渐淤积成陆。随着可耕地面积的扩大，三都的人口数亦有所增加。据《漳州府志》记载，明嘉靖九年（1530）诏安置县时，全县22图，三都辖10图。嘉靖三十一年（1552），全县共3452户、20766人，官民田地共900顷37亩，三都增至1569户、9439人，[1] 其中林、沈、许、涂、陈等五个姓人丁稍多。

在历史的长河中，迁三都的姓族，一部分因天灾人祸流亡绝户，一部分则代渐兴旺，传承至今。明代入迁尚存者，已知有涂、钟、杨、傅、韩、江、徐、蒲、蔡、王、商、孙、高、董等姓氏，而在清代入迁尚存者，则有朱、车、洪、徐、谢、丁等姓。这其中，有避乱、为官、游学、经商而来的，也有的属于戍守分水关、悬钟城的军人解甲入籍。例如，林氏谱载："林真，明万历初自永春从军于诏，定居不返，在诏开宗"，"林珀，约于明末从军于诏，因军功寓居诏安"。韩氏谱载："明天启间，都指挥使韩朝凤奉调驻镇闽粤要塞分水关，其家眷随任由天宝移居诏邑，及至朝凤年老致仕，归隐诏安，择雨亭与樟朗间闽粤古道旁吉地，兴建房舍。"徐氏谱载："世居大江以北，顺治五年戍守南诏，始迁福建省漳州府家焉。"[2]

清顺治十八年（1661），朝廷为切断郑成功抗清义师与沿海民众的联系，行迁海（俗称"迁界"）之策，将界外房舍、船只烧

---

① 明万历《漳州府志》卷29《诏安县》，福建省地方志编纂委员会点校本第1140、1148页，福州力人彩印有限公司，2010。

② 以上所引见《诏安林氏世谱》，2004年编；《诏安韩何族谱》，2009年编；《诏安文史资料·姓氏专辑·徐姓》，2006年12月。

毁，徙居民入内地。三都以分水关、南山、凤安亭为界，近半数土地被划为"界外"，乡井民众流离失所，衣食无着，死者填塞沟渠、枕藉道途，景况凄惨。康熙二十年（1681），解除迁界令，允许民众回归故土，但全县人口数比迁界之前大幅减少。康熙《诏安县志》云："考诏版籍，前代之季犹额丁四千四百六十，盐口九千二百七十各有奇。国朝以来仅存实丁二千七百九十有五，盐口五千三百有一十。"① 在损失的人口中，三都当占有较大比例。

此后 100 多年，地方承平，民众得到休养生息。人们想方设法增加可耕地面积，努力发展生产。如清康熙年间，在原先人迹罕至的甲、沔二洲海屿新辟屯田 1066 亩。之后，又在低地筑围障潮，形成大埭、柳厝埭、鸦洲埭、沈厝埭、牛角埭、黄家埭、古家埭、涂厝埭等埭田。政府通过兴筑黄塘陂、初稽陂、塘东陂、后潭陂、大塘车陂、马洋陂、后葛车陂、胡家陂、岑头陂、九轮陂、樟朗陂，用以蓄水灌溉，使原先一些抛荒的台丘得以造为耕地。由于"地丁合一""摊丁入亩"，赋税的征收与人口数量不再相关，官方统计的人口增长率亦大大提高。尽管其间有一些民众东渡台湾垦辟，然据道光九年（1829）人户实征册，三都人口犹近 11 万。②

到晚清时期，传统农业的开发逐步走向尽头，地狭人稠的矛盾日趋突出，人口大量向南洋等地迁徙，同期少有人口入迁。到了民国时期，外徙、入迁基本停顿，在民国 24 年（1935）全县户口大编查中，三都人口 7 万多人。

二　由杂姓聚居到聚族蔚起

查阅地方史料和宗族谱牒，将其中关于民居聚落形成和姓氏人

---

① 据康熙《诏安县志》卷 8《贡赋志·丁口》。
② 参见诏安县地方志编纂委员会编《诏安县志》卷 2《人口·人口总量与变动》，方志出版社，1999，第 115 页（以下简称新编《诏安县志》）。

口繁衍情况的记载结合起来分析，可以发现，伴随三都由移民社会向定居社会的转变，村庄亦由杂姓而居逐步向聚族而居演变。大体而言，宋元时期地方居民是杂姓而居为主，经过明代的过渡，到清代、民国期间，聚族而居已相当普遍。

现今的东城、西潭、溪南，在宋代仅是小聚落，明代才成为人口规模较大的村寨。明代时，东城有沈、洪、许、巫、麦、方等姓；西潭有吴、严、许、黄、陈等姓；溪南有陈、林、涂、白、欧、蔡、孙等姓。江亩坑、郭厝寮二村始于明代，当时，江亩坑有何、吴、蔡、许、黄、卢、孙等姓；郭厝寮有林、高、涂、谢、王、田、蔡、邓、沈、黄、欧等姓。

明代后期，由于社会较为安定，地方人口增加，加之番薯、小麦等耐旱作物的引进种植，扩大了民众的生存空间。在三都这块土地上，村族便不断在"开基""出祖"和"出祖""开基"的历史中循环往复，血缘聚落相继形成。依三都民间风俗，家族有两个以上房头的，往往要征求风水先生的意见，看祖地坟山对哪一房头有利，哪一房头不利。有利的留下来，不利的则分迁，有时风水先生还会对外迁者选择新居地予以指点。分支村与祖居村，在经济关系切割之后，像探亲拜祖之类的联系往往会延续几代，尔后，尤其是建立支祠以后，与原祖居地则只存在宗亲关系。在族谱上，他是原宗族的某代出祖者，又是新家族的开基人。在这建立的新家族中，如果多兄弟多房头，又会去请教风水先生，哪一个房头应该出祖？请教过后，又有人到新的地方创立新的家族新的村落了。如此，村落就越来越多，派系支脉也越分越繁。出祖是一种移民，不过，对于进入城市居住或到海外定居的，虽然也养子育孙且保留宗亲关系，但不称为出祖。

从族谱、史志披露的情况看，当时出祖者分两种：一种是向县外潮属的饶平等地迁徙。饶平邻近诏安三都，嘉靖年间张琏聚众10万造反称帝，隆庆年间林凤、林道乾又相继拥兵数万，攻城略地反抗官府，潮州各地皆有人参加。朝廷先后派俞大猷统大军入潮剿杀，潮州大地因此满目疮痍，数以千计的村寨被焚毁，孤儿寡妇随处可见。为了恢复生产，官府招闽南人前往"创村"，三都多有向潮州一带播迁者。另一种则是在三都本土邻近祖居地的地方择建新村，从而加快了被人们称为"宗支村""子母寨"的族姓群落的衍生。这一时期，地方出现一些以姓氏命名的村庄，如林家巷、吴厝巷、许厝巷、胡厝车、李厝祠、商厝楼、东沈、西沈、上傅、下傅、上陈、下何、沈厝寨、陈厝寨、江厝寨、林厝、朱厝等。到了清初，三都有 153 个村寨,① 聚族而居的超过 1/3。

---

① 据康熙《诏安县志》卷之四《建置志·约寨》所载，153 个寨分为东关约 8 寨：下溪雅寨、上溪雅寨、后园寨、林家巷寨、柴桥头、甲洲寨、林都村、下埔村；西关约 4 寨：西关厢、港头寨、平寨、柳厝埭；南关约 3 寨：仕渡寨、大子美、屿仔村；北关约 5 寨：北关厢、官洋头、梅塘甲、虎庵寨、茭墩头；胡厝陂约 8 寨：胡厝陂、上梅塘、万田村、磁灶村、塌里村、青山仔、沈望寮、大塘村；德新约 10 寨：德新寨、后林寨、径尾旧寨、庄上寨、深青桥、径尾新寨、郭厝寮、双港寨、西坑寨、磁窑村；含英约 6 寨：洋林寨、象头阮村、含英寨、西岐头、象头江村、仙塘寨；东沈约 11 寨：东沈寨、坂尾寨、西沈寨、古家埭、上园村、山边村、山前村、洪厝山、涂厝埭、芦鸭墩、窑里村；溪南约 10 寨：欧坑村、水河、大粪口、小寨口、埔上寨、王公寮、东厝寨、溪南寨、大埭村、莲塘村；官牌约 13 寨：塘西寨、官牌寨、山头埕、象墩山、洋边村、下蕴村、上蕴村、芝兰里、东山村、茭塘尾、考湖村、西安村、西保甲；白石约 16 寨：白石寨、深湖寨、猫槽坑、荷笠村、龙潭坂、浮山仔、旧宙寨、下坂楼、搭桥、汀洋埔、林贡寨、水坑村、西边村、东边村、大坪寨、陈厝寨；平路约 2 寨：上城寨、下城寨；宝桥约 6 寨：章朗寨、松栢山、新营村、上营村、下营村、金山村；后岭约 10 寨：不老林、五岛寨、后岭寨、太平湖、后东寮、西式园村、新兴村、万园村、高坑村、埔上村；溪东约 16 寨：尾营寨、沈厝寨、赤水溪、军寨、下美村、新村埔、吉林村、上营鹤坑、新安村、胡营沈甲、龙眼营林甲、龙眼营许甲、胡营许甲、卢尾寨、山保雷、岑头寨；长田约 6 寨：龙充寨、长田寨、乌林村、磁窑村、长脚湖、茭福村；西潭约 7 寨：东保甲、西潭寨、涂洋尾、塘东寨、后陈寨、拜头山、桥头山；长埔约 13 寨：江亩坑、北冀村、许监寨、月港村、长埔寨、前洋村、马头村、磨石溪、东边村、埔笔仑、进宝山、吉贝畲、下河庵。

清代，在血缘聚落新建增生的同时，原先杂姓而居的村庄也在嬗变。由于姓氏人口随着时间推移的此消彼长，或者因族姓间的经济实力和政治地位此升彼降，以及其他客观因素，加上因血缘关系而形成内聚力和排外心理的主观因素，"小字姓"怕被欺凌和诸事不便，导致有的外迁、有的改姓，三都由多姓村变成独姓村的比比皆是。东城村沈姓和西潭村吴姓分别于元代入居，清代他姓相继迁出，成为单一姓氏村庄。溪南村在清初时，涂、白、欧、蔡、孙诸姓人口被军队剿杀殆尽，后来仅陈姓居住。白洋乡、湖美村现为吴姓聚居，笔者曾前往该村调查，据说原先村里还有黄姓等，后来改黄姓吴，村里有个本属黄姓的中医，家里开药铺兼接诊，10 年前，挂了个"岐黄之家"的招牌，却引起一些吴姓村民的误解和非议，以致上门看病买药的明显减少。

到 1959 年，三都共有 205 个自然村，[①] 大多聚族而居，即便是为数不多的两个以上姓氏的村庄以及县城的街坊，通常也会形成各自的角落。县城之内，沈姓主要居于南关、东关；许姓主要居于北关；陈姓主要居于西门外。县城之外，有陈姓溪南村、吴姓西潭村、林姓林家村、许姓深桥村、钟姓美营村、何姓梅峰村等大村，邻近大村各有小村，亦是大村的同族分支。

1990 年，诏安进行了地名的补查和资料更新，原三都地面有南诏镇 9 个居委会、2 个村委会、9 个自然村；桥东镇 22 个村委会、53 个自然村；深桥镇 31 个村委会、65 个自然村；西潭乡 17 个村委会、34 个自然村；白洋乡 15 个村委会、36 个自然村；建设乡 7 个村委会、5 个作业区、29 个自然村；金星乡 1 个村委会、11 个自然村。这里，将其居民姓氏情况列举于下（见表 1 - 1）。[②]

---

① 《诏安县自然村基本概况》第 1～113 页，中共诏安县委办公室、诏安县档案馆编印，1959。

② 据《诏安县地名志》摘录整理，福建省诏安地名委员会办公室编印，1993。

表1-1 村街居民姓氏构成表

南诏镇	一姓居民为主行政村：五一行政村(2个自然村,沈姓为主)；梅峰行政村(7个自然村,何姓为主) 多姓居民行政街区：东关街、南关街、西关街、北关街、东北街、东门街、城内街、西门街、澹园街
桥东镇	一姓居民行政村：甲洲村行政村(4个自然村,陈姓)；林家村行政村(2个自然村,林姓)；林巷行政村(1个自然村,林姓)；西沈行政村(6个自然村,沈姓)；西浒行政村(6个自然村,沈姓)；村东行政村(2个自然村,沈姓)；村西行政村(2个自然村,沈姓)；村中行政村(1个自然村,沈姓)；外凤村行政村(1个自然村,许姓)；内凤行政村(1个自然村,许姓)；西山行政村(2个自然村,何姓)；牙头行政村(1个自然村,吴姓)；澳头行政村(1个自然村,沈姓)；含英行政村(2个自然村,林姓)；东霞行政村(2个自然村,沈姓)；林中行政村(1个自然村,吴姓)；西霞行政村(2个自然村,沈姓) 多姓居民行政村：溪雅行政村(4个自然村,3个林姓,1个多姓聚居)；桥园行政村(5个自然村,3个林姓,1个沈姓,1个多姓聚居)；桥头行政村(2个自然村,1个许姓,1个林姓)；仙塘行政村(6个自然村,5个涂姓,1个江姓)；洪洲行政村(2个自然村,1个沈姓,1个沈、白两姓)
深桥镇	一姓居民行政村：仕江行政村(2个自然村,沈姓)；岸屿行政村(3个自然村,沈姓)；平屿行政村(3个自然村,沈姓)；港头行政村(2个自然村,钟姓)；后林行政村(2个自然村,沈姓)；双港行政村(2个自然村,高姓)；新溪行政村(1个自然村,陈姓)；上寨行政村(2个自然村,陈姓)；溪南行政村(1个自然村,陈姓)；下园行政村(3个自然村,叶姓)；深桥行政村(2个自然村,许姓)；埔上行政村(2个自然村,陈姓)；溪园行政村(1个自然村,沈姓)；树美行政村(1个自然村,叶姓)；大美行政村(1个自然村,沈姓)；赤水溪行政村(1个自然村,吴姓)；樟朗行政村(1个自然村,杨姓)；上营行政村(4个自然村,叶姓)；后岭行政村(2个自然村,沈姓)；考湖行政村(1个自然村,吴姓) 多姓居民行政村：西坑行政村(2个自然村,1个陈姓；1个徐姓)；寨口行政村(2个自然村,陈姓为主)；庄上行政村(1个自然村,许、林、吴姓)；凤寨行政村(2个自然村,1个林姓；1个沈姓)；万田行政村(1个自然村,林、沈姓)；新寨行政村(2个自然村,1个钟姓,1个钟、陈姓)；后埔行政村(4个自然村,3个叶姓,1个沈姓)；华表行政村(5个自然村,3个陈姓为主,2个叶姓为主)；径尾行政村(1个自然村,沈、林姓为主)；郭寨行政村(3个自然村,1个林姓为主；2个林姓)；白厝行政村(5个自然村,3个陈姓,2个沈姓)

白洋乡	一姓居民行政村:湖美行政村(1个自然村,吴姓);麻园行政村(1个自然村,吴姓);东山行政村(1个自然村,沈姓);桥安行政村(1个自然村,刘姓);兰里行政村(1个自然村,涂姓);白石行政村(4个自然村,沈姓);深湖行政村(1个自然村,钟姓);下径行政村(1个自然村,沈姓);汀洋行政村(2个自然村,钟姓);阳山行政村(3个自然村,沈姓) 多姓居民行政村:塘西行政村(3个自然村,2个沈姓,1个林姓);玉楼行政村(5个自然村,1个沈姓,2个许姓,2个叶姓);上蕴行政村(4个自然村,2个沈姓,2个多姓聚居);旧庙行政村(4个自然村,2个许姓,1个沈姓,1个沈、吴、许姓);搭桥行政村(4个自然村,1个陈姓,1个江姓,1个蔡姓,1个沈、江姓)
西潭乡	一姓居民行政村:新春行政村(3个自然村,许姓);新厝行政村(2个自然村,吴姓);潭光行政村(1个自然村,吴姓);潭东行政村(2个自然村,吴姓);军寮行政村(1个自然村,陈姓);新安行政村(2个自然村,许姓);青山行政村(1个自然村,涂姓);沈寨行政村(2个自然村,沈姓);东上营行政村(1个自然村,许姓);美营行政村(3个自然村,钟姓);山河行政村(1个自然村,沈姓);龙坑行政村(1个自然村,林姓) 多姓居民行政村:上陈行政村(3个自然村,1个陈姓,1个沈姓,1个沈、江姓);桔林行政村(2个自然村,1个吴姓,1个多姓聚居);后陈行政村(5个自然村,3个吴姓,1个林姓,1个沈、谢姓);岑头行政村(1个自然村,沈、蔡姓);福兴行政村(3个自然村,1个沈姓,1个林姓,1个谢、沈、黄姓)
建设乡	一姓居民行政村:马头行政村(3个自然村,胡姓);坪路行政村(2个自然村,陈姓);长埔行政村(1个自然村,胡姓) 多姓居民行政村、作业区:月港行政村(5个自然村,2个徐姓,1个陈姓,1个吴姓,1个谢姓为主);江亩坑行政村(1个自然村,何、许、陈姓);万石溪行政村(3个自然村,1个胡姓,1个徐姓,1个刘姓);三林行政村(6个自然村,3个林姓,1个陈姓,1个田姓,1个多姓聚居);建华作业区(3个自然村,1个沈姓,1个涂姓,1个多姓聚居);建光作业区(1个自然村,多姓聚居);牛场尾作业区(1个自然村,多姓聚居);水头行政村(2个自然村,1个黄姓,1个多姓聚居);赤田作业区(1个自然村,多姓聚居)
金星乡	一姓居民行政村:湖内行政村(11个自然村,沈姓)

三　宗姓人口衍布

据诏安县第六次人口普查分析，原三都地方人口到2010年达28.11万人，140多个姓氏。姓氏人口中，10万人以上的唯有沈姓，万人以上的有吴、陈、林、许、叶、钟姓。这里，据诏安县政协 2005 年以来对全县姓氏的调查,[①] 以及各姓氏谱牒等资料,本书着重介绍几个著姓大族在三都的来源、繁衍、流布情况。

三都沈氏源自姬姓,以国为氏,太始祖聃季。唐总章二年（669）,沈氏总 48 世、光州固始县人沈世纪,随陈政、陈元光父子在泉、潮间平蛮,时任分营将,后与夫人尤氏落籍漳州,被沈姓后裔奉为肇漳始祖。据宋汀州府尹沈启承于宋大观年间编纂的《沈氏宗谱》记载,沈世纪生有一子,名鏊,由鏊到裔孙启承,先居泗州,后居苏州,派衍杭州、湖州。算起来,沈世纪之后近 500 年间无子孙居于福建。直到南宋初,吴兴人沈启承携子廷辅（总66 世）入闽任汀州府尹。廷辅赴科考高中探花,官拜谏议大夫,择居建阳,生有椿、楸、松、柏、桂、榕、根、枝八子。廷辅见局势动荡、兵火不熄,嘱其子:"尔等宜分徙迁居,以避乱世。"次子沈楸（宋授宣义郎衔）携妻林氏先迁清流县嵩溪,南宋绍兴年间（约 1160）再迁漳州府辖南诏场,在南诏这块土地上卜居衍,被族人称为沈姓开丹诏一世祖。此外,还有枝公派下的一支,开二都,后人有迁居县城的。

关于沈姓在南诏三都开基衍派的轨迹,漳浦,诏安《沈氏宗谱》以及三都东城、东沈、仕渡、顺庆堂等支谱,做过大致的勾画,在明成化己丑年（1469）成书的《南诏沈氏宗谱》中,诏人沈琅撰序云:

> 临水东有桑麻之区曰南诏场者,培娄九突,云山四周,华岭前横,良峰后拥。南宋时,我始祖宣义公居其地,梅山其宛芘也。继而曰昭曰穆,裔胄或适他郡,官讳不克述,是八郎公

---

① 《诏安县文史资料》第 26 期《诏安姓氏专辑》,政协诏安县委员会文史委编印,2006。所列各姓调查撰写人分别为:沈姓沈耀明,林姓林坤木,许姓许柏桂,陈姓陈文哉,吴姓吴万顺,叶九傅雄飚,涂姓涂绍武,钟姓钟里丹。

其季也……派分有四：曰上房，曰东房，曰西房，曰南房。上房则十郎也，东房则十二郎也，西房则十三郎也，南房则十四郎也。自是而枝枝叶叶，五泽浸微，九门界限，松槚有狐兔之邻，桑梓无鹡鸰之韵，图谱始详备也。正统己巳春，部帙失于煨烬之末，纪孝思者，随小宗而修之，合大宗而集之，使十三户之人心为梅山一人之心。

沈楸夫妇来南诏的居所在今诏安县城东门"草庙"一带，死后合葬于城西北郊的梅塘山。据沈氏族人口头相传，说楸公会堪舆之术，当时之所以选梅塘山为风水地，因为这里不但是"仙人困枕"灵穴，而且山上有梅林，山下有大水塘，取梅发先春、水能旺木之意象。其梅塘山葬处，墓地面积约 8000 平方米，涵括整个山包，至今还有封土墓堆，周围广植果树。其玄孙沈穆、妣林氏，死后亦葬于梅塘山。

楸之子世雄，官拜宋指挥使，死后葬漳州城北，单传一子振声，居漳浦，振声有 4 个儿子，仅第四子八郎回祖地南诏继掌祖业。八郎名穆，有 4 个儿子，长子十郎开观音山房，次子十二郎开东沈房，三子十三郎开岐头房，四子十四郎开桔林房，此 4 个房头均建立于南宋期间。到了元代，房下再开户，观音山房开北门、西巷、后厝、厚门、西浒 5 户；东沈房开彩东、彩西 2 户；岐头房开岐东、岐西 2 户；桔林房开东城、仕渡、五斗、仕雅 4 户，计 13 户，世称"十三粮户"。之后生生不息，苗裔兴旺。自沈楸开基繁衍至 2010 年，已历 36 世，人口不但居诏安各姓之首，而且广泛播迁于外地，现今漳、潮、台湾的沈姓人口，大多数出其派下。

笔者在调查中发现，沈姓楸公派下居留诏安者，基本上集中在三都一带。诏邑西北部二都山区，山高水冷，生产生活条件不如平原，族人不愿向山区发展可以理解，但为什么凤山以东四都沿海一带也绝少沈姓村庄呢？后查《诏安沈氏簪华堂族谱》，得到的解释是：南宋时，沈、李两姓的开诏祖沈楸和李顺夫，分别从福建的清流和云霄到南诏择居。当时，凤山以西东溪下游是冲积平原，以东为梅溪三角洲，分别属于后来的三都、四都。李顺夫见沈楸有意在平原上发展，考虑到两人的先祖沈世纪、李伯瑶皆系河南光州固始县人，又一起南下开漳，有八拜之交，便在协商时主动退让说："吾辈后人应承继先祖世谊，兄弟何必为此相争！"遂选择梅溪三角洲上的厚广（今后港）定居。两人约定，以凤山为界，日后子孙各守一方，世代交好，不得互相侵凌；既然祖上有八拜之交，便须依兄弟的规矩，后裔不得通婚。此两条，若有违犯，天必殛之。从后来的情况看，两姓族人很长一段时间是守约的。只是到明代，沈姓有一支越过凤山，到距厚广约5.5里一个平坦的荒埔上建村，即今之金星乡大埔村。据说，因这样做有违祖训，故每年除夕，该村父老二三十人必至凤山上的报国寺度岁，既祭祀先人，且有避祖上咒誓的意思。此一传习，直至新中国成立后方废。

现今，沈姓在三都人口逾10万人，[①] 主要播居南诏镇、桥东镇、白洋乡、深桥镇，在城乡的聚落有120多个。其中观音山祖派开居地有南诏镇的城内、西门外、北门里、东关、北关、花墩、田中央、沈厝内、世恩、糖房、胶笭街、大夫第、大路街、上梅塘、下梅塘；其他乡镇有西沈、白石、麻园头、六爷楼、下径、旧宙、沈厝寨、后林、下洋、上蕴、长埔、宅仔园、桔林、长田、湖内、长田、山尾、岑头、龙潭东、万田、保伦、古关、大埔仔、大宅、旧寨、茂林、塘西、大埭、溪沙尾、东钵头、玉楼、红厝山、岱云楼等地。东沈祖派开居南诏镇的东城村，其他乡镇有东沈、上园、大塘、介里、坂仔尾、大梧、山后、桔林、玄钟、径尾等地。岐头祖派开居南诏镇的北门百岁祠后、大老湖，其他乡镇有洪洲、西

---

① 据林殿阁主编《漳州姓氏》之附录《漳州市姓氏、人数一览表》推算，中国文史出版社，2007。其各县的姓氏、人口数由漳州市公安局于2006年提供。

寮、西坑、洋林、石壁、小半石、岐头、西坑、东界、西梧、悬钟、东钵头、后厝、岐头、洋塘后、前厝、河美等地。桔林祖派开居南诏镇的城内、东城、东门内、胶笏街、田中央、上梅塘，其他乡镇有仕渡、仕江、岸上、仕雅、阳山、石岭、澳仔头、大美、溪塅园、溪沙尾、灰窑头、柳厝埭、径尾、乌屏房、旧宙、大兰埔、大石鼓、牛场尾、东里、平寨、樟仔脚、宝树楼、厚福寨、东门楼、岑头、东山、东径、官牌、塘西、洋边、赤鼻、大埭、西头、东山、上田、赤石湾、南门、东割头、宫口、青山、山宝雷、山前、新寨、朝窝寨、后岭、龙充、新起寨等地。

三都的许姓以国为姓，尊伯夷之裔孙姜信为开国之祖。许国为楚所灭，之后宗室在河北高阳立足，衍派 6 支，其中汝南许氏这支之后宣威将军许陶（许氏总 61 世）随陈政出守泉潮。据宋理宗兵部右侍郎陈经国所撰《韩山名贤世家宗谱序》及成书于明嘉靖九年（1530）的《南诏许氏宗谱》记载，陈政、许陶殁，陈元光、许天正各袭父职，及至平蛮乱，建漳州，许天正出任泉潮团练副使兼翊府纪室，分镇南诏，家属亦由河南固始随迁。其子许邦宪先袭父职，后因事降为巡检，从邦宪以下至夏臣（许氏总 73 世）共 9 代人数百年间世袭巡检，一直镇守南诏。以后夏臣之子许诗未再袭巡检职，此时仍是北宋时期。许诗之后 300 余年，南诏许氏纪年散佚。

明代续修的宗谱，皆从宋末元初落笔。据许姓报告人称，宋末德佑年间，元兵南下，晋江进士许汉青聚众抗元，汉青战死后，其夫人及族侄陈吊眼继续转战漳、泉、潮州一带。及义军兵败，元军剿乡灭族，参加抗元的南诏许氏族人惨遭屠戮。时年 7 岁的许耐京，幸而得免杀身之祸。据传当时任万户之职的文姓广东人，经过白井埔（在今县城内），见许氏尚存的这个孩子身穿青衣双手抱着石柱，文万户想起此前曾梦见一条小青龙盘在柱子上，心想自己所做的梦莫非应在这孩子身上？遂生了恻隐之心，将耐京收留下来。

不久文万户返梓，将他带回家乡羊城，对其尽心培养。及至耐京成年，又将女儿许配给他。元大德年间，养父遣其亲生儿子陪耐京到南诏，审察时事，以图光复许氏祖业。

当年他们要到南诏城，走的是闽粤故道，途中须经过新溪村旁边一条人称"水头"的小溪流。耐京在溪边歇息洗脚时，有一位老妇人在旁洗衣服，适见耐京左足底长着七颗红痣，神色为之生变。耐京见状上前询问究竟，妇人自称姓何，言道曾乳许家一个孩子，其足底也有七颗红痣。一年元宵，她回村过节，待回到许家，许氏一门已罹难。她找过这个孩子，却不明下落，如若活着，年纪亦与汝相仿。耐京依稀记得幼时乳母的事，便对老人道出前情和来意。何妈确认了耐京的身份后，将其引至家中，交出她保存下来的许家房契地据，随后，又帮助他恢复祖业重建家园，为再续许氏宗绪尽心竭力。何妈的故事在许氏族人中流传不歇，出于感恩，每逢耐京寿诞上香时，族人都得同时备办一席丰盛的礼品祭拜她，谓之"何妈桌"。

耐京（许氏总84世）与妻文氏有必得、大得两个儿子，必得传士宝、士英，大得传谷盛、谷璏。现今，许姓于三都3万多人，主要播居于南诏镇、深桥镇，在城乡开居的聚落26个。其中必得后代居南诏镇城内、北关和桥东镇的内凤、外凤村；大得的后代居南诏镇北关、西门内、东门内、南门内、上梅墉、浒庵、胡厝车等，在其他乡镇有开渡头、深桥、许厝寨、上林、上营、许厝寨、龟山、下寨、庄上、新安、秀才寮、赤石湾、许坑埭、新春、华表脚等村。

陈姓也是以国为姓，奉陈政（陈氏总92世）为开漳一世祖。第四世陈酆有三子——咏、谟、评，分别传衍南江、北溪、东海3个支系。陈姓在诏安三都族人最多的是南江支系，东海较少，北溪无传。南江支系至第十八世陈文晦（陈氏总109世），居潮阳直浦，有五子——景雍、景备、景肃、景俊、景修。兄弟5人中，景肃是最早入南诏者。陈景肃生于南宋绍兴二年（1132），年甫15，奉父命回漳，师事高登先生，居四都渐山。因学行优异，被荐入朝，尝同秦梓奉使燕赵，回朝后，梓上表荐为祈请使，肃托故不拜，于仙人峰（今云霄竹塔）下建石屏书院，设帐授徒。绍兴二十年（1150）迁建石屏书院于渐山。翌年登进士，先任仙游县令，又由知南恩州擢知制诰，任上因题咏讥讽桧党被罢官，归渐山书院讲学，潜心学问，辨订经籍。过了5年，秦桧死，复入为资政殿大学士。乾道间南恩州叛服无常，他奉旨持节往慰，岭南遂平，以功加朝议大夫。后乞致仕归隐故里，死后葬在渐山之麓。宋末，又有景雍支脉、景俊支脉的后人入诏开居。东海支系于南宋由第十七世的陈宗说入诏安滨海的甲洲村定居。

现今，陈姓于三都约3万人，主要播居于深桥镇、西潭乡，在城乡的聚落有51个。其中景肃后裔开居南诏镇的西门外、妈祖庙边、圣祖街、南门、德胜巷、行宫、北门、东关、秀峰、南关、文峰、光良、五一村，其他乡镇有宫口、田中央、赤石湾、腊洲、峰岐、玄钟、上陈、后陈、军寮、桔林、六爷楼、新溪、东湖、考湖、新寨、小驿、桥园、溪雅、山前等村；景雍支脉开居南诏镇以外的上陈、溪南、埔上、上寨、寨口、白厝、新厝、金山、西坑、长茂林、后岭等村；景俊支脉开居南诏镇的北门内、大路街；东海支系开居甲洲、上厝园、楼仔、林柄、后厝等村。

林姓是个多源姓氏，播居于三都的有林观象、林真、林向日、林景春、林四川和家庙林等支系。最早入迁且传衍人口最多的是林观象的孙子惟福这一支。林惟福曾授广东提举学政之职，途经诏地，悦其山川秀美，南宋咸淳年间任满后，留夫人于龙溪莲池守田产，携子女徙居南诏，被称为一世开诏祖。生三子一女，长子无嗣；次子四解元住含英，三子八上舍人住悬钟。四解元之孙林仲安又生三子一女，长子南生传五个房头，开派"五常堂"；三子元熹传四个房头，开派"四德堂"。八上舍人在梅岭半岛悬钟的子孙，因明嘉靖间海上武装集团头领吴平（梅岭人）、林道乾、林国显勾结倭寇，陷悬钟所城，杀千户周华等官兵，林氏族人恐受牵连，外逃匿居于三都城乡。此外的林真、林向日、林景春、林四川和家庙林等传裔较少。

现今，林姓于三都近 3 万人，主要播居于桥东镇、南诏镇，城乡聚落 41 个。林惟福支系开居南诏镇的东门外、灯笼街、岳前街、余庆巷、溪岸街、盘石街、石井、西门、林厝巷，在其他乡镇有含英、溪雅、径尾、郭寮、万田、凤寮、庄上、龙坑、涵头、紫桥头、溪边、三溪村、林家巷、后园、沙前埕、黄厝寮、林厝、毫厝、东门、南门、地九、小悬钟、下河、郭厝寮、尖山垅、胶塘尾等村；其他支系，分衍南诏镇的东门外、西门、大巷井、余庆社等社区和深桥镇上营、福鼎金等村。

吴姓亦是以国为姓，尊太伯为吴始祖，其人口在三都较多的一支是吴贞派下。吴贞字尚彬，宋末任黄州监酒务郎，入居南诏驿站前石鼓巷，有子三：长子荣生远徙雷州；次子福生开派甲洲、林中、柯圹、悬钟；三子海生由南诏石鼓巷迁今塘东再迁新厝，其长子冲一，为西潭的立世祖，子孙众多。吴姓在三都的兴盛，实赖这一支系。

现今，吴姓于三都近 3 万人，主要播居于西潭乡，城乡聚落 30 个，分衍南诏镇西门内、北门外、北门内和其他乡镇的西潭、桔林、林邦室、东门、南门、考湖、甲洲、里洋、沙前埕、桥头山、赤水溪、新厝、湖美、洋朝、桥安、庄上、下埔、三溪、下尾、双港、高堂、大埭、林中、牙头、碧潭、后溪西等村。

叶姓源于春秋时楚国封邑，奉元末卜居诏安三都宝桥的叶氏为"始迁祖妈"。叶氏有三子，两个儿子徙外地，唯小儿子万六郎（后改叶姓）留下传嗣三都。至今人口 1.3 万人，叶姓分衍于上营、华表、下园、后埔、树美、永茂营等村。

涂姓发端于远古时代的涂山氏，在三都约 7500 人，大多奉宋漳州学官涂崇安为开漳始祖。明永乐年间，涂先化徙居三都仙塘村，后人播迁山边、青山、兰里、胡厝车村，还有奉开漳府兵校尉涂光彦、涂本顺为开漳祖者，居县城西门内、建华作业区。

钟姓是畲族，乃宋代福建汀州府白虎村人氏钟朝之后。明代，钟雷发入迁二都坑头乡，后裔分衍三都人口近 1.2 万，聚居在汀洋、深湖、港头、双港、西安、美营等 6 个村。

第二节 围居建筑

唐宋以来，随着各姓移民在三都地方的繁衍发展，诏安城关及其周边地区逐步趋于繁荣。至明代中叶以后，各地纷纷出现了许多城堡关寨等围居建筑。这种建筑富有浓厚的防御色彩，与宗族社会以及历史演进的诸种因素密切相关。以下先探讨这种围居建筑形成的原因，再分城堡、楼寨依次介绍。

一 促成围居建筑的原因

诏安城堡关寨等围居建筑种类较齐全，数量也较多，之所以如此，有其地理、历史原因。正如民国《诏安县志》所云："诏为海疆边邑，当闽粤要冲，有时或山林啸聚或渊薮逋逃，奸宄恒多出没焉。明代地方受倭寇之患最惨，至清之咸同间，匪乱频仍，叠遭兵燹。"[1] 从国家及福建的安全考虑，当地不能不加强防卫设施的建设。

就三都而言，这里适值诏安的濒海临边之处，又属平原、丘陵地带，本身乏险可守，而作为县治所在地、县内较为富庶之区，又为外夷内寇所垂涎。志书所载明清时期诏安的 40 多起战事，大多

---

[1] 参见民国《诏安县志》卷 5《大事志》。

发生在三都。① 仅倭患而言，有如嘉靖三十七年（1558）三月，倭寇数千突至三都径尾村屯聚，杀死男妇 21 人，十二月至县治四关外，烧毁房屋 200 余间，杀死男妇 100 余口，又连劫港西土楼，杀掠 50 余口。翌年二月，倭寇数千自潮州来，屯住西潭村，烧毁房屋 157 间，掳掠男妇 90 口，杀死 43 人，又攻破岑头土围，烧屋杀人无计。至于内乱，次数更多。在难以得到官军有效保护的情况下，民间不得不设防以自保。

历史上，地方围居建筑由官府主持建筑的称为"城"，如县城、所城、关城，由村族兴建的称"堡、楼、寨"等。因所在地不同，其形状、材质亦有所不同，大抵在靠海一线是不规则的石堡，近山一线是圆形土楼，而在中部平原、丘陵地带，则为方形围寨，其中方形的寨子数量最多，可以说是无村不寨。笔者曾作过调查的白洋乡阳山村，该村在民国末年仅 400 余户，不到 2000 人，但当时尚存的寨子却有 15 个。

二 城、堡

诏安的城、堡，清康熙《诏安县志》言之："县治，丛山阻海，寇盗出没。设险守要，置为关隘、墩堡。或调官兵协守，或召民兵共守，关隘以防奸细，备寇盗。近卫所处，则拨旗军轮守，无卫所处，则拨乡夫把守。城堡，旧惟巡检司，及人烟凑集之处，设有土城。自嘉靖辛酉以来，盗贼生发，民自为筑，在在有之"。② 属官修的有南诏城及拱卫东南海疆的悬钟所城，扼守闽粤陆路的分水关城，而堡则由民众自发集资建造，在三都有岑头堡、宝桥堡、甲洲堡、咸英堡、溪南堡、仕渡堡、仙塘堡，象鼻堡等。③ 这些堡

---

① 民国《诏安县志》卷 5《大事志》。
② 康熙《诏安县志》卷 8《武备·关隘》。
③ 康熙《诏安县志》卷 8《武备·关隘》。

不但用于村族自保，并且在海疆防御体系中亦发挥了作用，故志书将其列入《武备》卷帙。

南诏城（即置县后的县城）是福建修筑较早的一座城池，地址在三都的中部。其修建过程，历代县志均有记载。大致始于唐宋、完善于明清。城池由于属于官方建筑，与民间宗族社会关联较少，于此不再赘述。①

三都的"堡"皆建于明代，最早的岑头堡和宝桥堡，建造于正德三年（1508），甲洲堡建于嘉靖二十五年（1546），象鼻堡亦建于嘉靖年间，溪南堡、仙塘堡建于明万历年间，咸英堡、仕渡堡无考。这些设施建置之时，适值东南海疆多事之秋，可见主要缘于防御"倭寇""红夷"和海盗。因在建堡之前先有村，为了将整体民居进去，周遭的堡墙通常呈不规则形。墙体造得较宽较高且坚固，考虑战时便于人员、器械调动，都在墙上面留有人行通道，墙边不依附房舍等建筑物。堡往往比较壮观，如岑头堡面积周围840丈，高1.4丈，而后起的溪南堡、仕渡堡比其更大更高，故明代志书将"堡"称为"土城"。这些都是堡与楼、寨明显不同的地方。

历史上，这些堡大多有不同寻常的经历。就拿县城西南4公里处的溪南堡来说，据《诏安县志》载：清顺治十二年（1655），"贼毁城池县治学宫公私庐舍万余区，伪提督黄、万等贼陷溪南堡，掳杀如洗，堡墙亦被摧平"。②《诏安溪南陈氏族谱》则提到当年的一些具体情况。据说，先前有一个海盗首领要去溪南，骑马经过城门时，一小孩站在城顶向其撒尿。海盗以为这是村里大人教唆的，发誓报仇雪恨。这个海盗清初投靠郑成功武装集团，借黄廷、万礼驻诏征军饷的机会，以溪南民众拒交粮款为名，在农历九月二

---

① 参见康熙《诏安县志》卷4《建置卷·城池》。

② 见康熙《诏安县志》卷8《武备·兵燹》。"黄、万"指郑成功的部将黄廷、万礼。

十八日血洗溪南堡及邻近的村庄，摧平堡墙并烧房舍。[①] 到雍正年间，里人陈锦、陈守仁发动重建。新堡砌石为垣，高 5 米多，厚度近 1 米。东西南北皆有门。民国 32 年（1943），因抗战将堡墙拆解，只有北门、南门各有一小段被榕树缠绕的墙体保留至今。1950年，堡址内住着 697 户 3012 人。又如象鼻土堡，"距县治五里，乃水口咽喉之处。明嘉靖间，海寇吴平犯诏。堡长阮仕笃等，率其族拒守。与贼持三日夜，贼不能取胜，乃解去。诏赖以安。天启、崇祯之间，海寇复至。县栅木于堡下之江，以御贼舟，征军兵守御于此"。[②]

历经岁月的沧桑，这些古堡的防御设施或多或少有所保存，其中保存较完整的是仙塘堡。该堡距县城 4 公里，在南山的东南麓，东面临着宫口湾，为铁湖港到县城所必经。周长约 400 米，高约 5米，堡墙以花岗岩条石砌就，东、西向有"朝阳""迎薰"两个堡门，设内门和外门，内外门之间有城瓮，一条 14 级阶梯通堡顶。堡内有一座火神庙、一间名为"积善堂"的祠堂，一口古井和一些民房。它盘踞于一个名叫"山仔顶"的小山上，山下不远处有两口大池塘，故"积善堂"的对联云："印山古城造半壁仙境，点灯文峰绘一幅塘荷"。仙塘堡是涂姓居民的开基地，故又称"古仙"。

三　寨、楼

丘陵、平原地带的方形围寨，大多建于明清时期。它与临海的堡、靠山的楼不同，往往选择平坦的地方建造，格局讲究规整对称；通常是聚族而居，一个寨子就是一个以血缘维系的生产生活单位。寨子周围，不但有着各家自己的土地，而且有着属于公堂的田

---

① 见《诏安溪南陈氏族谱》第 131 页《溪南城堡古迹和往事的忆思》，诏安溪南陈氏（永思堂）族谱编写组编印，2007。

② 康熙《诏安县志》卷 8《武备·关隘》。

园、山林、水塘等。围寨的中间大多设置祠堂，居民住宅则环绕其周。利用寨墙作为住宅的后墙，用隔墙分成一个个单元民居，居室外用齐肩的短墙作间隔。围居内还有共同使用的水井、晒场和谷物加工工具如风车、砻、碓、磨等，居民也可以在内买到日常生产生活用品。清代、民国时期，祠堂一般兼作供族中子弟就读的塾馆、学堂。因而这些设施，从生产、生活到文化教育一应俱全，完全是一幅自给自足的小农经济图景。

"硕兴寨"是三都围寨中保存较好的一个方围寨。该寨坐落在东溪中段东侧西潭乡域内，系县城谢氏于清嘉庆年间建置的别业，业主谢迹山。当时谢氏经营海上贩运，家道富足。这座历经 3 年方才完工的寨子占地面积 3600 平方米，外墙高约 8 米，厚达 0.68 米。墙体用壳灰、糯米饭、红糖水拌和黏土、溪沙夯成。据谢氏后人谢汉平介绍，住户要打个小窗口，得花上二三天工夫，捣墙的钢钎须多次煅烧打尖，足见其坚固。其寨门为拱形双层石门斗，宽3.2 米，门的内径宽 2.1 米，厚达 20 厘米。大门两旁石刻对联："猴岭狮湖增气象；龙潭麟石结精灵"，为迹山所撰书，说的是周边的环境。门楣上方的石匾勒刻"嘉庆七年置西湖迹山书"字样。大门的门板用俗称"盐柴"的木料制成，历经 200 年尚不见破朽，斧头砍进去再抽出，木头自行合拢。寨门上方配有石制水槽，以备盗贼放火时放水淋灌，保护大门不致焚毁。寨子的四角各有瞭望台，留有枪眼。寨内四周房屋共 38 间，均是二层楼房，楼上也都预留了枪眼。解放战争时期，寨子被游击队作为据点，国民党军队曾动用一个营的兵力围攻，却无法攻破。寨中间一个大祠堂，沿中轴线有门楼、下厅、大厅，两边各有两间廊房及四间厢房（带巷）。大厅为歇山顶式建筑，面阔三间，进深三间，门楼、门楣及墙壁均用花岗岩石料雕刻鸟兽、花卉等图案，门前有一对石抱鼓。祠堂前面的大埕左、右两边各一口水井，称为"龙虎井"，井水在大旱之年就是用抽水机一直抽也抽不干。硕兴寨修竣后，不但谢氏家族借此居住、办学，硕兴行经营南北贩运，也将其作为存放货物的仓库。

随着年代推移宗族房支的分蘖，人们或者在原有的围子外面再加围，或者在原有的围子外另建围子。

前者较典型的是西潭乡的山宝雷村大寨。据当地人沈建聪介绍：这座方形古寨始建于清康熙二十六年（1687），当时在中间建了震山祖祠，祖祠东、北、西三面建 20 多间房子，只是一个小寨。后来族中人口渐增，再由内向外一圈圈扩建。这样，历时 50 多年，到乾隆初年，已成为长、宽各 100 米的大寨，房屋共 120 间，墙壁均以三合土夯成，除四个边角设"猫眼窗"（枪眼）的角楼外，均为统一建筑规格的二层楼房。寨内民房以震山祖祠为中心成正方形排列，共三圈，圈圈相套，每圈同向都有一个由精磨条石筑成的出入大门，寨内防御坚固严密。清代中期，全村人都聚居于大寨，寨内聚居人口最多时近千人。

后者较典型的是位于深桥镇内溪南 13 个寨子。据当地人陈辉明介绍，元初，诏安参加抗元的乡村和宗族遭血洗，当时二都白叶有一位陈姓男子在三都鸡笼山烧瓷，避过杀身之祸，以瓷窑为家。这便是溪南陈姓开基的"枫树林祖"。其下有二子，分居于东处瓷窑和下处瓷窑。入明后，子孙开始建村立寨：枫树林祖旧居的瓷窑改建为公厅，以公厅为中心建起一个瓷窑村圆形寨，东处瓷窑和下处瓷窑也改建成东处房寨和下处房寨。到明末发展为 7 个寨，上百户人家，上千人口。清顺治十二年（1655）溪南堡遭血洗后，枫树林祖大部分后人迁入该堡，其中东处房后代迁入溪南的南门、楼内；下处房后代迁入溪南的北门、西门。至此，"溪南十寨"业已形成，由东处房开建的有东处寨（下寨）、上寨、埔上、南门、楼内 5 个寨；下处房开建的有下处寨（寨口）、王公寨、白厝、北门、西门 5 个寨。之后，族人在堡外逐步开垦耕地，并新开新厝、坑尾、长茂林 3 个寨。

明清之际，三都的围寨有下溪雅寨、上溪雅寨、后园寨、林家巷寨、甲洲寨、港头寨、平寨、仕渡寨、虎庵寨、德新寨、后林寨、径尾旧寨、庄上寨、径尾新寨、双港寨、西坑寨、瓷窑村、洋林寨、象头阮村、含英寨、仙塘寨、东沈寨、坂尾寨、西沈寨、大寨口、小寨口、埔上寨、东厝寨、溪南寨、塘西寨、官牌寨、白石寨、深湖寨、旧宙寨、下坂楼、搭桥、汀洋埔、林贡寨、大坪寨、陈厝寨、上城寨、下城寨、章朗寨、五岛寨、后岭寨、尾营寨、沈厝寨、赤水溪、军寮、下美村、新村埔、吉林村、上营鹤坑、新安村、卢尾寨、山保雷、岑头寨、龙充寨、长田寨、瓷窑村、西潭寨、塘东寨、后陈寨、江宙坑、长埔寨等。[①]

在县城四关之地，也有许厝寨、江厝寨、钟厝寨、郭厝寨等众多冠姓围居建筑，但与乡村相比，由于有城防做庇护，寨墙没有乡村的厚实，本身不大具备防御功能。

三都的圆形"土楼"多在建设乡辖区内。这一带的村庄大都在明末清初开村，居民系由平原、山区迁去。因为毗邻二都，所建与二都的土楼类似，但称呼"楼""寨"不一，至今尚存的有庐江楼、长埔寨、陈厝寨、田厝寨、水头楼等。这些土楼为圆柱形，底层的墙体在1米左右，用石头垒成高约1米的墙基。石墙基以上是土墙，以三合土为筑材，黏土掺以细沙、壳灰、糯米汤，反复打夯，用"大墙版"夯筑成数米的楼墙，在楼墙内再建木结构的房屋，楼顶覆盖上火烧瓦。楼为两三层，每个开间从楼下至楼上，自成一单元，与隔壁互不相通，通行依靠外面的通廊。

庐江楼（又称"江宙坑大寨"）是较具规模的一个圆楼建筑，有足球场大小，上、下两层，内外各1圈。据《诏安韩何族谱》载，何氏开江宙坑祖敦敏，原住西溪南畔的水潮村，因故于清康熙中期迁徙至江宙坑，当时村里有吴、蔡、许、黄、卢、孙6姓，大

---

① 康熙《诏安县志》卷4《建置志》。

寨已初具规模，敦敏便在大寨东南择地建住宅。① 据此可知大寨的初建当在清初，乃村人所共建，杂姓而居。敦敏晚年，重金购得寨内中轴线南段黄、卢两家的小屋十数间，将其拆除建造"一二宗祠"（名取"一二"，寄望族中有人及第当官，好添"人"而成"大夫"），并以何氏的郡望起寨名为"庐江楼"。"公社化"期间，寨子里住着 4 个生产队的人口，至今该寨尚存。

第三节 祠堂祖茔

千百年来，作为祖宗神灵栖托之所的祠堂和先人藏骸之地的坟墓，其建筑、维护和祭祀均被视为举家合族的大事。志书言及人们对这两种封建礼制建筑的重视时道："小民粗安而卜择先茔，著姓未构华堂而经营家庙。"② 三都不少族姓的宗祠先茔，经历了千百年的风风雨雨，至今仍保存着。透过这些外在的祭祀场所的建构，我们可以感受到传统伦理观念之根深蒂固。

一 祠堂

三都民间建祠堂是在入明以后。现存较早兴建的为许氏"纶恩堂"。1995 年，许氏家谱编写组撰写了一篇《许氏家庙（大宗）创建年代考》，对该祠堂的创建年代等问题做了一番考证，文章开头云：

> 许氏家庙，俗称大宗祠堂，即纶恩堂也，为南诏许姓最大宗祠。它始建于何年代，历来众说纷纭。这是由于年淹代远，

---

① 见《诏安韩何族谱》内收《水潮派江亩坑宗系源流》，2009 年福建省姓氏源流研究会何氏委员会诏安分委会《诏安韩何族谱》编纂委员会编印。

② 民国《诏安县志》卷 1《天文志·民风》。

可查资料缺乏，而无法肯定的缘故。这次，我们在编纂《南诏许氏家谱》中，发现嘉靖九年（1530）由许判公编撰的《许氏族谱》一书所载资料旁及家庙的建筑结构，引起我们的注意，从而参照历来的传说进行考证，得出的结论是：许氏家庙（以下简称家庙）创建年代，应该是在明弘治年间。[1]

许氏家庙修建于明弘治年间，当是可信的。据笔者所知，明建的还有原位于县城内宪伯第的沈氏大宗祠飨保堂、东门外林氏思成堂、西门外陈氏祖庙和仕江村沈氏祀先堂、华表村叶氏家庙、潭光村吴氏家庙等。及至清代，各姓人丁渐渐兴旺，宗、支、房祠之建蔚然成风。清道光年间，湖南人陈盛韶在诏安任县知事，曾言道："庶人祭于寝礼也，诏安厝则容膝可安，而必有一族合祀的族祠、宗祠和各支房的支祠、房祠，画栋刻节，糜费不惜。"[2] 据民国时编的《沈氏族谱》记载，迨及民国初，该族姓在三都的宗、支、房祠达 100 多座。

明清两代，对祠堂的开间、进深、层高以及台阶的级数、门钹的根数等是有规制的。因此，大凡族人科举及第、封官晋爵，为告慰祖宗、显耀世人，支房中未有祠堂的便往往会动工兴建，已有祠堂的便常常会考虑进行改造。址在南诏镇东门外的"思成堂"（又称"林氏家庙"），建于明嘉靖、隆庆年间，为二进三开间土木建筑结构。之后林而兴、林日瑞父子登进士第，官至户部主事、巡抚，在天启二年（1622），族人打算大兴土木，按三品官规制将祠堂改建成五开间三进式，却被日兴、日瑞劝止，但最终还是将祠堂加高 1 尺，并在大门上悬挂了"大夫家庙"匾。山宝雷村的"大

①　见《南诏许氏家谱》第 294 页《许氏家庙（大宗）创建年代考》，诏安县许氏理事会文史资料研究委员会编印，1995。
②　（清）陈盛韶：《问俗录》，第 94 页。

夫第"祠堂，建于清嘉庆元年（1796），占地 800 多平方米，精美壮观，系该村出仕的沈宝善在服南县正堂任内所建，"大夫第"门匾是他被道光皇帝敕封为"奉政大夫"时题刻。是时，这个家族以三世将军、四世大夫而荣耀乡里。溪南陈姓枫林祖派下的东处房和下处房，于乾隆年间分别出了进士陈丹心、陈天阶，之后不久，两房便各建了祠堂。县城东门内沈温恭祖通过海运致富，乾隆间族中尚无人登第做官，只建"沈氏小宗"，到嘉庆年间，族人沈世亮为宁波知府，族人遂将祠堂扩建为"沈氏家庙"。到了民国期间，政府对民间建祠堂已没有规格限制。

各姓出于对祠堂重视，构建祠堂时往往举全族之力，延请能工巧匠，周密设计，精工细作，使其成为当地聚落中出类拔萃的建筑物。地方旺族大姓的宗祠，除了陈氏祖庙外，通常为五开间三进深的格局，而支、房祠通常为两落三开间，前落实际上是门内厅廊，后落中为厅堂，厅堂中间安放神主龛，两侧各一房间，前后落之间是天井，两旁是庑廊。祠堂屋顶通常采用重檐歇山式或单檐悬山式架构。整座祠堂的墙根砌以平整的条石，上部多敷以白灰泥。屋脊彩瓷剪塑二龙抢珠或丹凤朝阳，飞檐斗拱，雕梁画栋，门楼正面的墙上一般配有彩绘图画或装镶石质浮雕的人物花鸟，仪门两侧竖鼓石，殿内墙面绘有宣扬忠孝节义的图画。正厅放置祖宗灵牌的神龛，龛有龛门无垂帘，分台阶依辈序自上而下设位，少数多姓合祠的，也分龛或座依各姓辈序设位。祠堂额有匾、楹有联，为名宦显官或文人雅士所撰写。大门上一般镌刻"某氏宗祠""某氏祖庙"字样，而厅堂正面则悬挂"某某堂"的堂号。祠堂前辟有大埕，有的还有半圆形或方形的泮池，过去族中有人中了进士、举人，便在大埕和泮池交界处竖显示功名的旗杆。乡村有条件的，祠后依着山坡有半圆形的草坪，草坪后的山坡养护着风水林。

在诏安县城南门内的许氏家庙（纶恩堂），为三都现存建筑面积最大的祠堂，据说大厅为全省祠堂中单体面积最大者。家庙坐北朝南，面对南山主峰，祠堂后面不远处是北门塘，位置优越。祠堂建筑面积900平方米（长36米、宽25米），歇山顶建筑。全座屋顶84槽，由门楼、下厅、两廊带天井、拜亭、大厅组成，开5门，有36根石柱。从正大门至照壁带面前埕1536平方米（前长48米，横宽32米）。门楼开3个门，一正两偏，圆形石柱，带石础，门匾书"许氏家庙"。下厅面阔5间，进深3间，有圆形、方形和八角形石柱，皆带柱础，一斗三升式梁架。两廊为方形石柱带柱础；拜亭为八角形石柱带柱础，有两耳门。大厅面阔5间，进深3间，有圆棱形石柱带柱础，一斗三升式斗拱梁架，悬"纶恩堂"匾，正中供奉诏安许姓一世至五世考妣的神主。祠堂周环左、右、后巷，东西护厝。许氏大宗祠经多次重修，一直保存下来，周边一带为许姓族人居住区。祠堂由于新中国成立后被用作粮食加工场，内部格局有所改变，前面的阔埕也被辟建成大市场。2009年，许姓族人将这座祠堂赎回，并筹集资金按原有格局予以重修。

沈氏大宗祠（飨保堂）现址在南诏镇东城村，据说明成化年间（1465年前后）创建时在城内宪伯第的位置，占地总面积约2300平方米。清顺治年间（约1660年前后）遭兵火凌夷，遂于康熙二十七年（1688）改在东城村重建。这座宗祠乃漳厦、潮汕和台湾、东南亚等地大多数沈姓人口的祖祠。该祠坐北朝南，歇山顶式建筑，由门楼、下厅、两廊带天井、拜亭、大厅组成，建筑面积672平方米。是时，沈氏五世的四个房头开有13户，长房观音山祖派下有北门、西巷、后厝、厚门、西浒5户；2房东沈祖派下有彩东、彩西2户；三房岐头祖派下有岐东、岐西2户；四房桔林祖派下有东城、仕渡、五斗、仕雅4户，大宗祠便是由13个粮户集资建成同堂合祭，故又称"十三户祠"。新中国成立后，沈氏大宗祠成了县国营五金公司的仓库，2009年移交给东城村已显破败，2011年，族人筹资予以重修。

坐落于西潭乡新厝村的应时堂（吴氏祖祠），是乡村中规模较大的建筑。应时堂坐西朝东，大门东向，由东西厅和下厅、中间带天井组成，左、右为龙虎门，大厅背后放巷 2.97 米，形成"同"字壳，而同字三周，再建土木楼房 21 间，分布一厅两房（厅 7 间和房 14 间组成），形成"七包三"格局，建筑面积 259.616 平方米。大门前有埕，面积 307.84 平方米，供演戏和放烟火之用。大门前左边有口古井。该祠始建于清中期，民国至今均有重修，最后一次大修在 2008 年。

在西潭乡山宝雷村，有一座全国罕见的"女性祠堂"——叶太恭人祠。该祠占地 700 多平方米，硬山顶式，三进二廊上下厅一天井，大门、门楼及地基以上 2 米高墙壁均用打磨过的条石砌成。祠堂正面雕刻有花鸟走兽，门两侧有石鼓，祠后还有一个 800 多平方米的花园。此祠系奉政大夫沈宝善为其生母叶太恭人所建。其母奴婢出身，并非正娶，依家法死后神牌不能进入宗祠。宝善既不能违背祖制，又不忍心母亲死后无人供奉，于是别出心裁建此祠堂，并立手书，除其生母外，其他人的神牌一律不准进入该祠堂供奉。据查，这是全国仅有的三座女性祠堂之一。

新中国成立后，三都的祠堂多改为他用，改革开放后，应海内外乡亲的要求，大多数重新恢复，基本上经过整修或重建。

二　祖茔

古人重"死"甚于重"生"，墓葬作为一种特殊的礼制建筑，不论是富贵人家，还是平民百姓均较讲究。清道光时期任县知事的陈盛韶言："民间送死必做墓圹，上用石，次以砖，次以石灰、细沙、土末杵，谓三合土，坚不可破。空其中可容三五棺，形如半月，后仰前俯。砌以石墙，勒以石碑，刻以石联。跪拜者石坪，焚香者石炉。或费千金数百金，最下亦数十金。"[1] 随着墓主后代繁

---

[1]　（清）陈盛韶：《问俗录》第 68 页。

衍，其维护便成了通族大事。在表象的背后，蕴涵着子孙对祖先的情感因素和社会流行的风水观念。

正由于人们对祖先坟墓的重视，方使一些坟墓经历人世和自然的变迁留存至今。如遗于厦门市翔安区马巷军岭山的武德侯沈世纪祖陵，陵前有一块《告示》石碑，为诏安东城武魁沈大鹏立于民国9年（1920），上面有一句话："四至勘石，自唐宋元明至今千有余年矣；谱志分明，历年巡视祭献承管无异碍。"在诏安县桥东镇欧厝寨欧厝山半山腰，有唐朝祈山圣侯欧哲祖陵及元朝使臣欧荣禄大夫墓，也完好留存至今。

在封建时代，不同官品的人占据茔地的大小、封土的高低、墓碑的形状以及石像生的设置，均遵循等级制度。三都尚存的那些堂皇气派的坟墓，无一不是官宦人家。

元人沈士达，官拜都锦衣卫指挥使、荣禄大夫、七十六朝奉，其4子分别开东城、仕渡、五斗、仕雅。后士达为国阵亡，子孙将其葬于三都溪东桔林，为"来龙千里，南峰耸文笔之秀、北山列武卫之雄"的佳域。墓地80余亩，墓埕为三级进式，可容纳千人，两侧旗杆矗立，旁边绿树环绕，墓道口有纪念亭，内竖墓志碑。

在县城西北16公里处的八仙山赤岩岭上，明代沈玺、叶氏夫妇的合葬墓，其墓地名为"双寿归全窝"，乃曾任九江知府、礼部主事的沈介庵为其父母亲所选。茔地方圆450平方米，建筑采用了花岗岩石料，设有墓碑亭，墓碑左、右各镶人物浮雕，墓前花屏摆手为三级进阶式，两边延伸处各雕有龙头，石屏镌刻鸟兽花卉人物等浮雕。按照沈玺司徒尚书郎中的品秩，墓道两旁分列石制狮、虎、羊、马、烛柱、旗杆等。整个葬墓的修筑考究，可谓不惜工本。

按规定，庶人的墓葬是不许立墓碑的，但从陈盛韶所反映民间做墓的情况看，似乎并没有严格执行。现存三都的古墓，有的没有墓碑，有的则立了墓碑。有一种墓碑，碑体正面呈盔形或半球形，中央浅刻象征太阳的大圆圈，两侧或下方浅浮雕祥云及瑞草。日头中有"明""清"或"祖"字样，这类墓葬的形制较具规模，可能是有钱人家在不违制的情况下的一种发挥。这种碑式，民国时期也有，只不过改为"民国"字样。

死者能否得到盛葬和妥善维护，在一定程度上取决于其身后家（宗）族"财丁贵"情况。旧社会人死后被置于"义冢"草草收埋，成为孤魂野鬼的比比皆是。

改革开放以来，沈姓等姓氏对祖茔进行不同程度的维修。如2007年，由以香港宗亲沈洪勇为会长的"诏安县沈氏宗亲联谊会"发动，沈氏将位于梅塘山的诏安一世祖沈楸、四世祖沈穆的坟墓及亭、路做了维修。翌年，五世祖沈一元的族裔又对祖陵予以扩建，新修可容纳百辆汽车的停车场。每次修建，皆由海内外"三胞"共襄其成。

第四节　风水实践

地理风水，指的是山川形势、水陆气流等自然现象与人的吉凶关系。这本来不能一概斥之为迷信，而风水先生则借此故弄玄虚，夸大可能产生的不同后果，使得上至官员下及百姓难辨真假，宁愿信其有不敢说其无，于是不仅城池、村落、祠堂和墓地、住宅要讲求风水，就连修建厨房、厕所、畜圈、禽舍以及安门、砌灶，也要"分金字向"。

一　地方流行的堪舆术

诏安所流行的堪舆术，掺杂了江西派和福建派的理念和做法，兼顾了形势和理气，其目的就是找到"得水藏风"之地，故民间将以堪舆为业者称为"风水仙（先生）"。笔者有一个朋友，其祖、父皆是风水先生。依据他的介绍以及笔者阅读的有关资料，诏安的风水先生"看风水"和"做风水"大致是这样的。

从形势理论上讲，宜居之地的特点是玄武高耸，朱雀跳跃，青龙仰首，白虎俯伏。前面明堂须开阔，还要求有环绕的水，水的出口要有两座山夹住；玄武就是后山，即来龙，对来龙要求有生气，即山势连绵不断，蜿蜒起伏，开帐收束；朱雀是指前山，前山包括靠近的案山和远方的朝山，都要求有起伏，而且远者要比近者高；青龙是指左手边的山，白虎是指右手边的山。右手边的山要低些，但不能没有，左手边的山又不能太高。总之，周围的山不能给人以压迫感。如是下列四种情况的穴地，不可落葬：一是山不包藏的"不畜之地"；二是山无朝对的"不及之穴"；三是山砂有缺的"腾漏之穴"；四是幽阴不明的"背囚之穴"。如果说不慎选定了这些穴位，按风水家的说法，生者死者会双双遭殃。就是好的地穴也还要配上合宜的葬法，否则穴吉葬凶，也会使好不容易找来的好风水前功尽弃。此外，风水结穴还有阴阳之称。

大体选好地点后，其次就要确定坐向和位置。一个原则就是"依水立向"，也就是依据来水和去水口确定大体坐向。在阴阳宅精确定位时，不但要考虑运用分金问题，还要考虑收水和消砂。处理收水时，如遇坐向不合适的情况，要向前后或左右适当挪动位置，使得水口在罗盘上的位置改变。实在挪不动，就开两个门，里面一个门坐正向以承接龙气，外面一个门要符合水的要求。若是坟墓，则可考虑让墓碑和金钵不同向。处理消砂时，如位置合适，就要通过调整坐向，使周围的山（砂）特别是前面的山变成生山、财山、印山，把临官、贵人、贪狼、武曲、生气、延年、三奇、四吉及当运之星坐落到这些山上，以求兴旺发达。具体到某一处建筑，风水家还会依据各种具体情况提出建议。高坑村的开基祖黄添海的坟墓，是建在大埔坪一个穴形叫"金龟出海"之处，坐西向东，将墓堆和墓碑分离，相距百米而立；沈氏顺庆堂开基祖温恭祖

与其夫人庄氏、柳氏的合葬墓，位于县城东北的横山山腰一个
"肚猴穴"，背山面海，为无碑之墓。这两座墓的不同处置，据说
是为了处理收水和消砂问题，还有一些问题的处理，则可视为风水
先生的独出心裁。如南诏许氏开基祖许耐京葬在茨径之原，山坐子
向午兼壬丙，墓地是一块"眠牛之地"，据说可资旺族，唯恐牛儿
长睡不起，因此又在墓地的东北角（址在县城西门外现中山路的
北侧）修建了一座青云寺，以佛寺的晨钟暮鼓唤醒它。

　　建祠和修墓的择时日较复杂，不但要考虑当事者的八字，而且
要顾及建筑物的坐向和流年，得由风水先生做。须以房子或坟墓的
坐向来选取日子，然后选相对吉利的适合动土的时辰，这个时日不
能冲克主人，最好也不要冲克其他家庭成员，否则要让其回避。当
工程进行到上梁立碑时，要"呼龙"。其仪式各派风水师差不多，
在大声呼叫后杀一只大公鸡，把鸡血洒到地上，然后口中念念有
词，不外是一些祈祷祝福的话。

　　民间建单家独户的住宅，通常不用堪舆，但建前"格庚"（用
罗盘测坐向）倒是相当普遍。地方上民宅一般是坐北向南，但不
一定是正南北向，在一个村落中住宅往往是同一个方向。有一些地
方是老百姓所忌讳的，如不能选用坟地、庙地作宅基地，甚至百步
之内都不宜有寺庙坟墓；容易刮起阵风或弥漫瘴气的地域，都被叫
作"煞"，视为不祥；屋堂的大门对着巷口，还有庙后屑角，门户
相对，这些都属"冲"相。应该规避，如回避不了，就要设法止
煞挡冲，其办法：一是符镇，即针对其煞用相应的符号来禳解，如
敕、奉、日、月、神等变体文字，结合道、释教的符咒，以及五
行、八卦等抽象化的图案，让人觉得似曾相识又难以捉摸，制造一
种神秘感，这在现有的一些祠堂还可见到；二是立碑，即竖立刻
有"泰山石敢当"字样的石碑。据民间流传较广的说法：石敢当
是一位姓石的将军，泰山人氏，英武勇猛，有"石将军当关，万
夫莫开"之誉，死后为神。立是石于当冲之向，其规格为高四尺

八寸、阔一尺二寸，将其埋入土八寸，这在一些古式住宅可以见到。此外，厝地可前狭后宽，不可前宽后狭，据说："前狭后宽居之稳，富贵平安旺子孙，资财广有人口吉，金珠财宝满家门。前宽后狭似棺材，住宅四时不安宁，资财散尽人口死，悲啼呻吟有叹声"。

清邑人叶观海言道："堪舆之术盛行，其指画天地、支离五行八卦，所说不无奇中者，于是吉凶祸福中于人心，辗转而不可解要，皆善自谋求，其出不赀。"① 在三都，不但民间有专门行此业者，就是士大夫阶层，也有将其作为业余爱好的。如明万历朝进士，历任三地知府和礼部主事的沈铁，为官清风劲节，退职里居后也为家乡公益出力不少。据传风水先生在为其父母选定合葬墓地时，曾预言沈铁及其子蝉联科甲，后来果如其然。于是他从相信堪舆之学到潜心研习，并因此闻名远近。四都人胡文亦好此道，并与其子同登进士。这门当户对的沈胡二人，又结成了儿女亲家。相传，他俩曾不约而同看好一处风水地。为便于记认，先是胡文在穴眼处埋下一枚铜钱，后来沈铁则在其上钉了一枚铁钉。一次，亲家翁见面把酒闲聊，都说找到了美穴。于是一起去探视，到了地方，待拨开地面的泥土，只见铁钉穿过铜钱的方孔。两人不便自专，便商议在这块地上建一座佛寺。此举得到响应，知县郑化麟拨出部分公款，善男信女也纷纷捐资。这座佛寺在明代万历年间建成，起名凤山报国寺，至今该寺仍在。风水对沈铁来说，犹如双刃剑，既为他带来名声，也给他带来流言。如他指示沈氏明宪祖祠的格局做了更改，据说此后东城一族登第者绵延不绝，成为一段佳话；② 他倡建东溪石桥，本想造福乡里和过往商客，却有人曲解其企图化桥为剑，要刺东门外的"旗穴"；又有人说他发现一个孩子才智超群，

---

① （清）叶观海：《子史常语》，手抄本。
② 见《东城沈氏宗谱》，诏安县东城宗谱编委会 1995 年编印。

怕孩子日后发达超过自己，便唆使他挖自家的祖坟，使其泄气，成不了气候。如此等等，不止一端。

二 建祠筑墓的风水实践

三都宗族所注重的，主要是祠堂和祖茔的风水，过去人们认为这二者风水的好坏，事关一族多少代人的祸福荣衰，而地方的一些奇闻异事，更助长民间的这种观念，兹举两个例子。

一个是关于祠堂的。西潭乡山宝雷村，枕山襟水，周边地势宽平。据村人沈庭辉说，这一带先是刘、余、潘、黄、陈、许诸姓杂居，明嘉靖年间，东城沈氏十四世祖谅介始卜居此地，历经数代，沈姓人口渐增。清康熙二十六年（1687），族人公议建祠。建祠事宜由40来岁的十九世祖沈雍穆主持。雍穆请了精通风水的外祖父（诏安太平文山人）前来选址。当时这里仍有成片荒地，老人经过一番踏勘，确定一处有座古墓的小山丘为宜于动建的佳壤。于是雍穆带领族人迁移古墓，铲平山丘，在该墓址上建起"震山祖祠"，并在祠堂周围建起20多间两层土木结构的楼房围成一个小寨，取名"山宝雷"。这个地方真有些不寻常之处。在震山祖祠旁10米处挖的一口5米多深水井，泉涌丰富，水质清冽甘甜。大旱之年，村里其他水井都干涸了，这个井却依然如故，可供千人饮用。更奇特的是，该祠下厅左边的一根石柱，中段总是湿漉漉的，并逐渐"风化"凹陷，族人以为是石材问题，没想到后来换上一根依然如此。每当风化加剧时，族中便有科考登第者，以至有"大蚀出大贵，小蚀出小贵"的说法。族人从古代的进士、举人、秀才到现代的博士、硕士、学士，人才层出不穷，以"三世将军、四世大夫"而遐迩闻名。300多年来，山宝雷沈姓人口日繁，而其他姓氏人口渐趋式微，已成了人口3000多的单姓村。

再是关于一座坟墓的。明末，有一漳州韩姓人家，因其祖上任都指挥使，驻守诏安，后人在离县城不远的闽粤驿道旁开了一间客店，在此定居。一天，从潮阳来了个住店的萧姓"补笼甑（蒸笼）匠"，此人住下后，闲时总在周围转悠，发现客店所在的地方，正是堪舆书上所说的"乌鸦落洋"好风水，图谋取之。从此常来常往，同店主拉关系，数年后，两人成了结拜兄弟。一次在交谈中，萧氏提出要在店侧搭一小屋，韩氏慨然应允。屋子盖好，年事已高的萧氏，将其子带来接自己的手艺。一年清明节，萧家父子说要回乡祭祖，韩氏为其饯行。饭后回到自建小屋，萧父对其子说："孩子，我走南闯北，为的是寻找能荫子孙的风水地。现你我所在之处，便是叫'乌鸦落洋'的吉地灵穴，此屋就盖在乌鸦头上。为父决计今晚死在这里，明日天亮，你可如此这般。"遂不顾儿子的苦劝，服毒自尽。天亮后，儿子放声大哭，等叔过来，见死者身上青紫，为中毒之症，生怕官府得知，脱不了干系，就要求年侄不要报官。年侄依其父所言，答应不报，唯以灵柩不便运回故里为由，提出就地安葬，韩氏满口答应，帮助掘坑掩埋死者。数年后，一位江西赣州的风水先生路过此地，见坟茔在店侧，问明情由，知道店主中了圈套，便将此穴的好处和盘相告。店主恍然大悟，于是告状于官府，想追回此地。当时潮阳萧氏已显贵，萧姓官员出面打通地方官关节，运来一块"宋修职郎巡海宪金棉阳萧祖墓"的石碑，埋于墓侧。在堂审中，萧氏提出此乃宋代祖墓，墓建于客店之先。官府派人发掘，果有其碑，遂判韩氏败诉。民国期间，此墓曾重修，每年清明时节，都有数以百计的萧氏子孙前来祭扫。新中国成立后一度中断，改革开放以来，潮汕等地的萧氏族人又年年前来祭扫。

过去三都村族建祠堂前，免不了请人看风水，如一时无力建设，就将地预留着，但由于聚落条件的限制，选择余地毕竟有限，因此，人们往往在祠堂的坐向、大门的朝向以及建筑结构上做文章。如在祠堂前造个半月形的水池，相应的再在祠后构筑突起的半圆台、伸手或围龙。农村有条件的是在祠后植风水林，取其阴阳相生的意象。要说地方风水实践较可以发挥的，还是墓地，因其可以或远或近地选择。几乎每一本家族谱牒，先人的坟墓无不作为重要内容记载其中，通常都会写上墓的坐向和"穴"的名称，显然都请人看过风水。县内不少姓氏宗族的祖墓，如建于元代的县城边许姓开基祖许耐京及其配偶文氏的墓（俗称"眠牛之地"）；建于明代在梅峰村诏安沈姓开基祖沈楸及其配偶林氏的墓（俗称"仙人困枕"墓）；建于明代桥东镇大田山林姓祖先林仲安的墓（俗称"飞天蜈蚣"墓），从中可体会到人们对此的讲究。

由于迷信风水，为求吉穴避凶地而不惜花费巨资，这便成了风水先生的一条主要生财之道。民国时期，好的墓地有时可以换来几十担谷子。因此，风水师平时就多有留心，带一名为他提伞扶"罗庚"的助手或徒弟，在山野穿来走去，查看来龙去脉，寻找吉地灵穴。事先物色几处可以做墓的穴地预备着，到时候视委托人的经济状况而提供。有的富贵人家甚至从外地请来名师，供养经年，委托其觅理想葬地，待找到后，为避免被人占用，一般会事先做好"生墓"。有的贫穷人家请不起风水先生，只好委托亲族中略懂此道的人瞧一瞧，权宜安葬，葬后不放心，过数年再开棺捡骨，如骨黄者为福地，可不迁葬，骨黑者为不祥，则另觅他地。过去，也有的家庭（族），遇亲人亡故，却为难觅佳城而久停不葬者，棺材停放在家里，每年油漆一遍，三餐时权当饭桌，全家人围着棺枢吃饭。清代后期，县城一沈姓富贵人家，竟至于停棺数十年，到民国初，才祖孙三代一起下葬。

在旧时，民众祠、墓风水的讲究，会生出许多繁难来。清人陈盛韶在《问俗录》中言及："民间奢于治丧，买山葬亲，行为奢记。前后左右寡行之人，虽远隔数里，蜂涌出阻，必给予数十金数百金始克葬，名索彩，不与即指为侵界，否则违碍风水，侵犯人丁，酿成斗殴。毁墓世案滋控不休。且有临葬阻棺、竖碑、断碣者，民贫而懦、富而吝，几不克葬。"即使是一棺落穴，也不是就此无忧，"前后左右要防止冲煞。数里之内，忌破坏山脉水口，被社庙香火所照，以为大不祥，涉讼者纷纷"。① 反过来，也有人仗势霸占，酿成悲剧。据湖内村人沈细亮讲，清中期，他们村有厚仔、松仔兄弟俩，在九侯山下开荒造了 12 亩耕地，却被邻村的族长看上，说他的爷爷停枢 3 年，托风水仙找地，风水仙踏遍这一带大小山头，就你们这地最宜落葬，给你们 20 块大洋，这地我要了。族长遂拿出一纸契约，两兄弟不干，家丁强抓厚生的手按了指印，厚生反抗，遭了顿毒打，第二天就死了。弟弟去告官，见官府久拖不办，一气之下，跑到那块地自杀。族长闻知，惶恐不安，不久也一命呜呼。就这样，一块风水地，断送了 3 条人命。

旧时一次安葬，多者要花费数百上千两银子，少的也需数十两。贫穷人家无法落葬的比比皆是。鉴于以上原因，陈盛韶在署理县事期间，倡捐收买良峰山麓及西觉寺等处的山场园地，作为"义冢"，议订章程 24 条，设泽枯局，于清明、中元致祭。限定时间安葬，不到一年，埋至 800 余冢，使县城过去那种"停棺不葬，起筑小屋，藏寄荒郊"的陋习有所改变。他就此走访民间，大家反映："穷人无钱买山，即力能买山亦恐讼累，惟义冢重以官威，前后左右比栉，不争故也。"②

按三都民间习俗，祠、墓一旦筑成，不会轻易更改，然而，如果认为屋堂、坟山屋堂已影响该族的荣昌，经风水先生勘实、族人公议，也有改动祠堂格局、迁移祖先陵寝的，这种动迁不乏书载口传。如建于明成化年间的明宪祖祠，系由沈氏十二世祖诸房共建。东城一派在财、丁、贵三项的最后一项较弱，祠堂建后多年，族内子弟无人登科。族人于是请来宗亲、进士沈铁指点，对祠堂作了更改，将子孙门开在厅下走廊，神龛偏西不正坐并将屋顶楹改为双

---

① 参见陈盛韶《问俗录》，第 79 页、第 84 页。

② 陈盛韶：《问俗录》，第 95 页。

数。林氏有一个族人，精通地理，研习排山掌卦法，在他的主持下，改建"五常堂"立三山外门，改外局山水入丈，又对名为"十八罗帕"林氏一世祖惟福等 12 人的合葬墓，做了三迁四葬。据说，此后其派下科甲蝉联、人丁转旺。① 民间对风水的重视，至今仍有余风流韵。沈氏楸公派下六世观音山祖沈一元的坟墓，在三都溪东内植竺山，1993 年族里成立沈氏观音山董理事会，筹集资金，陆续维修，到 2008 年告竣，共投入 50 多万元。据说因重修立碑之时，误用"空亡"之坐向，为使"位正气顺，以期地灵显赫，庇荫人杰，福泽沈氏千万子孙，受天地精华，与日月同辉"，理事会遂于翌年再行施工，恢复祖墓开庚先师所定的分金吉度。

三 城乡聚落风水改良

古代，凡是建县城，必依山川而相其土泉，诏安县城的选址依然未脱此窠臼。按志书的说法：接诏安、平和、云霄交界大峰山脉的犁头崆（旧称"小篆山"）为县龙之祖，逶迤而至出卿山赤坑（良峰山的本祖），呈"五星聚讲"，其中一支经桂山、乌石鼓山、寨山、浮山，到县治北面的座山良峰山，这便是所谓的"龙脉"。还有两支，一支绵延在县城的东面，为河港山、凤山；一支绵延在县城的西面，为八仙山、大湖山，像左膀右臂拥着县城，此外局之形势。以内局言之，则"南山耸秀于前，凤头高拥于后"，东、西两溪左右襟带，在县城东南汇合，流向沧海。这样，县城便成为一邑风水结聚之处，具有"枕山、环水、面屏"格局。② 但据说尚非尽善，作为一邑文峰的案山即大、小南山不够高峻，作为"后靠山"的良峰山稍嫌低且欠青郁，等等。为补天然风水之缺憾，"前明邑侯黎公以邑中文教未昌，欲于大小南山各建塔其上，以助文

---

① 见《诏安林氏世谱》，诏安林氏世谱编委会 2004 年刊印。
② 参见康熙《诏安县志》卷 3《方舆志》。

峰。石基已定，寻以他去中止。厥后郑侯仅以土培其小者，大峰则仍置之，然自是科第已稍稍蝉联而起……嘉庆丁巳邑人以建塔、培龙、修峰三事为议，请于鞠侯，侯许之。庠友林君建昌力足以有为，慨然以修造南山大峰为己任，即黎侯旧址实筑厥土，下宽顶锐，顿成耸秀之观。复捐赀以襄塔事。一年之中，三事俱举。"①这里所指的"建塔、培龙"二事，系指腊洲祥麟塔的建造，以及对城西"教场龙脉掘伤成坑三者"予以培土填平，均在修峰后第二年完成。此外，明末由知县发动还培高了城郊的良峰山，并在山上广植树木，以期"良峰青，出公卿"。如此大兴土木，可见时人对"风水"重视的程度。

　　民间亦有某某村开基祖相中风水而卜居的案例。相传元朝有个名叫沈仁的人，颇通天文、地理之学，由此还和明代术数家刘伯温相契。当时南诏城南边还是一片内海，只有几个浮丘点缀其间。元至正年间，沈仁携妻带子，从南诏城迁家至与南山寺隔水相对的墩阜上，芰舍耕读而居，成为仕渡沈氏一族的开基祖。仕渡是个带有浓重风水意象的村落，沈仁落脚那个形如龟背的墩阜，据说乃不可多得的"出水莲花"宝地。后来周边一带逐渐淤积成洲，族人便按照沈仁生前对村落的规划，以龟形墩为中心建设土堡，堡内的宗祠、神庙及民居皆以龟形墩为坐山或靠山，呈辐射状向外铺排。堡周完整保留七块小高地，堡之内外又开挖七口池塘，象征护持莲花的片片荷叶，谓唯有花有叶，才能富贵绵延。为防族人坏了风水，村里还特意于清乾隆年间立一块"通族会禁"碑。清代，该村落曾是全县乡村中的首富。自古及今，这里出过不少杰出人物，在海内外建功立业，各展风骚。

　　人们主观上无不想为后代留下兴旺发达的根基，但客观地理完美无憾的毕竟极少，因此，就得采用人工的办法改造村子，通常的

---

① 参见民国《诏安县志》卷16《艺文卷》之《建祥麟塔并修峰培龙记》。

措施是"障空补缺""引水补基"。所谓"障空补缺"，是对地理缺陷加高遮挡。三都较常见的，是在村子来龙的地方种植林木，或将土地庙等庙宇建在水口处。所谓"引水补基"，是引水改变地理格局。三都较常见的是在村前挖塘蓄水，或开水渠绕村而过。桥东镇近海的甲洲村，在村后栽种了数十株大榕树，作为风水林；深桥镇埔上村，村子建于树木繁茂的山脚下，终年泉涌不息，居所终年潮湿不堪。其先人迁来后，八代单传，人丁稀薄。村民听了风水先生的意见，在村前更低处挖了个大水池，使村子形成背山面水的格局，居所不再潮湿，人丁始得兴旺。

第二章 宗族组织

三都的宗族，在初入明代时，还是属于世系不清、关系松散的继嗣性群体，到明中期，则开始出现以祠堂为主导、族田族谱为辅的制度性宗族。清代、民国期间，这类组织化、制度化、多层级的祠堂宗（家）族已相当普遍，在基层自治中扮演着重要的角色，影响着当地政治、经济、文化、城市建设的发展。

第一节 宗族建构

三都各姓宗（家）族的建构，很大程度上是通过祠堂的形制和内涵来体现和实现，同时又往往辅之以族产、谱牒，以族产为族务提供经济基础，以谱牒为族政提供史籍依据。此外，为了宗族自身的生存发展，增强在乡族中的竞争力，各姓大多会兴办族学，以培养人才。

一 祠堂公厅

宋元时期，法令规定只有士大夫可以建家庙奉祀曾、祖、弥三世神主。明洪武三年（1370），由朱元璋赐名的《大明礼集》修成，规定品官可建祠堂祀四代祖先，庶民祀二代祖先于寝室，后来改为可祀三代祖先。随着朝廷对官民祭祖之弛禁，诏安三都渐有为祭祖而建的家庙、祠堂。《诏安林氏世谱》称：林氏主祀开诏始祖林惟福的"追远堂"约建于明洪武年间，地址在南诏镇东门内戏台后。该祠堂因县城扩建被拆（现遗"七星古井"），族人于嘉靖年间（1530 年前后）分别在南大街建五常堂、在林厝建四德堂。① 主祀开诏一世祖沈楸的沈氏大宗祠，则于明成化年间（1465 年前后）建于城内宪伯第的鱼盐街。② 接着，明弘治年间，县城内又有许氏家庙的修建，预示了三都以祠堂为本质表征的制度性宗族开始出现。

嘉靖十五年（1536），"诏天下臣民祭始祖"。③ 始祖之祭的礼制变革，推动着三都祠堂的兴建。及至清代，随着地方姓族人口的增加和财富的积累，宗、支、分祠建设蔚然成风。在通过祭祖而敬宗，由敬宗达到收族的目的之下，三都出现了三个方面的变化：首先，祠堂的入祀范围扩大。如沈氏大宗祠，明代是按照"祭始祖"的诏令，仅奉祀开诏始祖沈楸的神主，清康熙重建后，沈氏大祠后内共祀自一世（楸公）至五世的 8 对神主，以后又有明清 13 位族人配享。这 13 人中，沈子真、沈士达、沈乔楠、沈玺、沈水、沈铁、沈起津、沈应凰、沈勇、沈一癸 10 位系因身贵入大宗祠，还有 3 位，沈一元是因子（子真）而贵，沈威是因任明周王府教授，沈端孝是因筹款建大宗祠之故。其次，活动内容和形式在增加，不

---

① 见《诏安林氏世谱》之《祠宇宗庙》，第 341 页，其中引用了古谱《五常族谱》关于"追远堂"的记录。

② 关于该祠的修建时间，参见 2009 年编修的《沈氏东城宗谱》中收录的明成化年间沈琅所做的《谱序》，以及 2011 年县人沈耀明的《诏安沈氏大宗祠考略》。

③ 许重熙《宪宗外史续编》（上）卷 2，第 176 页，另可参见常建华《明代宗族研究》，上海人民出版社，2006，第 18 页。

仅限于一年一度的祭祖，族人得功名做了官也会开龛门拜祖，甚至添丁办灯桌、娶妻挂花灯，也在此进行。最后，权威逐步提升，凝聚力在增强，祠堂成为族中的凌烟阁、裁决处、惩戒所。此外，它还兼具书斋学校、闲间乐馆、会客交际的功能。

据笔者调查，三都的祠堂绝大多数是建立在同一血缘关系的基础之上，只有个别是同姓联宗或多姓共有。

位于南诏镇东关街的林氏家庙（思成堂）便是这么一座由几个林姓派系联宗的祠堂。[①] 清顺治三年（1646），郑芝龙降清，其子郑成功与乃父分道扬镳，公开树起抗清旗帜，在闽南、粤东沿海与清军作战。顺治十七年（1660），清廷为了断绝群众对郑军的物资供应，强迫沿海民众内迁。在此间，"海寇何匏头、郑国胜"率众攻破林姓居住的林厝村，致使林厝散乡，族人外逃。之后事平，一部分人回乡，却屡遭外族骚扰。当时何姓看中林姓五常派在寮仔的五世祖林元熏墓地风水，意欲占有。在这种情况下，五常派约请林姓别派联宗，以壮声势。参与联宗的以林惟福开诏祖第三子八上舍人支系为主，附以来自永春的林真支系、从漳浦来的林珀支系，以及竹港燕翼贻谋堂和云霄永思堂，而林氏家庙及寮仔墓便是联宗共祀之所。

位于南诏镇东门街的郑姓宗祠（世祥堂）也是一座由几个郑姓派系联宗的祠堂。历史上，入诏的郑姓有靖边落籍的、有南迁开发的、有乱世来避的。明中期，郑中时派系、郑清之派系、郑柔派系等家长相聚，溯源会亲，决定合作建置总宗祠。该祠堂较为壮观。明末清初，郑芝龙、郑成功父子因兵事驻诏，先后在此祭祖。

位于诏安县南诏镇西门内的"聚德堂"，系由涂、徐、余三姓于清同治十三年（1874）共建，至今尚存。

至于"公厅"建筑，其规模要比祠堂小，一般为家族所置，

---

① 见《诏安林氏世谱》之《诏安林氏家庙概况》。

不能分配给任何一户。公厅既是近祖神位供奉之所，也是家族尊长议事之处，族众也可以在其间举行"冠婚丧祭"。男子结婚、挂"表德"、拜堂、婚宴，新媳妇出厅，拜见长辈等仪式均可在厅堂上举行；若是老人病危，可先将其移到厅堂边上的铺卧。若老人病逝，厅堂后面的福堂，是出殡前停放灵柩的地方。出殡后，还可在厅堂上为亡灵立旌、置座，待"七七"（49 天）后卸掉灵座为止。逢年过节、生忌两祭，均可在厅堂上举行。平时，公厅则作为众人休闲娱乐的场所。

二　公堂产业

在三都传统社会，宗（家）族的公产，是其组织得以存在和发展的经济条件。如清人倪元坦所说："凡宗族离散，皆由不设义田、宗祠之故。"①

明弘治年间南诏许氏"乃属耆老缩节祭田之入，肇建大宗祠堂"。可见类似许氏这样的大族，其时祭田数量不少。从笔者过眼的族谱分析，明后期至清中叶获利倍蓰的海上贩运，是宗（家）族以田产为主的公堂产业扩充时期。三都宗族公产的来源主要有四。①是提留。这是最主要的来源。所谓"提留"，是指分家析产时提取一定数量田产作为祖、父辈的赡养费用，祖父辈殁后，此田即为家庭祭田，当家庭发展为家族、宗族，即成为族内的祭田（蒸尝田）。②是义捐。即由族中殷实之家主动献田，到台湾、南洋去的族人，也有寄钱回乡来购祭田的。③是派捐。即按人丁、田产或身份摊派银钱，甚至娶妇、添丁也有"喜庆银"的额定捐款，然后用这些钱购置族田。至于登科出仕者，不囿于派捐而称为慨捐。④是罚银。将收取违犯族规族人的罚金充为公产。

此外，有的家族还可通过开辟市场、出租店铺地盘、征收管理

---

① 倪元坦：《宗规》，载《读易缕合刻》第一册。

费来扩充族产，这是一笔可观而且稳定的收入。墟场中开设赌场在旧社会是"合法"的，理事会也可以将之出租给别人经营，从中赚取承包费。如东城沈氏和西潭吴氏在村内都辟有市场，让人承包管理，宗族坐收其利，甚至公共厕所也可成为村族的摇钱树。过去很少用化学肥料，公厕中的粪肥便成为各类祠堂（各姓除大祠堂外，还有各房祠堂和私伙祠堂）的"专卖品"。想买粪肥的人，必须通过"投标"才能取得公厕的经营管理权。以前农村投标的办法，不像现在城市投标、拍卖通常所用的"明标"，而是"暗标"，当地人称之曰"投默"。投标时，主持者先张贴通告，然后有节奏地鸣锣作为集合的信号。参加投标者依时到达指定地点，用纸条"背靠背"地写上自己的价码和名字，最后一次性地公开唱标，价高者得。举办投默粪肥这类小意思的"拍卖"活动，通常以私伙祠堂为多。

家族保存公产，目的是祀祖先、济族众，因此，族田按用途划分，可分为祭祀田和赡族田。祭祀田主要指祠田，祭祖用的各种祭品、用具和宴饮、演戏，以及祠堂的维修、祖墓的培缮、族谱的撰续、墓庐的管理等，都由此开支。此外，有的家族在祭祀田中还分出一部分作为庙田，以供本村地头庙搞迎神赛会活动等使用。赡族田主要指学田（也叫书灯田），用于建塾舍、聘塾师及奖掖族中学子。此外，一些经济条件较宽裕的家族，还从赡族田中分一部分作为义田、族务田、公役田等。义田收入用于赈济贫困族人，如衣食无继者、孤寡残疾者、无力婚娶者，以及无力举丧营葬者、因天灾人祸陷入困境者。族务田用于诸如兴修陂渠，路桥以及与外族的诉讼，甚至械斗等。公役田则是统筹安排家族的赋税钱粮等。

在各种用途的公产中，祠田（也叫"蒸尝田"）所占比例最大，最受重视。清人陈盛韶提及道光年间诏安的"蒸尝田"时说："原于乃祖分产之时，留田若干为子孙轮流取租供祀，曰蒸尝田。

厥后支分派别，有数年轮及者，有十余年轮及，更有数十年始轮及者。其租多盈千石或数百石，少亦数十石。供祭之外，即为轮及者赢焉。争租兴讼者颇少，间因械斗滋祸，典及祭田，期于必赎。至不得已而断卖，则宗人垂涕泣而道之矣。然无田者奈何？予偶因公出，见道旁男女荷酒肉络索而驰，问之，曰：'无蒸尝田，各备数豆，合伯叔以供祭，祭毕即撤馔以退也。'夫乐，乐其所自生礼不忘其本……予遇民间祭田涉讼，必告以乃祖乃宗。艰难创业为尔计蒸尝，即为尔计身家之婆心，各宜发动其天良，违者必重加惩责。"①

据《沈氏顺庆堂家谱》记载，沈温恭于清乾隆间到县城开基，因海运而发达，创建顺庆堂，温恭殁后，家人"从租谷中确定每年120担（每担约150斤）作为年节奉祀、清明扫墓、祖考祖妣三次忌辰祭礼（参拜子孙每位男丁可分得面包一斤）之用。其余作为每年农历二月二十一、二十二本宗祠庆祝武德侯祖华诞吉庆请祖、演戏、祭拜以及元宵挂灯、鼓乐闹丁等费用"。到三世宽厚、鸣凤时，"宽厚公所有田地租谷400多担分为三个不同项目使用：①房头租谷80担，由七个房头轮流，每年一个房头收租，周而复始。②祭租200担，专用于惠和公、宽厚公两代祖考、祖妣的忌辰、年节的祭祀和清明扫墓之用，祭品颇丰盛，忌辰祭拜时本房男丁各分面包一斤，扫墓时有功名的（民国初期改为中学毕业以上）补贴车马费。③书租140担，设立书租，鼓励子孙苦读求取功名。"

族中公产不管其来源如何，一经确定为全族共有的财产，通常会在族谱中加以记录，以防天长日久引起产权纠纷或流失。有的家族还为此订立合约，如南诏傅氏十一世秀才祖傅纲章为其遗产立的分阄合约如下。

---

① 陈盛韶：《问俗录》，第94页。

盖张公九世同居忍耐，能绵瓜瓞；田氏三人敦爱祥和，竟感荆枝。是以花萼联辉……固宜合而不宜分也。乃或族大支繁，丁口日众，偶因小忿而致大伦。与其变出阋墙，不若权为异爨。况水大分派，树大分枝，但期肯堂肯构，各树厥帜，从此克勤克俭，长发其祥。庶几山虽断而水连，叶虽离而荫合，而有恒产概已条分，议定章程，宜永遵守，是为序。

纲章开基三房，长房说；次房平，六岁早世，长房说次子文焕承嗣；三房恢。遗下产业列名：

一、存现银壹仟伍佰元，交三房恢收存，以后欲葬费，余剩可作祭费，子孙常业。

一、东沈田受种壹石贰斗，交三房恢收租，后子孙有上进，可作报礼费用常业。

一、盘石匠街大厝壹座，坐西向东，前后贰间四房，带天井壹个、春脚贰间，又后贰间带天井贰个、赛坪贰间。此厝议明作三房均分，惟中大厅可祀先祖，日后子孙照约不得相争。经请公人议约，章程合同各房各执一纸存照。

再议子孙上进，凡有常业条规：一议入泮准收一年；一议贡生准收二年；一议登乡榜准收三年；一议进士准收四年。若有再上进者平庸公议，毋得擅行。

乾隆四十五年八月

（此合约之后有公人、知见胞弟、族亲、代书、长房妇和立合约人的签名，从略。）[1]

此类分阄合约在宗族社会中比较普遍。子孙必须对族产世代永守，不准私自出卖，有的还在族训中专立条款加以体现。变卖族产（尤其是祭田），无论出于何种缘由，均为家族之大忌。私自变卖

---

[1] 见《福建诏安傅氏源流》，诏安傅氏源流研究会 2003 年编印。

的，不但族内视为大逆不道，而且会为世人所不齿。

由于族产不得典当买卖，时间越久，族群越大，以土地为主的宗族共有资产势必逐步累增。1951 年，诏安进行土地改革清资核产，全县的滩涂、山林 60%～70% 属宗族所有或村民共有，还有77055 亩耕地（占当时总耕地 26%）为宗族公地，3485 间房屋为公堂房屋。① 三都这几类公堂产业究竟有多少？笔者无法获得确切的数字。但从一些姓氏族谱反映出来的情况来看，数目已相当可观。据西潭《吴氏族谱》（1999 年编）记载："1944 年前，西潭本村拥有的土地和各祖派在各处的尝租田，共约在万亩以上"；据仕渡村老人沈荣波的回忆，该村各个公堂仅在外地占有的耕地面积就达 6000 多亩；县城顺庆堂则除了 2000 多亩公堂田园外，还有糖房、油坊、店铺等。

三　宗族谱牒

据笔者所知的诏安姓氏谱牒，修于明洪武庚午（1390）的《高阳许氏宗谱》为目前所见最早的一本，次者为明成化己丑（1469）的《南诏沈氏宗谱》，其内容较简单，不过是祖宗名字年号、世系远近、坟墓所在等。明嘉靖诏安置县以后，虽然官府允许民间建祠堂、修族谱，但地方屡遭倭寇、海盗祸患，对修谱有一定影响。诏安《杨氏族谱》云："吾家杨氏……皇明时丁几千数，代有名人……明末不造，草寇窃发，大清初起，海氛未平。昔之间阎扑地者化丘墟矣，昔之鸠宗聚族者化而星散矣……慨自皇明鼎革海氛变乱之时，父子兄弟相聚者少，离散者多。入城多致困毙，入山唯恐不深，又何有于房亲，又何有于族属哉？故今以族谱既失，其长次三房之先世……慎勿以其举一遗百而忽之可乎！"② 诸如此类

---

① 见新编《诏安县志》卷 6《农业》。
② 见诏安《清漳霞山杨氏族谱》之《谱叙》。

的原因，使明时修谱并不普遍。到了号称"盛世"的清康、雍、乾三朝，随着官府对宗族的授权问责，乡族修谱遂风生水起，目前尚存的旧谱多是那一阶段的产物。民国时期，外患内乱，族谱少有所成。新中国成立后一度中止修谱，"文化大革命"破"四旧"，更有不少旧谱被销毁。改革开放以来，在重视海内外亲情族谊的氛围下，多数姓氏均有新修族谱，修成者约20部。

从现有的谱牒类型来看，以世系划分的宗谱、房谱、支谱比较常见；也有以祠堂为表征的，如《沈氏顺庆堂家谱》，以居住地为表征的，如《东城沈氏宗谱》，还有的是同一姓氏而不拘血缘关系的统谱，如《诏安林氏世谱》，或不同姓氏而具有同源关系的统谱如《诏安韩何族谱》。

以往宗族对于血统传继的纯正和尊卑长幼伦常关系极其重视，并以此作为宗法制度加以规定。为了确保本族血统的纯正，若嫡传无子，则在亲兄弟传下的子侄中择继，若弟仅一子，则"兼继"（也称"兼桃"）。亲兄弟无子，则在堂兄弟及类推至五服内兄弟，同宗分支族兄弟诸子中择继，且昭穆（辈分）相当。谱中对出继他人的，皆注明继某公，被继者名下则注某某第几子某为后。族谱中尚无见过以长继幼或平辈兄弟相继的记录，也较少出现抱养异姓子以继的。个别族谱甚至明文："不许异姓子入继，致淆血胤，倘故违此例或借口继立外甥内侄暗养异姓，一经亲属证实本身即以斥革（出本宗），所继异姓子嗣永远不许入嗣。"但有的家族鉴于老年人生前照顾和死后祭拜问题，亦采取了变通的办法，即允许抱养子改姓继承家业、祭扫坟墓，或是允许同住一个村的异姓人口改为大族之姓，但这两类人的本人及子孙皆不许列入家族谱系中。同时，为了维护尊卑长幼的伦常关系，旧谱的世系仅载男性不载女性，依照尊功尊爵的原则，一般只宣扬有科举功名的官宦人士。这有悖于现行财产继承权的相关法律规定和计划生育政策下独生子女普遍的情况，以及社会行业分工多样化的现实，因此，一些新编族谱改为既记男亦记女，对男到女家者、抱养者也予以记录，在名下加注。同时，所收人物扩展到各种行业，对政、军、教、科、文、艺和工商界中较杰出的人士皆予以记录。此外，有的宗族新修谱牒除录入旧谱的族规家训外，还录入了《公民道德准则》等具有时代色彩的为人处世规范。

除谱牒外，宗族文化还表现在祠堂等建筑上，除了在匾上予以姓氏、郡望、堂号等标记外，还通过楹联、碑铭加以昭示。一副副楹联，不仅结构严谨，对仗工整，文采飞扬，颇具艺术价值，而且是本支派区别于其他支派的特殊标记。比如祠堂，南诏许氏家庙联为"昭兹来许绳其祖武，应侯顺德贻谋厥孙"；沈氏大宗祠联为"光州一脉源流远，梅圃千秋世系长"，让人一看便知这是哪个姓氏的祖祠或支祠。又如位于城外南大街的林氏家庙"五常堂"联："一派本西河随唐开漳历七百载昭穆偕岁月永序，五常肇南诏自元徙镇衍廿二传俎豆垂春色常新"，就该派的祖源、世系、迁徙路线、传衍时间都做了交代。

在三都村社，姓族的标记还不止于此。旧时人们在村里住居的匾额上或村外坟茔的墓碑上，往往镌刻"郡望"。就以诏安人口数量较多的沈、许、陈、林来说，沈姓发源于吴兴郡、许姓发源高阳郡、陈姓发源颍川郡、林姓发源西河郡，因此便按宅主或墓主的姓氏，分别镌刻"吴兴发祥""高阳先春""颍川淑气""西河衍派"等字样。地方上这些独特的血缘标志，使人们到了一个村寨，容易识别是哪个姓氏在此聚居。

四 延师重教

以往宗族对办族学相当重视，将其作为培养人才、兴家裕族的重要途径。通常会在村社的祠堂等场所设塾馆，延揽家族子弟入学，部分经费由书田租金筹付。诏安三都与其他地区不太相同的地方，是乡族兼设文馆、武馆，如文科考试不第，可退而参加武科考试。县城的办学条件比乡村相对好得多，因此设文馆、武馆的也较多。清嘉庆时乡人叶观海论及此道："惟为四民之首，尤为风俗所关，县册谓士知向方，科第迭出。诏之科第蝉联断续，今昔略同，即非名邦，亦殊陋邑。近时武科联镳并辔、拔帜争先，几为南闽之冠。"①

为使子弟学而有成，或向外延聘名师，或选本家贤能者执教。明初，三都许海福（字伯畴，1385～1447）捐资开设义学，教授乡族子弟。其友漳郡状元林震还特为此写了一篇《许伯畴义学记》。叶观海乾隆间中式拔贡生第一名后，绝意仕途，以教书育人为业。这二人于乡族人才培养多有建树。诏安林氏宗人在县城东门外兴办"文峰"塾馆，明万历年间父子进士林而兴、林日瑞先后在该馆就学。清康熙时建于县城城内街的沈公书院，有东西厢房十余间，为办得较好的沈氏士子读书处。清代东门内沈氏"顺庆堂"先后办了陶轩、顶学、下学、扑尘书室等5家私塾，"鸣凤公则将其所得之田产地租分给其三个儿子，聘请名师教育子孙读书"。办武馆较多的是南关东城村沈氏"尊亲堂"派下，先后有南兴、新义兴、金田、莲村等18家武馆。

清末，罢科举兴新学，城内有沈姓办的"振东初级学堂"、许姓办的"私立琢山初等小学堂"和"私立明新初等小学堂"等4所。民国中期，宗族办小学更多。福州人秦望山在《我在诏安县改革教育的经过》一文中写道："1926年5月，我来到诏安县党部工作。那时，诏安县城人口不过万余人，小学却有38所之多，每一祠堂几乎都办一所小学。"②办学经费私立者全来自民间资金。1950年，人民政府接管的此类小学有88所。

---

①　见民国《诏安县志》卷1《天文志·民风》。

②　福建省政协文史资料委员会编《文史资料选编》第一卷《教育编》，福建人民出版社，2000，第42页。

通过科举考试获取功名，被视为正途出身，因此，各族姓尽可能在物质上给予资助，在精神上给予激励。在物质方面，清代不少宗族或家族通过学田收租，补贴族中学子学杂费，资助赴考学子，奖励取得功名子弟。延及民国，据秦望山说："当时诏安各姓宗都有'奖学金'的设置，凡是小学毕业得到文凭的，每年可分得到一定数量的'奖学金'。"① 经济较好的如沈氏顺庆堂，对清代考中秀才者奖励 100 担、举人 200 担、进士 300 担、翰林以上者 500 担。民国时期，改为小学毕业 12 担、初中毕业 100 担、大学毕业 500 担，以毕业文凭为据，按照毕业的先后顺序，依次轮流付给。此外大街还有 6 间二层店面出租，租金主要用于补贴困难学生的学费。在精神奖励方面，以往族人考中进士、举人，举族欢欣庆贺，敲锣打鼓游乡过市，在祠堂为取得功名的人挂匾、竖旗杆，悬灯笼，甚至在乡道上竖立牌坊；在谱牒中，对仕宦、科甲、贤达的姓名事迹予以载录。如《东城沈氏宗谱》内，就录有其派下明清时期的功名仕宦 63 名和近现代的突出人物 250 名。

第二节　宗族制度

在传统社会中，三都乡村的政治特征是以代表政权的保甲制度为载体，以体现族权的宗族组织为基础，以拥有权势的士绅为纽带而建立起来的地方自治。

一　在基层自治中的宗族

诏安在置县至民国期间，只在县一级设行政机构，官、吏职数通常各十多名。知县（县长）由外地人担任，任期长者数年，短则数月。当政者由于手下官约吏简，自己又不懂方言不太熟悉民

---

① 《文史资料选编》第一卷《教育编》，第 42 页。

情，他只有依靠（明代）里社、（清代）保甲组织和族、房势力来掌控基层社会。

明代，三都村庄多杂姓而居，宗族的地位、作用尚不明显。到了清代，地方聚族而居已相当普遍，而保正、甲长一般由当地民众公举，报县官点充。由于有族人作后盾，如果族房长愿意，他们很可能兼任保甲长。据了解，即使保正、甲长不是由族房长担任，但他们要履行户政、治安与赋役三项职掌，也必须有宗族势力的支持。在这种情况下，政府为"补王政所穷"，收"约束化导之功"，亦着意扶植族权。雍正四年（1726），清政府以律例形式明确族权地位："地方有堡子大村，聚族满百人以上，保甲不能编查，选族中有品望者立为族正，若有匪类令其举报，倘徇情容隐，照保甲一体治罪。"① 由于官府的利用扶植，族长获得了牢固的权力，这样一来，权大势重的家族、宗族、乡族就与乡里组织发生了紧密的联系，族长由治宗族事务自然延伸到了治理乡事。直到清季，这仍是政府对基层治理的成法，所谓"吾国大族有讼事，先由族长听断，然后告官。或守望相助，有盗警则群起而斗却之。是二者亦无烦官。所谓官者，不过收钱粮而已"。②

民国时期，为了加强政权对乡村社会的控制，抑制族权势力，三都乡村政治结构变为自治区管辖的保甲制，区一级人员由县政府委任，但并没能改变乡里组织浓厚的宗法色彩，族房组织仍是与保甲制并行于乡间的权力实体。

从三都的情况看，一个族派在地方的影响和作用，与其所出的官宦名人和族群人数、经济状况，又有着密切的关系。这也是沈、许、吴、林、陈等几个较强势的大姓，在激烈的生存发展竞

---

① 据《大清律例增修统纂集成》之《刑律·贼盗》，清咸丰七年山阴姚雨芗辑录。

② 《论说》，《民国报》1911 年 10 月 1 日。

争中占据着较为有利地位的原因。尤其是沈姓，人口号称"半县"，族中因海上贩运成巨富者、荣登科榜入仕者，不乏其人。东城地近县城，族人经营工农商建诸业，又办有多间书馆、武馆，仅派下的东井祖派 24 世、25 世、26 世三代人有 11 人科举成名，其中文举 6 人、武举 3 人、贡元 2 人，被人称为"三世十一登科"，还有伯侄四魁、父子两对文魁、同胞同科、叔侄同榜的。沈姓如此经济繁荣、名人辈出，当然村族流光，在三都颇具影响力。

二　宗族主政人选

三都的各个姓氏，在开基始祖之下，通常每历一代就有一次房的分蘖，世代以继生生不息，便逐渐形成了派下分房，房下再分支的金字塔状层级结构。各层级由于有相应的公产和族务，又同官府及他族发生关系，需要有人来管理和处理，因此，也就有了层层设立"理事会"之类的机构。

各个层级理事会担纲之人，民间统称为"家长"。明代宗族如何设置家长，是由"宗子"担任，还是公推？由于史料阙如，难以确知。清代的情形，在《南诏许氏家谱》所收雍正五年（1727）记录的《隆远公家训》中则有所反映。

> 余（指许隆远）于乙巳冬告假旋乡，丁未仲春始得到诏，拜瞻祖庙，见诸族众衣冠济济，礼貌彬彬，心窃喜之。阅数日，诸父兄及族中诸人，人情参差不齐，不能如向来之敦睦和好，以致外凌内侮，貌虽齐整，中或乖离……若不佥立家长，约束而课导之，后将有不可问者。爰谋集诸众，择族中之素有名望者举而立之，得长房宗侄，次房温侄二人……复于再下各房中佥出明、文、显、旺、结、报、考、琳、淑、李、朿、傅、良、亩、榕、庵、雄、登、映、勃等，具皆德行素著，物

望咸归，分而佐之。择于二月念五日，恭请祖祠申明禁约。①

至于近代的情况，据《吴氏族谱》之《西潭近代变化录》记载：

> 从太始祖开基，逐渐形成了以家、房、族长制度的社会结构。各个村、房都有德高望重的高龄、有名的老者，为各房、村处理一些必要的事务，如平常的纠纷调解、与外乡的纷争和迎神、演戏、挂灯等。这种以房、村处理事务的人，既不是政府委任的也非所谓民主选举的，而是在乎其人是否有道德、公平正直、有胆识，又肯为大众工作，逐渐建立起来的威望，大众自发尊敬、拥戴他，当然他在处理事务时也并没有什么报酬。②

从以上两份资料作大致的分析，可见在清代、民国时期，人们立族（房）长并不讲究嫡庶之分，在兼顾辈分、年岁的情况下，重在选贤任能。家长产生的办法，虽没有严格的规定和程序，但通常还是需要族中的老人、乡绅认可推举加以明确的。

除了德才兼备的长者之外，慷慨好义的殷实之人，也有被推举担任一族（房）之长的。据《诏安林氏世谱》（2004 年编印）记载，生于清同治癸酉年（1873）的含英村人林泮喜，其父经营"仁发"号糖坊，家道殷富。泮喜为人豁达开朗，急公好义。宣统年间，他出面调停了广东大港、樟底两村持续多年的械斗。民国初

---

① 《南诏许氏家谱·隆远公家训》，1999 年编印本。按："隆远公"即许隆远，南靖人，祖籍诏安，清康熙十九年庚申曾炳榜举人，任过怀来知县行取户部主事。

② 诏安延陵吴氏西潭志编写组编《吴氏族谱》，1999 年印行。书中资料据称为"耆老、知情者的提供，并参照逢兴派乃福父子记录的旧谱"。

年，含英村遭"咸水淹"，田园失收，泮喜将自己家里的囷糖300多担尽数卖出，所得款项救济乡民渡难关。民国 19 年（1930），天降暴雨，后园、溪雅、林家等村河堤决口，洪水淹没大片农田、房屋倒塌无数，他又率众支援救灾。因此，他深得乡里人的敬重，而被推为家长。

在三都的宗族中，还有一种若隐若现的人物在发挥作用，那就是士绅。士绅主要由两类人物构成：一类是拥有科举功名、尚未为官的在乡士大夫，一类是致仕回乡的人士。"绅为一乡之望，士为四民之首"，在重文教和官本位的传统社会里，这些人以其超凡出俗的学识、能力以及较广泛的交游，而在地方颇具影响力。明清时期县官履新，常是先拜访地方有名望的士绅，询其意见，联络感情。遇有大事，则常召集有名望的士绅权衡得失、参酌政务，并赋予种种特权。统治者对士绅优待有加，就是因为士绅是其统治的重要阶级基础。而旧时官与民之间悬隔，乡民一般都不敢或不熟悉与官府打交道，乡绅则正好充当着与官府打交道的角色。他们一方面将官府的意图、政令传达给乡民，一方面又常将地方情形、乡民的意见反映给官府，在一定程度上维护着本族本土的利益。

士绅多不屑于去争基层组织首脑的位置，但出于同乡族的连带关系和回报培养的心理，在诸如参与主祭、撰写文本、修建祠堂、祖茔，兴筑乡村道路、桥梁，决策乡族事务，调解乡族纠纷和修谱、祭祖等活动中，多有出力。这种事例在地方掌故、宗族谱牒和志书中都有所反映。如当过知府、礼部主事的沈钘，致仕后不但热心公益事业，曾出面收回被占的学田，建市场收税作生员川资，倡建洋尾桥、通济桥、港头灰路和文昌宫、文公祠、凤山报国寺、汾水关观音庵、澹园院等，颇多建树，而且于族中事务亦多方襄助。

士绅在乡族中的作用毕竟要受制于国家，他们既依附于国家又根植于乡族，"平衡"是其正常的状态。当宗族的利益与国家利益一致时，士绅在乡族的作用得到国家的鼓励，反之，当国家觉得士绅参与族政而有碍国家利益时，国家就会加以约制。沈铗在明崇祯七年（1634）"因族事受法"，就是其中一个例子。

三　宗族的制度

三都宗族在其管理的过程中，逐步形成一套符合实际、适应需要的规章制度。

首先是管理阶层的议事原则。家长固然可以对一些宗族日常事务做出决断，但对牵涉面较大、比较重要、关系全族利害的事，以及对违犯族规家法者的处罚，则须在族长的主持下，召集宗族理事会成员商议或交给众房公议，甚至由族人参与讨论，最后做出决定。所谓"凡属兴废大节，管理者俱要告各房家长，集家众，商确干办。如有徇己见执拗误事者，家长家众指实纠正，令其即行改过。如能奉公守正者，家长核实奖劝，家众毋许妄以爱憎参之，以昧贤否"。①族群经过漫长岁月的演变，人口增加、公产扩大，不仅房支间有强有弱，并且族人也会出现贫富贵贱的差别。加之房族长本身的主客观原因，都有可能对公正行使族权产生影响。为了贯彻族众平等原则，一些族谱中还针对族内倚强而欺贫、恃强而凌弱行为有训示。

其次是族规家法。族规家训通常是祖先制定留传下来而后人必须遵守的。在三都的各姓族谱中，基本上皆有载录，因其内容有些系出自国家的礼教、司法条文，故显得大同小异。如《南诏许氏家谱》收入的《许氏宗庙条约》：

一、尊祖考。宗庙之礼，所以祀先，矧木本水源，能不追思？凡我子孙，岁时节令遇荐新必端肃进先，朔望处恭拜茶，

---

① 见《诏安林氏世谱》之《林氏传世家训》，2004 年林氏世谱编委会刊印。

乃为世家秉礼之风。

一、训子孙。一脉之传，宜令速肖，必正己奉训，以光先绪。凡我子孙，宜以中也养不中，才也养不才。毋诿为不可教而置之，庶有穆皇长世之。

一、序昭穆。本支一宗，分义不明，或少加长，卑凌尊。凡我子孙宜念祖考之遗，昭穆不紊，乃为尚齿让之家。

一、笃情好。族党亲之为贵，非可疏远异视也。凡我子孙，宜以礼而联族党，遇吉凶，群待而不薄，乃为忠厚悠久之家。

一、修祀事。致考鬼神，圣有明经。凡我子孙宜正祭器，定祭品，遇春秋大祭务必丰洁，年节宜虔备供奉，庶为敬神获福之本。

一、兴祭田。蒸尝以备祭扫，亦广惠爱。凡我子孙，既有而增修，或未有而恢拓，俾公私两利，而后得所倚赖。

一、识坟墓。君子履丘陇，则思祖考。凡我子孙，力小而培基，力大而封坟，山原林麓，宜悉识之，俾后知所寻求。

一、录行谊。忠孝廉节，生之大纲。凡我子孙，或尽忠树勋，或尽孝至友，或赈恤有方，或取与不苟，或节烈孝顺，咸录无遗，俾后知所观型。

一、纪遗文。博物宏词，儒林所尚。凡我子孙，或理学深究，衍述书义；或词赋诗歌，捷作古文；或人物表著，传壮志铭，悉纪勿失，俾知所孝。

一、存坊牌。国之忠烈，家之孝节，必有隆恩旌异，建立牌坊。凡我子孙，遇此旌表，朝廷盛典，家世美事，必修葺勿毁，俾得仰止。①

---

① 见《南诏许氏家谱》，诏安县许氏理事会文史资料研究委员会编，1995，第271页。

　　再者是纠纷是非的排解裁决准则。在传统社会中，族权高居于全体成员之上。如族人之间发生纠纷，要在祠堂请族长等人排解裁决。排解裁决不单是以情理为准则，而是以尊卑、长幼定逆顺、论曲折、判是非，族人必须服从。若未经祠堂而先告官，要受到族法的处罚。理由是族人首先是宗族的属从，其次才是国家的臣民。族人有违反宗法族规的情事，族长有权召集宗支主事人，在祠堂祖宗神位前对违反者进行处罚。据东城村沈姓的人说，该村的家长沈到对族中的不肖子弟的惩罚就很严厉，如果谁家兄弟不和或子女不孝，将会被押到祠堂内受鞭笞，抽鸦片的则被捆到祠堂内强制戒毒。诸如此类的规训和惩罚，在不少地方姓氏谱牒中均可找到依据。至于房族内的处罚，约定或俗成的方式很多，如当众责打、祠前示众、在祖宗神位前长跪；罚钱谷，作为祭祖、置业费用；不许入祠、入谱，开龛门告祖先贬出宗族；对其是匪盗、叛逆者，公议认为以上处罚尚不足以蔽其辜者，则以宗族名义送官究治。

第三节　族政管理

一　政治管理

　　封建统治者控制基层社会的基本手段，就是以"礼"治未然、以"法"治已然，而宗族作为基层社会自治组织，则是其实施礼教、法治的重要载体。

　　一个家族在繁衍的过程中，随着人数的逐步增加，关系也渐趋复杂，易于滋生矛盾、产生事端。三都曾发生过被官府剿村灭族的惨剧，东城、西潭等村和西路畔片区，也差点酿成被剿灭的大祸。在血的教训面前，宗族为安其位、统其众，避免因族人行为累及全族，无不重视制定族人立身处世必须遵循的准则。而官府亦允许宗族有一定的自治权和处罚权。根据"以尊犯卑，其罪轻于常，服制愈近，其罪愈轻；反之，以卑犯尊，其罪重于常，服制愈近，其罪愈重"的司法原则，甚至家长处死不肖子孙可不负刑事责任。明正德年间，县人叶龟峰时任河南按察佥事，他在家乡的大儿子（大舍）经常纠集狐群狗党，于闽粤通道上拦截娶亲的花轿，将新娘掳进府第强行奸污，三天过后才予放行。乡民忍无可忍，便给其父寄去"无头信"，控诉大舍的罪行。叶佥事得知后，赶回家乡，亲自将儿子活埋处死。父杀孽子，不仅没有获罪，反成"铁面无私、大义灭亲"美谈，《闽书》还为其立传，由此可见一斑。

官府向百姓征赋派役，有很长一段时期是通过宗族来完成的。明代令民间立田多者为粮户，应缴田赋由粮户催征经收解运。清代从康熙朝起，由百姓自己缴纳赋税，政府施行"合户"之法，允许子民自己"择户"。以人户现居村庄为编查依据，散落各地原属不同保甲的田亩，一概归于其户主名下，登册纳粮。在这种政策之下，三都各姓便设立了若干"合户"。"户"中众子民的田地不再属于哪一保哪一甲，只要知道是在某人的户内，摊派出自户长，交钱粮也经过他们的手。清代陈盛韶言及道光年间情况时说："附城沈氏、及为许、为陈、为林，田不知几千亩也，丁不知几万户口也，族传止一二总户名入官……户长总催，轮流充当者外，有草簿名花户册，按年催输，惟渠是问。"①

宗族对于官府，有合作的一面，也有矛盾的一面，毕竟宗族考虑问题的出发点，是族群的意愿和利益。在政治清平时期，往往族权能给予政权较好的配合，而一旦政治腐败、盘剥加重，族人生活难以得到保障，矛盾就会加深，甚至起而抗争。

近代，三都各地抗拒官府，私征捐税的事件时有发生。光绪八年（1882），知漳浦县事、进士斌敏在一首《县官叹》中写道："吾闻南州民，畏官如畏虎。讵知此邦族，薮官如薮鼠。入乡防伏

---

① 陈盛韶：《问俗录》，第92页。

炮，饮水愁遇蛊。蛙怒聊复尔，螳拒竟支柱。得毋有司者，庸懦不足数。未能焚昆岗，但知舞干羽。民生既以蹙，官计亦良苦！惴惴不自安，难乎为尔主。"①诗中描述了地方的混乱局面，发出了官府无能为治的感叹。光绪三十一年（1905）废除科举后，官可以用钱买得，最小的官要价数百两。三都有个林秋良，先前因无意中挖到一个大银窖，成了暴发户。只字不识的他，也花钱买了个没有分文薪俸的七品海防厅的官衔。捐纳授官导致官员素质下降，加重了吏治的腐败，废除科举又使读书人断了靠科考出人头地的念想，只好外出另谋出路，从而削弱了官府对乡村的控制效果。

进入民国后，三都社会矛盾依然尖锐。据《诏安县志》载，民国2年（1913），塘西、白石一带民众抗捐，省调兵剿办，在永茂营村附近，遭沈之光伙众伏击，带队官员彭、胡两人阵亡，军队溃败。后闽粤联军进剿，沈之光出逃，群众被杀46人，房屋被焚1031间，祠宇被焚3座。民国14年（1925）东湖地区发生抗捐事件，县知事提乾元率兵焚军寮村，进剿上陈、岑头等10多个村。②

又据谢淇、陈士培老人回忆，民国14年的抗捐事件是这样的：那年春天，直系军阀张毅部在诏安横征暴敛，东湖区一带（包括东溪东岸的东沈、西沈、青山、新安，西岸的军寮、上陈、新春、岑头、美营、沈厝寨、龙眼坑、山宝雷等村）民众忍无可忍，联合起来组织了抗捐会，公推新春村的前清秀才许子贞为首，其余各村也各选了一个领头人。抗捐会首先成立自卫武装，各村守望相助。他们封锁了水路交通，在新安与军寮之间的溪流上，砍下大树用之堵塞河道。农历七月间，县知事提乾元派亲信陈某到东湖区征收捐税，东湖农民由于不甘忍受宰割，于是将陈绑起，拟予处死。后因上陈村民念及宗亲，将其保出，并派人护送回城。提乾元闻讯

① 据清《漳浦县志》再续志卷23，光绪十一年（1895）修。
② 新编《诏安县志·大事记》，第18页、第20页。

大怒，将上陈村护送人扣押，派驻军营长带兵二三百名"清剿"东湖，杀死民众70多人，伤者甚多，焚屋300余间，抢财物不计其数。这次事件，牵涉到当地沈、许、林、陈、钟、涂姓。

二 族务管理

在经济上，族务管理最主要的是公产的管理。居住在县城的沈崇忠先生向笔者介绍了该家族近代管理公产的情况。其曾祖父沈友诚，为沈氏顺庆堂派下第五世，兄弟3人，家族公产由兄弟共同执掌。当时族中公产有县城中山路店铺和城西的田园，由家族公议对外出租。每年三大房家长各推举一人为经理人员，负责收纳与支出，具体分工是一人管银钱，一人管清册，一人管印秤。为杜绝管理者徇私舞弊，高低不均，对出入银谷，规定要备有专用天平、顶秤，不得更易。支出由家长会同各房商定支付，每笔收支皆记录在案。凡遇水旱，管理者须分勘各处轻重量助，令其救治。若有荒歉，或减或让，须亲勘后提交家长通处。获取的收益除留下用于祭祖、办学等经费外，采取按房按股的方法分配，开始时按房给股，后来房下又有房，各房的族人就依所得的股份，再进行分摊。族产还有部分"义田"，用来赈济贫穷族人，照顾鳏寡孤独。族人有困难，可以向族长提出申请，要求经济资助。

管理公产的经理人员以一年为一个轮值期，届满再议定管理人选。在每年太始祖武德候沈世纪祖寿华诞办过之后的农历三月，进行轮值交接。具体交接仪式是：新旧管理者将银钱予以结算、在清册填注明白，复别具一册，填上下年交接人名，交三房家长查阅。完后会同三房聚于祠堂，由上年管理者捧手册在祖先神主前祭告，祭毕，当年管理者跪誓接管。若查出有弊及接管非时、交代不明者，家长同家众即行举罚。一些公产不多的家族，则采取各房轮流掌管制度，各族在掌管的年份中，可获取公产的收益，但得负责祭祀等项支出。

公财之外，亦提倡族人之间互相照顾，如常见的红白喜事、农忙时抢收抢种，都是相互帮忙，或以劳力换取畜力、种子。还有如外出谋生，更能体现亲友互助的重要性。清代"走北船"之所以沈姓的人较多，就是因为宗亲戚友互相介绍、担保、携带，以至形成了一条从收货到运输、搬运的经营链条。明清时期向南洋、台湾迁徙，宗亲戚友也多有互相帮衬提携。

宗族组织对于族务的管理，还延伸到族中家庭和个人，主要体现在：对于族人的私有财产，有保护它不受侵占盗窃的责任。如在两造收成之前发出通知，"不准放鸡鸭下田，不准偷盗瓜果等农作物"，同时，亦禁止子孙脱离家长别籍异财。为了防止非我族类插居侵产，宗族对族人田产、房产处置也有规则。如族人要将自己的田产、房产典当或卖断，须先问村族中人有没有承受的意愿，并请近亲族人做中人，外姓外村的人想买房买地，必征得房族中主事的人同意，如果不这样做，族人会出来干涉，即便典卖成交，日后也会带来一连串的麻烦。又如，要求族人参加对先人的祭祀活动，"勿怠废先人祀"。在依仪祭祖之后，参加祭祀者按尊卑长幼向长辈致敬，再聚餐吃供品。为了避免分家时兄弟相争、分家后老人失养，依俗要由亲族中有威望的长辈充当中人（公亲），由母舅主持。中人负责对家产进行调查登记，然后将其分成若干等份，原则上兄弟一人一份，同时要对父母的生活做出妥善安排，祖父祖母尚在的，其赡养依附情况与父母大致相同，要求"男女定婚、女子许字，既决而告庙"。新婚第一年新娘应于元宵节到祠堂共拜祖宗，以确认其为族中成员。

第三章 宗族关系

在三都这个社会共同体中，当地居民既存在由家族组成的宗族，也存在各宗族之间形成的关系。维系宗族关系的纽带，可以是共同的利益或共同的信仰，也可以是共同的约定，等等。但在这个共同体中，不同族群又有分出亲疏关系和各自的利益，可能导致对其他群体的偏见和排斥。这就使得族际关系错综复杂，其间既有协作也有争斗，既有整合也有对峙。综观地方的过往史，协作和整合是常态，争斗和对峙是一种较特殊的形态。

第一节 族际整合

一 乡族公约

明清时期，官府皆在乡村推行"乡约之法"，于各保内择一庙宇设乡约所，每月朔望日集中乡民于约所宣讲圣谕及政策、法令，讲评乡人善恶。在讲约基础上，结合地方实际，在族长、士绅的主持下，官府制定对本乡民众具有约束力的规约，由此从制度上对乡族进行整合。

规约主要分两种，一种属地域性的，一种属宗法性的。地域性的规约内容除道德教化外，也有保护生产的，也有联防缉盗的。过去，在乡村还时可见到清代遗留的载有乡规民约内容的石碑。碑文的前部分介绍立碑的目的；主体部分为大家共同约定、共同遵守的条款和处罚办法；后部分为立规约者。诏安城郊"下水片"于道光年间就立有一通《奉示禁碑》，此碑在"文革"时已被毁。据老人回忆，碑文中有关于严禁私宰耕牛、盗窃谷物、破坏渠道、擅拆篱界、纵放牲畜、盗砍山林竹木、偷掠池塘鱼虾、捞萍伤禾、毒药害鱼等条款。宗法性的规约便是族谱中普遍记录的族规家训。这些规约，不论是地域性的，还是宗法性的，无不打上皇朝"圣谕"的深深烙印。

在这种乡族共同体的规约下，大姓和小姓所处的地位、发挥的作用是不一样的。权大势重的家族、宗族借此与乡里组织发生了紧密的联系。在多数地方、多数情况下，昔日大族的家长、族长变成了乡里组织的头领，由治族事、宗事自然延伸到了治理乡事，掌握着乡村的实际权力。

官府在教化以礼的同时，也整肃以法。明代万历年间，诏安沿海有两个村庄发生争斗。沈姓村庄要筑一埭岸，影响了另一大姓村庄大量的田园和祖坟。时致仕里居的沈铁支持沈姓村庄，另一村派人到北京上访（时称"京控"）。朝廷派福建巡盐御史卜崔到诏安查访。卜崔将调查意见报福建巡抚。巡抚判沈姓败诉，沈姓村庄拆了埭岸。巡抚一纸奏疏又将卷入族际争端的沈铁告上朝廷，沈铁竟因此受法坐大辟之刑，由此可见当时统治者对乡族纠纷的态度。[①]

---

① 沈友元《百年荣耀》，漳新出（99）内书（刊）第 053 号，第 51 页。

诏安的浅海、滩涂之争，是明中期到清初较严重的社会问题。浅海、滩涂依理依法当属民众公有，然而地方"宦族指海为田""豪强霸占滩涂，不许穷黎采捕"，"欲往采捕，必纳私税"。长期以来，"里民争利叠讼"闹得沸沸扬扬，甚至将官司打上了道府。当局确实作过认真的处理，于明天启年间、清康熙年间勒石禁止，并将禁例载于志书。

清中期，针对地方日见激烈的械斗风潮，福建巡抚衙门发布文告，晓谕乡保、族正、军民等："嗣后各宜安居乐业，共享太平。即有小忿私仇，当念同乡共井，宁可忍耐，宁可推让。俗云：'饶人是福'，让人一着不为输，切勿倚恃大族，聚众殴差，有干严例。至于山野愚民，尤当各安耕织，毋造谣言，毋听煽惑。倘奸匪不知化悔，致有恶逆胡行，一经违纪，即干三族之诛……凡乡保、族长及识字人等，见此告示，俱要转相告诫，务使深山穷谷人人皆知有法律、知尚礼仪，不特长保合村各族平安无事，且必和气致祥。""倘示禁之后，仍有违犯，本人冥顽不灵，死无足惜，定将失察纵容之族正、房长、乡保、地邻分别研究，决不宽贷。"[1] 对三都发生的几起较大的械斗事件，官府派兵进行镇压。

在史料中，有地方官处理民间纠纷较好的例子。陈盛韶是道光八年（1828）就任诏安知事的，他对民间的纠纷作了认真的调查，找出事情症结，又不辞辛苦，对民间纠纷居间作了妥善处置。如"选择公亲责重家长，亲加劝导，释旧仇、匀田粮、定墓界，民立议约，官留甘结"，使得"三年内，荒田复垦，争端绝少，民亦小康"。[2]

三都也有一些士绅利用自己的影响力，化解民间矛盾、安定地方。这里有两个事例如下。

---

[1] 《福建省例·劝诫械斗》，载自《台湾文献丛刊》，台北大通书局，1984。

[2] （清）陈盛韶：《问俗录》，第85页。

一个是县人李学师、林崇光讲述的，清道光年间，进士黄开泰的家乡高坑村，因用水与下河村发生矛盾。高坑村民在一些好惹事的人的煽动下，准备与下河村动武。当时黄开泰正好回乡省亲，大家知道他与现任知县交好，又在乡里很有威望，为了取得他的支持，便相约前去向他挑明情由。开泰见大家正在气头上，讲道理恐怕众人听不进去，便说："你们既然认为非打不可，那就回去准备吧，准备好了在祠堂前集中。"不多一会时间，全村的丁壮拿着武器齐集在祠堂前。黄开泰站在台阶上，向大伙说道："我让你们准备，你们只准备了人手、器械，钱呢？一开打，弹药要钱，吃饭要钱，伤亡要钱，打官司也要钱！"他指着预先放在门口的两个大箩筐："回去取钱，只要银子装满箩筐，就出阵，否则休想。"众人看着能装 100 多斤鱼的大箩筐，呆住了，一场械斗就此烟消云散。之后，在黄开泰的调解下，两村的用水问题得到了妥善的处理。

一个是吴万里、吴万来讲述的。明万历年间，岑头村进士、官至襄阳府通判的蔡肇庆衣锦荣归。该村因西潭村天大旱时在东溪截流灌田，引水淹没村里的农作物，损失十分严重，村民心有不满。村中年轻人认为有了肇庆作依靠，就伙众抬旧灰墙块去围西潭大塘，扬言要养鱼。西潭也纠集人马准备开打，好在族长死力喝住。蔡肇庆得知本村青年全到西潭闹事去了，连忙带着族长和几个随从赶到西潭，对那班后生说："我们做事要想远些，世上有千年大村，哪有百年进士！现在占人家的鱼塘，是会给后代子孙种下祸根的。"蔡氏接着带着族长和随从向村中走去。听说蔡进士来，西潭族长等一班头面人物出来迎接。进了祠堂，双方寒暄一阵以后，蔡进士说："敝村那班无知的后生仔来闹事，多有得罪，请贵乡亲海涵。"西潭族长也作了一番对族人管教不严的检讨。傍晚时分，祠堂内外灯火辉煌，飞觞传碟，蔡进士和岑头村族长以及 100 多个后生仔受到西潭人盛情宴请，双方互相敬酒，仇隙便也就此一笔勾销。

从三都的历史情况看，大凡王朝较为强盛、政治较为清明的时期，地方就较为安定，一旦政权失控，社会秩序就较混乱，国泰和民安往往是相辅相成的。

二 族际依存

三都居民同在这一方水土，乡党、亲堂、姻亲诸种关系盘根错节，在正常情况下，生相扶，死相埋，婚娶时亲友致贺，成地方风俗；遇修祠建庙情事，村族之间往往互相帮忙；村社"做好事"，特别是几年一遇的"祈安赛会"，照例都要请四乡六里的亲友前来吃桌、看戏；山林着火，大家会共同去扑救；村庄受淹，别的村也会接纳灾民；海上作业遇海难，渔民不管对方是谁，也会尽力搭救。

有的村族间，尽管以往有嫌隙，但在对方有难时，也会伸出援手。清同治年间，有人告发"西潭乡大赋多，三年拒不交纳"。县令申说上宪，于是派军队前去剿办。为此，西潭村人四处外逃，于各自所耕山地旁搭草棚栖身，时逢连月阴雨，天花疫痘大发，孩子夭折者难以胜数。当时，官兵屡屡追杀抢掠，而西潭与北边 7 个自然村有宿怨，如其乘机发难，后果不堪设想。无奈，该村耆老集于"安天公路头"，树竹青祈求上天保佑。江亩坑村有一个叫黄朴的人，晓谕村人说："我等与西潭挟怨 20 年，今日他们遭大难，我们还是伸出援手，以示和解吧。"于是，江亩坑人冒着获罪官府、传染天花的危险，将西潭人迎进村，有亲朋者，暂居亲朋处，无者则居于祠堂，以村中公谷供其食。如此数月，事毕方归，从此，西潭与 7 个村交好。[①] 清道光时期，官府派兵要剿东城村，一些村民逃出去躲避，溪南村虽曾与该村有过争斗，在对方落难之际，却管吃管住，热情予以接纳。光绪年间，因连雨大风，东沈堤崩，东

---

① 据《诏安吴氏族谱》，1999 年编写本。

沈、西沈等村沦为泽国，周边未遭水淹的村庄，均帮助安置灾民。

历史上，大凡同一区域不同姓氏的宗族面临共同利害时，是可以同心协力一起去应对的。

三都历史上许多公共建设、公益事业，是乡族共同投资投劳成就的。地处平原的溪东陂，是灌溉面积较大的一座水陂，建于明洪武年间，朱元璋派水利专家蒋金台前来勘察地形，指挥修造。工程包括自乌山之麓至官洋尾一线十余公里的渠道和溪东水陂。建设时，三都出动了大批民工。由于暴雨山洪，近千民工丧生，工程毁而再建，经过近500天的奋力苦干才告竣，造福五营一带数村。三都古时有一条连接闽疆粤境的重要驿道，中经两条溪，明万历年间，在这两条溪流上建起了广南、通济两座桥。广南桥在东溪支流洋尾溪，是处"西咽百川，沟府浍焉，东支大海，潮汐咸焉"，行旅过往既不安全又不方便。知县邓于蕃"召匠计直，鸠众授役"，"有力好义者乐助之"。历经3年，明万历十年（1582）建成长200丈，广9尺，共"99道的大石桥"。[①] 通济桥位于县城东郊，横跨溪雅村至东路乾的东溪溪面，长60丈，阔1丈。由知县夏宏和退职里居的沈铁带头捐资，沈铁约乡绅沈咸、林峨、许惺、沈灿等人协助，并发动乡人出钱出力。历经3年，桥于万历二十七年（1599）修成。20多年后，桥被洪水冲毁1/3，沈铁又带头予以修复。之后，鉴于过桥往西通广东的官道，中间要经过港头村南一段海滩，涨潮时岸没泥中，崎岖难行，商旅销魂，在沈铁力倡下，当地修筑了三合土路。[②]

三都地方过去屡遭寇盗侵扰，县城又远隔州府，官军难救，唯有乡族联合，才能有效防御。明正统十四年（1449），流寇杨福集

---

① 据民国《诏安县志》卷4《建置志·桥梁》，卷16《艺文志·诏安县广南桥记》。

② 康熙《诏安县志》卷16《艺文志》之《港头修路碑记》。

数万人直逼诏安。当时南诏城没有驻军，居民男女老少加起来也不过数千人，眼看孤城岌岌可危。众人商议决心与城共存亡，仙塘志士涂膺应邀入城主持防务，城关人许尚端散财济众，沈尚宽奋勇突围请救兵，城外阮仕笃等堡长亦率族踞守声援。如是相持 8 个月，城最终得以保全。明嘉靖三十四年（1555），"倭寇为患……各乡择才干一人为团长，授之冠带，优免二丁，仍量免差役。专一纠集乡民，肄习武艺，有警候调"。翌年，倭寇偕同饶平盗贼长驱入境，沿劫村堡，渐迫城下，知县龚有成组织民众，将城垣增高三尺，又筑月城、敌台，加强防御，民得以安。六年间，龚有成又率民兵与倭寇数千人大小十余仗，并歼灭为害地方的两股饶寇、两起土贼。万历六年（1578），"每乡社，家为一牌，牌十为甲，甲有总。总十为保，保有长。各具器械坚利，保长联乎总，总联乎家。大小相维，善恶相覈。遇有盗警，保长率各甲防截追捕。农隙，则率丁壮阅练。"① 嘉靖、万历年间寇盗猖獗之时，为了保家卫乡，不论姓氏宗族联合起来，遇警相互呼应，彼此救援。清中期，这类联防组织系由民众公举联首，官府给写有某村联户的布旗，悬挂于村内。每一联户公置竹梆子、小灯笼、铜锣，每夜派出壮丁在防区内巡逻，挨户轮流，周而复始。如果邻村遭贼，则大家互相救应。

第二节　民间械斗

传统社会的三都宗族，既可以因乡族共利而联合，也会因宗族甚至家族的利益发生争执。大体说来，这类矛盾在明代还不太突出，及至清代、民国则渐形严重，甚至发展到因雀角小故，动辄纠党械斗的地步。

明末清初，时局动荡，地方进入多事之秋。据《诏安韩何族

---

① 康熙《诏安县志》卷7《武备·保甲乡兵》。

谱》载：水潮村于"南明隆武年间，族中有人为泄一己之愤，勾连张耍农军，致兵侵害邻乡，遂使族群之间怨挐隙起，由是瓜葛迭生，村无宁日。鉴于生存环境趋于恶化，清康熙后，族人相继外迁……至清咸丰间，水潮村族群只有三十来户，外族欺扰日甚，已然无法度日……后适逢陈家一族插居梅岭峰岐黄氏村中，两姓连年亦数起是非，许公等经多方运筹，促成峰岐陈族与我水潮族人互换田园厝宅……光绪间，晚清朝廷日渐腐败，政令不行，地方纷乱，民间族群每每因事生衅而争斗不休……族人再次动迁，合族搭建篷寮住于峰岐岭后王公山南麓，因地僻人微，常遭异族骚扰，寮仔族亲咸为担忧。隔年，众长者合力，在村子西侧划出数十亩地皮，邀请入住，数年间建两座四方形寨堡"①。

县人叶观海在清嘉庆年间所修的志书中说："昔时陋风今兹更甚，往往因恶少小嫌，一人之故，合族持兵，无赖之徒从中煽影，勒派钱米。族中人家，欲违不敢，依阿附和，酿成巨祸，相寻报复，自此岁无宁日矣。"②

随着地方人口繁衍，村族之间庄寨、田园交相错接，使得起火点更多。清道光八年（1828）莅诏就任的县知事陈盛韶，在其《问俗录·土堡》中对诏安民间的械斗有所反映："四都之民，筑土为堡……二都无城，广筑围楼……合族比栉而居，由一门出入。门坚如铁，器械毕具。一夫疾呼，执械蜂拥，彼众我寡，则急入闭门，乞求别村，集弱为强。其始由倭寇为害，民间自制藤牌、短刀、尖挑、竹串自固；后缘海盗不靖，听民御侮，官不为禁。至今遂成械斗张本矣。江、林、沈、程、许、徐斗案死者数十人，张、胡两村斗几百余年。田地荒芜，死者难更仆数。"③ 他所举虽是四

① 见《诏安韩何族谱》之《水潮派及其北门外宗系源流》，福建省姓氏源流研究会何氏委员会诏安分委会 2009 年春编印。
② 见民国《诏安县志》卷 1《天文志·民风》。
③ （清）陈盛韶：《问俗录》，第 85 页。

都、二都，但三都亦大体如是。清咸丰、同治年间，三都有过几次村族之间的械斗发生，其中陈姓埔上村与徐姓西坑村的械斗大致如下。

在诏安县城的西南面，有一个瓷窑（今称"肥窑"）村，村周鸡笼山有可做瓷器的高岭土，元初有一陈姓工匠携家开基于此，以烧瓷为生，后人又向外发展开垦耕地、建立新居。清初顺治十一年（1654），距此约2公里的溪南堡他姓居民被剿灭，以后瓷窑村这一带陈姓居民陆续迁往溪南堡等处。到乾隆时，该村只剩下文锐三房的二十世孙陈宗巩在掌管祖业和烧瓷，他的3个兄弟则迁居瓷窑村南面的埔上。有一年，窑户无意中烧出一窑"皲变瓷"，官府得知，将其定为贡品。毕竟这是可遇不可求之物，宗巩怕官府又来索要皲变瓷，招来杀身之祸，便举家逃往台湾，临行前，把瓷窑村一部分田产转给郭姓女婿，另一部分交给埔上亲族。

埔上村之西有一西坑村，为徐姓人口所居。当陈姓人财两旺时，族人难免有欺负徐姓的情事，就是陈姓将牛拴在人家的门环上，徐姓也只好忍气吞声，但已埋下了嫌隙。而随着陈姓人口减少，情况有了变化。在原来陈姓取高岭土的地方，西坑人在其上平整土地用以耕作。埔上村人则说这是陈姓祖上留下的土地，对西坑村人加以阻止，而西坑人则说此地原本是徐姓祖业，被陈姓占用。道光年间，秀才出身的陈宗莹、陈文嵩父子便领头打官司，最后因官司导致家破人亡，土地纠纷未能得到解决，两姓的积怨反而越发加深。

到咸丰年间，埔上与西坑两村的人持械斗殴，争斗逐步升级，从短兵相接到动用土炮、土铳。西坑村地形居高临下，用土炮攻打埔上占据有利条件，陈姓村民一走出家门便须提防受到攻击。埔上的耕地大部分靠近西坑，也处于其土铳的射程内。不但耕地无法耕作，岁入大减，而且械斗又要花费大量银子，埔上居民生活陷入困顿，人人面黄肌瘦，西坑景况要好一点，但也好不到哪里去。两村发展到都将铁钩、火钳等铁件用来截做"炮子"的情形。在严酷的现实面前，参与争斗的三代成年男子，死亡而无法安葬，未能留下坟墓。

埔上村在多数住户仅剩孤儿寡母的情况下，把部分耕地和宅基地转让给溪南的陈姓族人，以换取他们前来助战。尽管这样，似乎仍不能在争斗中占多少优势。后来，陈姓溪南十寨联合，组织对西坑村的大规模围攻，并准备火烧西坑村，但就在大火燃起之际，恰遇西北雨，烧村未遂。陈姓觉得这是天意，便打消了火烧西坑的念头，徐姓见对方人多势众，亦不敢再挑起事端。一场持续 13 年的械斗方才有所缓解，但相沿至今两村仍不通婚。

诏安县三都的红白旗械斗事件（俗称"红白变"）始见于咸丰三年（1853）。是年，小刀会（又称"双刀会"）在厦门起义，漳州各地纷起响应。据清末始修的民国《诏安县志》载："是时文报不通，各属地方扰乱，盗窃遍起，民无纳税，官不能治，诏安以红白旗启衅，祸延尤甚，自城厢内外以至乡村，道路辄多阻梗。"是年底，小刀会起义遭清军镇压归于失败，"各地渐次收复……官威始振，诏邑始平"。①

迨及光绪年间，清政府对基层社会难以进行有效的控制，加之村族间形成的宿怨世仇，三都出现数次较大规模的械斗。光绪二十八年（1902），县城南关的东城村与城内居民因生理纠纷导致械斗。由于双方互掷石块，城内外的房屋毁坏不少，商户的营业亦无法正常进行。知县吴恩庆为了平息这场争斗，便率兵士 40 多人，到势力较大的东城村弹压，村人不服，持械与官兵打了起来。知县又调动大队人马，开到东城村抓捕了 3 名肇事者，用"站笼"酷刑将其处死在县衙门口。

光绪三十二年（1906），陈、许两个姓氏之间的械斗又起。是年农历三月中旬，县城东门内陈姓士子熙台考中举人，这是一项光宗耀祖的事，其族人在西门外大路尾陈氏世钤祖祠前竖起了旗杆。

①　民国《诏安县志》卷 5《大事志》。

但是，在该祖祠西面距离数百步处，便是许姓重开南诏一世祖许耐京的坟茔"眠牛之地"。许姓族绅认为陈姓此举妨碍了其祖宗墓穴的风水，于是出面交涉。陈姓则认为族人中举竖旗杆是依礼法制度而行，不同意放倒旗杆。在口头交涉无效的情况下，许姓便于三月十八日夜晚，乘陈姓防备有所松懈之机，组织人前去将旗杆砍断，由此引发了两姓之间的械斗。

双方先是在城关巷战，你来我往，器械、枪弹交加，尔后高壁坚垒，用石头、砖角互掷，还将人粪便装在陶罐中向对方投掷，臭气溢街，搞得县城他姓居民意见纷纷。于是，双方便改为在县城之外，按约定的时间、地点开战。陈、许两姓皆是"大字姓"，三都有数十个村属于其派下开出去的，这些村的族亲便也纷纷卷入其中，不少地方皆因此出现局部的械斗。这样城里打城外打，村与村也打，时打时歇，相持达一年多，死伤不计其数。知县厉嘉修多次调解不下，只好报省。省巡抚派提督洪永安率兵抵诏弹压，将为首者新安村的许三分、上陈村的陈建周等逮捕，于城外的西郊场斩首示众，两姓械斗乃止。

同年六月十一日，梅州、马厝城两村发生械斗，官兵随即前往弹压，双方表面上"停火"，实际却暗中联乡会姓。七月，梅州会集大梧、坑边和广东饶平的大港、上英、下英等乡村为"红旗"派系，马厝城会集后港、林头、大产、山后、港口、白石、后岭、东城等乡村为"白旗"派系。以红白旗起衅，一场人数众多的大械斗于农历的九月三十爆发，当场死17人，受伤者更多。在官兵的弹压和地方士绅的调解下，烽烟才熄。

光绪三十四年（1908），白石与汀洋埔两村因村民纠纷，白石会集仕江、东城一带沈姓乡村为"白旗"，汀洋埔则会集深湖、考湖、西潭一带吴姓乡村为"红旗"，两派系相互击杀，相持近一年时间，后由官方派兵强行弹压，械斗方止。

宣统三年（1911）农历十月中旬，城区东关淡远斋聘请潮剧戏班在高埕公演。城内小商贩与东关小商贩因争摊位场地设置而斗殴，地方头人不但不予劝解，反而火上浇油，酿成城内、东关地域性械斗。城内人在东关所开商店的货物，多为东关人所抢；东关人在大帝庙前一带房屋，被城内人焚毁 10 多间。居民住房的屋顶因双方投掷石头、砖块，只好逐层加固，不少屋顶叠加到 4 层。双方僵持 5 个多月，死伤 20 多人。

民国初年，吴梦沂在所纂县志中亦说：叶志"所云好勇尚斗报复相寻，今则此风尤盛也！昔犹纠族持兵，今且联乡构衅。只因红白久仇，动辄斫头而灭乡，与家变之祸叠见焉"。① 据《诏安县五十年大事记》载，仅在民国元年（1912），诏安乡村就发生 5 起械斗，伤亡 680 人。其中三都地面 3 起：3 月 4 日，"湖内村村民到岑头迎神，路过美营村时，与该乡发生口角纠纷，引起械斗，双方伤亡 16 人"；3 月 31 日，"甲洲与含英两个村因争执蚝埕海界，发生械斗，双方伤亡 17 人，后由公人调解息事"；同月，由湖美和白石两村引起红白派系械斗，有 30 多个村卷入其中，延续时间一年多，死伤 300 多人。②

湖美和白石分别为吴姓、沈姓聚居的自然村，当时的人口数前者 1000 多人，后者近 500 人，湖美在东面，白石在西面，相隔约 3 公里。据笔者了解，这一起由两村引起规模较大的红白对决情况如下：湖美村二位村民挑卖小猪前往广东饶平县城，途中遭几个人拦路抢劫，因地点离白石村不远，以为抢劫者为该村的人，二人到村里找白石乡的族长投诉。族长要他们拿出证据，见二人拿不出来，便责骂他们诬白石的人为贼，村人动手打了他们，将其推出村外。二人回湖美，将事情添油加醋向族长一说，族长很生气，说要为他们讨回公道。白石人要到诏安县城，须经湖美，湖美人俟其路

---

① 上引叶观海、吴梦沂语，见民国《诏安县志》（上编）卷 1《天文》。
② 诏安县人民政府办公室《诏安县五十年大事记》，1954 年铅印本。

过，几次将东西扣下，又进而互毁庄稼、砍果树、杀耕牛，破坏水利设施，出动村人对阵。在野外对阵时，年轻人持砍刀、尖挑、棍子、山叉踊跃向前，中年者持鸟铳、气枪、野猪炮掠阵，老年人在后鼓动指挥。

几次对阵，虽然各有伤亡，但白石人数少较吃亏。时有沈之光因参加黄冈丁未革命，杀死饶平官员，潜居于白石附近的黄牛山，设"天公会"开坛讲道，据说入该会修了道可以刀枪不入，在周围村庄颇有影响。由其牵头，会同洋边、塘西、仕江、岸屿、后岭沈姓村庄组织"白旗"派系；湖美乡求助于西潭的宗长，由宗长出面会连了西潭、考湖的吴姓村庄组织"红旗"派系。双方在祖宗面前发誓，要与对方作生死斗争，械斗所需经费由白石、湖美为主负担，双方白天交锋较量，夜晚严防戒备。此际沈姓实力大大加强，吴姓不敌。后来，吴姓又请钟姓双港、陈姓溪南、徐姓西坑、叶姓下园、涂姓仙塘、林姓含英等村支援；相应的，沈姓也邀杨姓樟朗、叶姓大人埔等村加入"白旗"派系。

双方阵营分明，同一阵营订立攻守盟约。为了约束内部，双方议订纪律条款。每有战事，青壮年都要出动，畏缩不前的，处以高额罚款；对战死者，给予家属优厚的抚恤金，使参与者没有后顾之忧，且定于祠堂为其立"忠勇公"的神主牌，每年例祭；规定非我阵营的，就是亲戚朋友亦不准往来，否则以内奸论处。当时这一带，各建起不少碉楼，双方既挖沟筑墙以为防御工事，又互断对方的水源、通道，并增设许多武馆，日日操练。在冷兵器之外，还购置了不少"火铳"和一些"车仔炮"。[1]

械斗旷日持久，既有联合作战，又有如后岭与上营、下园与仕江、仙塘与含英、西潭与塘西、湖美与白石、华表与大人埔之间局

---

[1] 该炮系一种用两个轮子承载生铁铸就的炮管，炮可移动，发射时炮管内装填火药和铁珠。

部的斗杀。阵亡后，尸体若是由自己这一方抬回来，常是先装殓入棺，留待日后官府究办作为证据；若对方取得，则割下首级，用盐将首级腌藏在大水缸中；若被擒获，互有俘虏的可以交换，或以钱来赎，否则当众活埋或砍头。一次湖美乡吴某被擒，被绑在木板上，操刀手已要动手，这时有人跑来告急说本村也有一人被对方抓去，可刀已划入其颈项近寸。这个死里逃生的人活到80多岁。

停火的时候，划定界线，如有越界，以奸细论处，轻者挑脚筋，重则处死，陈尸于路，以示警告。一次有一城关人到乡下报丧，误入沈姓村庄的警戒范围，被抓起来拷问，他忙说出来由，所幸沈姓亲戚前来认领，方免遭杀身之祸。打打杀杀不解恨，还砸断对方先人的墓碑，推平坟墓，甚至挖开对方的祖坟灭其先人骨骸，毁掉对方的房舍，抢走对方的财物当战利品。例如民国元年5月19日（农历四月初三），西潭、湖美两个大村联合进攻塘西村，进攻时动用了颇具威力的车仔炮，塘西不敌，村人弃村而逃，结果果树被连根挖掉，财物被抢，以致留下"灯火、石臼、门"的俗语，意思是可以取走的都取走了。

这场红白变，还有一个意味深长的俗语，叫作"白旗靠山，红旗靠官"。翌年2月，知县刘荫榛带上县警，到诏安"西路畔"塘西、白石、后岭一带沈姓乡村去勒索捐款。沈姓群众认为摊派不公，在沈之光带领下拒交。刘知县具文上报，上面调云霄参府彭保青率队前来剿办，当队伍走到永茂营村附近的大伯公庙时，遭沈之光伙众伏击，彭参府和胡哨官阵亡，军队溃败。之后，报复接踵而至，民国3年（1914）4月，闽粤两军派部队合剿黄牛山，沈之光逃匿。官兵乘势多次烧杀洗劫诏安西路一带沈姓乡村，枪杀民众33人，焚毁民房997间、祠堂3座，百姓纷纷逃离，家中财物被洗劫。

据民国2年（1913）底政府的统计数据，这场历时近两年的红白械斗，死伤300多人，乡村田园荒芜，还累及无辜，如虎跳溪、熊仔埔、寨畔等小村，本来不属于哪一派，却"城门失火，殃及池鱼"，两派都要向其摊派，被迫散乡。参与械斗的，经过长年互斗和官兵追剿，家破人亡，情景凄凉，许多人卖身到南洋做苦工，仅塘西一村就有一半人口流亡泰国。

类似上述的大规模"红白"对决，到民国中期已少有发生，大概是人们从惨痛的教训中有所觉悟，再者恐怕经济条件也不可能允许村民继续大张旗鼓地斗下去，但小规模的械斗还时有发生。

械斗同邻县也有关联。不但饶平、云霄的宗亲前来诏安参战，并且诏安的宗亲亦有出外参战。如民国14年（1925）10月，云霄吴、张二大姓械斗，吴姓请诏安、梅州能征惯战的宗亲100多人由吴宝兴带领前去助战，张姓则到诏安官陂讨救兵，官陂1000余人由张自然带队而往。同时，械斗也发生在两省之间，如民国20年（1931），饶平县瓶田村与诏安县汀洋埔村，互相截道斗殴，抓人勒款。

地方的械斗，有时是在宗族内部进行的，群众称之为"家变"，闹得沸沸扬扬。惊动当朝宰相的一次，是发生在陈天阶、陈丹心两个进士家族之间的争斗。天阶、丹心是陈姓枫林祖之后，分属枫林祖分衍的两个房头——东处房和下处房。两人在清乾隆间中进士，顺治年间，溪南堡被剿之后，陈姓乘机入踞溪南堡，东处房迁入南门、楼内；下处房迁入北门、西门。陈姓于是筹划在堡内合建大宗祠，但两个房头因选址意见不一，引起纠纷。东处房于独自在南门建祠堂，下处房的人便在祠堂后建停尸间，双方就有了嫌隙。后下处房也在南门建祠堂，东处房丹心之子便带房内的人前去阻挡，双方动起手来，动手时丹心之子（当时已是武秀才）被打死，凶手逃逸。因天阶官至知府，地方官不敢受理，丹心便求宰相蔡新主持公道。蔡新遂责令地方官擒杀凶犯。天阶听说，忙通过蔡新住在漳浦县的母亲疏通。最后是凶手没抓着，族里老人出面调解，赔款了结。

中篇　传统经济

第四章　商贸活动

诏安在东海、南海交汇处，明清时期，商贸在三都经济中具有重要地位。对外不论是明代通东西二洋的走私贸易，还是清代通北地、台湾的合法贸易，皆具有一定的规模。对内由于本身幅员广阔，在市场交易的商品，粮食、海产、山货、舶来品及其他杂货兼备。民国初期，诏安沿新建的中山路和三民南、北路辟有不少的商铺，城乡一度购销两旺。此后连年烽火，海陆难通，通货膨胀达到无以复加的地步，导致商户大量歇业，市面一片萧条。

第一节　海路贩运

一　明代通东西二洋的走私贸易

诏安面对古代海上丝绸之路中经的台湾海峡，大驳帆船从东溪下游起航，经诏安湾，行不到 10 海里就是外洋。在交通以帆船为主要工具、行驶受季风支配的年代，每年的三四月份，行船候东南风，从粤入闽而浙江；八九月份则乘西北风起，卷帆顺流由闽入粤而高州；再上溯下行，则可通"东西二洋"。

由于诏安濒海临边的区位条件，加之位于三都出海口的梅岭港（今称"宫口港"）所具有的良好避风条件，早在唐光化元年（898）王审知主闽政时，为适应"夷商入闽"和"闽人泛粤转市于夷"的中继需要，他就在此设置贸易港口。① 宋代，又置临水驿，接待来华贸易的番舶海商。南宋时，"滨海之民所造舟船，乃自备财力，兴贩牟利"②。到元代，海外与广州、泉州通商的国家和地区达100多个，当时在此过往、发泊的商船已是不少。时人周伯温诗中所说的"卤田宿麦翻秋浪，楼舶飞帆障暮云"，就是他在闽粤边沿海所见之景象。

入明代，朱元璋为防患出没海上的张士诚、方国珍残部和日本海盗，于洪武四年（1371）诏令禁濒海民无"号标文引"不得私自出海。到他的儿子朱棣即位，朱棣则以沿海居民"交通外国，因而为寇"为由，禁民间私制海船，原有者悉改为无法在远洋航行的平头船。尽管如此，一向望海为田的民众为生活所迫，还是不断有人犯禁通商。民众或合伙私造违式船只，结成海上贩运团体，或避开官防偷偷出海，或买通官员守将，或假借买谷、捕鱼之引，竟走远洋。当时，出海的商民以琉球为跳板，"专贸中国之货，以擅外番之利"，货物出手后，又"冒滥名色，假为通事"，载货而归。③ 以致正统年间，英宗"命刑部出榜约福建沿海居民，毋得收贩中国货物、制造军器，驾海交通琉球国"④。

然而，在之后的近百年间，"闽广之交，私番船只，寒来暑

---

① 参见漳州市方志编纂委员会编《漳州市志》卷5《交通》第三章《港口码头·宫口港》，中国社会科学出版社，2001。

② 《宋会要》刑法2，中华书局，1998，第137页。

③ 见《明史》卷323，清乾隆四年武英殿原刻本。

④ 见《明英宗实录》卷113，台北中研院历史语言研究所校印，1962。

往，官军虽捕，未尝断绝"。海商每因外国进贡，交通诱引，致贡船"不待比号，先行货卖"。地方官员出于增辟地方财源以及贪图私人利益等考虑，对此睁一眼闭一眼，"听其私舶往来交易"。①

嘉靖初年，明王朝为禁止沿海居民与外商互市，对私代"番夷"收买禁物和揽造违式海舡者，给予重罚，加双桅船即捕之，发配充边。民间私贩并没因此止息，当时舟山双屿港（今六横岛）为沿海最大的走私窠穴，诏安人多有前往，《漳州府志》载梅岭"从倭者""且万家"，"其在浙直为倭，还梅岭则民"。② 可见在"民间生业日荒，正敛日急"（戚继光语）的背景下，地方的走私活动，是何等的活跃。

嘉靖十六年（1537），中国第一部刻印水路簿《渡海方程》面世，其作者吴朴，系诏安三都下美人。吴朴博学广识，著述甚丰，与海事相涉的有《渡海方程》《龙飞纪略》《东南海外诸夷》《九边图要》等。他在《渡海方程》书中对郑和七下西洋航行记录和民间水路簿加以整理、考证，详述海中诸国道里之数。自太仓刘家河起，向南直至云南之外忽鲁谟斯国，凡四万余里；向北直到朵颜三卫鸭绿江尽处，四万余里。沿途望山皆注其名图其形，对各地可泊舟或不可泊舟皆有交代。该书出版后被人改为《海道针经》等名流传，对当时及后代的航海事业起到了重要作用。八卷巨著《龙飞纪略》系在狱中完成，对海外、碛外、塞外的国邑，海陆道路、远近顺逆亦悉加考实。"对外邦各国又详其土产、论其有无。"吴朴对海禁给国计民生带来的危害耳闻目睹。在当时的情势下，他不顾个人得失，主张敞开外贸，但就是这样一个具有真知灼见的人才，却被判入狱。

---

① 见《明武宗实录》卷194。
② 清光绪《漳州府志》卷5，日本东京早稻田大学藏本，所指梅岭似是诏安的代称，"且万家"应指当时诏邑户数。

嘉靖二十六年（1547），朝廷受命提督浙闽两省海防的朱纨率兵摧毁双屿港。此后，地交漳潮、封畛遐旷的诏安湾成了继双屿而起的走私渊薮。海禁越严，走私获利越丰，这就使得官绅、贫民为利所驱，铤而走险。正如朱纨所说：一些地方官绅，"不惜名检，招亡纳叛，广布爪牙，武断乡曲，把持官府。下海通番之人，借其赀本、借其人船，动称某府出入无忌，船货回还，先除原借，本利相对，其余赃物平分"。他在提及梅岭居民的走私活动时说："如田、如林、如何、如傅、如苏等姓，延聚数里许，人户不下千余，凶顽积习，险狠成冈，或出来贩番，或造船下海，或勾引贼党，或接济夷船。"①

就在朝廷罢朝贡、禁互市之后，倭寇于嘉靖二十八年（1549）开始犯境，国内海商集团亦与之相勾结，走上亦商亦盗的道路。其中诏安湾一带海疆陆域，属中国沿海走私规模最大、武装集团最多之处。海禁将广大民众推向了政府的对立面，这就为海上武装走私集团提供了社会基础。当时诏安曾出过一个名震朝野的枭雄人物，他就是既多次侵扰濒海县邑，劫掠往来商船，又"通倭入番"，与"诸夷"相贸易的海上武装集团首领——吴平。

关于吴平，《明史》和《福建通志》都有记载。史志言其人短小精悍，少年时因家贫到人家里当佣工，不堪雇主婆的虐待，遂出走，纠集一班人以抢劫、贩运为生。后来，吴平一伙为倭寇充当"别哨"，多次引领倭寇袭扰漳潮濒海县邑。嘉靖四十一年（1562），吴平引领盗寇攻陷诏安悬钟城，杀死千户周华，并以悬钟城为据点，向外扩张，掌控了整个梅岭半岛。越二年，倭寇自福建流入广东，遇飓风，船只自相撞击，覆溺几近，不能成军，吴平收集其余众，接着又吸纳其他倭寇、海匪。吴平凭着自身的实力和过人的谋略被当时许朝光、林道乾、曾一本等海盗首领所推崇，

---

① 朱纨：《甓余杂集》卷5，"四库全书存目"丛书，齐鲁书社，1997。

"偃然居群贼上"，成为闽、广海上武装集团的总首领，地方官府对他也无可奈何。

是年，朝廷命俞大猷、戚继光为正副总兵，领重兵进剿。吴平慑于俞、戚的威势，接受招降，奉命据守梅岭，但由于有王直、洪迪珍等盗商首领就抚后被处斩的前车之鉴，吴平对明朝廷存有戒心，没过多久，再树反帜。其间，他曾攻入诏安的梅州、厚广土堡，劫掠一空，并围攻县城，烧毁木栅及西关外房屋。翌年，吴平率战舰百余艘，载着大量物资，进踞孤悬闽粤交界海面幅员300余里的南澳，在深澳之东筑寨，并在岛上"造宫室，起敌楼于娘娘宫澳口之前后，泊艨艟巨舰于澳前深处"。[①] "吴平寨"用土木石垒筑，还设有海底石墙，海陆寨围总长约3000米。俞大猷则称其"结寨于深澳，半在寨半在船"，本来就易守难攻，加上"道乾、一本亦各树党援与平为犄角"，很难对付。[②] 嘉靖四十四年（1565），戚继光、俞大猷等率兵3万余对南澳进行大规模会剿，吴平"若虎负隅，相持三月"，最后，俞、戚水陆夹击，俘斩15000人，吴平大败，遁逃安南（今越南）。次年，戚继光带领闽广官兵追击吴平于安南万桥山澳，在当地宣抚司配合下，火攻吴平水军，吴平见所乘舰船起火，遂跳入水中。至于吴平投水后是死是活，世人有不同的说法，皆难以考证。

吴平之后，曾一本等纠集其余党，复据南澳，聚众数万，连舟数十里。隆庆三年（1570），闽广两省会剿，曾一本连同其家700余人被斩首。至此，倭患方息，大股海盗亦基本被瓦解。

隆庆二年（1569），明王朝接受福建巡抚徐泽民之请，奏准开放海禁，准贩东西二洋。隆庆六年（1573），为便于监护，朝廷将

---

① 姜宝：《姜凤阿集》卷1，收入《皇明经世文编》卷383。

② 俞大猷《正气堂集》卷16《前会剿议》。

设于梅岭的市舶移往海澄（月港）。① 由于实行的是"引票制"，文引之数有限，又规定了贩洋的货物和范围，海上贸易仍受很大限制。因此，民间仍存在一定数量的私相交易。天启四年（1624），荷兰殖民者占领台湾。时县人沈铢言当时情势："漳泉二郡商民，贩东西二洋，代农贾之利，比比然也。自红裔肆掠，洋船不通，海禁日严，民生憔悴。一伙豪右商民，依籍势宦，结纳游总官兵，或假给东粤高州、闽省福州及苏杭买货文引，载货出外海，径往交趾、日本、吕宋等裔买卖，中以硝酸器械，违禁接济更多，不但米粮炊食也。禁愈急，而豪右出没愈神，法愈严，而衙役买放更饱。"②

《漳州市志》称："明末，宫口港区内从事海上贸易活动的商人，最繁盛时逾万人，成为中国海商活动的中心和外国人经商的据点。"③ 当时货物输出有丝绸、布匹、陶瓷、茶叶、砂糖、纸张、果品等；输入有香料、珍宝、皮革、洋布以及农产品、手工业品原料。

二　清代通北地、台湾及暹罗的合法贸易

清初，郑成功武装集团基本上独揽了通洋之利，诏安湾亦成了其控制下的交易点。顺治十八年（1661）三月，郑成功收复台湾，为解决驻岛部队的给养，时有发船前来采买物资。八月，清政府为了断绝民众对郑氏集团的供应，下令"迁海"，"寸板不许下水，粒货不许越疆"，筑垣为界，诏安三都海上交易遂为之绝。

康熙二十二年（1683），清朝平定台湾后，复界弛禁，"宫口

---

① 见张燮《东西洋考》。

② 沈铢：《上南抚台经营澎湖六策书》，见新编《诏安县志·附录》。

③ 漳州市地方志编纂委员会编纂《漳州市志》卷47，《漳台关系》（第四章），《漳台贸易往来》，中国社会科学出版社，2001。

港对台贸易更加兴盛"，① 但对商民出洋则仍有种种限制。特别是到康熙五十六年（1717），朝廷又以"海外如吕宋、噶喇巴等口岸，多聚汉人，此即海贼之薮"的情由，不许商民往航南洋，"其外国夹板船照旧准来贸易"。②

闽粤两省本是缺粮省份，雍正初又迭遭天灾，民众果腹成了严重问题。时漳州人蓝鼎元指出："南洋产米比中土更饶，船料比中土更便宜。内地贱菲无足轻重之物，载至番境视同珍贝，是以沿海居民造作小巧技艺，以及女红针黹，皆于洋船行销，岁入诸岛银钱货物百十万于我中土，所关为不细矣，南洋未禁之先，闽广家给人足，既禁之后，百货不通，民生日蹙。"③ 为解决粮荒，福建总督高其倬于雍正五年（1727）奏准商民运米私贩，免除米谷进口税，诏安人便借此跻身于这一行列。

洋米在地方籴粜，米价由官府调控，"向来获利甚微"，后来商船除运回大米外，还夹带象牙、番木、沉香、燕窝、胡椒诸货；去则载运瓷器、陶器、海盐、夏布、干果、竹器、草席、蜜饯和手工艺品等。乾隆八年（1743），官府以减免税银鼓励运米，不久又宣布运二千石以上者赏给顶戴或职衔。贩米不再局限于暹罗，也可从缅甸、安南等地启运，同时，正式允许运土特产出口交换。出于运粮济荒的需要，乾隆十二年（1747），为了解决海船不敷的状况，福建巡抚奏准在海外造船。暹罗造船的价格比国内要便宜近半，而且以该国盛产的柚木造船，船体异常坚固，订了船的海商待船造成，还可顺带将大米运回来。这样，船只就得以不断增加和替换。新中国成立后，在诏安城郊的东溪，人们取沙时尚可挖到残存的柚木船板、龙骨。民间还有不少当年从南洋运回的番木制成的家

① 《漳州市志》卷47《漳台关系》第四章，《漳台贸易往来》。
② 《康熙起居注》，康熙五十五年。
③ 蓝鼎元：《论南洋事宜书》，见《鹿洲初集》卷3。

具，地方长期流行一句俗语："吕宋、噶喇吧，暹罗、竹仔脚"，①
比喻人的行迹之远。这些，可资见证这段历史。

到清中叶，台湾岛的移垦已颇具规模，米、糖、茶、果等农产
品自给有余，可向大陆输出，而岛上"多男少女""多农少工"
"有耕无织"的状况未有根本改变，"百货皆取于内地"。康、乾年
间，清政府为便于征税，规定台湾鹿耳门与厦门之间单口对渡，但
据康熙朝闽浙总督觉罗满保奏称："其贪时之迅速者，俱从各处直
走外洋，不由厦门出入。"② 迨道光初年，台湾"私口"继续增加。
姚莹在《答李信斋论台湾治事书》中指出，台湾府各处私口"皆
商艘络绎"。③ 在民众私航活动中，诏安靠着地缘之便，且守台澎
官兵不少是乡亲，其宫口港成为通台私口之一，货船来往于高雄、
梧栖等港口。运去的货物有纸箔（花金）、红料（砖瓦）、老酒、
土烟、布料、农具、瓷器等，回程则载大米、白糖、樟脑、生油
等。据载："漳州南部地区对台贸易货物，多由此进出。"④ 由于
"台米"（俗称"蓬莱米"）逐渐替代"番米"，到南洋的商船也随
之递减。

乾隆二十二年（1757）起，清朝实行广州一口对外贸易，诏
安三都一些商人随之将资本转移广州。当时的进出口贸易概由官府
发照的十多家洋行代理，人称"十三洋行"，其业务经营范围包括
钱庄、船务、保险及出入口商品等。十三行中的义成行、东裕行，
分别为诏安人叶上林、谢嘉梧所创办。叶上林原籍三都上营里，在
广州获准创设义成洋行，不但自己行销生丝、茶叶、五金、百货，

---

① 为清时南洋的一些地名，吕宋即菲律宾的吕宋岛，噶唎吧是今之印度尼西亚的
   雅加达，暹罗指泰国，竹仔脚据说是太平洋上的一个岛屿。
② 张本政：《清实录台湾史资料专辑》，福建人民出版社，1993，第82页。
③ 姚莹：《东槎纪略》卷4，"台湾文献"丛刊。
④ 刘子民：《漳州过台湾》第四章，《漳台经贸往来》第三节，《漳州与台湾的贸
   易关系》，海风出版社，1995，第171页。

而且还代理进出口业务，他与潘有度、卢观恒、伍秉鉴并列为当时国内"四大巨富"，并被称为"世界级富豪"。谢嘉梧亦原籍三都城关。清初，澳门是政府允许对外贸易的港口，谢嘉梧得益于此。从澳门妈祖庙尚存其捐建该庙的碑记来推测，谢氏在澳门应是从事海运业务，乾隆时才转向广州"承充洋货商"。道光二年（1822），坐落在广州西关的十三行街发生大火灾，使叶、谢两个家族的财产蒙受重大损失，两家家道因此中落。

清代，诏安对中国北方的海上贩运，在康熙年间就已恢复，因海路不太安靖，县人走北船的批次并不多，所到一般不超过宁波。商人在宁波的落脚处，是始建于南宋位于东门的福建会馆。① 会馆于清代重修时，乾隆皇帝亲题"福建会馆"匾额，后来是处成为诏安海商的重要落脚点。

嘉庆年间，随着蔡牵等海盗集团被肃清，诏安商帮便以北方为主。清政府取消关于"船的载重量不得超过500石，只许竖双桅，梁头不得超过一丈八尺，舵手人等不得超过28名"的禁例，"商民置造船只，听其自便，免立禁限"。地方的海运业进入黄金时代。商船所至已不仅"小北"（宁波、柘浦），并且远及"大北"（天津、旅顺、营口）。据《历代宝案》一书中收录的清乾隆、嘉庆、道光年间关于商船档案的记载，结合地方史料，可以帮助我们勾勒出其间大致的运营状况：商船北上在五六月，返航则在十一和十二月，北上所运以蔗糖为大宗，兼及生油、黄麻等，商船如到小北，运回的多为棉花、布匹、大米；如往大北，则先在天津发卖其货，再到旅顺、营口置办豆类、面粉、玉米、药材等物南下。

商家通过南北货调度，扩大了货源和品类，商业利润丰厚。走货船到底能给业者带来多大利润？乾隆时樟林举人黄蟾桂在《晏

---

① 该会馆原为宁波最早的天后宫，据《鄞县志》记载，在南宋绍熙年间，由诏安船帮沈甸发发起兴建，后来成为福建会馆所在地。

海澨论》中道："商船六十余号各装糖包满载，每船载三千至四千包，连船身计，一船值银数万两"，这样一来一往，"常可获利几倍，故凭这种贸易起家的甚多"①。诏安毗邻樟林，大致如此。及至道光年间，三都海商运货往返，有"上头加三，落头加四"（指往北方运货，可获利三成；运货回南方，可获利四成）之说。这就是一些官绅之家不惜倾资造船，不少中等人户也集股造船的主要原因。

清代的洋船，有二桅、三桅、五桅3种，"大者可载万余石，小者的亦有数千石"。据清人的描述及诏安近边樟林、东山在新中国成立后发现的沉船实物，可知清代能在外海行驶的木帆船，高桅平底，内有多层舱房；船设有风帆，一根帆上可挂一面帆，也可挂多面帆。中等的三桅船，中桅高挂巨帆，上再叠帆，船的头尾又各有一帆，遇上好风，4帆齐张，船行如飞。船上还置有不同于内海船石锭木锭的数百公斤重的大铁锚。船只管理严密、分工有序，其头目有三：一曰出海，即船长，负责管理账押和全船事务；二曰舵公，即大副，负责把舵，掌握航行方向；三曰押班，即水手长，要能爬高上桅杆整理帆索。此外有舵工和水手数十人不等。同时，每艘船都有船主（即船东或货主）。

清中期，海上贩运业在地方经济中举足轻重，清人叶观海在其修编的志中，言及乾隆、嘉庆、道光年间的海运业及其对民风的影响时："县内五谷所登不足自给，民间糊口半资外运商舶。"② 三都是当时海商人数最多的地区，仅县城及周边一带的大驳船行就有十多家，大驳帆船逾百艘。经营航运的仕渡村的沈一、斗门头村的沈严正、林家村的林天球和城关的沈温恭（顺庆堂）、谢捷科（硕兴

---

① 见于《樟林古港》插图2说明，汕头市政协学习和文史委员会、澄海区政协文史资料委员会合编，香港天马出版有限公司，2004。

② 民国《诏安县志》卷1《天文志·民风》。

行）、岸上村的沈振兴等都拥有自己的船队，靠着海上贩运而成巨富。但在茫茫大海上，这些海商长年累月奔波劳苦，还需应对险恶的风浪，提防强横的盗贼。他们做一趟生意，就等于用性命和财产做赌注，去做一次输赢难定的"搏杀"，也实属不易。

这里，笔者根据族谱资料①和顺庆堂后人沈崇忠（65岁）、硕兴行后人谢汉平（66岁）的介绍，将顺庆堂、硕兴行的经营情况简述于下。

顺庆堂开基于清乾隆间，开基祖沈显（号温恭）原居诏安仕渡村，祖上世代以务农为生。到他这一辈，认为农不如工、工不如商，盘算为后代另谋发展的根基，于是几经辗转，第四次迁至县城东门内落户。沈显有四子，他带着其中两个儿子在打银街开店。开店后不但为人承制耳环、戒指、手镯、项链等金银饰物，并且兼倒卖金银玉器的制成品。当时海运业兴盛，前来加工或购置首饰的人也就多了起来，他渐渐有所积蓄。由于仕渡村走北船的亲族不少，在他们的影响和帮助下，沈显也投资于航运。沈显去世以后，4个儿子各自发展，其中长子沈惠和、四子沈克勤继承光大乃父的事业，经营土特产贩运，各拥商船28艘、11艘，以及糖房、油行、货仓等物业。货船"运行于本地至沪、杭、甬一带，贩运红糖、白糖、花生、花生油等北上，运载布匹、面粉、豆饼、水缸等南下"，获利相当可观。家族建起了以东门中街顺庆堂宗祠为主，兼及毗连祠堂周边、中街两侧、顶元巷和宪伯第边的公厅、大厝共24座，又购置了田地200多亩，年收租谷400多担（每担湿谷六大斗约150市斤）。延及民国，家族的田园达上千亩，又增置县城中山路十多间临街商住楼以及东门内承志堂、乐顺堂、怡和堂等大量房产。

硕兴行的发迹则颇具传奇色彩。清康熙年间，有一谢姓人家因

---

① 《沈氏顺庆堂家谱》之《创业史略》，2002年编印，第42页。

"迁界"由龙溪县徙至诏安二都，后落住县城北门外。嘉庆初期，家人因到河港山拾柴草，偶然捡到"草鞋银"约 200 斤，因此以此为本创办硕兴商行，由谢捷科主理。嘉庆七年（1802），谢氏在县城往上 12 公里的西潭乡，兴建占地 3600 平方米的硕兴寨，就地收购、加工蔗糖等土特产品，并在寨外东溪边建码头。当时本邑正时兴"走北船"，硕兴行也购置大驳船跑运输，往来于宁波及济南、青岛、旅顺、大连等地，经营南方的红糖、花生油、黄麻和北方的大豆、玉米、布匹、漆器。通过硕兴行的加工贩运，西潭一带乡村的相关种植业也被带动起来。谢家曾在大灾之年收留了两个贫苦农民在硕兴寨做工，后来这两人当了一帮海盗的首领。为感念谢家的恩惠，他们对硕兴行的船只多有关照，因此在海上航行较为顺利。从清嘉庆十年（1805）至同治二年（1864）的 60 年间，船运生意逐步扩大，从开初的 1 艘大驳船发展至 8 艘。家族以商养文，谢芸史、谢颖苏姐弟二人各以诗词、书画而成大家，名载史志。此后，谢氏家族 8 口人先后死于非命，财产遭抢劫，家道逐渐中落。

到同治年间，三都尚有堂泰、建昌、福泰、和记等船行。还有沈发兴、沈得胜、沈顺发、沈顺兴、沈祥兴、沈星（仕渡），金长发、福裕昌、林玉昆（梅岭），林舍润（东关），沈伯荣（岸上），以及张欧发、福荣春、福世昌、沈振泰、瑞安、金荣茂等船家，他们均经营海上运输。[1] 当时，诏安作为福建距离香港最近的县份，与香港已有商务来往，和记便是由港资创办于诏安的船行，主要经营地方土特产和舶来品。

光绪年间，诏安船运业的后起之秀是沈建标（县城东城村人）。沈建标曾在同治年间以军功授卫千总之职，卸任回籍后，先开糖房，后又组建船队，派人长驻上海、宁波，除打理自己的业务外，兼承办委托业务，事业做得比较成功，人称"沈百万"。他颇

---

① 据悬钟关帝庙于同治元年（1862）菊月立的重修碑记。

热心教育，在东城办了3家私塾、1家武馆，其儿、孙、曾孙中有两人中文举、一人中武举、一人中贡元。儿子沈士菁光绪十三年（1887）署理河源县正堂时，有两名外国传教士欺凌妇女，激起民愤，被县民打死。两广总督惧怕洋人势力，下令月内破案。沈士菁为了出脱县民干系，自己亦好向上司交代，快马赶回诏安，从家中取一万光洋上下打点，终于了结了这桩大案，从中亦可想见其家道之富足。

清代，远航的大驳船常在东溪通济桥往下游几百米处的仙公庙码头（俗称"下水码头"）停靠装卸货物。那一带溪边和街上有许多货栈，俗称"南北郊"（聚货分售者曰"郊"，即言在郊野，兼有交往的意思）。当地的沈氏宗族，族人众多，居住集中，又开有武馆，很有势力。通过与各船主达成协议，这个码头的搬运装卸业务，由该宗族四大房头承揽。因货船停靠、开航随潮水涨落，搬运、装卸货物有时间性，用工有多有少，故搬运工基本上属于兼业。平时他们是竹工、木工、烧壳灰工或小贩，一旦需要装卸货物，工头便将人召集来，采用抓阄的办法分工合作。其装卸多靠背扛肩挑，至于大件笨重的货物，就要由几个人用大竹杆抬到路上，再用手推车分别送到货主的店铺去。如郊行收购了货物，要暂且库存，也由搬运工做。所得的工钱，除收款、配工的工头抽取少量的"脚皮钱"（即补贴）外，大家平均分配，装卸完即予兑现。

清代三都的海运活动，自雍正至同治经历近150年的兴盛期，对带动三都乃至全县的经济发展，无疑起到了重要的作用。随着商品经济的繁荣，从官府到民间的传统观念也在嬗变。过去，商人的子女不得为官，而后，连商人本身都可以捐纳得官衔。清代，不仅诏籍新加坡侨领吴世奇买了一个道台和一个知府的官衔，诏安上营里人、广州十三行中"义成行"的老板叶上林买了四品衔，就连三都郭厝寮大字不识几个的土财主林秋良，也捐了个七品海防厅的职衔。商品经济也影响了地方风气。邑人叶观海曾对此议论："以乾嘉时代言之……航海商贾视重洋如平地，岁再往还，攘利不赀。输粟头衔自拟敌贵，居宅连云过于宦第。岁时宴会，罗山海珍奇。盛筵必仿官式，居恒非绮縠不服，衣冠必曰京式，出必肩舆，行多仆从，纨绔子弟尤而效之，多以布衣徒步为耻，盖习俗一变矣。"①

到了近代，厦门、汕头开放成为通商口岸，出现洋行经营的轮船运输，以大驳帆船为工具的海上运输渐被取代。

三　民国时期通汕头、厦门的交通贩运

民国初，丰泰、顺记、中泰等几家船行将木帆船改装成"电汽船"，以后县内电汽船逐步增加。民国 17 年（1928），有海珠、青州、福裕、浙江、四川、怡顺、福盛、川安、高州、厚安、永通等 10 多艘电汽船。② 城郊东溪沿线得航运之便，成为全县以副食品、纺织品、米粮、海产、木竹、柴禾、杂货为主的集散地。

民国元年至民国 26 年（1912～1937），诏安年平均入口货物15900 吨，出口货物 4690 吨，大多通过城郊下水码头海运出入。当时外运以汕头为主，其次是厦门，运出的主要货物有红糖、赤糖、海盐、蜜饯、花生油、荔枝、柑、橘饼、柿饼、畜禽、禽苗及水产品等；购进的商品主要有布匹、百货、卷烟、酒类、干果、面粉、大豆、豆饼、纱线、煤油、火柴以及文化生活用品。③ 地方上因粮食不足自给，县城顺茂粮行和逢其源油行，以及振成丰、彩瑞、兴泰安、和茂等南北货行，从台湾、安徽调入大米，从北方调来面粉，并输出本地的花生油。民国 24 年（1935），县城输入大米达 100 余万公斤，民国 26 年（1937），通过厦、汕输出花生油6800 罐（每罐 10 公斤）。县内中泰、永美、顺记、和记等商行，

---

①　民国《诏安县志》卷 1《天文志·民风》。

②　见《诏安县交通志·大事记》，诏安县交通志修订工作领导小组编印，2000，第 11 页。

③　据新编《诏安县志》卷 18，《对外与对港台经济贸易》第二节。

每年外运蔗糖约 1800 吨、海盐约 2000 吨。商家借助电汽船的运输快速之便，促进了商品购销业务，在修通漳汕公路、诏和公路后，汽车运输也发挥了一定的作用。

清末以降，在通济桥逆东溪往上几百米的商会（现城东小学）附近，有一个码头（俗称"上水码头"），从二都泷头运至县城或要运出县外的土产，如太平、官陂的竹木、木炭、竹制品，官陂、秀篆的鼎，以及新安出产的陶器；外来运至县城或要转运溪东上营、岑头、沈寨、美营、新安的土杂肥和日用品，都是在这里装卸。从事装卸的大多是林都、桥园、林家和东门外林姓的农民及家庭妇女，平时种田、织布、卷烟或打理家务，有货物上落船时，才由工头临时组织装卸搬运，完后工头向货主收取报酬，当即分给工人。民国 27 年（1938），工友们推选林镇元的母亲为领头，负责业务联系、安排装卸和发放工资。这班人共 120 多个，以妇女居多，也有少数中年男子或童工。

抗战期间，日寇南侵，厦门、汕头相继沦陷，海口被封锁，诏安的海运基本断绝，陆路由于路毁桥炸，汽车无法通行。在这种水陆交通瘫痪的情况下，为了保证最起码的军需民用，官方和民间均采取了一些应变措施。官方依照古时的办法，从上而下设驿运机构，诏安设的是驿运站。驿运站由诏籍国民党将领张贞的胞侄张廷勖任站长，负责组织境内的陆路挑运和内河航运。此外，因诏安紧靠潮汕沦陷区，福建省军统机构还建立货物抢运站，任务是抢运战略物资，以免落入敌方，货运站设在县城东关永垂堂。当时本县官僚资本组织一家名为"承运处"的盐业组织，垄断食盐的县内外运输和供应，在城关、四都、太平、官陂、秀篆一带设有"盐子店"。商会则召集各同业筹资集股，组织日常物品运销公司，向漳州、石码等处购货。

同时，三都地面出现了诸如转运站、转运行、货栈的民间组织。这些组织，有的除承运外，自身也参与商品批发业务。第一家经营转运业的，是设在中山路旧衣埠对面（现在的南诏卫生院）的华顺协记转运站；接着，又有了中山路（现为日杂门市）的明远货栈、大华转运栈和三民北路的振成丰货栈、大光转运栈，以及设在县城的福盛、大昌货栈。这些转运栈（站）的老板多在商界具有一定的地位，比如华顺号店东许令兴就曾任过县商会会长，又是闽南商会联合会的理事，在毗邻地区商界中颇有人缘；大光号的老板也任过诏安商会会长；振成丰号股东谢润初是商会理事。

这些转运栈（站），除了提供存放货物的场院、库房，代雇挑运工外，还须凭发货地的直接税（又称"统税务"）税单，向国税机关和财政部驻县查缉所（设在青云寺，所长吴云中）报请查验，验后盖戳，待翌日清晨来人挑走。各栈（站）接到货物必须按税单上罗列的数量清点齐全，不容马虎大意，如中途损失，则失误的栈（站）要负责赔偿。转运栈（站）大都提供来往客商食宿，并代为填报户口。栈（站）收费项目有栈地租金、挑工工钱、手续费，如提供食宿再相应增加。转运货物依靠的是人力挑运，运距不能过长，一般是 20 公里之内为一站，账务以县结算。至于运费，诏安去的向诏安方结算，云霄来的向云霄支领。分水关地处闽粤交界，诏安的挑运工可送货到黄冈，黄冈来货只挑到分水关委托代转。栈（站）设工头 2 至 4 名不等，每天上下行货物由工头押运。工头自己一般不挑货，途中若发生事故，由工头负责随时处理。到达目的地后，工头同会计按单交点货物，检查货物包装，如破损即时补好，然后整理码放货物，核计雇工数。工头的工资在手续费内支付，如果工头顺便挑些货，可当作额外的收入。抗战期间县城的转运业，为保障物资流通，解决人民群众生产生活需要，发挥了作用。

民国时期，华顺、明远等几家货栈、商号较具知名度。据县人沈冠新、伍绍明先生介绍，其大致情况如下。

华顺货栈（商行）在抗战前 20 多年间，原承办美商德士古煤油、上海南洋兄弟烟草公司香烟、英商卜内门肥田粉（氮肥）、德商狮马牌肥田粉（氮肥）的洋行的代理业务，并经销国内牛庄豆饼、天津面粉、江西苎麻和本县的花生饼及就近地区的一些土特产。由于在商业交往中诚信可靠，经营得法，业务得以不断发展。华顺不但在周边县份设有分销店，而且还自备了运输船。抗战后，原先经营的商品，货源多数断绝。一度仅经营一些土产花生油、花生饼和代销云霄方禾山、张合成 2 家生产的机制卷烟，业务清淡。

民国 27 年（1938），有以往交接的商家运货途经诏安，借用其栈地，托其代为申报查验并代雇脚夫，见其人员店房都有富余，遂建议改营转运业，彼此合作。华顺商行店东与之协议后，便派人前往云霄、东山、漳浦、黄冈、东里等地联系业务，不久转运行开办，由许令兴负责。该行主要经办从福州和漳州、潮州、汕头等地运来的百货、杂货，转给分水关挑运班、太平挑运班和设在梅州的中转站。当时华顺在梅州的中转站，开初是吴炳瑞经营的发香号一家，后增加由吴振孝、吴鹤鸣合办的华昌号。中转站货物不入栈，只代为雇挑工运货到云霄、东山或诏安的县城，交给指定的转运栈（站）或者货主指定的行铺，常年雇有挑运工 300 多人。抗战胜利后，转运行在从事商贸的同时续营转运业。1950 年，华顺行又设立了新中国成立后诏安的第一家盐子店，以中山东路华顺行的货栈作为盐子店的店址。该行一直经营到 1953 年才收盘。

明远货栈也算是当时县城较具规模的一家商行，老板是沈西埔。经营时间较早，抗战期间业务有所发展。该货栈把东山县鱼行销售的水产品，经四都转运站挑到县城，再由县城转运到分水关交货给黄冈挑运班转潮汕一带，又把广东运来的旧衣、火柴、煤油、百货等货物由黄冈挑运班转交分水关挑运班，接着运到诏安县城。雇有工友 70 人左右，多数是南关和城内人。抗战胜利后，明远货栈转营其他业务，1950 年收盘。

有了民间转运业，相应地便出现承担分水关至县城、县城至梅州等地挑运业务的挑运工。抗战时期，全县挑运工总数有 500 多人。这些挑运工，大部分受雇于某个货栈或转运行等，有的如分水关带货挑运班和桥头水产挑运班，则承接零散业务，不固定于哪一个栈行、商家。分水关带货挑运班，由南关的许木瓜、许木鱼、许永茂负责与黄冈挑运班联系，一方面交接由广东潮汕运来的旧衣服、零星百货、药材、煤油等货物，另一方面，把诏安各商家、货栈需要运往潮汕的水果、红糖、花生油、花生饼等货物转给黄冈挑运班。两地的挑运班差不多每天都在分水关交接盘运。他们把来自潮汕的货物运到县城后，便按照货物的标签，分别送到各商家。在业务繁忙的季节，该带货挑运班多达 50 多人，平时则保持较为固定的 20 多人。

桥头水产挑运班设在通济桥头怡兴货栈边，于民国 30 年（1941）成立，由文塘、马龙领办，文塘管财会内务，马龙负责联系业务。该班有挑运工 20 多人，主要业务是转运东山水产品到分水关，交接给黄冈挑运班，并盘转广东百货来诏，再转运到四都、梅州、云霄、东山等地。

加入挑运工队伍的，有贫苦农民、侨属妇女、泥水木匠、裁缝等。侨属妇女往日靠侨汇维持生活，战争一起，侨汇断绝，坐吃山空，一些青壮年妇女为了一家老小，只好挺身而出。至于泥水木匠等手工艺人，由于"国难"当头的烽火岁月，没有人去建房屋、置家具，他们凭着老本行已难以糊口，为了活命，求当挑运工而唯恐不得。笔者的母亲就做过挑运工，她给我说起过这段经历，至今记忆犹新。

搞挑运，有几样东西是必备的，一是竹筐、扁担，二是草鞋或旧轮胎分层剪裁后背底做的鞋，三是有玻璃罩的豆油灯。那时，连盐也匮乏，如遇挑盐，人们往往都带有一个可装三四两盐的小布袋。

挑运工一般半夜就要上路，一来怕日本飞机轰炸，二来怕兵匪找麻烦。走夜路，星明月朗时还好，没星没月就须点灯照路。各人所挑担子的轻重，视各人的体力，通常在 100 斤以上。这样，工钱大概能买 2 斤米，如果挑少了，除过自己的一日三餐，便所剩无几了。路上大伙结伴而行，战时的道路可不像和平年代，每隔不远，路就被横腰斩断，或被挖出一个个深坑，被起出来的坑土又堆成坎，桥也被毁断了，只能涉水而过。他们这样深一脚浅一脚地走，颇为费力。走到半路，天也大亮了，人也乏了，肚子也饿了，就坐下来歇歇脚、吃早饭。早饭是各人自带的饭包，大都是几块地瓜，一碗野菜冷饭就着路边坑水对付一餐。吃过饭，如果是挑盐，挑工就趁工头不注意，悄悄漏点盐装在小布袋里，放在路边的草丛里或石缝中。

挑重担走远路是件很耗体力的劳动，一个来回就是几十里路，那个年月人们连吃饱饭都是奢望，挑运工都是穷人，营养不良又从事的是重活，时间长了身体变得虚弱，有时挑着挑着，倒在路上就起不来了。母亲告诉我，有一次她摸黑挑担子赶路，脚下绊到一件软软的东西，让她吓出一身冷汗。仔细一瞧，原来是一位头发斑白的老者倒卧于地，担子斜在身边，人已经任叫不醒。工友们将死者抬回去，对人诈称生病。按地方风俗，人若死在外面，是不能抬回家的。

当挑运工，有时活多了，一连要挑上几天无法歇息，有时又一连好几天没活干，都是让人揪心发愁的事。遇上好心的主还好一些，有的工头、老板为人刻薄，挑盐的时候过溪，筐底浸水，盐的斤两减损若超过半斤，就要扣工钱；如果货物在路上损坏了或被兵匪抢了，要赔偿损失。挑工活做久了，往往会落下病，如路上常喝生水，容易胃疼；腰肌劳损，导致腰部酸疼；更多的是腿脚的毛病，因为一路上肩负重担，腿脚不停地走动，血脉贲张，大汗淋漓，又要涉过清晨凉寒的溪水、坑水，这样乍热乍寒，气滞血凝，腿脚大多肿起硬块。回家后他们得用烧红的砖块、瓦片，放上一片菜脯（萝卜干），将脚底放在菜脯上熨着，才能消肿。笔者母亲晚年的时候，两腿经常酸疼，脚上的筋因痉挛而成肿块，据医生说与此有关。

抗战胜利后的 4 年间，海运有所恢复，电汽船和小火轮可以直通台湾，运去卷烟、酒、瓷器、中成药、土纸；运回砂糖、大米、水泥和日据时期遗留当地的硫酸、盐酸等化工材料。闽粤之际的货物转运业是水路先通，而陆路运输仍无法恢复，直到 1950 年常山至分水关之间 42 公里的路面修复，漳汕公路通车，转运栈（站）方退出历史舞台，挑运业务也随之结束。

第二节　坐商营销

三都是诏安人口密度较高的地区，作为全县的水陆交通枢纽，货物转输便利，因此，一向有"商旅辐辏"之谓。

明清时期，陆上有东西向沟通广东与福建两省的驿道，南北方向则有铺路；水上靠东溪航道交通山区和海湾，还有较小的溪流、铺路等，构成四通八达的交通网。民国中期，漳州至汕头、诏安至平和修成可通汽车的公路，东西南北交通运输有所改观；东溪的通航里程则缩短至 72 公里，从城关上可达官陂，下可至宫口。

在诏安置县以后，县城内除中心的"十字街"商号较为集中外，东、西、南、北街四坊的店铺呈星状散布，乡村中店铺并不普遍。到清代中期，不但城内官道两侧贾肆栉比，城外东、西、南、北关又形成数十条街道，沿东溪一带商业尤其繁盛，三都范围内乡村小店已较为普遍。到了民国 20 年（1931），县城改造，扩建了中山路、三民路。中山路为漳州至汕头公路中经的路段，该路段东至通济桥，西至大路尾，全长 870 米，宽 16 米。为建此路，原有街巷的房屋被拆迁，并在建路的同时，路两侧以南洋一带较为流行的街廊式建筑样式建起了商住楼。三民路南北走向，南起新兴街，北至打石街，以中山路为界分三民南路（长 160 米，宽 12 米）和三民北路（长 400 米，宽 10 米），路两侧建有商住楼。这两条路投入使用后，成为比"十字街"更热闹的商业街。

三都的商业，大致可分为布匹、百货、五金、文具、粮、油、茶、烟、酒、京果、中药、柴炭、陶瓷、土产、首饰、竹器、木器、铁器等行业。据《诏安县商业志》载，民国中期三都地面商号 400 余家，其中较具规模的私营商号 100 多家，如百货行业有藏记、源顺、集安祥、合成兴、宏顺、大顺、荣源；棉布行业有文珍、和益、八一三、大克、振茂、玉成、兴隆、福茂；医药行业有永昌、永和生、同和、益生、永春、济昌、永生；文教艺术用品行业有文发、南潮、连元；烟丝行业有元龙、晋昌、永裕、大香；卷烟行业有四喜、富贵、成昌；京果行业有德昌、合发、成发、聚记、和顺；青果行业有大发、初发、有记、兴茂；茶叶行业有雪文、瑞圃、馥成、瑞珍；糕饼行业有美香、品香、聚成、和盛；酒业有顺源、瑞美、太发；五金行业有双进、双全、双才；交通器材行业有瑞祥、鼎顺、源正、成春；首饰行业有怡兴、和发、天章、宝珍、宝光；建筑材料行业有生发、金长发；燃料行业有常顺、常常、源利；照相行业有黑白、美的、时代、长虹；酱油行业有源合、源大、坤成；棺材行业有信成、益成、三益、合顺；汤点饭店有三和兴、两合兴；菜馆兼筵席包办的有品梨、品涵、品图、多多福、聚发楼、山珍、万喜、山海等。经营粮油者多厂商合一，当时三都有 100 余家（米厂商约 80 家，油厂商约 20 家），其中较具规模的有经营大米的顺茂号、经营花生油的逢其源等。[①]

旧时，在东溪边还有一种俗称"船头行"的牙行，他们拥有固定的栈房，采取类似于坐商的经营形式，接受客户委托，代为销售货物。如清末民初的同兴牙行，经营范围包括山货、海产、五谷杂粮等，一般从中抽取 2% 的佣金，如果货物属于易腐烂易霉变，或存放后重量会减轻的，佣金相对要多一些，甚至于增加一两倍。同兴牙行对有的货物，约好要由其标定价格，货款在销售后结算，必要时可由其出借"行头款"，以解决对方资金的困难，尽管不收利息，但农家上市的货因为只能由同兴牙行代销，因此抽取的佣金

---

① 《诏安县商业志》之《私营商业》，诏安县商业局编印，1985，第 56 页。

也会相应提高。

抗战时期，舶来品告绝，市场日用品供应紧张，大类商品均无货源。抗战胜利后，市场一度有所好转，但好景不长，不到几个月，内战烽烟又起，通货膨胀，经济陷入崩溃的边缘，不少小本经营的商户倒闭、歇业。民国35年（1946），全县商店数257家，资本额35300万元（法币），营业额43850万元，纯利额30700万元。[①] 1950年年底，全县商户533户，从业人员1030人，资金19.7万元（人民币）。

表4-1　诏安县城区坐商核准登记名册（1953年5月31日登记）

行业	商号	店主姓名	独合资	从业人员		资本额（万元）	所在住址
				资方	职工		
百货日用	美光	刘仲杰	独资	1		432	新市路
百货日用	宝珍	刘金松	独资	1		566	新市路
百货日用	聚成	林金鼎	独资	2	1	410	三民北路
百货日用	东明	沈道明	独资	1	1	270	中山东路
百货日用	源顺	陈　阶	独资	2	1	3202	中山东路
百货日用	藏记	沈藏卿	独资	1	4	3429	中山东路
百货日用	合成兴	沈明财	独资	2	1	2514	中山东路
百货日用	荣源	沈成荣	独资	1	1	995	中山东路
百货日用	宏顺	陈乙桂	独资	4	2	2100	中山东路
百货日用	集安祥	许继福	独资	1	4	3720	中山东路
百货日用	大顺	陈平甫	独资	2		1928	中山东路
百货日用	源昌	林炳乾	独资	1		230	中山东路
百货日用	宏通	沈克善	合资	3		380	中山东路
纺织品	文记	徐耀文	独资	2	1	250	中山路
纺织品	泉记	沈泉桂	独资	1		200	中山路

① 据《诏安县商业业务报告表》，福建省档案馆全字号336、目录号14、案卷号5747。

行业	商号	店主姓名	独合资	从业人员		资本额（万元）	所在住址
				资方	职工		
纺织品	大茂	沈紫苏	独资	1		100	中山路
纺织品	二合	陈文华	合资	7		1150	中山路
医药	岐阳堂	高占梅	独资	2		120	三民南路
医药	永昌	许森河	独资	3	2	1033	中山路
医药	保和	沈少纯	独资	1		228	县前街
医药	同和	许添国	合资	3		400	中山路
医药	太和	沈理雄	独资	1		210	中山路
医药	协兴	郑聪荣	独资	1		260	中山路
医药	永和生	陈焕生	独资	1	1	375	三民北路
医药	恒生	沈致祥	独资	1		280	中山西路
医药	杏林	朱朝木	独资	1		120	打石街
医药	若和	王寅	独资	1		130	县前街
旅社业	交通	沈如坤	独资	1		159	中山西路
旅社业	利通	郭二贤	独资	1		150	纯良路
旅社业	新发	沈新财	独资	1		80	牛唐路
旅社业	顺南	张爱	独资	1		36	东市场
旅社业	民兴	沈钦	独资	1		75	石牌
照相业	黑白	杨得充	独资	1		820	中山路
照相业	时代	许拱山	合资	2		390	中山路
照相业	美的	傅孔彰	独资	1		350	三民北路
民信业	许广源	许凤声	独资	1		450	中山路
杂商	一联店	林再福	合资	3		100	岳前
杂商	二联店	陈大森	合资	3		90	中山路
杂商	三联店	沈德	合资	2		80	北外马路
杂商	四联店	沈江木	合资	2		60	中山西路
杂商	五联店	李有养	合资	2		50	桥头街
杂商	六联店	沈武科	合资	2		50	新马路
杂商	八联店	许晓红	独资	1		70	妈祖庙后
杂商	九联店	陈淮池	独资	1		60	三民北路
杂商	十联店	许锡坤	独资	1		50	中山路

续表

行业	商号	店主姓名	独合资	从业人员		资本额（万元）	所在住址
				资方	职工		
燃料业	建成	沈景辉	独资	1		120	新马路
燃料业	长春	罗秀腾	独资	1		140	三民南路
燃料业	常常	许常五	独资	1		150	新马路
燃料业	合茂	陈炳辉	独资	1		120	三民南路
燃料业	源利	罗茂利	独资	1		100	北外马路
代理商	三合	林锡田	合资	2	1	80	南市场
代理商	源安	沈祖辛	独资	1		120	宫前
代理商	福记	沈日宾	合资	2		30	宫中
代理商	隆茂	沈如碧	合资	3	1	500	宫中
代理商	裕盛	沈丽之	合资	4	1	550	宫中
代理商	捷成	沈隆池	合资	2		250	宫中
其他食品	丰发	沈焕庭	独资	1		136	宫中
其他食品	成发	许祈川	合资	3		836	妈祖庙
其他食品	合发	郑振元	合资	2		483	县前街
其他食品	源盛	林金丁	合资	2		70	三民北路
其他食品	财盛	沈桂枝	合资	2		94	三民北路
其他食品	和顺	许富海	独资	1		375	中山东路
其他食品	裕通	沈荣发	合资	2		123	中山东路
其他食品	泗盛	沈宝成	合资	3		200	三民北路
其他食品	裕成	沈锡荣	独资	1	1	143	中山东路
其他食品	永源	沈国兴	合资	2		115	中山东路
其他食品	德昌	陈应周	合资	3	1	1170	中山东路
其他食品	益裕	沈寿南	合资	2	2	202	中山东路
其他食品	长发	曾永桂	合资	3		183	中山东路
其他食品	永令兴	沈兆庚	合资	3		137	中山东路
其他食品	福香	陈来发	合资	2		145	中山西路
其他食品	淋记	林永锡	独资	1		200	三民北路

资料来源：诏安县商业局编《诏安县商业志》附表四，1987。

这里，笔者据调查所得，介绍同民众密切相关的商品经营情况。

一　日用杂货购销

诏安的产品以陶瓷器具和铁锡器具为主。陶瓷器具诏安自古就有生产，到清代也有销往潮州的瓷器和北方的大小龙缸。秀篆的上标、埔坪，官陂的上官碗窑、霞葛的下河青花瓷、深桥的瓷窑村瓷器、西潭新安村的陶器，都有产品通过东溪航运到县城。铁制器具先是取自龙溪，到清中叶本县也有出产。这两种货都较粗重，为便于搬运，批零店多设在临溪的东门内外。东门有一个巷叫"顶元巷"，就是因为有一间卖锅鼎的铺号"鼎元"，使得人们将该铺所在巷称为"顶元巷"。清中叶，五金化工商品主要是桐油和铁锡制的器具，清末又进口铁钉、纯碱等商品。当时的铁钉叫"洋钉"，纯碱叫"饼药"。由于经营的品种少、量也小，商品只由杂货店兼营。到民国34年（1945），在县城中山路西，始有一家经营五金产品的成春号和一家经营化工产品的大顺号，以后又新开怡兴、瑞祥、源正3家。1951年在大街石牌又增加两个小五金摊点。这些店摊经营品种有土铁、铁钉、铁丝、桐油、油漆、染料和刀、锄、镰、锯、锁、门挂、锅鼎等铁制器具，瑞祥号还兼营日用品。

清光绪二十八年（1902），原来经营地方手工业品的杂货铺及杂细担，开始兼营诸如火柴、肥皂、辫线、煤油（时称番仔火、番仔腊、番仔线、番仔油）之类的舶来品，逐步形成百货业。民国20年（1931）前后，县内的洋行代理商较大的有顺记、三合、源安、隆茂等，东关则成为向城乡商贩批发盘货的集中地。县城中山路有宏顺、大顺、元顺、大光、合成兴、崇记等百货店10多间，经营的商品有中国上海的力士肥皂、厦门的保华肥皂、美国的美孚煤油，法国的紫罗兰香水，以及火柴、棉纱线、布伞、扑粉、雪花膏、发夹、珠针等 200 多种。当时厦门、汕头的怡和昌、增利等上盘商家，为竞争市场份额，允许诏安的下盘商户赊销，在一年内分期付货款。货物从可运至城郊的澳仔头起水，转两公里由陆运到店。从民国初到抗日战争爆发前夕，诏安百货业尚可称购销两旺。

之后，日寇南侵，舶来品告绝，只有广东揭阳、普宁和福建省内漳州的手工业产品入诏，由于货缺价昂，群众照明用油和舞台用油改以花生油代替，有的人家用蚂蟥干或松木片照明。火柴一时奇缺，老百姓就用黄麻茎在泥浆中浸泡数日，再取出洗净晒干，使用时以其借引火种点燃一端，引燃柴火后吹灭麻茎的火焰，仅存无焰之火种，待再要用时将其吹燃。也有的是用小铁片和小石片碰击生火或用放大镜聚光点燃纸捻引火。

至于文具、图书，民国 8 年（1919），吴鹤汀在文昌宫东侧开了一家"宜宜书局"，经营名著、时刊、地图、音乐器具、体育用具、文具、纸张，书店并置有石印机和铅印机器，承印文件、表格、册簿。以后，城关又开办了经营文具、图书的连元、藏记、新元、青年书店。连元、藏记设在中山路，新元在城内。1949 年青年书店被政府接管，改为人民书店。据说县城的照相馆，也兼营文具、纸张、图书。诏安的第一家照相馆，是民国 20 年（1931）开设在城区的容雅照相馆。翌年，县城三民北路又增加美的照相馆。民国 31 年（1942），容雅照相馆倒闭，时代照相馆开业，以后又有一家黑白照相馆。到 1949 年，县城的 4 家照相馆，均属私人经营店铺。当时群众称照相为"拍像影"。照相所用的是玻璃底片，相纸是溴化银印相纸。这种相纸类似现在的晒图纸。洗一幅照片，要在太阳光下晒几分钟，然后冲洗，感光时间很难掌握，照出来的相片容易变黑，再加上人们担心人影被拍，灵魂也会被摄到镜头里去，认为照相会"伤神""损寿"，所以业务难以开展，只好通过兼营增加收入。

二　农副产品购销

诏安的交易以农产品大米、油料作物花生、水产品为大宗。明中叶至清代，诏安的粮油贸易已很活跃，粮油行在城关、四都、太平收购粮油后，将之加工成大米、仁油，大米供应本县，仁油主销外地。粮商顺茂号及振成丰、彩瑞、兴泰安、和茂，油商逢其源号及福利、隆兴，可以影响县城的粮油市场。民国 26 年（1937）后10 余年间，战火连绵，导致粮油价格一路上升，超出群众的购买力。民国 32 年（1943），春秋两季连续干旱，粮食绝收，潮汕甚至出现了人吃人的惨象。诏安虽还不致如此，但人们只能以野苋、盐钱菜等野菜充饥，野菜不够吃，就摘青金树叶，炒过碾碎过筛，以开水冲泡成黏糊状，就盐水充饥。也有人到塘堀中摸浮螺，这种东西味涩、麻，食后人头晕肚疼，但饥饿使人不得不吃。是年，全县饿死病死 2117 人，外出逃荒 9600 多人。民国 38 年（1949），全县粮油行仅存 60 家，部分商行开门营业不足 10 天。

至于水产品，历来以内销鲜鱼为主，每天渔区都有不少海产应市。商贩采购销往外地的，则通常是腌鱼、干脯之类，缘于难以解决当时运输条件下的保鲜问题。饲养猪、鸡历来是当地民众一项家庭副业，近水的人家也有养鹅、鸭的习惯，而饲养的畜禽往往用以补贴家用。县城执屠宰业者，到墟集上或到人家中将生猪买来，以销定宰，猪肉有的在城关市场的固定摊位售卖，有的盘给农村小本经营的肉贩子。操此业者大多是父传子、兄教弟，世代承传。东门社区有长 200 米、宽 3 米的杀猪巷，过去当地居民以屠宰生猪为业。做家禽生意的，则在四乡六里"放脚"坐地收购或到城乡各处去收购，收来以后就在东溪边"草庙"一带放养。待鸭、鹅及禽蛋达到一定的批量，他们再从城郊的澳仔头走水路运到广东东陇一带销售。

果业经营有干果、鲜果之分，干果店除了经营桂圆干、红乌枣、香菇、木耳、针菜等南北干果外，还有糖、盐、油、米粉、寿面、面粉、鱼干、银纸、香烛、鞭炮、煤油等。鲜果摊经营各种时鲜水果及甘蔗、糖果、蜜饯、糕饼等。民国时期，城关的干果店主要分布在"十字街"一带，如振兴号、合发号、聚记等，城外还有一家店号为达通。这几家干果店都靠近承办筵席的酒家，酒家在办席时如有需要可就近买到用料。鲜果因系路边摆摊，皆无店无字号。在城内有"五谷庙"前一摊，城外有中山东路一摊、东路前一摊、东岳庙路口一摊。诏安有饮乌龙茶的习惯，城关的进货品种来自福建省内，主要有武夷的奇种、水仙、小种、红牡丹和安溪的铁观音、黄金桂、本山，以及诏安县内秀篆、官陂、四都所产的梅占、毛蟹等，其中以武夷的较适销。民国时期，外来的茶叶用竹笼装运，笼内以竹叶为衬，并用油纸、玉扣纸包裹，以防潮湿，运来以后再进行分装。城关茶行有雪文、瑞圃、馥成、瑞珍、静轩等。

三　纺织品购销

早先，人们用的布料有棉布、苎布、葛布、蕉布、假罗布、纱布、剪绒、绸缎等。清代，诏安人习惯穿用家庭手工制作的地产苎布、葛布、蕉布和以麻丝间苎丝织成的假罗布缝制的服装，只有少数人穿绫罗绸缎和纯棉毛织品。因纺织品成交量不大，一般是杂货铺兼营。鸦片战争以后，英及美、法、德国的机织洋纱布（俗称"番仔布"）开始经汕头运销诏安，进口布比土布美观耐用，进销价也比较低。

1914年，第一次世界大战爆发，西方国家忙于打仗，输入中国的货物锐减，上海等地的国产棉布乘机填补空档，但没过多久，从台湾运来的日本棉布进入诏安市场，又挤占了上海布的大部分市场。由于经销外来棉布利润可观，从事布料专营的布庄便陆续开办。民国20年（1931）以后，南康成、平平、茂发、庆丰、文珍、大克、文记、泉记、大茂、和益等商号，在新建的中山路一带开设布庄，还有20多家兼营店分散在城区一些角落。经营的品种有进口的华达呢、纯毛贡呢、香云纱、马口兰、草只红、英丹士林、毕支和经过重新漂染的沪产龙头细布、斜纹、血尖、帆布等。土布因适合在夏令时节穿，故还有一定的销量。

抗日战争期间，洋布、沪布来源断绝，日货受抵制。当时广东澄海一带有用旧棉絮生产加工的粗土布以及用这种布做成的布鞋，商贩便从那里进货，就是这种用旧棉粗布加工的东西照样供不应求。一些从沦陷区拖儿带女逃难来的潮汕人，通常用衣物来换取口中食，于是在这个非常时期，旧衣市场便畸形地热闹起来，城关也因此多了个叫"旧衣埔"的地名，地点就在现在的人民市场和南诏大市场之间。"旧衣埔"卖的衣服，多是平常衣物，偶尔有毛毯、呢褛、马甲、羊毛衫、连衣裙、被单、蚊帐、布料，甚至一些压箱底的清代服装也有拿来卖的。笔者的母亲曾买过清遗的服装，这种衣服很宽大，一件可改成一套童子装。被单买回来也有用场，将其染成深色，便成了做衣服的布料。那时，裁缝靠给人改制衣服，从中得点工钿。

由于时局艰难，大多数人连旧衣服也买不起。穷则思变，人们兴起用棉花以手工织造灯芯小圆带，当裤带、鞋带使用。也有以黄麻、苎麻皮，用溪水浸白，取其纤维手工织粗布，做衣服、蚊帐。衣服是补了再补，直至穿烂为止。被子也是破烂不堪，甚至以麻袋当被。有的人家穷得连大姑娘都没有换洗的衣服。纺织品市场的境况，由此可想而知。

四　副食品购销

在副食品中，数量较大的要属蔗糖和海盐。诏安的糖业，明代以后，工艺得到改进，在红糖之外，还可加工成白砂糖和冰糖。由于利润丰厚，商贾持重货来往各乡买糖。购来的糖，有的直接以红糖销售，有的经过加工再销售，以外销为主。据民国初的调查，县内每年每户人家的食糖消费，多者 20 公斤，少者 5 公斤，平均每人消费 2 公斤。民国 30 年（1941）起，政府为控制食糖销售，实行专卖制。过了三年，全县产糖只有 18 吨，专卖局奉令撤销。

明清时期，对盐的销售沿袭"商有定名，销有定额，课有定例"制度。民国元年（1912），国家将盐收为专项统销品，每人按月配售 5～7 两，民国 6 年（1917）改为由盐民将盐挑到公坨按指定堆位堆放，在盐务人员监督下面议盐价，盐商自由运销。除内销外，大量供应外地。民国 28 年（1939），食盐改由运销所拨交私营盐子店供应。

在诏安，蜜饯、糕饼的销量是比较大的。地方上，一年当中各种传统节日非常频繁。诏安人过节或拜佛拜神，总要安排供品，而蜜饯、糕饼通常要有。再者，外地的客人来了，临走时送些地方特产蜜饯、糕饼之类，成了人之常情。此外，设宴办桌、订婚行聘也都要用到。诏安制作蜜饯、糕饼的原料很多，制作的品种多不胜举，不但在地方市面上畅销，而且行销于闽南、粤东地区，一些海外侨胞也往往将之作为礼品，带到海外给亲朋好友品尝。

第三节　城乡集市

一　集市的形成

三都历史上的城乡集市有市场和墟场之分，民众习惯称日日进行商品交易的场所为"市"，以城厢为盛；称间歇性的定期买卖场所为"墟"，以乡村居多。

考诸诏安的集市，三都之设较多，这同地方的人口数量、交通条件和物产关系甚大。在县城趁市者，不但有城厢及周边的居民，而且有来自山区、沿海的；有本县的，也有外地的。县内东溪上游流域的木材、柴片等山货，放排漂流（每次漂放柴片数万斤）到菅头，再盘运上梭仔船下运，中游所产的林木、柴薪、木炭、粮食及木器等土特产品，则可运至龙潭、美营上溪溜船，运来城关销售；上行货物主要有鱼盐、肥料、布匹、壳灰和日用百货等。从梅岭运到城关的主要货物是鱼货、贝壳、杉木等；再由城关将山货、粮食运回去。城区与西潭、湖内及西溪下游的村庄，农副产品、鱼盐及日用杂货也可通过两吨左右的船运送，或从乡道而来。农村的集市一般选择在当地人口较繁盛，位置距周边村庄较为适中，交通又较为便利之处。如溪南、西潭这两个较大的集市，在民国末，溪南居民近 3000 人，西潭居民近 5000 人，周围各有十余个村庄的住民前去赶集。

三都有集市的地方，往往也是设神庙的地方，而又往往缘于群众性的庙会活动，一次庙会，从预备到结束，要持续不少时日，其间乡人会利用庙前的阔埕开展物资交易活动，由此便逐渐演变，成为墟或市。以县城来说，东岳庙、朝天宫、西觉寺、威惠王庙、大帝宫、广美庙的前面或近邻之处都有市场。县城南门内的威惠王庙，内祀开漳圣王及其 6 个部将，每逢时年八节或各位神灵的诞辰、忌日，地方信众都会前往祭拜，久而久之，这里便出现了市场。这个市场现今已成为"南诏大市场"。溪南、西潭这两个村的集市，亦分别设在河山古寺和西潭大庙附近。这些集市形成的时间，大多在明清时期。

二 集市的分布

据《诏安县志》所载，县城的市场明代有在东关的东门市、在南关外的南门市和在北关护济宫前的新市，皆"由来已久"，还有一个是在溪南村临溪而设的溪南市。清代则除明代延续下来的 4 个之外，又增加了城区的 3 个：设在十字街的以海鲜、蔬菜交易为主，属晚市；设在宪伯第、邦伯第的分别是买卖柴草、鱼盐的市场，属早晚市。①

其实在城垣之外，清代、民国时期相继形成的市场并不止上述几个，如形成于康熙年间的沈厝市，位于南关街朝天宫埕，为当时主要的水产品批发市场。此处还建有市亭一座，露天场地约 405 平方米，后因东溪河床淤积，通行不便，到清末才逐渐衰落。继之而起的是位于东关街三民北路口的林厝市（今名东市场），早期为露天市场，民国 22 年（1933）建市亭一座，520 平方米，由于水陆车船通行便利，此市亭成了颇为繁荣的市场，以水产品交易为主，兼营食品、果蔬、干鲜副食品及日用百货等商品。宫南巷、打石街过去为买卖草柴的市场，故又有"草场""柴寮"之称；岳前为粮食市场，交易米、麦、豆、薯等；盘石街又称花生街，是花生销售市场；寒泉巷内设糖场，从事蔗糖交易；宫埕巷、新市街以前各设南关市场、北关市场，上市商品以水产品、蔬菜为主，两侧商店林立，还有西关外的西门市，为西路畔乡村群众前来交易五谷、水果的处所；邻近通济桥的上下游一带是交易竹木的市场；附廓县城的墟场有在南关外的溪沙尾墟，贸易六畜，逢二、五、八为墟期，后分设东关大帝庙前和北关广美庙前，民国初又移于东溪垱，以买卖猪苗、大猪为主，兼及其他禽畜，溪沙尾墟仍保留；在大路尾还有一个牛墟。

至于三都乡村，位于城东南郊的溪畔市，为较早的集市，形成于明嘉靖年间架设东溪桥以后。明万历年间，由退职里居的沈介庵倡议拓建该市场，改称为通济市，盖有市亭、店铺出租，所收税租，作为官学的经费和岁贡生员的川资补助。清代，西潭、溪南、华表、长埔也相继形成墟集，后来皆成为日日市。民国初期，还有新墟、旧墟、岑头、旧宙、章松、养心等墟，多不知所终。

---

① 明代市场的资料来源于康熙《诏安县志》卷 4《建置·市集》；清代市场资料来源于民国《诏安县志》卷 4《建置·街市》。

表 4 - 2　三都传统墟市一览表

名称	所在地	存在年代	交易品类	交易日
东门市	县城东关外	明初期至今尚存	各种杂货	日日市
南门市	县城南关外	明中期至今尚存	各种杂货	日日市
新市	县城北关护济宫	明中期至民国末	各种杂货	日日市
沈厝市	县城南关朝天宫	清初期至民国末	各种杂货	日日市
西门市	县城西关西觉寺	清初期至清末期	五谷、水果	日日市
岳前市	县城东关	清初期至民国末	五谷	日日市
城中市	县城十字街	清初期至民国末	鱼鲜	日日市
宪伯第市	县城城内	清初期至民国末	柴草	日日市
溪墘市	县城通济桥下	清初期至民国末	各种杂货	日日市
桥畔市	桥东镇通济桥边	清初期至民国末	各种杂货	日日市
溪南市	深桥镇溪南村	明中期至今尚存	各种杂货	日日市
西潭市	西潭乡西潭村	清初期至今尚存	各种杂货	日日市
长埔市	建设乡长埔村	清中期至民国末	柴草、壳灰	日日市
华表市	深桥镇华表村	清中期至解放初	各种杂货	晨市
溪沙尾墟	县城南关外	清中期至民国末	六畜	二五八*
岑头墟	西潭乡岑头村	清中期至清末期	各种杂货	一四七*
新墟	深桥镇上营村	清中期至清末期	各种杂货	一四七*
旧宙墟	白洋乡旧宙村	清中期至清末期	各种杂货	不详
章松墟	深桥镇章朗村	清中期至清末期	各种杂货	不详
东溪墘墟	县城东郊	民国初至民国末	猪	二五八*
大路尾墟	县城西郊	民国初至民国末	牛	二五八*
上陈墟	西潭乡上陈村	民国初至民国末	各种杂货	三六九*

　　说明：＊交易日举办的农历日期，如"二五八"表示交易日在农历以"二、五、八"为尾数的日子，也就是每十天有三个墟日。

　　资料来源：民国《诏安县志》卷 4《建置》，新编《诏安县志》卷 15《商业》第二章《商业网点·集市贸易》、卷 21《工商行政、物价、计量标准管理》第一章《工商行政管理·市场管理》。

三　交易方式

　　诏安民间将到市、墟去分别叫作"上市""凑墟"。三都的日日市，有早市、晚市，也有整日交易，主要取决于交易的产品和人数多少。而乡村的各个墟场，皆是"三日一趁"，唯所取的日期不同，有取农历"二五八"的、有取"一四七"的、有取"三六九"的，即每旬十天有三个墟日。趁墟一般在上午，正午过后就渐渐散了。通常，相近墟场的墟期是相互错开的，这样，既避免互相竞市，又便于群众安排赶集时间。

县城集市中，既有固定铺位又有临时地摊，固定铺位的经营者大多是城关的商贩，而摆地摊的则是来自外地的行贩和农民。集市最热闹的时候，往往是各种民间较大的传统节日来临之际。一时间，要采办节日货物的县城居民、提着鱼虾的海边人、挑着薪炭的山里人，还有带着粮食、果蔬、禽畜的平原、丘陵地带的农民，纷纷涌来。可谓是人头攒动、人声鼎沸、摩肩接踵。农村的集市，则多是四乡六里的农民来出卖农产，不一定有固定的摊位。上市货物的多少及价格的高低，同当年农业收成的丰歉有很大关系。

有了集市，便有讨生活的经纪人；市场一热闹，经纪人相应就多，像城关大的集市甚至有经纪人组成的"佣行"。这些人都有较固定的活动场所和货物经纪范围，地方民众私下称这些人为"牙仔"，当面不好这么叫，一般叫"中人"。

集市中较常见的是专司代客称物的"量中"。上市卖东西的人不一定带秤，就是带了，买主不一定放心，特别是遇到稻谷、花生、水果、水产等大宗交易，更需大号秤（俗话叫"量"）。这时，"量中"就可派上用场，为买卖双方提供服务，从中收取一定的佣金。他们能根据市场的供求关系等因素，做出对买方、卖方利或不利的抉择。比如货物供不应求时，称出的重量对卖方有利。当市场供过于求时，称出的重量对买方有利。而不利的一方，或急于购进或急于销出，也不会去较真。这就不单是掌秤的技巧了，还在于对人情世故、市场行情的洞察。通常买卖一旦成交，大多数市场货物是要称重的，只有少数价比较贱的东西可以不用称，估摸着计价。比如西郊场边以前有个农贸市场，农民在此出售番薯，事先堆成几堆，顾客只要认定一份就可以了，不必过秤，以至留下了一句俗语，叫作"西郊市番薯认份"。

猪墟牛墟的"猪中""牛中"，除了在当地比较有威信，头脑灵活，能说会道外，还有识别牲畜的本领。他不是靠欺行霸市，而是通过调解斡旋，促成买卖，从而左右逢源，于中取利，因而能为人们所接受。诏安城郊通济桥下的东溪墘猪墟，作为过去买卖猪苗和大猪较为集中的场所，每当墟期，云霄、东山、饶平、澄海等县的人，都会乘船来这里赶集；县内农家，常有不少人前来掠猪卖猪，一年的成交量相当可观。每当有卖猪的去赶墟，"中人"会及时给你安排个位置，看看猪大小、色口，询问大概的价格。买猪的人进了墟场，他会主动上前搭话，了解你的需要，并以行家的身份，主动帮你去找合适的卖主。买卖双方开始总会讨价还价，猪中在一旁察言观色，在合适的机会，根据猪的品种质量、买卖双方的心理以及当日的市场行情，折中开出一个较为合理公道的价码（这些俗语叫"猪中拗"），然后在买卖双方各得一点中介费。在这样的交易中，如果中人公道，买卖双方各付 1 元，猪中可得 2 元，但也难免有中介人为多赚点小财，做点不正当的手段。例如他以你开出的底价，事先约好，帮着买方或卖方压价或抬价，由于交易中不能明言，买方或卖方便用手扯一下中人的衣襟或轻踏一下中人的脚，表示加 1 元，如果扯、踏两下表示加 2 元。待交易成功，除了收取中介费外，中人还要加收暗中约定的款数。诏安有一句俗语叫"做脚手"意思是搞小动作，据说出处与"猪中"有关。

市场"中人"间或也会充当"贩仔"的角色，一旦看准了行情或是机会，会利用货主急于将货出手的心理，压价把整批货盘下来，再伺机转手将货抛出去，于中取利。"中人"之间有互相成全、互相制约、利益均沾的规约。诏安还有一句俗语叫作"先讲先赢"，就反映了这种潜规则。例如在牲畜交易活动中，尤其是买卖牛这种大牲畜，不管一头牛有多少个"牛中"看上，只要其中

一个"牛中"向卖主开了价，其他"牛中"均不得开口提价或者
压价，以免坏了生意，扰乱了由"牛中"们操纵的市场价格秩序。

　　每年经纪人会从收入中提交一部分给乡族，作为公众活动或义
学的经费，以换取乡族对其权益的维护。至于交多少，得视情而
定，比如说市场建设投入的多少、交易量的大小以及经纪人在地方
上的势力等。经纪人往往世代传承，时间久了，就成了拥有世代操
持此业的特权。

第五章　农工实业

明清时期，诏安三都传统的农业、手工业与其他地方相比，商品化倾向较为明显。特别是在商船贩运的兴盛时期。史载："俗种蔗，蔗可糖，利较田倍，又种橘，煮糖为饼，利数倍"，"土人榨汁熬糖，为利不少。"① 为了追求经济利润，民间减少了水稻的种植面积，"每村庄知务本种稻者，不过十分之二三"，② 转种经济效益较高的甘蔗、橘子、花生、荔枝等。通过加工，这些农产品作为商品向外出售，换回粮食，用以补充本地的不足；如换回棉花、苎麻，则经过纺织，再部分外销，地方上"家无不织之妇"③。这种状况直至民国以后才起变化。

---

①　民国《诏安县志》卷2《地理志·物产》。

②　《皇清奏议》卷61，国家图书馆缩微文献复制中心，2004。

③　民国《诏安县志》卷2《地理志·物产》。

第一节　传统农业

一　种植业

三都地方温热，雨量丰沛。传统农作物中，粮食作物以稻为主，薯次之，还有少量的麦、豆、黍类。水稻种植较普遍，以桥东、深桥、西潭等乡镇靠近东、西溪的村和城郊产量较高；番薯在白洋、建设和深桥等乡村种植较多。经济作物以甘蔗、花生为主，苎麻、黄麻次之。东沈、西沈、溪南、上营、白石、西潭、美营的土地邻近溪流，适合种蔗的水土需要，历史上是诏安的甘蔗主产区；盛产地为含英、溪南、美营、深桥、双港、阳山、塘西。果产种类多，以荔枝为主，龙眼、青梅次之。荔枝盛产于溪南、上营一带；龙眼以西潭乡较多，青梅以深桥镇较多。蔬菜类以用于腌制的萝卜、芥菜和用作蜜饯的冬瓜为主，新春、美营、西沈、东沈为传统产区。牛、猪、鸡、鸭各地皆有，养鹅仅限于近水人家。

三都人耕田种地，所用农具构造简单、经久耐用，大都本地所制。农家肥为人粪尿、圈肥、豆饼、花生饼、猪毛、骨灰、草木灰等，而农作物的种苗和耕作技术，则逐步有所改善。这里仅就三都种植历史较久、面积较大的农作物略作介绍。

（一）水稻种植

水稻为诏安人的主粮，其当家品种有明代的安南稻、清代的银鱼早，民国时期早稻有里仁种、搭桥种、高脚乌尖等，晚稻有田头爷、乌壳大尖、三夜齐等。民国时期，通常早造（指早稻种植）在雨水浸种，清明插秧；晚造（指晚稻种植）于小暑浸种，立秋插秧；收获的时间，早造在夏至，晚造在立冬。据民国25年（1936）的调查，收获量早造平均每亩可收谷3石（一石60公斤），晚造可收4石。每亩田一季的成本：牛工，早造1.5元，晚造 1.2 元；肥料，早造 5.5 元，晚造 7.5 元；种子，早造 1 斗，晚造 6 升。[①] 其传统的栽培技术如下。[②]

（1）浸田、晒田

浸田指早稻既获之后，要立即犁地放水浸沤，这样可在日晒水沤之下，增加田土的热量肥力，减少杂草的繁衍，减少病虫害，保持水分，田水不易干涸。晒田指的是晚造收割之后要及时犁地，有的农人还再耕三耕，然后才耙。田土让阳光晒得越干越好，最好能晒至土面呈乳白状，用手一捏成为粉末，俗称"犁冬晒白"。这样不但土中原有的肥料分布均匀，促使稻茬腐烂，抵得上多施一倍的粪肥，而且可通过土壤风化，多蓄水分，减少害虫和病菌。

（2）选种、浸种

在每年水稻收成后，农民选发育成熟、颗粒饱满者为稻种，晒干后妥加存放，以待来年使用。来年早造要在正月初四之后浸种，秋季则在五月初，但早晚造浸种都不能推得太迟。浸种要找一个风和日丽的好天气，将稻种洗干净放在箩中，喷洒并浸在用 7 种象征吉祥花草泡过的水中，将浮于水面的秕谷去掉，只把沉底的作为种子。浸过两三天后，把谷种置于阳光下，等谷子的芽都发出，就拿去田里播种。

（3）播种、插秧

播种在小满时节。秧田要事先经过深翻、灌水和犁耙，均匀施放厩肥和人尿粪等基肥，如在其内加上剁碎的猪毛更好，后平整成宽不到 5 尺的苗床，两床之间留出通道。播种要选晴日午后三四点钟进行，播种者左手持装有种子的篮子，右手撒播种子。先播苗床周围，渐至中央，不可过疏或过密。秧田的水不可过多或过少，以

---

① 参见《樟林古港》之《樟林社会概况调查》。

② 以下据诏安县档案馆馆藏《诏安物产》（民国）等，以及田野调查所得资料撰写。

免烂种或伤根。苗长至一寸多，就叫作秧了，秧龄满一个月，即须移种本田，否则秧苗老而拔节，即使插到田里，结谷也很少。插秧前，最好先收集从旧马桶内壁凿下的尿垢，沾在从苗床上拔来的秧苗的根上。插秧也要在晴日进行，稻田不能太干也不宜积水过多。插秧者弯腰，左手握秧，右手拇、食、中三指分秧，每株 6 至 8 本，整株插下泥中，以 2 寸深为适度，株距为 8～9 寸，一亩秧田培育的秧苗，大概可供移插 25 亩本田。

（4）灌溉、施肥

秧在幼苗时期，每日都要引水灌溉。苗高尺许时，需要较多的水，到孕穗期，仅保持土壤湿润就可以了。稻田在未插秧前所下的肥称基肥，施放的是厩肥、厕肥等各种土杂肥。禾苗在生长过程中还须追肥，追肥有饼肥、厩肥、厕肥和人尿粪等。黄豆价格便宜的时候，可以用一些黄豆撒在田里面，一粒黄豆可肥 9 平方寸的土壤，增收的谷物价值比黄豆成本可以多一倍。如果有磨绿豆粉，用滤下来的浆水灌田，效果也很好。

（5）中耕、除草

插秧大约过 15 天，排水让田稍干后，由男子操掌耕耙耙田。除草也由男人完成。旧时，除草时男子赤身裸体，仅系一条兜肚，头戴斗笠，膝行田间，用双手薅草，将杂草埋进田泥中。第二次除草约在插秧后一个月，男女不分，均挂一根拐杖，以便用脚板将杂草踩入泥中。以后秧苗长大，覆盖田间，就不必再除草。其间如发现有病虫害，要随时扑灭。在田禾秀实时多小白蛾，乡人将烟草梗插稻根下，则蛾不敢靠近。

（6）收获、入仓

收割稻子的时间，早造在秧插下不到 80 天，晚造 100 天左右。农户一般就地用打谷桶脱粒，也有挑回广场，用石碾脱粒的。谷粒晒干后，要除去沙土、秕谷、禾屑，这大多是用风车（俗称"风柜"，其形状像个柜子）扇，也有的是人站在凳子上，手持装稻谷的簸箕，借自然风扬弃。农民处理完稻谷后即可将谷子入仓了。稻秆可做燃料，亦可做耕牛饲料。

（二）甘蔗种植

三都甘蔗中果蔗甚少、糖蔗居多。蔗园通常选择近溪带沙质土地方，黄泥土不宜种植，味苦的土更不宜种蔗。古人鉴别土壤的办法，是掘土深达一尺五寸多，以眼观口尝去鉴别。传统种植的糖蔗为低产低糖的竹蔗，民国 31 年（1942），竹蔗每亩单产 1.1 吨，每吨鲜蔗可榨红糖约 72 公斤。之后，三都引进爪哇 2878、2725 和台糖 134、108 等甘蔗良种，每亩单产可达 2 吨左右。当时人们嫌用这种蔗制成的红糖不耐久藏，因此，产量虽较竹蔗高，却难以推广种植。[①]

蔗苗的取得，须于初冬快要打霜时，将斩下的蔗除头去尾，埋在泥土里，但不能埋于低洼积水的湿地，以避免烂根，此属"新植蔗"。新植蔗在大寒节就可以开始种植，这样既可以防止干旱又能及早发芽。之后，农民找一个晴朗的天气，把它挖出来剥掉外壳，按五六寸长分段斩开，每段留两个芽，密排在地上，用少量的土覆盖，像鱼鳞一样头尾相叠。两个芽要平放，不能一上一下，以免种芽向下，难以萌发。到芽长一二寸时，要经常浇以清粪水，待长至六七寸时，就可以挖起来移植。还有一种"宿根蔗"，这是指在甘蔗砍伐时，留蔗头在地里，培上土，待其来年发芽生长。

种蔗时，将地整成每行宽 4 尺的畦，沟深 4 寸，尔后把蔗种在沟内，约七尺种 3 株。盖土一寸左右，土太厚发芽就少，当分蘖至三四个或六七个时则实行分次培土，每遇中耕除草时都结合培土，培土应逐渐加厚，以避免甘蔗倒伏。

中耕除草的次数不嫌多，有条件的地方要经常灌溉，保持土壤润湿。施肥的多少视情而定，一般采取"三攻一补"（攻壮苗，攻

---

① 据诏安县档案馆馆藏之民国《地方物产》等资料。

壮叶，攻茎秆与补尾）的施肥措施。新植蔗要以大量土杂肥作为基肥，宿根蔗在施肥时，犁开蔗畦边，施以土杂肥。蔗长至一二尺高时就用芝麻枯或油菜籽泡水作肥料，施放在行内，蔗高二三尺时，用牛在蔗行间进行耕作，每半月犁耕一次，一次翻土犁断旁根，一次犁土覆盖培根。

甘蔗的老嫩对糖的品质有重要关系，用做红砂糖的甘蔗可以嫩一点，而要提取白砂糖，就要选择老一些的。早熟种、宿根蔗要早砍，中熟、迟熟或新植蔗迟砍。在有霜冻的地方，蔗质（指糖分等内含物）遇到霜冻，甘蔗内含的蔗糖会分解为葡萄糖和果糖，这种转化物分子较小，容易在水中形成不结晶的过饱和溶液，而蔗浆中的胶状物又会妨碍结晶析出。这样"遇霜即杀"，就煮不成合乎要求的糖了。

（三）花生种植

花生在三都广有种植，传统品种有大荚种、小荚种、仁种、铁丁种等。这些品种属蔓生秋花生类，生长期较长，春天播种，秋天收获，年仅一季。种植较为粗放，在犁地之后，种子随着犁沟播下，出苗以后没有整齐的株距、行距，每亩苗数在 2 万苗左右。苗出土后，农民再进行适当的补苗。中耕锄草施肥一般只做一次。民国 37 年（1948），每亩花生单产为 72.4 公斤。[①]

（四）番薯种植

番薯四季均可栽培，传统品种有鸡爪、接芋、红肉、四月薯、过冬薯等品种。春薯在清明节前后扦插；四月薯在农历四月扦插；秋薯在初秋扦插；过冬薯又称越冬薯，在晚秋扦插，经过整个冬季，至翌年初夏才有收成。主要种植在农地，有些晚薯利用早稻收割后排干水种植，越冬薯多利用晚稻收割后的稻田种植。薯扦插时要先整地作 1 米宽的畦，黏质土和晚薯可适当窄些，每亩插苗

---

① 据诏安县档案馆馆藏资料第 97 箱《诏安县经济统计表》。

2300 条左右。民国 38 年（1949），每亩番薯单产为 1104.5 公斤。[①]

（五）苎麻种植

苎麻是多年生草本植物，用于纺织夏布。其地下部分由丰富的根须形成麻兜，充分吸收养分，地上茎秆直立，丛生数十个株。苎雌、雄异株，雌性苎结黑色籽实，纤维差，只可用于取油作烛。雄性苎长成植株后不结籽实，但纤维好，其茎皮纤维经处理后呈白色，有光泽，易染色，不皱缩，是纺织夏布的重要原料。这种植物由于生长期间需要大量的养分，故需尽可能用好地来种。俗谓"麦黄种苎，苎黄种麦"，说的就是种植的时间。可以将种子抛撒到田里，这样长出的麻秆节间就长。如果用分根、分株、压条等办法来繁殖，则入冬时要用火烧掉茎叶，保留宿根，以草粪培壅其上，如此来年根部才粗壮。种前要翻地，翻得越熟越好。好的地 1亩 3 升种，差的 2 升种，因为种得密，肥料跟不上，麻秆细而不长。当苎开花放出的花粉像灰一样时，便可收获了。收早了，茎皮还没长成；收晚了，就会变黄变黑。至于是割是拔，随人而定。

二　水产业

在三都农业经济中，水产业所占的比重明显小于种植业。水产业中的捕捞业开发较早，至嘉靖时，滩涂养殖也受到了重视。清康熙《诏安县志》称："诏海所产，鱼之属四十有二，介之属三十有七，半取于海水之中，半出于海涂之上。"[②] 从清代中期起，随着水产业渔具的增多和作业方式的改进，捕捞业和养殖业均出现了不同程度的发展。

（一）海洋、淡水捕捞

历史上，三都从事海洋捕捞的村有甲洲、仙塘、含英、洪洲和

[①] 据诏安县档案馆馆藏资料《诏安县经济统计表》。
[②] 康熙《诏安县志》卷 3《方舆·方产》。

东霞、西霞村，作业主要在宫口港之外的海域。

据明万历邑人林日瑞所著《渔书》介绍，明代地方的渔具种类：网具类有刺网、拖网、建网、插网、敷网，钓具类有竿钓、延绳钓，以及各种杂渔具等。刺网俗称"放缭"，应用较广泛。到明代中期，捕捞业出现"大对渔船"的作业方式，其中一艘称网船，负责下网起网，另一艘称煨船，供应渔需物资、食品及贮藏渔获物。由于用两艘船拖网，可使网目张开，渔民获鱼较多。万历时，竹桁作业传入。

清代地方的海洋捕捞，志书有载："诏人于滨海产鱼之地，以渔为生业。尝于秋仲春末乘小艇驭巨浪至青水边，下网引网而归，所获满载，名曰牵风；其绝流而渔，编竹者曰截箔，竖木者曰挂桁；又有垂钓者、罾者及乘风而撒网曰搬山曰拍笠；又或驾小舟敲木鱼，响彻波涛，鱼群即惊眩浮水面，可取而获者曰敲枯；以粉涂舟旁，于月下拨擢疾行，鱼即惊跃入舟中者曰跳仔；近来更有曰犁拖者，网堆重沉海底随舟行，拖盖涂面无所不获，其取鱼尤甚。"①

民国时，大拖网、小围网、牵浮网作业传入，为外海捕捞开发中上层鱼类资源创造了条件。大拖网作业使用牵风船等船只，配备的网具依据渔船和风帆大小而定；在广东南澳至南椗渔场捕捞鲨、𫚉、蛇鲻、黄花鱼及蟹、螺等底层鱼贝类。木船小围网作业每艚船2只，谓公、母，船体小，单用人力划桨，每艚劳力12人，分两船同行出海协同作业。渔户通常自置小型渔具进行分散小规模的作业，一些较值钱的如牵风船、搬山网、竹桁等渔具，则为少数富户私有或族众共有。

通过长期的实践，渔民对鱼类生活习性和洄游路线的了解得以深化，作业不仅靠观望鱼群，并且声驱和光诱也是常用的助渔方法。如利用石首鱼在生殖期发声的特性，捕捞时先用竹筒探测鱼群，然后下网截流张捕。又如在围捕黄花鱼时，利用月光，以粉涂舟旁，于月下疾行，而鱼惊跳入舟。渔民还采取兼轮作业组合方

---

① 民国《诏安县志》卷2《地理》，转载清光绪《漳州府志》之《物产纪遗》。

式，如竹桁兼钓鱼，挂桁兼放绫，小牵风兼洗海、海扫帚和海虫，竹排掷小网兼拖大网，流刺作业兼翻流，双拖作业兼牵浮网等。

海上捕捞全年分为春、夏、冬 3 个汛期：春汛自正月初十起至五月中旬止，产量约占全年总量的 30%；夏汛自五月下旬起至九月中旬止，为一年当中的黄金季节，产量约占全年总量的 60%；冬汛自九月中旬至年终，产量约占全年总量的 10%。汛期不同，其作业方式、收获鱼类亦不尽相同。一年当中，夏汛为黄金季节，适捕鱼类众多，更是巴浪鱼、沙丁鱼、小公鱼、三角鱼、马鲛、鲷鱼等大宗鱼类的发海期，各种捕捞作业俱全。

淡水捕捞系沿东、西溪作业，东沈、西沈、桥园、溪雅、林家、桥头、澳仔头和仕渡有以此为副业者。主要鱼类有鲫、鲤、鲢鱼及河蟹、沼虾，捕捞方式有手抛网、泊网、流刺网、罾类、小拖网等。

（二）海水、淡水养殖

入明后的海禁，迫使乡人转而从水产养殖中取利谋生，所谓"耕海泥若田亩"。海水养殖贝类以牡蛎居多，甲洲、洪洲、含英一带为主产区。人们利用牡蛎苗随潮浮游遇石寄生的习性，在浅海低潮线下投放条石、乱石、瓦片，让其附着繁殖，依靠潮水淹浸而自然生长。收获时，养殖户可待潮退后直接在放养处起牡蛎，也有的是备艇载具前往，以耙将水中石头、瓦片钩起运上岸，用铲将石上之牡蛎削下，削过之石，旋即倒披在浅海。狮头村一带则以养血蚶出名，其蚶埕地势平坦，东溪淡水常年渗入埕内，泥肥水优，所产血蚶粒圆如珠，肉脆不咸，血多清红。入清后，乡人在海边筑堤围海，堤之外面朝海处，以石头筑成，内面则以海土填之，被围起来的海涂称为"埭"。"初筑不堪种艺，则蓄鱼虾，其利亦溥。越三五载，渐垦为田。"[①] 当时，埭田大量出现，洪洲、仕渡还形成

---

① 见《漳州简史》第 73 页，漳州建州 1300 周年纪念活动筹委会办公室 1986 年 12 月编印。

颇具规模的养殖片区，往往在堤之两端留有出入水门，中以厚木板为闸。于一月大潮期潮涨时，养殖户放开水门让鱼苗游入；鱼苗入池后，则将水门紧闭；十月至十二月，开水门放出池水，便可投网捞鱼。此乃利用自然纳苗或放养自然苗，多养鲻、鲨、虾、蟹等，一般不投喂饵料，称为"海埭养殖"。后来，这种养殖方式渐次发展为有选择的半人工养殖。由于鲻鱼（俗称"乌鱼"）生长较快，仲春潮水中，捕盈寸者养之，秋而盈尺，故成为主要放养对象。

淡水养殖则利用池塘、水库进行养殖，通常养鳙鱼、草鱼、鲫鱼、鲻鱼、鲮鱼等，以供食用、祭祀。新中国成立以前，诏安并没有人工繁育鱼苗的习惯，村民要到江西九江、广东肇庆等地去调鳙、鲭、鲢鱼的鱼花，再放养成"夏花""春花"鱼种供放养。鲤鱼自身繁殖能力较强，不用调鱼苗。过去养鱼较粗放，一般是用青草做饲料，有条件的再投些人畜粪便，一年亩产不到70公斤。清代从广东引进鲻、鲮鱼多层混养后，产量能提高到亩产100多公斤。塘鱼一般在春、夏投放鱼苗，拉网以单层绫大目流刺网为主，起鱼多在冬至、春节前，以应年节之需。

第二节　传统工业

诏安三都在明清时期，加工制造业产品主要有陶瓷、原盐、蔗糖、花生油、纺织品、凉果和溪海船等。县城形成了一些从事某种加工业或手工业的聚落，如布街（居民以织布为业）、宁仔街（居民以织渔网为业）、水车街（居民以制作水车为业）、牛磨街（居民以加工面粉为业）、新厝前巷（当地有人做雨伞）、灰窝巷（将壳灰和桐油加工成造船用的"桐油灰"）、打石街（承接加工建筑石材）、绵远街（原名面线街，产销面线）、油车巷（开设榨花生油作坊）、交苈街（居民大部分从事竹器的加工销售）、灯笼街（冥纸、香、蚀等丧葬品产销地）。城郊东溪边有船只修造场、盐场、糖寮则分别建于沿海、平原地带，深桥的瓷窑村和西潭的新安村分别为生产瓷器、陶器的专业村。到了近代，由于受到洋货的冲击，地方传统工业已大不如前。抗日战争前夕，全县从事粮米加工的 130 家、面粉加工 10 多家、油料加工 43 家、酿酒作坊 5 家、染布作坊 20 家、建材加工近 100 家，糖寮 90 多处、盐场 4 处，还有一些酿土酒、手卷烟、竹木器、铁锡器、蜜饯、腌制等私营作坊，多数分布于三都。1950 年之前，地方产品有蔗糖、食盐、花生油、大米、面粉、木屐、布鞋、皮鞋、蜜饯、糕饼、烟丝、米酒、干果、茶叶、土布、印刷品、铁锡制品、竹木制品、腌制品、中成药、壳灰、渔网、蜡烛、神香、银纸等。这里，笔者据地方文献和田野调查，将三都主要传统工业的情况介绍于下。

一　食品加工

（一）碾米

旧时，地方的粮食加工业以碾米为主。传统方法是以砻、臼、风柜、米筛为工具，靠人力来完成。砻有两种，一种是木砻，分上下两扇磨盘，乃以锯下的一尺多长原木（多用松木），砍削并合成大磨的形状，两扇都凿上纵行的斜齿，下扇安上一根轴心贯穿上扇，上扇中间挖空来装稻谷。一种是土砻，以竹篾编成圆筐，中间用干净的黄土填实，上下扇都镶竹齿，上扇安竹篾漏斗来装谷。这两种相比较，木砻要好一些，它磨米 2000 石才会损坏，不十分干燥的谷子也不会被磨碎；用土砻加工稍湿的稻谷，米粒容易被磨碎，磨 200 石米就要损坏。用砻磨过后，要用风柜扇去谷糠和秕谷，然后将稻米倒入米筛，米筛转动，没有破壳的稻谷就浮在筛面上，再将没有破壳的倒入砻中，重新碾磨。筛有两种，大筛周边长五尺，是强劳力用的，小筛周边长约两尺半，是妇女用的。稻米过筛后，再放入臼里舂。臼也有两种，8 口以上的人家，一般是将石臼埋在地上，大的可盛五斗，小的可盛两斗半，另外用横木一条，前端插入碓头（碓嘴用铁做，用醋渣黏合），脚踏横木的末端来舂。舂得不够，米质就粗糙，舂得过分，米就细碎。另外一种小臼，适宜人口不多的人家使用。它用较小的木臼或石臼，靠木杵舂。舂后，皮膜就变成细糠（俗称"幼糠"），再用风柜扇去细糠，留下来的就是大米。细糠一般用来喂养禽畜，在灾荒年景，人们也得靠它填肚子。

民国初期，加工作坊广布于城乡，仅城关就有私营粮食加工作坊近 40 户，大户每户日加工大米 300 ~ 350 公斤，小户每户加工大米 150 ~ 200 公斤。这种加工方法，劳动强度大，工效也较低。直到民国 20 年（1931），县城的一些粮行如顺茂、振成丰、彩瑞、兴泰安、和茂等，才开始使用斜型双层铁淄筛（俗称机器筛）进行加工，工效有所提高。到民国 35 年（1946），县人方容光从漳州石码购进柴油机和砻谷机、碾米机，在城关中山路创办全县首家机制米厂。砻谷机、碾米机由 8 匹的柴油机带动，前者去壳，后者去皮，日加工大米 500 多公斤。

城厢谷行的加工业务，系承接政府征来的公粮、米贩收购的商品粮，以及城郊群众挑来的自家稻谷。每到早稻和晚稻登场，加工业便迎来旺季，而四月、九月因处"粮尾"，乃淡季。各加工厂大都有一些固定的米贩。这些老主顾一般就宿在厂里，收购来的稻谷也堆放在厂里，边加工边出售。加工的费用，因受到当时货币贬值的影响，多用实物进行计算。没有养猪的群众，大多会用米糠抵加工费，这样米糠还会剩余一点；若是家里养猪的，则用大米作价抵交。同时，有的谷行半工半商，他们也购买稻谷自行加工，兼营粮食生意。

（二）炼糖

三都是诏邑蔗糖的主产区。明代，随着海上贩运业的发展和制糖工艺技术的逐步改善，蔗糖不但产量大增，而且在原先炼赤糖

（又称"红糖"）的基础上，通过"赤糖再炼，燥而成霜，为白糖，白糖再炼，则成冰糖"。[①] 同时，改变以牛拉石礤压榨之法，使用称为"糖车"的木制两辊式压榨机，这种土设备，延及民国时期。

用此法榨糖，大约凑合蔗田 50 亩以上就可成为一个"寮"的生产单位。每寮一般需用固定工人（俗称"大工"）10 人，即煮糖师傅 2 人、烧火 2 人、送蔗入榨车 2 人、砍蔗 2 人、赶牛 2 人；流动工（俗称"小工"）8 人，即搬蔗 2 人、跟车前车后 2 人、扛蔗渣 2 人、其他杂活 2 人。以上都属场内工作人员。每道工序分工明确，各司其职；至于挑运和"修蔗"等机动人员，则由轮到榨蔗的各户互相协作调配。耕牛以每日 6 班、每班 4 头配备。如果天公作美，榨季一般在公历的 12 月中旬至翌年 3 月下旬，三个月时间可结束。此时正值甘蔗成熟期，若其间雨水过多，则榨季顺延。

糖寮一般搭建于乡下野外，用毛竹做架，以稻草铺搭，状如"蒙古包"。内分前后两个部分，前寮是"绞蔗厅"，后寮是"做糖场"。

绞蔗厅里安装的主要设备是"糖车"。它用每块长 5 尺、宽 2 尺、厚 5 寸的上下两块横板搭成，在两端凿孔安柱。柱的上榫突出板上少许，下榫穿过下板 2 至 3 尺，下榫埋在地下，使整个机身稳定。在上板的中线凿孔两个，并列安上两根质地坚实的大木辊。木辊的周长以 7 尺为宜。两根木辊一长一短，长的为 4.5 尺，短的为 3 尺。长者有榫突出，用来安装犁担。犁担用一根 15 尺长的弯木制成，以便用牛驾着运转。辊端凿有俗称"车公车妈"的凹凸传动齿，两辊必须处理得直而圆，互相吻合。送蔗工用铁钩钩来蔗杆，将其插入两辊之间，当甘蔗一轧而过的时候，受榨压便流出蔗汁，蔗杆由轮后出，再将榨过的蔗插"鸭嘴"中重榨，这样反复榨 3 次，蔗可基本榨尽。下板支承轴脚的两个孔只深一寸五分，辊轴不穿过底板，让板面能承住蔗汁。辊轴下需要嵌装铁条和锭子，以便转动。

---

① 民国《诏安县志》卷 2《地理志·物产》。

承受蔗汁的板上有槽，将蔗汁导入木桶，在桶上通一竹筒，引蔗汁入旁边煮寮中的蓄汁池。入清后，榨汁方法与过去不同的地方，是把木辊换成了石轮，轮之四周，也有凹凸之轮齿，有大木杆挟于二轮之中，杆的周围植以木齿，有一俗称"吊称"的横木，从大木杆伸出。牛走圆圈带动横木，横木再带动大木杆，石轮即可旋转。两者的原理大体相同，只不过石轮比之木辊，更坚固耐用罢了。

大约开榨一小时后，储存的蔗汁便足以煮糖了。煮糖的工序在糖场进行，内中有泥涂硬块砌成的煮糖灶，上置大鼎（锅）6个，汁鼎、清鼎、糖鼎各2个。蔗汁由汁鼎蒸煮后，除去浮沫，舀入过滤桶，一石蔗汁要加入将近1公斤的壳灰，使杂质沉淀，再舀入清鼎，煮至深黄色，尔后舀至糖鼎，加热使水分逐步蒸发，在呈胶状翻滚时（俗称"蛤蟆跳"），为防止溢锅，要放入少许花生油渣。这时要注意掌握火力，如火力不足，便会成为质量低劣的"顽糖"。工人估摸火候已到，取样在冷水中，待其凝结，如掷地有声，即将已成为完全糖质的汁液倒入木制的大平盘中冷却，同时经铁铲翻动和木轮往复碾轧，糖浆逐步变松成粉状，即成赤糖的成品。

如果工人将浓胶状的糖浆放入圆锥状底下有孔眼的蒸陶器里，放置一个晚上后，再把蒸陶器放置另一个锅上，把稻草从蒸陶器底下的孔眼取出，使黄汁淌流锅底，两夜后便可得到一蒸陶器的红砂糖。如要制作白砂糖，则用铁块按压红砂糖，使其下沉一寸左右，然后将捣成粉状的干净泥土放在上面，经过15天，取出泥粉，这时可得约一半的白砂糖；再把泥粉盖在米糠色的剩余砂糖表面，8日后，便再制出另一半的白砂糖。如要制冰糖，则须将白砂糖煎化，利用蛋清中的蛋白质热凝固后吸收杂质的能力，澄去浮渣，适当控制火候，将新鲜青竹破成一寸长的篾片，撒入其中，经过一夜，就可以得到天然冰块状的冰糖。

三都加工赤糖的糖寮之所以设在农村，是因为糖蔗在农村就近加工，可减少运输成本。而红糖的进一步加工，则由经营糖业的商人来做，他们设有作坊（俗称糖房）。鸦片战争后，这种作坊多数设在城厢。这一来是因为县城已成为白糖外销的集散地，原有的糖户逐渐由农村进入县城；二来是因为其周转资金较为雄厚，他们于春夏青黄不接之际，贱价向蔗农收购成糖，或以"放青苗""牛头碰"形式向蔗农放贷，然后由蔗农以赤糖抵债。

三都的糖业，最盛时是在清中期。民国24年（1935），县内平原、沿海地带，仍遍布土糖寮，彼时县城较具规模的加工白糖的糖房有长发、长记、和记、源记、承发、仁发、春发、英发、源和、仁和、仁美、泰来、成泰、瑞美、裕发等，产糖约2040吨，以后逐年下降。到1949年，土糖寮剩下80多家，从业人员只有500多人。

（三）制盐

诏安沿海盐业，得益于光照足、气温高、海水含盐量丰富。制取原盐的方法历代皆有改进，产量逐步提高，成本趋降，所产海盐主要是向外输出。

明初，制盐有二法：一种方法用于海水漫不上的围岸高地，在晴日将草木灰撒到地上，约一寸厚，把它压平。早晨露气重，盐霜便会在灰下长出来，俟过中午，将灰和盐一并扫起，再拿去淋洗。淋洗要挖一深一浅两个坑，深坑有七八尺深，浅坑仅一尺左右就可。浅坑要架竹木、铺上草席，再将扫来的盐灰铺席上，坑周用砂土围起来，中间用海水淋洗，卤水便渗入浅坑。深的坑则接受从浅坑流过来的过滤的卤水，卤水收集差不多时，再倒入锅中煎炼。另一种方法是用在地势较低潮水能漫到的地方，需预先挖一个深坑，将竹竿或木棍横架其上，铺上草席，再铺上沙。当海潮盖顶冲过时，卤气便会通过沙子渗入坑中。过后掀去草席，将点燃的灯火放进坑里照一照，当卤气能把灯火熄灭时制盐户就可取卤水出来煎炼了。

煎炼的锅一般直径在一丈以上，底部平坦，边高一尺多，用铁片铆合而成。盐锅下面排列10个左右的炉灶，以柴火同时烧煮。熬盐时，若不凝结，可以将皂角舂碎，混合粟米糠，乘卤水沸腾时倒入锅中搅拌，盐分很快就会结成晶体。

至明万历年间，制盐方法由熬制改为晒取，即"以力画地为埕，漉海水注之，日曝成盐"。[①] 其方法为：在沙平背风之港，夹筑堤，堤中挖大窟以通海潮，潮消则放淡水出，潮涨则放咸水入。堤与窟为众人所有，而堤内有一块块五亩见方的盐田，则为各家独有。盐田内有蒸发池，用细沙铺就，四周挖有沟，以沟引来大窟咸水，用戽斗一天三次将戽水浇灌沙上，三天后取得沙盐，置于沟旁的漏上，通过淋洗分离取得卤水，流于槽中。制盐人待卤水浓缩至投鸡蛋或饭粒都能浮起的状态，再将卤水导入用石块铺就的结晶池，晒成生盐。一个一丈见方的结晶池，夏秋日成盐约二石（一石60公斤），春冬日成盐约一石。制盐一靠海水、二靠好天气，如果遇到阴雨连绵的天气，则不仅生产无法进行，就是原来已经浓缩的卤水，也会被雨水冲淡。清末，为了使卤水不致被冲淡，人们会用北方所产的大龙缸保存浓缩过的卤水。

自民国26年（1937）起，制盐逐步推行活渣结晶法，即引入海水，待留液池蒸发浓缩至波美度[②] 22～24度，又导入供应池浓缩至22.5～26度，后导入结晶池析出氯化钠结晶，于卤盐中收盐，地方上称其为"带卤收盐"。用这种工艺制出的盐为粒状，色较白，苦味较淡；收盐后，再排除苦卤。一般情况下，夏秋季每天可收盐一次，春冬季每三四天收盐一次。

海盐历代被列为官营产品。清代盐丁产一石盐不过值二三分，终日胼胝炎烈中，故盐丁被百姓认为在诸工当中最艰苦。诏安清代盐田有所减少，这也是其中一个原因。清道光十年（1830），全县年产原盐约3250吨。三都年产原盐不足800吨。民国28年

---

① 民国《诏安县志》卷9《赋税·盐法考》，下文介绍采盐的办法及盐产量亦源自该卷。

② 波美度是表示溶液浓度的一种方法，以法国化学家波美（Antoine Baume）命名。

（1939）福建省政府在诏安设置诏浦盐场的盐政机构，产盐区每50~100人组成盐民生产社，选出理事若干人，理事中再公推一人当社长，负责管理生产，兼理账目，登记每户每日产盐量和运出量，领发工资、盐本和贷款，处理日常事务。所产的盐由诏安盐务运销所负责运销。

（四）榨油

三都取作压榨食用油原料的，以花生为主。明季之后，随着花生种植逐步增加，这项加工业相应而生。压榨花生油的设备包括土砻、风柜、油车、木桶、蒸笼、撞木及木楔子等。"油车"是主要设备。做"油车"的材质以樟木、檀木为上选，但诏安一般是用龙眼木。这3种木材的纤维组织是互相缠绕的，没有纵直纹，经得起击打，不容易开裂。要挑取长近4米、围粗要伸出两手刚可抱的木料，将其掏成中空圆柱形内膛。圆木向上的一面，要开一条明槽，槽之一端接着正方形的口子；下面则要做一道暗槽，槽之另一端钻一个圆孔。至于其大小，没有一定的标准，以合适为宜。木楔子要取檀木或柞木，用刀斧砍成，不需刨过，原因是要它粗糙而不要光滑，否则楔不紧，反而不好。撞木和木楔都要用铁圈包住头部，以免披散。

用以榨油的花生，要求足够干并不能带土，花生放在土砻间，用人力转动直径约1.5米的土砻，给花生脱壳。然后通过风柜扇去花生碎壳，留下花生仁，以大石臼将其捣碎。接着放到蒸笼里蒸，通过蒸汽并调节水分，油分便可聚集排出，此法既可提高出油率，又可得到纯洁的油脂。待蒸至透出香气来，就可将花生取出，然后摊在地上，做成一个个直径35厘米左右（与圆木中的空隙相应）、厚约3厘米的饼状，外以篾圈箍住。做的时候动作要快，如果动作迟缓，蒸汽就会发散，出油率便低了，得油较多的秘诀就在这里。箍好了，就可装在油车（榨木）的内膛中，放满后用硬圆木顶住，用撞木将木楔子打进去，顶出的空隙再加圆木，花生油便被挤压出来，花生油通过下面的圆孔流入接油的木桶内。第一遍工序并不能将花生的油榨尽，工人要把花生饼取出，将其渣倒入锅中炒，再依前做成饼状，放入油车再榨，一般两遍便可榨尽。每条油车可日榨花生果 500 公斤，出油 135 公斤，剩下的"枯饼"，可用作猪饲料或上等肥料。

入清后，县城成为花生及成品油的主要聚散地，在北关出现因榨花生油而成名的"油车巷"。民国 25 年（1936），三都的油行（坊）近 40 家，较大者如逢其源、福利、隆兴、元和、人和等，均设在县城。这些油行所用原料，除在县城花生专业市场收购而来的外，还有在县内产地或外地采购的花生。油行老板通过向农村的油坊发放短期借款，到榨季时收油以抵。县城周边的西坑、溪南、溪雅、林家等村都设有油坊。[①] 民国 23 年（1934），全县年产花生油 2194 吨，大部分来自三都。[②]

（五）酿酒

三都民间所酿的酒有白米酒、老红酒、地瓜烧酒、果酒、蔗酒等，其中以白米酒、老红酒居多。县中有制酒出售的作坊；民国时期，较有名的是顺源、源大等，皆是前店后坊，设备简陋，手工操作；亦有一些人家自酿自用。

酿酒必须依靠酒曲作种，没有酒曲，即使是好米亦酿不成酒，而酿白酒与酿红酒的酒曲是有所不同的。酿白米酒的酒曲在诏安俗称"白曲"，酿老红酒的酒曲在诏安俗称"红曲"。

制白曲最好选在炎热的夏天，麦、面、米粉都可以用来做酒曲。古人做麦曲，取带皮的大麦或小麦，洗净晒干，先舂后磨，使之越细越好；然后再用净开水和匀，和得硬硬的，做成饼状，放到

---

① 此数据源自新编《诏安县志》卷 16《粮油经营》、卷 11《工业》文献资料，并结合民间调查所得。
② 据诏安县档案馆馆藏资料第 97 箱《诏安县经济统计表》。

平板上，用棒子在中间穿一个小孔；再用楮叶包扎起来，悬挂在通风的地方，或者是用稻草覆盖使其变黄，经过49天，就可以使用了。如果是掩黄时间不足，洗抹不干净，则会成为坏曲，而一点坏曲都可能糟蹋成石的粮食。

酿白米酒要用粳米。方法是以100份的粳米，淘洗干净后，浸软蒸熟铺在席面，待米饭冷却至30℃左右时，拌入酒曲15份，然后装入瓮内。酒曲里面所含的曲霉、根霉及酵母菌，通过米饭中的淀粉成分繁殖，并分泌出淀粉菌，在其作用下转化为糖，同时酵母菌的旺盛生长，又可将糖转化为酒精。保持22℃的温度，3日后加温水浸没米饭，米饭随即进入酒精发酵过程；再过两天将液汁压出，即为米酒，或者通过蒸馏，将酒精蒸出，即为白酒。

在白酒的基础上，加进红曲、糯米等原料可进一步制作老红酒。为了酿制红酒及应付节日做糕果的需要，地方上每年在种植粳稻的同时，也会少量种植一些糯稻。糯稻赤壳者很适宜酿造红酒。清末，有一种香糯由粤东传入，其粒圆个大味香，以此作为酿酒原料，效果更好。

红曲，主要是用大米培养红曲霉制成的。制红曲用的是籼稻米，米要舂得极其精白，用水浸7天，待其发出恶臭，就把它放到流动的洁水中漂洗干净。漂洗后的米虽仍有恶臭，但把它蒸成饭后便有芬芳的香气了。蒸时，米至半生熟就从锅中取出，用冷水淋一次，待冷却后再蒸至熟透。这时按每石曲饭1公斤曲种的比例拌匀，由热拌到冷。经过一段时间，由于曲种的作用，饭又逐渐升温，即倒入箩中，用明矾水淋过一次，再摊在筛子上，放在阴凉处的架子上通风（制曲必须在通风的条件下才能成功）。不论白天黑夜，每两小时要翻动约3次。经过7天时间，红曲就制成了。但有个前提，就是制曲中凡接触到的手和器具都要极其干净，否则就会失败。

制老红酒的一种方法是：取糯米1石，冷水淘洗干净，滤出来放瓮中，用刚开始冒泡的开水浸泡。过一宿，米就会变得特别酸，再蒸成馏饭，摊开使它完全冷却；用刚开始冒泡的开水泡出两斗潲水，再熬成 6 升的汤，倒进瓮中；再拿 6 斗米，1 斗用箩选取过的曲末和饭一起放到瓮中搅散。将瓮口密封，过一宿，制酒者拿粗而稀的新布滤出酒糟，另外再煮 1 斗好的糯米饭，趁热放到酒瓮中，作为酒汛，用单布盖住瓮口，过一宿，汛米消融了，酒味也具备了。将这种酒，装入罈中置亮处，每年换旧入新各两壶，藏至十余年，则醇香浓郁。

（六）果蔬加工

三都盛产瓜果蔬菜，又是蔗糖、海盐产地，因此，以之为原料的蜜饯品、腌制品达百余种，有的还远销海内外。据蒲华明、黄乾文等业者介绍，几种主要产品的制法如下。

属蜜饯类的主要产品：一是山枣糕。鲜山枣经冲洗后用开水煮烫，剥皮取果肉，以浓糖液和果肉搅拌混合成胶状，储于瓷缸；待胶状物颜色由白变褐，取出压成约 1 厘米厚，摊在竹筛上曝晒至金黄色，又以纱布蘸清水擦表面，再晒干，最后根据需要切成条状、块状或卷筒各种形状。该品种柔软酸甜，营养丰富。二是冬瓜（萝卜）条。鲜冬瓜经去皮、切条，腌以石灰，尔后漂水、蜜煮、翻糖衣面（也可以萝卜代替冬瓜为原料，成品风味略有不同）。二者色泽洁白晶莹，入口爽脆甜润，存放经年而不变质。以冬瓜条和柿饼、灯蕊草一起熬制，有清凉退热、解毒化疹之功效。三是橘（柑）饼。分别选用成熟的蜜橘、樟柑，它经过磨皮、切瓣、压汁、沤石灰、漂水、煮坯、蜜浸、蜜煮、冷却、成形、盖糖衣面等多道工序精制而成，成品成扁状的切瓣形，似花朵，色、香、味俱佳，还具有止咳、润肺、开胃、健脾的功能。四是青竹梅、话梅。青竹梅是挑选八成熟的梅果，经粗盐粒刺皮（后改以针扎），稍加腌制，浸水后从低浓度到高浓度的冷糖液慢慢蜜浸，至含糖饱满，再以叶绿素或食品青调色（以前用铜浸）。该品色泽青翠、糖液透亮、入口爽脆，又带有青梅独特风味，是蜜饯之珍品；话梅是用食盐腌制的梅果，在日下晒成梅坯，再把制好的梅坯漂水沥干，以白砂糖、盐水、糖蜜素、甘草、中药香料浸泡至一定时间后，捞起沥干，放在竹筛曝晒、风干，其间调以糖液、香兰素等。成品呈赤褐色，酸甜适口，入口生津提神。

　　属腌制类的主要产品：一是咸金枣。它以新鲜金枣腌制成枣坯，再经过选坯、沥干、煮坯，尔后放在瓷缸中，浸以白糖、食盐、甘草水，经煮成浓液状，让其融合、酵解，捞去籽壳，配以中药材和香料精制，再熬成果泥，搓成丸子，经日晒风干后，多年存放而不坏，反而越久越香，具有健脾胃、助消化、解腹胀、止吐泻、润肺祛痰等功效。民国初，沈尝兴的咸金枣曾参加在巴拿马举行的世界博览会，获得金牌大奖。二是梅蒲。以腌制好的梅坯，稍加漂浸，捞起沥干，用石臼捣成果泥，放入瓷缸，再调以糖、甘草水、糖蜜素、中药香料和小量南姜让其浸泡后搅匀，做成饼状小块放上竹筛晒干。梅蒲呈赤褐色，酸、甘、甜、咸，以之调酸梅汤，色泽金黄透亮，味道酸甜可口，为消暑解渴的一种饮料。三是腌芥菜。新鲜芥菜，除去其叶丛，削平顶部，控净须根，用清水洗净，然后晾晒除去表面的水分。按4斤菜1斤盐的配比，一层芥菜撒一层食盐，装入缸内层层码好。缸下部用盐量比上部要少，接着浇入1斤余清水。开初每天倒缸一次，待食盐溶化后每隔一天倒缸一次。一周后每隔2天倒缸一次。30天左右腌制成熟，可用石块压紧，使盐水没过芥菜，进行封缸保存，可供常年食用。

二　用品制作

（一）苎布织染

　　苎布过去较为常见，一般用做夏布，不仅自用，而且外销。其品种又可分为白苎布（苎麻须以灰水沤过）、生苎布（苎麻不沤而织），以及不用纺的苎丝布、苎麻布。

　　苎麻是纺织苎布的原料，加工时，大拇指要套上长 15 厘米的竹指，食指捏住一把长有 25 厘米的弧形刀连柄，两件相夹形成圆形。工人再将苎茎对折，取出内骨，用手抓一端压在竹指和弧形刀中间，用力去皮，再反之去剥另一端皮，尔后将剥下来的皮在太阳下晒干，这样可以防止其发霉变黑。麻皮在要破析成纤维前，得用水浸，但浸 5 个小时左右为宜，久浸水中容易导致麻皮腐烂。苎本淡青色或淡黄色，用稻秆灰、壳灰水煮过，然后放到流动的水中漂洗，晒干便变成白色。

　　织布前，要先将苎皮撕成丝状，在木板上搓成线，依序放在苎篮里面，接着是用糯米粉或地瓜粉做成糊，放入小桶内，桶两边对称钻两个小孔。将线从一个孔穿入，再从另一个孔中抽出来，然后牵引到糊辘架上。糊辘架高 1.5 米，宽 0.6 米，架上安装有 5 根直铁柱，前面有对称轮，中套竹筒，共有两架，相距 40～50 米。苎线从这一头的辘架牵到另一头的辘架，循环在辘架的铁柱间，牵引到 5 环，一个人在另一头，将苎线收入篮子。这样实际上经过的距离已有约 200 米，线上的黏糊已经干了。

　　接着要将线挽成纱团，办法是用木制的手摇纺车，将竹编喇叭套入纺车的横杆内，使其转动，篮中的线便卷在上面，待达到一定的圈数再换再卷；进一步就需特制的木轮转盘，通过下面用脚踩，以粗扁绳带动上面一个直径为 25 厘米的轮盘转动。这个轮盘上又均布 5 个横向的铁钩，铁钩套着竹壳，分别将挽在竹编喇叭上的线头卷入这 5 个竹壳；通过不断地旋转，形成每卷厚达 5 厘米的纺锭。旋转要匀速，只有如此，纺锭上的线才不至于时松时紧，才能保证纺出来的布细密均匀。

　　过去民间织布使用的是木制脚踏织布机（俗称"九归"），将纱团一次性摆 10 个，每个线头要穿过织布机的木梳间隙。若是四尺门的装 400 条线，若 3.8 尺门的装 380 条线。线装完毕，线头要整齐地扭结到机子前面的横杆上，顺序牵引将上下的线对开，此为

"经线"。靠坐在横板上的织布者两脚的踩动，使"经线"间隔上下分开约 8 厘米，梭子（为木制，两头尖，中间装线团）就带着"纬线"，在这间隔中往返梭巡。一个熟练的操作者，一天可织布七尺左右。在清代，还出现了一种以棉丝间苎丝织成视之如罗的假罗布，有三线罗和五线罗两种，此种布织造的时候要两个梭子，一个棉丝梭，一个苎丝梭，轮换着用。其他工艺与织苎布大致相同。

苎布要成为成品，通常还需经过漂洗洁白、染色晾干、滚蜡三道工序。据老者讲，旧时用于洗洁的原料很原始，在高约 2 米、直径 2 米的大木桶中，倒入 40 担清水和适量的酸泔水、壳灰水，将苎布放入其中大约两个小时，除去杂质。

所染的颜色基本上就是蓝、黑、紫、红数种。染蓝的原料以靛青（又叫蓝靛，民间多取自茶蓝、蓼蓝等天然植物，也可人工合成）汁液为主，配上少量蔗糖、花生油、碱、壳灰等进行发酵。开始时每个染缸靛青只放 25 公斤，以后逐渐增至 100 公斤，时间需 15 至 20 天。负责配料的人，叫"看缸"。如果此人技术水平高，责任心强，可省时省料，反之，也可能导致原料全都作废。原料经发酵后，第二天要染色，在前一天就要加水，使原料沉淀后，用上面的色水进行染色。这样循环进行，直至原料用完为止。若染黑色，则取大青草、土茯苓植物浓汁；若染紫色，则取薯良、何首乌浓汁，其工艺流程与染色布大体相同。如果要染大红色，则要将一种名叫红花的植物，带露采下，捣烂并用井水冲洗，装入布袋拧去黄汁，再捣烂，用已发酵的米水淘洗，又装入布袋拧去汁液，然后用青蒿覆盖一夜，捏成薄饼。在染色时，用这种饼做原料，用乌梅水煎煮，再用碱水澄清几次，最后就可以得到鲜艳的大红色。

染过色的布晾干后，最后一道工序是用弓弧形的压石碾压上蜡。每石重百斤，用坚实的木材制成木槽，布料沿轴心输入槽内，人工脚踏压石的两端徐徐碾布，把涂在石上的蜡逼进布料，使布料平滑光泽。完后取出苎布，工人将之漂洗晾干，置于平板上，用稀米浆涂刷，等晾干后再将成品一匹匹卷起来。

上述织染法，在诏安沿袭了数百年。尽管近代机织布（俗称"洋布"）流入，对国内市场有所冲击，但苎布作为南洋人偏爱的夏衣布料，到清末民初仍很畅销，使三都的传统苎布织染业仍然存在，有的则有所革新。据县城谢淇老人回忆，其父辈曾创办工艺所，购置数台新式木质织布机，并聘请广州技工传授织布技艺，进行机器织布。当时城关染布作坊尚有 20 家，其中北关大路街一带 15 家、南关东路墟 5 家。染坊的规模主要看这个作坊的染缸数量，小作坊有三四个，一般的 8 个，多的可达 10 来个。抗战时期，洋布禁绝，只有广东澄海敌占区流入的零星土布，地方便以旧棉等为原料来加工土布。到1950 年，三都从事纺织加工的 35 户，从事洗染的 3 户。[①]

（二）制木竹器

民国时期，三都从事竹木器制作的有近 150 人，三民南路（原称"交荔街"）设有一些前店后坊。

诏安山林较多，普通的木竹用材大多可以由本县就地取供，大量的木竹被用来加工为生产生活用具，如木器类的水车、推车、扁担、木桶、锄头柄、床、柜、桌、椅等；竹器类的竹耙、粪箕、斗笠、筛子、蒸笼、箩、筐等。光是民间常用的桶，林林总总就有 10 多种。桶帮要细心刨成弧形，做得严丝密缝，桶底要用特制的尺余长铁圆规画出，大小正合适，再用竹篾在外壁箍 3 道，技艺好者，不加油漆就能做到滴水不漏。在木竹工匠中，箍桶并不是一般工匠所能干的，多是父祖相传。

业中要论做工的精细和工序之多，当属红木家具。明清时期，城关便有细木匠加工这种家具。其材料以南洋出产的柚木、楠木、酸枝、花梨等上等木材为主，工匠将其按需要锯成长短厚薄不一的

---

① 数字来自诏安县档案馆的馆藏资料第 97 箱《诏安县工商业统计表》。

片板，通过在大鼎中蒸煮，做防蛀防变形的处理；然后再经取料、锯形、刨光、凿榫、雕花、铆合、磨光、上漆、抛光等十几道工序，加工成太师椅、架子床、圆桌、方柜、茶几、祀桌和门、窗、屏等。红木家具的主要特色就是其雕刻，古时雕刻工艺主要是平雕、镂空雕，民国时，圆雕工艺亦有所发展。匠人可根据用户的要求，在家具上精雕细刻龙凤、牡丹、松鹤、宝鼎等吉祥图案及各种装饰纹样，有的还镶嵌珠贝饰件或大理石，既美观大方又经久实用。雕刻其实不单用于制作家具，还用于雕刻寺庙祠堂的祀像和梁柱窗屏等，多在原木雕造型基础上刷漆贴金箔而成金漆木雕。在庙祠及城关人家中，这种工艺品至今犹然可见。这种制作工艺，系明清之际由潮州、樟林、大埔的工匠传入，以后便一直延续下来。

（三）制铁锡器

民国时期，县城有双正、双太等打铁作坊 12 家，锡器铺 2 家，主要集中在县城中山路，此外还有游街走巷搞修理的工匠约 140 人。

铁器中，犁头壁、鼎属大件，铸造难度要大一些。犁头壁包括犁头和犁壁，铸造的旺季在小暑前和寒露后。铸造的主要原料是回收的犁砂（白口砂），搭配杂铁，以及大量的垄糠灰及少量乌烟、稻草灰，这样制出的犁头才锋利、耐磨。制铁器时，平原地区一般以煤为主要燃料（占七成），木炭为辅助燃料（占三成），主要工具为冶炼炉子、风箱和铸模等。为了节省燃料，保持炉内高温，炉子连续数十小时不熄火。铸鼎在立冬后至翌年端午节前为旺季。鼎的铸造过程与铸犁类似，其主要原料是回收的鼎砂（灰口砂），并搭配少量犁砂，辅以乌烟、稻草灰，燃料基本相同。质量好的鼎应是鼎身薄、边沿齐，且内外光滑、易热耐用。菜刀、镰刀、锄头的制作则较简单，其原料有出炉炒过的熟铁（毛铁），也有回收的旧铁件（劳铁）。为达到其高硬度和耐磨性的要求，传统制作的方法，是将之烧红并经过一定时间保温的工件突然浸入水或盐水（有时用油）中淬火。铁件接合时要在接口处涂上黄泥，烧红后立即锤合。

制锡器俗谓"拍锡"，主要制作暖锅、茶罐、酒壶，以及祭神、婚礼用之器皿。茶罐、酒壶不但要耐用美观，且讲究密封，这全凭刨光技术的精细，方能使其严丝合缝，不漏气不漏水。

（四）制陶瓷器

三都制瓷业的历史较早，宋代，三都鸡笼山的肥窑、西姑山的侯山窑已有较大批量的瓷器出产。制陶历史则晚至清代，陶器主产地在新安。

瓷器制作要先将高岭土放入臼内舂约1天时间，尔后放入缸内加水澄清，把浮在上面的细料，倒在窑边用砖砌成的方形塘中。借窑的热力吸干水分，然后加清水调和制坯。如果所要制的是杯盘碗之类圆形的日用品，可以用陶车来完成。陶车的结构是用约5尺的直木一根，3尺埋入土内插稳，留2尺左右露出地面，上下各装有圆盘，以小竹棍拨动圆盘的边，使陶车旋转。用檀木刻成一个"盔头"，戴在上盘的正中上面。制造杯盘不用模型，操作者用两手捧泥放在盔头上，坐在陶车旁边稍高的地方，两腿向左右屈伸，膝盖分别顶住两手肘。旋转圆盘时，制陶者用剪过指甲的拇指按入泥中，轻轻捏住泥坯，随着旋转慢慢上升，便出现杯盘碗的形状。过一段时间，制作者将其翻转罩在盔帽上，略印一下矫正圆口，稍晒至半干，再次印坯使器形圆正，然后把它晒得又干又白；再蘸一下水，带水放在盔帽上用利刀细心刮两次，使坯身平滑。为美观可让泥坯旋转起来进行划圈，接着，制作者在坯上绘画或写字，喷上几口水再上釉。如要制作不是纯圆形的器物，则要先用黄泥制作模具，模具对半分开或分上下两截，将瓷土放入泥模印成瓷坯，脱模后用釉水涂在接缝处。如要将瓶壶把手等各部坯件粘接起来，可在生坯尚保持湿润时，用水把坯土调稀成泥浆来粘接；若各部件已变干，可用釉料和泥浆调配来粘接。青花瓷所用的高岭土，取自本地，釉料则是从外地购进。瓷器坯件经画彩及上釉后，要装入匣体，装时不能过于用力，否则容易变形。匣体用粗泥造成，其中每一个泥饼托住一个瓷坯，底空部分，用沙填实。装了坯的匣子入窑后就开始封窑点火。窑的上部有 12 个圆孔的"天窗"。先从窑门发火，烧 20 个小时，火力是从下到上的，然后从天窗丢柴入窑烧 4 个小时，这时的火力则是从上透下。瓷器在高温中像棉絮一样软，经过 24 个小时，用铁叉取出 1 个来检验火候是否足够，如果够了就停止加柴。烧制瓷器的古式龙窑从平地堆土而建，自头至尾逐渐升高，整个窑成斜坡状。旧时燃料因多用山草、松枝，燃烧温度近 1300 度，烧成的瓷器洁白度也就不高，质量不稳定导致成品率较低。

陶器制作要比制瓷器简单。据新安村人许艳生介绍，其原料系取本地红泥中粘而不散、不含沙粒的胶黏土，用锄头捣碎，以水浸润，人牵牛在上面踩踏、翻动，再踩踏，让生土成熟泥。工匠取适量的泥，用手反复揉搓，尔后再按所制罂缶大小，捏成规格不同的圆柱体，分别置于陶车旋盘，由一人扶泥提拉、一人旋转陶车做成坯。将坯晾至半干半湿时，工匠用泥条做罂缶的嘴、耳，以釉水粘上，再用木槌等工具加以整修成型；经过几天晾干，就可上釉了。陶器有的内外都上釉，有的则都不上。釉的原料是取地方上常见的蕨蓝草，烧成灰，经过滤，掺红泥水而成。上釉等全部干燥后，便可入窑。烧陶的窑不宜建在平地，最好建在斜坡上，以防积水受潮。烧时如是连着几个窑，可利用逐渐上升的热气。新安村的陶窑，长约 80 多米，宽约 2 米，渐往里进渐高，最高处不足 2 米，窑顶呈拱形，窑头开小门，窑道两旁每隔两米各有一个小口。烧制需要一昼夜的时间，各个小口同时进草烧火，把握火候逐步上移，直至窑尾；进草烧过后的小口要封闭，全部烧成后要封窑，大约过五六日，就可以出窑了。

（五）针织、编织

针织和编织是民国时期较普遍的家庭手工业。针织有织渔网、织花边等织物。渔网在清代有的销到台湾，也有的由水客销往南洋，据说销路不错。入民国，政府为鼓励织网业，颁布渔网外销免税的政策。当时织网用的麻和纱，分别由武汉、上海运到汕头，再转入本邑。承接织网业务的"头家"将这两种原料买来，然后雇人将麻、纱分别纺织成线，发给本地的妇女织网。织网的方法简单，用一片小竹片，引着线挑织而成。大概一个渔网挑织完成，要用 20 天的功夫。"头家"将业务分发到各户，织得一张渔网付给工钱 60 铜圆。城内"宁仔街"（方言中把渔网叫"宁仔"）过去是渔网的一个交接地，一些人家以此为业。民国时期，城关每年所出的麻线网和纱线网，价值在 20 万元左右，产品主要行销南洋的暹罗、安南、实叻坡等地，小部分销售在本县及漳属县。织花边的白纱原料亦来自上海纱厂，其织法是用一根勾针引白线勾织，有点类似织毛衣。工钱以所用白纱的"粒"（每粒长约 3 码）计算，织完一粒大约工钱三角至四角。织品主要运销美欧国家。过去，地方织物还有草席、麻袋等，1956 年，三都草、麻编织品产量各在 10 万件以上。

第六章　资本流动

在过往的经济活动中，民间借贷、土地租赁转移，以及合股经营等事项是经常发生的，为便于对三都经济的真实了解，笔者本着调查所得，以"资本流动"为题做摘要的介绍。

第一节　资金融通

一　钱庄兑换

鸦片战争后，在三都流通的货币，有本国货币，也有外国货币。其币制有银币和铜币等。银币有纹银、银圆、银角。纹银分元宝、中锭、小锞、粒银4种。银圆除"大清龙银"（俗称"大银"）外，还有西班牙佛头银、日本龙银、墨西哥鹰银等；银角（俗称"毫角"）为福建、广东省铸制。铜币有铜钱和铜圆。铜钱圆形方孔，有"通宝"字样，相沿清制的13种。铜圆圆形无孔，诏安人称之为"铜片"。光绪后期，朝廷允许各省自铸铜圆，三都市面通用广东、福建的铜圆。清宣统二年（1910），规定银圆为本位币，迨至民国，诏安市面上铜钱于民国 14 年（1925）停止使用，银两于民国 22 年（1933）亦不再使用，而清制的银圆连同民国铸的"孙银""船银"等银圆尚在流通。尽管国民政府于民国 24 年（1935）宣布法币政策，禁止银圆流通，却禁而不止。各种铜圆则逐步被民国铸的"开国纪念币"所取代。民国时期，纸币大量发行，有属中央货币的法币、关金券、金圆券，以及地方货币。

清末民初，在诏安流通的货币五花八门，而且同一类金属货币（"硬通货"）又有重量、成色之分，因此当银两、银圆、铜钱、铜圆折算时，其间必须有个折合率，计算非常复杂，折合率也时常上下浮动，犹如外汇涨跌一般。因此，县城南门头的"正大"、通济桥边的"合记"等私营"钱柜仔店"，通过经营兑换业务，从中赚取佣金。如银角 1 角兑换 90 多文，若兑换银圆 1 元，可赚 40 多文钱。货币的折合率每天早、午两市开示，升降由当天市场上银圆供需变化而定。

当时，县城有 12 家金银店铺，大多集中在松鹤巷（又称"打银街"），民国 20 年（1931）一些店铺转移到新建的中山路和三民路。① 因市面上出现用"炉底银"仿造的银圆，丽源、昭文、和发等经营金银饰品的店铺，便新增一项柜头业务，就是代顾客鉴定银圆，鉴定为正银的，在那块银圆上钉上该柜头银号，以示负责。每个银圆收鉴定费 4~5 文，鉴定后如果流通不出去，由原柜头负责收兑。

至民国中期，流通的货币种类减少，而侨汇增加，除侨批局办理汇兑业务外，"钱柜仔店"及部分金银店铺也私下兼营汇兑。

民国 17 年（1928），诏安通益有限银公司创立，设址于中山路中段。该钱庄由漳州民兴银行（驻漳州国民党部队师长张贞当后台老板）认股注资，县人沈淮三、李庆标、张式玉、黄濯坤、沈子恒、

---

① 城关金银店铺的堂号有丽源、和发、昭文、源和发、泰源、陶兴、金宝、金源、瑞珍、萃珍、华德、天章、文华、集盛、恬兴等。

谢逸夫、沈启钦等参股组成，资本总额 3.6 万元，采取股份制形式集资，计 73 股，每股银圆 500 元，按认股数分大、中、小股东。钱庄设董事会，沈淮三任董事长，归国华侨李庆标为经理。董事会每半年召开一次，年终结算付给股东股息。通益钱庄的业务，除办理汇兑外，也办理存款，放款及递送书信。存款利率为 7 厘，放款利息为 1 分 2 厘，贷款时要有实物作抵押，并收实物栈租。在漳州范围内，民兴银行、通益钱庄所发行的纸币，可以流通使用。民兴银行发行的是主币，有纸钞 1 元、5 元、10 元三种，通益发行的是辅币，有纸钞 1 角、2 角、1 元三种。钞票与银圆等值。对市外没有直接通兑的县份，商家可持该纸币到这两家公司兑换。民国 21 年（1932）4 月，工农红军入漳，以张贞为师长的国民党四十九路军败退，民兴、通益同时停业，只负责将发行的纸币兑换回收，并清理原先的存放款。

二 当铺典当

诏安的当店大都在三都。开当店要财雄势大，事前要向官府申请，当铺自愿每年承缴若干饷项，得到批准领回执照后才能开业。所以过去当铺招牌上，除书写字号外还要加写"饷当"，表明是注册备案的。

三都的典当业，起兴于清乾隆、嘉庆年间，光绪时有较大的发展。据百岁老人陈士培先生回忆，当时，城郊大美村沈姓和城区东门内许姓开设的当店较有名气。全县先后开设的当店有 10 多家。[1]

---

[1] 如东关的悦来号（设于蒲厝街，店主许庆芳）、集云号（设于朱厝街，店主许述尧）、福源号（设于五显街，店主傅浩然）；南关的协和号（设于石狮巷，店主沈潜竹）、裕丰号（设于石狮巷，店主沈炳宗）、仁和号（设于石狮巷，店主沈绍箕）、泰兴号（店主沈耀虚）；东城的丰茂号（设于步云巷，店主沈贵添）；北关的同济号（设于慎颖巷，店主张继）、济春号（设于重福街，店主沈焕章）；城内的庆来号（设于十字街，店主许怡堂）、恒德号（设于西门路，店主许妈娇）、东兴号（设于鉴塘路，店主许良显）、享利号（设于行宫边，店主陈敦厚）等。见陈士培《旧社会当店行业琐忆》，载《诏安文史资料》第 13 辑，诏安县政协文史资料委员会编，1991。

县内现存的巷名"当店巷"，就是因巷中开设"福源"号当店得名，"同济巷"则以过去巷中有"同济"号当铺而得名。乡村除了桥东桥头街的合茂号（店主林宪庭），西潭、深湖、溪南也有开设，其中西潭村就设有逢兴、源兴、吉成3间饷当。

民国9年（1920）后，由于社会经济衰退，出现一些当户到期无法赎回当物，当店拍卖不足当本的情况，不少当店无法维持而停业。抗日战争期间，百姓生活艰难，当物大都有当入无赎出，而且渐当渐空，当店的生意更是每况愈下，民国29年（1940），仅存的仁和、福源两家亦告歇业。

地方的当店，除店主外，一般还设"企柜""司票""管当"。"企柜"不但要有识别货物的知识，而且要有应酬能力，如遇地痞流氓，会给点体面或便宜，以免招惹是非。"司票"是书写当票的人，要经过培训才可任职。不论当何物、价多少，都要一笔写成。当票是用32开白玉扣纸印成，木刻版，印红色，上面是当店的字号，中间两厘米宽的一行空白，由司票用墨笔书写当物和当值，字体故意写得难以辨认，两边印着当押例规，如月息若干、当物期限及当物如遇虫蛀、鼠咬、水火、盗劫各安天命等字样，下面一行是编号，"年月日"，亦由司票书写，最后才盖上当铺朱印。"管当"就是管理当物的人员，接到当物即行包捆，附上原司票员用杉木牌所编号码标签，并按物品性质分门别类，适当放置。如属贵重物品，另交专人妥善保管。此外，还要有一人职掌记账结账，总结收支盈亏，这一般由店主亲任。

当店的营业时间，一般每日上午八时开门，下午四时关门。但每年在尾牙至除夕，因为当赎者较多，当店便增开夜市营业，并对取赎当物，减息一分。年三十晚因人流量大，当铺经常通宵达旦营业，年初一停止营业，节后择吉开张。当店的营业人员除按月支领工资外，年终还可分得"花红"（奖金）。

通常的当赎程序为：一是入当。当押物品，物主先将所要当的物品交上柜台，声明当款若干，企柜即将物品摊开翻检，提出当值，双方讲妥算是成交。企柜即将当物交背后的司票，司票据此书写当票，另写标签，一同交给管当。管当按票查对无误，留下物品。将票交企柜，经企柜过目后即将钱和票一并交予当物人。二是取赎，取赎时，当物人将当票交给企柜，核计本息，企柜收下款，将当票交管当人，由其按照原票所编号码与当物核对相符，即将物品交给企柜，转还赎当人，并由司票将原票及账簿上分别盖上"已于某年某月某日赎注销"印鉴备查。

按典当业的行规，金银首饰、古董字画、铜锡器皿、家具、农具、布匹、衣服、棉被等物件，皆可典当。民众光顾当店，无非是急需用钱。而当店对要当的物件，在书写凭证时，往往写上不符合物品实质的评语。如当一套新布衣，写的是旧布衣一套；当一件银首饰，不写明重量，而写成色低次银某首饰一件。当店通常以低于五成折价付款，当面议明期限，按月计息，付给当单，到期取赎。期限一般为半年至一年，抵押的月息一般是每百元加 2 元至 3 元，"利不过三"，到期无法取赎的，经允许可以换单付息延期，否则予以销当，当品由当店拍卖。典当者遗失当单，可向当店报失，查明抵押品未被人冒领，即可补给。如当店致使抵押品遗失、损坏或遭虫蛀霉变，则要负责赔偿。

为了防备盗劫，开设当店的房屋都是密楹密桷，门窗以铁件做直柱横栓，有的在墙壁上透开枪孔，尽可能把建筑物装备得坚固牢靠。在设置方面，多是在进门处内置一连柜，柜台上格竖铁杆，留两个小孔供进出典物和付款之用。连柜后是层架排列，以贮放典物。民国 9 年（1920）前后，军阀混战，地方盗贼横行，东城丰茂号、东关福源号曾遭"撞变"（即明火执仗的抢劫）。

笔者曾听县人傅崇毅先生讲述其族中前辈办"福源饷当"的情况。福源饷当的前身是福谦当店，清同治年间由东关人傅仪在溪南村开设。光绪初，因店被抢劫，不久便搬回县城东关五显街

（今三民北路）典楼房续开当店，改号"福源"。该当店在清末民初有 2.4 万银圆作为周转金，其中一半是以 1.3 分的月息借贷的。当时业务较多，店里设了数间仓库和不少橱架。为便于区分先后，承当的物品取《千字文》"天地玄黄，宇宙洪荒"的顺序排列，账本也依此顺序记流水账。

民国 12 年（1923）冬，广东饶平大港的一伙强盗，在抢劫了城郊溪雅村的合茂当店后不久，又在近年关的夜晚，出动了 60 多人，抬着蜈蚣梯，带着武器，包围了福源当店。撞不开大门，强盗们便爬上房顶，将屋顶挖开一个洞。店内人员持枪抗击，打死盗匪三名，打伤七八人，民团兵丁发现后鸣锣包围，盗匪未能得逞。第二年，饶平人杨卓夫到诏安任知事，盗匪中一个叫杨水鸡的时任南军的营长。两人串通，以抗捐的"罪名"将福源掌柜傅宛然及其子抓至县署，勒索了大洋 1000 元，才了结此事。

三　私人借贷

私人借贷在民间非常普遍，一般的农民和小商贩因天灾人祸，多是通过这种途径来暂渡难关，借贷方式也不止一端。

（1）是"生钱按当"。比如农民急需钱用的时候，把自己的田契交给债权人做抵押，以为借款的保证。这种借款方式须请托中人出面，讲明借款若干和抵押品若干，经债主同意之后就由中人招会农民，三面当堂交契交银。中人"茶水费"5 元，买卖双方各负担一半。据了解，在民国 35 年（1946），田契抵押价值，普通一亩上田可抵押 80 元至 120 元，利率为每元一个月 1 分 2 厘，也有高至 3 分的。抵押期限，一般为 3 年至 5 年。本利需按期全数还交债权人，如逾期未交，就要照利加母计算，到拖欠至接近土地的价值，债权人便要将土地予以过户。

（2）是"放青贷"。如"放粟青"，系以青苗作抵押的贷款形式。旧社会，贫苦农民因天灾人祸或在青黄不接时为了度荒，急于用钱，家中又无实物可以典卖，便用卖青苗方式向富户求贷，富户乘机压价买其稻谷青苗，约定收成时应还多少稻谷或按收成时稻谷的价格折算还钱。又如用于甘蔗、柑橘、荔枝、龙眼等作物的"喝园"，作法是在甘蔗还未能砍、水果处于花期或结果时，由商人和种植者通过"互人"（中人）商定，或预付部分订金，今后由商人按时价收购，利息另算，或预先讲定并预付产品价钱，由商人包收。

（3）是放"行头款"。这主要是对禽畜、水产养殖户，由牙行贷给款项，以解决对方资金的困难。尽管不收利息，但农家上市的产品得由牙行标定价格代销，货款在销售后结算，对货物销售抽取的佣金也会相应提高。如在民国时期，渔业主或工商业者投资置牵风船等生产资料，与舵手订立归还投资的合约，由舵手雇工生产，水产品则由置业者经销。渔民置小型渔具需要资金，可向卖鱼行的老板借贷，利息略低于高利贷，但条件是收获的渔产品须卖给该鱼行以抵债。

（4）是赊欠"信用金"。民国时期的私营工商业者，除自己投入的"实有资金"外，还以信用作保证向进货行铺赊欠，先进货后还款，或半现款半赊欠，称为"信用资金"。当时一些商户由于购置中山路、三民路的商住房，造成自有资金短缺，进货不能及时归还欠款，得不到上盘商的信用支持，对下盘商贩又不敢被拖欠过多，导致经营困难，甚至倒闭。

此外，民国37年（1948），市场还出现了放、借息条的怪现象。先是月息翻一番，后来是十天利息翻一番，最后发展到以日计息，日息高达15%，称为"飞机息"。当时便有一批人充当"钱牙"，他们居中专为放高利贷者和借高利贷者代办借放息条，并负责清讨，从中获取佣金。部分商人没有看透金融崩溃的趋势，认为放息条有利可图，就变卖存货投入放贷，结果一败涂地。县城现年80多岁的沈应雄先生是过来人，曾提到亲见亲闻的几件事：如东关一家酒店，将店内库存1000多瓮红酒、荔枝酒全部卖出，以货币投入市场放息条，短短几个月时间，千瓮酒竟成泡影，结果老板悬梁自尽。还有的人卖掉谷子放息条，到头来，一担谷子只能换回一包火柴。

第二节 土地转移

诏安三都往昔的土地大体分为两种：一是官田（包括学田、职田、废寺田、没官田、官租田）；一是民田（包括私人田、公堂田、①僧道田）。这里，笔者根据到档案馆查阅资料和询问一些老辈人的记录，就民田的租佃、典当、买卖等情状介绍如下。

一 私有土地租佃

三都私有土地的租佃制度，主要有两种形式：一种是书约，一种是口约。

所谓"书约"，就是佃户向业主租田园来耕种的时候，要订立书面的契约。契约内容要明确租佃年限、地块亩数，并注明每年交租谷（金）数量。这种契约，只有佃户写给业主，业主并不写给佃户。其契约式样如下：

> 兹有佃户×××，耕到业主×××位于××乡的田地××丘××亩。每年代粟××石，年限××年，如敢移丘易当，由业主收回；如不履行契约，业主则可随时另行招佃；若佃户按时纳粟，业主不得提前撤佃。恐口出无凭，立契为据。
>
> 中华民国×年×月×日　业主×××　佃户×××

---

① 公堂田：诏安民间对史学界所称"族田"的通俗叫法，它包括祭祀田（宗族祠、庙的祭田等）和赡族田（包括义田、学田、公役田等）两大类。在本县政府制定的《土地改革前后诏安各阶层占有耕地情况表》中，则将其称为"公地"，并注明："公地，土改前系封建宗族公堂地，土改后系民主管理的机动地"。

订立这种书面契约的一般是地力较差的土地，因为佃户需要做一些改良土壤和灌溉条件的努力，担心一旦生地变成熟地，业主借口收回。

所谓"口约"，就是佃户向土地所有者租田园来耕种的时候，只需凭中人介绍要求佃耕。如果土地所有者应允，双方就以口头谈妥相关的事项，不用写书面契约。这种口头上的承诺，一般不限定租佃年限。如果佃户按约交租，往往可以耕种很多年，若佃户有拖欠事情发生，所有者则随时可以收回田园。

民国时期，地租按耕地的等级来确定租金，有"三七""四六""五五""六四""七三"，共5种（前者为佃农留成数，后者为出租者提成数）。租金又有"铁租""花租"之分。所谓铁租，就是定额地租，不管年成好坏收成丰歉，佃户要依规定还租，不能减少。花租即是只在年成好的时候，才按规定的租额还租；如果年成不好，佃户可以向地主请求减租，但须征得地主同意，如果地主不同意，佃户也是要如数缴纳的。缴纳地租，采取两种方式。

一是实物地租，即以谷物交租。这是较为普遍的做法。而实物地租又分为"湿租"和"干租"两种。"湿租"是在谷子收割时，佃户通知土地所有者到田里去，等到佃户收割完毕，在田里当场分好。谷子分好后，地主的那一份，由佃户负责挑到其家里去，地主依惯例给佃户另外一些谷子，俗称"填谷桶"。"干租"是地主不用到田里去，由佃户在收获后，一年分两次将晒干扬净的谷子挑到土地所有者的家里。

二是货币地租，即以银钱还租。这大多是针对旱田采用的方式，种的不是谷子，而对种什么，什么时候收获又难以确定，因此才有人选择这种方式，水田是很少有人会这么做的。

以上两种租佃形式均是业主与佃户直接发生关系，还有一种系由领耕者出面向土地所有者总揽租赁田园，并负责交田租、赋税。

领耕者除自种之外，分租部分田地给若干佃户耕种，这种租赁者通常是同地主有特殊关系。佃户将地分包耕种，除了交承包的田租外，还要交"鞋金"5元，以酬谢总领耕，如果有特殊原因，田园地被地主召回，"鞋金"也得白白送给总领耕人，不能收回。

二　私有土地典卖

农家在遭遇天灾人祸等重大变故，急需筹款救急而除了土地别无长物的情况下，可将土地"活卖"或"卖断"以套现，前一种还有赎回田产的希望；后一种是卖绝，永无反悔。

活卖，其实是典当。农户不论出于何种原因，需要现金向债权人借钱时，要把自己的田契交给债主作抵押，还债后再要回立当田契。事先要立字据，这种字据是片面的，只有债务人立给债权人，债权人不必写收据给债务人。土地的典当期限少则8年，最长亦有12年。典当后，田地归债主管业，田税亦由债主负责缴纳。民国时期，当契的正文通常是这样：

> 立当粮质契人，承祖遗有支份已分粮质田一丘，×××亩××分，坐落某处。今因家中不敷要用，情愿出当，尽向亲房不就，托中招到×××前来承受，三面商议，出得时价大银××元正。该银即日全中收讫，该田即付还×××管正耕种，中间并无来历不明，也无先当后卖，亦非香灯祭业，并无内外争阻等情，如有系当者自当，不干×××事。此系两愿，空口无凭，文契为据。
>
> 一批明期限××春赎回
>
> 一钱粮照例追收

正文之后，写明年月日，立当粮契人姓名，再盖上中人印章、置业捐（当时土地发生典当关系须缴纳的一种捐）印章。

卖断，俗称"断根"。断根的手续和典当的差不多，同样是托中人向债主议定价钱，然后田钱两清。其契约的写法，与前面立写土地当契的式样差不多，将典当改为卖绝等字样，不过得加盖保长印章，字据由卖田人交给买田人。

需典当或出卖园田产业时，农户应循"业动询亲"之俗，即先征求本村族人意见，特别是聚族而居的村子更需如此，否则族人可以干涉。因为让外村他姓之人将地占去，这让村族面子上不光彩。同时，既然有血缘之亲，动产者理应让族人享有典当、买卖的优先权，至于与其发生关系的对方，亦怕当地人日后找麻烦。这是乡村中的规则，不能不遵守。

至于民国时期三都土地转移案件的数量，笔者没有找到有关统计数据。据了解，这类案件在民国前期发生率要高一些，后期兵荒马乱政局难料，有钱的人宁肯存大洋，也不愿意置田产。

三　公堂土地承包

公堂土地（即族田）是先人出于避免后裔生活难继和应付族务开支需要的考虑而留下的祖业田，通常应由本族的人来耕种，但也有某些原因只能交给外族人耕种的，如家族的人居住在县城，或族田离本族所在村庄较远。若是租给外族的人，其租佃形式同私有土地基本相同。若是本族的人耕种，则有两种形式。

一种是"轮值自耕"，即由几个儿子（或几个房头）按规定年限轮流耕作，轮值者须承担年限内祭祀等的费用，余下者归其所有。一种是由族人耕种，采取纳租的形式，采用这种形式年限一般会拉得很长。

族田不论用哪一种形式，都有严格的制度。一般情况下，族人会推举一人或数人管理。被推举的人须是公廉正直者，由他们负责招租、收租和收益分配工作。无论是新出租或更换租赁者，都要将族田的位置、名称、租给何人、租金多少，以及租赁契约、收益分配等记录在案，以备查询。有的还会记载在族谱内，如《福建诏安傅氏源流》中就载有一份过去的《合约》。一旦情况有变化，亦应及时记录。

族田是不允许出卖的，一旦发生族田被盗卖，族长、房长有责任设法追回，当事人会受到族规家法的严惩。

第三节　合本经营

以往三都有被称为"合本"的筹集资金形式，其基本特点是众人共同出资，或用于互助，或用于合营，以协议形式确立资本构成和收益分配、亏损承担的比例。大致可分为两种。

一　一般合本

"一般合本"较简便易行，各人的出资额不一定按照比例，而是仅凭出资者各自的资金情况而定，合约中有"凭中见各出本银若干"字样。诸如民间"标会"的资金信用互助，通常是由发起人（俗称"会头"）邀若干亲朋好友（俗称"会脚"）参加，约定每月、每季或每年举行一次，每次各上缴一定数额的资金（称"会款"），轮流交由一人使用，借以互助，"会利"甚微。至于谁先谁后，有的是以摇骰的方式决定先后，有的是通过协商，以急于用钱的人为先。如有人要嫁娶、修盖房子等，便可通过这种办法拆借。

一般合本还见于农村的"月兰会"。即由农村妇女自由组织集资和储金，这在旧社会农村甚多。因集资和储金形式的不同，组织方法方式也有所不同。在农村常见的是参加者派款购买猪苗并轮流饲养，名叫"饲公猪"，猪长大后出售或屠宰作祭品，均按大家事先商量的办法分配。还有一种是按时按量交款，合伙人将筹集的资金放入一种叫"涂鸡母"的陶制储金具，交给可靠者掌管，以一年或半年为期，轮流支取，用于购买生产工具或嫁妆衣物，或购买公用祭品。

二　股份合本

合伙之初，合伙人就明确地将全部合伙资本及日后的分配权益，都等分成若干的"股份"。每个合伙人的出资都被等分成一定的份额，并按一定的份额获取分配权益或承担经营风险。股份合本通常出现在投资量较大、期限较长的合伙项目。过去搞海上贩运，须冒不测风浪和海盗抢劫之险，但一来一回，商人所得利润颇为丰厚。当时一船糖包加上船本身的价值，可达数万两银子。但光靠一个人的资本往往是不够的，因此经营者或者是合起来造船，或者合起来置货，或者合起来连造船带置货，大家按股份分摊盈亏。

清代，诏安一些海商，就是通过这种办法，逐步积累资本，再独立经营。因为是众人合本分担债权债务，故地方上称其为"洋船债"。洋船债者，洋船平安往返则厚纳其本，否则一笔勾销。地方上有个民谣："洋船到，猪母生，鸟仔豆，攀上棚；洋船沉，猪母眩，鸟仔豆，生枯蝇。"意思是说，如果顺利，那就像养母猪生小猪一样，可一茬一茬获利，像鸟仔豆一样攀上高处；如果失败，那就非但母猪不能生小猪，连母猪都难保了，鸟仔豆也长虫枯死了。还有的是渔民自愿结合，共同购置生产资料，合伙生产。一般由舵手置船，其他人置网钓具，收入扣除生产费用后，按船、劳评份分配，一般船 2 份，舵手 1.5 份，其他每人 1 份。这种形式主要是用于放、扫绫等作业；当时，在榨糖业、榨油业和商业活动中，也不乏合股经营者。

民国时期，诏安通益钱庄，就是由漳州民兴银行牵头，合股联营组成的；诏安洋行代理的华顺公司也是由沈、周两家合股创办。直至 1953 年，在城区 72 家坐商中尚有 27 家属于合资经营。通常，参加合股的股东，共推一人主持内部管理和对外往来，因其兼带负责主持祭祀事宜，因此俗称"炉主"。炉主下设董事或签首。合股组织在订立合约时，会制定诸如"秉公协力，踊跃营生，勤劳商务"和"得利照股均分，蚀本照股均摊"，以及"不得擅自专行，任意长支，挂借银两"等条款。

第七章　行业传习

第一节　农事传习

　　三都的农人，要为衣食谋，要承担皇粮国税，有的还需缴纳地租，他们不敢懈怠，日复一日脸朝黄土背朝天在田园艰苦劳作。农人忙完了早造忙晚造，晚造后又是种麦种菜或种番薯，还要上山砍柴、下地浇菜。正如一首民歌唱的："荷锄挑担到田间，身为农夫难得闲。一年四季忙不了，过了春夏又秋冬。"传统农业比起其他行业，面临更多的自然风险，有时一场风一阵雨就可使得收成化为泡影，而渔民驾船在海上作业更是险象环生。在科学尚不昌明的时代，人们总认为冥冥之中有神灵在主宰着一切，因此寄希望于天地神灵的保佑，许多农事活动渗透着神道的习俗。

一　种植

　　本县的耕地大部分种植水稻，围绕水稻从种到收的整个过程，就有许多超乎技术层面的人文事象，兹举于下。

水稻浸种要在农历的正月初四之后，据说是因为上天述职的诸神都回归职守了，才能得到神的保佑；要用7种象征吉祥花草泡过的"圣水"（俗称"七色花水"），在浸种时喷在谷种上，种箩上要插一枝石榴花，育种时注意不要将女人的衫裤放在种子上面，据说如此是为了除秽避邪。

催芽一般在灶房，其时禁止产妇、孕妇、醉汉进入，以免亵渎灶神，影响谷种出芽。在等待种子破壳吐芽的时候，人们须带祭品到准备育秧的田头上，祭拜土地神祈求保佑。秧田撒种后，要插上新折的树枝和纸钱，插"树青"祈求种子早日发芽成长，插纸钱表示已请土地公代为管理，人畜不得入内践踏。

插秧先由家长插完四行或六行，将整块田剖成两半，其他人才下田按规格插秧。插秧时须一口气从田头插到田尾，中途不得停下来休息，以免将来禾苗长不齐。插秧忌讳从两头同时插，因为到会合时，人被秧苗困在田中央，像个"囚"字，不吉利。插秧结束要备供品寿金祭土地公。

春分前后，村社要祭神，众人乘夜打着火把游行，谓可诱杀螟虫。四月二十六，要祭五谷神，俗以为于是时翻晒种子可保不霉变。五月初四和八月十四，又要备牲醴拜田头土地公，但忌用面条、粉条之类食品祭拜，因其形似虫豸，怕引起虫灾。拜后将寿金压在田头，酬谢、祈求神灵御虫驱邪。

稻熟期间，农民以细竹夹寿金插于田头敬土地公，祈其保护庄稼。夏至开镰收割新谷之前，择日先在稻田中割少量稻穗，晒干舂成米，以新米蒸干饭，与牲醴果品一起祭祀灶神和土地公，以示答谢。祭罢将香烛插在新米饭上，全家聚在一起尝新，尝新时，忌讳说歉收及其他不吉利的话。

粮食收到场上，忌讳别人打听或估计产量，也不能说"快收完了"之类的话。晚稻登场后，家家做春糍，备鸡、猪肉到田头祭"田头公"，并设宴酬谢农友。遇到丰收年景，有的村社还备三牲，请社戏祀神庆丰收（俗称"谢冬"）。谷子进仓前要清扫谷仓，点香烛祈求谷神看护粮食。稻、麦、花生等种子要用陶器收藏，上面贴着写有"福"或"五谷丰登"之类字句的红纸。

水稻之外，对于其他农作物，农家也各有习俗，如：农历三月间，正值过冬番薯和冬小麦收成，择日过麦熟节，家家户户做薄饼。采摘水果时，要先采少量果子置于果树根部敬拜树神，祈求来年丰收和平安。不得让孕妇爬果树摘果子，否则那棵树将从此不再结果。

农民对神灵多抱着虔诚的态度，就是有人半信半疑，也是"宁可信其有，不敢说其无"，但是又很务实，决不会将"宝"全押在看不见摸不着的神灵上。人们在长期的农业生产实践中，摸索出了水、土、肥、种、耕、秧、管等一整套行之有效的办法，并以谚语的形式加以传承，例如"修塘建堤，天旱免惊""春积一池水，秋收一仓粮""田头无开沟，亲像谷仓着贼偷"等。过去，民间还有一种叫《春年图》的年画，深受民众的喜爱。每到春节来临，人们往往会去购买一幅，贴在厅堂墙壁显眼处。农家按《春年图》所绘，对新的一年气候和年景进行占验，事先做好农事活动的安排。民国中期刊行的《春牛图》，还可以兼作年历使用。近几十年，由于挂历的流行，《春牛图》成了明日黄花，难得一见。

农家遇到水稻插秧、收割和砍甘蔗、摘橘子的日子，需要有人来帮工。农村的帮工，一般有义务、互助和雇佣三种。义务者是帮助孤寡老人，不需报酬，甚至也不开伙食；互助者乃亲帮亲邻帮邻或人力换牛工，主人必须准备较为丰盛的饭菜，送到田头款待大家，但饭菜要先敬祀"土地神"。由于是农忙时节，各家各户都有紧活，靠亲帮亲邻帮邻，劳力不一定调剂得过来，以往还有一种专在农忙时为人雇用的短工。这些雇佣工人，多非本地人，因家中无地可耕作，只好出来打短工谋生活。一到农忙的时候就主动来揽工，需要帮工的人家，就去和他们商量，议定工钱约好时间后，到时带到田地里去。民国时期，雇一个短工，每人每天的工酬大约7个银毫，另外提供午餐。

春耕结束，东家要请长、短工和看牛娃吃一顿有酒有肉的饭，俗称"拍散"。吃饭时年长的长工先讲几句吉利话，而由看牛娃坐上座。据说东家担心若不请这一顿饭，看牛娃等人会在外念唱"种田无拍散，三亩田割了剩一半"之类不利自家的歌谣。

以前，地方官府为了避免村族之间因为盗抢农作物、毁坏陂渠、砍伐林木引起纠纷械斗，会发出告示。不少乡村为了维护村民的正当利益，也以诸如"禁止盗窃作物，禁止毁坏庄稼，禁止放禽畜入田园"的条款，制定出口头或文字的乡规民约。一些乡村还组织了"掌洋"队、"管山"队。所谓"掌洋"，就是看守田园作物；所谓"管山"，就是看管山野林果。有的村人口不多、区域不大，或可兼而管之。这种民间组织的发起者或负责人，往往是乡村中较有威信和责任心的人。组织里队员人数视情况而定。每当乡村大宗作物成熟季节，队员巡逻就较为频繁。这些受到委托的人，既要负责轮流在管区内巡逻，也要负责将规约告知村民。其费用由村民按田园多少分摊或由村族从公产中提取报酬。如因管顾不周，使作物受到人、兽侵害，管护人负有一定的赔偿责任。抓到了偷盗农作物的人，管护人员就将其捆吊起来示众，并处以罚款，甚至将其打伤或致残。

除了集体管护之外，有的人家也采取一些别的办法。如在粮食或水果成熟期间，在田头地边搭起临时的草寮，一家人通宵达旦轮流看守。草寮中备有盆、锣，用以驱赶鸟兽或报警；扎一至几个稻草人，放在田中，稻草人穿衣戴帽，有的还手足俱全，披挂着一串敬神祭鬼的金银纸；有的在果园中树立"敬天公果子"的木牌，让偷者因怕遭天谴，有所忌惮；有的在自己的地界内插上新摘下的带叶树枝示禁，称为"插青"。播种时插青，表示已撒播种子，不准鸡鸭觅食，人畜践踏；施肥时插青，表示禁止别人过水，以免肥水流失；池头插青，表示已放鱼苗，不准撒网、垂钓或车水。

二　捕捞

在三都，船是一种比较重要的生产工具。地方造船历史较久，有一定的知名度，因此，在明代抗倭时，福建对敌作战所使用的哨船，均是出自龙溪、诏安两地。清时城关以及宫口、澳仔头等靠海渔村，都有船舶修造工场。清咸丰年间，城关每年造船10余艘。

船是出海人的"生命"和"饭碗"，造船属较大的投资，因此人们都非常慎重。新船要"起工"，须相日择时，祀神烧金楮。在造船过程中，安船头、竖桅杆要扎红布。竖龙骨、装龙目、钉头巾是三道重要的工序。所谓"竖龙骨"，就是在船坞安装船的中心骨架。旧时要在龙骨的前头，放置妇女戴的银制头鬃（俗谓"龟鬃"），上插金花红绫，意寓"头彩"，还要在尾部系一块红布，意为"尾红"。这样，今后走船从头至尾都好了。所谓"装龙目"，就是船体完成后在船头舷墙外侧装上一对船眼，按照迷信的说法，船上有眼，才不致迷航失道。过去要在船眼内放龙纹的银圆（或银毫）。所谓"钉头巾"，就是在船头挡浪板顶端钉上一块特制的木板，以防船与船之间互相碰撞。清代，官府规定，各省的船只需要以不同的颜色加以区别。按规定，凡是福建的海船，要用白漆油腹，绿漆油头，头部两侧画上黑圈，像鸡眼一样。这是船体大致建造就绪以后，必须进行的一道工序。

新船从船坞下水，称为"落令"；下水前，须选黄道吉日，备牲醴，烧化银纸，在船边祭海上的亡灵游魂，在船头拜船头公，以期吉利；当众人推船，船徐徐下水之际，燃放鞭炮；下水后，要通过试航检验船的密封性，注意避开"冰消日"和"红沙日"这两个凶煞的日子。新船从"起工"到"落令"，孕妇、办丧的人都不宜靠近。新船交付船家，船老大要带着船员诣妈祖庙"包香火"。船老大负责持香祝告，自报姓名、住址，再依次报出新船的人员，所购新船的情况，祈告妈祖庇佑出海平安、渔业兴旺等，然后将香炉中香灰包放入红色小布袋中，与妈祖画像一起带回，放在船上供奉。

讨海人有句俗语"出海打鱼靠三硬（过得硬）：人硬、船硬、工具硬"。造船材料的选择，颇有讲究。

就木料而言，桅杆要用匀称笔直的杉木，如果一支不够长，可以接驳，在错接的地方要用铁箍逐寸箍紧；在舱房前面，应当空出一个地方，以便树桅杆。船上的梁和构成船身的长木，要用楠木、楮木、樟木、榆木或槐木来做，以防虫蛀。衬舱底或铺面的栈板则不论选择什么木质都可以。舵杆要用榆木、椆木或楮木，关门棒（舵上的操纵杆）要用椆木或椰木，橹用杉木、桧木或楸木。总之要坚韧耐用，经得起大风大浪的考验。这些木料，多数来自本县，但也有一些要从外地购进，如较粗大的杉木、樟木来自闽北山区，楠木来自南洋。渔船忌用桑树木作船板，因"桑""丧"谐音，不吉。密合船板间的缝口，要用捣碎了的白麻絮作筋，用钝凿把筋塞进缝内，然后再用筛得很细的壳灰和桐油，以木棒舂成油团（俗称"桐油灰"）封补在外面。

船上装备的名称不一，或以用途取名，或以形状取名，或以材质取名，甚至不同时期有不同的名称，但百变不离其宗的是，一条船除船体本身外，基本上都配备有竹竿、帆、舵、桅杆、锚锭、渔网、缆绳、盖舱油布以及橹或桨等船具。海上渔船经常会遇到风浪，帆、桅、锚、缆都必须严格按照规格来造，风帆的大小，要与船身的宽度一样，大了会有危险，小了风力不足。帆多是用篾片或咸草编织，以若干带篷缠的篷档竹做骨干，少有布帆，因为用布作帆造价较高，且不耐日晒雨淋。

过去的讨海人虽少有识文断句者，但并不缺少幽默和智慧。据了解，诏安、南澳一带渔民对船上装备习惯用12生肖命名。例如将船舱的横梁叫"老鼠桥"，船坡两侧近脚踏板处叫"牛腿闩"，大桅前叫"虎鼻头"，小舱叫"兔水舱"，船帆上的竿子叫"蓬龙竹"，大角索叫"蛇木聿"，大桅尾两侧木板叫"马面"，船头楔叫"羊角"，捆聿索处叫"猴鼻"，根据风力大小收放帆索处叫"鸡吊"，企桅处叫"狗糟"，帆竹间隔穿绳索处叫"猪仔耳"。这样便于大家对船具的区别和记忆，指挥操作相对简洁明确。

家居梅岭半岛的傅遇平先生，自小在海边长大，与大海打了数十年交道，深知海性鱼情。据他介绍渔民对一些奇形怪状的鱼贝所起的外号，听来颇为形象生动。如讨海人将一种脊背上长着一对小翅膀的乌鱼叫"水上飞机"；将全身黑褐色的虎鱼叫"乌张飞"；将光彩秀丽、呈淡蓝银灰色的青铜镜（一种鱼的俗称）叫"海底明月"；小生鲨的鱼头像戏台上戴帽小生，被称为"美公子"；嘴似针头，身呈椭圆形的券针鱼，被称为"注射器"；章鱼叫"海底八手佛"；雨伞鱼叫"海底雨伞"；鳖舫鱼体平而圆，却能放出电流去猎获食物、抵御侵袭，被叫作"电蚊拍"；鲨公鲨母始终相伴，爱情专一，人们称其为"海底鸳鸯"。此外，还有的被称为"绣球"（水母）、"元宝"（海桑）、"小姐扇"（扇贝）、"高丽参"（血鳗）、"天下第一鲜"（文蛤），等等。

常言说："海上行船无三分生命。"面对复杂多变、险情四伏的气候和海情，讨海人一方面要从信奉的偶像中寻找精神的寄托，一方面又怕由于什么地方不检点而触犯鬼神，因此规矩禁忌比较多。

在诸多神灵当中，渔民对妈祖、龙王可以说是敬奉有加。即使在政府大力宣传破除迷信的时期，老渔民仍说：渔家的幸福既靠共产党、毛泽东，也要靠妈祖、龙王公。沿海地区凡是天后宫、妈祖庙，香火都很盛，庙宇也显得较有气派，尤其到了"妈祖生"，更是隆重非常。渔民每只船都设有妈祖的神龛、贴有妈祖神符，出海时日日敬香。据说渔民海上遇险，要请其显灵相救，烧香后要喊

"妈祖"不能称"天后"，原因是若以"天后"身份，得花时间梳妆打扮，备齐行仪才能前来，而"妈祖"则不用这些讲究，说走就走。

据笔者对渔区的了解，还有不少与农耕地区不同的祭俗。如每逢农历的初一、十五，到妈祖庙敬香，初二、十六，在海边烧冥纸、祭亡魂；每年的农历正月初五过后，讨海人就要打点出海。渔船首次出海，要到海滩拜无庙无偶像的海神，祈求出入平安，风调雨顺。农历六月初六，要举行"补船运"的仪式。渔民要办三牲、酒醴、果盒等，敬祈于船上设置的妈祖及其他神像前，烧金纸和替身（如纸人、纸船），还要在岛上的妈祖庙、关帝庙敬奉。农历七月二十九相传是海神遇难日。这一天，不出海，船只齐集于渔港。入夜，男女老少穿戴一新，涌向海滩。各家各户携带祭品，面向大海一字摆开。祭仪开始，鸣放鞭炮，焚香燃烛，大家跪拜祈祷，在沙滩燃烧大捆大捆的金银纸钱，十分隆重，香烟、纸灰随风飘荡在海天之间。农历十月间（具体日子不同），各家在门口排列筵桌祭祀游魂，每隔若干年做一次"海醮"。

在海上作业，遇险死亡的比率要高于其他行业，渔民在长期的海上生涯中，养成了一种团结互助的品质。大家将救死扶伤，当作义不容辞的责任。在海上遇到船只出事要救助，发现浮尸，不管认识不认识，渔民都要放弃作业，进行打捞，运回陆地安葬。当地习俗认为，渔民在海上遇到浮尸不是坏事，将其打捞上来是做功德，日后会得到荫益，但不能保证不会对别的船只带来凶煞。因此，人们往往在载有死尸的船桅上挂信号标志，如将棕衣高挂在桅端，以知照其他船只，别的船一见到，要立即把本船的"龙目"遮起来。当载尸船入港，先已泊港的船要燃纸箔、放鞭炮，以表示向死者致哀献金，同时也为了避煞。

渔民在船上生病死亡，必须取黑狗的血加入水中，以此清洗全船。对亲戚朋友的家人去世，渔民入殓前是尽量避免与死者见面的，要等入殓后才去探望慰问。渔民参加葬礼，回船后要跨火盆，意在去秽求吉，若是扛棺材，还要扎红、吃面线。渔民自家的亲人去世，事后要上船的，以石榴枝蘸净符水，喷洒全船的渔具和渔网，同时，须带来一副金花、香烛和一块红布条子，系于船头，并烧化金纸。否则，日后船上发生事故，大家会怪这个人。如果船主本人或其父母去世，船的中桅上挂的红布条要换成蓝布条，待3年后才恢复红色。

在平时，船民也有很多忌讳。如忌进产妇的房间，因为产妇房间古称"秽房"，他们认为进了秽房又上船的人，会把秽气带到船上；忌妇女跨过渔网、渔具；忌人，尤其是女人从船头跨上船；在船上吐口水或小便，均应向着船的左边，因为帆在船的右边；站在船上观看航道情况时，忌双手在背后相握，因为据说船在海上被劫，船员被绑就是这样；渔民在张网捕鱼时，旁边的人不能说不吉利的话；早年，渔船出海时不能吃蔬菜，认为吃菜捕不到鱼，但葱、蒜、韭菜例外，这3种被认为是荤菜。

渔民在海上作业，受天气、潮汐的影响特别大，遇到台风更是危险。在过去没有什么科学仪器可资测报的情况下，人们靠的是世代相传的观察天象、物候、潮汐的经验，这在地方谚俗多有反映。如"清明前后北风起，百日可见台风雨；小暑节气转北风，风大雨急台风狂；六月出北风，三日不过大风临；夏雷风雨到，秋雷引台风；北风吹过昼，台风跟尻川；二九暝起南风，明年无台风。""初一、十五见光返""初十、二五早晚满""初三前、十八后，水返满，吃日到（中午）"等。

船家在日子上也讲究趋吉避凶。如新船首次出航、添置大网等事宜，要在黄道吉日。正月逢七、二月逢八、三月逢六是"冰消日"，被认为是不吉利的日子，应当避开。船只组队出海，要举行"消度"仪式。船员从妈祖庙请出妈祖神像，一路敲锣打鼓，鸣放鞭炮，抬到船上，于甲板上设香案，供奉菜碗，焚香烧箔。同时还要置小油锅，放上生油，让其着火，用斧头在船的各重要部位敲一下，并将盐米撒在船舱各处，最后，船老大带领全体船员，依序跨过油锅，俗称"过油""烧伏"。举行仪式的目的，在于驱邪气、求平顺、谋丰产。这种仪式，古时一般是请道士或师公来做。船出港的时辰要在涨潮之际，不宜选在退潮之时，地方有"进潮旺，退潮衰"之说。渔汛结束，船只进港停泊，船员即要把船洗干净，船体外壳重新刷灰水，并在头巾尾角涂上红漆，重塞敬神的金纸。诏安外海的捕捞作业，全部由男性承担，只有在近海"讨小海"，才允许妇女参加。船上男女，即便是夫妻，也忌交媾，否则，水神要见责。

诏安渔区，还有"开海门"和"关海门"的习俗。这是渔船在汛期成批北上或南转逐步形成的一种民俗惯例。所谓"开海门"，就是指领头船出港。领头船由于负有将船队领向适合海域，以保证船队全汛安全高产的责任，为此大家往往你推我却，最后船队通常由具备丰富经验和历年业绩较好的船只来领头，要不就在妈祖神像前卜杯或推选几条船同时出港。船队归航时，最后一只船回港即称"关海门"。如果是在捕鱼过程中有有人失事或遇到浮尸的船，该船会自觉地等其他船只进港后才回去。由于怕在海滩上等待归来的亲人担心焦急，一般大家都不情愿成为关门船。

昔时人们往往是逐水而居，村里村外大多有池塘。这些池塘不少与当地的"风水"（过去没有"环保"一说）有关，人们甚至还在祠堂前人工挖掘池塘以应风水。三都的池塘可谓星罗棋布，比比皆是。池塘一般为村族公产，除了供妇女洗衣、男人洗澡、孩子戏水外，很重要的功能便是养鱼；不论是由公家统管或标包给私人承包，总会投放鱼苗养殖。而投放的鱼，通常是鳙（俗称"松鱼"）、鲭（俗称"草鱼"）、鲢、鲤、鲻、鲮等有鳞的鱼，像鳗鱼、鳝鱼、泥鳅等无鳞鱼则任其自生自长。这个习俗同地方的祭俗有关，但凡要祭拜祖宗、神鬼，不论是用"三牲"还是"五牲"，里面都少不了鱼，且要用有鳞的鱼。

如果鱼是用以祭祖拜神的，只能由男人来捕捞，女人是不能插手帮忙的。相较而言，人们比较喜欢以鳙鱼、草鱼、鲤鱼作供品，因为这3种鱼比较胖大，几斤一条的鱼，被蒸熟放在供桌上，显得较丰盛。鱼的味道也比较鲜美，地方上有"松鱼（鳙鱼）头、鲤鱼喉"的食谚。鲻鱼、鲮箭鱼长得较慢，个头较小，只能作次要的祭品。鲫鱼可以拜"公婆妈"（床脚婆）；至于鳝鱼、泥鳅等无鳞鱼，则只能平时食用，上不了供桌。

三　饲养

三都乡村流传一句俗语："真牲（禽畜）饲齐全，家庭会好康（富裕）。"民众多有饲养畜禽的习惯，养牛是为了犁田，养狗是为了看家护院，而养猪、羊、鹅、鸭、鸡之类，则是为了补贴家用或应付时年八节供品的需要。

农家搭建牲畜栏圈，在开工之前，通常要择日、选址、定朝向，并须拜土地公妈。营建过程中，工匠不能大声喧哗，以防今后畜禽不得安生；进出圈栏要从门上过，或从栏下钻过，以免今后牲畜丢失；在场的人不能讲诸如"夭寿""遭瘟"之类的话，也忌讳生肖属虎的人参加；主人请工匠吃饭，食物要吃干净，否则日后饲养的牲畜挑食；搭建完毕，照样要谢敬土地神。春节时，农家要在牛栏、猪圈贴"六畜平安"字样；平时得请一张平安符，贴在棚舍里；端午节午时，要将写有"姜太公在此"的红纸，贴在牲畜栏圈的门上；冬至，要用"香脚"串冬节丸，插于栏圈。

三都的牛，黄牛居多，水牛较少。在耕作用途上，黄牛宜用在山田峻畛，水牛宜用在水田平畴。牛属"太牢"，是农家宝。俗话说："人吃牛的脚底饭"，经济条件较好的，往往养一头以上。就是贫家，一户养不起一头，也会两三家合养一头（俗称"帮牛角"），轮流护养、役使。对于牛这种大牲畜，农家的禁忌和俗例要多于其他畜禽。

在牛的识别方面，人们积累了一些简易可行的办法。牛眼睛离牛角近，行走得快，眼睛大而且眼中有白色条纹越贯瞳孔的，速度最快。尾巴上毛少而骨头多的，很有力气；牛头部肉太多，尾巴垂到地上的，力气很差。牛脖子下垂肉呈分岔状的寿命长，从颈到胸下垂着一片皮肉的或毛卷曲尾稍乱的，都活不长久。母牛腹下毛白乳红多子，乳疏黑无子。一夜拉粪便3堆，1年生一仔；一夜拉粪便1堆，3年生一仔。

新买的牛，要于牛角上缠红布，取"见红大吉"之意。小牛"串鼻"要择日，敬求神灵保佑。初次下田耕地，地方上叫作"教犁"，也要在田头插纸钱拜土地公妈，训练牛耕田一定要到天黑才收工，以后牛才会形成习惯。母牛发情交配，不论是人为配种或自由配种，母牛的家主要给公牛的主人一定的酬谢，并送饲料喂公牛。母牛生牛崽的第3天，要牵出栏外散步，来到田间，套上犁耙，象征性地犁田数转。牛老病了，卖予人宰杀，牛绳或牛鼻环被带回来，牛主不得往后看，表示这是不得已的事，不忍心再看。牛死后，据说将其四蹄埋在住宅的四个角落，这样"神"还在，可助主人发财。

春天时，主人家要在经常牧牛的山野拜山神、土地，祈求牧草丰足，牛儿安康。冬至日，要在牛角贴红纸、牛额贴糯米丸。大年夜，要以精饲料和用大米、番薯或甘蔗做成的酒喂牛。农忙季节，牛出力较多，因此要格外照顾，早上给耕牛吃稀饭或饭菜团，晚上灌牛酒，加草料。冬天和雨季，草食不够，要给牛喂番薯、大米粥，并定期灌牛酒。三都气候温湿，牛易得瘟疫，老百姓有个土办法，就是在栏中烧苍术，让牛吸其香味可愈。牛患气胀，取女人的阴毛，用草包着喂给牛吃，据说有效验。

养猪也有讲究，买猪仔要挑选嘴巴短无柔毛的为好，嘴长则牙齿多，这种猪很难养肥；毛柔软，宰猪时很难褪毛，尤其是3爪猪、5 爪猪、马蹄猪，据说是"神猪"，养之不吉利。农户带猪仔回家，若用肩挑，通常是一头装猪仔，顺便买些饲料，以便担子两边平衡，但忌一头坠"石头"，习俗认为这样会变成"石猪"长不大。小猪买回后，在要入门时，要在门口烧一把草，人抱猪跨过去；放进圈之前，要用吹火筒往猪圈吹气。放猪时，口中要念吉祥语，如"顺顺兴兴，一暝大十斤"，当天晚上，烧香祈司命灶君保佑小猪。俗谓"一日不吃两家食"，刚买来的小猪当天一般不喂食，据说如此猪崽才会恋新圈。当野草野菜旺盛的时候，农户就将猪放出去找食而不必喂养，糟糠饲料主要用在冬末春初。猪一般不会走错家门，丢失的情况并不多见，加之民间俗谓"猪来穷，狗来富"，哪一家人家来了陌生的猪，主人会将它赶走。

母猪发情，家主就要安排配种。农家一般不养公猪（俗称"猪哥"），地方上养公猪的通常是无后代的光棍汉，俗谓"牵猪哥"。潮剧中有表现"牵猪哥"的，给人的印象是这是一种低下行当，其曲曰："手牵猪哥下乡中，寻来猪母结成双；若是主人合心意，铜钱十二米二筒。"实际生活就是如此。"牵猪哥"赶着公猪走村串户，为母猪配种，从中收取微薄的报酬。配种结束，"牵猪哥"者还要讲好话，用竹子鞭打母猪臀部几下，祝曰："顺顺利利，一胎生十二。"刚生下来的小猪崽如果生病，不能直接给猪崽喂药，要通过母猪服药过乳。将药调饲料置于盆中放在地上，先让男主人跨过去，主妇再喂。成年猪遇瘟疫，以萝卜菜饲之或以皂角研末吹向其鼻，猪吸入后就复苏过来。

生猪出栏，前一个晚上，主人就要到庙中将神像请回家中。一过午夜，主人就要掌灯，请屠宰师傅来做准备，以便凌晨宰猪，好应早市。猪尚未宰杀时，主妇在大猪的颈项拔几根鬃毛丢回猪圈。前来贩猪的人会凑趣说好话："阿嫂手头红红，喂猪大只大赚。"杀猪之后，主人要用猪头祭土地、灶君，并用猪血、猪肉拌咸菜，煮好后一户一碗送予邻里乡亲，对长辈则煮一碗猪肝线面汤送去。

卖猪互相馈赠成为乡村一种朴素的风俗。如果是腊月杀猪，将猪的耳朵悬挂在堂屋的正梁上，据传这会助人发财。

有几样习俗，对牛和猪都是大致通用的。一是母牛或母猪生崽的第3天，要做粿并其他供品敬土地神，以祈母畜奶汁充足，俗称"做三朝"。但为猪做三朝，供品不能有猪肉、猪油；为牛做三朝，供品不能有牛肉。同时，要予母畜增加营养，给牛喂米粥、嫩草和牛酒；给猪喂米糠、米粥、青菜、生鱼。二是生肖属虎的人不得出入牛栏猪圈。牛猪崽忌让坐月子的产妇、寡妇和参加丧礼的人观看。家人若在外面参加殡葬，要向丧家讨点饭、酒，带回来给牛、猪崽吃。

诏安人有句俗语，"四都猪，西潭牛"，有人以为是骂人的话，其实不全是如此。旧时，四都人会养猪，当地人将麻子磨成粉，加进咸海蚬，拌糠喂猪，猪要长得别的地方肥。西潭人善待牛，冬至日那天，当地人会煮一锅甜汤丸犒劳耕牛，并在牛的角、额、脊梁和尾巴上各粘3粒，用12粒寓意主人对耕牛"一元大武"、月月康健的祝愿。

鸡、鸭、鹅是诏安常见的禽类。鸡、鸭不像鹅只吃五谷、青草、青菜，不吃活虫等荤物，这两种禽类什么都吃。乡村养鸡、鸭，人们通常将鸡舍鸭圈搭在院场内，白天任其到宅外觅食，辅之以一些饲料。要让它们多生蛋，就不要让母禽与公禽混杂在一起，要在窝内放上"引蛋"。不放蛋它们就不肯进窝，放少了有争窝的可能。这种引蛋，可以是真的蛋，也可以用做成蛋的形状的白色木头充当。喂给蛋禽足够的食物，一只就可生100个蛋左右。没有跟公禽交配生下的蛋，就是平常所说的"谷生"蛋，不能孵抱小禽。

论起孵蛋，鸡种取秋天时生的蛋孵出来的较好，这种鸡总守着窝，还会带小鸡。春夏两季孵出来的小鸡却不好。如果不想让其抱窝孵蛋，就要用羽毛穿其鼻孔，令其站在水中，好"醒"过来。鸭、鹅都要取一年抱两次的做种，一年只抱一次的，孵的幼仔很少。禽类大约一个月左右就孵出来了。

养禽和食用禽肉、蛋有一些禁忌。如鸡舍不能垒在正屋的屋檐下，以免"双落泪"不吉利；公鸡在二更啼叫（俗认为"一更报喜，二更报死"）或母鸡打鸣、啄食自生的蛋、生下"鬼蛋"，被认为是凶兆，要把鸡按在门槛上砍头，并说些吉利话禳解；黑鸡白头，吃了会生病。鸡有六个脚趾或五彩颜色，吃了会死人；这种鸡的肉不能让小孩子吃，小孩吃了会长蛔虫，身体一天天消瘦；禽类在抱窝孵蛋时，要避免受到猫、狗、猪或野兽的惊吓，在要孵化出的四五天内，还要避免打鼓、纺车、大叫，不要用东西在柴灰上淋水，不要见新产妇，否则，幼雏多数会闷死在蛋壳里，即使剥开让它出来，不久也会死掉。

雄性家畜家禽除了留种者外，为了促其生长，就须阉割。民间有专司此业者，背着雨伞和包袱，腰佩装有小刀等工具的小皮袋，走街串巷，口吹小笛，发出一种"嘟嘀"声，人们老远便可听到。家有需要阉猪、鸡的，就打招呼。业者在操作时，只在猪的腹下或鸡的翼下切一个小口，用小弓把切口撑开，用如细线的一条韧毛，把睾丸割离，用小匙从腹腔中取出，动作干净利落；阉好后用猪毛或鸡毛贴在切口上，既不必缝合，也不用消毒，伤口很快便愈合了。

至于阉牛，就不那么容易了。要用木架、绳索，将牛足绑住，让牛横倒于地，然后用夹板对睾丸不断地揉，将其揉坏，这样以后会逐步萎缩。这种活得是有经验的阉匠或兽医才能胜任。

第二节　工匠传习

三都旧时的工匠，有陶瓷匠、铁锡匠、泥瓦匠、石匠、木匠、篾匠、漆匠、鞋匠、首饰匠、糕饼匠、箍桶匠、裁缝匠、剃头匠等。有了多种多样的匠作，便有了形形色色的习俗，正如民间一首

《手艺歌》所唱："染布裁缝造桥路，张犁补箩打土砻。织席经布缚棕蓑，拍银镀金又铸铜。补鼎补伞补皮鞋，剃头配锁修杂项。起厝油漆糊纸扎，世上最巧手艺人。"

一　共性与通俗

据笔者这些年的调查，诏安三都的传统手工业尽管行业众多，但仍有一些共同的特点。

首先，就从业者分布而言，具有一定的地域性。究其原因，有的是因为资源条件，如仙塘村，村子建于南山东南麓，临近宫口港，水上运输便利，又有富蕴花岗岩的 700 亩山地，村民不到3000 人，却有 500 多人从事采石打石的工作。有的是由于历史原因，如新安村，在河港山下，靠近东溪，附近的万家墩有胶黏土。清康熙年间，外地有三户方姓人家移居该村，带来烧制陶器的工艺，陶业由此而兴，清中期有 3 条陶窑，100 多个从业人员，维系300 多年。有的是由于亲族关系，如东城村，该村从事建筑业可溯至清初，延续至今，历史上，沈国征、沈淮东、沈寿之、沈山香等名重一时。有的是借助交通条件，如灯笼街，在县城中山路一带，靠近东溪通济桥头和集市，民间拜神祭祖、婚丧喜庆需要彩扎、纸扎制品，故形成皆营此业的一条街。诸如此类，三都出现一些手工业专营的聚落，农村较有影响的有新安的制陶业、肥窑侯山窑的制瓷业、朱坑的铸铁业、仙塘的打石业、麻寮的竹器业和宫口的船舶修造业；县城甚至有 10 多个与手工业相关的地名，如布街、杀猪巷、水车街、牛磨街、灰窝巷、交劳街、灯笼街、油漆街、打石街、面线街、油车巷等。

其次，就业务关系而言，具有一定的竞争性。手工业者收入的多少、名望的高低，主要取决于社会对其技艺的认可程度。诏安俗语"工夫练会好，吃穿免烦恼""输人不输阵""无脸当半死"，形象勾画出了工匠的心理状态和客观现实，故业者之间竞争较明显。面对竞争，讨"工夫食"的人，都很注意技艺的提高，争强好胜，不经实际的比拼，轻易不服人。因此，村民抓住这个特点加以利用。过去，地方大凡建祠堂、寺庙以及家居大厝、洋楼，会请两班工匠参加营建，并以建筑质量和工艺水平给付报酬，谓之"斗工"。有本领想出人头地的工匠，也乐意一比高低。于是建筑工地成了竞技场，有的是本县的工匠相比拼，有的是本县与外县相比拼。工匠们无不巧思细作，各显其能。位于诏安县城内的文昌宫，系于清同治年间在原漳潮巡检司废址上建造的。其建筑精华，在于第二进门楼有十幅人物、龙虎、花鸟、鸡羊青石浮雕。相传在建造时，当初来了好几班师傅，经过初选，留下了两班。大家言明，完工后由让包括对手在内的众人品评，胜出者工钱加三成，败者工钱减三成。为了钱，更为了名，两班工匠使出浑身解数。为保密起见，在完成粗坯之后，他们各自将坯件带回家中，闭门打造。这样过了两年，到约定的时间，双方将完成件送来。众人一看，其中一方构件采用了平雕、浮雕、透雕、镂空雕等多种手法，构图优美、造型逼真，有的地方雕琢得仅为火柴般粗细，堪称鬼斧神工，实乃艺术佳作，对手也为之叹服。最终，在工钱之外，皆有奖赏。正所谓："有比较，有鉴别，才有提高。"前人已经作古，但他们留下的建筑物，有的在数百年来经历了台风、地震、暴雨的考验，仍巍然屹立。我们通过那些多姿多彩的剪瓷、栩栩如生的石雕、生动传神的壁画、严丝合缝的斗梁、光可鉴人的石柱，仍可欣赏到其精湛的工艺。

　　再者，就技艺传承而言，具有一定的封闭性。三都旧时传承技艺，有不少是靠父子相传，而不传外人，特别是一些祖传的绝招、秘方，更是严格规定"传子而不传女、婿"。因此，有一些便代代相传，成了工匠世家。东城有一个剪瓷雕世家，第一代沈丁仙是著名的建筑师、风水师，其子沈淮东擅长彩瓷雕、壁画，至今已传五代。诏安文昌阁、西关武庙等古建筑以及现代漳潮的一些寺庙，保留着该家族所做的双龙戏珠等剪瓷雕。还有一家名为庆源的纸绸庄，从事纸扎、彩扎、珠绣、刺绣，传承至今已一百多年。如没有这种亲缘，做父母的想让孩子拜师，须通过各种关系。学艺期限一般为3年，也有长达3年6个月的。其间师傅不支付徒弟工资，只供伙食，到第二年，也有酌给一些零用钱的。徒弟要给师傅打杂，包括做家务。初学只能向师兄讨教，通常到第3个年头，师傅才亲自指点，但仅限于基本的技能，其看家本领并不轻易传授。学艺期满，学徒在祖师神位面前焚香跪拜，师傅照例要送一套简单工具，相应地徒弟也要回"谢师礼"，并备办"满师酒"宴请师傅、师母和师兄弟。徒弟出师后，可留在师傅处干活，工钱只能拿一半，若想自立门户开业，则须到别处，不得与师傅抢生意，不得暴露技术诀窍。学徒学艺期间，若因故被逐出师门，解除师徒关系，称为"破门"。这样，便在该行业难以找到第二个师傅了。

最后，除了以上三个特点之外，还有一项共同的习俗，便是对行业神祇的尊奉。旧时，三都各类行业都要认祖师爷，如土木石瓦匠都尊祀鲁班公；陶瓷金银铁锡匠都尊祀太上老君；此外裁缝匠供奉轩辕、制鞋匠供奉孙膑、纺织业供奉嫘祖、印染业供奉葛洪、制茶业供奉陆羽、酿酒业供奉杜康、剃头匠供奉吕洞宾等。在农历每月的初二、十六，或在作坊，或在家中，工匠们对着祖师爷的雕像或画像、神位摆牲醴祭拜，正月初二、十二月十六这头尾两个牙祭则最隆重，需备猪头三牲供奉。另外，在祖师爷的诞辰或忌日，工匠们还要举行特别的祭祀仪式。如农历六月十三为鲁班诞，奉鲁班为祖师爷的工匠会备三牲焚香点烛，由师傅酹酒率徒叩拜，众人各把一件工具放在祖师神位前，焚燃黄表纸，祈求祖师赐巧，拜祭后，聚餐欢宴。孟月逢酉、仲月逢巳、季月逢丑的日子是"红煞"日。农历二月十五为老君生日，陶瓷金银铁锡匠届时亦要礼敬祖师，以祈求工艺长进，事业顺利。

二　建筑业

建筑行业包括的行当较多（如土、木、瓦、石匠以及风水、择日先生），建筑又是百年大计，因此规俗也特别多。

在建筑时，民间的偏好和禁忌，作为工匠是应该知道的，虽有俗谚云："会中主人意，便是好工夫"，但遇到犯了遗俗大忌的一些问题，工匠还是有责任向主人善意提醒，如果不提醒，会遭人指责，日后主人家中有事也难辞其咎。这里据笔者的了解，略作介绍。

造屋起厝之前，要推算是否合年利和确定规制，年利以干支的"三合""三会"推算，如宅址与当年的年庚干支不合，为无利，不宜动土。规制除了官府对祠堂府第的等级规定外，工程施工本身也有要求。施工规制过去是由木工师傅来定的，木工把整座建筑物的大小尺寸都标在一根桷枝上（俗称"弋尺"），土木工匠都要依照"弋尺"进行施工。因此，木工师傅在建筑业中最有权威，每次宴请（"吃桌"）必尊之坐上首（"大位"）。此外，要请会择日的人，以宅主的"八字"合以住宅方位之干支，择定动工时日和以后一些重要工序的吉期。

平原地区的传统民居多为平房，直到民国 10 年（1921）才出现两层楼房。按建筑旧俗，住房墙体多采用黏土、砂、壳灰三合土干打垒筑墙，山墙脊端鸥尾的款式，俗称"星头"，根据房屋的用途从"金、木、水、火、土"五种星头中选择一种。按鲁班尺（系官方法定用尺之外专门用于建筑的用尺，从古至今在民间广为流传，1 鲁班尺为官尺的 1 尺 4 寸 4 分，间有 8 个或表示吉或表示凶的字，每字间隔 1.8 寸），房屋、门窗的见光尺寸要取"财、义、官、本"等吉祥尺寸，避开"病、离、劫、害"等不祥尺寸。房屋宽度以瓦槽计算，每槽为鲁班尺 9.5 寸（28.7 厘米，属"官"字），屋顶要盖偶数行瓦片，瓦沟忌双数，尤其忌十道沟和"七覆八峭（仰）"，因为方言中"十槽"音同"杂嘈"，而"七覆八峭

（仰）"喻指行事多波折，皆不吉利。铺地砖时，大厅多铺成菱形，即方砖的边与墙线成半个直角，俗称"人字形"，寓意"人丁兴旺"。房间多铺成方形，即方砖的边与墙线平行，俗称"格形"，寓意"居住平安"。因为住宅是阳宅，奇数属阳，所以住宅房间要凑成奇数，甚至台阶和每间屋子的梁、檩、楼梯的级数、窗棂的格数也必须是奇数。房间有几落（进）的，后一落要高于前一落，整座房屋呈前低后高，寓意后代比前代发达。门窗忌对直，窗亦忌平对，要有大小高低，厝角头忌对窗，灶门忌向西北。室内地平一般要比天井高 50 至 70 厘米，这样雨水从坡屋面流到天井，然后经暗沟外排，意为"四水归堂"，平时厝内也不致潮湿。

民间起厝，动土、置门、上梁、砌灶、谢土，都有相应的仪俗。师傅头与工匠要配合厝主祭祀神明，并按地方习俗举行仪式，说唱好话。举行仪式和祭拜时忌讳孕妇、坐月子的产妇和服丧的人在场。

动工之时，要先敬请土地神、伯爷公庇佑，在宅基上用几块灰砖、瓦片搭简易神座，用一段青竹夹三页纸镪插其间以奉拜，再用锄头把宅基内的土挖一挖，表示"动土"。随后，工匠沿预先布下的墙路灰线开挖基础，开基时若掘到骨骸，要请泥水师傅或请道士烧符咒禳解，并将骨骸择地重埋，以消灾化吉。

安置大门，须敬土地神和门神，在门柱顶端与大门顶斗衔接之处，各压置红布一块，以兆吉利。大门安装完毕，要燃放鞭炮以志喜庆，并给师傅红包。建古式大厝，要在厅口安放一条长于大厅阔度的石砛，同样要敬土地神，由石工师傅主持"点石砛"的仪式，将五谷用红布包好，置于大石砛正中预先留好的孔穴中。

大梁在住宅中至关重要，关系到家庭富贵吉昌，因此仪式最为隆重、神秘。旧时木匠在做梁时要唱《做梁歌》："黄帝子孙，盖造华屋；鲁班弟子，开斧做梁。"上梁在择好的吉日良辰进行，大梁正中要包上一块画有八卦的一尺见方的红布，其时负责包的工匠要唱《包梁歌》："一尺红罗长又长，鲁班弟子来缠梁。左边缠出龙现爪，右边缠出凤朝阳。梁头缠出为丞相，梁尾缠出状元郎。架造龙楼与凤阁，儿孙宝贵进田庄。"木匠的斧头也要系红布。时辰到，厝主、师傅头洗手洗脸，厝主点香燃烛请神敬土地，工匠持香向天作揖，请鲁班祖师爷降临，师傅头唱《奉梁歌》："第一杯酒奉梁头，儿孙代代做公侯。第二杯奉梁中，儿孙代代坐朝中。第三杯酒奉梁尾，儿孙代代禄寿全。一举首登龙虎榜，十年身到凤凰池。"唱毕，厝主燃放鞭炮，接着木匠念《上梁祝文》："天地初分，阴阳交会，一天星斗，映照人间。今日东席，盖造华堂，年月方位，各安吉方。"众人合力升梁，最后是木工匠走到梁上封梁、祭酒。安梁完毕，主人要宴请工匠、帮工。

两侧主体山墙的"归尾"用白灰涂砌合拢（俗称"封归"）和整条屋脊合拢（俗称"合脊"）之时，分别表示墙体、屋面工程完成，主人都须敬土地神，并备办酒席宴请师傅和小工。

当工程全部竣工，新居清洗打扫干净以后，照例要举行"谢土"仪式，拜土地神、司命灶君、门神等。"谢土"要做6种纸扎的"瑞兽"[①]，即青龙、白虎、朱雀、玄武（麒麟）、钩滕（龟）、腾蛇，以及龙神灯、八卦图、镜、谢土牌、凉伞、净彩、菓子花、宅公宅妈的服饰。瑞兽一边三个放于正厅的两边，龙神灯、八卦图、镜要挂在大梁正中，其他摆在供桌上。谢土时，亲友会送来贺仪，主人则设宴酬谢亲友和工匠。

民间广泛流传关于建筑工匠在住宅中暗下镇物的故事，说的活灵活现，煞有其事，笔者小时候也听人说过。据说工匠如果对主人款待不周有意见，就会在建筑中，或将符咒压在门斗石缝中，或将孝子戴过的白布砌入砖墙内，或在房梁上放置被施过法的小人等。据说这一家人轻则会破财，重则死人。旧时老百姓对此谓之"做

---

① 此乃诏安地方彩扎艺人历代相传所谓"六兽"形象与称呼，与普遍流传的神话故事有出入。

扣"，在款待工匠时唯恐不周，工匠中也信有其事，"师傅头"也乐于给予学徒和雇主一种神秘感。

建房过程中，遇到春节，工匠照例放假。节后第一次开工须选择吉日。这一天的工钱，主人要用红纸包好给付，不宜欠账。木瓦石匠每到一地，晚上睡觉前，要把自己的鞋子在床前一只正放一只鞋底朝上放，表示和邪鬼互不相犯。如果这样做还不清净，就将墨斗绳绕床沿一周，并把诸如瓦灰刀、铁锤、凿子的工具放在枕边，把木尺子置于床沿，以镇邪物。

三　工匠的忌讳

相传土木石瓦匠的工具大都由鲁班先师发明，这些工具被工匠们视为安身立命的法宝，不仅可用于施工制作，还可保佑自己平安。民间有一种说法，认为木匠用的斧头、锯子、墨斗、曲尺，泥水匠用的钢钎、瓦刀，石匠用的铁锤、钢凿等，均可以制煞。因此，这些工具一般都不肯借给他人使用，也不喜欢被别人拿去摆弄、跨过，更忌讳被妇女跨过。工匠认为这样会触犯祖师神灵，使自己的技艺退化，如被妇女跨过，据说要用咒符点着火绕其一圈来禳解（谓之"焚净"）。

陶瓷匠建窑，要用"罗庚"选定吉地，一般不选在社坛、寺庙旁边。破土动工要择吉日良辰，祭祀过时再进行。入窑也要择吉，并要祭祀祖师、山神、土地。整个过程都要避免讲不吉利的话，忌讳孕妇到场，严禁秽物经过，以免秽气入窑，影响烧窑。旧时，在窑旁要立"窑公"（窑神）神位，神龛上贴用红纸书写"火中取财宝，窑门出真金"之类的对联。工匠在生火、熄火时，都要杀鸡宰鸭祭拜"窑公"和土地神。烧火前，要将鸡鸭血洒滴在窑炉四周以驱邪祛灾，并点上三炷香拜风火神，忌讳生人旁观。烧窑时，窑门旁要摆一张桌子、一把椅子，桌上点一盏长明灯，置一壶茶。大师傅坐在椅子上，密切注意窑火燃烧的情况，指挥窑工加柴薪，其他人禁忌乱讲话，尤其忌讳讲污言秽语；不能让妇女、服孝者或家中有产妇的男人介入，以免亵渎火神，影响窑中成品的质量。自封窑到开窑期间，即使遇到大节日，窑场也只能点香烛、烧纸钱，严禁放鞭炮，以免使窑里的陶瓦破裂或成色降低。窑工在窑场吃饭时不能说话，不能碰响桌子，也不能把筷子架在碗上。

铁匠视风箱为饭碗的根本，特别细心爱护，同时珍视自己的手艺，所制产品均打上自家印记。铁匠要打出好铁器，只有靠炉火旺，所以铁匠多是师徒一起作业，一个徒弟拉风箱，一个徒弟帮师傅锻打工件。为避免出事故，锻打必须严格地按节奏进行。铁匠干活时，忌讳旁观者说话吵闹，尤其忌讳人说"小心别打到手"之类不吉利的话。铁匠要选择吉日吉时祭拜神明、点火开炉，同时要避免孕妇、生女婴的产妇和服丧的人在场。铁匠忌讳铁锤直接打在砧子上，俗认为这预示当天会发生事故。铁匠的砧子也忌讳让外人敲打。铁匠在铺子里祭太上老君时，要买一只公鸡，用嘴咬破鸡冠，将血滴进炼铁炉，称为"割花"，然后宰杀这只鸡作供品，祈求祖师保佑。

春子日、夏卯日、秋午日、冬酉日是"鲁班煞"日。以前，木瓦匠在犯煞的日子不出工，以为犯"煞"会出工伤事故。做梁柱时忌讳别人在梁和柱上钉钉子和挂绳索；砌墙时忌讳听到女人哭声，怕像孟姜女哭倒长城那样对墙不利；采石工地忌讳女人到场，以免触犯山神。

木匠干活有"留尾巴"的习俗，完工以后要留一些刨花让东家自己收拾，预示今后还有活干，但为人做棺材时，刨花、木屑必须亲自打扫干净，不得留待东家打扫，免得带来不祥；忌讳做活时受伤，若有流血沾在木料上，必须立即擦干净，以免血碰上某些东西化成精怪作祟。做棺材的木匠不得制作家具。

第三节 商贩传习

一 行商

在明代人编著的《顺风相送》航海著作中，其开篇《地罗经下针神文》是一篇开航前举行祭祀祷祝的告文，文中罗列奉请的数十种道教神仙。祷告文曰："扯起风帆遇顺风，海道平安往回大吉，金珠财宝满船盈荣"；"朝暮使船长应护，往复过洋行正路，人船安乐，过洋平善，暗礁而不遇，双篷高挂永无忧"。[①] 这说明当时航海商旅对大海的敬畏之心。

历史上，诏安三都行商中行程较远、资金较为雄厚者，要算从事海运的商人。清代走大北、小北的货船，一艘船连同货物，价值数万两白银。途中要承担行船和商业的风险不说，还需应付海匪和官兵。为求航行平安、买卖顺利，便有许多清规戒律，如船只起航，要焚香点烛放鞭炮，用乳狗或鸡血祭船，谓之"出煞"。每年农历七月十五这一天，据说是"开地狱门"的日子，久困阴间饥寒交迫的孤魂野鬼乍放出来，最容易惹是生非，不能出航，而船家就要在水边献牲醴。妈祖、关公、玄天上帝、水仙王公是航海人信奉的神，县城和沿海乡镇奉祀这 4 尊神的庙，在清代有 10 多间，平时香火就较旺盛，到神诞日会举行隆重的敬祈活动。海商外出与回来，海神是必拜的，沿途泊靠的地方如有妈祖庙、关公庙，商人亦会去拜。

行商搞贩运，里面有很多诀窍。清末民国时期的诏安商人，多使用各地通行的《士商规略》（亦称《客商规略》），以从事贩运。这种《规略》常以手抄本的形式在师徒间私相传授，内容或有增减，但有不少是商人须知的基本原则，如商人如何携带财物在路上，如何识人，各地气候物产，经商之道，待客之道等，这对经商贩运者来说非常有用。

二 坐商

坐商是由市场交易形态基础上发展起来的经商方式，其经营特

---

① 向达校注《顺风相送》，中华书局，1961，第 25 页。

点的共通之处：一是地点的选择，往往选在交通较为便利，人口较为密集的地方，这样才有地利和人气。二是喜欢相对集中起来做生意，"孤店冷微微，多店相凑市"，经营同类商品商家汇聚到同一街市开店铺，久而久之，或可形成一些特色商业街和专业市场。三是要有专营的商品，如同手艺样样会反而受穷的道理一样，商人如果样样生意都做，就发不了财。四是营业时间根据各行业情况和居民的生活习惯，售卖的商品要迎合当地居民的消费水平。经营特点不同的地方在于新老店铺的设置，县城里"十字街"和"中山路"堪称其代表。"十字街"上是老式铺子，古代就有，每个铺子开有一个"铺窗"，柜台设在铺窗后面，不用进铺子就可以买东西。铺窗开启表示在营业，关闭表示打烊。"中山路"是新型店面，柜台设在店堂里，要进店才能买东西。开店门表示在营业，关门表示打烊。定点摊贩属坐商中较不稳定的形式，露天摆摊或简易搭建，其设摊地点一般为市场管理人员认可，后来的摊贩不得挤占。这些摊贩积累一定资本后，往往也开设店铺。

　　店肆开张，这对商家（俗称"头家"）来说是一件大事。旧俗须事先选取吉日良时，做好采办商品、安排货架、布置店堂、分发请帖等准备工作。开张之日，于门口披红挂彩，店内摆设香案，亲友照例会送来红烛、鞭炮、贺联以示祝贺，有业务联系的商家工坊也会来捧场。店主在祭拜过财神和土地等神明后，接着举行挂匾揭牌仪式。如果店不大，店主仅将扎上红绸布的店匾，交给伙计（店员）挂到店内厅堂上，如店较具规模，外面有骑楼等适合挂招牌的地方，店主会事先做一个招牌，蒙上红布，到时请地方上有影响的人物为其揭牌。挂匾揭牌时，伙计在店门口长时间燃放鞭炮，有的店还会安排舞狮等项表演。这一天营业，商家通常会低价售货（谓"开业酬宾"），以图人气旺盛，开张仪式结束后，即设宴请客。

　　为了招引顾客，扩大影响，凡是坐商皆有其标识。最普遍的是商家字号。商号或以店主名字命之或反映经营特色或寄托美好心愿，后面附以"堂""行""庄""号"等字眼。清代学者朱彭寿在他的《安乐康平室随笔》中，把当时流传十分广泛的商家字号，汇成一首七律："顺裕兴隆瑞永昌，元享万利复丰祥。泰和茂盛同乾德，谦吉公仁协鼎光。聚益中通全信义，久恒大美庆安康。新春正合生成广，润发洪源厚福长。"这可以从民国时本地商号的命名看出，如百货业的合成兴、集安祥、荣源、大顺、美光；医药业的永昌、保和、泰和；食品业的裕成、永源、德昌、丰发；燃料业的长春、建成、合茂；旅社业的利通、新发、民兴，以及代理商源安、隆茂、捷成等。商号多用横匾题写，有的还在两旁配上对联。这些对联不少出自地方文人与名流之手，颇堪赏玩。如清翰林林壬为味味居调味店撰"只说滋滋有，莫嫌淡淡无"联；清举人陈熙昶为兴万成染坊撰联"兴国规模工点染，万家机杼大经纶"，为美发布庄撰联"美在其中文绣膏梁称大有，发敷于外东西南北尽同人"；林仲姚为艺风书画广告社撰联"艺苑百般斗红紫，风标一向现文章"，永春药店联"永世所需唯药物，春风到处解人颐"，源大酿酒店联"源酿成宴会酬情称佳品，大名驰豪商顾客赞高牌"。还有一些不知出处，如大丰米店的"大道生财财恒足，丰年积谷谷如山"；益元药店的"益自谦来爻尽吉，元为善长寿而康"；荣茂饼铺的"荣生凭上粉，茂业在纯炉"，以及远来的"远近只凭公道，来往不敢私心"，泰顺的"泰启三阳增福祉，顺通四季发财源"，日丰的"日所交游皆晏子，丰其货殖即陶公"等。

一些店铺还在门前显眼的地方置招牌，有以实物作招牌的，如卖竹器的、卖灯笼的，将其叠起或悬挂于门前；有以模型为招牌的，如卖木屐的以大木屐为记，卖蜡烛的吊红漆大烛为记；有以木牌、布旗为招牌的，如米店写"米"、酒肆写"酒"、茶庄写"茶"；沈尝兴咸金枣、翁长春肉松、沈成昌机制烟、顺茂号粮行、逢其源油行、永春药店、奇珍茶行是将字号、商标印在包装品上。三民路的"岐阳堂"药店，店主高占梅自制的黄金丸颇具效验，远近闻名，其柜台上放一风炉作为标志，各类招牌可谓五花八门。

地方流传的不少商业俗语，可以从中发现从商者职业道德和经营理念的取向。

坐商面对的大多是本乡本土的顾客，不是过路"交关"，更须注意凭信誉立业、以和气生财，因此便出现"信用守得好，赚钱免烦恼""信用无顾，买卖断路""价格高低靠商量，物件好歹重信用""货真价又实，顾客来规日""和悦人情广，公平生意多"等俗语。一些市场以及商店内，常可见到张贴诸如"货真价实""公平交易""童叟无欺"之类的字样，像诏安这种外来流动人口较少的地方，诸如短斤少两，掺杂使假的情形虽然存在，但要看情况，如果是老主顾、近邻，则较少发生。

坐商也有坐商的生意经，如"卖货头，削货尾"，刚上市的货不妨将价钱定高一些，被人挑挑拣拣剩下的货底，就要贱卖。"生理人有九十九无一百单一"，这是商家针对顾客的消费心理而采取的作价办法。有的店家，可在为你介绍商品时提出建议，如卖布的会根据你的高矮胖瘦等情况，建议你买什么布料和多大尺码；对于有身份的顾客或较大宗的买主，店主会在每年农历十二月十六"做尾牙"、七月"普度日"宴请他们。为了拉顾客，店家因经营种类不同还各有特别的办法。有的药店在药帖背面写上售价暗码，如用一首五言诗"白日依山尽，黄河入海流。欲穷千里目，更上一层楼"。以前 10 个字代表 1 至 10 角，后 10 个字代表 1 至 10 分。这样，一来是顾客再来买药药价前后一致；二是其他店不知本店卖价难以竞价。俗话说"和气生财""会招呼，有主顾""踏车靠脚腿，生理靠嘴水"，为招徕生意，"一迎、二笑、三介绍"，便成为商家待客的法宝。当铺不在此列，经营此项生意的多财大气粗，而来典当的，又多是落魄、贫穷之人，故自头家至伙计，倨傲者多、温和者少。

除了个人直接经验的总结外，商人也会吸取别人的间接经验。清代的时候，《朱公理财致富十二则》，在诏安三都颇流行，以至商界世家子弟要入行，为父兄的必嘱其作为经典去学习。其中云：

> 能识人，知人善恶，账目不负；能接纳，礼义相待，交关者众；能安业，厌旧喜新，商贾大病；能整顿，货物整齐，夺人心目；能敏捷，犹豫不决，终归无成；能讨账，勤谨不怠，取讨自多；勿卑陋，应纳无文，交阑不至；勿优柔，胸无果敢，经营不振；勿懒惰，取讨不力，账目无有；勿轻出，货物轻出，血本必亏；勿争取，货重争趋，须防跌价；勿昧时，依时贮发，各有常道；能用人，因才器使，任事有赖；能理论，生财有道，阐发愚蒙；能辩货，还货不苟，蚀本便轻；能知机，售贮随时，可称明哲；能倡率，躬行以律，亲感自生；能远数，多寡宽紧，酌中而行；勿虚华，用度无节，破败之端；勿强辩，暴以待人，祸患难免；勿固执，拘执不通，便成枯木；勿贪赊，贪赊多佑，承卖莫续；勿薄蓄，货钱贮积，恢复必速；勿痴货，优劣不分，贻害祸浅。

清代、民国时期，诏安人学习经商，须从学徒开始，俗称"司徒工"，对师傅（店主）须送猪脚、面线作为见面礼。当学徒的时间短为几个月，长者两三年。在学徒期间，店主并不付工资，也很少传授经商知识，而是被作为杂役使用，至于商业上的知识，要靠自己耳闻目睹，然后用心揣摩。日间的例行事务是泡茶、扫地、挑水、买菜、煮饭、倒尿壶和进货出货的搬运、清洁整理货架等项。晚上清理完店面后，空闲下来要练掌秤、打算盘、写毛笔字、记账等基本功。期满经店主认可，学徒才可以当店员、领薪酬，薪酬一般于每月农历十六日发给。

每逢农历的初二、十六，各店家要做"牙"，以酬谢诸神，保佑平安发财，是晚加菜并略备薄酒，让店员一起吃，俗称"做牙"。其中二月初二为是年的"头牙"，十二月十六为是年的"尾牙"。做尾牙的晚上，店主会以较丰盛的酒菜招待店员，并结算工资、送红包。席间有鱼和鸡，按闽南宴俗，鱼头或鸡头要朝向尊者，但在这种场合，若鱼头或鸡头指向那位店员，意味着被指的人来年要被辞退，这其中也包含着店主对店员历来辛劳的谢意和辞退的歉意。当然，有的店主会在此前就将辞退的事告知店员本人，而店员会借故避席，以免尴尬。故昔时商家有句俗语："吃头牙粘嘴须，吃尾牙面忧忧。"

商家必敬财神或土地公，财神有赵公元帅、陶朱公、关羽、比干等。商人还要祭拜祖师爷，如纸店和书坊供奉文昌帝君、绸缎商供奉关公、饮食店供奉詹王、酒店供奉杜康和仪狄、药铺供奉药王等。店内特意设置神龛，供奉财神或土地公。每月初二和十六祀土地公、财神、门神，由店主或掌柜亲自焚香拜祭，祈求生意旺盛。店家以财利为重，门上多贴有"财源广进""生意兴隆通四海，财源茂盛达三江"之类的红联。药店在春节期间营业，须用红纸包药。

每到年底，店家要在财神龛上挂纸元宝，钱柜上则贴财神图像和"一本万利""黄金万两"等红纸条，锁上门后，将写有"封门大吉"的红纸贴在门上。过年后，重新开店要以牲醴祀神，放鞭炮。通常街面上的商店在正月初二就重新开业（如这一天不是"吉日"，照样要开，但留一块门板不拆），药店、棺材店开张日期应推后。

商人从追求财利的目的出发，凡是与此相违背的言行都为禁忌。就坐商而言，其主要禁忌有：开店门后，忌第一位顾客不成交，这预示着当日的营业难以顺当，因此，店家对第一个上门的客户，会特别礼遇优待，即使不赚也要力促其成。如果开门进来的第一个是妇女，尤其是孕妇，被认为是晦气，为避免财运被冲掉，客人走后要烧一张草纸破解。开业日、春节、祖师圣诞、祭财神等节日忌说不吉利的话，尤忌讲"蚀""了钱"（赔本）之类字眼。商店中的升斗、秤戥和算盘、钱槽都忌随手把玩，尤忌将算盘倒扣，这样会打乱财源。扫地时，忌由内往外，须自外向内，才不会把财气扫出去。店堂内不得打呵欠伸懒腰，不可卧睡在待客的条凳上，营业时不得背向外，此为谢绝顾客之相。不得坐或踩门槛，使财神进不了门；不得朝着店门或当日财神的方位小便，以免触犯财神；不得坐卧于账桌、货柜、钱柜上，以免压了财气。同业之间不经商定，不得擅自提价或降价。饭店、餐馆忌讳将饭碗倒扣在桌上，以为此将预兆倒闭。药店、棺材店送走顾客时忌说"再见"之类的客套话，而要说"行好""顺顺"之类。尽量不要得罪地方上的地痞、流氓和乞丐帮，地方上出现过多起因得罪此等人而遭报复的事。如趁其开业之日，故意挑屎尿到其店铺前，假装不小心跌跤，将屎尿洒得到处都是；或一帮乞丐逗留在门口，遇上就讨钱，让人避之唯恐不及，更有甚者，暗里将死人拖至其家门，告官说是为这一家人所害。

常言说"无赊无欠不成店"。在商业活动中，赊赊欠欠是难免的事。过去，地方各商号到汕头等地进货，上盘商家为了招揽业务、扩大流通，允许下盘商半赊半欠，甚至全欠，欠款期限通常为3个月。诏安的批发商同城乡的零售店做生意，如果你能够交现金，商家会适当让利，所谓"一千赊不如八百现"；如果一时交不齐现金，也允许赊欠。至于到了零售商，老主顾一般可以赊欠。赊欠的款项，依俗要"三节清"。这3个节指端午、中秋和冬至，最迟也应在除夕之前结付。故有句俗话说："过端午，人烦恼；临中秋，面忧忧；到尾牙，有阴晴。"意谓过端午节，被债权人催讨债务，心情不会好；临至中秋节，要考虑如何了结债务，难以开颜；冬至能还清欠款，心情如天放晴，否则，心头仍如黑阴天。民间认为，如果欠款过年，会有损于双方的"财气"。按旧例，不得赊欠过年，欠户应在除夕之前来付账。过去，每到年终结算时，店主会列出被欠和欠人账目的清单，备好钱款，好还上盘商，并通知欠款人还账。据老人讲，每到年关，常有店家让伙计在白天下乡去要账，或在晚上关店门以后，提着灯笼在城里要账。这种以信用维系的赊欠，在正常年景问题不大，一到出现天灾人祸，就会出现大量的呆账，迫使一些商店亏蚀，关门。

三　小商贩

赴墟赶集、走村串街的小商贩，卖的大都是妇女、小孩平时喜欢的细小物，到年节，也卖拜神的东西；交易时，可用钱，也可以物易物。要说乡下较常见的，是卖杂细的货郎。货郎做的小本生意，挑着两个多层式木柜子，内里装着诸如针头线脑、胭脂香粉、小玩具和儿童服装等几十种妇女儿童用品。货郎能说会道，进村就不停地摇着拨浪鼓，在开阔的场所向村民展示商品，诙谐风趣地兜售。要是货郎担里没有某位乡民需要的货品，他会记下来，等下回再带来。当然，沿街叫卖的还有其他角色。而今这一些沿街叫卖的经营方式，已成了陈年旧事。收废品的则至今还有，他们穿行于大街小巷，也常到乡村去。他们的"笼担"（一担箕箩上面盖着浅筐）盖上有的摆着一大块糖（俗称"上海膏"），他们收购鸡鸭毛、骨头和废铜烂铁，对孩童多用小铁凿敲切糖块交换。

要说较具地方特色的，是小商小贩的"市声"，常言道"卖什么吆喝什么"。这本义原指小商贩的叫卖声，后来被引申为对个人或单位的一种宣传手段。旧时，小商贩叫卖某种物品往往拉腔拖调，似喊似唱。如卖油条的小贩，将油条放在一只小篮中，上面盖着白布巾，边走边吆喝："卖油炸粿哎，烧搁脆，油炸粿，来买油炸粿啊"；卖青草粿的，担着担子，一头放着装青草粿的小缸，一头上放面板，下边放着白糖、碗、匙及洗涮水，边走边喊"卖青草粿啊，便宜甲好吃，清甜带去火，要买的来呀"；卖白糖鬃（用新糖拉制成的糖丝块）的小贩吆喝更像唱歌。

商贩也用吹击声来代替吆喝。卖杂细的货郎摇着叮咚作响的"玲珑鼓"（拨浪鼓）；卖"糖敲"的用分割糖角的刀片和小锤敲打出声；卖豆腐花的是清脆的汤匙击碗声；卖熟面的打竹板；卖蜜饯的打小钟；卖麦芽糖的敲小锣；卖棒冰、冷饮的摇小铃；点白锡（修小五金）的摇打串铁片；阉鸡、猪的口吹短箫；算命先生敲牛角；算卦的上下响动卦签盒；更有走江湖卖膏药的，敲锣打鼓，好不热闹。至于人们欲跟"小贩仔"买东西，称呼什么，就直接称呼"卖××的"。

诏安古代并无商会组织，小商小贩为了不受流氓恶棍、土豪劣绅的欺凌，往往参加某个帮会，以求有所庇护。到清光绪年间，当地开始有商会之设。民国19年（1930）商会组建杂粮、国药、布业、屠宰、百货、烟酒、京果、纸业等8个同业公会。民国28年（1939），新成立铁业、糖业、油业、青果业、柴炭业、电船业、杉木业、渔业等8个同业公会。在每个行会的大厅里都设神龛供奉本行业的祖师爷，每逢祖师爷的诞辰、忌日等，同行要在"炉主"（行首）的带领下祭拜，祭毕同业聚餐，彼此联络感情。在这天，各个商店必须将所有的度量衡器都集中到行会里，由专人逐一校正，然后在校对过的计量器具上做上记号，禁止私自改动，以维护本行业的信誉。

四　隐语与器具

旧时从商之人，大多只是粗通文墨，至于乡镇集市的小商小贩，不少人大字不识几个。为简便计算和兼顾批零者的利益，地方上有个不成文的规定，就是经商的毛利率不能超过二成，俗称"加二"（即加上20%）。例如猪肉的批零价格，假若市面上猪肉一斤卖20文钱，100斤便是2000文（两贯钱）这是零售价；如果批发，两贯钱可以买120斤。但猪肉同其他商品相比，有个例外的地方，就是母猪肉还须"再加五"，因为母猪饲养的时间长（一般三年以上），皮糙肉老，还有一股骚味，因此批发时要在120斤基础上再增加50%，为180斤。诏安有句俗话，叫作"猪母肉，百八秤"，即是此意。此外瓷器在搬运时比较麻烦，破损率高，也不是用"加二"，而是"卖瓷对半打折"。

在市场上谈生意，为了避开众人，防止第三者插手抬价或压价，可通过隐语、手势来表达。因买卖货物或集市不同，隐语、手势也有所不同。

"隐语"有较为通用的和专项的两类。如"一二三四五六七八九十"，用通用的"隐语"念，就成了"见乃宗士马未申酉戌寸"。专项的隐语又叫"江湖白"。"江湖白"则有"猪白""牛白""菜白""鱼白"等的区别，同样是"一二三四五六七八九十"，"猪白"念为"幼式冬津壬阶才别欠幼拾"，"牛白"是"天下平口水开门不见山"，"鱼白"是"幼丽咬去庄罗柴眉弯树"。这些暗号、隐语随价格、质量、斤两、尺寸等具体交易变通，如"一十"就成了"天山""幼拾""幼树"。"百"称"古"，"斤"称"见牵"，"元"称"见所"。旧时"猪白"主要用于论质量定价格，叫作"打猪白"，直至1956年，国营商业收购生猪分等级，还在继续使用。其口诀：一等"幼"、二等"式"、三等"冬"、四等"津"、五等"壬"、六等"阶"、七等"才"、八等"别"、九等"欠"、十等"幼拾"。

至于手势，多是在交易牲畜、粮食、竹木等大宗买卖时，双方有一方不懂得隐语，或觉得讲隐语不保险，买主和卖主会用一顶竹笠遮住，彼此用手指表示价钱，不出声地讨价还价，或者是将手伸进袋里，互相摸手指讨价，使外人连手都看不到。算价钱或结账时，只从口袋里摸出一把铜币，叠成一叠一叠的，有的当一，有的当五，顶替算盘用。

　　旧时三都市面使用的度量衡器具比较杂乱。1959 年以前，度器有木尺、排线尺、码；量器有升、斗、石、担；衡器有戥秤、针秤、台秤。因地域、行业的差别，同种器具的计量值却不尽一样。如三都的市尺是 33.3 厘米，排线尺是 36.96 厘米，木尺是 30 厘米；城关斗是 15 市斤，四都斗 12 市斤，太平斗 7.5 市斤。诏安与相邻的东山、云霄相较，秤的斤以上和两以下，都是 10 进制，两与斤之间都为 16 进制。而"担"的重量则不一，诏安一担为 125 市斤，东山是 100 市斤，云霄是 150 市斤。诏地三都在闽粤之交，度量衡与广东方面有更多差别，这里就不列举了。

　　民国 16 年（1927），政府曾公布"万国公制"作为权度标准制，即长度以 1 公尺（米）为标准尺，容量以 1 公升为标准升，重量以 1 公斤为标准斤。这样，不但度量器又增加新标准，而且"针秤"也有"重秤""轻秤"的不同，重秤 1 斤 = 625 克，轻秤 1 斤 = 500 克。度量衡由警察局管理，商会协助，规定要以商会设定的公平器为依据，器具制造须经批准并有商会监制印记方可销售使用。但在民间的交易中，却不能达到统一，旧的仍照样在用，徒增混乱，更给一些商人提供了假手上下的机会，比如用重秤购进，以轻秤卖出；以大斗量入，以小斗量出。

　　常言道："官不离印，贩不离秤。"在度量衡器中，较经常使用的是秤。做秤所用的材质并不相同，戥秤的杆用的是骨质、虬角、乌木，砣为黄铜制；台秤的杆用的是紫檀、红木，砣为青石制；针秤的杆大多用硬质杂木，砣为铁铸。秤看似简单，做起来并不容易。以针秤来说，制作前，做秤杆的木料须晾放一年以上，制作须经过近 30 道工序。旧制的 1 斤 = 16 两，在秤杆上以 16 颗白色或黄色的星表示 16 两。相传，这 16 颗星，寓意的是北斗七星、南斗六星加上福、禄、寿三星。民间所谓"半斤对八两"，斤两法的口诀"一退六二五"（每两为一斤的 0.625），亦是由此而来。秤当中，单位在一两以下的"戥秤"（俗名"厘秤"），在金银首饰业和中药业使用；单位在百斤以上的"台秤"（俗名"量秤"），在买卖牲畜、粮食时使用；单位在几十斤的木杆秤（俗名"针秤"），在各种交易中使用最广泛频繁。

度量衡器的使用，是有技巧的。有的人能在同一杆秤上，把重量称得多一些、少一些，而让人浑然不觉。笔者曾在与原县商会会长许伟津等人的闲谈中，了解到过去商贩耍秤的一些花招。例如在称东西时，用手将秤砣往上一抬，或是以提秤的手快速压秤杆，这两种方法比较常见，也有的是两种方法同时使用。还有的称物时将磁铁藏在上衣或裤子的口袋里，使秤盘靠近磁铁，利用磁铁的引力使秤失准；预先在上衣口袋里装突出物品，称物时将秤盘边沿挂住衣袋，使称失准；将刀架捶窄或把小竹片塞入刀槽内，这样由于刀口卡紧了，秤杆上下失灵，其他还有用大秤小砣、秤杆挖槽挖心、秤盘吸铁、盘绳加物等法克扣斤两。

下篇　信仰礼俗

第八章　民间宗教

诏安三都由于中原移民的历史背景和地交闽南、粤东的地理位置，"神文化"得以兼收并蓄，并渗透于社会生产生活的方方面面。千百年来，群众自发形成的民间宗教大行其是，地方多神信仰、无村不庙，并形成了约定俗成、世代相传的祭祀礼仪。

第一节　乡土崇拜

诏地汉民的神文化，其主流来自中原，起于开漳时期。唐初，河南固始人氏陈政、陈元光父子率领数千中原府兵前来平蛮屯边，同时推行"化蛮獠之俗为冠带之伦"的"唐化"措施。陈元光的《教民祭腊》诗，描述的正是他在农历十二月教导土著居民祭祀皇天后土、社稷和山川风云雷雨等神灵的情状。从三都唐建九侯庵、五代建南山庵和宋建斗山道观，我们借此可以大致推断发轫于中原的释道二教传入诏地的时间。据新编《固始县志·风俗》所录，当地"祀神庙、神道、祈晴求雨和焚香跪拜、迎神赛会、演戏修醮等"习俗，与诏安大同小异，亦可从中取得文化传承的印证。然而民间信仰的对象并非一概出自中原，地方上有一种称为"傩"的原始宗教文化，傩祭时人戴面具扮成傩神，且歌且舞，以媚神娱人，驱除疫鬼。昔时在城隍庙、东岳庙里，供奉着大哥爷、二哥爷和矮子鬼的俗神，以竹做身体的框架，以彩绘纸、布为服装，面目狰狞，当地方出现瘟疫时，便被人们抬出来巡游，这种乡俗据考可能源于"傩"。土著"蛮獠"信奉太阳神，并认为鸟是太阳神派来帮助农民除虫的。邑人在农历三月十九做"太阳公生"和在秋季"放风禽""舞鸟仔"游艺活动中，尚可略见上古崇拜的遗风。至于"海神妈祖"和"三山国王"，则分别源于福建的莆田和广东的揭阳，而"先生公"吴夲的故籍，却在漳州龙海；至于民众置于墙角、门上用来镇邪制煞的"石敢当"和"狮咬剑"，也是一北一南，出处各不相同。

三都民众所崇拜的宗教偶像，有的是来自佛道两教的教义，如佛家的释迦牟尼、阿弥陀佛、消灾延寿佛、观世音、地藏王和道家的玄天上帝、三官大帝、东岳大帝、文昌帝君、碧霞元君；有的则由民间生出来而为佛道两教所收纳的，如天公、土地、阎罗王、山精水怪、瘟神厉鬼和关圣、天后、保生大帝、财神；有的是行业宗师；有的是地方英贤，如开漳圣王神系等。

三都的民俗信仰沿袭千百年，可以说渗透到人们生产生活的方方面面。之所以如此，缘于先民面对种种灾厄怪异现象，既无法解释也难以抗拒，便相信天地间有强大神秘的力量，在支配和操纵着自然世界和人间社会。同时，村民认为万物皆有灵，人死魂还在。

一　对天地的崇拜

在庞杂的神祇系列中，对民众影响最为深广的要推天公和土地，这是人们出于对天地的崇拜，而将其变成与人间社会相对应的人格神信仰。地方官每年要举行酬天敬地仪式，农人视种稻为

"看天田"，称养猪为赚"土地公钱"，人们也有新婚之时"拜天地"、家里死人"报地头"的习俗。

唐开漳以后，南下汉人带来了对玉皇大帝的尊崇。人们在心目中将玉皇大帝视为万物的主宰，是天神中地位最高的神。有一个故事说，邑内乌山原来非常高，且在不断增长，以至神仙要到天庭去都感到碍手碍脚。吕洞宾杞人忧天，便告上天庭，说照这样任其疯长，恐怕天庭要被乌山刺穿。玉帝大怒，派雷神将乌山拦腰劈断。又一个故事说，邑内诏安湾原来有一个东京城，后来被一恶魔霸占，在城里作威作福，连地方上的神祇都被他欺负。社神三餐不继，便告上天庭。玉帝一气之下，命龙王把东京城掀到海里去。关于玉皇大帝的神话故事，地方上流传的不少，都反映了民众对玉皇既敬又畏的心态。

一般来说，神佛皆有具象供人礼拜。而在诏安，玉皇大帝通常既不设庙也无塑像，但也有例外。志载明天启年间在城郊港头村官路旁建有一所三清观，系由退职里居的沈铁捐建。沈还撰写了一通《三清观碑记》，其文云，该观大殿正面塑是玉清元始天尊、上清灵宝天尊、太清道德天尊的"三清"像，两旁是玉皇大帝和紫微星君。[①] 这种排列，在于"三清"乃道教尊奉的最高神，而于民众看来，大概认为天公是至高至大，管着老百姓的皇帝不过是"天子"。到民国期间，坊间开始流行一种木版印刷的玉皇大帝的神马。在灵霄宝殿中，端坐着帝皇打扮的玉帝，除了两边对称的仙伯、侍卫外，画面下方特别有一个道装打扮者跪着上奏章。灵霄宝殿的中间匾额和两旁柱子上，题有"天地无私""暗察忠奸善恶，注定富贵贫贱"等字样。

玉皇被诏安人俗称为"天公"。人们祭祀，取孔圣人说的"祭如在，祭神如神在"的精神办事。在不少庙宇前设"天公坛"，拜

① 这两处出于康熙《诏安县志》卷 4《建置卷》和卷 12《艺文志》。

"老爷"之前，村民首先拜"天公"，烧折成元宝形的天金或大金、盆金。各家各户也在门前挂"天公灯"，每逢初一、十五，要在庭院上敬茶香，遇结婚、寿辰、开业、庆典等喜庆日子，也举行拜天、谢天的仪式。

在一年当中，有几个日子还必须备供品祭拜。元旦"开正"之后，近黎明时分，各家要在门前或天井的露天之处，摆案桌，备香腐、木耳、橘饼、甜圆、柿饼、密金枣、冬瓜条和熟制的斋菜等，先拜天公，再拜南斗、北辰及家中所祭的神明，祈愿新岁人寿年丰。正月初九是玉皇大帝的诞辰，在初八夜，各家各户便于屋檐下挂"天公灯"（灯略呈扁球形，上写"天公赐福"或"合家平安"字样），并于家中庭院内或家门前摆圆形案桌，有的甚至于桌上叠桌，俗称"天地桌"（又称"三界桌"），意在供拜万神世界统治者"皇天"的同时，兼拜化育万物的"后土"。下桌供列清茶、寿桃、大橘、米糕、甜粿、发粿、红龟粿、干果、蜜钱、汤圆等馔盒，有的还加金针菜、木耳、豆腐、香菇、花生、粉条（即六斋）；上桌供列熟鸡、熟鸭、蒸鱼、豚首、猪腿等"五牲"，称为至高牲醴。祭天公的鸡特别讲究，必须是白色的公鸡，宰杀时尾羽要留存三根毛，不能开膛，内脏要由肚子下挖开的小洞取出，洗净后连同鸡爪塞入肚内，双翅反剪夹紧，正摆在盘中，鸡头用红丝线系住使其昂起。祭拜是在凌晨天未亮时，祭拜完，烧长钱（黄色的长条纸钱），在前胸划三下、后背划四下，同时口念"长三后四，平安无代志"，并烧盘香和"中金"。人们跪拜时要崇敬庄重，由一家之长主拜，意在答谢天恩，祈求平安。至天明，可撤供，供品可用以供拜其他神祇。初九早餐，人们吃面线加一对蛋，寓长寿、圆满。这一天，有诸多禁忌，如洗脸水不可倒于露天，小孩不可随地小便，妇女内裤不可晾于外边，垃圾不可倒于外边等，否则便是对天公的不敬，恐遭天谴。六月初一，要用粳米磨粉，内掺入鱼肉、猪肉类，做成汤圆，拜皇天后土及诸神，称为"献半年圆"。而据传，玉帝的女婿司命灶君（灶神）受派遣降临下界，每年十二月二十三日上天奏报民间的善恶，嗣后两天，玉皇大帝会在诸神陪同下，到凡间惩恶扬善，于是凡人又有于是月的二十五日设香叩迎玉皇之俗。

各乡村几年会做一次"好事"（即报赛祈安，详见后文），依俗要先在做天公生这一日，在村庙前竖一根连枝带叶的"天竹"，上挂一盏白底红字圆形的"天公灯"，并在正门的屋檐下挂一个"天公炉"。庙里的全体理事会成员，要在是日清晨4时集中焚香礼拜。他们拜过之后，全村人家接着备牲醴前来祭拜。待到当年做"好事"的第一日，由理事会成员焚香礼拜，尔后将天竹烧掉，天公炉和天公灯则恭送至溪流边，让其随水漂走。在天公生和做好事之间这数月内，"庙公"每天早早晚晚要给天公敬三杯茶、上三炷香，要记得给天公灯添油，不能让天公灯熄灭、天竹断掉，熄了断了则视为不祥之兆；不能在灯、炉旁边吐痰、骂人，这是对天公的不敬。

在民间信仰中，最为普及的要算"福德正神"（俗称"土地公妈"）。其具象是一对慈眉善目的福相老人。民众认为土地神为地方之守护神祇（社神），不但可以保佑农业收成、商店作坊经营顺利，还可以保护阴阳宅不受邪魔的侵扰。

在以农耕为主的社会，土地是人们生产生活资料的主要来源，衣、食、住、行都离不开大地，而土地公妈又不像其他高高在上的神那样高不可攀，民众比较容易亲近。诏安三都地区的土地庙难计其数，在水口、路口犯冲煞的地方往往建有土地庙，村寨街坊不论大小都有土地庙，里面供着土地公妈，庙门通常贴一幅——"这公公做事公道；那婆婆苦口婆心"的对联。同时，在民间，举凡生人所居的阳宅都有"地主"神位，举凡死人落葬的阴宅都有"福神"之碑，至于几块砖石垒造，在一张红布（纸）上写着"福德正神"的所谓"田头田尾土地公"，比比皆是。农村中，不管庙里主祀什么神，通常都会在其内配祀奉的土地神像。

人们对土地神的祀奉活动很频繁，每月的农历初二、十六，要以饭菜或瓜果祭祀，形式虽然简单却持之以恒。到二月初二和十二月十六日，"做牙"则较为隆重（因行业而有所不同，如农民主要做头牙，商人主要做尾牙）。三都乡村一般将六月二十九定为"土地公生"（靠近广东的村也有定六月二十六日），一般是按房头轮流供生猪、办牲醴、粿品、青果到"福德祠"（土地庙）祭拜，祭拜时烧一种专用的"福金"。各家各户则不但自办供品上庙祭拜，而且因其时正好豆类成熟，还煮豆仔饭拿到自家田头园边，求土地公妈保护农作物不受糟蹋，有个风调雨顺的年景，完后宴请亲友热闹一番。在农历五月初四和八月十四（即端午节、中秋节各提前一天），正值春秋两季水稻吐穗扬花之时，农家要"拜田头土地公妈"，以求有好收成。所备供品丰俭随意，甚至三杯清茶，些许糖果、饼干就可以，但不宜有面条和米粉，因为这两种食品形似爬虫，农人最忌虫害。供品一概装在大竹篮或竹谷箩中，又须用锄头扛挑至田间，摆于各家田埂上，焚香点烛，行跪拜礼，然后酹酒于田间，烧化纸箔。

据志载，在县署仪门之东有一座土地祠，清时诏安正官于朔望日"必谒春秋致祭"。各地民间则行"春祈秋报"，春祈从二月初二开始，"各街社里逐户敛钱，宰牲演戏，赛当境土神，名曰'祈百福'"；秋报原在中秋，清末改为冬月，名曰"报赛祈安"。[①] 春祈秋报皆以祭社神（土地）为主，兼及社内其他神，诸神集中在一起"看戏"娱乐。昔时经常是此村捐款请戏班演若干台戏，彼村亦不甘示弱，也出资请戏上演，甚至持续逾月。

此外，凡是生产生活中的重要活动亦须敬拜，如营造阳宅阴宅，建工商场所，动土前得用五副纸锭、五支没点燃的香一并夹在

---

① 民国《诏安县志》卷7《典礼》。

一段竹竿之中，作为土地神位的标志，进行拜祭。工程完成之日，还要备牲礼谢土地神，俗称"谢土"；还有一种称为"报地头"的习俗。若家中有人去世，必须到土地庙报丧，由村中长者持白灯笼，带领死者男性子孙穿孝服到地头神庙报死。到庙，长者上香后取出年庚帖，对着神像报告说："生从地头来，死从地头去，时辰念给老爷知"。民间在每年扫墓前需先祭拜土地神，答谢其看守坟墓之辛劳。

在众神当中，诏安民众较容易与土地公混淆的是"大伯爷公"，山里人甚至将大伯爷公也称为土地公。其实，"大伯爷公生"是在农历七月二十五，土地公生是六月二十九。在县内乡村地头庙里，正殿左右大多设两个神龛，分别供祀伯爷公和土地公，这些都可以是二公并非一神的明证。

诏安三都所奉的"大伯爷公"（又称"开山圣侯"）与潮汕又不一样。三都奉的是春秋时期追随晋文公的介子推。相传晋文公复国继位后，介子推不想与争名逐利者为伍，携母隐居于绵山深处。文公深感其在流亡途中割股肉给自己疗饥之忠义，诚邀其出山入仕，未果，便命人烧山，想逼他出来，介子推却宁愿被烧死也不肯出山。介子推之死，让晋文公悲痛万分，命人将之厚葬于绵山，立祠祀之，并追封其为开山圣侯。三都奉祀大伯爷公的神龛两边通常有"赏禄不言名标晋盛，绵山旌善爵授侯封"或"绵山打虎将，晋国隐士风"的对联，说的就是介子推故事。而潮汕人所奉的则是上古夏朝助大禹治水的伯益（尊称"感天大帝"）。虽然诏安的大伯爷公与潮汕的造像一样，都为白须持剑骑虎，但潮汕人"做大伯爷公生"是在农历的三月二十九。[①] 这不仅载于潮汕的书籍，而且笔者在邻县广东饶平实地调查的资料亦证实是如此。

往昔民间对天地的敬畏，在遇到人力不可抗拒的事件时，表现

---

① 据陈卓坤、王伟深著《潮汕时节与崇拜》，潮汕历史文化研究中心，2005。

得尤其突出。如严重的干旱、洪涝、瘟疫时，便认为是天地示警于人，地方官要带头求神禳解。大旱之年"祈雨"，通常在县衙内露天处设高台，县知事斋戒数日，届时请道士诵《太上洞渊请雨龙王经》，道士将泥塑或用冬瓜做成"旱魃"像置于案上，由道士请神符镇魔。这种活动通常请当地耆老一并参加。参加者身着素服，不得撑伞戴笠，任凭烈日曝晒，以示虔诚。仪式完毕，县官率众人持香沿街而行，民间亦当街置香案，跟班人员一路高喊："久旱无雨，百姓艰苦，乞求皇天，早降甘霖。"尔后又到离城 10 多公里东溪中段据说有神龙潜伏的龙潭，献牲醴，烧符签，将烧得通红的犁头扔进潭里，接着由县官念《祷雨文》，乞请龙神降雨。[1] 民间求风祈雨方式多种多样，有在庙里求神的；有抬出东岳大帝、玄天上帝、观音等偶像游行的，难以一一列举。

二　对文武二圣的敬仰

在历代圣贤、伟烈人物中，知名度最高者当推"文圣"孔丘、"武圣"关羽。往昔国家对孔子、关羽这文武二圣的祀典之隆，非其他神明可比。祭孔于每年春秋二仲上丁日和农历八月二十七孔子圣诞举行，县内文武官员都要诣文庙祭拜。祭关帝则于每年春秋二仲和农历五月十三"帝公生"，祭仪类同于祭孔。在三都亦颇具影响，广受民间崇敬。

诏安奉祀孔子的文庙始建于置县后的第二年，即明嘉靖十年（1531），此后至清嘉庆年间，历经十次修缮、扩建。是庙占地5000 平方米，坐北朝南，由南而入，门楼二进，中为天井，两边有廊，拜亭连接大殿。面阔 5 间，进深 12 米。大殿为单檐悬山式，抬梁与穿斗混合结构，金柱梭形带础的石柱。门楼外边为广场，带

---

① 民国《诏安县志》卷 3《名胜》载："龙潭在三都源花岩下，潭深莫测，乱流怪石不可名状，常有神龙出没其间……旱时祷雨之处"。

有半月池，中有长达 35.4 丈的 3 孔石桥可通。其规模之大，为漳属各县之冠，是为祀典庙。

古时兴私塾，私塾的中堂通常贴一红纸，上写"大成至圣先师"，一般不设孔子神像或木主，以为孔子地位尊崇，不宜供在这里。塾师和童生就向这个"孔子位"顶礼膜拜，若要祭拜孔子须到文庙里。塾师新到一地开馆，必须燃香向孔子位跪拜，然后方能开门收徒。学童七岁入私塾就读，入学前家长要给小孩做 3 道菜，即猪肝炒芹菜、豆干炒大葱和蒸鲮鱼，诏安话"肝"与"官"、"葱"与"聪"、"芹"与"勤"谐音，鲮鱼眼睛明亮，意在期盼孩子聪明、勤奋，今后出人头地。饭后，蒙童换上整齐衣服，穿红皮木屐，父辈携提一篮子，内装香烛和"赘敬"（礼品），到先生住处，先点香烛向中堂的孔子灵位下跪磕头，后跪拜塾师。塾师收下新生后，会随即或日后约定时间带新生到课堂上，拜孔子位，拜先生。有的学童初次入学跪拜孔子时，家长在身后将煮熟的鸡蛋从其胯下滚到前边，学童跪拜后将鸡蛋拾起后吃下。民国时，私塾改为新式学堂，家长带孩子到学校，在孔子灵位前供一盘明糖，教孩子焚香拜孔子，意谓投于至圣先师门下，然后来到教室门，向老师行礼后，把明糖分给同学。

在实行科举制度的年代，"四书""五经"是考秀才、举人、进士的出题依据，因此，生员在蒙馆读"百家姓"和《三字经》《千字文》《千家诗》，在接受启蒙教育后，就要转入经馆学习"四书"、"五经"，听老师讲经论道。秀才于每月的初一、十五，由教谕、训导领着，初一行释菜礼，十五行上香礼。生员赴府试、乡试之前，一定要到文庙拜孔，科考及第，还要以门生之礼再拜。过去不论新学旧学，每年"孔子爷生"，城厢的学生由老师带着，待官祭之后，进大成殿，在孔子塑像前一字排开，在司仪唱礼过，师生一起唱《孔子歌》，后行三鞠躬礼。

过去诏安人出于对孔子的崇拜，有敬惜字纸之俗，以为文字为圣人所造，纸一写上字便不得乱扔。学童将字纸丢弃在地上会受到惩罚，没用的字纸必须定期集中焚烧。直到民国时期仍沿袭这一习俗。每年的正月初九，慈善机构将一年来所收集的字纸装入箱子，用红缎包裹，插上金花异行游街，学童盛装执香烛随行，至溪边焚化。

关圣（俗称"关公"）在人们的心目中是忠义勇武的化身。从宋真宗下令修建解州关帝庙以后，历朝都有加封，最高的封号是清顺治帝给予的"忠义神武关圣大帝"，佛道两教亦各有封号，但地方上的民众还是喜欢称其为"关公"。诏安平原地区现遗留主祀关帝的庙主要有3座，皆规模颇宏敞。较早的是明洪武十一年（1378）建于梅岭悬钟城的关帝庙。明嘉靖四十一年（1562）十月，倭寇攻县城，知县龚有成组织民众护城，诏城将破，夜间龚梦见关公显灵巡城，告之军民，由是士气大振，县城得保。嗣后，知县倡建"武庙"并以此为祀典庙。清顺治十八年（1661）迁界，原在悬钟的三代关帝像被移祀于西门外新建的西觉寺，又称作西关武庙，并改以此庙为祀典庙。该庙经增扩建，占地面积达1800平方米，主祀关帝，兼祀观世音。至于其他庙里共祀关帝神像的就更多了，地方上许多店铺、武馆，甚至不少人家中也有奉祀"关公"。

关帝在诏安民间深入人心，除了其自身的人格魅力和小说、戏剧的塑造等原因外，更重要的是在沿海地区特定的社会条件下，人们需要以其为精神支柱。当地民众在抗倭、抗清、抗日斗争中，在临敌之时，往往怀里揣着用关帝神符包着的香炉灰，以求保佑。同时，当地关于关帝显灵的传闻特别多。据说明嘉靖三十五年（1556），倭寇犯境，其中的一股乘坐23艘船从梅岭登陆，大肆掠夺烧杀，当地渔民避入悬钟城里，倭寇集中兵力攻城。由于敌我兵力悬殊，城池眼看不保，忽见红面虬须、头包皂巾、身穿黑铠甲的关帝爷出现在城头上，挥舞手中大刀，将一架架登城云梯砍断，倭寇纷纷掉落城下。关公手下的数百名乌衣兵，亦张弓搭箭射杀敌兵。倭寇兵退，又遇戚继光领兵前来增援，倭寇丢弃细软，登船欲逃。这时，从城内关帝庙飞出上百只衔着火种的神鸦，点燃了敌船。顷刻间，23艘贼船灰飞烟灭。

清代，诏安异姓结拜成了一种风气，结拜者往往要在关帝面前立誓义结金兰，帮会在吸收徒众时，也往往在关帝神像前举行点香烛仪式，"洪门""天地会"在诏安起兴，效法的也是"桃园三结义"的故事。洪门内部文件中，就有诸如，"忠心义气来结拜，好比桃园结义时"的诗句，清初的"天地会"作为秘密会党组织，就以"忠"来鼓动反清复明，以"义"来维系内部团结。入会时要在关帝神像前立下誓言："有忠有义刀下过，不忠不义剑下亡。"

随着时间的推移，关帝的职掌逐步增加，不仅能除暴安良、保佑发财，并且渐渐地成为神通广大有求必应之神，就连那柄青龙偃月刀，也非同小可。有人久病不起，家人便诣庙许愿，将那柄大刀请回家中，裹以红巾，每日以香烛上供，据说很灵验。但刀须是庙里的铁刀才行，倘若是木制的刀，便不济事。

三 对观音、妈祖、吴真人的信奉

有"佛国第一菩萨"之称的观音，在民众的心目中是法力无边大慈大悲救苦救难的菩萨，善男信女遇有灾厄，只要念其名号，菩萨就会"观"到这个声音，就会前去解救。地方上人们所见的观音，除了标准圣像之外，还有送子观音、千手观音、净瓶观音、鱼篮观音等造型。诏地最早祀观音像的，是始建于唐代的九侯禅寺，寺位于距县城15公里的九侯山风景区。较早的还有建于唐末五代距县城1.5公里的南山寺。到明末清初，三都奉祀观音菩萨的佛家寺庵有30多间，神庙也多有供奉，几乎各家各户都有其法像。较虔诚的人，每天早晚都要拜佛念经。相传二月十九为观音菩萨生日，六月十九是其得道日，九月十九是其涅槃日。这3个日子，人们或在家备办粿品甜豆汤等敬拜，或备办丰盛祭品到佛寺观音阁奉拜。

天后（林默）在人们的心目中是灵应好义的偶像，宋徽宗钦赐"顺济"庙额，封为"专司海岳"之神，以后历代累封，直至清康熙朝封为"昭灵显应仁慈天后"。尽管如此，百姓还是习惯地称她为"妈祖"。三都地区现存主祀妈祖的宫庙6座，庙宇显得较为气派。较早的是明嘉靖初年建于梅岭镇的胜澳天妃宫，明代此后又建了桥东朝天祖宫、南诏镇南关朝天宫、梅岭镇悬钟天后宫、深桥镇西港天后宫，清代又建梅岭镇岭港天后宫。其中位于县城南关溪沙尾的朝天宫（俗称"天后宫"），始建于明嘉靖年间，清康熙五十九年（1720）被定为祀典庙，经增扩建，占地面积1000平方米（不含戏台），坐西朝东，由门楼、拜亭、正殿、阁楼组成。前殿祀奉妈祖，后殿祀奉三妈，阁楼上是望海妈。

沿海地区凡是天后宫、妈祖庙，香火都很盛。其他庙观里兼祀妈祖的很多。至于在船上，则在船头贴有其神符，后仓供有其神位，出海时日日敬香。在过去以木船作为航行工具的情况下，妈祖无疑成了航海人的保护神。地方上也有一些流传至今关于"妈祖婆"的传说，渔民、海商在海上遇险，无不烧香请其显灵相救。昔时在诏安湾海面上，常有海豚出没，据说能将落水者托出水面，还能帮渔民驱集渔群，渔民称它为镇海鱼。每逢三月、八月，临海的甲洲天后宫、胜澳天妃宫前面，一到涨潮时，便见宫前海豚成群聚集，人们认为这种鱼是妈祖放养在海里的义鱼，是不能捕捉的。同关帝一样，妈祖的职掌也是随时间的推移在增加，不仅能海上救护，还被人当作送子娘娘，人们有什么难解之处，也往往前去求告。

疾病是人类的天敌。在古代缺医少药的情况下，人们对能救死扶伤的名医极为尊崇，有的还被尊奉为神来崇拜。县城奉祀保生大帝的真君庙、慈云寺的香火历来很盛。保生大帝，又称吴真人、大道公，姓吴名夲，龙海白礁人。他精于采药、炼丹和针灸，相传曾为宋仁宗的母亲医好乳疾，他不愿留在朝廷任太医，而在民间以绝技救活人无数。北关的真君庙建于明初，现有面积 1000 平方米，主祀保生大帝。保生大帝崇拜在演变过程中，职掌也有所扩大，甚至地方上人们求雨也找他。但其最大特色，还是备有药签，让前来求医问药者卜取。药签则分外科、内科、小儿科及眼科四种，共有226 支签。求者凭所得的签号向庙祝索取相应药方，到药铺买药。药签上明确标用什么药和多少量。如内科第 71 首为桔梗 5 分、陈皮 5 分、赤芍 5 分、生姜 1 片，并注明水八分煎四分；外科第 36首为香附、伏香、白芷、防丰、木香、甘草各 1 钱，也有注明共研成末，和酒（若破皮和茶油）。药方上其所开列的药物，有的是依据吴夲生前为人治病的灵验处方，有的是人们以吴真人的名义而设。药多是普通中草药，用量也较轻，可保服用安全。祷求药签，要先在神像前燃信香告明病情，若卜得圣杯，则可从某签筒中随意抽出一支，为慎重起见，还要再卜一次，如仍是圣杯，就凭签向庙中粗通医理药性的管理人员领出相应药方，再凭方买药。如此这般，据说曾治好民众的不少病患，未曾听说出过事故。求签不必交费，病人服药后有效或痊愈，会自觉前来答谢。

除此之外，诏安三都的民间信仰还有很大部分是来自对开漳圣王及其部将的崇拜。这些开漳神系在民间影响很大，并有大规模的庙会活动，我们将在下一章集中介绍。

第二节　祀所祭仪

一　地方神庙的建置

在诏安置县后至鸦片战争前，三都佛教寺庵大量出现，道教宫观少有建树，而伴随着民居聚落的蔚起，神庙建设出现高潮。及至清末民初，这些神庙被毁坏的要比新建的多，尤其是清同治四年

（1865），奉上帝教的太平军攻陷县城，城厢等地不少佛道建筑被毁。民国 8 年（1919），陈炯明在漳州成立闽南护法区，为改变民风，下令废宫庙神像，又废掉了一部分。到"文革"时，神像被推倒，其祀所则被改作他用。尽管如此，历史上的重要寺庙，经过近 30 年来的重建、修葺，目前旧城区的神佛祀所尚存近 60 处，乡村虽没有确切的统计数字，却也是村村有庙，可见这种寓于风俗的文化基因是如此的根深蒂固。这里，据明清府、县志记载，将历史上较主要的寺庙宫观列举于下。①

属于朝颁祀典春秋有司致祭的有：文庙（在县署前面）、武庙（在县城西关）、朝天宫（在南关外溪沙尾）、文昌宫（在县前东街）、城隍庙（在县城西门内）、开漳王庙（在县城城内街）及忠义孝悌祠、节孝祠。其祀非部颁而官师所守士民所奉尚属正祀的有崇圣祠、名宦祠、先贤祠、昭忠祠、朱文公祠、魁楼、伽蓝祠等。诏安置县之后，在城的四郊还分别建了 4 个祭坛，东坛为先农坛，祀后稷；西坛为社稷坛，祀五谷之神；南坛为山川坛，祀风云雷雨山川及城隍；北坛为邑厉坛，祭邑之无祀者。

属于民间宗教祀所的有：南诏镇的武庙、威惠王庙、真君庙、功臣庙、灵侯庙、东里庙、仙公庙、东岳庙、上帝宫、护济宫、良峰寺、青云寺、澹园寺、万福律苑、大悲庵、西亭观音庵、伽蓝庙、祖师庙、马王庙、福德祠、西里庙、南靖庵、南善庵、慈云寺、火神庙、老静玄坛、新静玄坛；桥东镇的报国寺、泰山妈祖庙、广南庵、保林寺、慧观精舍、道坛庙；梅岭镇的关帝庙、天妃宫、观西寺、龙湫庙、临水庵；深桥镇的南山寺、普济堂、河山古寺、振海寺、碧湖庵、长乐寺；西潭乡的文佛寺、威惠庙、三忠王庙、慈云坛；白洋乡的白鹤寺、白石庵；金星乡的九侯禅寺等。

昔时民间寺庙宫观的兴建、修葺，资金来源大致有几种：一是

---

① 此处列举的不包括乡村普见的土地公庙、大伯爷公庙等例子。

官输民助。如孔子庙（文庙）、关帝庙（武庙）、城隍庙、威惠王庙、文昌宫等祀典庙。二是同业集资。如朝天宫、护济宫，两宫都建于当时的东溪边，主祀海河之神，朝天宫奉祀妈祖、水仙王公等，护济宫奉祀教练夫人、水上王公等，出资的主要是经营溪海货运的商人、船家及渔民。三是社区募资，如真君庙、东里庙、赵元帅府、玄天上帝庙。四是僧道创建。如九侯禅寺、南山寺、斗山庵等。五是居士创建。如澹园院、万寿精舍、金莲堂。不少寺庙宫观的建造得到海外乡亲的襄赞。

在三都各地，引人注目的往往是寺庙宫观。人们对寺庙宫观尽可能追求精美，延请的是能工巧匠，其设计、施工都非常讲究。进深二、三、四进不等，大多是重檐歇山式屋顶或单檐悬山式屋顶，屋脊彩瓷雕塑二龙抢珠及泥塑人物花鸟，门楼装镶石质浮雕人物花鸟，殿内墙面绘有以历史故事、神话传说为内容的图画，额有匾，楹有联，飞檐斗拱，雕梁画栋，金碧辉煌。如今置身其间，仍可给人以审美的享受。

民众修建神明祀所如此，对神像的塑造亦如此。三都神像以木雕像居多，且多以檀香木、樟木为材。吉木成圣，必遵循一定的仪规。家住南诏镇现年 66 岁的吴拱垣先生，擅长雕像工艺，曾为不少寺庙雕过像。据介绍，在制作之前，村民要"看日"，备办发粿、红龟、水果等，将写着神明称谓的红布盖住要制作神像的木坯，神斧（斧头）也用红布包好。动工要举行开斧仪式，在案桌上摆供焚香，由东家祭告神明雕像事宜，送甜寿面给负责开斧的工匠和法师吃，之后用双手捧上斧头。接着，法师要念吉语："吉日良辰开斧，威灵显赫万代。"工匠持神斧在木头上轻砍七下。雕刻时，神像的比例也有讲究，通常的头部与身体之比：站姿的是一比六或一比七，坐姿一比五，蹲姿一比三。雕时由头至脚循序而下，神像腹部留空，背上预留一小洞。神像雕好、油漆、塑金之后，要"入圣"。入圣同样念吉语："吉日良辰入圣，威灵显赫万代，入圣!"念毕，向洞内放入金肠、银肚、经书、万年历、剪刀、尺子、戥（秤）、八哥（鹦鹉）等"八宝"；小的神像放不了这么多，便塞进一只活雄蜂或投放香灰、灵符等，完后封好洞口。

这些做完，接着是"荣袍"。设在县城中山路的百年老店"庆源纸绸庄"经常为神庙承制袍、冠、靴、披风等，据现年50岁的掌门人林养生介绍，荣袍要选"好日"，庙的董（理）事会成员要全体到场，由主持者焚香祷告，将神请上神座，接着，先为神像着内衫裤，上（衫）七下（裤）五，最里面的必须是由绫布制成的，再穿龙袍或凤袄，继而是戴冠着靴。原已供奉的神像，过一段时间也要重新塑金、换冠、袍、靴。塑金身、换冠靴时间酌情而定，而袍一般要三五年换一次。此前，皆须进行"退神"仪式，"退神"要选吉日良辰，该庙的全体理事会成员到场，焚香，众人列于神前，由理事长向神说明，取下神像身后的镜子，才能进行。妈祖换袍，通常是"一闰或二闰"（一闰便是三年）。据梅岭人讲，换袍十分隆重，由主事老人择日，换袍时须关闭庙门。新袍共7层，六件上衣，四裤一裙，以白、青两色为主，外套一件黄袍和披风。换袍之后，打开庙门，让乡亲祭拜三日，移驾到位村中祠堂，唱戏3天。换下来的袍，有信众家中不靖或有病患，庙里便剪下一块布，让其带回去缝在衣服内或放在枕头下，俗传有驱祟辟邪之功效。

不管新神像还是旧神像，塑金身、荣冠袍后都要"开光"。神像开光要选吉日良辰，仪式请神职人员来主持。据说，过去新雕神像往往先要举行引香分灵仪式，即将新神像抬到所要分灵的神庙，安奉于祖像前，焚香掷笅，圣杯则表示祖神同意迎请，此时才可以将这尊分身神像抬到祀所。现今通常无这样做法，而是直接设斗灯于神桌，并摆上牲醴，当事人跪拜对天焚香上报，请神入位。尔后，将神像安放在神龛内，揭开神像头部的红布，行入神仪式。即在像前神案上摆一面镜子，映照神像。然后，法师取来两只鸡，一只白鸡、一只花鸡，用斗灯里的刀来杀鸡，一只白鸡在神桌下杀，然后用毛笔蘸白鸡的血点在镜子上，五官六脏象征性的都要点一下，边点边念念有词，点过之后，取镜面到天井向神像反射日光，让日光恰好辉耀神像的眼睛；一只花鸡杀后用鸡血画灵符，再将灵符投放到新雕神像背部开着的小洞。据说唯有如此，神像才有灵性。

举凡修建庙宇、雕神像、神明荣袍，开工前须由董（理）事会于吉日焚香烧纸禀报神明，完工都要做"庆神"。届时，甲社集资演戏、祭祀，众多善男信女也会纷纷前去上供烧香。坐落在南诏镇东关街的东岳庙，是一座建于明万历年间的古庙，1992 年孟春耗资 140 多万重修，除本县信众外，美国、加拿大、新加坡、马来西亚、泰国、印度尼西亚等地华侨和港、台同胞也踊跃捐款。2005年信众又投资 40 多万元作进一步修缮，为神像更换新袍冠，完后于翌年五月十九举行庆典活动。是时周边社区家家户户门前悬挂上书"添丁进财"的大红灯笼，设供桌在门口。庙中祭典更为隆重，先是公祭，完后六尊主神被抬出来巡街，沿途锣鼓喧天、彩旗飞扬，舞龙舞狮，好不热闹。

二　祭祀神明仪礼

往昔神庙作为民间信仰活动的中心，普通百姓通常是每月朔望日（初一、十五）和年节时到庙里祭拜，而庙祝则是每天早晚都要添油上香，这些属于常规祭祀，还有一些则属专门祭祀，其中有个人目的的拜神，如应考求中举、事业求成功、婚姻求美满、病患求康复；有集体目的的拜神，如地方久旱无雨、瘟疫流行、治安不靖，祈求风调雨顺、消灾避祸、合境平安，等等。

要论较隆重的祭祀，那就是神诞日了，以至地方上若说某社某日"闹热"，听者便知是指神诞。三都城乡的庙宇，基本上都不只奉祀一尊神，这样一年下来，一座庙仅神诞活动就要举办数次。如坐落在南诏镇东关街中部的东岳庙，是诏安县建筑规模较大、释道结合、神祇多元化的一座庙宇，所供的神佛达 108 尊。该庙一年的诞庆有 20 多个，特别是八月十三的"速报爷公"寿诞日，历史上庆祝活动比较隆重，不仅东关本身，就是周边的信众也纷纷前来进香朝拜，人流如潮，香烟缭绕。演连本大戏、放烟火、燃礼炮、扛艺棚、游地景、舞狮、舞鸟、舞麒麟以及公背婆、走高跷等传统文娱活动搞得很是热闹。一年当中就月份来说，基本每个月有若干个神诞日，对于家庭，不一定每个神诞日都要祭拜，但比如天公生、帝公生、妈祖生、观世音寿诞日、保生大帝诞辰和土地公生、大伯爷公生等，还是会到神庙或在家中祭拜的。以下是诏安三都主要神佛的祭祀时间表。

表 8-1　三都民众祭神拜佛日期一览表

时间（农历）	祭神名目	时间（农历）	拜佛名目
正月初五日	迎神	正月初一日	弥勒佛圣诞
正月初九日	玉皇大帝生诞	正月初六日	定光佛圣诞
正月十六日	齐天大圣	正月初九日	帝释天尊圣诞
二月初三日	文昌帝君寿诞	二月初八日	释迦牟尼佛出家
二月十八日	赵公明元帅诞辰	二月十五日	释迦牟尼佛涅槃
二月二十一日	三山国王寿诞	二月十九日	观音菩萨圣诞
三月初三日	玄天上帝寿诞	二月二十一日	普贤菩萨圣诞
三月十五日	保生大帝生诞	三月十六日	准提菩萨圣诞
三月十九日	太阳公生	四月初四日	释迦牟尼佛圣诞
三月二十三日	天后圣母寿诞	四月初八日	浴佛
三月二十九日	感天大帝忌日	四月二十八日	普王菩萨圣诞
四月初八日	哪吒太子生诞	五月十三日	伽蓝菩萨圣诞
四月十八日	碧霞元君生诞	六月初三日	韦驭菩萨圣诞
五月十三日	关帝圣诞	六月十九日	观音菩萨成道
六月二十三日	南极大帝生诞	七月十三日	大势至菩萨圣诞
六月二十九日	土地公生	七月十五日	佛欢喜日
七月初七日	公婆神诞辰	七月二十四日	龙树菩萨圣诞
七月二十二日	善财童子生诞	七月三十日	地藏王菩萨圣诞
七月二十四日	司命公生	八月二十二日	燃灯古佛圣诞

续表

时间（农历）	祭神名目	时间（农历）	拜佛名目
七月二十五日	大伯爷公生	九月十九日	观音菩萨出家
八月初八日	华佗仙师生诞	九月三十日	荷师佛圣诞
八月十三日	速报爷公生	十月初五日	达摩祖师圣诞
九月初九日	九皇诞	十一月十七日	阿弥陀佛圣诞
九月二十八日	五显帝生诞	十二月初八日	释迦牟尼佛成道
十月十五日	五谷神生诞	十二月廿八日	华严菩萨圣诞
十一月	谢神		
十二月二十四日	送神		

三都世俗的敬神礼仪，带有浓厚的地方色彩和草根性质，也有一套约定俗成的"礼数"。

供品不仅种类、规格不尽相同，使用的地方也有讲究。香是人与神进行沟通的必备物，平常祭神明三支、拜祖宗二支，祭鬼魂一支，在神诞日敬祭则要用多枝，甚至整把的香。蜡烛代表神灵出现，故祭神灵要用蜡烛，祭鬼魂则要用油灯。神诞日燃鞭炮表示庆贺，增添喜气和瑞气。俗信鞭炮有驱瘟邪之功，故拜神游神燃鞭炮带有消灾辟祟的成分。金纸和银纸总称纸箔，分别代表神界和灵界的货币。金纸只能用于祭神，其中的盆金、天金、中金系用以祭祀玉皇大帝和三官大帝等神明，大金、寿金、割金、九金、顶级、大极用以祭各种神明，福金用于祭土地；银纸只能用于祭祖宗和亡灵，大银用于祭祖先、小银用于祭鬼魂，库钱则置棺材内供死者在冥界用。

就献祭的食物而言，有荤有素，通常荤菜用以祭神，素食用以敬佛。荤者如整猪或猪头主要用于敬天公、做普度和乡土神明诞辰日的团体大祭中等，猪越大表示越诚敬，有的村社如桥园、深桥等村还因此举行"赛大猪"的比赛活动。五牲包括鸡一只、鸭一只、鱼一条、猪肉一块和猪脚（或肝等）一副，祭神诞用；三牲指鸡、鱼和猪肉，多用于日常祭土地公、灶君等；小三牲指猪肉、鸡蛋和鱼干，多用于祭主神的僚属部将等。素者如粿类多用于年节和神诞日祭祀，有发粿、甜粿、菜头粿、龟粿、朴仔粿、番薯粿、碗酵粿、桃粿、酵粿、碱水粿、石榴粿、豆目粿、鼠壳粿等；糕饼类多用于日常上供，如册糕、五仁糕、萝卜丝酥、番薯丝酥、芋丝酥、菜头饼、芫荽饼、水晶饼、豆馅饼。面龟多用于报赛祈安，是祭神的大礼，以之食用和馈赠亲友则能保平安、得好运。至于果、茶、酒、水果、茶水供给各类神灵，酒多用于有牲醴时的祭祀，有白米酒、秫米酒或将米粒泡在杯中代表酒。地方上有所谓"无三不成礼"之俗，指的是供奉清茶和米酒以三杯为宜。以饭菜祭神因崇拜对象的不同而有区别，因家庭经济条件的差异而丰俭由人，一般人家做"妈祖生""关帝生"，供品多以寿桃、甜粿、面条、斋菜为主。拜神上供通常的仪程包括：摆祭品、点蜡烛、敬献清茶、焚香请神、敬酒三巡、对神祷告、烧纸箔、洒酒谢神、撤收供品等。

俗认为，神明降尊纡贵坐镇乡里保境安民，逢生日仅请吃请喝还不够，得安排娱乐活动，因此演戏酬神往往成为做神诞的一个内容。戏资有由个人总包，也有由社众分摊，如今大凡神庙做"神诞"，也往往于显眼的地方张贴诸如"某神瑞诞，某弟子献戏一台""某大帝圣诞，某社众弟子谢恩"字样的红榜。因关公被人视为财神，妈祖被人视为海神，故经商的、行船的人要求献金演戏的特别多，还需通过卜杯定夺。戏台一般都在庙前的大埕，神明坐在神龛上便可赏戏。钱多演"人戏"，钱少则演布袋木偶戏或铁枝木偶戏。三都所演以潮剧居多，大概是认为神明皆神通广大，不至于听不懂。清代民国期间，村社每逢神诞演社戏，便通宵达旦，有时连演三天以上。关于社戏的情况，笔者询问县潮剧演员李惠元、朱雪娟、许娟妹，大略了解如下。

旧时，潮剧戏班应邀演出，通常在演出之前，要先打一段很长的"上棚锣鼓"（千二下锣百二下鼓），快收煞时再吹一阵"号头"，戏才开始。周围四面八方的人听到锣鼓，便知快要开演了。演出依俗先有数出吉祥折子戏，如《八仙庆寿》《仙姬送子》《京城会》等。

《八仙庆寿》说的是八仙赴瑶池为西王母祝寿，这是出台人数最多的一折。这时名角要为正剧做准备，因此一般多由次要角色来演。由于人多场面热闹，加之八仙所穿的衣服又甚好看，演技好不好，观众便不太计较。最后结场的戏台画面，还得通过演员的搭配构成一个"寿"字。《仙姬送子》是仙凡相配的戏，说的是七仙女被逼迫回天庭，不久产下一子名叫麟儿，禀过双亲，七仙女驾祥云再到人间，找到夫君董永，将婴儿交给他抚养。《京城会》演的是北宋年间的吕蒙正，戏出比较完整，蒙正父亲好色多内宠，蒙正与母亲被逐，后来高中状元，接夫人刘翠屏到京相会。

这三出戏，以《仙姬送子》代表"福"、《京城会》代表"禄"、《八仙庆寿》代表"寿"，称为"三星拱照"，若加上一出《跳加冠》则成为"四出连"。《跳加冠》是神仙戏，没有台词，只通过身段来表演。以一位演员头戴乌纱帽、脸上戴着白脸黑须笑容可掬的面具出场，面具背面系一藤条，演员以口咬着，并穿（红黄绿）蟒袍持笏缓步而行，用笏托着写有祝福词语条子，以潮剧曲牌伴奏。由于面具遮住视线，故演员须辅以打击乐器"钦仔"和"钹仔"提醒演员进退。这个演员所扮角色并不固定，如果工商业主出资请演，可说成是财神龙虎玄坛的赵公明，通过动作向主人献元宝和"财源广进，生意兴隆"字幅；有时又可说是赐福的天官，送"加冠晋禄"字幅；如果是在农村，又可说是土地，送"五谷丰登"字幅；如遇地方上的头面人物夫妻双双前来，跳加冠的除了男演员，还要加一个着红袍、戴凤冠女演员，向夫人送"一品夫人""荣华富贵"之类的条幅，照例有赏钱（赏钱为戏班所得）。无论向男贵人或女贵人跳加冠，演员最后一个动作必须向天指去，意思说这些祝福愿望上天已经知道，指日就可实现。

游神，是人们在传统节日里或遇重大灾异或神诞，到神庙里将神像抬出来游街的活动，民众认为只有让神出来游街，神才保庇四方百姓。游神的准备工作做好后，要贴红榜于大堂上，通知于某日某时集合，至期由大堂鸣炮3次，每次3响。出发时，写有出游圣神称号的木匾在前，接着是"肃静""回避"木牌、执事、香炉（或炉亭）、主神、随从之神和文艺武术队伍等。县城西门的武庙、南关的朝天宫，因属祀典庙，据说直至民国期间，几乎每年都有迎神活动，排场要比其他神大，要巡游全城。

关帝巡游，地方武馆中人纷纷前来参加并进行武术表演。巡游过程中，他的那把"饮过血的神刀"，不时被人请入家中厅堂走一圈，据说可保一年家宅平安。较具特色的是关帝庙年年乞龟还龟之俗。"龟"以炒面、米粉拌白糖做成，上面写着"福寿绵长、财源广进"字样，并装饰纸扎的彩楼供人观赏。作为供品，祭过关帝后，欲求龟者须是捐有一定数量以上的钱，且得抓阄卜杯。当年求得"龟"者，应在龟背插上点燃的香，调转龟头朝向门外，由庙董带人敲锣打鼓送到其家，得者翌年需做新的"龟"以还愿，还来的"龟"又可让新的乞龟人带回家。因季节关系，"关帝生"常逢下雨，民间便附会为"关帝君磨大刀"，溪中水涨便说是"涨大刀水"。

据说旧时抬妈祖出来巡游时，坊间结婚多年不得子或新婚不久的青年争先恐后当轿夫。游行过程中，群众观者如潮，轿子边走边有人插香。轮不到抬轿又渴望生育的，必争着上前去摸神像的脚，摸得着的话，则预示今年能怀上贵子。游完要将神送回庙，先进庙的人比后进庙的人运气要好，于是抬轿者都拼命跑。据说过去在妈祖诞辰那天，悬钟天后宫前面浅海处往往会有海豚等聚集，渔民说这是水族前来朝圣，不敢捕捞，且将粿品揉碎，撒到水中给鱼吃。在"妈祖生"，船民、商户还有个习俗，即吃豆芽、韭菜炒面线，豆芽又叫"豆生"，韭菜与"久财"谐音，面线又是长条状的，合起来就是"安生发财，长长久久"。这种习俗来源于妈祖"机上救亲"的传说。传说有一次妈祖正在家中纺线，突感父兄出海遇险情，即闭目手挽纱线，游神前去解救，纱线变作坚绳，使海上船只的桅杆帆索不致被风吹断，最终船只安全返航。后来，人们在节日吃这道面，含有祈求平安发财的意思。

乡村游神，有一些别出心裁的异俗，如西潭乡上陈村"抛草屑"的风俗，以及溪东畔新安村的"拖社神"。

上陈村"抛草屑"（实即抛泥浆）① 在每年的正月十六。是日清早，村里便锣鼓喧天，鞭炮齐鸣，年轻小伙子到村庙扛"地头公"介子推出来游村。神像扛出来后，孩童们成群结队簇拥着，穿街走巷，追逐嬉闹，抛撒拌有草屑的泥浆，"地头公"也被抛得一身泥。村里男女老幼被抛到泥浆的皆心甘情愿，而新婚女性更是争先恐后，天真的孩子们玩到高兴时，更在河沟泥塘里相抱撕闹，弄得满身是泥。每年的"抛草屑"，都会引来邻近村庄的男女老少围观，人山人海，好不热闹。该村此俗，在诏安及周边县份都找不到第二个相类者。据村人说抛草屑由来已久，人们只知其然，却不知其所以然。族谱的解释是：首先，介子推高风亮节，忠孝两全，村民出于怀念敬仰之情，请其出庙，人神同乐。其次，介子推没有儿女，让介子推参与孩童嬉戏，人们借此聊以补偿介子推昔日未能享受天伦之乐的不足。最后，村人觉得这是一种吉祥的活动，他们以为土能生金，身上沾上的泥土越多就越有财气，是年财运就越亨通。而新婚女性，被抛了泥浆，果真有来年喜得贵子的。由于有此项活动，介子推声名传得更远，神庙香火也更旺盛，可谓是皆大欢喜。

新安村"拖社神"源于一个故事，说的是从前村里有一人外出做生意，临走前到土地庙里问卜，得到一吉签，于是满心高兴而

---

① 见《上陈陈氏宗谱》，上陈陈氏宗谱编写委员会 2004 年编印。

去，结果却亏本而归。这个人一气之下，用绳子套住神像在地上拖行。此人之后出走海外，经商致富，回想起自己拖社神的往事，心生歉意，便特意返回故乡重塑神像。人们听到这消息，都仿而效之，以拖神为乐。相传神像弄得越破越烂，则来年的运气越兴旺；好在该村陶业发达，神像弄坏了再塑起来也很容易。

三　神明祀所的管理

三都历史上在佛寺、道观中住锡的僧道人数时多时少。据新编《诏安县志》记载，地方上在明末清初，有男僧102人、女尼72人、受过"三归五戒"的常住居士28人，分为"九座""临济""福善"三派。在清乾隆、嘉庆间，道家分坛20多处，道徒100多人，为"灵宝正一"派，该派在县城大路尾设立"诏安道纪司"道坛。清末民初，一些寺观毁圮，据民国26年（1937）《福建省统计年鉴》记载，仅剩僧32人，尼43人；住坛道士7人，居家道士30人。虽然在三都的人数，难以确考，但全县26寺庵，三都占18个；11个宫观，三都9个，估计僧尼、道士在这一带居多。目前，属于宗教活动场所的寺庵，仍有神职人员在管理。①

民间较具规模的神庙，清代民国曾有香花僧在其中住持，现今，通常神庙有专职的"庙祝"在照看。庙祝是由庙里的董（理）事会商议之后确定的，以男性孤寡老人居多，领取微薄的报酬（现今一般是二三百元人民币）。他们在看管神庙的同时，为了增加庙里的收入，也为个人获取点外快，往往兼有其他角色，如兼做

---

① 原三都寺庙宫观现今被批准为宗教活动场所的有：九侯禅寺、南山寺、凤山报国寺、分水关长乐寺、西门街西觉寺、北关街慈云寺、桥园慧观精舍、中山路万寿精舍、西门街金莲禅寺、中山路青云寺、五一村万福律苑、五一村南靖庵、澹园街澹园寺、西门街西亭观音庵、城内南善庵、桥头村广南庵、含英村保林寺、寨口村普德堂、溪南村河山古寺、村中村泰山妈祖庙、考湖村碧湖庵、汀洋村白鹤寺、凤山金山寺和斗山道观、港头三清观。以上出自诏安县民族与宗教事务局编印《诏安寺庙宫堂、畲族村简介》，2003。

僮乩、帮人解签、出售银纸香烛或出卖银纸灰等。

三都属于民间信仰众多的活动场所，大都是由村社中人组成的理（董）事会在负责管理。每届理（董）事会的任期依庙的不同长短不一，长者不过5年，短者不少于一年。过去历届选举，系由上届理（董）事会提出候选人，发帖通知，若因故未能参选，须将原帖退回。选举要择定时日，由上届理（董）事在神前焚香祷告，完后"卜杯"，卜到三次圣杯的人数达到预定成员人数，后面的人就不用再卜，若不够再卜，到够为止。然后从这些成员中挑选具备既做内外公又是夫妻双全的人再行卜杯，选出正副理事长。鉴于这种做法有其欠缺之处，如有的候选人轮不到卜杯的机会，再说由于计划生育不一定都能做内外公，这些年东岳庙理事会的选举采取了新旧结合的做法：只要做内公或外公并夫妻双全的人就可当候选人。在正月十八晚八时选举。届时将候选人姓名分别写在纸片上，团成团，放在竹筒内，各位候选人分别用筷子夹出一个纸团，由夹出的人卜杯，然后按连卜圣杯数的多少依序放在神案前的盘子内，13位理事会成员由圣杯次数较多者当选。再在理事会成员中依前法卜杯，连得圣杯次数最多的人为正理事长，其次为副理事长。县内其他一些庙后来也参照东岳庙的这种做法。

往昔，神庙经费的来源：一是以庙产出租的租金和平时收取的香火银拨充；二是董（理）事成员、士绅、商家、华侨以及善男信女、谊男谊女乐捐；三是向利用庙宇扶鸾、跳神的神汉神婆收取一定的款项，积存起来备用；四是按本地头的居民丁口多寡，各抽款若干；五是对违反乡规民约的人处以罚金用于神事，等等。过去，三都较具规模的寺庙宫观都有一定的财产，如土地、房产或现金等。据民国《诏安县志·赋税志》所记，在明嘉靖初，"东岳庙黄塘、竹港等庄原额寺田四千七百三十一亩五分一厘"。这些财产为信徒尤其是大户人家捐献。如明代时，潮州枫溪富户黄九郎曾买下诏安赤水溪一带的大片田园捐给了东岳庙，该庙还曾特地塑其像供在庙中。又如南诏镇北关街的慈云寺（又名佛母堂）内保存的清嘉庆二年（1797）正月捐田立石上书："本社沐恩太学生沈辉炳偕侄中潘，因祈长男剑冲乡试中式有应。兹将红坑田一丘，土名石敢，受种一斗二升，逐年租二石七斗，为佛母香灯田，付住持掌管收租，日后毋许典卖。"这亦反映了当时捐田的情况，但类似东岳庙这样财产的并不多，有了财产也不一定能长保无忧。据民国《诏安县志·赋税志》所记："嘉靖间，倭寇为患，兵饷无出，搜括寺田以十分为率，四分给僧焚修，六分入官充饷，每年加征四百五十两八钱。崇祯七年，会边急，诏入寺田，听民输价于官买作民田。"又据地方老人说，民国初，当局亦曾将寺庙财产的一部分收作他用。整个抗日战争期间，尤其是太平洋战争爆发之后，地方民众生活清苦，华侨资助断绝，神职人员多靠自力维持生活。寺庙香火尽管大不如前，但礼拜仍未中辍。现今，神庙没有固定的庙产，要开展活动，只能靠企业人士、"三胞"赞助或向祭祀圈内的居民摊捐。

在诏安三都，不仅佛寺供奉道家神祇，道观供奉佛家菩萨的情况亦有所见。世俗神庙中，神祇多元化的现象更为普遍。从神庙管理者的功利思想看，通过迎合社会多样化需求的从众心理，谋求的是香火兴旺、广结善缘。前面所说的东岳庙，是诏安县供奉神祇最多的一座庙。该庙占地面积1013平方米，为三进式建筑，重檐歇山顶，总体结构分前庙后寺两部分。庙的门楼两侧各有一厅（称为前厅），北厅祀奉关帝君，两旁为周仓、关平；南厅祀奉注生娘娘，两旁为十尊侍者。再进是前殿，殿分北、南，北殿祀奉速报司爷公，两旁有八尊部属；南殿祀功德司爷公，两旁有八尊部属。再进为拜亭和两廊神厅，拜亭木匾书"惠泽群黎"，置大香炉及供桌；北廊神厅祀奉保生大帝；南廊神厅祀奉伽蓝爷。隔天井为大殿，面阔三间，进深三间。殿中神龛祀奉一尊三米多高的"仁圣大帝"（俗称"岳王公"），大像前左中右分别祀奉速报爷公、仁圣大帝、玄天上帝。两旁祀奉十殿阎罗和南北星斗君。由大殿左右两个侧门进去是一明两暗带小天井的后殿，祀奉的是释迦牟尼、阿弥陀佛、消灾延寿佛，在这三尊佛前是观音菩萨，殿之两旁为十八罗汉。东岳庙林林总总奉祀的神佛有108 尊。

第三节　神人媒介

往昔的人们，认为只有顺应天地而不是拂逆它，才可望趋吉避凶。同时，所谓"无事不登三宝殿"，诣庙烧香者大多对神明有所诉求，然而"大道无言"，天地、神明并不会向善男信女开口说话，为了获知天地的意图，得到神明的指点，只有求助于神职人员和江湖术士，借抽签、占卜、打僮、扶乩、算命、看相、测字、占梦、堪舆与神明进行沟通。

一　香花僧人和俗家道士

在三都地面，正规的佛、道教徒除了主持斋醮法会外，较少介入民间的活动，倒是"香花僧"和俗家道士比较活跃。

香花僧是一个颇为特殊的宗教流派，形成于诏安。在中国东南沿海波澜壮阔的抗清斗争中，义军的重要人物道宗和尚于康熙十三年（1674）建立了反清复明组织天地会。到康熙二十年（1681）前后，公开的抗清斗争已难以继续，天地会的活动不得不以秘密方式进行。原来参加抗清的一部分人，不但需要解决住和吃的问题，而且需要利用一种职业掩饰自己的政治面目。在这种情况下，为便于安置这些人，并为继续开展会党活动提供掩护，道宗创设了"香花僧"宗派。虽然当时的清统治者将佛教视为汉人的宗教，予以抑制，但民间祈祷斋醮之事仍然流行，这在客观上为香花僧的兴起提供了机会。

关于"香花僧"这个宗派，中国社会科学院世界宗教研究所研究员罗炤在 20 年前来诏安作过细致的调查，[①] 笔者亦曾因地方宗教场所调查，听凤山报国寺住持、香花僧传人释道裕作过介绍。据说该宗派之名出自佛祖如来在灵山法会上"拈花悟旨"，"佛事以鲜花为本"之说。香花僧以"香"为供养，信礼为归投，"花"乃无尘、清静、无为、悟道之意。该宗派尽管同样信奉佛教，弘扬佛法，却有别于正宗佛教丛林。诏安凤山报国寺现存有清代《香花僧秘典》抄本，上面开宗明义："恭维主合三千大教，明儒、释、道宗，三教合一"，并记录了该派的法事科仪、曲赞、秘诗、符咒、偈、联等，由上大致可知其以佛法禅理为主体的同时，吸收了道家科仪和儒家的说教。

在法事活动中，为适应各种施主檀越的不同需要，僧人既为生人赞吉、为亡灵超度、为神像开光，也为民间请神祈福禳灾，作法驱邪降妖及做"红、白"事。通常，香花僧人在民间做法事时着的是海青（僧衣的一种），其后领上缀着一块月牙形的布，象征"月"，僧人头是圆的，代表"日"，两者合成一个"明"字，暗藏"反清复明"之意。右肩缝有一块三角形的布，是天地会的标志。香花僧做法事也与通常的释、道有所不同。如幡上有"X"形的记号；每次法事要唱诵《源头曲词》（天地会的藏头诗）："天为大公，人在其中。三才并立，一理皆同。地本威风，万水朝东。伸头缩脚，一心尽忠。会人曾僧，名山慧灯。十八口日，一片利人"；要用 36 块木板做成的圆形木斗（香花僧称"木杨城"，老百姓叫"斗灯"），有凉伞、小镜、剪刀、尺子、算盘、戳、扇、桃剑、柳枝、明镜（镜子的长柄上有"日、月"字样）、灯具、神砂、珠笔、交劳、竹箍、八卦、烛台、火油、清水及鲜花、五果、馔盒、茶、酒、菜、牲等 36 项物件。此外，还根据各种具体法事

---

① 详见罗炤《天地会探源》。

的不同而有所增加。如"做功德"有表、帖、疏、书、关、榜、状等18种;"安龙"有金鸡、玉兔、金龟钱(108枚)等48种;有请佛礼赞词、符、联;有净天地神符、骷髅歌、落山辞、三界偈、四报恩等。[①]

为了从"丛林"那里争得更多的法事机会,香花僧用的是特别响亮的大锣大鼓,还耍铙钹、吹洞箫,袈裟也很精美。做法事时香花僧既焚香诵经,又烧符念咒,还唱曲演武。因所做的法事不同,唱赞的词亦因法事而变,据说曲调共有108种,分北腔72、南音36。同时有武功表演和上刀梯(杆)、打竹竿(耍轮)、穿五方、吞刀吐火等。因此,很多人围观,场面甚热闹。

香花僧人实质是天地会成员,道宗鉴于这些人的真实身份,放宽规矩:允许香花僧带发修行置家立室,吃斋吃荤自便。由于寺院安置不下,他们就被安置到民间的庙宇如三都的关帝庙、妈祖庙、玄天上帝庙、开漳圣王庙做庙祝,有的住到新建或修复的一些较小的庙,划定各自的活动范围,甚至还有一些并不住寺庙,而为"住家僧"。

香花僧初期不少是半路出家,后来则大多是从小培养的。有的是因为孩子的生辰八字与父母的相冲;有的是因为自小体弱多病,为父母的怕孩子夭折;还有的是因为家里穷,父母便将孩子交给和尚,名为"代养"。

据释道裕说,香花僧人一般在7岁左右进寺庙,16岁正式宣誓入门。在寺庙中要念经学武练字,还要懂医学、算命、卜卦、相面、看风水。香花宗派随着僧人向外扩散,在闽南、粤东一带扎根,甚至传往江西等地。在清乾隆末期,由于漳南云霄、诏安、平和一带的天地会、香花僧几次起事,引起清王朝的注意,责令严查,诏安香花僧的活动一度受到影响,清季又渐次活跃。民国初

---

① 据诏安凤山报国寺传承的《香花僧秘典》手抄本。

期，东山有达师、拱清等一些僧人到诏安活动，后期较著名的香花僧有本县的正勋、清资和东山的平仔等。至今在民间做法事的，还有香花僧的传人，如县城的陈拱辉就是陈正勋之子。

至于俗家道士，他们散居在民间，设坛奉祀"三妈"，诵经，礼忏，做法事，为人家驱鬼治病、祈禳消灾或择吉、选圹、度生、度死。"度生"者（称"红头师公"），司理生人"谢平安、起土、补运、安胎"等；"度死"者（称"乌头师公"），司理亡人的"引魂、开魂路、割阄、做亡斋"等。逢吉庆之事，道士诵《老君经》《普化经》《天尊经》《玉枢经》《消灾经》等；遇凶丧事，诵《劝亡经》《救苦经》《度人经》《水忏》等。法事中穿插诸如"九莲灯""梅花舞"等舞蹈动作，所用法器主要有龙角、法铃、法螺、锣钹、狮刀、宝剑、雷符等。清末民初，较出名的道坛有县城的老静玄坛、新静玄坛和塘西慈云坛、溪雅的道坛庙，较有名气的道士有沈庭飘、沈清福等，民国后起的是沈光兴、沈宝文等。

按道家的说法，人在一生当中要经过许多的关口，过得去算平安顺利，过不去将厄运临头，做"过关"科仪可助你禳关度煞。家住东城村的"师公"沈火兴，曾以"生、老、病、死"向笔者介绍道士是如何做法事化解关煞的。

初生时做"过关"，往昔由于医疗卫生条件较差，婴儿生出来多有夭折的，故长辈多会请人为初生婴儿"排八字"，看是否犯什么"关煞"，比如"短命关""阎王关"之类的。若有，可以在孩子满月时，请道士"过关"。家中置长几桌，放香炉、烛斗、花瓶、果子、糕饼，桌后挂碧霞元君（注生娘娘）像，还要预备一个斗灯、一纸制童子、一长柄镜、一个流光。傍晚时分，道士将纸制童子放在斗灯内，点燃流光，光要点得很亮，小心不让灯熄灭，否则便是不祥之兆。道士开始作法，手摇法铃，用唱曲的腔调，请碧霞元君及其 36 位宫女就位，家中一人跪在神前劝酒。请酒毕，道士启事、上香、表白、存念、宣科咒，婴儿在众神庇佑下开始

"禳关"。"禳关"要针对具体的关煞作相应的化解。如化解"弓箭煞"，还要用桃枝或草做成小弓箭，放在婴儿的洗澡水里，婴儿洗毕，将水连同弓箭倒掉，再取出斗灯中的纸制童子焚化。过关门后，三献，宣牒，回向，法事便告结束。

年老时的"拜斗"，"斗"指南、北斗，这也是道家的说法，认为星宿中南斗六司掌握人的注生、陶魂，北斗七政掌握人的落死、铸魄。老人家通过"拜斗"科仪，向主管人生死寿夭的北斗或南斗，祈求延寿、健康。三都民间俗谓 61 岁以上的逢一为大生日，寿庆较为隆重。富裕人家的子女便张罗布置寿堂，中堂椅上铺红垫，摆八仙桌，挂寿轴（寿星图或"寿"字）。除行寿主拜祖先，子女拜寿主和亲友来贺等故事外，有的人家会请道士来为寿星"拜斗"。于厅中或天井摆上桌子，安放供品、法器，道士按法天象地（外圆内方）铺设斗坛，挂图像。如挂北斗七元真君画像，要燃点 7 盏油灯。与过关相类，道士也需启事、回向等科仪，诵念《太上玄灵北斗本命延生真经》等经文。俗谚云："七十三、八十四，阎王不请自己去"，一般不做寿，但可请道士祈祷，诵念《太生说南斗六司延寿度人妙经》等经文。

病患时的"祈禳"，过去人们身体有病痛或家中有异常之事，认为是鬼怪为祟，于是请法师画符来作法祛病消灾。例如无故患病，延医用药也不见效果，则要摆供品设祭，由神职人员将病者的住址、姓名报告神明，烧金纸，念咒语，求神明驱除病魔，并画符贴在门上或放在病人身上。画符很有讲究，据东城村师公沈火兴收藏的《张天师祛病符法》："凡书符者，叩齿三通，含净水一口，向东方噀之。咒曰：叱唧，赫赫阳阳，日出东方。吾敕此符，普扫不祥。口吐三昧之火，服飞门邑之光。捉怪使天蓬力士，破疾用秽迹金刚。降妖伏怪，化为吉祥。急急如律令。敕。"道士诵经后，再动手画符。据说一年当中，每天都有不同的神鬼在不同的方向作祟，如果不小心碰上了就会得病。比如"初一日，病者东南路上得之，树神使客死者作祟，表现为头疼，乍寒乍热，起坐无力，饮食无味，用黄钱五张，向东南方向四十步送之大吉"。"黄钱"就是用很薄的黄表纸制的纸钱。为免其继续作祟，道士还必须用特定的符咒镇宅。每日的符咒各异，而且有的是贴于门上、床头，有的要烧成灰吞服，还有的需连贴带吃。

死去时的"报亡"即必须向阎王报到，并恳求其减罪免罪，在阳世的亲人也须为死者"解冤结"。做法事用八仙桌3张，连在一起，上陈香炉、烛斗、花瓶、果盘、糕饼、茶、酒、饭菜及鼓磬等响器。后面再有一张八仙桌，排香炉、烛斗、经卷，并于高处挂"三清"神像。做"报亡"从上午约九时起至傍晚止。先是做投简科仪，即在细白的薄木片上写死者的籍贯、姓名、何时亡故等，通过念经烧简，告诉地府。再是解冤结，道士唱文："人生好像一张弓，终朝每日逞英雄，忽然一日弓弦断，两头着地一场空。生也空，死也空，生死如同一场梦。生如百花逢春景，死如黄叶遇秋风。天也空，地也空，生死如同一场梦，天长地久不相同。日也空，月也空，来来往往各西东。田也空，屋也空，几番换了主人翁。金也空，银也空，死后何曾在手中。妻也空，子也空，鬼门关上不相逢。佛教经中空自色，道教经中色自空。空即是色，色即是空，世人识得真解悟，到头终是一场空。"唱文毕，烧解冤符，最后丧家男男女女跪拜吊请。

以上是师公沈火兴告诉笔者的，仅能记得大概。据他说，随着时代的变迁，虽然现在少有人如此去做，但它毕竟曾是历史的存在。

二 僮伎和乩童

巫觋在民间亦颇行其道，三都的巫觋主要是"僮伎"和"乩童"，据说打僮是与较低级别的鬼神通气，扶乩则能同较高级别的神灵通气。

　　老百姓所谓"僮伎"（又称"同身"）就是神汉和神婆。这些人平时与一般人无甚区别，有家有口，也做工种田，一旦做起法来，魂灵附体，便不是他（她）自己，而是神鬼的代言人了。要成为这种人，需有异乎寻常的经历。有的是无缘无故大病一场，又无缘无故地就好了，好了以后，语言神气有了很大的改变；有的是突然疯疯癫癫，哭笑唱闹，不吃不喝不睡觉，几日后清醒过来，便对人说到什么神仙洞府去了一趟，神托他显灵。于是有人为其大作宣传，本诚的人也就相信，如恰好心中有难解之结，就会托其"问神"或"问鬼"。村社神庙里的庙祝，一些也兼做僮伎，他所代言的，往往是他照管的庙里的主祀神。较多的僮伎在家中自设"神馆"。民国时，仅城关东城村，据说就有神馆 10 余家。新中国成立后，虽然不敢公开，暗地里仍还有人以此赚外快。

　　替人问神者多数是神汉。笔者老家附近就有一个年纪 50 开外的林姓僮伎，小的时候笔者曾跟随母亲去看他作法"落神"。落神时，门被关起来，室内幽暗不明。僮伎披头散发，穿红色的短衣短裤，坐在客厅中，身后供着所要求告的神像，座位前置有香案，放一拜斗，内装谷子。先是焚香礼拜神灵，继而跪坐于坛座上，闭双目，以手捻诀，喃喃念咒，神色迷离，随之，身体开始颤抖，并且频率逐步加快。俄顷，僮伎站起来，手舞足蹈，梦呓般自称是某某神附体。经过一番折腾，方才在前面的蒲上坐。取拜斗中燃着的香含在嘴上，口鼻冒烟。一会儿，取出香后，"神"通过僮伎开始说话，求神者赶紧跪伏在地，将所求所问之事向"神"禀告，"神"则通过僮伎答复。据老人说，遇到要画符时，僮伎每以利刀割舌，以其血画符交付求者；若开药方，则口念药名、剂量，由助手写在纸上。往往一次来问神的不止一个，僮主逐项办理。事毕，助手烧符退神，僮伎便恢复常态，问他刚才的事，似乎漫然不觉，伸出舌头来看，也没有割过的伤痕。

　　替人问鬼者多数是神婆，自谓有办法前往阴曹地府，请已经去世的人来对话。若有人要求了解死去的亲人在地狱里"生活"过得怎样，有什么需要，或问家中的事，可以委托神婆。据说在六月初六问死鬼最灵，时间一般选在晚上，方法是将要找的死者的姓名、生辰八字、亡故的时间写在符纸上烧化，人们用布蒙上神婆的眼睛，点上香，周围有人念咒使其入迷。咒语说："观音渺渺在海中，法身去到普陀山。脚踏莲花千百瓣，手挈杨柳来娶童。铜哑硬硬铸成锣，铁哑硬硬打成刀。童姐硬硬阿娘娶，阿娘娶童来踢跎。去到六角亭，六角亭下香花莹，六角亭下着捧手，深深捧手拜神明。去到奈何东，脚松手也松。去到奈何桥，脚摇手也摇。桥顶叫娘娘勿听，桥下叫娘娘快走。去到花园中，去到魂树引魂人。"当发现神婆昏昏欲睡时，众人接着念："一步催，二步催，催童姐，脚走路，手放开；一步吼，二步吼，吼童姐，脚走路，嘴开口。"过一会儿，僮伎浑身打哆嗦，这就意味着已将阴府所要寻找的亡魂带来，但阴阳相隔不能露面，委托人可通过僮伎之口与死者交谈。僮伎用半哼半唱的语调，沟通彼此的情况，说到伤心处，感染得委托人涕泗横流，点到隐私处，又往往让求灵者益发信服僮伎的法力。对话差不多了，助手即念："日落月上是冥昏，家家处处人关门，鸡鹅鸟鸭上条了，请阮童姐回家门。"于是神婆慢慢回过神，恢复常态。

山宝雷村的沈庭辉先生曾提到该村的一个僮伎：此人生于1883年，卒于1933年，据说热心家乡公益，只要他代神发话，村人不敢违抗。因村子就在东溪边，堤岸又不坚固，田园、屋舍常遭水淹。一年立冬过后，村中大庙的地头公（神）便附神于僮伎身上，要全村的人义务投工加固堤岸、开村前港沟。过了大年，地头公又托梦僮伎要村民"补龙"，就是在村后后伯岭造林培草。该僮伎每次出伎，精神焕发，跳跃丈来远，荆棘不顾，按神的旨意发号施令，被征到水利工程用地的村民并不敢要补偿，而参与施工的众人报酬亦只有中午一顿公饭。

乩童行"扶乩"之术,须是有"窍神"(机灵善变)的人,再经一番训练才能操作自如,故能胜任的人不多。据现县城真君庙的理事长许平顺讲,民国时期,三都只有北关、东城、西门内和仕江、西潭有会扶乩的人。北关是许氏的叔叔操此业,名气也比较大。

扶乩一般要在特设的"乩堂"内举行,使用的工具是上"箕"下"盘"。所谓"箕",系以一把开桠的树干锯成"人"字形,长约尺余,开权的末端相距约一尺,用作"乩手",在没开叉处头上装一个小而短像鹤嘴的硬木条为"乩笔"。所谓"盘",系用平底圆木盘(或圆竹筛),内装满砂粒摊开抹平,放于桌子上,让乩笔顶着乩盘砂。行法前一天要斋戒,作法时,法师要穿戴端整,乩头要扎上红绸,焚香念咒请神,将香插于乩头上,由两人并排以两手扶握乩柄,其中一名为正手,一名为副手,还有一人主持发问并抹平砂面,一人备纸笔记录每次乩嘴所写于砂盘上的字。起初,乩具不动,据说是神仙未到,要继续默念。待两人共扶的箕开始颤动,就表示神仙降临了。主持人就向"乩神"恭敬发问(要问的内容早已由大家商量好),"乩神"作答,由是乩身在砂盘上来回划动,两只握着乩柄的手似乎不由自主地被乩身的划动而跟着来来去去。乩笔在砂盘上划小沟写字,行书字体写得龙飞凤舞,很快写好一个字后就暂停片刻,等人们看清是什么字,记了下来,砂面就被迅速抹平,乩具又急速划动,再写另一个字。主持人念出是什么字后,记录又急忙记了下来,再抹平砂盘,乩嘴再写字……如此将所要表达的意思写完,乩笔便不再动了。据说写出来的字并不太清楚,通常只有操此业者才能识别。

据许平顺说,民国时驻诏军队的一个团长不信这一套。一天,他穿着便衣,找上门要平顺的叔叔乩卜。叔叔当场演示,将这位团长是什么地方人、现任何职、有几个孩子一一点出来,这才让他心服口服,反过来这个团长又介绍几个人来乩卜。据说几十年前,真君庙的保生大帝要换龙袍,当时要找一件同样的龙袍但却找不到,信众们怕神怪罪，便请扶乩问神，神发旨说吴真人是从青礁慈济宫分灵来的，分灵的神像衣服可以权宜，大家才放心。许平顺的一个叔伯哥哥（几年前去世）得其父亲的传授，也会扶乩。1990 年，鉴于真君庙长期被用作盐仓，多年失修，吴真人等神像损毁。北关的一些老人商议重修，要选正副理事长来负责筹建事宜，此事也请许平顺的叔伯哥哥扶乩问神，结果平顺在理事长人选之列。再经过卜杯，每人卜 3 次，许平顺 3 次都是"圣杯"，与乩神的意思相同。大家便遵照神的旨意，推举许平顺为理事长，主持集资修庙塑像事宜。

三　卜卦、算命

人们要知道人的命运和行事之吉凶，可以请方术之士卜卦、算命、看相、择日，还可以通过自然界的显示去探求。

历史上，适应人们趋吉避凶、趋利避害的心理需求，地方上方术之士颇有市场，民间流传着不少这类故事。一个叫陈诰人称"陈靠仙"的，还被收入府、县志里的人物传。据民国版《诏安县志·人物卷·方伎传》记载："陈诰，甲洲人，元震裔孙，家贫嗜学，少年聪明，尝得异人指授，遂精六壬之术。康熙年间，隐于城寓卖卜，每入肆途遇凶秽辄返，所择时日必吉乃以授人，否则辞之。今邑中宅基为诰所卜者皆吉，门灶之类，经诰推测者，无火灾盗贼之患，牲畜不疾，癓蛊岁久物坏，人多珍护，不轻易更移。先是有渔者问诰：'何方撒网？'诰云：'某日寅时向东北方五里外吉。'是处山阿险僻之区，非撒网之所也。姑如其言往试之，果得皮箱两只，装银四百两；又尝适村庄闻鼓乐声，询知建祠者，方架脊。叹曰：'今日不吉，建必无成。'后果验，其吉凶立应。如此时人为之语曰：'欲知祸福到，走向问陈诰'。"另据《诏安甲洲陈氏族谱》所录："早期诏安，为方便百姓集市贸易，促进商品流通，商定在城关新建两个市场（林厝市、沈厝市）。二市场主事人不约而同前来恭请诰公择日，公云：'某日良时是不利（离）市'。归来时，沈厝市主事人认为'不利市'是'不吉利'，要诰公重择，公告之'大吉利市'时辰，林厝市则按公吉祥时辰破土兴建，市场落成庆典，集市买卖人来人往川流不息，货物充裕，生意兴隆，日以继夜，是诏安唯一的日日集市。时过境迁，数百年来林厝市依然一派繁荣，又是日夜市。沈厝市开市后生意不如林厝市热闹。"这些故事，且不说其真假如何，起码能折射出时人的心态。

地方上操算命之业者，多半是瞎子，因为没法从事体力劳动，便只好通过拜师，凭心静靠强记学一些法门，以卖卜为生。瞎子算命，有居家的，也有外出的，以外出走村串巷者较多。外出时，由一个明眼孩童牵着带路，瞎子一手拿手杖，一手拿着一个碗口大的平面圆镜和小铜扣，边走边敲。有欲算命的人，便将之延入家中。算命先生为人算命，较常用的是"排八字"的方法。以"四柱"（即年、月、日、时，一柱两个干支字，四柱共八个，故又称生辰八字）和"五行"（指干支所属的金、木、水、火、土）推算人的运途、功名、健康状况乃至寿命长短等。

在封建社会，一个人在出生不久和结婚之前是非算不可的，此外则视个人所好了。出生以后排八字的目的，一是要查有没有什么"关煞"。二是从八字里看看孩子与六亲的关系，是相生还是相克，以便决定对六亲的称呼。有一些孩子叫自己的父母亲为叔为姑，就是这种原因。三是看孩子八字的旺弱，五行缺什么，以便在起名时补救，比如缺水，可在名字中取一水字或偏旁有水的字。结婚前排八字，主要是为了了解双方是否相克或克对方的父母，以及结婚的适宜时间。地方上也有人请阴阳先生为自己的孩子排"流年"（又叫"命书"）。排流年比较复杂，要在开出八字之后，运用子平的四柱、五行、纳音等研算，还要参用紫微斗数等方法，对命做出评判，又写出逐年的运势。命书用的是象征、隐晦的语言，其中所表达的内容让人事前莫明其妙，事后又觉得不无道理。

除排"八字""流年"外，还有通过体相为人算命的，主要是看面相、手相，这就非明眼人而不能为。面相主要指人的五官（俗称"五形"）乃至整个脸庞的形状。地方上的观相者主要依据的是"麻衣"和"柳庄"相学。在这方面，民间留下的信条很多，如"耳白如面，名满天下""耳长无轮，祖业如尘""口角如弓，位至三公""眉交不分，早岁归坟"等。看相最重要的是看眼睛，如长一双醉眼（神昏若醉），为酒色破财之流；睡眼（神昏若睡），为贫贱孤苦之流；惊眼（神怯如惊），为胆弱夭折之流；病眼（神困如疾），为疾病退败之流；淫眼（神流波泛），为奸邪淫盗之流。据说，看人的相还需与其年龄结合起来，认为人的命运首先由左耳开始，通右耳，进入额的中央部分，经过额左右，到眉、眼、鼻、颊、口、颚。过了76岁，面相则由颚的先端开始，将脸部轮廓像时钟一样的旋转一周，至99岁，最后人从大地生，又回归大地，运气到达耳内终了。看人的流年运气，1～14岁可由耳朵得知，15～30岁由额头得知，31～34岁由眉毛得知，35～40岁是眼睛，41～50岁是鼻子，口、颚主51～71岁。至于手相，诏地一般是看"手底痕"，即掌纹中的生命纹、婚姻纹、财纹。另外还有一种更为简易的看手指箕斗相，民间看男的有"一斗坐端端，二斗走脚皮，三斗有米煮，四斗有米饮，五斗五田庄，六斗掰心肠，七斗七撅撅，八斗做乞食，九斗九安安，十斗去做官"的歌诀流传。让人看相的，大多数是男人，女人是轻易不让人看相的。

人们还可以通过自然界的物象变化来探求未来，如地方上过去在立春打春牛、迎芒神的活动中，人们依土牛和芒神颜色来判断这一年的旱涝，颜色比往年深，可能会有涝灾，反之可能出现旱情。以冬至晴雨预卜年关阴晴，冬至出现太阳，过年夜就要下雨，反之过年夜就是晴天；还有"云盖中秋月，雨淋元宵灯"之说。诏人也有以动物的出现来预卜吉凶的，如门外或屋顶有喜鹊在跳闹，人们认为当天会有喜事或外出办事顺利；走在路上，听到乌鸦在叫，人们会觉得是不祥之兆，要以"呸呸"两声化解，想办事的人也会往回走，改日再去。

四 求签、卜杯、观神

求签和卜杯，可以说是民间最为流行又是最为简便的通神灵的办法了。虽说签筒和杯筊神庙中一般都有，但在三都地方，人们较经常去的是关帝庙、天后宫、城隍庙、东岳庙、上帝庙、威惠庙。至于庵寺，按照佛家的教义，本不应置签筒和杯筊，但也有一些庵寺亦从俗而设。

求签主要点验吉凶。通常庙里所设的签为问事签，地位较为显赫的关公、妈祖、仁圣大帝、玄天大帝都有各自的专用签，此外多是用观音签，就是城厢供奉保生大帝的真君庙（又名慈济宫）、慈云寺（又名佛母堂）和供华佗仙师的仙公庙，在药签之外，还备有问事签。

签用竹子做成，大小、厚薄相同，问事签正面上部写着从第一到第一百号（玄天上帝签只有 49 条签，不在此列）的字样，签装在 1 个半尺高的签筒（竹筒）里，竹签比签筒高出近寸。通常，神庙的问事签有上上签、上签、中签、下签、下下签 5 种，《观音灵签》则仅有上、中、下 3 种签，这几类签各占其中一定的比例。如《观音灵签》，上签约占 23%，中签约占 59%，下签约占 18%。求签时，求者先摆上供品，点香燃烛，双手合十夹住三支香，向神祷告礼拜："某乡某处居住某人，今为某事祈求，伏望明彰报应，指示愚迷。"求问事签者要陈述事由，求药签者要禀告病情，祈求赐一灵签指点迷津，然后双手捧起签筒摇晃，直到有一支竹签跳出落地为止。

问神人对照签上的号码，向庙祝要来标着这个号的签诗。问事的签诗体式都为 4 句 28 字。签诗的诗句针对人们一般要探求的事而作，且可以多解。拿到问事签诗，问神人可以自行揣摩意思，也可以请庙祝帮助解释。问事者，或问家运，或问前程，或问婚姻，或问健康，大多得到一个不甚明确的答复。笔者试列几签，从中可见一斑。例如上签："锦上添花色愈鲜，运来禄马喜双全。时人莫恨功名晚，一举登科四海传。"签诗解曰："守旧变新，名就功成，遂平生志，尽皆是命。"言"此卦锦上添花之象，凡事大吉大利也"，并注明"此签家宅祈保，自身安，求财利，交易阻，婚姻合，六甲生男，行人迟，寻人至，讼宜和，移徙吉，失物西北，病作福，六畜平"。又如中签："昔日行船失了针，今朝依旧海中寻。若然寻得原针在，也费功夫也费心。"签诗解曰："福是禄基，禄是福种。说得分明，切宜守谨。"言"此卦海中寻针之象，凡事费心劳力也"，并注明"此签家宅欠利，自身谨防，求财有，交易成，婚姻不合，六甲阻，行人滞，六畜莫养，寻人难，讼宜和，移徙宜迟，失物凶，病难痊"。再如下签："游鱼却在碧波池，撞遭罗网四边围。思量无计翻身出，事到头来惹是非。"签诗解曰："屋下安身，祸从天降，早觉先防，免遭其殃。"言"此卦鱼遭罗网之象，凡事亦宜提防也"，并注明"此签家宅凶，自身险，求财虚渺，交易中平，婚姻不合，六甲惊，行人有阻，六畜衰，寻人杳，讼亏，移徙吉，失物凶，病有灾险"。若日后所问成真，问者要前来答谢。

卜杯主要是问人事泰否，工具是杯笅，用木头、竹根制作，为新月形的两块，每块分阴阳两面。卜杯者要问神求神时，要在上香时说明事由和心愿，举起杯笅在香炉上方绕一圈，然后双手松开，让杯笅掉在神案前的地上，若两个杯笅朝上的一面为一阴一阳，表示神明赞成，谋事可成；若两个都是阳，表示吉凶不明，模棱两可；若两个都是阴，表示凶多吉少，事不可求。若依神明旨意行事，事成之后也须酬答。

俗以为中秋之夜抽签卜杯最准，因此是时到寺庙抽签卜杯的人要比往常多。是夜，还有妇女窃听人讲话，以此来预测所求之事，叫作"听香"。有的小伙子用刀劈甘蔗,以卜运途,称为"蔗卦"。

昔时平原乡村普遍存在的一项神秘有趣的"观神"活动,如"观老爷"、"落阿姑"、"观戏童"等,有点类似扶乩,但要简便得多。传说在中秋节因诸神也出来与民同乐,这时是观神的好时机。民间有"姑娘八月俏(狂)"之谓,认为妇女特别容易让神祇显灵。桥东镇西浒村妇女李阿婉,虽年届83岁,却还清楚记得几十年前唱过的《观姑歌》,歌词较长,曲调委婉动听。笔者聆听时,眼前仿佛见一群农村少女围坐在家乡的榕树下,唱着歌的"落阿姑"的情景。据她说,落阿姑依用具的不同,又分为落篮饭姑、落脚桶姑等数种,但方式大同小异,只是三都东路畔、西路畔歌词有变化。以下是李阿婉向笔者介绍其中较有代表性的"落篮饭姑"的情况。

整个过程分请神、催神、问神、退神等环节。要先找一只陈年的老饭篮(俗称"篮饭"),越旧越有灵性,再找来一支1.5米长的竹棍横绑在篮臂上,套上一件老年妇女的上衣,扣好纽扣,饭篮顶端戴一个老妇人别在发髻上的"头鬃",再扎上红布(绸)条,将篮饭置于庭院中。由一人焚三支香拜祭篮饭神,提出请神的要求,然后将香插在篮上,另两个人在篮边相向而坐,一手按住篮身,一手扶住篮底沿。众人在它面前围坐成半圆形,手拈一支燃香,摇晃着身子唱歌:"阿姑来,阿姑来,白白衫,银手排,乌布巾,盖目眉……日时烧香给姑知,暝时烧香请姑来……篮饭姑,篮饭神,盘山过岭来抽藤,抽藤缚篮饭,篮饭老老好观神……搬莲花,数连理,莲子好吃唔分你,分俺阿姑正是亲。脚走路,手放开,俺个槟榔无分恁,分俺阿姑正是亲……"轻轻唱,一遍唱过再唱。

唱过数遍,如果还不见篮饭晃动,就要转唱"催神曲":"阿姑要来哩就来,来时一更鼓,去时月斜西,勿等三更过,大人难管顾,细囝哩难等待!"也是反复唱,声音渐唱渐大。待到篮子像个老太婆走路晃晃悠悠,这就表示阿姑(乩神)已降临。

这时以摇香者中的一个为代表,向篮饭神请示人事休咎,如问："几日内阿兄有没有批信到？"篮饭神若点头，表示"有"，若不点头，表示"没"。一件事问完可再接着问，诸如："这十天内会不会下雨？"或问近段办什么事可以不可以，篮饭神点头就表示肯定或赞同。每次活动在两个小时内，到再问篮子也不怎么动了，说明篮饭神要走了。这时要唱"退神曲"："月娘高高在天上，乡村静静冥渐深。送阮阿姑返仙境，有缘日后再见面。"

第四节　宜忌俗信

过去，人们由于相信世上一切事物都有神灵在主宰，出于对神的尊敬和对鬼的畏惧，生怕亵渎了神灵或触犯了鬼怪，导致人们日常的言行有许多宜忌。

过去，许多人家里都备有一本《通书》，里面有中国传统的纪年历法、节气和传说中的吉神和凶煞；就是没有《通书》也会买一本年属、日属生肖及宜忌事项的日历本子。事体不大的，可以自己查，先查那一天宜做什么、忌做什么，再查当日所属生肖会不会与当事人的生辰属肖相冲。若遇上结婚、兴业、建房、修坟等事体较大讲究较多的，就要请精于此道的人了。

民间的宜忌俗信，是千百年来人们约定俗成的，颇为广杂。它散见于衣食住行、言语举止、时间地点乃至数字、颜色等方面。诏安与周边县大致相似，但也有一些不尽相同的地方，以下就诏安三都的宜忌，举其要者述之。

在衣方面，忌反穿衣服，因为只有为死人"套衫"和送葬时才将衣服反穿；忌穿白衣白裤配白鞋，会让人联想到丧服；过年期间穿白色或青色衣服，以为不吉利；办喜事时身上不能饰以蓝、白、黑等颜色，办丧事时身上不能穿戴鲜艳的服饰。洗衣服时男衣必须放在女衣之上，晾衣服时女人的裤子忌置于家翁、丈夫之高位，怕男人倒霉；孩子衣服忌夜间在露天晾挂，怕神鬼收了他的魂魄；衣服忌讳被人踩踏或跨过；忌缝补穿在身上的衣服，俗认为穿衣者日后会因此受诬陷。

在饮食方面，当别人在吃饭时不得随便打扰，自己吃饭时也不要说话，以免冲犯食神或引来饿鬼；老年人忌食鳝鱼、龟等无鳞水产类，传说它们是佛祖保护的，吃它们佛祖会怪罪。吃饭时忌撒出饭粒或在碗中剩下饭菜，俗以为这样会遭天谴；洗碗时忌将筷子在灶台上顿戳整齐，认为这样是在打灶君；桌上的菜须是双数，尤忌摆3个菜，认为只有死囚临刑时才吃3个菜。忌将筷子竖插在饭中，因为忌拜死人才这么插；忌边吃饭边走动或换座位，女孩换座位有改嫁之虞；忌用单只筷子进食，以免丧偶。

在住方面，忌将住宅建在宫前祠后，怕出入冲撞了神明或碰到阴魂不吉利，因为神是从前面进宫门，而祠宇里祖宗的魂灵是从后山来的；住宅里砌灶时忌灶门与宅门相背，怕伤了财气。户磴（门槛）是门的一部分，忌站在上面或将之当成刀砧砍切东西，以免触犯门神；不得穿草鞋进入屋内，因为只有重孝才在家里穿草鞋，亦不得在家里打伞戴笠，俗谓这样做预示房屋漏雨。卧室中忌床头对着镜子，怕会产生鬼影在游动的幻觉，亦不可头朝外睡觉，因为那是停尸的方式；床板一定要是奇（阳）数，尤其忌四片和六片板，因为"四"和"死"谐音，而"六片板"是棺材的别称。

在行方面，丈夫出门当天，妻子忌梳洗打扮，这会被认为是生离死别之举。夜间走路不得回头，听到别人叫喊，不得轻易应声，同伴交谈不宜指名道姓；路上遇到生鱼不得拾回家，拾到扎红绳包红纸的钱币只能拿去买祭品；路上宁宿墓地不宿破庙，因为过去的破庙往往是强盗、浪人盘桓之所，也是巡逻官兵较为关注之处，相比之下宿于墓地反而要安全一些。住客栈不能住死过人的房间，尤忌住在有人上吊的房间；在船上就餐，不得将盘中鱼翻转或将碗倒扣，因为这预示船会颠覆；行船遇漂浮的尸体，应当捞起带到岸上，但如遇活人落水则将其救起，死鬼会找别人讨替。

第九章　民间庙会

诏安三都的民间庙会甚多，几乎每个村社经常都有规模不等的游神和祭祀活动。本章着重就三都最有名的三种大型庙会，即对开漳圣王及其部将的祭祀、各姓"抬祖宗"活动，以及全城的大规模报赛祈安活动分别加以介绍。

第一节　祭祀圣王

一　地头庙与开漳神系

在诏安三都范围内的宫观庙宇，有相当部分属于民间信仰范畴，群众俗称为"地头庙"。这些地头庙，大多建于明清时期。乡村中的地头庙，有的是一村一族所有，既是村庙也是族庙，如东城沈姓的功臣庙、林巷林姓的大庙、考湖吴姓的三忠王庙、平屿沈姓的天后宫、甲洲陈姓的天后宫；有的是一村数姓共有，如上陈村的大庙、仙塘村的妈祖庙、溪雅村的朝天祖宫、岑头村的威惠庙；有的是数村一姓共有，如西潭大庙，为吴姓潭光、潭东、新厝3村共有，仕江灵惠大庙，为沈姓仕江、岸上、大美、溪园4村共有。县城的地头庙，则可以说皆属多姓所共有。

民众将地头庙中所祀神明（俗称"地头神"）视为一方保障。由此形成的一个个祭祀圈，基本覆盖整个三都。这里，笔者依史书、实迹等，列出三都主要地头庙和主祀神的情况如下。

表9-1 三都地头庙主祀神要览表*

地 点	神庙名称	奉祀神明	兴废情况	有无庙会
南诏镇东城街	功臣庙	武德侯沈世纪、祈山侯欧哲	宋淳祐间建，尚存	有庙会
西潭乡潭光村	西潭大庙	陈元光夫妇、沈世纪、李伯瑶、广平王吴汉、文昌帝君及吴氏西潭祖尚彬	宋代建，尚存	有庙会
南诏镇西门街	陈元光纪念馆	圣王陈元光及六营将	明嘉靖间建，尚存	无庙会
南诏镇县前街	关帝庙	关帝	明嘉靖间建，尚存	有庙会
南诏镇五一村	赵元帅府	赵公明元帅	明嘉靖间建，尚存	无庙会
南诏镇东门街	灵侯庙	灵佑侯李伯瑶及其夫人	明嘉靖间建，尚存	有庙会
南诏镇城内街	王公庙	圣王陈元光及其夫人种氏	明嘉靖间建，尚存	有庙会
南诏镇东北街	得胜庙	辅顺侯马仁	明嘉靖间建，尚存	无庙会
深桥镇仕江村	灵惠大庙	辅德侯张伯纪及夫人、武德侯沈世纪、天上圣母、帝君公	明嘉靖间建，尚存	有庙会
深桥镇仕江村	振海寺	伍文昌、朱文公、韩文公	元代建	无庙会
西潭乡岑头村	威惠庙	柔懿夫人、圣王陈元光夫妇及其父母、营将	明万历间建，尚存	有庙会

续表

地 点	神庙名称	奉祀神明	兴废情况	有无庙会
南诏镇东关街	东岳庙	仁圣大帝、保生大帝、十殿阎罗王	明万历间建，尚存	有庙会
南诏镇东关街	玄天上帝宫	玄天上帝	明万历间建，尚存	有庙会
白洋乡白石村	白石庵	林偕春、观世音	明代建，尚存	无庙会
南诏镇南关街	东里庙	武德侯沈世纪、祈山侯欧哲、三山国王	明万历间建，尚存	有庙会
桥东镇林巷村	林家巷大庙	妈祖、昭应侯许天正	明代建，尚存	有庙会
南诏镇北关街	真君庙	保生大帝、观世音、武德侯沈世纪	明代建，尚存	有庙会
南诏镇北关街	护济宫	教练夫人、灵佑侯李伯瑶、观世音	明代建，尚存	有庙会
南诏镇东北街	广美庙	祈山侯欧哲、三山国王、妈祖、水仙王、齐天大圣	明代建，尚存	有庙会
桥东镇溪雅村	朝天祖宫	妈祖	明代建，尚存	无庙会
南诏镇城内街	威惠王庙	开漳圣王陈元光及六营将	明崇祯间建，尚存	有庙会
桥东镇甲洲村	松山祖庙	陈元光夫妇及其子珦、女怀玉和部将沈世纪、李伯瑶	明中期建，尚存	有庙会
桥东镇甲洲村	天后宫	妈祖	明嘉靖间建，尚存	有庙会
深桥镇平屿村	西港天后宫	妈祖	明末建，尚存	有庙会
桥东镇仙塘村	妈祖庙	妈祖	清初建，尚存	有庙会
南诏镇东北街	许氏祖庙	昭应侯许天正及其夫人	清康熙间建，尚存	无庙会
深桥镇考湖村	三忠王庙	三忠王、武德侯沈世纪、灵佑侯李伯瑶	清乾隆间建，尚存	有庙会
深桥镇长茂林村	圣王庙	圣王陈元光	清中期建，尚存	无庙会
西潭乡上陈村	上陈大庙	圣王陈元光、柔懿夫人陈怀玉、大伯爷公	始建年间不详，尚存	有庙会
南诏镇五一村	仙公庙	华佗	民国17年建，尚存	有庙会

续表

地　　点	神庙名称	奉祀神明	兴废情况	有无庙会
县城西北良峰山麓	将军庙	陈元光及其父母、妻子、女儿、六部将	元代建,明嘉靖间毁于寇乱	不详
县城东	功臣祠	昭应侯许天正,元光子陈珦	明代建,清代废	不详
县城东北	沈李二公祠	武德侯沈世纪、灵佑侯李伯瑶	明代建,民国废	不详
县城东北	灵贶祠	陈元光先锋将协威侯	明代建,清代废	不详

　　* 诏安三都的地头庙纷繁芜杂,除了村落、村庄的地头庙之外,甚至一个村庄里还有不同角落的地头庙。一个庙中除主祀神外,一般还配祀有土地公、大伯爷公等。笔者只能从中选其主要,概括一般。

　　从上表9-1可以看出,备受人们推崇且具地方特色的,当推开漳圣王陈元光及其亲属、部将。之所以如此,除了同通常神明崇拜具共性的原因外,还有其他主客观因素。

　　在三都大多数民众的心目中,开漳功臣既是地方的开拓者,也是族姓的太始祖,感情非一般神祇可比,加之三都千百年来战乱频繁,人们更愿意以英武伟烈人物作为自己的精神支柱。陈政、陈元光父子率六将及中原数十姓子弟入闽,平靖边地,开辟蛮荒,建州开堡,功勋卓著,因而历史上陈元光被朝廷追封21次。最终陈元光被封为开漳圣王,列入祀典,其亲属、将佐亦各有封赐。根据现在民间的一般说法,其父亲陈政被封为祚昌开佑侯、母司空氏为厚庆启位夫人、妻种氏为恭懿肃雍夫人、女儿陈怀玉为柔懿慈济夫人,又封昭应侯许天正、武德侯沈世纪、灵佑侯李伯瑶、祈山侯欧哲、辅顺侯马仁、辅德侯张伯纪等。[①] 朝廷对开漳功臣的一再追封,无疑助长了民间的造神运动。

---

　　① 　刘小龙主撰《开漳圣王文化》第81、82页,漳州市政协委员会编,海风出版社,2005。作者依据《宋陈氏族谱》和《唐开漳龙湖宗谱》来采记这些封号。

开漳神庙在三都被广祀，同县城西郊"将军庙"被烧这个偶然事件亦不无关系。民国《诏安县志》在《典礼志·祠祀·唐将军庙》中记载："庙原在良峰山麓，元时建，嘉靖间寇乱庙毁"。从《漳州府志》上列举的当时的开漳功臣庙看，此庙的地位和规格仅次于漳州城和漳浦县（原附廓县）的庙宇。当时庙中奉祀陈元光夫妻与其父母及次女陈怀玉，并许天正、沈世纪、李伯瑶、欧哲、马仁、张伯纪等六位营将。对这座庙，各种称呼不一，有的依据陈元光的上疏《请建州县表》之落衔"泉潮守成、左玉钤卫翊左郎将"称"唐玉钤将军庙"，有的因其规制称"九间九落庙"，有的因庙所在地名称"良峰古庙"。至于这座庙具体毁于哪一年，已不可考。据民间传闻，当时贼寇围攻县城，不料城上稀泥倾盆而下，糊住了他们的眼睛，只好草草收兵。当晚寇宿良峰将军庙，见座上神像的衮袍和靴子上沾有很多泥土，断定是陈元光和他的部将暗中帮助守城，一怒之下，便放火烧庙。庙起火时，"诏民悉兵逐寇"，冒火冲进庙内，"负侯像而出，庙中六将神像俱全，寇亦寻灭"。①邑人清拔贡沈祖庚曾以《良峰古寺》为题，凭吊此庙，诗云："佐唐奉命扫妖氛，庙枕良峰报厥功。劫火烧残余瓦砾，口碑犹颂故将军。"②由此可推知，此庙清时尚有遗迹可寻。

这些抢救出来的神像，被分散安置。据县人傅崇毅先生了解，陈元光像先是供于县城南门内行宫，后迁祀于南门内威惠王庙；许天正像曾供在城关东南隅的"林大翁庙"（俗称"大安公庙"）里，后迁祀于桥东林家巷村大庙；李伯瑶祀北关教练夫人庙后座；欧哲祀东城功臣庙；沈世纪祀北关真君庙；马仁祀城内考棚附近的得胜庙；张伯纪祀城郊仕江村灵惠大庙。

---

① 民国《诏安县志》卷7《典礼·祠祀》。
② 民国《诏安县志》卷17《艺文志·诗》。

明崇祯年间，乡人在县城南门内新建了"唐玉钤将军庙"（又称"威惠王庙"）。至清乾隆二十一年辛己（1761），又有"社老陈富、沈容卿等募赀重建，比旧制加拓"。同年，该庙被定为祀典庙，同时它也成为城内街二保三甲社（行宫保、霞锦保；中、前、后社）的地头庙。这座庙坐北朝南，由门楼、前殿、两廊带天井、拜亭、大殿及两厢房构成，面积410平方米，为歇山顶式建筑，大殿面阔3间，梁架为一斗三升式，圆梭形石柱，带柱础；二进两廊，中为天井，门楼、门楣、墙肩均为花岗岩砌成，梁架为木构与石柱，庙前有宽阔的大埕和荫盖数亩的古榕树。1949年以后，庙宇相继被卫生院、邮电局使用，大埕被作为市场之用。2000年，威惠王庙经重修恢复原貌，仍作为陈元光及其六部将的祀所。

在兴筑"唐玉钤将军庙"的前后，三都还出现其他专祀或合祀开漳功臣的神庙，到民国时期逾23座，塑像也相应增加。关于开漳功臣形象的塑造，史籍（唐欧阳詹《龙湖行状》等）记载开漳圣王陈元光状貌魁梧丰姿，凤眼龙髯，龟背虎掌，色如傅粉，眼若流星，耳垂双珠，眉生八彩，手垂过膝，其像大抵据此描述塑造。其他六将像则是根据其身份、事迹所塑，带有臆造成分。如今观六将像，许天正、李伯瑶、欧哲、张伯纪皆为素面，而沈勇、马仁的武身像，则是戴着面具。原有的神像，除许天正像被保存在林家巷村大庙外，其余的基本上在新中国成立后至改革开放前因"破除迷信"等原因被毁。近30年来，随着祀庙重光，神像亦得到恢复，他们仍大多数分布在三都。威惠王庙的7尊木雕神像是2000年雕就的，威惠王陈元光为坐像，许天正、马仁、李伯瑶、欧哲、张伯纪、沈世纪六将为立像。据该庙的董事长许锡平等人说，当时主持重修的董事会一干人商议要雕比真人还大的神像，但却苦于不知到哪找偌大的上好木料。出乎意料的是，该庙上午动土，下午便有人来报告东溪鲤鱼坂挖出了一棵埋于沙土里的千年古樟，由于深埋沙土里，与空气隔绝，樟木还保存完好。工匠量得尺寸：树的主干周长为 4.87 米，二支干各长近 6 米。总重约 15 吨，这些刚好够雕 7 尊木像。最终，木料不多不少，神像顺利雕成，整个过程有如神助。

二 祭祀开漳神系的民间庙会

围绕三都地头庙乡土保障神的祭拜活动，最热闹者当属庙会。三都各地庙会活动有所不同，这里重点介绍威惠王庙会的巡城和北门外广美庙的"龙船鼓歌"。

（一）威惠王庙会的圣王巡城

坐落在古城南门内的威惠王庙，自明季建成至民国一直香火非常旺盛，除了地方官遵制每年的"春秋二仲之望日"致祭外，每逢陈元光及六部将的诞、忌之日，[①] 人们就会晋庙顶礼膜拜；每逢中元普度，王庙前阔埕上便搭起法师座和施孤台，县城各家各户要到是庙祭奠，并引香回去插在自家门口供桌的香炉上。据故老相传，地方如遇外侮，组织民兵抗御时，往往要集中在威惠王庙誓师，并在庙中请旗，用香炉中的香灰包成一个个香灰袋，发给每个参战者，据说如此便可有神灵护体。历代相沿每年二月十六开漳圣王陈元光的圣诞庆典，则是县城内外民众共襄的一项大活动。

据史料记载，明万历七年（1579），朝廷追褒封陈元光为"威惠开漳陈圣王"，但未列入祀典。清乾隆二十一年（辛己，1761），朝廷封赐陈元光为"祀典开漳圣王"，当时县城的威惠王庙被定为诏邑的祀典庙，[②] 加之适值该庙修竣"庆神"，官民同祭，庆典庙

---

① 诏安一般以下列农历日期为开漳功臣诸神寿诞日或忌辰（以岁时先后为序）：正月初七，宣威将军许天正诞辰；正月十一，陈太夫人魏敬（箴）诞辰；二月十六，开漳圣王陈元光诞辰；三月初七，辅胜将军李伯瑶诞辰；四月十五，归德将军陈政忌辰；七月二十五，武德侯沈世纪诞辰；九月十四，辅顺将军马仁诞辰；九月十五，归德将军陈政诞辰；十月初十，圣王夫人种沉诞辰；十一月初五，开漳圣王陈元光忌辰；十一月十一，柔懿夫人陈怀玉诞辰。

② 参见《开漳圣王文化》，漳州市政协委员会编，第 81 页。

会特别隆重。活动举办为期 3 天。地方官会同地方乡绅晋庙行祭，由县知事担当正祭官致祝文，祭品为规定的"羊一、豕一、笾豆各四、簠簋各二、铏各一、帛各一（白色）"。庙祭毕，民众扛抬神像出庙宇，巡游城内外。

自此，每值辛巳年以及地方出现寇乱、灾异，便有圣王巡城活动。按照惯例，巡城队伍由彩旗、吉幡、仪仗前导，继之六将、圣王及艺阵、信众。巡城毕，圣驾返回，圣王居中，六将分列两边，一字排开，安坐在庙前搭起的台子上。台对面则是戏棚，之间的空埕供桌罗列祭品，间有北地运来的大龙缸，缸上插粗木，以食品塑成珍禽瑞兽，柱顶饰甘杞木，以表示甘棠遗爱、世代纪念之意。各家各户除了牲醴，还供着整笼的甜粿或发粿。

活动中为了表现开漳神祇的伟烈勇武，民众还表演一种叫"英歌舞"的广场民间歌舞。这种颇具特色的英歌舞流行于闽粤边地，广东潮阳尤其盛行。担任主演的通常是从潮阳请来的开漳族姓后裔，诏安县城东关、东城一些武馆的人担任助演。民国期间，三都仍演过这种歌舞。据相关史料及地方耆老陈士培介绍，英歌舞来自中原，取材于梁山泊好汉乔装攻打大名府的水浒故事。作为歌舞，它并不重故事情节，主要是通过人物造型、服饰道具以及体态和音响，渲染战斗情景和热烈气氛，以塑造英雄群体的形象。英歌舞的表演，分前棚、中棚、后棚，前棚为男子群体舞蹈，中棚由地方的小戏、杂耍等组成，后棚为武术表演。

前棚的表演人数，有 36 个的，取天罡之数；有 72 个的，取地煞之数。参加者一律是健壮汉子，队员分左、右两队，身穿古代武士装束，以黑白粉彩画鬼脸，显肃杀之气。多数人手里执着两根尺二短棒，少数敲打锣鼓。队伍在"咚咚锵、锵咚锵"的锣鼓声中腾跃前进，队员持手中木棒有节奏地敲击旋转，配合着鬼叫般的吆喝声和海螺号声。到开阔地带，队伍则变换队形，相应地做出许多不同的动作套式，声势如古战场上的冲锋陷阵、搏斗格杀。由手里耍着活蛇的时迁充当指挥，他时而走在前面，时而在队伍中穿插。前导是男扮女装的孙二娘、扈三娘，行进时两人的位置无定。两队各自领头的俗称"头槌"，左边的头槌一般为黑脸黑须的李逵，右边的头槌一般为红脸红须的关胜。后边是扮成鲁智深、武松、秦明、杨志等一干英雄的队员，他们都拿着各自的"家伙"，由锣鼓队中司大鼓的"宋江"殿后。

中棚的表演有三都地方民间舞蹈"公背婆"、潮剧片断"桃花搭渡""梁山伯与祝英台"，还有女子擎花灯边舞边唱，等等。

后棚队伍人数不固定，通常由县城武馆有武术功底者充当，这些人表演徒手或持械的武术套路。还有一对"师公""师婆"（一般要由神职人员充当），他们仿傩礼中傩公傩母的打扮。待队伍到达威惠王庙前的大埕，表演结束，全队面向圣驾列队，由"师公""师婆"代表众人向圣王和六将焚香致敬。

其间，开漳神祇还要在庙前台子上享用贡品、观看潮剧。最后回庙时，圣王及六将坐在圣轿上，被人们扛抬猛跑送入庙内。

（二）广美庙会的"龙船鼓歌"

广美庙坐落在旧县城北门外（北关），这是一座供奉开漳圣王部将——祈山侯欧哲的重要庙宇。龙船鼓歌的起兴，即与祈山侯欧哲神尊的来历有关。

中国民俗学会会员、县人沈汝淮先生曾就此走访过本县龙船鼓歌艺人许壬泽和清末秀才沈育生，据说清乾隆年间，北门外几位小商贩到泉州收购破铜烂铁，白天串街走巷，晚上就睡在一间庙里。该庙奉祀祈山侯神像，小贩每天都要拜一拜，祈请祈山侯保佑。一天晚上，圣侯托梦说："王妈贪吃，外出偷摘荔枝，被发现后，乡人跑到庙里讥讽本神。本神尽力保佑境内平安，她做出这等事，叫我有何面目见此地众信。我看你们真心信奉本神，就烦劳几位送我到诏安去。"小贩们说道："圣侯乃此间供奉的神，我们怎可做这等事。"祈山侯说："此乃本神之意，怪不得你们。"小贩们又说：

"纵然我们请圣侯回诏安，一旦被人追赶，如何是好？"圣侯对小贩们说："我教你们唱几段龙船鼓歌，你们边划船边唱歌，担保你们船快如飞，不会被人追上。"于是，祈山侯教小贩唱起龙船鼓歌。

天亮了，一个小贩说出他昨晚所做的梦，其他小贩也说有相同的梦，且都会唱龙船鼓歌。大家经过一番商议，一致决定把圣侯请回家乡。

四月初一晚上，小贩们悄悄将祈山侯抬上船，一边划船一边齐唱龙船鼓歌："正月里，是新年，抱石投江钱玉莲，脱下绣鞋为表记，边叫三声汪状元"，果真船飞似箭。

小贩们回到诏安，把祈山侯迎进北门外广美庙（又叫"港尾庙"），安座时，人们从其袍袖中发现一本《龙船鼓歌》。因为有这一段奇缘，圣侯又是外地请来的大神，当地耆老商定请祈山圣侯坐正中。原来庙里供奉的三山国王、齐天大圣和水仙王公、天后妈祖诸神，则改为供在殿的两侧。周围群众听说，纷纷前来上香。[①]

翌年四月初一，为纪念祈山侯抵诏一周年，广美庙弟子排队上街齐唱龙船鼓歌，为助声势，又加上了大锣大鼓。由于龙船鼓歌大气动听，光唱一天不能尽兴，于是又一天一天唱下去，队伍人数也逐渐增多，一直唱到端午节"扒龙船"。

以后每年相沿成习，通常唱龙船鼓歌的队伍前头，是一对或二对大灯笼，接着是两人抬大鼓，一人单棰打鼓并领唱，一人敲锣帮唱，随后一大队群众帮腔唱尾声，声势浩大，队伍人数多者达上百人，有时直唱到午夜方歇。

---

① 这件事发生年代，史料记之不详，据广美庙大门上所嵌石匾："乾隆岁次癸卯年桐月谷旦，祈山保障，社内弟子拜立"，或可推测为清乾隆四十八年癸卯农历三月发生的事情。

由于龙船鼓歌为人们喜闻乐见，后来北门外其他庙宇，如妈庙、佛母堂、真君庙、护济宫的善男，也仿效唱起龙船鼓歌。从此，每年从四月初一到五月初五，一连一个来月的夜晚，歌声四起，北门外更是灯火辉煌。这个传统，与五月初五北门外"跑贡王"的习俗连在一起，至今仍成为美谈。[①]

诏安的龙船鼓歌，1957 年曾参加福建省举办的民间舞蹈观摩演出，获得节目奖、演出奖、演员奖，之后代表福建省参加全国会演又获演出奖。

第二节　迎请祖公

诏安三都对开漳圣王神系的崇拜，除了城内威惠王庙的圣诞庆典和北关外的活动之外，还有一项涉及城内外众多居民的大型迎请祭祀，即沈、许、陈等大姓宗族祭开漳太始祖而生发出的"迎祖巡安"（俗称"请祖公"）活动。

一　沈、许等姓的迎请祖公

诏安有"沈半县"之谓，而三都又是沈姓人口聚居地，因此，该宗族每年为沈世纪做祖诞，颇为隆盛。沈氏开漳太始祖世纪的冥寿日是七月二十五，华诞日是二月二十二。华诞祀典由城关顺庆堂主持，为期仅两天，其他沈姓村族则自发到庙祠晋香，盛供以祀，祈安祷福。而冥寿祀典则从六月二十九开始，至十一月初五方歇，正日由东城村族主祭，74 个村庄多则三天，少则一日，轮流恭请祖公圣驾巡游，前后达 5 个月，详见下列。

---

① 有关北门外"跑贡王"的习俗，参见杨彦杰《诏安县城北关的"跑贡王"》一文（本书上册）。

沈世纪冥寿日沈姓各房迎祖巡安的顺序及日期
（六月二十九至十一月初五）

世德（六月二十九至三十）—后门房（七月初一）—宅仔园（七月初二至初三）—灰窑头（七月初四至初五）—永兴寨（七月初六）—东路乾（七月初七至初八）—梅塘（七月初九至初十）—世恩（七月十一至十三）—后林（七月十四至十五）—仕雅（七月十六）—大美（七月十七至十八）—岸上（七月十九至二十）—西沈（七月二十一至二十二）—东沈（七月二十三）—东城（七月二十四至二十六）—塘西（七月二十七至二十八）—长埔（七月二十九）—沈厝寨（七月三十至八月初一）—新兴寨（八月初二）—龙潭东（八月初三）—长田、岩仔头（八月初四至初五）—东坑美（八月初六）—宝树楼、厚福寨（八月初七）—樟仔脚（八月初八）—茂林、田中央（八月初九）—龙充（八月初十）—岑头（八月十一至十三）—山宝雷（八月十三至十四）—西坑、洋林、牙头、洪洲、西辽、石壁（八月十五至二十五）—澳仔头（八月二十六至二十七）—溪乾园（八月二十八至三十）—平寨（九月初一至初二）—仕渡（九月初三至初五）—小半石、洋塘后（九月初六）—洋边（九月初七至初九）—大老湖（九月初十）—六爷楼（九月十一至十二）—后岭（九月十三至十四）—五斗（九月十五至十六）—石盘头（九月十七）—上蕴（九月十八至十九）—尾乡（九月二十）—畲仔尾（九月二十一至二十二）—牛场尾（九月二十三）—旧宙（九月二十四至二十五）—下埔（九月二十六）—宅仔（九月二十七至二十八）—搭桥（九月二十九）—下径（九月三十至十月初二）—白石（十月初三至初六）—官牌（十月初七至初八）—赤鼻村（十月初九）—新起寨（十月初十至十一）—

大人埔（十月十二至十三）—麻园头（十月十四至十五）—东山仔（十月十六至十七）—径尾（十月十八至十九）—拜头山（十月二十至二十一）—下洋（十月二十二至二十三）—大埭（十月二十四至二十五）—柳厝埭（十月二十六）—上园（十月二十七至二十八）—回庙（十月二十九）—红厝山（十一月初一至初二）—大石鼓（十一月初三至初四）—回庙安奉（十一月初五）。①

　　该宗姓庆祝武德侯冥寿举办的"迎祖巡安"活动，究竟兴起于何时？史籍无载，问及族中的老人，亦难有明确答案。笔者估计，可能起于清康熙中期至雍正初，因为原位于城内的沈氏大宗祠明末被烧毁，历经清初战乱，到康熙二十七年（1687）才改址重建于东城村，而该村作为"沈祖公"冥寿正日主祭，当在新祠竣工之后。乾隆元年（1735），山宝雷村沈之骁中进士，族人便结合是年八月十四晚的"请祖公"，在四乡六里"游火烛"，以此感谢祖公福荫，显示村族荣耀。这说明在此之前，已有众多沈姓村族参与"迎祖巡安"活动。

　　沈姓的"迎祖巡安"，今昔有所不同。1950 年以前接送圣驾，大致是东路畔（包括南诏、深桥、桥东 3 个乡镇）在县城北关真君庙；西路畔（包括西潭、白洋、建设 3 个乡镇）在岑头威惠庙。"文革"期间，神像因破"四旧"被烧毁。1982 年，仕渡灵惠大庙重雕武德侯沈世纪像，三都沈姓"请祖公"仪程亦由此恢复。据说，当时在举行巡游祭典的第一天早 8 点，第一站世德房理事及房亲一二百人在宗祠前集齐，队伍举旗敲锣打鼓前往仕渡。仕渡村的理事们在庙门口迎接，双方见面之后，理事们一同入庙，面对祖神，每人手执 3 支燃香列队礼拜，拜毕，分站两

---

① 见录于《东城沈氏宗谱》，诏安县东城沈氏宗谱编委会、2009 年编印本。

边。接着，东道理事长向祖神禀报，后再由迎请方理事长申告来意。这时众人将香插入香炉，理事长到香炉内取出一撮香灰，用布折成四方形包好。众人抬出太始祖坐像，一路游行回世德堂，将神像安放在祠堂正厅，按仪程拜祖。按此模式，神像由一个村社巡安到另一个村社。十一月初五，武德侯圣驾由最后一站大石鼓裔孙送回原庙安放。

20世纪80年代前期，真君庙、灵惠大庙和东城功臣庙、山宝雷大庙都雕塑了沈世纪像，接着白洋乡阳山村沈氏祖祠、县城东门内顺庆堂、县城北关孝友堂和桥东东沈村沈氏祖祠、西沈村沈氏祖祠，以及县城内沈公书院和灰窑头等村社的祠堂也新塑其像，使得圣驾巡行的路径和时间安排有所变动，如山宝雷大庙这一尊像，八月初一由沈寨请出，初二起到湖内、长茂林等村，八月十二到龙冲，十三日则由山宝雷接回。

2006年农历七月是闰月，沈姓后裔要为太始祖做两次祭，他们称其为"重庆千秋"。因闰七月要时隔38年才会出现一次，故格外隆重。笔者亲见东城村的庆典，记忆尤深。

东城在清季被划分为"十甲社""十五祖房"。[①] 现有的东城人口3万左右，分属"东城社区""五一村"，因为名人辈出、人口众多，理所当然地成为正日主祭。旧时祭祀在"沈氏大宗祠"，现今改在明宪祖祠。

东城成立由沈振祥任组长、各甲社房系耆老为成员的"迎祖巡安庆典筹备组"，活动于正月着手筹备，对资金募集、物资准备、人员服装的制作、文艺节目的安排，以及出行路线、队伍排列

---

① 十甲社为南坛社、东井社、大祠堂社、肃斋社、南苑社、田中央社、连村社、金田社、园上社、福安社；十五祖房为武元、东井、笃城、新灰垾、下脚厝、孝友、宽惠、俊豪、文德、大门楼内、园田、东园、学书、慈德、麟凤祖房。

等事项，大家共同研定，分头负责落实。① 明宪祠堂门楼早早就挂起红幅绿边绣着"武德侯祖万寿无疆"的金字横披，又在阔埕边搭起戏台，上悬"祖寿千秋"等戏彩。祠堂、庙宇张灯结彩，村道两边插了许多白底黑唇三角形旗帜，中间是一大大的"沈"字。

东城祭典活动，自农历闰七月二十四至二十六历时三天，其中的重头戏便是"迎祖巡安"，祖公沈世纪、祖妈尤氏和关帝等神尊将在县城绕一大圈，② 整个活动程序大致如下。

七月二十四日，明宪祖祠正中神龛门（俗称"龙门"）一早开启，筹备组一干人向列祖（明代 7 个、清代 15 个）礼拜，再到功臣庙向太始祖公妈禀告。入夜，祠堂举行宰牲礼，杀猪倒羊（要选公猪公羊，全身皆黑不杂一根白毛，事先敲锣打鼓去迎来），宰毕，从猪耳朵后取血数滴置酒杯中，再取羊毛数根混入，置于祠堂角落，谓之"瘗毛血"（"瘗"为掩埋之意）。子时，在天井设香案祭告"天地公"。东城的各个角落的地头神，亦安排人前去"说明周知"。

七月二十五日早晨 6 时，东城沈氏族众以及派下播迁外地的宗

---

① 参加此次迎祖巡安的祠堂、房系、甲社、庙宇、武馆有明宪祖祠、南峰祖房、南坛社、东井笃诚房、东井新灰埕房、东井下脚厝房、东井孝友房、东井宽惠房、东井俊豪房、肃斋麟风房、肃斋东园、圆田房、大井脚社、怀德社、南雅罢社、南苑一社、南苑二社、长房长社、武元房、书学二房、大门楼内房、慈德房、敦敏房、玉峰房、毅斋房、南坛庙、西里庙、南兴馆、崇英馆、新义兴馆等，又大锣鼓 2 队、锣鼓 34 队、地景 22 队、舞狮 2 队、管弦乐 1 队、腰鼓 1 队、宫灯 1 队、彩车 4 辆、礼炮车 2 辆、大刀队 1 队、神马 3 队、演潮剧 8 台，活动费用由单位或个人认捐。

② 其路线是：南坛庙——南仕路——东里庙——南峰祖祠——中山东路——通济桥头——东溪北堤——大帝庙——环城北路——王公庙——商厝楼前——妈祖庙——粮食大楼——体育场大门口——城隍庙——文化古街——西关关帝庙——五一市场——五一别墅村——怀恩中学后门——怀恩中学前门——农贸市场——中山西路——大台北商厦——中国银行——中街保障——水车街口——杉桥头——照相馆——南仕路——南峰祖祠——东里庙——南坛庙——明宪祖祠。

亲代表穿戴一新，在功臣庙一带集结。理事人员身着长衫头戴瓦帽，列队焚香恭请祖公、祖妣暨诸神巡安。尔后，抬圣驾下殿，由前至后，依文执事、煊炉、佛祖像、祖妈香亭和武德侯祖、王公、关帝君之序，在庙埕居中排列，灯笼、宫女、勒马、武执事等分列两边。8 时整，三通礼炮响过，锣鼓震天，鞭炮齐鸣，巡安开始。

整个队伍，由 24 辆摩托车开道，沿路洒花心水、盐米的人员和扛清道旗、敲马头锣、吹号角的人员随其后；接着是明宪祖祠"恭迎祖驾""重庆千秋"的横牌，灯笼，彩旗和南峰祠、南坛庙的锣鼓队，灯笼队，彩旗队；再接着是身着统一服装的族众，以及木牌，宫灯，彩车，大中小白旗队、狮马麒麟队和"地景"组成的游行队伍，中间还间插了数百面锣鼓、数百面彩旗。继之又是大锣鼓班、地景、彩车和管弦乐队、礼炮车、腰鼓队。这些队员的后面才是仪仗队，仪仗有写着"武德侯祖"字样的灯笼、彩幅，龙头、小斧、仙掌、佛手、金瓜、大刀、水火棍各一对，龙旗、虎旗、风旗、回避牌、肃静牌、职衔牌各两面，锣鼓班和扮成状元、夫人等人物的古装秀。随后是青壮年戎装打扮，擎着刀、枪、斧、戟、矛、槊、叉、箭斗等的驾前武执事，少年儿童着长衫马褂，擎着宫灯、环灯、煊炉、印、剑、文房四宝、木瓶、雀瓶等的驾前文执事，在文武执事后边是两名骑在马上的儿童，分别背着武功德侯的大印和皇帝敕封诏书。之后是开山大斧、白色神马和武德侯（文身、武身）坐像，往后依序是主祭孙、各祠庙董（理）事长等人捧着 10 尊神佛像，8 位穿唐装持宫灯的女子为前导的"祖妈"坐像，一匹红马，两个化装为持刀周仓，抱印关平的小伙子和高大的关帝君神尊。再者是身着统一服装的中年信女，裔孙的队伍，最后面是东城祠、庙董（理）事会一干成员。

整个巡游，上有白发老翁，下有总角小儿，队伍井然有序。一路上旗帜飘扬，锣鼓交响，沿途庙祠及人家摆供焚香礼拜于路旁。队伍在繁华路段做舞狮表演，应邀到商厦里面洒花心水，并举着大斧绕一圈，听说这是为了纳吉驱邪。这样走了近 4 个小时，才到明宪祖祠，队伍在祠堂周围散开。此时，鼓乐喧天，"企脚铳"百发齐响，鞭炮千串同爆，大地为之震动，整个活动被推向了高潮。模仿当年平蛮唐军的气势，在距祖祠数十米的地方，由急促的马头锣引着，仪仗、执事、兵器先进祠堂，尔后，英武汉子脚上只穿着袜子，高举圣轿、香亭，呼拥奔走，一报、二报、三报……来回几次，将祖公，祖妈及请来的神佛在祠堂的正厅安放好。

"跑王"结束，祠前大埕开始舞狮、武术表演。当晚，祠内点燃大龙香，天井正中摆着素品供桌，耆老为太始祖上寿。

七月二十五日下午为正式祭拜仪式，祖祠以五牲、菜肴、果馔礼品公祭沈世纪，其他奉祀的神主，各房头也具供品分置两旁。此外，各家各户也大都有办牲醴参与祭祀。祭品堪称丰盛，整猪就有数十只摆架于埕上，数十只供桌上山海陆陈，五牲三馔，糕点果品，林林总总。

吉时一到，通赞宣告祭祀开始，奏乐，参祭者持香排列，身穿长衫戴礼帽的引赞、主祭孙、礼生各司其事。引赞引主祭孙就位，明烛上香，三跪九叩，众人依长次上香行礼。接着，主祭孙行初献礼，引赞接唱："诣，唐开漳功臣追封武德侯太始祖沈公，暨祖妣敕封妙嘉一品夫人尤氏沈妈之神前跪。"主祭孙在"沈公""沈妈"面前下跪，献茗、献酒、献胙肉，三叩首。献酒时，双手捧酒杯，按"心"字动作，先三点后半弧，寓祭天祭地祭祖宗。礼毕复位，如此再行亚献礼，并由礼生宣读祝文，众参祭裔孙皆跪，读毕行三叩首礼。主祭孙接着行三献礼（献酒、献果品、献金帛）。这时，扮装成状元及其夫人的人上前斟酒，将盛着 4 个柑和五彩色纸（代金帛）的红木盘恭敬地放在厅堂的供桌上，面对圣像跪叩 12 次。尔后，焚帛，撤馔。主祭孙行"送神跪"，全体参祭者在通赞引领下向列祖列宗三鞠躬；礼毕，烧化金银纸箔。

仪式结束，将祭祀的全猪全羊切开，按各家所出份子抽签分

"胙肉"。至晚,村社裔孙们络绎前来祭拜,大埕戏台上照例办仙演戏。酬神戏连演三天,直至二十七日上午结束。整个庆典,共耗资近百万元,参加者万余人。

顺庆堂什么时候开始承办沈祖公的华诞庆典?据现为顺庆堂理事长的沈崇忠先生介绍,约始于清嘉庆年间,当时顺庆堂为城内望族,财丁贵俱全。清代至民国期间,顺庆堂系以公田部分租谷用作华诞吉庆请祖、演戏、祭拜的开销。昔时每逢农历二月,祖派四大房头的城乡子孙纷纷来参加筹办,宗祠内外张灯结彩,"嵩祝祖寿""祖寿无疆"的横披高高挂起,戏台也早就搭好。到了二月二十一早上,顺庆堂派下的男女和被邀请来的沈氏宗亲在耆老带领下,浩浩荡荡前往北关真君庙恭迎太始祖。武德侯沈公及其一品夫人尤氏端坐在轿子中,族中有功名、官衔的裔孙列于八抬大轿两边,手扶轿扛,随轿而行,轿前由马头锣鸣金开道,两对宫灯导引,接着是大斧和仪仗、文武执事等,轿后有凉伞、掌扇遮护。一路巡游,接受沿途百姓礼拜,好不威风。到了顺庆堂,圣驾被安放在祠内大厅上,正对着门外阔埕的戏台。当天潮剧戏班演出日戏(依俗演"四出头"或"五福连"),沈公、沈妈与裔孙同乐。晚间十一时(子时)举行上寿(祝寿)仪式,戏班扮演呈祥献瑞的戏出,以示贺诞。次日(即二月二十二)上午举行隆重祭典,加演日戏,办仙祝寿。地方上本姓外姓的也有许多人来祭拜,到午后,方护送圣驾前往真君庙。族中参加请祖和回祖的男丁,每人每次分得夜宵点心一份。在清代,对有功名和前程的每人加分福肉二斤,到民国时期,改为小学毕业以上每人加分福肉二斤。这两天,不但祠堂好戏连台,而且家家宴请亲友,热闹非常。1950年以后,顺庆堂被改为粮食仓库,为沈世纪做生诞的活动中止。2006年,族人将顺庆堂收了回来,对祠堂进行整修,并雕了沈世纪的祖像。翌年再行举办沈祖公的华诞祭典,但由于无公堂产业支持,规模已不如前。

三都祠堂塑开漳功臣像的还有：县城北门外许厝寨的许氏祖庙（祀许天正大小五尊雕像及其夫人姚氏神牌）、西门外文化古街的陈氏祖庙（今又称"陈元光纪念馆"，主祀陈元光，配祀六部将）、城内南门塘边的黄氏祖庙（祀黄世纪像），甲洲、上陈两村也在庙祠为陈元光立像。

许姓开漳太始祖许天正诞辰为农历正月初七，是日许厝寨的许氏祖庙和许氏家庙纶恩堂举行祖诞祀典，该姓族裔分衍的村社众多，无法在同一天安排在供祖像的庙祭拜，因而也分别按日期和房支排序，由祖庙"请祖公"巡安供祭。

许姓宗支恭祝许天正祖寿诞巡迎日期
（正月初五——二月十四）

深桥村正月初五、初六——芹山村正月初六——许厝寨祖庙正月初七——新林村正月初七——许氏家庙纶恩堂正月初七、初八——圆林村正月初八——石楼村正月初八——唐美祖祠正月初九、初十——许寮村正月初九——名宦堂正月十一——明德堂正月十二——寿官祖祠正月十三——垂德堂正月十四、十五——许氏家庙正月十五、十六——北西坑（秀才寮村）正月十七——渡头村正月十八——敦木堂正月十九——尊三堂正月二十、二十一——新安村正月二十二、二十三——溪东上林村正月二十四——溪东上营村正月二十五、二十六——溪东龙坑村正月二十七——新春埔村正月二十八、二十九——深青桥尾寨二月初一——上梅塘村二月初二、三——继述堂二月初四、初五——内凤村二月初六、初七——外凤村二月初八、初九——荐馨堂二月初十——景和堂（茨径）二月十一、十二——汀洋许厝乡二月十三、十四。

三都的陈姓分属不同派系，因而未像沈、许二姓那样排序做祖诞。溪南枫树林祖派下 10 多个村是在农历二月十五由县城祖庙请祖巡乡，十六日（圣王寿诞）子时在乡祠设祭，沿于古俗，于今亦然。甲洲开基祖陈宗说派下聚居村落和上陈开基祖陈鹤夫派下聚居村落，也有举行圣王寿诞祀典及迎祖巡安之俗。

诏安民间认为，人死之后，或是升化上天为神，或是坠入地狱做鬼，因此祭拜也有所不同。地方有"补拜无补祭""闰神不闰鬼"的说法，前者的意思是说为神鬼"做忌辰"，若是神错过了日子可以改日补拜，为鬼的错过了日子就不再补祭；后者的意思是说人死后为神者逢闰月要再做一次寿诞，死后为鬼的闰月不能再做亡祭。沈世纪的忌辰祭能延续数月，在闰年闰月还要"重庆千秋"，就因为他已升化为神，所以不能与一般人死后做鬼等而视之。

二　地头神与英雄祖先的社会协调功能

在三都地域，地头神主要为陈元光及其部将演变而来，而大姓每年一度的"迎祖公"也是这些唐朝的开漳人物。因此，地域性的保护神与宗族的祖先是纠缠在一起的。这种神、祖同构又互为转化的现象是诏安三都民间信仰的一个特点，它具有一定的对抗性，同时对于当地各种社会关系的协调也起着一定作用。以下试举几例。

相传，当年从被焚的唐将军庙抢出圣王及六将的塑像时，各姓抢救出来的皆非本姓的像。对这些像的安置便出现了争执，作为抢救出神像的一方，打算将其留下来当境主，而族人却想把神像要回去，供在本聚落的地头。北门外许姓抢救出来的武德侯沈世纪像，已被供在许氏家庙里。沈姓子孙要将武德侯像抬走，遭到许姓的拒绝，双方因此相持不下。知县闻讯，前来居间调解，提议在神像前以瓷碗当"杯"来"祈杯"，由武德侯自行决定去留。若碗完好，表示武德侯愿意留在该庙，若碗破，表示武德侯想随子孙回乡。知县这样决定，显然有点偏向沈姓，沈姓当然同意，因为两个瓷碗从高处落下，破的概率要大一些。而许姓见知县如此提议，也不好再说什么，只好勉强接受这个解决办法。"祈杯"时只见碗向上抛起，落地时竟然完好无损。在场的人感到不可思议，在众人愣怔之际，知县对大家说："武德侯为报答许姓冒火抢救之恩，愿留许氏家庙，也表示希望今后沈、许亲如一家，做子孙的不可违背祖公之意。"因有言在先，两姓都没有异议。其他几个姓氏本想要回祖像的，也不便争执。于是，这些被抢救出来的神像，便安置在若干地方成为当地的境主，而非本族所有。

此后，每年要庆祝"祖公"寿诞，沈姓便来北关真君庙请出武德侯沈世纪神像，待巡游后再送回去。而以许姓居民为主的北关，也于每年端午节抬沈世纪神像出来"跑贡王"。同样，林姓每逢昭应侯许天正神诞，各祠堂主事人员便会集于"大安公庙"祝诞，及至许天正像于明末迁祀林家巷大庙，亦是如此。清代，许姓从县城许氏祖庙抬"祖公"巡安，主事人员事先也得上林家巷大庙去禀报太始祖。由于这种因缘，在民间械斗盛行的三都，沈、许之间和许、林之间，却能相安无事，实有赖于沈世纪、许天正的在天之灵。

有一次，洪洲、西坑等村的沈氏族人抬武德侯圣驾巡安，途中经过一个林姓居住的村子，林姓在村路上立有一个贞节牌坊。沈姓大概认为让堂堂圣侯从为女人立的牌坊下通过有所不敬，队伍便绕过牌坊而行。林姓人认为这是对其鄙视，便聚众持械追打巡安队伍。巡行的人见状只好四处逃散躲避，将圣驾放在菜园里。傍晚，当耕牛回村路过菜园，见到戴着狰狞面具的武德侯像时，耕牛顿时吓得四处乱闯。村中父老认为这是日间得罪圣侯所致，连忙赶到菜园对武德侯像礼拜谢罪，恭迎入村。第二天，林姓备礼派人向沈姓道歉，沈姓族人见对方如此，并没节外生枝，前去重迎圣驾，林姓则备香案送行。自此，每年八月中，林姓村民就在村边接驾献祭。

诏安三都还出现过一起人、神通婚的奇事，与此相关的两个地方从相互指责到彼此结交，亦反映了神在其间的作用。

诏安县城的东门内一侧，有一座灵侯庙（俗称"东门庙"），始建于明代嘉靖年间。庙内主祀灵佑侯李伯瑶及其夫人焦英，民众尊称其为"王公""王妈"。相传，王妈原是清代诏安城郊介里村人，芳年18，出落得如花似玉。一天进城卖菜，焦英遇雨避入灵侯庙，见庙内奉祀的李伯瑶相貌英武，便焚香祷告，望能嫁得如此夫君。之后，她经常利用挑菜入城的机会，来给灵佑侯上香；时日一长，因爱恋而致神情恍惚，常常梦到灵佑侯夜里前来与其相会，言自己尚未娶妻，愿与之结秦晋之好。事久，父母见其女儿日渐消瘦，疑而诘之，该女只好以实情相告。父母不信人神之间会有此等事，认为这是县城东门内的人假借灵佑侯名目诓骗自己的女儿，使其失身，便约同村族中人前来东门内，找到灵侯庙的理事人，要求找出当事者，严加惩处。理事会的人则矢口否认这等情事，双方为此闹得很僵。

焦英父母想一探究竟，于是嘱其女："今夜来，可执其一物为信。"是夜，李伯瑶又至，焦英将母亲的话告诉了他。伯瑶说："这事不难。"到鸡啼临归庙时，故意遗下一靴；之后，介里村民至东门卖菜，闻说东门庙灵佑侯不知何故丢了一只靴子。此事传回村里，焦母执此靴至灵侯庙，见与神像脚穿的另一只靴恰是一对。焦英父母见事已至此，女儿又执意委身灵佑侯，便向族中老人道出，族老找到灵侯庙主事，经一番商讨，决定祈杯问灵佑侯，是否欲娶焦英为妻，卜了三次皆得圣杯，说明神明已同意这门亲事。而焦英在介里的家中，恰于当日告别人世。于是人们塑"王妈"像，与"王公"李伯瑶并祀于灵侯庙。焦英的遗体则被村民葬于介里村，称其墓为"姑婆墓"，至今尚存。

这一段神人之缘确实匪夷所思，但东门内与介里村却因此关系融和倒是事实。每年农历的三月初八和八月十四，分别是王公、王妈诞辰，东门一带居民便会办牲醴祭拜，并在庙坛上演戏，戏台悬挂邑人陈梦龙撰写的对联、挂匾，联书："自东自西自南自北四方来观之，止仁止孝止慈止敬万世可知也"；匾曰："作如是观"。介里乡亲每逢"姑婆"的诞辰，必委托代表诣庙拜谒，灵侯庙则备一桌酒席宴请来宾，谓之"请姑婆酒"，此俗延续至清末，以后才改为送红包。

还有就是民间不同姓氏之间的械斗，如要讲和，也往往选神庙作为谈判之所，要是所提条件相持不下，大家便采取卜杯、扶乩的办法，由神灵来裁定。笔者在调查中，就了解到一个通过神意消弭械斗的事例。说的是西潭乡吴姓和许姓的两个村子，因为地界之事起争执，双方自恃族大势众互不退让，事体越闹越大，各自购置铳仔，准备在野外两村交界处对阵拼杀。这两个村都属于西潭大庙祭祀圈内，庙理事会一干人就向双方做工作，说打或不打，待到庙里扶乩，听一听神的意见再说，庙里祀的陈圣王和沈、李二侯是不会偏袒一方的。两个村的家长表示愿意遵从神明的裁定。于是找了一个日子，在庙中正殿神像前摆下乩具，双方代表依约进庙，外面则围了很多村民。时辰一到，双方和负责扶乩的乩童就向神明焚香禀告，尔后乩童开始扶乩。不久，"和"字在乩盘上若隐若现，庙董们趁热打铁，提出了一个解决的方案。于是庙董焚香告之于神，接着又扶乩，乩盘上现出"准此"字样，一场险些酿成械斗的纠纷遂得以化解。

以上这些例子，说明了作为跨宗族的神明在协调社会关系中发挥了不可忽视的作用。

第三节　报赛祈安

诏安三都的"报赛祈安"，也是地方作为跨宗族的集体祭祀一项很重要的活动。

"报赛祈安"又称"做好事"，它有以下特点：一是若干年一次，并非每年都做，有的是定期的，一般是三五年做一次；也有的

60年才做一次（如西门内的关帝庙）；有的是随机的，如遇到瘟疫、灾害需要祈禳。定期的活动，一般由村社或寺庙组织，随机的活动，有的是由官府组织，有的是由民间组织。二是举行时间可长可短，少则3天，多则12天。采用的科仪、节次亦因天数、目的和资金情况而不同。三是不像做神（佛）诞，由善男信女自行举办，而是必须由神职人员主持法事，按仪规进行。

清康熙《诏安县志》言："诏邑一岁之中多不经之赛会。"[①]清末民初时人吴梦沂则道："盖风犹行古也，比来则踵事增华，每逢报赛，凡酒醴牲牢雕饰竟趋靡丽，而演戏一端，又系因接壤于潮，为潮俗所影响，一剧场动縻巨费百倍寻常，此则曩时所未有也。"[②]民国34年（1945），诏安县城曾举办过一次规模较大的报赛祈安活动，下文就是笔者根据香花僧陈正勋法师、庆源纸绸庄业主林养生和东岳庙理事会一些老人回忆，以及《香花僧秘典》《诏安歌谣》中关于法事科仪、仪式歌的记录，尽可能复原这次活动的情况。

一 筹备事项

民国34年（1945）8月15日，日本侵略者无条件投降，诏安各界民众集会庆祝抗战胜利。会后，县城一些头面人物开始酝酿举办一次报赛祈安活动，以酬谢抗战期间神佛对一境生民的护佑，超度战争中阵亡的烈士和无辜受害者，祈求时泰景和、合境平安。这次活动在农历十二月举行，自初一始至初八止。之所以选在这段日子，据说是因为初八是释迦牟尼成道日，在这一个月内祈福禳灾功效百倍，加之抗战之后的秋收，地方经济有所好转。

对这次活动，时任县长钟日兴从纪念抗战阵亡人员和活跃地方

---

① 康熙《诏安县志》卷3《方舆·风俗》。
② 民国《诏安县志》卷1《天文志·民风》。

经济考虑，表示支持，活动由县参议会议长沈淮三出面组织，县城民众和工商业者也很踊跃，筹备工作在农历八月开始。

首先，明确活动的组织办法。这一次活动，分成两个部分：前4天以设醮坛酬神赛会为主，活动以地处东关的东岳庙为中心；后5天以搭孤棚超度施孤为主，活动以南门内的威惠庙为中心。之所以选择东岳庙和威惠庙，是因为过去县城较大的法事就在这两座庙举行。此外，这一带为商贸区，居民的经济状况比较好。活动开办之前，两庙的全体理事会成员在神前卜杯，以征得神明同意。这两处活动经费的筹集，东岳庙以东关为主，威惠庙以南门内为主。各自通过甲社推举，尔后抓阄卜杯确定正、副总理，并由正、副总理商定缘首和执事。两处活动又合成一个大赛祈安的整体，设立统一的领导班子。班子由正副会顶和理事组成，正会顶由沈淮三担任，副会顶由东岳庙、威惠庙活动的总理担任，理事有族老、耆宿等10人。领导班子确定之后，张榜公布。

其次，分工操办。一是筹集经费，理事、缘首每人摊派稻谷100公斤（也可以谷折币），正、副会顶每人摊派稻谷250公斤，同时，由缘首负责在社区内按各户的人口数摊派，由正、副会顶负责向工商大户、华侨和其他社区居民募捐。然后，张列《功德榜》，将收入的钱款具名公布。二是聘请神职人员，据说经正、副会顶、理事会商，决定法事请香花僧来做，因为酬神祭仪和超度亡灵都可以由其一体担承，场面也比较热闹。据说坛班的"首座"（主法师）聘请的平和高隐寺住持苏枝法师，东席是诏安城关关帝庙的庙祝正勖，西席是东山铜陵古来寺的住持正清，另外有数位香花僧参与。三是安排执事职掌。执事分成4类：供品执事，负责祭祀所需要的食品、香烛、银纸之类；鼓乐执事，负责锣鼓、戏出之类；醮务执事，负责彩扎、布幡之类；后勤执事，负责生活安排和秩序维持。

最后，这段时间，地方泽枯堂人员则负责调查抗战期间因战乱失祀的遗骨，择吉日前去拾取，将白骨分别用厚纸包好，放于灵瓮中。收集之后，泽枯堂人员将这些灵瓮运至良峰山义冢集体安葬。1945年9月15日，县府出面将抗战中牺牲的战士遗骨掩埋于县城西郊的良峰山麓，并竖立"抗日阵亡战士纪念碑"。从农历十月初开始布置醮坛、孤棚和安天公灯等，大赛祈安前一二天，祈安途经的县城街道安排专人打扫，各家各户于门前挂"天公灯"，置办糕粿等斋品。正、副会顶要提前半个月"三戒"，缘首、执事则提前10天斋戒。

二 做醮酬神

酬神赛会共4天，其间，整座东岳庙里里外外装扮一新，到处张灯结彩，门前竖着高杆"天灯"，灯下升挂一幅写有"玉皇大帝"字样的红幡。醮会设中心神坛和醮园。中心神坛假东岳庙而设，正殿大梁从右至左悬挂老子、释迦牟尼、孔子的画像。殿前天井设3张科仪台，正面台上摆着两个红色的斗灯，内插旗、剑、尺、戳、扇、剪刀、算盘和日月宝镜等，为首座行仪用，两边各置一个，分别为左、右席行仪之用。3张台案上一并摆放香炉和法器、符、表等，台案子两旁立着纸扎的经童、忏童，堆着金山、银山。醮园是临时搭建，庙门两侧是圣棚，庙对面搭高台。高台挂佛像设香炉，并摆鼓设钟。届时，这里将作为诵经台、施法台，同时又可供演戏、奏乐使用。民国时期，东岳庙前的埕口要比现今的宽阔得多，这样布置并不显局促。

在"起醮"前3天，会顶便组织人员，备锣鼓、旗帜，列队前往城关地面的主要寺庙"拈香"，这是邀请神明前来共庆醮会的仪式。每到一个寺庙，拈香者都要先在香炉上插燃香，向神明发出诚意邀请，然后将插的香"拈"回三支，后插到东岳庙的香炉里。由于这次酬神活动的中心神坛设在东岳庙，而该庙所供的释、道两教神祇共有108尊，比较齐全，可不用将其他庙的神像抬来。只有东岳仁圣大帝属下的地方神明，送去拜帖，请来神像，安放在庙门前镇坛。至于地方历史上的英灵先贤人物则另安排在施孤超度坛场，不在此迎请之列。据老人们回忆，5天醮期的日程、科仪安排如下。

第一天一大早，身穿"海青"、戴黑色僧帽、着红鞋的香花僧在穿戴齐整的正副会顶、缘首、执事陪同下到场。吉时到，奏乐，首座带领众僧登坛，乐毕，首座持手炉，其他僧人摇铃，信众跪拜，开始行请神科仪。除了念名请三都内各寺庙的主祀神佛外，又念《三界偈》，请天、地、人三界诸神佛。①

正午时分，僧人举行分灯科仪。醮坛为人神交接的场所，据说其灯烛之火只有取得日月星三光之"慧火"，才能上照天庭、下彻地狱。因此，主法师要朝南对天焚香、口奏、吸气吹笔，以笔在黄纸上书写符咒12道，以蜡封作炬子，以阳燧聚焦于炬上引发净火，点燃供在庙内释、道、儒三祖面前的一盏灯烛，焚香三礼，默诵《明灯颂》，在烛上点燃符炬，掌灯僧人亦将其他灯点亮，东岳庙前高杆"天灯"也在此时点燃。城关各富户家门前所挂天灯也要点起来，并一直亮到活动结束。从中午至申时，戏班演戏，城关包括乡村的人们纷纷赶来，东岳庙内外人头攒动、摩肩接踵，大家既祭神又观剧。庙门两边各有两口大龙缸，里面盛满据说是化过符的圣水，缸中放有石榴花和柳树枝，据说"搅搅缸，不会得病生疮"，因此，许多人都会去搅。殿内案前放着一个"功德箱"，善男信女将一定数量的钱交给僧人登记，投入"功德箱"内，就可取来明日进呈神明的表章。

---

① 查阅凤山报国寺收藏的《香花僧秘典》（手抄本），《三界偈》全文如下：五方五帝五岳圣，诸殿诸王诸圣神，五湖四海一切众，名山大川潭洞真。一报天地盖载恩，二报爹娘养育恩，三报国王水土恩，四报日月照临恩，四恩三有通三界，三清上圣十极真。昊天金阙玉皇帝，紫薇帝君众星辰，日月二宫并天子，虚空贤圣及龙神，丰都水府大圣帝，十殿明王正真神。南无上、中、下分三界，天官、地官、人间一切王侯众，三官大帝临法会。

日落以后，醮场上数位僧人手上托灯，进行走灯的科仪，场上彻夜烛香不断。从酉时至亥时，戏班继续演戏。

第二天行进表仪式。早上，众法师、执事入坛，由首座法师仗剑，踏斗步罡，念《净天地神咒》，①鸣法鼓24通，然后敕水，洒净坛场。众人拈香，跪在神佛面前，然后法师念"表文"。表文言明在何时何地举行这次斋醮，法师和斋主名姓，并将要求法师行仪的人们的愿望和需求告诉神灵。念完以后，画虚符于表上，法师默念"薰表咒"，值日受事功曹将表焚化在盛着清水的铜盘里。接着，取到进神表章的斋主，可将上面写有斋主姓名、住址和表奏内容（如祈禳、消灾、求嗣、延生、安宅）的表章，交给法师，由其念表，行送表礼，焚表化行。这些做完，法师与执事等致谢众神，献供，上表结束。自早至午，前来祭拜的善男信女络绎不绝。

午后，经师在庙前的外坛诵经，东岳庙右手的大埕上，武僧在那里指挥工匠树"刀梯"。"刀梯"是以两根长度在40米左右的杉木并列，间距约80厘米，梯级约140级，每级相间25厘米置刀，刀锋朝上，每5级，便有一级为双刀交叉，俗称"哪吒阶"。刀梯的上部铺设长宽各1米多的木板，置成方城模样，城周有36个"城堞"，"城堞"上各插一面旗，香花僧称为"木杨城"②。刀梯矗在地坑上，由4条粗索斜拉着。晚间，戏班演连本戏。

---

① 《香花僧秘典》所载《净天地神咒》全文如下：红巾一条在手中，三指头中仿英雄。召集五湖与四海，杀灭妖魔一扫光。天地自然，秽气氛散，虚空宝藏，琅朗太元。八方威神，使我自然。观音符命，普告九天。乾牢檀那，坤罡太元。斩妖缚怪，杀鬼万千。弥陀玄文，持诵一遍。按行五岳，辞煞归天。魔王束手，八海消愆。凶神消除，待卫我轩。乾坤正气，人寿年丰。

② "木杨城"，相传最早为明末万姓集团的营寨名，建于诏安县官陂镇狮子口村后"山仔园"。日后，这支队伍参加抗清斗争，加入以道宗和尚为首的天地会。在天地会的"开香堂"、香花宗的"做法事"等重大活动中，必有"木杨城"（模型）供置于神坛前，天地会的《会簿》《秘典》亦多次提及"木杨城"。

第三天早上，僧人在内坛念经拜忏。法事毕，一片锣鼓、鞭炮声响起，善男信女将东岳庙里所奉祀的佛、神像请出来，安放在庙门两侧的圣棚里，像前安放插有"拈香"的大香炉，前置一列供桌，四乡六里的信众纷纷把带来的供品摆在案上，于神佛前焚香礼拜。

午斋稍事休息之后，香花僧人开始齐集于圣棚前的外坛上。首座（主事）僧拿着插着香的手炉，面前放着一米见方象征"福、禄、寿、喜、财"的面龟，众僧坐于两边的东、西席，随首座边摇法铃边念经文或唱赞曲。接着，僧人在大埕上"走五方"（俗称"走贡"），据说这是请五方神灵前来驱魔降煞、消灾抵难、保佑平安的一种宗教舞蹈。表演时场地分为东、西、南、北、中五个方位（代表金、木、水、火、土五行），数名僧人手拿黄、青、白、红、黑五色旗不断挥舞跑动，在乐声中变换队形。之后，到了登梯时辰，大埕上锣鼓喧天，鞭炮动地，在众人围观中，一位腰缠白腰带、着黄衣黄裤的武僧背着乾坤袋，来到刀梯下。执事僧将符咒烧化，兑入一碗清水中，让其饮过，接着僧人光着脚踩锋利的刀刃，拾级而上。到梯子上部的高台，做完倒立、探海等动作后，僧人从乾坤袋取出神符向下抛撒，众人争着接符，据说将这种神符带回家贴起来，颇具法力。这位武僧做完这些，又踩着刀刃落地。人们兴犹未尽，又观赏几位武僧的吞刀吐火表演。

第四天，众神巡游城关。队伍开拔之前，先是乐班在东岳庙前演奏中军乐，待队伍整理完毕，开始"营神"（游神之意）。最前面是"大赛祈安"的横匾，接着是文武仪仗，后面依序排着数十尊神、佛像，像前有标着出游神佛圣号的横匾，像后有拿着法器的僧道跟着。再后是举着"国泰民安""风调雨顺"横幅和各色旗帜的善信方阵，以及做各种装扮的艺景队，一路伴随着诏安最流行的潮州大锣鼓敲敲打打。神、佛巡游处，沿途民众设香案放鞭炮，顶礼膜拜。

殿后的是司除疫消灾的"大哥爷""二哥爷"和"矮子鬼"。

据说"大哥爷""二哥爷"是以竹篾编为其上身和头部的框架，再以纸张、布料糊于外层，并加彩绘和服装装扮，头戴黑色高帽，长眉睁眼，口吐长舌，约4米高，巡游时由壮汉钻进去扛在肩上走动；矮子鬼由人装扮，脚蹬高靴，身穿绣袍，红面獠牙，怒目虬须，颇具凶猛之状。一路上，"大哥爷""二哥爷"走着方步，大摇大摆；矮子鬼则蹦蹦跳跳，领着两个脸涂油彩、手执三尖叉扮成夜叉模样的人，沿途遇到人家有请，就入门登堂作捉拿疫鬼邪祟状，捉拿后投入"镇妖桶"中；有的妇人拿纸箔在孩子背上擦过三下，口祈平安，完后也将纸箔丢入桶中。

"营神"队伍沿着城外四关走了一遭，再入城内中街，在县署前表演热闹一番，后返东岳庙。在一片锣鼓、鞭炮声中，众神入庙归位。

午斋过后，做醮队伍送瘟神（俗称"王爷"）出海。僧人、正副会顶、缘首、执事、地方耆老等一干人，以红纸裱褙的起马牌和锣鼓、唢呐的鼓吹班为前导，"大哥爷""二哥爷"和"矮子鬼"押解"镇妖桶"殿后，前往庙前200多米的东溪边。这时，沿途的店铺、住家皆关门闭户，行人皆两边伫立，唯恐冲撞掌管人间瘟疫的神灵。在溪边，一只长5米、高宽各2米的纸扎木架做成的船，已事先安放在那里，船前置放有祭品、斗灯、香炉的八仙桌。正副会顶点燃斗灯，众人焚香肃立，首座僧步罡踏斗口念咒语，众僧摇法铃围着纸船助念，恭请"王爷"坐镇。众人将信众敬献的金银纸箔和"镇妖桶"（与以往不同的是还增加了画在纸上的日本鬼子像）装上船，首座画符命，交东、西席封船，会顶亦将东岳庙坛所颁的封条盖上。然后，首座持手炉启事表白，其大意是请王爷笑纳这些礼品，并将散布凶灾瘟疫的妖魔驱除。这些做完，即推船下水，让其随流水而去。

晚饭后，东岳庙活动的最后一个仪式，就是谢神。首座僧要念表文，其意是说抗战期间，诏安有赖于神佛保佑，得以抗御日寇入侵，这次劳烦众多神佛降临，为地方生灵赐福消灾，功德无量。首座化表后，僧人念经礼神佛，俗众烧纸焚香，叩拜致谢。

三　超度施孤

大赛祈安之后，紧接着在威惠庙举行超度施孤法事，也是为期4天，由原班的香花僧来主持。

是时，法会坛场分为内坛和外坛。内坛设于威惠庙内，其天井前面正中悬挂毗卢遮那佛、释迦牟尼佛、阿弥陀佛三像，稍前靠下挂救度地狱亡灵脱离苦海的地藏王菩萨，置供桌，罗列香花、果品、灯烛。再前面安放长方形科仪台，台上置铜磬、斗鼓、铙钹、手炉、手铃等法器，天井两侧供着写有抗日阵亡神主姓名的纸牌。外坛设在庙前大埕上，东边为"法台"，供僧人念经布法之用，并设有居士助念团的座位。法台前摆有上下两层桌子，上桌放斗灯，下桌放香炉之类；西边为"孤坪"，以4根杉木做支撑，高约3.5米左右，用木板铺就长宽各约4米的台子，两边有黄纸对联。孤棚前设一排桌子，供民众摆牲醴。庙门前面置一尊以木竹为骨架、外糊色纸的"大士"（又称"鬼王"）像。据说大士戴白盔、穿白甲，头上两支尖角，青面，阔嘴，钩鼻，双目圆睁，有两颗长长的向上的獠牙，口里吐出一条长长的红舌头，头上立着一尊观音。"大士"连坐带观音在内有近4米高。至于纸扎的五方将军，则安置在威惠庙前大埕的边上。法师还张贴榜文于道场，一是《告示榜》，内容除需要周知的事项外，还有告谕信众、告谕执事、告谕鬼神的，用黄纸毛笔书写，周围框以红纸条；一是《功德榜》，上列捐款善信名单，用红纸毛笔书写。

这次法事实际包括超度抗战阵亡战士和普施孤魂野鬼两个内容。其科仪包括请神、走赦马、引魂、破地狱、放焰口、劝愿、过奈何桥、放生、普施等，程序如下。

第一天，三更启法坛，请诸佛。主法师、正副会顶和僧人、执事等齐集内坛，用分灯之法点燃全坛之灯，击金玉之声。法师口念"一洒东方能离垢，二洒八难及三途，三洒四众与人关，四洒道场得清净"。僧人手执榕树枝，拂洒清水净法坛，据说这样做垢土变成了净土，佛祖才会降临。五更天，全体面对"三宝"跪拜，主法师执手炉口念请佛真言："夫以法筵开启，已凭法水灌洒道场，四方清净，诚意精虔，欢迎圣德以来临。"僧人并将写有法事祈求目的以及恭请佛祖尊号的申奏表文焚化。

接着，僧人召请抗战烈士亡灵。按佛家说法，若死者死于外地，法师须"引魂作次"，才能引其至坛场，听经闻忏接受超度。法师手持写有抗战烈士户籍、姓名的符牒（"赦书"），高声诵读"某县某乡某保某人"，全体读毕将符牒交给骑在一匹白马上的一个真人大小的和尚（纸扎的），纸和尚代表将下地狱赦免死者的赦官。主法师唱申："三宝门下关一封，颁下丰都及有司。恩沛三途并六道，功沾幽显遍虔祇。迷悟诸流俱托化，圣凡万汇尽皈依。更仗威光傅佛敕，关到奉行勿留滞。"僧人排成交错变幻的队形，来回奔跑，以表现使者急赴地狱的情状。

天亮以后，众法师、会顶、执事、缘首，各姓族老及抗日烈士的亲属等，从威惠庙出发，前面僧人持法器念经，随后两人举着上书"为抗日捐躯英灵不朽"字样的横幅，一些人手执列有阵亡者姓名、生卒年月的引魂幡，队伍经过县前中街，到达位于县城西郊的良峰山麓。在新落成的"抗日阵亡战士纪念碑"前，队伍停下，时任县长钟日兴等已等候在此。待大家摆好带来的供品，接着举行公祭。县长宣读祭文："维灵抗敌效命，为国捐躯。武功彪炳，如河岳而崇新；大节昭垂，同日月而并耀。宜肃岁时之祝，用申崇报之诚。呜呼！黄封三锡，励六师忠义之心；碧血千年，立百世懦顽之志。载陈庶品，来格公祭。尚飨！"[①] 县长领着众人焚香向烈士

---

① 见民国 35 年《诏安新报》1946 年 3 月 10 日，藏于诏安县档案馆。

致祭，烧化冥纸。完后，主法师领着一干僧人诵念经文，将盐米撒向四方，反复三次，行"放焰口"仪式，以普施无主孤魂。然后，主法师燃香一把，拜过阵亡烈士，持香往回走，执引魂幡的人跟在后，返坛场。

"午供"的斋供既供佛也祀鬼，威惠庙开漳功臣英灵则另备饭菜、大粿带祭。由内坛法师口念真言礼请，各姓耆老三奠酒追祭。在这一过程中，外坛僧人、居士在佛教音乐中诵经文、念佛号。供奉过神灵，僧众吃午斋。

午斋后奉浴。按佛家的说法，亡灵只有清净沐浴、换上新衣，才能参拜佛祖。僧拿若干脚桶、内放面盆，又以草席将脚桶圈起，形如帐幕。僧众诵唱"清水度魂颂"，点香插在席上，以引亡灵，稍待浴毕，又烧化冥衣，亡灵沐浴更衣重新归位，僧念往生咒三遍。念咒毕，仪式是"目连挑经"表演：只见一个僧人扮作目连，肩挑担子，一头是包裹，内装经书，另一头是花篮，内有香炉。表演的僧人肩上挑着花篮经书，在佛曲伴奏中，边做动作边诵唱《担经歌》，叙述取经途中所历艰危和所见事物。①

---

① 见诏安县民间文学集成编委会编印《中国歌谣集成·福建卷诏安县分卷》，1992，第130页。《担经歌》系县人黄明德据僧人黄田水的演唱记录，其歌云："我在灵山担经转，灵山且水路难行。昔日唐朝一名僧，一头灵魂听头经。经向前头背对魂，魂向前头背对经。双肩难担平担走，山林树木拦两边。左肩担来肩头破，右肩担来血淋身。饥时山中餐松柏，渴来岩下饮清泉。热时停在凉树下，寒来担到暖中藏。担得三更星月清，烧起树叶来烘暖。借问灵山路儿多？十万八千有剩余。求得大藏十三卷，带回东土度东魂。男亦修来女亦修，男女双修多自由。男人修来做罗汉，女人修来做观音。好结缘时就结缘，结得文殊对普贤。文殊结来千层塔，普贤结得万人缘。南海岸上水漂漂，尽是莲花结过桥。亡魂打在金桥过，弥陀便把幡来招。好结缘时再结缘，结得观音共目连。观音能救世间苦，目连救母上西天。南海岸上有一船，直透龙宫海藏边。不载金银不载宝，专载灵魂上西天。西方路上有一鹅，口含青草念弥陀。畜生亦有修行路，人不修心曾奈何。六畜猴猿共一山，铜城铁壁亦难关。谁人关得猴猿转，爱见弥陀有何难。神至念佛得开心，千生万劫念弥陀。手持经卷传东土，接引灵魂入身来。"

入夜，行灯仪，法师叩齿念咒，存想从太阳取火之念，尔后口吐火焰，点燃神位前明烛。侍灯者由此灯烛取火，分点仪坛内外灯烛，洞照天庭和幽阴，以礼佛祖、度亡魂。是夜，内坛3位主法师于佛祖像前诵《金刚经》《佛说三千洪名宝忏》，地藏王菩萨座前诵《十王忏》；外坛僧人念《妙法莲花经》，礼拜《梁皇宝忏》。

第二天，僧人五更诵《信心铭》。上午，表演的仪式是一个为死者减罪、为活人消灾的节目。取纸扎塔两座，顶尖者代表男性，顶平者代表女性，塔分三层，每层都有图画，顶层是西天图，中层是二十四孝图，下层是地狱图。塔悬空而挂，下放一盆水，由上而下，僧边转动塔边拂水洒滴。最后经师手执香板将塔各层捅破，称为"开塔门"，完后将塔烧掉。接着是"散花"，经师边唱"百花歌"，边将五色纸剪碎和在米中，四面抛撒。

午后，举行度桥科仪。这是专为抗日阵亡烈士而设的仪式。过桥的目的，是烈士眷属到冥府替死者交还库银。据说鬼魂投胎时，用以打通关系的库银是向冥府预借的，人死之后，所借的钱应当交还。奈何桥面用木板做成，下垫沙袋，桥下放一盆清水，代表河水，桥头、桥尾分别摆有彩扎的将官、土地。过桥时，经师一人手持引魂幡，数人摇法铃，在前引路，走一圈度一个亡灵。烈士孝子（无子息者以兄弟代）捧香炉随僧人之后，孝眷按亲疏、大小的顺序依次排列，人人手拈一香。在桥头桥尾要烧纸钱，作为将官和土地的"花红利市"，又因孝眷是阳间的人，过桥需留下买路钱，作为对法师的捐施。交还库银后，孝眷空手逆转一圈，由冥府回到阳间。经师带众眷过奈何桥后，启谢库法坛，手持写有亡灵生卒年月以及眷属之名、献库银若干的功德文牒，念经作法，将库银、文牒火化。同时，各孝眷则手持青竹跪于旁（内眷要面朝内，外眷要面朝外）。

是晚，坛场安排了一个保佑信众个人及家庭健康平安、流年顺利的科仪。在外坛上铺设斗坛，燃点七盏油灯，法师启事、上香、表白、宣科咒、拜南北斗、禳关口、三献、宣牒，祈请"南斗火官除毒害，北斗水宸免凶灾，一切所祈皆顺遂，万般顶焚悉通开"。

第三天，四更，主法师亲率僧俗人等，向开漳功臣、地方历代先贤、抗日烈士致祭。嗣后，僧人在悠扬的钟鼓木鱼、佛家音乐伴奏下，诵经拜忏。天亮后劝愿说戒，表演者"作四句"，讲故事，有说有唱，内容无非是历举古今之人无不有死，劝死者安心死去，劝愿人们记住神灵、祖先、长辈对人的恩惠，教人积德求善，以及如何修身、祈福、禳灾。

午斋过后稍事休息，举行放生灵、送水灯仪式。队伍走出坛场，来到位于城东北郊的玄天上帝宫前，用八仙桌相叠成台，台面上摆满斋祭品，由法师敲打着小钹，念经作法，祈求大慈大悲佛祖让生者获福，让死者超生，庇佑地方风调雨顺、百业兴旺。尔后，在宫侧临溪的"五水交汇处"，众人将带来的一大桶活的鱼鳖倒入溪中放生。日落时，举行"送水灯"仪式。队伍将一定数量的食品，装置于陶土烧成的砂锅里，并于砂锅中心放置一个小瓷碗，碗中盛花生油和灯芯，待焚香祭拜过后，大家托着点燃的"水灯"，下水至膝盖处，将灯放下水后慢慢推出，让水灯随水流顺大海方向而去，意在"开鬼门关迎阴客"。在众多的水灯中，一些僧人制作的"莲花灯"，在满溪浮动的水灯中特别醒目。待灯漂出一段距离后，一些小伙子纷纷下水捞"莲花灯"，诏安话"灯"与"丁"同音，据说得灯者有望添丁。

是晚，放五方焰口，法师高坐祭台之上，带领一帮僧众诵念经文。这一次放焰口，不但要在施食坛撒盐米，而且要分别到场外东西南北四个方向抛撒，用意是引领四面八方孤魂野鬼（俗称"圣公妈"）前来受祭。

第四天，上午，僧人演示"破地狱"。破地狱时，主法师由南起顺时针绕坛一周，执灵宝策杖，在各方罡步后，以策杖击地，象征为孤魂野鬼击破地狱。各方走过，到坛中央，烧符、幡，掐诀，以开地狱。香花僧人配合主法师的作法，在激越的大锣大鼓声中，跳到叠起的桌子上，表演杂技。继而在平地上，众僧与夜叉你追我赶，绕着几百盏油灯，打斗、翻跟头数十圈，以示破地狱的壮烈场面。这时，观者将偌大的广场围得水泄不通。油灯阵结束时，坛场任由观众去抢夺点过灯火的砂盏。

下午，在外坛供地藏王菩萨像，主法师礼过地藏王，与东、西席法师并坐，开始为聚集而来的幽魂讲经说戒、忏涤愆瑕，坛前一列供桌上，供着"三茶""馔盒"，还有放着红枣、香菇、木耳、金针菜、冬粉丝、桂圆干、蜜金枣等果品的"菜桌"和代表亡灵的小纸人。其他人在为晚上施孤做准备。

日落以后，举行"赈济幽魂"仪式。据说，施孤坪下香案上置三茶、五酒、五果、五牲，孤坪上吊满猪头、鸡、鸭、鱼和米饭、馒头、糕、粿等食品，祭品上点有红点，并贴有标注供奉者的彩纸。大埕周围空地上，摆满灵屋、库银、纸银、孤衣、纸帛，这些亦标注了供奉者。与此同时，城关家家户户要祭祖，并摆供于门前祭无主亡灵，人们手执一把燃香，来到坛场，将带来的香插于场上的大香炉，又从执事人员处领香，点燃引香带回家，插于家祭的供品上。到夜撤供时，民众将香火插于沟路边。

引钟响起，仪祭开始。会顶、执事、缘首及甲社、房族的头面人物在孤坪前点烛上香，宣读致祭文疏。接着，改奏庄严的佛乐法曲，僧人从孤坪对面的神坛出来，穿过熙熙攘攘的人群，走近法台。法台香案上置有香炉、斗灯、一盂净水、数升净饭（斛食）、几件孤衣（剪纸）。坐台主法师（陈正勋）一跃而上，行施食施衣科仪，其余僧众则站在台下两旁，配合坐台僧念诵经文。据说之所以要行施食科仪，是因为若要将阳世人食用的饭食和纸做的孤衣施给阴间亡灵食用，它们就必须变为"法食法衣"。法师要手执盂，焚变食符，念启请咒，手结五岳印，请五方气入手中，存想各方真气灌注于衣食之念，于每方烧真文。次念三光咒，取日光、月光和黄芒之气吹于衣食上；左右手作玉清诀，存身为元始天尊，召大变神王降临，变阳间衣食为无尽的法衣法食。

然后法师对"大士"行三跪三叩礼，念《骷髅真言》道："今宵诏城斋众修设冥阳会，广招尔等游魂赴坛场。你在滴水河边，卧洒清风水草，毡月作灯，孤寂寂，冷清清；你在阴间路上，雨打风吹又雪霜，食乏衣单，痛肝肠，眼汁汪汪。我看你，只落得一身骷髅，堪叹人生几何！金鸟玉兔来往如梭，百岁光阴一刹那。莫蹉跎，早寻出苦海劫磨。今本坛求得圣尊施甘露，又蒙斋众献衣食，让尔等消减灾障、受沾福利，早出生天。"其间，善男信女们面对大士像礼拜。拜祭过后，在观音大士的监督下，村民向亡灵发放供品，包括灵屋、钱帛、孤衣、孤食等。民众将带来用五色纸裁剪的孤衣、银纸和纸扎的冥器、纸帛，按照僧人的安排，在指定地点统一火化，霎时火光冲天，纸灰飞扬。焚烧过后，众僧在孤坪前将食品布施给阴客。约一炷香后，法师再次上法坛，念咒语真言，司辞来享食的阴客，并命五方神将把住路口，谢绝阴客，谓之"关鬼门"。执事、缘首上孤坪，将食品向群众散发，人们争先恐后抢接，缘于当时抗战结束不久，社会上食品尚匮乏，人们出于果腹需要争抢这些食品。此外，俗认为吃了祭孤供品，可消灾纳福。

"抢孤"结束，执事要将大士像由面朝南改转面朝北。嗣后，将观音大士像连同纸马、纸和尚等彩扎制品一起焚烧。施孤仪节必须在亥时之前完成，据说超过时间，对参加的人不利。当晚科仪的最后一项节目，就是恭送佛祖及五方神将"回向"。

四　善后工作

农历十二月初九，参加这次活动的僧俗人等，还要拜谢东岳庙、威惠庙供奉的诸神，将张挂的圣像取下，并将大士、大哥爷、二哥爷、矮子鬼等纸扎品烧化升天，卸下庙前的施孤台、法台、刀梯等临时设置，天灯则还需亮到做完"答谢天恩"功课，才能拆除。此外，理事会对活动的收支情况要进行清算，张榜公布，结余部分资金，留给东岳庙、威惠庙，作为今后活动的经费。诏安城区历时 8 天的"报赛祈安"活动，至此算是功德圆满。醮会期间，全城斋戒，不能杀生，这时各家各户又可以以鱼、肉等荤食款待亲友，同时也犒劳一下自己了。

这次"报赛祈安"，其规模应该说是民国时期诏安地方较大的一次，它既包含了通常斋醮的主要内容，在法事科仪上又与传统正规佛、道斋醮不尽相同。这次活动，是由香花宗僧人主持，因此兼有儒释道三教的特点，酬神活动主要体现的是道家程式；施孤活动大体是佛家的做法；在祭祀地方英灵、姓氏祖先时，行的是儒家礼仪。

五　报赛祈安的延续与变化

现今三都的"报赛祈安"，农村还在仿古，如 2005 年甲洲一带"做平安"活动仍然很隆重。相比之下，县城就要简略得多。如 2009 年（己丑）是县城西关武庙的"好事年"，通过武庙的理事长沈国汝先生的介绍以及笔者的观察，大致做法是：提前 10 日，向帝君公祈杯，推选出"好事"董事会，由该会协同武庙的理事会共主其事。理事会聘请择日先生择日后，提请帝君公断杯，确定从农历的十月二十九日至十一月初一，共 3 天。十月二十五日早起，西关一带社区各家各户除尘扫舍整理卫生。二十八日夜晚子时，董事会成员集中于庙前敬拜天公。二十九日下午 18 时起，各家各户将祭品摆在武庙大埕上，并在庙前请香，到自家门前祭拜"圣公妈"（无主孤魂），拜至晚 23 时烧化银纸。翌日，民众还要拜自家供奉的神明及"公妈"神主牌；十一月初一，由董事会办桌，祭拜帝君公及众神明；当晚交子时再拜天公。"做好事"及其前后一个月内，由弟子捐金，每晚在庙前演潮剧或放映电影。

第十章　岁时祭俗

　　一年四季当中，三都有众多与天时物候转换相适应的传统节日，其中春节、元宵、清明、端午、中元、中秋、冬节、除夕为"八大节"，此外还有不少小节。尽管不同的节日有不同内容的民俗活动，但在不同节日都结合拜神、祭祖，这一点是共通的。节日以年度为期，循环往复，周而复始。作为一种源远流长的社会存在，其参与人数、涉及地域相当广泛。

第一节　春季祭俗

　　"春节"是一年当中最隆重的节日，过节活动一般从正月初一到初四。

　　初一子时，祠堂守岁祭拜的地铳响起，家家户户由长者打开大门，将小孩唤起床，放开门炮，鞭炮声此起彼伏，此谓"开正"。人们喜气洋洋，在阵阵爆竹声中迎祥接福，在围着新布帷的供桌上，摆放糕、粿、红柑、面线、茶果等素品，长幼穿着一新，在家中祭拜神明、先人。接着，家中的晚辈拜长辈，长辈则要到祠堂祭祀宗族的祖先，并借此机会拜会族亲，还有"鼓乐三五成队，沿门吹打以博赏，称之'闹厅'"。① 俗谓"初一早吃素好过一年斋"。这一天早餐吃素食，甜寿面也是必吃的，它寓意生活甜蜜、健康长寿，午、晚餐则吃除夕留下的饭，佐以整株菜做成的"长年菜"。正月初一这天，当年过门的新媳妇一整天都要待在房中，娘家会给出嫁女儿"送春盛"，即大橘、甘蔗、香蕉等十几种礼物，装在一对三四层有盖的竹编礼篮里。各家各户厅桌上摆着一盘象征"大吉"的柑。乡人称拜年为"拜正"，早饭后，亲友中晚辈要主动给长辈拜年，说些"新正如意、万事大吉"的好话，大人送"压岁钱"给未成年孩子。上门时带上一对红柑，表示对主人吉祥如意的祝福；主人请客人吃槟榔（或以橄榄代替）、红柑，取"宾临大吉"之意；客人要走时，赠以红柑，表示回敬美好祝愿。"开正"凡事皆求好兆头，因此民间在初一这一天有不少忌讳：不能扫地倒垃圾、粪便，这样会将财富扫出去，肥水外流；不能喝米汤、用针线、打赤脚，不能动刀杀牲畜，若贸然操刀，这一年牲畜养不好；不能破土挑水，土神、水神一年劳碌，这天也要歇息；如果烧了灯笼、布料，要说"火旺丁旺，除旧布新"之类的吉利话；最忌讳的是打破饭碗，因饭碗代表谋生之职业，倘若不小心打破了，要赶紧说一声"破碗大赚，破钵大发"以作禳解。

初二"开膜"，民众用荤菜祭祖先，继续走亲戚看朋友，相互道贺祝福。虽然说女儿、女婿可迟至正月半"拜正"，但大多会选在这一天带猪脚锅、年糕，领着子女来娘家"下孝"，所谓"有孝'走仔'初二三，无孝'走仔'正月半"。初三为"赤狗日"，新丧之家在这一天祭亡灵，非近亲不宜上门拜年。这一天又是"送穷鬼日"，是日人们把屋内污秽杂物打扫干净，送到田野上焚烧，点香为供叩头作揖，连说"穷鬼去，福星来"。

初四"神落地"，即腊月二十四上天述职的神灵返回人间的日子。家家在是日午后烧化让神明骑坐的"云马"（纸印的），准备给马吃的"麦草"，放纸炮以恭候。至夜半子刻"交炮"声响，在家中摆牲醴并用生鲤鱼等祭品拜迎，感谢神灵"上天言好事，落地保平安"，完后众人即到祠庙进香，有的人还把全家的生辰八字写在红帖上，缚于神轿上，向神许愿，一年之祈报开始于此。乡村凡值赛会之年，皆于迎神之时卜定。[①]

春节期间，坊间组织较大的游艺活动，其中大锣鼓、艺棚、舞狮舞鸟是必有的。公用水井通常在初三重新启用，"开井"时由老妇带头，以橘子、清茶、红糖、素果等到井边祭井神，尔后主祭的老妇揭开井盖，将一半的红糖、三杯清茶倒入井中，最后从井里打出 12 桶水倒于地上，每倒一次念一次"四句"。自家的水井，则由婆婆以相仿的仪式祭拜。初五，节日的禁忌也可以解除。据传这天是财神赵公明的生日，因此店铺皆于是日办供。从初一早起至初五，对孩子不许打骂，至此小孩再调皮，可就要受皮肉之苦了。

正月初七为"人日节"，如天气晴好则人平安，若天阴则兆瘟疫。这一天又称"七煞日""七元日"，诸事不宜，尤忌远行。邑人旧时有用五谷和蔬菜做成"七样羹"之俗。"七样羹"一般有萝卜、大葱、芹菜、厚合、春菜、韭菜、菠菜等，寓意清清白白、聪明勤劳、内外和合、钱财有剩、寿命久长、飞黄腾达等。"人日节"吃七样菜的来历为：据说有一老汉儿子去了南洋，正月初七这一天，这位孤苦老人从菜市场捡回人家扔掉的残剩七样菜叶，回家煮了一大碗，吃时给久无音信的儿子也摆了一双筷子。正吃着，忽听人在门外喊"番批（侨汇）到"，乡人"就兴不就衰"，从此每年是日乡人跟着吃七样菜叶，这个节日被赋予了文化内涵。

---

① 民国《诏安县志》卷 1《天文志·岁时》。

"立春"为二十四节气之首，它标志着农业生产即将开始。明清时从官府到百姓都很重视这一节日，有打春牛、迎芒神活动。据民国《诏安县志》记载："有司预期塑造春牛并芒神于东郊春牛亭，立春前一日，正官率属俱穿蟒袍补服行二拜礼，三献簪花，上席酒三巡。属官先行，长官次之，春牛随后，迎至县仪门外，土牛南向，芒神西向，是谓迎春。""立春本日，正官率属朝服拜献如迎春，各官俱执彩仗，长官三击鼓，各官击牛者三是，谓鞭春劝农也。"① 有关诏安这一活动，清人叶观海、郭白杨等人的著作对民间迎春娱乐狂欢之状亦有描述。据说立春前一日，先以一人执旗鸣锣走报四厢，谓之"捷报春魁"，当仪仗走过时，"士女纵观阗塞街市，竞以咸米红糟抛打春牛，市中多鬻春鸡春饼之属"。乡民还依土牛、芒神色相辨别当年的旱涝，对塑土牛的泥土特别看重，认为有利六畜，取回来将之放在饲养禽畜的栏圈里，又认为其放在床上能避邪，故每次迎春之后便上前争先抢土。民国以后，打春牛、迎芒神活动废除，但吃春卷春饼、剪贴纸花接春等俗犹存。

正月初九是玉皇大帝诞辰，各家备筵以拜。接着，人们又要进入元宵节的忙碌了。

"元宵"又称"上元灯节"，是文化意味较浓的传统节日。民间从正月十三到十八日晚，行铺、居家张挂灯笼（以竹篾扎骨架，外罩纱绢或纸，饰吉祥文字、图案于其上），争奇斗艳，祠堂、庙宇的门前更是火树银花，鳌山胜景，辉煌夺目。祠堂内的厅堂上依俗陈列着5盆彩纸制作（中为牡丹，两旁各排列茶花、菊花）的灯花，还悬挂了族中新婚夫妇送来的"灯枞"和得子人家的花灯；寺庙有信众敬献的莲花灯、鲤鱼灯等。在县城的城内关帝庙和南市朝天宫内安置的"盘铃傀儡"格外引人注目。它是以纸扎人物和百锦饰成《百戏图》为内容的杂剧戏文小舞台，重叠构成楼台、

---

① 民国《诏安县志》卷4《典礼志·勾芒》。

亭阁，布设在大厅，内部巧设机关，底座如磨盘状，上悬铃铛一串，隐牵绳于暗处，引动其机，则全盘转动如"大走马灯"，清脆的铃声则响个不停。小舞台上的人物角色，随"出将入相"进出，还能作武打、调情等动作，栩栩如生。元宵夜，新媳妇由年长妇女陪伴，到寺庙拜菩萨（俗谓"落庙"）。城隍庙在灯下挂善恶诸图，分男东女西供人观看，以示劝诫。[①] 传说天上的状元爷即"天官赐福神"于元宵时下凡，小孩若被其看中，便会科考得意，所以家长让孩子提着老虎灯或蛤蟆灯、鲤鱼灯游街。元宵所用的灯，少数出于自制，大多都求之于市。据民国县志描述："数夜之间人各游行，皎如白昼，闹厅则鼓吹相闻，观剧则妇孺联翩逍遥，络绎于灯戏之场，街衢竞掷楮炮为乐。"[②] 正月十五之夜，家家户户除老人留下看门外，都出去"走元宵，看闹热"。是时天上圆月照临，市井彩灯争辉，加之弄狮舞鸟、游艺棚、放烟火、猜灯谜、攻炮城等，使节庆活动达到高潮。

据县百年老店庆源纸绸庄现庄主林养生介绍，祠堂里新婚夫妻于第一个元宵节挂"灯花"和生子人家送花灯的习俗由来已久。"灯花"是用一个枝条茂盛的枞树树杈作主干，于枝条上扎以纸制的牡丹、石榴、菊、梅、茶等数种花，朵数多少不定。将枞树的主干置于一个六角形灯斗中心，灯斗装饰有山石、花草、瑞兽，前部放一个灯碗，内放花生油。"灯花"要送往祖祠，悬于梁上3天。婚后得子也要于元宵节在祠堂"挂灯"，灯台为木制，台上置有"好头彩"的古装人物彩扎，如"状元、夫人"或"仙姬送子"等，并配以山水景致，灯台上置花生油灯。位于南关的沈氏明宪祖祠派下人丁兴旺，更是热闹非常，供品中不乏高达数尺灯枞和牲雕，竞相奇巧。俗以元宵为注生娘娘诞辰，入夜，族中一年内娶进

----

① 民国《诏安县志》卷1《天文志·岁时》。
② 民国《诏安县志》卷1《天文志·岁时》。

门的新娘和抱男婴的少妇，要在亲人陪同下到宗祠，穿过"灯脚"，绕到祖宗牌位前。寓意将新娘、新丁介绍给祖先，告慰先人，并为未生育者祈子。这时，顽皮的孩子们会大声喊："新娘新当当，裤底破一空"，"钻灯脚，生男芭"，引得哄堂大笑。

猜灯谜、攻炮城这两项，似兴起于清中期，为诏邑上元节的两个特色项目。[①] 据谜家黄钟麟先生介绍：诏邑灯谜先是以谜车（手推车）沿街徐行让人猜射，谜车四面搭扎灯棚，上端糊着纸扎的老虎，里面点着明亮的灯火，外面两侧贴着谜笺，其文字书写颇为考究。谜车沿街而行，隔不远便稍事停留，每每围观者甚众。出谜者以击鼓表示猜中，并把奖品连同谜笺送给中鹄者。辛亥革命后，谜车亦改为更简便的谜牌（称为"虎头牌"），牌内置灯，牌面贴谜笺。上元之夜，谜牌由健壮汉子举着，伴随游艺队伍沿街而行，任人有奖猜谜。随着爱好者增加，在不迟于清季，固定的谜台也应运而生，并沿袭至今。台上贴满谜条，任人猜射，猜中则主持人擂鼓三通，略给奖赏。这种形式与外地类似，诏安绝无仅有的是每场谜会皆有难度较大的灯猜头和灯猜尾。[②] 攻炮城多在街衢热闹之处，于一高竿竹子上吊着鞭炮，炮下挂奖品，由人竞掷鞭炮，如能引燃竹子上的鞭炮，炮响过后奖品便会掉下来，为掷中者所得。

元宵期间，各家各户要磨糯米浆做元宵汤圆、蒸甜粿敬祖，还用萝卜与粳米浆混合蒸"菜头粿"。粿类用在回娘家、走亲戚时馈赠或交换，表示彼此吉利。如果家中去年有人去世，则不能蒸制甜粿，由亲戚于节前馈送。宗祠是举族欢庆元宵的中心，通常是正月十三到十五连闹3天，多数乡族会将祖宗像和地头庙供奉的神佛像通通请出来，在开基村和分支村一带游行一遍，让族人膜拜，并请

---

① 《诏安县志》中，清康熙时编的版本未见此记载，到光绪时所编的志书中方有"灯猜""竞掷楮炮"记载。

② 见黄钟麟《诏安灯谜史话》，《诏安文史资料》第一辑，1982，第94页。

戏班来演戏。族人要带上精心制作的菜肴，到宗祠"摆菜碗"奉祀祖宗。

以往元宵，城里人有"游春"之俗。时值桃花盛开，柳芽吐绿，天气转暖，年轻的姑娘喜欢结伴郊游，在归途中折几枝含苞待放的桃枝回家赏玩。有的（主要是县城西靠近广东）乡村还采榕树枝插在门楣、灶台、禽舍，以祈人口平安、六畜兴旺。还有少女偷偷到菜园坐一下芥菜，说是"坐大菜，将来嫁个好夫婿"，而少男则偷偷掀掉厕所墙上的几块"土角仔"，说是这样将来可以娶到漂亮女子为妻。县城西关外则竖起高近10米的秋千架，小伙子们争先恐后荡秋千，享受那凌空飞扬带来的刺激。有的技法高超者能穿着木屐表演离手倒吊、空中转身等高难度动作，博得围观者阵阵惊叹。一些乡村将秋千安在老榕树等大树下，排列时间，让男人、女人有序地享受荡秋千的乐趣。这项活动新中国成立后照样进行。

二月初二，旧俗做"春祈"。凡在是日祈禳的人家、村社，至腊月或复月要"解平安"或"做祈年"。过去，乡村从二月初二起，多有连续数天演"社戏"娱神，以土地神（社神）、龙神为主，同时礼请地头寺庙内所祀神佛一起观戏。

唐诗有言"一年好景在清明"。"清明"既是节气又是节日，早先这段时间除了清明，还有寒食、上巳两个节，后来则三节合一，以清明的名义传承。

清明作为民间的传统节日，其主要活动是扫墓祭祖。《诏安县志》提及清明节俗时说："农历三月三日俗称古清明，前后或值节气为新清明。人家祭墓，壶浆络绎郊原，挂纸上坟。大约新坟必于清明日祭扫，余不拘定，至春尽乃止。"[①]寒食节原在"古清明"前一二日，而上巳节原于农历三月的第一个上巳日举行，后来皆合并

---

① 民国《诏安县志》卷1《天文志·岁时》。

与"古清明"一起举行活动。古时的寒食禁火、上巳修禊之俗，早已不行，但地方上清明时节挂春纸、做龟粿、吃薄饼，曲水流觞、踏青郊游以及坟上搁蚶壳，门前插柳枝等一些古风，却多少有所保留。如清明在碑顶、坟墓上压白纸镪（俗谓"挂纸"），做龟粿、薄饼当作冷食来吃，这都是循寒食禁火之遗；而蚶壳和柳枝，前者是留给亡亲当钱使用，后者是寒食节后钻木取火之用；上巳节有"踏青"之古俗，后来人们往往将扫墓与踏青结合起来，届时举家出动，并携至亲好友同行，扫过墓，亲友席地而坐，赏景聚餐，小孩子在野外放风筝。"新清明"是以节气前后 10 日为期，在此期间迁葬、修坟、捡遗骸、换"皇金"（装骨骸的陶罐），随意动土百无禁忌。过去侨台胞有迁亲人骨骸回故土安葬的，多选在新清明。

　　清明时节，不论是独户或合族前去祭扫先人的坟墓的，总要用红漆重新描写墓碑上的铭文，锄去坟地的杂草藤蔓，并整理坟堆、打扫墓埕，尔后摆上供品，先拜土地，后祭死者。若亲人去世而又未满周年的，要办三牲或五牲，外加粿、酒、饭、菜等祭品，着孝服包白头巾前去上坟哭奠。家中有娶新妇或添新丁的，为了向去世的前辈报喜，和感谢先人的庇荫，也在事后第一个清明日上坟，培覆草皮，谓之"培墓"。过去海外乡亲也有不少人回乡扫墓或寄钱办祭，以示不忘先人故土。

　　粿是清明必备的一项祭品，有龟粿、朴籽粿等。龟粿是取野生的嫩艾叶和碱一起在锅内煮，去掉苦汁将艾捣烂，配糯米浆做粿皮。馅有两种：一种是用花生、芝麻、糯米饭、地瓜丝等做的甜馅；一种是用菜干、黄豆、绿豆等做的咸馅。做成团，再用带有梅花、菊花、如意、鲤鱼等图案的粿模压制而成。龟粿的命名和制作看似简单，却有深意。方言中，"龟"与"久"谐音，龟本身又是象征"福、禄、寿、喜、财"的吉祥物，用龟粿拜祖，意在祈求祖先保佑，用以送人，又表示美好的祝愿。而做粿皮的艾叶，又有预防时疫的功效。至于"朴籽粿"（又称"碗酵粿"），系取朴丁树的嫩叶和米春粉，发醇配糖，装于小碗蒸熟。据说先人度饥荒，便定采朴树叶充饥，为不忘过去，后人相沿成此俗。而朴叶本身，也有着清风去淤、清脾健胃的作用。

清明日还有一项活动是吃薄饼。薄饼分饼皮、饼馅两部分，皮是直径约 8 寸的圆形面皮，馅一般取鲜豆芽、韭白、虾仁、炸豆腐、炸比目鱼干、香菇丝、肉丝、橘饼、白糖和花生末、芝麻末等，包于面皮内，再卷成卷，最后以甜辣酱封口。

第二节　夏季祭俗

"立夏"为二十四节气之一，一般在农历的四月初二、初三，旧时的城乡民众，多在此日烙麦饼。饼有甜、咸、淡 3 种，厚薄不一，但皆柔韧宽圆，以之卷包白糖、花生粉、山柑、白麻或肉丝、豆芽、韭菜之类的佐料。人们既可用之祭神灵，又可享口福。

"浴佛节"在农历四月初八，为释迦牟尼（如来佛）做生日，简称"佛祖生"。各佛寺和尚请出佛祖雕像，供奉在佛堂中间，用 9 瓶香水灌洗，诵《浴佛经》（号称小龙舟）。而民间则扶老携幼到寺庙拈香敬佛，更有虔诚信徒，买来生鱼、龟到寺庙放生，以求施利保平安。过去寺庙多设斋菜素食供给参拜者。明末以来，迎合民间的迎神习俗，由僧童肩抬神龛，内供奉佛像，于每年正月初五起，巡视弟子家门。每到一家，人们焚香膜拜，祈求平安吉祥。僧童当堂诵唱经曲，演唱一般 2～3 人，最多 4 人。领唱者打手鼓，伴唱者打小钹、敲月锣等。唱毕，施主随意奉献钱银，谓之"舍佛"。这种活动一直延至四月份。据县人中国民间文艺家协会会员沈汝淮先生介绍：起初，所唱的只有《十喜舍》《十和顺》《十二归空》等，逐渐地，内容、曲调更趋丰富多样，如《佛号》《海会音》《五尊佛》等曲牌保留着佛曲北调的特色；《落山词》《水车调》《相思引》等曲牌则有佛曲南调韵律；《四季莲》《平板》《反调》既有白字戏的音韵，又有闽南民间小调的风味，旋律优美，歌词非常口语化，令人甚感亲切。这些歌，人们统称之为《洗佛歌》。[①]

昔时值此节，乡村有以新登场的麦子、糖和蝇蚊的脚翅，炒成方块，互相馈赠，谓可"辟蝇蚊"，民国后期已无此俗。

"端午节"俗称"五月节"，在五月初五，民间视其为恶月恶日。城乡依古俗各家要取似剑的菖蒲和芳香的艾草之类植物，用红布扎成束挂在门首，正午老少服雄黄酒，以驱邪避瘟；要给小孩在胸前挂用彩布装有白芷、丁香、雄黄等香末的"小香囊"，并在臂上（男左女右）系五色长命缕、以蚕茧作"虎子"贴额上，至午时除去，以祈孩子无灾病；要清扫房间，洗被褥，在屋角墙边洒雄黄酒。相传端午这天是龙抬头喷龙须水于大地的时间，故人们在清早取井花水浸蒲艾，务足一天饮用，可到山野采一些草药如金银花、麦冬、天冬、山葡萄之类回家，以为日常之备，晚间以水泡泽兰等草药沐浴。同时，包粽子、备菜肴敬祖拜神。粽子是取阔大的竹叶包着碱水泡过的糯米，用韧草缚紧煮熟。民谚云："吃粽人会壮"，故食粽之风甚盛。又有"吃过五月粽，破裘才敢放"的说法，此话意指过了此节，盛夏方算来临。丧亲守孝期间不做粽，做粽人家通常不赠粽子予人，以免误解。只有对门亲家一方上年有人去世，另一方才馈赠，并须在五月初一提前送去。但凡有人在五月四日前去世的，作为死者的女儿要绑粽去祭拜，在半路上还要"偷吃一个粽"。这一天俗称"死鬼哭粽"日，女人都不到其他人或亲戚家去做客，说是不吉利。

赛龙舟是端午节主要的娱乐活动，这种赛事以民间自行组织为

---

① 沈汝淮：《风格独特的洗佛歌》，载沈汝淮《风入松》，《诏安文史资料》丛刊之二，2010 年内部印刷。

主，参加竞赛的是沿海、临溪的一些村社，有村对村、社对社。所用的船，有权宜替代的溪溜仔，也有专用的龙舟。在赛舟之前，要派人送请帖附"明糖"给近溪的商家。商家接帖子后，则备彩标插于溪边。比赛时当龙舟经过即放炮迎接，比赛后将彩标赠送参赛队，队员将其作为吉祥物转赠所尊敬的人。

俗传将端午日的龙舟水（溪水）和"龙须水"（雨水）储存起来，可经久不变质，能消灾祛病，妇女用来洗头能治头风。

三都地方与外地特异的是，北关的龙船鼓歌表演和抬开漳沈、李两公"跑贡王"之俗。此外，村与村之间，此二俗形式也不尽相同。西潭乡上陈村的赛龙船，是体育、文艺二者相结合，别开生面。据陈良发、陈成卯介绍：该村过去每 12 年举行一次赛龙船，参赛对手是上一届的"老班"对新一届的"新班"。赛前乡里组织者便请来一帮文人，对"新班"每位成员的名字，再起一个别名（俗称挂号，这个号作为百岁之后题神主之用名），然后连同"老班"的别名，用大红纸列榜公布。所起的别名，有的诙谐幽默，妙趣横生。例如"独目"别名为"了然"，取其成语"一目了然"之意。有的字斟意酌，耐人寻味，例如"琴福"则别为"乐缘"。"琴"，即乐也，"福"者，则有缘分之说。有的寻经究典，藏义殊深，例如"番生"别为"胡衍"。"番""胡"义同，皆指中国古代对西方各族的泛称。"生""衍"，皆可引申为展延。别名的公布也是十分讲究的，除了版面布局、花边镶嵌外，还得注意排列。别名排列是有严格规定的，那就是务必按照陈氏排辈序，从上而下、从大到小依次排行，所以从公布的别名还可以看出乡里世系繁衍情况。上陈赛龙船还有一个与众不同之处，那就是赛龙船必演大戏。演戏之前，村里有学之士便吟诗作对，择优筛选，然后书写，张贴于戏台左右两侧及村里祠堂庙宇。对联内容寓意新颖，气势磅礴，书写笔画苍劲有力，气派不凡。有一副对联，作者构思考虑到戏班乃陈岱宗亲，且台前神明棚端坐"地头公"，于是书云"依名别安流韵清奇谱一曲共唱开山忠烈，念族思亲颍派同旺传千秋齐歌圣侯孝贤"，张贴于戏台两侧。此联无论是内容构思还是书法流派均独树一格，观众无不拍手叫绝，真可谓妙笔生辉。后来这副对联被陈岱戏班当作艺术珍品收藏于馆中。①

六月初一，做"半年丸"供神。初六俗称"天门开"，坊间有晒书曝物之俗，凡是家中有人在当年此前去世的，在六月初五晚至初六凌晨要为死者做超度法事。初六这一天，妇女可以死者之事问女巫，谓之"问死鬼"。

第三节　秋季祭俗

农历七月初七旧称"七夕"，三都地方同样流传着牛郎织女的美丽故事，因此，便引申出"乞巧节"。这一天，户户要焖糖饭、蒸芋头，家里有 15 岁以下小孩的要敬"床公妈"，敬的是糖饭、芋头、韭菜、龙眼、石榴花，并焚烧印有喜鹊和石榴的"乌银花纸"。年届 15 岁的儿童，由家长带着举行"出花园"的仪式，办过了这个仪式，意味着孩子成人，不用再拜"床公妈"。此日也是女儿节，凡出嫁生了小孩的此日要带礼物或礼金回娘家，以报答父母的养育之恩，俗称"走仔会"。由于昔日的女伴也在是日回娘家，大家聚首回忆往事，重温友情乡谊。

七月十五是道教的中元日、佛教的盂兰盆会，民间叫"鬼节"。县城在威惠庙等寺庙前大埕上搭起法师座、祭孤台和普度坛，普度坛中央悬挂着"盂兰盆会"的横幅。祭孤台上分设男、女、儿童孤魂之位，一些乡村则置"孤坪"。中午过后，各家各户就将三牲、粿品、纸钱、衣帽等祭品设供祭拜，晚间再从孤坪处引

---

① 引自陈良发、陈成卯《话说赛龙船》，见《上陈陈氏宗谱》，上陈陈氏宗谱编写委员会 2004 年编印。

香到家门前，另摆供设祭，俗称"普度"。"普度"之期为一个月（七月十五日为"中日"），城乡分片区轮流做，但也有例外，如"下水片"和"西路畔"的一些沈姓村庄（仕渡、阳山等）不做此俗。过去人们认为，冥界的鬼魂到阳界来，他们首先会回去看看老家和子孙，因此，家家户户都要设祭，祭品照例是糯米糍、芋头、菠萝、龙眼外加白菜米汤等。人们在傍晚祭拜过祖先，再在家门口设供，祭拜无主亡灵，午夜焚化纸钱、纸帛后收场。在这一个月，大家轮番请客，互赠糕饼，有的片区还集资请戏班演"普度戏"，皆是"神头鬼面"的灵怪戏文，观之使人害怕，所以观众比看酬神戏的少得多。在七月初一开地狱门时，各家宅门前就要挂上"普度灯"，上写"七月流火""阳光普照""合家平安"等字样，终月长明，直到七月三十日关地狱门时，才把灯取下烧掉。其间也有小孩子提灯游乐，但因是鬼节，家长是不会让孩子玩至深夜的。做普度有一些禁忌，如晒在户外的衣服必须在日落前收回；脏水不能乱泼，只能倾倒，等等。

三都的乡村还将中元节与"祈丰收"联系起来。施孤之夜，俗尚祈鬼灵助农事，在自己家门口焚香祷祝丰收，并把香枝插在地上，据说这叫"布田"（插秧），插得越多越好。儿童贪玩，喜欢跑门外"割稻"，常引起家长纠纷。旧时果木时有被盗，于是有些人别出心裁，在果树干上贴"施孤圣果"，偷者怕报应，就不敢去偷摘。

"中秋节"因时在八月十五仲秋之半而得名。在八月上旬，街上店铺已经开始售卖月饼。旧时一般的月饼是扁圆无馅的芝麻饼，饼上印着"花好月圆"等字样，县城人家也制作米糕、糯米糍等应节食品。常言道："天上月圆，人间团圆。"到了中秋，在外奔波的人大多会赶回家与家人团聚。夜晚，人们在天井或阳台设下香案，摆上糕饼、芋头和时新水果等供品，由家庭主妇领着小孩子对月焚香礼拜。因民间有"蟾宫折桂"之说，乘此明月，做母亲的便喜欢将孩子读的书本、纸笔放在供桌上，并提取一点香灰，然后用月下的"井心水"（打水时水桶不能磕碰井沿）让孩子送服，祈盼月娘保佑孩子聪明好学。男人们则喜欢邀请较谈得来的亲戚朋友，赏明月，吃月饼，品茗谈心，一般都会延至深夜。待字闺中的姑娘会在月下置一碗清水，用一根针浮于水上，借月光照看针影的形状，以卜出嫁后的命运，名为"卜针卦"。

据载，古时一些文人雅士还举行"掷状元红"的游戏。其法是取饼家特制大小不一的月饼（一令）63 块，依大小分别标以状元、榜眼、探花、会元、进士、举人、秀才等名号，参与者轮流掷骰子，以红点多少获取相应名号的月饼。这种游戏随着科举制度的取消成为陈年故事，但地方书画、诗词、谜猜爱好者，则往往于中秋节相聚组织活动，至今如是。过去县城有在溪边放"孔明灯"（天灯）之俗。有的村庄则有"烧烟堆"之俗，即在村中选几个地方堆出柴草堆，搭上屋里屋外没用的杂物，拜月结束将其点燃。同时，西路畔乡村儿童聚砖瓦，将之搭成塔状，放入食盐、鞭炮、竹子等会爆响之物，边燃烧边听响的游戏。溪东的乡村儿童则喜欢用竹篾扎成圆球状，面上糊纸，里面点蜡烛，扛在肩上游行。

八月十五日原祀当地"土神"。按古祭祀之礼，有祈须还报，因此，它与二月二的"春祈"相对应，名为"秋报"。中秋之夜，城乡的土地庙灯烛通明，香烟缭绕，许多年长者便前去卜卦求取"龟粿""寿桃"等，据说当日得了可添福寿。"龟粿"系糯米碾成细粉，加红糖，做成坯，用阴刻龟纹的木制"粿印"印成龟状，然后蒸熟；"寿桃"是面粉经发酵加糖，做成桃子状。在向土地公祈杯后，若投于地上的"筊杯"是一阴一阳，这便意味得到土地公的应允，可以按祈求的数量拿走神案上的龟粿、寿桃，管理人员予以登记，来年中秋节再加倍奉还。

"重阳节"时在九月初九，秋高气爽。家家用芋煮食，士人载酒登高，延续中原茱萸遗意；儿童则喜做风筝，给它系上长绳，到郊外放风筝。诏安民间又认为重阳节是一年当中最适合滋补身体的日子，于是以鸡鸭和当归、川芎、党参等滋补中药炖汤食用。

第四节　冬季祭俗

"冬至节"（俗称"冬节"）在农历十一月，为二十四节气之一，是县人颇为看重的节日，有"冬至大如年"之说。冬节时，除了年中有丧事之外的人家，乡民都要搓"冬节丸"（北方称"圆"）。这是源于一个传说：往时有一樵夫，到山中砍柴，失足坠入深涧。因人迹罕至，尽管樵夫声嘶力竭地呼喊，但仍无救助者。靠着涧中生长的黄精姜充饥，得免饿死。历经十余年苦练，弹跳如飞，于是得以归家，但樵夫此时已遍体生毛，厌恶粥饭，性状大变。家人乃用糯米做成丸子和姜水给他吃，樵夫以为是黄精姜，即食之，渐还本性。民间相沿成习，遂有搓丸之风。其丸系以半干的糯米浆为原料，丸子要搓成大小参差不齐的"父子公孙丸"。冬至日一大早，家庭主妇煮好生姜红糖水，将丸子下锅煮熟。之所以用红糖不用白糖，同做粿一样，旧俗认为做红事要用红糖，做白事要用白糖，但现今已不太讲究。丸子煮好后，先盛一大钵祭祖，家里的土地爷、床公妈、司命灶君、井神、碓神也各用一碗祭过，然后主妇唤醒全家食汤丸。俗所谓"没吃冬节丸会变精"，因此逢冬节，外出者会尽量赶回家与亲人团聚，合家品尝冬节丸，谓之"添岁"。诏人唯恐动物变精，冬节便在家中器具上各粘上一粒，留给耗子吃（谓之"饲耗"），亦弄一点汤丸给牛、猪吃，同时，还要在门窗等处贴红纸粘上糯米丸子。此做法也是源于民间传说，古代有父女俩相依为命，有一年因遭大灾离乡背井，为求活命，女儿被一家富户收作丫鬟。刚好时值冬至，老父吃过富人施舍的几粒冬节丸后，含泪告别女儿，继续逃荒。又是一年冬至，女儿盼着见到父亲，又怕老人找不到门，因见主人家祭神，便借机说："今日敬神明，那门神也当敬敬。"主人觉得有理，于是在大门环上用红纸粘了两粒"冬节丸"。地方还有留糯米粉之俗，为的是等待在外营生的家人和华侨亲戚回来（多在冬天回乡），给他们接风。

另外，诏地过去有冬节宗族在祠堂祭祖、家人上坟扫墓的旧俗。扫墓谓之"挂冬纸"，祭品中要有蚶有丸。蚶者是将它当冥钱，丸者是所谓"吃了汤丸添一岁"，祝愿亡者早出生天。拜过墓后，再拜土地，仪式做完，亲友便在墓前聚餐，餐盘中全尾或分成两段的大鱼，照例要留予办宴席者的家属。

"除夕"是农历年的最后一天，诏安人习惯称之为"年暝"。除夕之前，在十二月十六"尾牙"过后至二十三之间，要选一个黄道吉日，安排一次"清屯"（包括拂尘埃、换桃符、贴春联）。清屯在古代是用以驱鬼扫晦的一种巫术。新中国成立后日期相对灵活，主要是有卫生防疫之用的大扫除，即清除室内外的尘土蛛网，清洗家具，拆洗被褥，并洗净神（佛）像，香炉插金花换红绸。农村则在此期间，还要修整禽畜圈栏，清理残枝烂叶，烧粪积肥。另外，男人要理发，女人要挽面。

腊月二十四日"送神上天"，与外地仅送"灶神"的习俗不同，诏安人是在这天恭送"百神"上天庭谒见玉皇大帝。[①] 据民间相传，自顺治十八年（1661）清廷禁海，强迫沿海居民内迁50里，诏地自分水关、凤山、梅州之外皆为弃土。背井离乡的民众，因无法奉祀地头庙中的神灵，便于临行时诣庙烧香，送众神回归天庭。到康熙后期，弃地展复，人们得以回归故里，又欢天喜地礼请诸神回驻神庙，送迎众神成为地方的特殊风俗。是日，受其庇佑的众生，必须用红糖炒乌豆，用糯米浆，面粉加糖烙成"油粿煎"，与花生糖、芝麻糖及酒等一起作为供品上供，用糖甜其口，设酒让

---

① 康熙《诏安县志》载："俗传是日百神上天庭谒帝。"又民国《诏安县志》卷1《天文志·岁时》载："送百神上天，特诏之旧例也。"

其醉，家里备香案摆供品，并烧化"甲马"（木版印刷的方形纸张，绘有神像、马匹、幢幡、舆从等图样），送神上天。至于送"灶神"是在灶前送行的。灶上贴有木版印制的"司命灶君"像，拜灶君时要念："灶君老爷本姓张，骑着马，挎着枪，到天庭，见玉皇，好话多讲，孬话心藏，上天言好事，下界保平安。"

神上天之后，辛苦劳作一年的人们，开始置办年货、蒸年糕。年货的置办依各家经济条件，一般包括鸡鸭鱼肉、茶酒油酱、糖饵果品，以及过年时走亲访友时赠送的礼品，小孩子要添置过年穿的新衣新帽。蒸年糕（城关叫"炊粿"）要提前数日，粿炊得如何，兆示着一年的运气。所以主妇忌生人、孕妇及服孝的人靠近，也不让小孩子在灶火旁玩耍，以避免孩子口无遮拦说出"不成""不熟"的话。因按习俗，过了除夕禁用刀剪，故要提前杀鸡、宰鸭，切好鱼、肉、菜。除夕日前一天夜晚，要备几样礼品拜"天公"，到了除夕日下午，又有"辞年"的仪礼：以三牲、饭菜、年糕、柑橘等供品，分别祭祀祖宗、地基主、床公妈、门神、圣公妈（孤魂野鬼）等；在炉灶前、水缸上、箱橱里放几文钱，在门后放连根带叶的甘蔗，寓意日子甘甜，节节攀升。当家里水缸都挑满水后，人们用竹箅将井口盖住（俗称"封井"），再在其上摆供品敬井神。敬神祀祖之后，在门前挂大红灯笼，屋里张贴色彩鲜艳寓意吉祥的年画及标志流年、节气的《春牛图》，内外门边换上新联对，在龛上倒贴"福"字（"福"字倒贴，意为福到，"福"又可释作"拜"，有倒头便拜寄意）、灶上贴"春"字，在双扇门上贴门神，贴门神要注意让两个门神面面相对，否则流年不利。

除夕（小月是廿九暝、大月是三十暝），全家团圆吃"年夜饭"。吃饭时，用新的陶制小火炉燃起炭火，放在桌子下面，桌上要有火锅（暖锅），一家人围桌共餐，谓之"围炉"，象征家庭兴旺。菜肴颇有讲究，如萝卜（诏安话叫"菜头"），寓意新年有好彩头；要有肉团子、鱼丸子，表示团团圆圆；要有豆腐、韭菜，表示富裕长久；要有整鱼，表示年年有余；还得有一盘蚶，蚶壳通贝代表钱财，要把蚶壳放于门后或床下；最后要上一道甜碗。席间忌说不吉利的话和打破餐具。吃过年夜饭，备一碗"春饭"（白米饭上插一朵纸扎的"饭春花"），放在灶间，诏安话"春"与"剩"谐音，象征"岁有余粮"；摆两个柑橘，取其大吉之意。除夕之夜"守岁"，家家灯烛长明，"妻拿一室话团圆，鱼肉瓜茄杂果盘。下箸频教听箴语，家家家里合家欢"。长辈给未成年的儿孙"压岁钱"，已成婚立业的晚辈送红包给高堂父母"添福寿"。待到岁交子时，家家开门，焚香燃炮，辞旧迎新。昔时过年放"爆竹"、挂"桃符"，意在驱鬼辟邪，而后来燃鞭炮、贴对联多在于娱乐和祈愿。

第十一章　人伦礼俗

　　漳州是儒家一代宗师朱熹过化之地，明初所制的《大明集礼》在其《家礼》基础上进一步细化，[①] 影响延续数百年。县志所谓"冠婚丧祭其大也，家礼一书所以整齐风俗，家遵户守，可免似是而非，诏邑诸仪虽未尽洽《家礼》，而朔源敦本犹为近之"，[②] 在演变过程中也加入了时代和地方的特色。

第一节　婚姻礼俗

　　婚姻在诏安民间称"嫁娶"，因为洞房布置、礼品、穿着、对联皆有红色，故又称"做红事"。

　　地方上男婚女嫁，从议婚到结婚，不但"礼数"颇多，而且

---

① 见《大明集礼》，其中乡约教化的具体内容有冠礼四条、婚礼十二条、丧礼八条、祭礼五条、明伦五条、禁邪七条、务本三条、节用三条。

② 见民国《诏安县志·民风》。

费用颇大。按照传统古礼，婚前有求吉、谢允、纳彩、纳征、准日、待嫁、送妆等名目；结婚时有亲迎、合卺、撒帐、换宝、参灶、索丝、坐床、吃糖饭等名目；婚后有上见、上幡、三朝、回门等名目。民国期间有所减略，但求庚、送定、行聘、送袄、送日、迎娶等还是必不可少的。

　　这里，笔者依据几位 80 岁左右老人的回忆，主要就县城清末民初的婚姻礼俗介绍于下。

一　婚前

　　旧时男女 16 岁即为"成人"，可以谈婚论嫁，做父母要开始留意儿女亲事了。民谚所谓"天上无云不下雨，地上无媒不成亲"，婚姻多凭媒妁之言。地方上操作媒之业者多数为中老年妇女。当媒人探听到某家有男某家有女，已经长成，便会从中撮合。说媒说的是人的终身大事，媒人并不轻松，要会说、要勤跑、要善于察言观色。虽说媒妁之言有夸大和遮掩之处，不可尽信，但事关能否取得酬金，媒人撮合一般会找门当户对的男女。求亲之前，男女双方也都会再通过某些途径，了解对方的家庭条件和个人情况（俗称"探家风"）。如有意结亲，男方便以红绡裹银币作为礼物，委托媒人（或介绍人）前去提亲"求庚"。女方的家长若是同意，便会将礼物收下，报以瓜果之类，并将待嫁闺女的出生年、月、日、时写在一张信封大小的红纸上，作为庚帖（因系按天干、地支配成四柱八字，故又叫"八字帖"），交媒人转给男方。庚帖通常 12 字，如"坤造甲戌（年）乙亥（月）丙子（日）丁丑（时）瑞生"。男方接帖后，将庚帖置于灶神牌位前香炉底下。如三日内人畜平安，没有损坏器物、发生纠纷之类的事故，就意味着"三日圆"，可以请算命先生合婚。若双方命理配合，男家会将男方庚帖（写法类同，只是得以"乾"字开头，后面"瑞生"换成"健生"）并礼饼、糖果、银饰等送女方，送者一般是男方的叔伯。女方家长接到庚帖和礼物后，也须请算命先生合婚。

　　旧时，这是谈娶论嫁必行的一步，因为据说男女双方的命相有生旺和冲克的不同，所谓"好姻缘天注定，命里无缘莫相求"。命相的关键在于不要悖天意、逆神鬼，给男女双方及其家庭带来不幸。至于算命先生是如何推算的呢？笔者请教懂得此行的人，据说最简单的是看生肖、岁数是否相冲相克。民间视生肖配亲的禁忌为："从来白马怕青牛，金鸡怕狗泪交流。龙逢兔儿云中去，蛇鼠相逢一旦休。羊遇猛虎如刀割，猪逢猿猴不到头。"岁数若差三岁、六岁、九岁，一般不宜结婚，其中若子、午、丑、未相差六岁则属于"正冲"，更属忌讳。进一步的推算是按照"六冲、三刑、六害"的理论来判断，比如男命比肩劫财重重者，主克妻，须是女命伤官食神重重者，主克夫的相配，这样"硬配"尚属可以，否则不宜结合。男方选偶，特别中意女方"夫星""子星"明显的，据说可以旺夫益子，会是好姻缘。算命先生经过一番推算，如宜合婚，会在一张红笺上写上男女生时日月，并批注几句吉利好合的赞语，否则只是口头告知。"批生时日月"只适宜初婚男女，属再婚则无须这样做。

　　实际上，同一对男女前来"合婚"，算命先生为双方提供的结论并不一定相同。这是因为，过去民间做父母者有不少人为女儿改动年庚，如将属虎的降岁、属羊的抬岁，甚至造出夫荣子贵、财库十足的"八字"，以致民间有"十女九不真，改命做夫人"之谚。至于男方，一般较少造假。这样，如果女方拿给男方去算的是虚拟的四柱八字，而自己为了得到准确的信息，拿给算命先生去算的是真实的四柱八字，这就会出现不一样的结论。

　　这些做完无碍后，便由媒人居中联系安排相亲，相亲又当避开三月、六月，有"田水白，不吉利"之说。在择定的日子，男方的祖母、母亲或姑、婶等女性尊亲在媒人的陪同下，穿着光鲜的衣服前去女方家。待字姑娘会在女方长辈在场情况下，出面接待男来的人。男方长辈则会仔细观察女方体格、容貌、性情，注意有没有生理缺陷，甚至借拉手之机察看有无"断掌纹"（粗纹横贯手掌左右，俗以为断掌纹属克夫之相），还要借同女方对话之机以了解其是否憨痴。男方会在离去之前，留下一个红包，如钱币为双数，表示中意，如单数，则表示没有相中。第二次，是媒人陪着男方，带上送给女方父母的礼物来，女方的亲人会认真观察小伙子的言谈举止，如果中意，则留男方和媒人吃饭，不同意就任由男方告辞回家。如"相亲"不合罢议，男女年庚帖须由原媒予以退回，至于礼物是否奉还则没有一定之规。

双方如果彼此满意，接下来便要行"定婚"礼。"定婚"按古礼是先"小定"后才行"大定"，到民国时期有的是小定大定一并办理。订婚期间，男女新人不能见面。

小定俗称"收定"。择定吉日，在媒人陪同下，男方女性长辈将"龙帖"（礼书）和礼品送往女家。礼品一般为 6 项，每项成双，寓六六大顺之意，有如钗、钏、猪肉、礼饼、礼糖、布料等。女方接下礼品，供在祖宗神位前祭告、祈福，待嫁女要由福寿双全的女性长辈带上厅堂奉冰糖茶，客人接饮茶后送予"红包"，仪式中的重要部分是"挂（戴）手指"，由男方长辈亲自将订婚戒指戴于女方无名指上。女方收受礼品，回"凤帖"（礼书）和同样项数的礼品，有石榴花、橘饼、桂圆、莲子等，寓吉祥美满之意。仪式做过，办不办"订婚酒"请近亲挚友，视情而行，但男女两家都会将礼糖礼饼分赠亲友邻里，表示婚事已订。自订婚之日起，双方就以"亲家"相称，每逢年节，必须互送礼物，往返皆须随具红帖以示礼，各次行礼皆有帖式，至成婚时才互换乾坤婚书。按照地方风俗，经过"收定"这一程序，表示婚事订笃，再要反悔，会受到社会舆论的谴责。

大定俗称"行聘"，通常在完婚日期确定后的 12 天内进行。男方按商定的彩礼数目将礼物备办齐全，彩礼为聘金、首饰、布料、烟、酒、茶以及牲醴、大饼、贡糖、红圆、蜜饯等，通常是12色。清中期，地方上中户娶妻，仅聘金就需近百两银，小户人家五六十两。① 彩礼用笼担装盛，贴上红纸，择吉日送到女家。启程时要燃放鞭炮，送彩礼的人要成偶数，男方长辈在前，一路鼓吹。送礼队伍将到之时，女方长辈要在门口迎候，并燃放鞭炮。进厅堂，主人依礼接待来宾，将罗列礼物名数的聘帖置于祖宗神位的供桌上，焚香祭告，互换"婚书"（男为"乾字"，女为"坤字"）。女方不能把礼物全部留下，要割下猪排骨、猪脚做"回程"。尔后，双方各将大饼、喜糖分送亲戚、邻居、朋友。大饼每份四块、八块、十二块不等，以亲疏、大小辈而定。大饼、喜糖由男方供应，如不够再补送或由女方添补。依俗，男女方的亲友会送贺礼，女方亲友所送称"添妆"，男方亲友所送称"相贺"，但也有先"添妆""相贺"，再回赠大饼、喜糖的，礼物一般都要凑成双数，表示"好事成双"。贺喜的礼物忌送钟和伞，因有送终和离散之嫌。待成婚之时，双方还须宴请送贺的人。

民间认为，婚期宜在龙年不宜虎年，双方年龄加起来正好50岁暂不成亲，也忌无"打春日"的年份，俗认为春有男女欢爱之意，无"打春日"之年会坏了夫妻的感情。至于月份，民间认为，五月为"毒月"，七月是"鬼月"，九月"狗头重，死某（妻）又死翁（夫）"，三月、六月"田水白，不吉利"，八月娶土地神，最好避开，正月初一则有所不便，故大多集中在农历的十月或十二月。待觅得月份无妨碍，再定迎娶的日子，通常男方主动提出大体的成婚日子，征求女方意见，尔后请阴阳先生确定。阴阳先生不但要考虑到男女双方和祖父母、父母等直系亲属的生辰八字有没有冲撞，还要考虑避开新娘的行经日期等细节。婚日在"好日"中通常还要选为双日，这样比较吉利。结婚本忌疾病死亡这类凶事的

---

① 陈盛韶：《问俗录》，第83页。

"冲犯"，但也有人在家中长辈病危之际迎娶的。这是考虑到避免服丧期长耽误婚期，又可了却老人的心愿，据说还可以喜破灾，使病人转危为安。大概这就是所谓"两害相权取其轻，两利相权取其重"的处事原则吧。

待结婚日及新人上轿、入门、拜堂的时辰请人算好确定后，男方在红纸上写"送日帖"通知女方，并送去新妇穿的红袄红裙和画着八卦写着喜字的米筛。

迎娶之前，双方都有不少准备工作要做，其中一些是依俗不可少的。比如：花轿是必备的，因地方有"新娘头不能见天、脚不能着地"之谓。清道光年间，城关有 8 家"夫头店"（轿馆），多出自官差、棍头，到民国中期尚有 4 家，乡村的小夫头店俱受管辖，其他人不能自制小轿、雇扛夫，由此形成垄断，人们唯恐临时雇轿，轿馆漫天要价，故百务未就，必先寻夫头议价交定；须请"好命妇"（即夫妻健康子女有出息的老妇）裁制"象头衫裤"（用土白布为料制成的内衫裤），男女各一至二套。内衫裤在新婚之日贴身穿，3 天后换洗收藏，待其亡故入殓时再穿。同时，缝制新被新蚊帐，这要请有福的老妇人执剪，缝新被子必须用红线；要择吉日安新床，安床时不能让新人与生肖相克的人窥视，床忌与镜面相对，不能"担楹"，要顺着梁木的方向。安床后要拜床公妈，新床要由新郎 10 岁以下弟弟或侄儿在上面翻身，图个"翻床铺，生查埔（男孩子）"的好兆头，相反的，忌女人去坐，更不宜去睡，怕今后生的是女孩或丈夫有外遇。

做父母的为了让女儿在婆家有体面、有地位，务求嫁妆丰盛。有的陪嫁是"全厅面"（即厅、房的全部用具），女儿的衣服、首饰、棺材、寿衣等一生用品，甚至田契、房契、陪嫁婢女等。一般人家陪"半厅面"，如房中的床椅桌柜、梳妆台、镜、衣服、被帐等。昔时新人房中床椅桌柜叫法具地方特色，床叫"眠床"，指有8 只床脚、3 面有屏、上有蜘蛛顶、下有脚踏板的"古板床"。衣柜叫"衫橱"，桌子叫"床柜"，长凳叫"春椅"。女儿出嫁，不管嫁妆多少，都应有三桶，即脚桶、腰桶和"粗桶"。脚桶为木制，大而矮的圆桶，直径两尺多，桶壁约七寸，漆以桐油，供洗澡用；腰桶亦为木制，直径一尺左右，高尺余，是妇女每日洗下身用的桶；"粗桶"即便桶，木制，宽口直壁，上加坐盖。这三种桶，反映了过去地方妇女的生活习惯。

二　婚礼

到出嫁这一天，新娘早早起床，在房内用鲜花、石榴枝叶熬汤沐浴，换上白色内衫裤，再出厅来"挽面"。"挽面"时，新娘坐在大交厉内倒置的米斗上，送嫁姆以粉抹其脸，然后用两根纱线交叉松紧拉动，夹去脸上的汗毛。因属首次，故也称"开面"，表示从此出阁成人。接着，一位"好命"的妇女为新娘"上头"，戴凤冠，穿红袄红裙。① 乡下置不起这行头的，则在头上扎红头绳、插红石榴花（若时无真花，纸做的也行）。打扮毕，新娘由父亲带着，到其一生唯有这次能够进入的祖堂，在族长的主持下，向列祖说明某辈裔孙女择于某年某月某日于归，特来禀报告别。礼毕回家，新人与亲友在厅堂上聚餐，席上固定是 12 道菜，其中有父母为女儿准备的寿面和韭菜，寄望女儿福寿长长久久。餐后，还有一个"分钱米"的仪式，母亲或姑母在竹筛上放上钱和米，用力摇簸，边摇边念："簸圆圆，簸后厝内大有钱；簸匀匀，明年抱个男外孙"，然后按兄弟人数和女儿各分一份。另加送女儿一包红糖，女儿拿上钱、米和糖，装入出嫁特制的肚兜，待到夫家，再将钱米

① 此穿戴的习俗，据说源于宋末，时杨太后与小皇帝为元军所逼南下，经过漳浦时，太后命臣下叫一些妇女来问话，臣下答："太后不可接见无爵位的妇人。"太后即传旨："漳浦妇女尽赐孺人"（宋代对通直郎以上之母或妻的封号）。因此，漳浦（时包括南诏）人援引此例，妇女结婚时头可戴凤冠，死时还可在神牌上、出殡的铭旌上、墓碑上标"例赐孺人"头衔。

倒入夫家的米缸，将糖一半放水井一半放水缸。这些完后，新人退入内室。与此同时，新郎由父亲带着到祖堂，在族长（家长）主持下祭告祖宗，告祖前先焚香向外酹祭天地，再转向祖宗神位跪下。族长向祖宗说明某世裔孙某某择吉于某某日成婚，请祖宗灵鉴，又对新郎进行关于"上承宗祀，下惠家政，夫妻和睦，孝敬父母"之类的训勉，并从香炉中抽出已燃的香6支交给新郎引带回家，插在厅堂香炉里，表示请祖宗莅临婚礼。

男家的迎亲队伍在出发前要吃酒席，席上摆12道菜，其中一盘全鱼系象征"有余"，不可吃掉。在旧时，新娘过门要坐花轿，坐的花轿通常是四人抬的轿子，"重以呢羽，加以文绣"，饰有鲜花，轿价番银数十元；就是家境贫寒人家，坐不起"四轿"，也得花上十余元雇个"二轿"（两人抬的轿）。

天亮以后，男家迎娶吉时将届，即有彩旗、红鼓吹、花轿到门前"压斗"，将特制棕红色米斗，内插秤、尺、红竹筒（如果两人同岁，则放两支红尺、两个红竹筒），寓意日后丰衣足食、财丁兴旺，放在花轿内。时辰到，众人陪同穿着长衫马褂、头戴碗帽红缨、胸披红绸的新郎，一路吹吹打打，彩旗飘飘，前往女方家。迎亲队伍到家门口时，媒人上前叩门，通常叩过3次，大门始开启。男方送上两扎礼炮，一扎上写"两姓合婚"，一扎上写"百子千孙"。女方将"百子千孙"奉还，将"两姓合婚"点燃，炮响毕，以甜鸡蛋茶招待迎亲者。这时新郎的傧相要设法偷走两个茶盅，带回男家放在洞房床头下，据说有助于早得贵子。新娘伴（必须是未出嫁的少女，一般由同辈堂亲充任）搀新娘出房，新娘在厅堂向祖宗、双亲跪拜辞行，并要声泪俱下，古谓之"韵兴"，俗认为哭能给家人带来好运。还有另一种解释，哭嫁的最初起因，在于蒙骗魔鬼，免得魔鬼因嫉妒加害新人。其实新娘之哭，往往出自真情，因为要告别养育自己多年的父母，到一个陌生的环境，心中免不了不舍和茫然。父母一番劝慰和叮嘱，随后将一面辟邪的小镜和一个装有莲子、花生、桂花、石榴花、茉莉花的吉祥袋交给女儿随身带着，为她罩上头帕（又称"头彩"），负责指导新娘礼数和应对场面的"指古妈"（由口齿伶俐，熟谙婚俗的中年妇女担当）念："红帕罩上头，新娘贤惠团婿傲（有本事）。"

起轿吉时将至，炮响三声，花轿移近厅堂，媒人手提灯笼催新娘上轿，连催三次之后，一名壮健的妇人上前背新娘上轿，父亲用男方带来画八卦写喜字的米筛遮其头顶。新娘上轿闭轿门后，父亲将米筛挂在轿后，新郎官将写着祖上官衔的红纸封条，封在轿门上，这两者据说都是为了迎亲路上避邪煞。母亲用红花水洒轿，父亲以酒喷轿顶，指古妈念："红花水，喷上轿，女儿变做夫人样；白米酒，喷上天，女儿合内合外合厝边。"喷轿仪式如父或母过世的以族中长者代替。接着，家人将点燃的鞭炮抛上屋顶，在鞭炮声中，轿子抬过火堆，迎亲队伍起行。起行时，女子即将扇子从轿边丢下，谓之"放心扇"。女家拾扇后，急将大门紧闭，意谓其女死心塌地在夫家，不会常起回家之念，此即古代"却扇定情"遗风。

一路上队伍的排列，首先是由两人提一对大红宫灯走在前面，灯笼上书郡望堂号或书官衔功名（富贵、官宦人家才有，贫贱人家无此排场），其后是彩旗、鼓吹乐队、媒人、伴娘和舅爷、叔爷各自坐着2人抬便轿跟随，接着是新娘坐的是4人抬花轿，新娘轿后是担抬"春楹"嫁妆的"客仔"，走在抬嫁妆者后面的，是一人扛着两根带枝叶的甘蔗，还有一个男孩（称"青奴"）手执寓日子茂盛长青之意的带叶榕枝走在最后，俗谓"拖青"。对抬嫁妆、扛蔗、拖青的人，结婚双方都热情招待，并每人送一个红包。民间有"喜冲喜"（就是嫁娶途中两家迎亲队伍相遇）的忌讳，但实际生活中，人们选择的吉日吉时往往类同，使得这种情况经常会发生，为了避凶求吉，做法是新娘互换簪花等饰物或迎亲队伍互换手帕。

迎亲队伍一般在中午前到达家门口，男方鸣炮迎接，夫婿象征性地以扇敲轿一下、用脚踢轿门一下，撕开（吉封）红纸条，三通鼓吹喜乐奏过，启轿门。男方族中一位德高望重的老者领新娘出轿，脚踩"胶掠"（竹编大平筐），头顶米筛，向前走。指古妈唱道："新娘行在在，生团胖狮狮。"按民间说法，新娘从出轿门到进厅门，要头不见天脚不着地，以免触犯天上神地下鬼。入门时，烧一小把草生烟，让新娘跨过。进门后，管事的人要撒盐米。到了厅堂，这时的厅堂已被布置成"喜堂"，正面放一张供奉天地诸神的"天地桌"，桌上除置有天地牌位、祖先神座、龙凤花烛之外，还有盛满粮食当中插尺、秤等物的"红斗"，俗称"三媒六证"，表示这门婚事合礼合法。三面墙上挂着亲友送贺的喜幛贺联。

良辰一到，随着司仪的唱礼，新郎新娘一拜天地，二拜祖宗，三拜高堂，接着夫妻对拜。尔后，指古妈将一条红缎，一头递给新郎，一头递给新娘。新郎牵着新娘进洞房，指古妈唱道："手牵新娘进洞房，灯烛光辉对联红。今朝黄道好吉日，喜看鸳鸯结成双。夫唱妇随同心腹，子孙满堂名声香。"这时米斗已在洞房内，指古妈指导新郎取斗内的秤，用秤杆揭去坐于床沿新娘的头帕，并赞："秤杆挑罗帕，子发孙也发，一挑金，二挑银，三挑媳妇做夫人。"接着由新郎之弟（或叔伯弟弟）敬请"合婚圆"，指古妈念："新婚吃红圆，和合度百年。"

中午，女方送亲的人，由男家招待。洞房内另设"房内桌"，要上 12 道菜，寓 12 个月月月美满，并桌上点燃红烛一对、摆红斗一个，内装白米，上插一把红尺、一把戳、一个红竹筒。指古妈将酒分斟在两只牵着红线的酒杯里，让这一对新人互递酒杯，同饮"合卺酒"（交杯酒），并为两人搛菜，搛一次菜，说一句诸如"吃鸡，百岁好夫妻"，"吃猪肝，子孙做大官"，"吃猪肚，好性素（好脾气）"之类的好话。为了冲淡这一对新人的陌生感，指古妈会尽量多说话。吃"房内桌"时，宾客可以围观。新娘伴在新娘桌作陪，宴毕即告辞，乘原轿回去。下午，女性的姻戚堂亲就到新人房中与新娘见面，并让新郎开箱看嫁妆。大抵重点看一部分，如开箱看细软，启箧看饰物，房内看帐前。但孕妇、寡妇、服孝者、再婚妇女以及生肖相冲者、高龄未生育者，均回避不在此列，以免冲喜。

成婚当晚，主人家有俗称"申谢"的宴请亲邻戚友之俗。通常预先要行帖，长辈行"全帖"（八面），平辈行单帖，农村有的虽不送请帖，但主人要亲自登门以表诚意。新婚之夜，酒筵初开，要燃放鞭炮。宴席上桌次分中桌、边桌、下桌，一桌8人；座位分大位、客位、陪位，大位坐长辈，客位坐平辈，陪位坐晚辈。地方历来有"天上雷公，地下母舅公"之说，中桌大位要安排给舅父、舅祖坐，由新郎的父亲和房族内长辈作陪。婚宴时，五服内的男性族亲应邀而来，女性房亲也会前来帮忙。酒方初巡，指古妈领新郎、新娘向客致礼。喜宴上的菜道数并无一定，但主菜须是双数，鱼和鸡必有，而且是没有斩断切开的全鸡全鱼，还有一道地方特色名点——"和合包"（以面为包皮，肉丁、冬瓜、蜜饯做料）与一道"四果汤"（红枣、花生仁、桂圆干、莲子和冰糖）也是必上的。开宴后，坐首席的先动筷子。席间，新郎在家长的陪同下逐桌向宾客敬酒劝菜，觥筹交错，宾主尽欢。待"首席"客人离席，鞭炮又响，表示宴终。

宴毕，便有人闹洞房。虽说"三朝无大小"，闹洞房者，可以不论辈分大小，但总是年轻人居多。闹洞房的花样甚多，诙谐有趣，无所禁忌。客人提出的刁钻问题或戏谑的要求，新郎、新娘只能和气以对。遇到过于强人所难的要求，指古妈会出来圆场。到闹洞房的人散去，新郎新娘要搓"合房圆"（糯米浆的红团子，合读"鸽"），寓夫妻和合之意。最后一个环节是指古妈牵被角，边拉被角边唱："头个被角绣牡丹，夫妻二人心相同，双双吃到二百岁，一品夫人状元郎……第三被角福如绵，如意郎君配婵娟，偕老百年同相守，桂子兰孙满堂前……"新婚之夜，洞房的花烛要亮通宵，熄灯怕夫妻不能白头到老。

三　婚后

婚后第一天鸡叫时分，新娘、新郎穿着成婚的礼服，出洞房行"拜见礼"。礼仪过程分为三个程序：首先是拜祖宗，由父母领着小两口于自家厅堂焚香拜祖，然后手执婚前于祖堂请来的同量燃香，前往祖堂安插在香炉内，意思是将列祖列宗魂灵恭送回祖堂。届时族长（家长）在前，新郎新娘在后，对列祖列宗行四跪四拜礼。其次，拜神佛，指古妈带着新娘拜揖家中供奉的观音菩萨和土地神、床公妈、灶君、井神、门神等。再者是"相见"，新人与公公、婆婆等长辈及平辈亲属在厅堂见面。要设两个座位，延公公、婆婆上座，新妇行三拜礼，礼毕，取过指古妈手中盘子里的甜茶和蜜枣敬献，并以荷包奉公公，公公授衣彩；又以花针奉婆婆，婆婆授戒指。然后，依次对其他亲属奉敬如仪，受敬者均送以红包。俗认为只有拜过祖宗，新娘才算男方家族的人；拜神佛，是保庇平安；而今后要开始新的生活，就必须认识夫家的亲属，这也是对新娘的一种伦常礼教。

出厅后，新娘便要到饭厅和家人一起就餐。就餐时，新娘必须站着吃，而且要为长辈添饭。如此4天或12天后，婆婆吩咐儿媳妇不必为长辈添饭，并可坐下吃饭，才可免去其礼。

依俗，新媳妇进门后，就要顶替翁姑和妯娌承担日常家务。因此，婚后第二日，婆婆会对其有所交代，如介绍家中通常有大小几口人，煮粥做饭要用多少米，如何生火；到什么地方才能挑到饮用水，如何保持饮水的卫生；洗衣服先洗男服后洗女服，先洗长辈衣服后洗晚辈衣服，先洗衣后洗裤等，诸如此类，皆得遵照婆婆教示。这一天，新妇梳洗穿戴毕，由家人和指古妈陪同"落灶脚""上井脚"，做一些象征性的家务活，指古妈在旁跟着做"四句"，作为新妇进入家庭妇女角色的一次预演，女性亲属都来参观。小姑、小叔更感兴趣，有时还会给新嫂子出点笑料，如"弄灶空"，事先将出气洞堵起来，让哥哥帮嫂子将火烧起来；"摘吊篮"，又故意把篮子悬得很高，要哥哥抱着嫂子去摘，弄得新妇羞愧难当，引来众人哄然大笑。

是日，娘家的弟弟（或堂弟）会带着糖、饼、香粉和一瓶用红纸封口的花生油，前来探望姐姐，俗称"舅仔探房"。昔时花生油可用作灯油，送花生油隐含着"添丁"的意思。"阿舅仔"先上喜堂拜喜，坐下，鸡蛋、糖果、香茶递送毕，由指古妈导引拜见姻翁、母，然后走进新娘房问安，将礼物放下，并邀请姐姐回娘家作客，请姐夫到岳家"做女婿"。由于这是婚姻双方亲家礼尚往来的第一次，男家会设筵款待。姻翁、母及新夫妇俱赠予"阿舅仔"衣彩，称"结衫带"。

在款待"舅仔"的同时，男家通常会另办一桌"答谢桌"，专请办婚事期间前来帮忙的指古妈、"好命妇"及一些女眷（寡妇不在其列）。席设 8 位或 10 位，单数不行，四果汤亦不可缺。新妇主位作陪，略举箸应礼。吃过寓意早生、多生贵子的四果汤，新妇起位，由指古妈送新妇回洞房，然后延请婆婆就新妇之位，肴馔上席，尽情吃喝。

婚后第三日，通常为新妇"回门日"（又称"头返厝"）。因为出嫁后就算是夫家的人了，故回娘家又俗称"三日作客"。新妇一早要下厨，饭后回娘家；路途遥远的，也有在第 12 天才回娘家的，也有改为"做满月客"。新妇"回门"，新婿要陪同并备香、烛、礼炮、礼饼、猪脚等礼物。若"舅仔"同行，不论是坐轿或步行，照例是"舅仔"走在前、新娘居中、新郎走在后面。

到女家时，岳父母到门口欢迎。入门后，新郎新娘向长辈行礼请安。尔后，女婿在厅堂接受甜茶的款待，女儿则入房与母亲等女眷诉说别后三日的生活。依俗，中午要设宴招待女婿，请亲友来作陪。男女席分设于厅堂和内室，女婿在厅堂坐"大位"，女儿则在内室坐"大位"。席宴后，稍息片刻，新婚夫妇即应告辞，不宜在岳父母家过夜。如确因路途遥远，来一趟不容易，可住三五天，但留宿时不得同床。回去时，男家须燃两圈火把来接，女家也须燃两圈火送去。据说单用女家的火把，旺气将会随火把送到男家去；反之，男家用火把来接，而女家不用火把送去，则男家的旺气也会被送到女家。男女两家一接一送，各备火把，叫旺气对接。回去时，新娘的轿子跟在新郎的轿子之后，与来时相反。

女儿返婆家，娘家必须准备"糖米糕"（红糖糯米饭，上面撒一些炒熟的大豆）和两根连根带叶箍红纸的甘蔗，再加上装在小竹笼中的一对雏鸡，交新人带回。到家后，甘蔗放在新房内的门边，寓意今后日子似甘蔗从头至尾节节甜，雏鸡则表达了做父母的对这一对新人和睦相守、传宗接代的期望。

完婚之后的 4 个月内，夫妻俩依俗是不能去参加别人的红白事的。他们以新郎、新娘身份参加的最后一次活动，就是婚后第一个元宵节，要按结婚当天的衣饰打扮，头戴石榴花（红纸制成的），让亲朋再上门看一回"新娘"，并在婆婆的陪同下，到祖祠挂"灯花"。"灯花"要悬在祖祠的房梁上，3 天后才收回。与此同时，新娘由婆婆陪同，备办酒、肉、鱼、菜之类供品一桌，在祖祠祭拜祖先。元宵节祠堂内族人甚众，"灯花"簇簇，新娘在满是"灯花"的祠堂中漫步穿行，名为"穿灯花"。此举义在祈示求列祖列宗保佑早生贵子，传衍后嗣。新娘经过元宵节的这一应故事，才算被确认为本宗族的成员。

以上说的是通常的婚姻习俗，三都还有一种与婚姻有关的现象，就是养童养媳（方言称童养媳为"新妇仔"，而称明媒正娶的儿媳妇为"新妇"）。这种现象在清中叶至民国时期较常见。至于收养童养媳的原因，据笔者对民国期间情况的了解，有以下几种原因：一些家里生有男孩子的贫穷甚至中等人家，将女婴抱来养作小媳妇，为的是省去其子日后婚娶付聘金办彩礼的费用，而一些生有女儿的人家，或为当时生活所迫，或为减省日后女儿的陪嫁，也愿将女儿给人家当童养媳。一些人家，有儿有女，采取互相交换女儿做童养媳。此外，例如儿子断奶之后，抱一个来接"乳尾"；久未生育，抱一个充当"等郎妹"，期望招养男儿；儿子有生理缺陷，如兔唇、眇目，恐日后婚娶不易，先行抱养；农家缺乏劳动力，从小抱养，长大后补充劳力之不足；担心将来娶媳难合"家教"，从小抱养，易于管教。抗日战争期间，潮汕沦为日寇占领区，闹饥荒，许多女孩随人逃难到诏安，被贱卖给人家当童养媳。

因为童养媳具有的招养性质，在男方家中地位一般较低下，受对待如亲生女儿的较少，多数被当作丫头使唤，承担繁重的家务劳动，甚至受婆婆虐待，男女双方亦鲜能培育起感情。待女到瓜期，男至弱冠，家人恐有变卦，即匆忙"上头"（俗称"合房"）。中等之家在"合房"之前，先遣童养媳暂回娘家，待婚期到来，即以花轿迎娶，行礼如仪。拮据者，往往借农历除夕做几样便饭菜，吃过年夜饭，家长对男女双方宣布"你们自今夜起圆房"，便算完婚。有的童养媳和她的丈夫直待日后自立家计，才补办简单婚礼，人称"做老新娘"。

第二节　生老礼俗

依三都地方的俗信，人的孕育和诞生，不是自然的、生物的过程，而是由神祇主宰，灵魂转世的过程。这中间既有神的庇佑，又有鬼怪的侵扰。因此，孕妇、婴儿及亲友，都要遵循一定的仪规，否则，会引起神灵不悦、鬼怪作祟，给个人、家庭甚至全村带来不幸。同时，生育又关系到家族的传宗接代，关系到老者有所养、死者有所祀。对男人而言，"不孝有三，无后为大"，对女人而言，无子则犯了"七出"之条，可见其受重视的程度。

一　初生

人们对生育的祝福，在婚事确定之时即已开始，长辈最关心的也是家中能否尽早添丁进口。男女结婚已久，若女方尚未怀孕，娘家会在元宵节为女儿送来"仙姬送子"灯，寄寓早日生男育女的祝愿；抱孙心切的婆婆也会备办供品，放在"红桶盘"内，领着媳妇到供有"碧霞元君"（俗称"注生妈"）的城关东岳庙、桥东泰山妈祖庙或供观世音菩萨的庙中去拜求，再用红纸包些香炉中的灰烬，一起放在桶盘内带回家。到家后，婆婆将香灰放入未孕媳妇的枕头内。城关东岳庙所供的注生娘娘据说比较灵验，旧时求子的人去拜的较多。注生娘娘身后有一侍女称"婆姐"的，抱着一个泥塑小孩子，过去拜求的人总要从孩子的"小鸡鸡"上刮一点泥下来，将之带回家掺和在水中给想怀孕的新妇吃。若妇人过后果然怀了孕，要到庙中答谢并祈求神佛保佑胎儿平安顺利分娩。生下孩子后家人要带"鸡酒"（产妇必吃的食品，以老姜、麻油、红糖、桂圆肉、公鸡和酒焖成）到庙中敬拜，若先前有许愿的还须在这时还愿。东岳庙因为求子刮泥的人多，故每年总要给小孩重做"小鸡鸡"。

求子之俗不止这一端，不孕或未生男孩的也会求助于巫觋，请其"巡花丛"。民间认为，妇女的元神是另一个世界里的一株花树，儿童都是花，妇女久未怀孕，乃"花丛"枯萎。生男育女则取决于"花丛"所开之花，"白花"属男，"红花"为女。求巡花丛者要知道巫觋所奉祀的神明食荤还是吃素，并据此带牲醴或素斋前往参拜。巫觋问明来意，就会决定要"换花丛"还是仅仅换一下花的颜色。至于如何换，各个巫觋有各自的换法。待如愿生下孩子后，也得再行答谢。过去丈夫为求子在神明圣驾出游时争着充当轿夫；有的人家，则将儿媳房中的尿桶从床的一头移到另一头，甚至床的位置也要移动一下，以求运气好转，珠胎早结；有的人利用人们求子心切的心理，在游神时走在队伍后面卖石榴花，说这是经送子观音或注生娘娘点化的红花，买回去挂在床头，祈早生贵子。

媳妇一旦怀孕（俗称"病子"或"有身"），就要忙着保胎、补胎。俗认为，妇女怀孕后就由"土神"（胎神）在孕妇的房间内保护胎儿，不得触犯，"刀犯者形必伤，泥犯者窍必塞，打击者色青黯，系缚者筋拘挛甚至母殒"。为了不冲犯"土神"，家里人不能动灰土，说是动了灰土会致死胎；不得在墙上钉大钉子，以免胎儿歪嘴、独目、塌鼻；孕妇不得搬动房内的大件家具，尤其眠床最忌移动，认为移动眠床会使胎儿受震动，导致流产；不得跨过牛绳、柴秤，因为牛怀胎12个月，旧秤一斤为16两，怕胎期延长；避丑恶、凶险事物，"不听淫声，不视邪色"，不得参与"红白事"，不得吵架斗嘴，孕妇不能动刀剪针线……家庭其他成员会主动承担家务，把有营养的食物让给孕妇吃，丈夫也应逐步减少性生活的频率。要到药房买数包名为"姜太爷方"（又名"十三味"）的中药来给孕妇安胎，孕妇不宜跑动、挑担、登高、跳跃，忌食生姜、苦瓜、白虾、兔肉、牛心、羊肝、鸡蛋。产期临近，娘家要备办新生儿的衣服、鞋帽和线面、染红蛋壳的熟鸡蛋，送至婆家。红蛋以红绸布包裹，送至孕妇床上即解开包裹，让红蛋滚出，祈愿产妇像母鸡下蛋一样顺利分娩，俗称"催生"。娘家、婆家都要祝告祖先、神明以赐生贵子并保佑分娩顺利，母子平安。民间还有关于测算生男生女习俗，有的根据孕妇的口味，叫作"酸儿辣女"；有的根据孕妇肚子的形状，有"肚尖生男，肚圆生女"之说；有的根据孕妇的举止，如孕妇用左脚过门槛生男，否则生女。

生孩子只能在夫家，俗谓"寄死不寄生"，三都人宁可将房屋借给死人装殓，也不借人生孩子，就是娘家亦如此，据说会被带走风水福气。孕妇临产前几天，娘家要备新生儿的衣服、鞋、帽等数套及各种点心食品（如麦包、粽子、红鸡蛋等）送至婆家。婆家收下服装和大部分点心食品，退回小部分，并将收下的点心食品分赠给亲友、邻居。负责接生的，有的是自家妇人，有的请邻家有经验的妇女，有的则请专门的接生婆。除了接生的人之外，其他人不得进入产房，以免危害产妇和胎儿，而且俗以为产妇的血污晦气也不利于闯入者。遇到难产，或摔盆、打碗、敲铜盆，以此"催生"，县城人家如遇难产，有请"三官"像供在厅堂之俗，以祈求赐福、赦罪、解厄。婴儿生出来之后，胎衣要装入陶罐，用草木灰掩盖，盖上陶罐，藏于产妇床下。产妇的丈夫要到岳父母家报生。

岳父母在婴儿出生的第二天，除送鸡和鱼以祝"开生"外，如生男的还送面线，以寄连续生男婴之意，如生女的，则送猪肚，寓"换肚"生男之意。不能反过来送，东西送反意思也就相反，会被亲家埋怨。孩子出生第三天，要请接生婆及长辈吃喜酒，俗称"三朝酒"。来者则带礼祝贺，但不宜进入"月内房"。民间认为，第一个见到婴儿的外来人是什么品性，婴儿长大后就会有什么品性，此外，也怕产妇及婴儿有个三长两短，因此，主人不邀，外人不会进入，特别是孕妇、带喜带丧者及属虎之人贸然闯入，更是犯了大忌。主人通常会在月内房的窗台上放一根桃枝，产房门口插上石榴枝，房外贴上一张坊间印行的"官府文书"，乡村还有挂男人的裤子、蒜头和网的习俗。这些东西，可以对家庭成员之外的人起提醒的作用，据说还有防止鬼祟加害之功效。

传统接生，由于卫生条件差，刀剪未经消毒，脐带口在接生时或7天内受感染，致使婴儿因破伤风死亡的不少，产妇在月子内也容易罹患"月内风"（即"产褥热"）。民间认为，产妇若在"月内"死亡，要入阴府地狱受浸血池之苦，要等子女成人后做佛事，念《血盆经》后才能超脱。因此，产妇坐月子期间，特别是产育后的12天"憩腊期"内，对产妇及婴儿要有细致的保护措施。如以牲醴告求天地、祖宗保佑，并用桂花或石榴花、柑橘叶、龙眼树叶等煮水烧成香汤，请有经验的妇女为婴儿"洗三朝"，洗去婴儿身上带着的前世污晦（俗谓婴儿是转生而来的）。浴毕，给婴儿换上由外婆送来的新衣，抱婴儿拜床头"姐婆"（婴儿的保护神），供品类同供其他神的，但要烧化一种叫"姐银"的纸制品。同时，房间应垂帘闭窗，产妇床上要垫棉垫、盖棉被，要包扎头巾，穿足衣服。产妇尽可能不出门不劳作不沐浴，要饮姜酒，吃炖母鸡、龙眼汤等温补食物和木瓜等催奶食品，忌食生冷食物。要保持室内安静和清洁，尤忌初生婴儿听到锁头声，据说如听到锁头声，婴儿7天内会死亡。

俗谓产妇身体不洁，会污秽神明触人霉头，所以不宜参加祭祀，不得进入别人家里，产妇的便盆和换下的衣裤拿出去洗刷，经过厅堂的香炉前必须掩盖。产妇也不得进入寺庙，如有事祈神明应由家人到寺庙内代为祈祷。

昔时人们对生男生女的态度有很大的不同。生了男婴，家长欢喜，杀鸡炖酒，上香放炮，拜告祖先、神明，并于家门口或庭院摔"土角"（一种建筑用的土坯），意在祈求孩子好养育，长大有胆略。生的若是女婴，则气氛就大不一样。产妇的丈夫在一个月内不得上别人家串门，否则会给人家带去晦气。有的人家视女婴为"赔钱货"，将其弃溺，更有甚者，"击其额，扼其颈，备极惨酷"[①]。

到婴儿满月，要请剃头匠来给婴儿剃胎发，因婴儿的脑壳未全弥合，故剃时将顶囟门周围的胎发留着，剃下来的胎发要用红纸包起来留着。剃发后将婴儿放在盛着温水的木盆里洗澡，洗过澡将水浇在住家附近的树根上，让孩子披戴上虎头帽和披风，这通常是由外婆在婴儿满月"送庚"时送的"头彩物件"中所有的。县城有的人家，满月时抱婴儿到东岳庙内，拜过"注生娘娘"，取案前一点香炉灰，放入娘娘殿前的"石脚桶"内，并注入石榴花水，来为婴儿洗身。这石脚桶至今仍保留于原处，但新中国成立后此俗并

---

① 陈盛韶：《问讯录》。

没有保留下来。这一天，家里要焖糖饭，多者用到糯米数百斤，少者也要用数十斤，遍送亲友、邻居，对方收糖饭后，用原碗盛一碗大米回送，以表贺喜。如果经济条件许可，还会备办筵席请关系较为密切者喝喜酒。席间，主人将婴儿抱出见宾客，赴宴的客人会送红包作为见面礼。满月后，婴儿就可以离开母亲的身边，独自睡摇篮。摇篮可向族亲借睡过男孩的，最好是借有出息孩子用过的。自此，产妇可以带孩子出门走动。

婴儿四周月，要置办牲醴和面桃敬"床头公妈"，如有向注生娘娘求子的，这时也应去拜谢，并以糯米粉、红糖为原料做成红色方形的"大粒圆"送亲友。富贵人家如生了男婴，往往设宴请客，且比满月时更加排场。婴儿的姑母会送来缝制精美的涎围，给孩子系于胸前，因此时小孩已开始长牙，经常流口水。大人取红色的头绳、绒线在婴儿的四肢腕部各系一圈，据说可使其长大后品行端正，不犯偷盗，并用煮熟的鸡鸭蛋在婴儿的前额和脸颊上滚几下，用黑锅灰点涂腮帮，用朱砂粉点涂额头，意在让小孩子健康好看、长大成才成器。次日，做女儿的多有抱婴儿回娘家住几天的习惯，随带饼干、糖果、熟鸡、熟猪脚等礼品回去，娘家即以此礼品祭祀神明。外婆还要抱婴儿到户外游玩，并将饼干、糖果分送四邻小孩，期望小孩子对这个婴儿有个印象，日后不欺生好相处。女儿返婆家时，娘家要做"四月桃"（以糯米为原料，状如奶头，上面点红），给女儿做伴手礼，同时要将两块用红线穿系的饼挂在婴儿项下，并送给领巾、连裆裤等。母亲将婴儿抱回家，可让其开始坐"椅轿"，用外婆挂在小孩项下的饼揩其嘴唇，称为"收涎"。

四个月后，可以给孩子断奶。根据孩子的生辰八字选择一个吉日，备供品孝敬床神，告知将于是日断奶，求其保佑孩子断奶后饮食正常、成长健康；拿一丁点熟肉、蛋，在婴儿的嘴唇上拭一下，表示今后可以吃食物。做母亲的以韭菜下饭，并服用山楂、麦芽汤促使"退奶"，同时在乳头上涂抹黄连水，促孩子改吃食物。孩童吃饭的禁忌颇多，如忌碗中剩饭，俗谓女孩长大后找个麻脸配偶，男孩日后力气不足，这些实际是在教育孩童敬惜五谷。小孩不宜吃鸡、狗肉，以免皮肤变粗、头脑变笨。幼儿忌食鱼卵，一口鱼卵就是几百条鱼，会折孩子的福分。孩子患麻疹后三年不能吃鹅肉，以免患麻风病。

在婴儿出生七日之后、周岁之前这段时间，大多数家长都会张罗着为孩子起名。过去起名有多种，常见的是"乳名""正名"和"寄名"。

"乳名"一般是哺乳期内为父母或祖父母所起，多用于小时候在亲邻间称呼，乳名往往是随机而发，不拘一格，有叫阿猫、阿狗、阿大、阿细的，也有因为原先生儿育女不顺，为防孩子夭折，故意取贱名如"憨仔""石蛋"禳解的。

"正名"就比较讲究，命名要注意避祖上的名讳，且须兼顾辈分序号和生辰八字。因此，在出生后报告宗祠时，家长要请族长根据幼儿辈分，从"轮祚排行字"（又称"观辈"）中找出原先排定的该辈序的那个字，过去大多是排男不排女；还要拿生辰八字让算命先生排五行，视五行所缺，缺水的加水，缺木的增木，缺金的补金，缺土的培土，缺火的点火，体现在另一个字的偏旁中。如一个人辈序字为瑞，命相缺水，可以"瑞溪"为名。批阅各姓族谱，这种命名法在明代至民国较普遍，这同自明代祠堂文化的兴起不无关系。旧时命名要行命名礼，命名礼多在满月或庆周年时进行，如果是由族长或有名望、地位的人为之命名，则称为"赐名"。有的家族还规定所增男丁的姓名要写于红纸上，贴到祠堂里，向祖宗焚香报告，生女的则不必报。

有的人家，因小孩命中犯关带煞，为消灾避祸，祈求福寿，便"寄名"到寺庙许愿给某神佛作干儿（女），请和尚、道士给取法名。观音在人们心目中法力无边，故寄名观音的比较多，如寄名"观荣""观辉"。小孩拜了神明为契父母，则要到庙里许愿，将一些香灰或纸灰包在红布袋子里，挂在小孩颈上，以后每年要去庙里换一次香火。还有的是拜和尚、道士为师父，皈依神佛，由师父交钱给其父母代养，每年过年由父母带到寺观吃饭，俟六七岁再住进寺观学僧学道，这样妖魔鬼怪便会退避，不敢造次拘夺。如果孩子出生的时辰与父母相克，恐虽有亲子之实，但无亲子之缘，或者要将孩子送给命造不会相克的人当儿子，或者拜认干父母，由干父母起一个与干兄弟相关联的名字。小儿等到学讲话时就叫亲父为叔叔或大哥，叫亲母为婶娘或大嫂，甚至叫父母的名字，称呼疏远一点。拜过干亲，孩子的亲生父母要备牲醴到干父母家祭拜其祖先。干父母送干子女龙眼及其他牲醴，亲生父母将其供在家中的祖先神明之前，焚香烧金帛膜拜，报告结为干亲的事情。以后干子女逢年过节须向干父母送礼，遇结婚等庆典也须恭请前来参加。

旧时，民间碰到小儿体弱多病，往往有家长向街坊邻居各家各户都讨一些米来做饭给孩子吃，名为"百家饭"，寓意像乞丐一样贱而易养；最好向各家各户都讨一小块布来缝缀成"百布衣"给小孩穿，凭借鉴众多姓氏之力，以期平安抚养成人。据说，如能募化百家之钱币，合资定做"百家锁"，得到百家的福佑，那就十分珍贵了。

三都地方过去有一条规俗，凡本村族中人家生了男孩，在头一个元宵节要在祠堂"挂灯"，又称"挂淹仔棚"，即以木板制灯台，灯台大小不论，台上置一对彩扎的"淹仔"，一般都是"状元、夫人"等有好头彩的古装人物，并以山水楼台等做背景，灯台上置花生油灯。办一份"丁碗"，丁碗系以猪、鸡、鹅、鸭肉或制成的"筵肠""肉管"，以及鱼、蚶等海产品，用大饭缸为底盘，以稻草一类扎成柱形或将肉、鱼等垒成宝塔形，高在1米以上2米以下。供品祭拜过祖先之后，撤灯碗，当年添丁的人家要合办酒席宴请族中男子。至于聚餐人的岁数，有的规定15岁以上，有的规定18岁以上，城关一般是年届花甲者，不分贫富贵贱，均可入席，称

"吃丁桌"。宴席时有两种席式，一种是"龙船席"，即用众多方桌连接起来，客人围在两旁，形同划船；另一种是"走马席"，即无论亲朋疏厚都可以入席，吃完就走，主人重新摆上菜色，接待新来者，接连不断。不管是龙船席还是走马席，每桌一定要 8 碗（猪肉、猪肝、猪脚、蚶、虾、粉圆、鱼、蛋卷各一碗）以上及酒等。随着家族人口逐步增加，办丁桌的花费相应递增，有钱人倒应付得来，穷苦人家却因此债台高筑，但如果不这样做，则被视为自动与族人离异。

这种民俗并非无人反对，溪南进士陈丹心就改办过灯桌。溪南是一个大乡里，办一次灯桌全乡参加者往往在千人以上。清乾隆年间的一次元宵节前，退职里居的陈丹心在溪南的后山头，见一对愁眉苦脸的夫妇准备将孩子卖给人家，追问之下，原来这位妇女前年生了阿大，为挂灯典卖了田园，今年生阿细，只好将阿大卖掉挂阿细的灯。陈丹心听罢，将族长等人找来，商量改办灯桌。于是在元宵千人聚会上，陈丹心出面向大家说明，以土产花生仁、红糖水来代替往日的酒菜。此后，溪南一些村族因挂灯而大操大办之风得到改变。

二　成长

古代，不论男孩、女孩，少小时都是垂发为饰，称之为"垂髫"。到成童上学的年龄，把头发束起来，就叫作"总发"。及至16 岁以后、20 岁之前，诏俗要为男子举行"冠巾"之礼，为女子举行"及笄"之礼，通称为"成人礼"，据清《诏安县志》等有关文献记载，其仪式大略如下。

男子行冠礼，家长要择日，提前一天以冠期告于祠堂，发书帖延请族中之尊长及亲友。仪式一般在早晨卯时进行，将预先制好的黑色帽子一顶，摆在神龛前的供桌上，供桌上并放红枣灯一对、生猪肉一片（恐有生肖属寅的人在旁，故用肉以祭虎）、红圆二粒、白圆二粒、制钱四文、汤圆一碗、鸡蛋（两个）一碗、红箸一双、纸金二百以及铅米、芦刺等物。厅堂当中，设交椅、几案，陈列梳、篦于案上。交椅之前置竹制小椅，案前置火炉。家长带穿新衣的孩子立于门厅迎接客人。待客人到齐，孩子的父母先拈香焚纸，祝告天地，在祖宗牌位前三叩首。然后，冠者端坐于交椅上，双足踏在竹椅上，由预先请来的族中之幼者执梳，栉发三下，由族中长者取帽子为之戴上，摘下长命锁，并以成人之道加勉之。冠者起立，至祖龛前拜祖毕，执事人设父母两个座位于堂中，父母受冠者四拜；后依次见伯、叔、姆、婶及宗人之尊属，以及姑、兄、嫂、姐、弟、妹等，均行两拜礼。随后即往外祖处，以四拜礼拜外祖父母、舅父母。三都乡村于冠礼时，设宴请乡老陪饮，县城则仅食汤圆而已。

女子笄礼以母亲为主，择亲姻有福德（好命）妇人为宾，婶姆中有福德者亦可。举行笄礼时间，古礼亦系黎明时，应备各物与男冠同，唯增加面线、白饭各一碗。先设椅、案于厅中，陈背子（霞帔）、镜、梳于案上，用盘承笄（插在头上的簪子），以执事捧之。轿到门，好命妇引女至厅中，梳栉毕，宾为之加笄、结袄（俗称"穿肚裙"）。肚裙以红布制成，略如袋子，内贮皂荚、铁采尾、泥孩儿、猪肉片等18项。家长于祖先前上香祷告，四拜，然后笄女四拜。设两座于堂中，父母安坐，受女四拜，父母各命戒（训话）之。后依次见伯、叔、姆、婶、姑、兄、嫂、姐、弟、妹。

成丁礼后，男子不论在家庭、宗族中，还是在社会上，都被当作正式成员看待，可以考虑婚娶；女子则可以"以姓配字"，嫁给族外的人了。

据老年人介绍，相对而言，大约于清末，除了古板大户，一般人家已不单独行冠笄礼，而是推至临成婚时进行。入民国后，这种成人礼基本消失，而较普遍的是"出花园"的成人仪式，并流传至今。

民间传说，小孩幼时是在花园里由花公、花婆照管，少年男女到 15 周岁时，父母要在农历七月初七这天将其牵出花园。至于出花园的仪式，古今不尽相同。民国《诏安县志》录有清嘉庆年间县人叶观海关于出花园风俗记述："七夕……人家并以瓜果、糖饭设睡床上，画五色纸为衣裳式，令十五岁以下子弟焚供，俗谓祭花公婆。男女年十五岁者就床食之，谓之出花园。"① 这是古代的做法。据一些老人回忆，民国以来的做法是：孩子要用榕枝、竹枝、石榴花、桃树枝、状元竹、青草等 12 种煎泡水沐浴，然后换上外公、外婆为其缝制的新衣服，脚着外公、外婆赠送的红木屐，肚兜内放桂圆和通宝制钱。清早，孩子的父母便把准备好的猪内脏（肠、肚、肝、肾、心）煮熟成汤，并放点糖，让孩子吃下，俗称"换肠肚"。接着，用三牲、果品凑成 8 件或 12 件，陈置于"胶掠"（篾编的大平筐）内，请出公婆神的香炉，② 父母领着年届 15 岁的男孩或女孩跪拜。中午，办较丰盛的午餐，共 12 道菜，除猪肉、三鸟蛋外，青菜有厚合、青蒜、芹菜等。寓意是吃了厚合，出花园后处处"六合"；吃青蒜，长大后能算有心计，聪明伶俐；芹菜，指终身勤奋。出花园者的座位也是有讲究的，这一天由他（她）坐正位，鸡头朝着他（她），别人不可动，由出花园者吃。男孩出花园，祭品中要有一只公鸡，女孩出花园则用母鸡。最后是跳"胶掠"，"胶掠"里放着粿品、糖果和花生米，出花园的孩子要从"胶掠"上来回跳几次。跳"胶掠"表示跳出花园的围墙，进入成人社会。

---

① 民国《诏安县志》卷 1《天文志·岁时》。
② "公婆神"即花公花婆。婴儿出生后，就要设公婆神的神位在其眠床的床底下或床顶端，意味着孩子置于花公花婆的庇护之下。因此，花公花婆又有"床公妈"的俗称。在幼儿长到 15 周岁之前的每年"七夕"，孩子由母亲带着拜公婆神，祭品丰俭不拘。到孩子长到实足 15 岁家长为其举办"出花园"仪式以后，就可以不用再拜公婆神了。

三　寿诞

三都地方，人生第一次"做生日"是在婴儿满一周岁时，要办过周酒请客（称之为"肚祭"）。家里除办牲醴敬神外，还要做红龟粿，以祈婴儿能像龟那样健康长寿。将红龟和红蛋馈送亲友四邻。外祖会给外孙以礼物，礼物因家庭经济条件而异，通常会有从头到脚、从里到外的全套衣物和长命锁、手镯、脚环等。长命锁一般为银制，形状如旧式锁，镌上"长命百岁""天官赐福"字样，两头连接银链，俗称"天官锁"，让孩子系于胸前。这锁听说与康熙皇帝有关，当时京师府尹唐朝彝（漳州人）铁面无私，因捕杀了一位罪恶昭彰的满族王爷，一些皇亲扬言要将其剖腹挖心，康熙皇帝便御赐一长命锁，让他佩于胸前，不准皇族加害。此事传到家乡，漳州人纷纷仿制给孩子戴。后来民间将"天官锁"的功效加以生发，言其可避邪、纳福、延寿，天官锁一般戴至做成人礼时，才取下由家长收藏。如果是男婴则做"头生"。在沐浴后，要戴上虎头帽、穿上虎仔鞋（寓吉庆之意），将男婴放在"胶掠"或八仙桌上"抓周"，即将书、笔、算盘、秤尺、弓矢、食物、种子等放其面前，看他抓哪一种，以此来预测孩子的一生抱负、爱好。女孩子则有做有不做的。

除周岁之外，平民百姓通常不再为孩子做生日，以为稀里糊涂更容易成长。如果孩子提出做生日的要求，则以"大人生日食肉，囡仔生日食拍（挨打）"来回答。只是到女子出嫁后的第一次生日，其父母要备置蛋、线面等礼物送到女婿家。男人 30 岁时如果已婚，则岳父母要送鸭蛋、线面、猪脚、衣饰等礼物，为其"做三十岁"。在 40 岁时忌讳做生日，俗谓"做三（十）不做四（十），做四没意思"。按民间的说法，年届 50 始称寿，算够得上"做寿"的年龄，但若仍无第三代或未见三代男孙，一般不"做寿"，若长辈健在，遵照"亲在不敢言寿"的古训，也不能做。

"寿"是别人对年长者的尊敬语，在本人、家属对外人言，只能称"做生日"。它与其他庆贺活动不同的地方，一般不是本人具名发柬邀客来给自己祝寿，往往是晚辈、学生为尊长发起的。地方上男女做寿，通常将六十一、七十一、八十一、九十一（虚岁）的生日叫作"大生日"，其他生日叫作"小生日"。依俗一旦做寿，则年年要做，儿孙或亲友第一次送寿礼，往后年年要送，只有七十三岁、八十四岁和百岁另当别论。民间认为男性在七十三岁和八十四岁时流年不利，俗谚云："七十三、八十四，阎罗王不请自己去。"所以男性在这两年里多不举行寿庆。至于百岁，则因为"逢百为满"，满怕招损，所以家族如有心为老人祝百岁寿，便提前在九十九岁举行隆重庆祝。做寿因城乡、贫富、贵贱的差别而不尽相同，这里仅就笔者所了解的县城中等人家做寿情况大略作个介绍。

男女寿星做大生日，寿堂的布置，通常在正厅墙壁中间贴红底金字的"寿"字，有的是挂画，男寿挂南极仙翁，女寿挂瑶池王母，也有的不论男女均挂八仙庆寿图。亲友如送寿幛、寿联则分挂两边。寿堂正中设礼桌，上面呈塔状摆寿桃、寿龟、寿面、寿糕等。

一般在做生日前一天，女儿、女婿带上新衣服、公鸡、猪脚、猪肉、糖圆子、寿面、寿联、线面、面制的寿龟和寿桃以及酒、烟等（视情而定）礼品去看望老人，子孙要备新衣服、鞋、帽、袜、首饰、拐杖（亦视情而定）等祝寿的礼物，并在家里设便宴，参加者通常只是家人及一些近亲，称为"暖寿"。大家主要是借此机会在一起聚一聚，并为翌日正式的寿庆活动做些必要的准备。

寿辰正日全家鸡鸣即起，先由寿主以牲醴祭拜"天公""三官大帝"和祖先，然后大家拜寿主。寿主（或寿主夫妇）着新礼服，端坐朝南主位，晚辈着祝寿礼服，分尊卑亲疏、男左女右上下坐定，两旁乐队吹奏寿喜乐曲。长子夫妻奉觞上寿，晚辈依次向老人跪拜或鞠躬，敬奉线面汤、鸡蛋、猪腰汤等。有的寿主不居主位而偏坐一旁，让厅堂上供奉的祖先、神明代受子孙的礼拜。拜毕，全家吃寿面并准备迎接贺客。

亲友馈送祝寿的礼品必须是双数，表示"好事成双"。礼品要贴上红纸或染成红色，以示吉庆。亲友的贺礼多为红包、线面、鸡蛋、猪腿、猪肉、喜炮、喜烛、衣料、鞋袜、寿联、寿幛、寿屏、寿轴、寿匾、镜框、字画、祝寿文等，民国时还有送酒席的。亲友送来的礼物主人一般不仅不可全部收下，而且要回馈礼品答谢。

中等之家如果做小生日，一般是已出嫁的女儿要事先准备猪脚、线面，至亲好友也送贺礼。生日那天家中设简单的家宴，席上要有红蛋和寿面。

富贵之家摆寿宴规模较大，有的连办两三天，还雇请戏班演《郭子仪祝寿》《百龄挂帅》之类祝寿戏或请道士设坛诵《寿经》。贫寒之家无力备寿宴，子孙也要做一碗甜寿面为老人祝寿。

第三节　丧葬礼俗

民间俗信人死后灵魂会去往阴森恐怖的阴间地府，亡灵就住在那里，等待时机再从阴间转世托生。为了让其在阴间少受些磨难，阳间的亲人要尽可能采取帮助措施。亡灵丧葬礼仪历来受到官方和民间的重视，所谓"养生不足以当大事，惟送死可以当大事"。丧葬俗谓"做丧事"，由于灵堂布置、死人着装突出白色，故又叫"做白事"。因为治丧礼仪繁缛，以至乡人形容其他事情的多和杂，就会说"事多过死人"。

过去有的在生前便请风水先生看"地理"觅"穴地"，并预备棺木、寿衣。家中死了人，家人即停止一切营生，举丧7天。7天丧事做过，起码在一年内仍属居丧期，为官者则须告假3年，在家守制。出于对死者的尊崇，尽子孙的孝道，对传说中鬼魂的敬畏以及互相攀比心理，人们总想将丧事办得风光一些，花费再多也在所不惜，然而人一样生、百样死，城乡、贫富、贵贱之家办丧事无法等而言之，这里主要以城关地区中等人家正常亡故的治丧情况作个介绍。

一　送终

当人病到针石无效、不久于人世时，家人就要开始预备后事。作为病者自己，如果原先向神许过愿但愿未能还的，为不致失信于神明而拖累子孙，即命子孙持香于户外当天祷告，陈述未能偿愿的原因，伏请原谅。同时，病人向亲属交代后事，身后有财产的，要立口头或书面的遗嘱切割财产；作为亲属，则要为死者做"寿衣"、备"寿板"，通知出门在外的尽快赶回，如果病人是女性，还要通知娘家。

古时在病人临终之际，凡 50 岁（俗称"上寿"）或做"公"（爷爷）"妈"（奶奶）辈者，就要将其安放于厅堂。因此要赶紧打扫、清理厅堂，并"遮神""置铺"。所谓"遮神"，就是将正厅所祀的神像和祖宗牌位用红布或米筛遮住，并将"天公灯"迁移，以免神鬼相冲。所谓"置铺"，就是在厅堂置两条板凳，放上比人体稍长的奇数木板，一般为三块，板上铺白布。临死之人被人从卧室抬至厅堂，使其仰卧于铺上（俗称"水床"），若厅堂坐东向西，要让临死之人头向北面、脚朝南面，叫作"一头向北直直去"；若厅堂坐北向南，则要头向西、脚朝东，叫作"日落西山渐渐去"。未成年者，则不迁至正厅，只在偏室中置铺。至于不能在卧床上去世，而要移至厅堂睡板的原因，民间说法有二，一是说怕死者在阴间要担眠档枷；一是担心子孙日后睡死人床不吉。现代，则大多是等人断气以后才"搬铺"。病人临终，亲人要守候在旁，聆听嘱托，对死者而言，儿孙都在场，是一种慰借和福分。

倘若病人将死未死，呼吸困难，神情不安。这时要由至亲之壮男健妇扶其起身，使其两足践地，尽量减轻临死前的痛苦，瞑目而终。在老人未断气之前，晚辈不许啼哭，断气后，儿孙则要不停地哭唤，俗称"叫精神"。古时哭礼男女有别，男子哭于尸床的东头，女子哭于尸床的西头。哭时有腔有调，哭辞大致是悲其不克长命，寄托对死者的惋惜和哀思，哭声也有向街坊邻居报丧的功能。哭时泪水不得滴于尸体上，据说是因为否则日后尸将不化而成僵尸。

死者寿终正寝，古时出于左尊右卑的传统观念，厅之左侧尊于右侧，如果死者上有尊长，铺于右侧，上无尊长，则铺于左侧；夫妻之间"先死先大"，不管谁先去世，都可以铺在左侧。民国以后，也有将死者以男偏左、女偏右安放于厅堂的，还有的为了避免"担楹"，横放于厅堂的。不管如何放，铺前一定要挂白布幔（俗称"置绫"）。"置绫"多重，视厅堂的大小和家庭的经济条件，无一定之规，大户人家也有多至九重的。死者须用块砖或纸帛枕头，以草纸遮面，足下放米斗点上香，米斗边燃长明灯，俗谓"脚尾香""脚尾火"。脚尾火要以花生油为灯油，灯芯草作为灯芯。子孙要在灯旁不停地烧化纸银，好让死者黄泉路上用度，俗称"烧脚尾钱"。同时，摆在死者脚尾的，还有一碗白米饭，上插一双筷子。插筷子是有讲究的，以面向大门论，若左短右长，表示家中死的是男性长者，女性长者尚在；若右短左长，表示家中死的是女性长者，男性长者尚在；若筷子插齐，表示双亲都亡故了。这是家属给亡故者首次提供的供食，以免其在冥路上挨饿。死者身边要不离人守灵，夜晚，由孝男、孝妇通宵达旦地守灵，保证脚尾灯长明不灭，以期子孙后代香火不断。这是生人对死者的尽孝之意，并防止猫、狗撞翻铺下的"脚尾火"等物和跃过尸体。据民间的说法，猫狗跳过死人的身子，阴阳电相激，尸体会坐起来。

幔前要摆供桌，桌上供死者的神主牌（俗称"家神牌"），上摆奠祭供品。供品据《朱子家礼》可以是"用病时所食膳馐之余，或添些新馔，并斟酒置案上"。诏安是用"七碗"（如米糕、粉条、馒头、豆子、芋头、红糯米圆、红灯仔粿）作供品。每天，要像死者还活着一样，晨昏定省，向死者供上糕点、新茶和一日三餐的饭菜。敬供时要行跪拜礼，而且要对着牌位哭诉。

死者刚刚断气，住宅大门的匾额上就要糊上"粗纸"（草纸），内外门两边的红纸对联要撕下来，改在大门的门扇上贴白纸条，死者如父母尚有一人在世，只贴一条，双亲皆故去，贴两条，成交叉状。农历七月为鬼月，许多孤魂野鬼四处游荡，而腊月底又近年关，昔时凡是时去世的，其家人须在门外吊一块猪肉，以防野鬼吃死者的肉。

人刚死，尸体尚未变冷僵硬，家人就要在"脚桶"里装温水，赶紧为死者擦身，贴身穿上结婚时缝制的白色内衣裤（称"贴肉衫"）。完后身上要覆盖布衾，布衾为白底镶红边，其长要足以蔽身体直至双脚。擦过身的水，由孝媳拿去倒在近旁的池塘或路口。死者生病时用过的药罐和盘碗要击破，表示死者的病到此，不再遗传子孙。

子孙应托人知照新婚的、怀孕的、建房的人回避，同时抓紧"报亡"，目的是为了让亡灵能顺利到达另一个世界，到阴司报到。而阴司在阳世的代表，城里为城隍，乡下为土地爷。过去乡村当死者亡故之际，门口要挂白灯，上写死者享寿年龄。之后由村中长者持白灯笼，带领死者男性子孙穿孝服到有供奉土地爷的庙中，长者在前、余者在后，上香毕，长者拿着死者年庚帖，对着神像报告："生从地头来，死从地头去，时辰念给老爷知。"然后报死者的生卒年月，庙祝依所报享龄数一下下敲钟或击板。死者家人还须将长辈的死讯通知近亲好友（俗称"发丧"）。发丧时不能入其家门，只在门外唤出受报人，双方交谈中都要避免说"死"字，一般说"过往""过世"。亲友接报后，通常会很快赶来。家中新丧，孝子心情沉重，难以主事。大家会从亲友中推举德高望重、熟悉丧仪的人，由其主事，安排治丧事宜。

　　若是已婚妇女死亡，夫家应及时告知其娘家，俗称"报外家"。外家要在报丧的当天或翌日赶到，民间称"做外家"。来者性别、年龄不拘，人数宜7忌9，多来少来也非不可，但须单数。属本家本族正常死亡、夫家较为贫困的，做外家人数少一些；若夫家较富裕，死者又是做祖母的，来人就会多一些。外家来人时，孝子孝媳须披麻戴孝，手捧放着头布的"桶盘"，到路口跪迎并陪来人到安放死者的厅堂。外家的人依例会瞻视遗体，对丧事的安排提出意见。昔时若母丧，要由孝子向母亲娘家的长辈报丧，去时须手持半片白布，故曰"报白"。报白由一名知礼者领孝子往讣，至母氏之娘家，孝子跪于门外，知礼者入内通报，母舅把开水给孝子饮用，饮毕，才报死讯，现今则多以电话报知。

　　俗谚云："死父扛去埋，死母等待母舅来。"外家亲戚如母舅、母姨在母亲丧事中可以发号施令，被称为"头祖"。母舅母姨闻讯前往吊丧，古时丧家要于门前设香案，案系麻布或白布桌裙，上排香炉、烛台，点一对烛和三支香，孝子、孝女等于此跪迎，俗称"接外祖"。母舅一干人到，吹熄香烛，换点二支香，意谓已心领礼待，再掀桌裙，如父在，只掀一角，父母双亡，则全掀起；然后扶起孝男，由接客导引，一同入屋内。民国时期有所变通，在路口设"路头桌"，长孝男跪捧"红桶盘"，盘内放1尺2寸的红、蓝布各一块，用红纸包一包红丝线、头白和红包，其中头白若干块，是供祖家来的人"挂白"悼念死者的；红包表示祖家是嫁肉不嫁骨，所以葬前须向祖家"买骨头"。

　　女方娘家来人，家属要在死者灵前摆酒菜招待，桌上一副碗筷不能动，意思是给死者用的。食物装碗不装盘，不摆汤匙，来人喝汤只能用酒杯。上桌的菜肴中务必要有一碗鸡，将鸡骨头起光，仅留下鸡头、鸡肉及鸡脚。鸡头要对着死者的座位，来人不能吃。俗语所谓"肉给人吃，骨头不能给人嗒"。"做外家"的人要回去，家属不能告辞，不能打招呼，要送些东西给"做家伙"，并将死者生前所穿的衣服挑一身让其带去，此谓"回祖"。娘家人若需要帮忙，可回去后再来或拐个弯从另一条路转回。

这是一般情况，如女的为非正常死亡，又当别论。在诏安，如果平时夫妻俩关系不好，公婆对媳妇有苛待行为，外家就可能因此由怨生怒，甚至怀疑女儿死于非命。这样，娘家"做外家"的人往往达数十人，夫家要抱"斗灯"跪接。来人会掀开白绫、揭去死者面上盖着的"粗纸"，此为"验尸"，以观察死者的亡故是否正常。若有不合之处，会摔东西甚至打人。这种事情以往并不少见。遇到这种情况，做丈夫的要走避，然后请人做"公亲"，从中"道直"（讲条件）。有时通过抚慰外家人和厚葬死者，就可以了结，有时则不然。地方上就曾经因为妇女上吊自杀，女方的亲族出动大批人，前去拆房子、搬东西，男方这一头上前阻拦，事情越闹越大，以致酿成村族之间的械斗。

治丧期间，死者的晚辈要着丧服。古时的丧服谓"成服"，都是要用粗麻布缝制。丧服依亲疏分为斩衰、齐衰、大功、小功、缌麻五服。儿子、儿媳服"斩衰"，四沿和袖口皆不缝边，女儿服"齐衰"，拗折缝边，布边在下，皆免冠，"括发以麻"（将头发用麻束起来），脚穿草鞋；孙、曾孙辈也要着丧服，戴"遮头赣"。易服之后，子孙后辈下跪哀号恸哭，焚烧冥镪。明清时期，规定儿子要为父母服斩衰三年。

民国时期，治丧穿戴有所简化，丧服布料分为大麻（黄麻布）、二麻（苎麻布）和白布。孝男、孝媳所穿丧服为大麻制成，父丧前襟下摆不缝边，母丧后襟下摆不缝边。孝男头上戴的孝巾用白坯布撕成方块，再对角折成三角巾扎在额头上，正中处再加缝一小块粗麻布，被称为"头白"，头白之上加戴"麻孤宅"（用稻草和麻绳扎成），腰间扎黄麻，并缀以剪刀、尺子、草鞋、小铜锣，脚穿编织进麻绳的草鞋。孝媳、未嫁女头戴"遮头赣"（用麻布折成，遮及脸部两边），脚穿白布鞋，鞋上缝一小块麻布。女儿的丧服用二麻制成，有缝边，头戴"遮头赣"，脚穿白布鞋；女婿穿白长衫，腰系白腰带（俗称"腰丝"），头戴"白头赣"，穿白布鞋，腰带束后两头垂在后面。孙子、孙女穿白衫裤，孙媳穿白衣裙。孙子、孙女、孙媳包括五服内的亲人，头布都要扎成"土杀鼻"，皆穿白布鞋。在治丧的 7 天之内，这套装束只在等棺、买水、入殓、出殡、做七的场合穿戴。其他时间，孝子孝媳只将外衣穿反面，如父丧，上衣褪左肩；母丧上衣褪右肩；父母皆亡故的，上衣双肩皆褪，腰扎麻绳，头扎用白布裁成的"头布"，头布于脑后打结，留出一长一短的两条来，其左右的长短，意义类同于插筷子，靠近左手的代表家中男性长者，靠近右手代表示家中女性长者，留长的表示尚存，留短的表示已逝。其他亲属穿白衣、着白鞋，扎头白。较疏的外亲不佩"头白"，仅将白布缠在臂上。

在七日内，闻讯的亲友会陆续前来"奔丧"，吊唁死者，安慰生者，但除非至戚挚友，一般是不会到布幔后去探铺的。对亲友送来的"纸银"（纸仪），负责接收的人一一记录其姓名和纸银的数额，并回赠"发气"（饼干、红布条、红丝线）；若是送花圈、布轴，则要回送"面前"（饼干、茶叶、香烟及一小块红布，年尾时另加大吉即红柑一对）。

二　殡葬

现今由于殡葬改革，火葬已普遍实行，但在昔时，诏安葬俗系以土葬为常，只有贫穷人家，无钱买墓地，才火葬的。土葬涉及的用地和棺木，有的事先已有所准备，有的是事到临头才去办的。觅地除死者家属外，还须请风水先生同行。装殓用的棺材（又称"寿板""大厝"），其材质以杉木居多，富贵人家也有用梓、楠的，至于其大小、厚薄、高矮，也视家庭条件而有所不同。如先前备有棺木，可以雇工匠来加工或送去加工；如先前未备，则到棺材铺选购现成的。从棺材铺抬回棺木时，要有 8 个人，其中 6 个人抬棺身，2个人抬棺盖。县城抬棺有专职的"土公仔"，乡村则往往是由亲族中的青壮年负责。亲友们则到指定的地方"等棺"。棺柩到了，大家便沿着预定的路线在街上游行。游街时，五服内的亲人扎头布，其他亲友臂上缠白布（死者若是男的缠左臂；若是女的缠右臂），跟在棺柩的后面。死者儿女要披麻戴孝预先跪在门外或巷口哀号迎候，称为"接板"。接板时，孝子要捧着"斗灯"。所谓"斗灯"乃一个米斗，一般内里放着一对红烛、一个戳子、一把剪刀、一只尺子。棺抬至孝男面前，由领队的人将斗灯放入棺材内，待进入家门才将"斗灯"双手托起，放在死者灵前。

棺材运回来，要先放在门外，丧主须将一袋内放铜币的米放在寿板上，以压棺煞，俗称"碛棺"。这时"师公"①则唱："白米压大厝，子孙年年富。"师公又取一把新扫帚扫除板上灰尘，从天头向天尾扫，扫后扫帚丢弃，同时将一些银纸放在棺前焚烧。棺材使用之前要先处理加工一番，棺材的外面要涂上带瓷粉、颜料的漆，死者是男性，涂红色；死者是女性，涂黑色，停棺期间天天漆。棺材内面或用生漆遍涂数次，缝隙要用桐油灰填补，务使其不泄漏尸体的气味和液汁。

接棺后，要烧"库钱"。库钱又称"随身钱"，相传凡人自冥司转轮投胎出世，向其生肖之库借库钱，当作出生的盘缠，死后须缴回。库钱于接棺后在门庭外焚烧，焚烧时子孙要围成一圈，以防野鬼抢夺，所以又有一种叫法——"围库钱"。烧库钱的灰，日后埋入墓中。

入殓前，要先"买水"（或叫"请水"），由孝男（死者的儿子，没有儿子由孙子代替，无子无孙的由亲族公推出一个过继者当

---

① "师公"系民间对俗家道士或居家香花僧的称呼。在一整套繁缛琐细的丧礼中，师公扮演着重要的角色。在诏安，往往人刚死，就被请上门，七日过，其职责算告一段落。民间一些较隆重的道场功德，仅师公一人难以胜任，也会有出家的道士或僧人参与。

孝男，过继者有财产继承权）披麻戴孝，反穿上衣，袒露一肩，手持土钵、筊篱，痛哭流涕，由两人（孝男的同辈或下辈）搀扶到溪边或井边，先跪地烧香，然后投若干用红丝线系着的铜钱于水中，意思是向"水公水妈"买水，再以土钵朝水流逆向舀水，取水时要用筊篱滤去沙子。回来的路上，长子捧土钵、次子捧筊篱，若死者不止两个儿子，则其余的跟在后面。孝妇由家族中的同辈或下辈搀扶捧"斗灯"，孙女和亲族妇女跟随于后，跪在路口等候孝子"买水"归来，大家汇合一起回家。在家门口，孝子在主事的长者喊"孝子叩谢"时，向前来参加"等棺""买水"的亲友们跪谢。

请回的水，要烧至温热，请父母双全的"好命人"，一边用白布沾水为死者象征性揩脸净身，一边说吉祥语，如"跟你洗头面，子孙大家福幸；给你洗洗嘴，子孙年年得富贵；眼睛洗金金，子孙人人发万金；跟你洗洗手，子孙万年得自由；一身洗透透，子孙大家都友孝；自头洗到尾，子孙人人有大家伙"。也有的是由孝男孝妇拿白布沾水为死者揩抹，然后为女性死者梳头或为男性死者理发。

古时在沐浴整容之后，家人要用绸或布把死者的衣服束紧，分横幅、直幅两种，横者周身相结，直者掩首至足而结于身中，先结直后结横。小殓横用三幅直用一幅，大殓横用五幅直用三幅。贫穷人家则缝布为枕，内塞灯芯草，殓时以两肩上用二短枕，腋下用二长枕，胯下用二中枕来代替。民国以来，此种殓法已逐渐被废止，改为为死者套上寿衣。衣服的件数，50 岁以上者上七下五，50 岁以下者上五下三，总之不管多少件，层数必须是奇数。男的外穿长袍马褂，女的穿裙，忌穿皮服，恐投胎转世为牲畜。

在给死者穿上之前，孝男先站在竹凳上，头戴竹笠，取寿衣前后相反，一件件套在身上，用麻绳将袖口扎紧，抽出双臂，整套一起脱下，放在米筛上，然后，将竹笠抛到屋顶，之后，孝男从凳子上下来。何以须头戴竹笠足蹬竹凳？据说这是因为汉统的明朝被清朝取代后，明之遗民不愿被清朝贵族统治，于是有此之俗，以表示上不见青（清）天、下不沾黄（皇）土的意思。接下来，土工（仵作）将整套寿衣穿在死者身上，再由孝子给死者戴帽，孝媳给死者穿鞋。寿衣的形制，据说直至清代还是采用明式。相传吴三桂降清时提出的条件之一是"生时穿清服，死后着明服"，于是用明代服式做寿衣的习惯便延续下来。民国时期，此习惯才改为男着长衫马褂女着裙子。

穿戴整容完毕，旧俗要将灵堂中临时设立的灵位，换成木质的或供长久奉祀的"神主"牌位，其中"神主"的"主"字要故意漏写一点，写成"王"字，待到出殡之日"题主"时，再请有身份的主礼者在其上添加一点。同时，制魂帛、魂幡、圣杯，因为死者即将入棺，入棺后则形不可见了，故制魂帛以泊其魂，制魂幡以召其魂，制圣杯俾通人神。魂帛的形制，是在长三四尺的白布上，书写死者的姓名及死亡年月日，在下葬时随死人一起埋入坟墓；魂幡由僧或道所制，男用青纸，女用黄纸，上写"接引×××往极乐世界"等字样，悬于带有青叶的竹枝上，出殡时由丧家手持，除灵时烧掉。因此幡是用以导引亡人灵魂的，故名"招魂幡"。圣杯是以白线串二枚铜钱，系于作功德、捧饭菜时询问亡灵歆否、食否用的。

旧时，丧家还会延请僧道诵经作法，为亡灵做超度，此为死后所做的第一坛功德。因为系在死者的铺前举行，俗称"念铺前经"。其科仪以诵经为主。诵经者可以是和尚或道士，也可以是尼姑或长年吃素的"菜姑"，丧属围在铺前跪听。此外，科仪还有持咒、拜忏之类，有时还连带由道士或僧人作法，举行"辞生祭"。即将死者扶坐于厅中的交椅上，足踏装有谷物、金钱之斗，以饭菜为祭品（丰俭随意），点香请死者享用。各项科仪做下来，时间要从中午到晚上，故丧家会备简约晚餐招待僧道们。

至此只是"小殓"，将遗体纳入棺中的仪式，方为"大殓"。

在诏安，除非死于恶疾或年轻夭折当日就入殓出葬外，多数是在死后第三天才纳棺。其时辰请日师择定。到时，棺材由执事（"土公仔"）抬进厅堂中，搁在两个条凳上，头朝供桌，丧属焚香礼拜。

死者入棺之前，古代有"饭含"之俗，其含义是"孝子所以实亲口也，缘生以事死，不忍露其口"，即以数粒米饭和珍珠、金银屑放入死者口中。有的人家还要将玉块塞入死者的肛门，称为"屁塞"。民国以来，改为对死者"饲生"，菜肴多者可为6荤6素（现今一般为7碗），此为下辈为亡亲作一生最后的奉食，寓"您养我大，我饲您老"的感恩报答之意。亲属用筷子头将食物挟到死者的嘴上。主事者则在旁念诸如"吃豆干，子孙会做官；吃饭粒，子孙会置业；吃猪肉，子孙生理发；吃鱼头，子孙读书傲（好）"的祝语。

吉时一到，亲属站在遗体周围看死者最后一面，执事将白布铺于棺底，放进让死者到阴间使用的纸钱。死者由长子扶头，次子抬脚，其他亲属帮衬，将尸体抬进棺材（也可由土工来做）。入棺时，应以雨伞遮住死者的头部，以免见到天日；要让男性死者的头部顶着棺材上端，女性死者脚底触及棺材的下端；死者头下放金纸银纸作为枕头，脸上盖黄纸，整理好身穿的寿衣。棺内上下左右塞进草纸、木炭、石灰包和茶叶包，死者衣服以及其他生前爱好或惯用的小物件也一并放进去。这时就可以在上面盖白布，这一铺一盖的白布合称"天地被"。做完这些，丧属跪地，执事将从死者衣袋中取出的钱撒到地上，让死者的子孙拾取，名为"分手尾钱"。

盖棺之前，五服内的族亲要举行告别仪式。仪式由"师公"（或者是道士、僧人）主持，用麻缕或白纱线，一端系在死者手上，众亲属排列起来，手中各拿一张纸银执住延伸的线缕，然后"师公"（或僧道）由远而近将所执着的线逐节割断，边走边念"生者犹生，死者自去，生死殊途，从此割断"。然后人们将手中的那一段线和纸银收集在一起焚化。这一个过程，民间称为"割阄"，表示生者和死者永诀，死者安息，生者平安。

如果棺材内已再没有东西需放，就可以在吉时将棺盖覆在棺材上。盖棺时，丧属在棺材旁边燃香跪拜，有的丧家还会请僧道为死者"开魂路"。民间认为，人死后必赴阴曹地府，而魂灵初离人体，一时之间，找不到通往阴间之路，于是家属须延请僧道诵经作法，为亡灵开魂路，以便死者顺利到达阴间。

接着是封棺安钉。旧时封钉，母丧由母舅为之，父丧由族长为之，若没长辈担当，而是由晚辈封钉，则需垫椅子。棺材钉是四方形的，长短依寿板的厚薄而定。须备一个长方形的"桶盘"，将红包、斧头、棺材钉、子孙钉及白布或面巾等陈于盘中。长男将之顶于头上，跪请母舅或族长封钉。后来改成他们只是象征性地拿斧头在钉上敲一下，而由"土公仔"代替完成。如果外家有意见，要设法满足其要求。封钉前丧属备牲醴祭奠，边哭边"祭棺"。封钉一开始，亲眷跪在棺柩两旁。执事在主礼人示意下开始钉棺盖上四角上的钉，大声喊："安钉安钉，子孙昌盛"。"师公"接着大声念吉语："一点东方甲乙木，子孙代代居福禄；二点南方丙丁火，子孙代代发家伙；三点西方庚辛金，子孙代代发万金；四点北方壬癸水，子孙代代大富贵；五点中央戊巳土，子孙寿元如彭祖。长子咬起子孙钉，子孙代代兴，代代出贵丁。"封钉的顺序是：男殁由亡者左肩点起，女殁由亡者右肩点起，不得绕行柩头。前四根钉子要钉实，钉在后边的那根钉子，是松的。孝子用嘴咬那根钉子，拔起，吐到已装着米谷铜钱的大斗中，寓意"出丁"。

盖棺封钉之后，家里人将死者生前的日用品，如草席、旧衣物等连同"脚尾灯"等扔到野外，俗称"送脚尾"。

晚饭后要"围棺"，参加围棺的必须是亲属及五服内的人（与死者生肖相冲的不参加），但总数要成单不能成双。围棺时把已经安钉的棺材放在灵堂中间，参加的人，手中要拿一支点燃的香，大家围棺绕圈，左转 3 圈右转 3 圈。绕圈时，由一个族亲做"句子"，如"围棺围棺，家族兴旺，家庭好康""围过来，子孙发大财；围过去，子孙起大厝"。入殓之后的夜晚，几天不沾席的孝男，就可以铺稻草为席，摆砖块、土块为枕，围着棺柩和衣而卧，俗称"困棺材脚"。

封棺之后，家人要继续给死者敬茶、饭，但不用轮流哭奠不停，改为"朝夕哭""朝夕奠"。丧家可择吉期，为亡者"做功德"，规模大小不等。旧时，诏安较普遍的是做"出山功德"。

古代，殡期（指殓而未葬这一阶段）长短不一，《礼记·玉制》曰："大夫、士、庶人三月而葬"，但并没有严格遵行，大多在七旬（49 天）内外出殡（俗称"出山"）。现代，殡期逐渐缩短到人死后 7 日内出殡，如果是年轻夭折的或死于恶疾者，甚至在二天内就入殓出殡。

出殡，是治丧中最隆重的仪礼。亲友和村族中的人如期前来送葬，有送挽幛、花圈的，有送银纸给死者上路用的；依例会有祭奠仪式。仪式在门外进行，条件许可的人户，搭建临时的灵棚。灵棚当中设供桌，供桌四周挂白布，正中安放灵牌，左、右摆设纸扎的"金童玉女"，以及纸马、纸轿、纸屋等。灵棚里还陈列挽联和哀轴。供桌上摆着丧家所备的香炉、酒、发粿和鸡、肉、鱼（三牲），女婿所供祭品摆其后，再之后是亲友的。棺伏用大绳将棺材绑在"独龙杠"之下（谓之"绞龙"），将棺材抬出来，摆在案桌后面，安放在两条板凳上，盖上红毯（被），俗谓"盖棺被"，也有以竹为架，用纸糊一个有许多纸花装饰的棺柩，俗称"棺材罩"。接着，死者的遗像被置于一个事先做好（用竹扎架、纸糊）的纸轿上，以让死者灵魂乘轿前往阴间。

殡礼由司仪主持，先由一个较有身份的人读祭文，司仪按辈分唱名，被唱名者依序祭拜，长孝男先行三跪九叩礼，其余丧属及族亲接着跪拜。孝男烧香奠酒，酒过三巡，向前来参祭的众人泣谢。祭棺毕，孝男（长子）一手执酒壶，一手持大竹筛，围棺绕圈行，将酒滴洒到地上。完后，亲属围棺大哭。从此时起，亲友不可再赠送丧家金银纸。

吉时到，8 个土公仔（乡村中多是由亲族中的青壮年）抬起棺材（如死者尚不到 50 岁，只能 4 人抬馆，还有一种薄棺材，是穷苦人所用的，叫"四片板仔"，只需两人抬），踢倒垫放棺材的板凳（若死者配偶在世，只踢倒一只）。灵柩行进时，应该是死者的脚在前头在后，但如果死者还有父母在世，则起柩后抬棺人须将灵柩的头尾互调，走几步后才复原。灵柩从死者的家中抬到山野预先选好的墓地埋葬，称为"起柩"。

诏安出殡，不仅历代不尽一样，穷富之间大相径庭，而且城乡间有所不同，山区客家人与沿海河佬人也有所区别。尽管如此，出殡仍可谓丧家社会关系、家庭条件和死者地位的集中展示，其排场非其他可比。县城旧时通常的"出山"行列大致如下。

走在前头的是大女婿，肩扛锄头，其上吊着放有香束、纸钱的竹编"篮饭"，二女婿扶遗像随后，死者若无女婿，则请其他亲属代替。接着是两人持一对"铭旌"，铭旌上标有死者身份（身份可以虚拟①）。跟随其后的两人敲小鼓和大钹。再接着是由外甥挑着一对"孝灯"，灯为圆柱形，竹骨布面，半面写着丧家的姓氏，半

---

① 依俗，死者凡读过书的，虽然未有功名，但不妨标上"例赐进士"，也可按年龄援例写"登仕郎"（60 岁及以上）、"修职郎"（70 岁及以上）、"文林郎"（80 岁及以上）等字样；凡是妇女，都可以标"例赐孺人"。这是由漳浦旧县志记载的传说而生发出来的。其说是南宋末代皇帝昰曾驻跸马口，开科取士，榜未发而元兵追来，帝昰仓皇登上御辇，投考仕子要求发榜，小皇帝在溪沙上划字"尽赐进士"，才摆脱士子们的纠缠，继续南逃，经过漳浦时，皇帝的母亲杨太后命大臣叫几位妇女来座谈，大臣答："太后不可接见工无爵位的妇女。"杨太后便传旨："漳浦妇女尽赐孺人。"漳浦人援引这个例子，在铭旌上标"例赐进士""例赐孺人"。诏安在宋时属漳浦，所以亦有此俗。

面写着"大（父）×代"或"大（母）×代"，灯上若书三代则缠白麻布，四代浅黄布，五代红布，以五代同堂而终的，系福寿全归；随后是"招魂幡"、灵旌、香炉（一路焚香不能中断）。灵旌由女婿出份制作，如祭岳父的，上书"峰陨泰山""荫失岳云"字样；如祭岳母的，上书"宝婺云封""班联金母"字样；亲友送的蓝色或黑色的横幅、挽幛、花圈等在后，挽幛上书"情怀旧雨""截发贤声""驾鹤西归""瑶池添座"等，花圈则是"×××千古"字样，还有致敬者的落款；接着是八音乐队、魂轿（轿中坐长孙，奉斗，斗中放神主）、灵枢。长孝男从上到下一身丧服打扮，腰缠一条"钱贯"（古时用以串铜钱的小麻绳，铜钱以红纸包着，要正贴在肚脐的位置），再缀以剪刀、尺子、草鞋、铜钱、小铜锣，手持孝杖（丧父用竹杖，丧母用桐杖）。其后左右各有一人扶持，接着是孝属以及送葬的亲友，队伍按预定路线缓步行进。

以前死者的亲朋好友得过死者恩惠的，为感谢死者恩德，会备牲醴在灵枢经过的路上祭拜，称为"路祭"。这时出葬行列要停步，抬棺者用带丫杈的杠棒撑起灵枢，鼓乐则继续吹奏。孝男向路祭者跪拜致谢，并赠以白布和红包。

待走一段路（城关地区是走到城乡接合部），到一个三岔路口处，孝男孝媳等亲眷要抢先跑到前面的路口，男左女右跪于路旁叩谢送葬的人，称为"辞路"。亲族中的妇女以及友人、邻居等送至此，便可从另一条路径返回死者家门口。只有孝男和主要男亲属前往墓地，关系特别密切的亲友可能一直送到山脚下，孝男再次叩谢，敬请留步，称为"墓门头辞客"。送灵枢回来的人以浸有石榴枝叶的水（俗称"花心水"）洗手，吃"发气"（饼干），寓意让送灵的人平安发财。除要留下帮忙的人外，其他人可去掉臂上缠着的白布，各去干自己的营生。

孝子和亲族中的男丁等负有安葬责任的人，则继续向墓地进发。死者的大女婿仍走在队伍前头，将"篮饭"里面放着的"纸钱"沿路撒放，纸钱为上面打着通宝钱币图案的草纸，此为"放纸"。随后的二女婿遇有沟坎、拐弯的地方，便放一张"寿金"（贴金箔的四方形黄纸片）于路上，并用石子、土块压住，以防被风吹掉。纸钱是施舍给野鬼的，以免其拦路，寿金是给土地公的，请其为死者灵魂指引道路。孝子和一些帮助安葬修坟的亲友跟随在后。

到达墓址后，将灵柩置于圹前，死者亲属点香烛、焚纸钱祭奠死者。有身份的人祭拜土地公，请神明拨出一块地供死者安息，俗称"授土"。棺材入土之前，主事者手持香炉绕墓穴一周以禳除邪气。

墓穴（俗称"金井"）是"风水仙"（风水先生）事先用"罗庚"测量后，安排好坐向，由死者亲属雇人挖就。择定的吉时一到，"土公仔"拔掉棺材底部通气栓，8个人配合将灵柩徐徐放入墓穴（称为"下葬"）。风水仙在土公仔协助下，进行"分金"，分金系用红丝线（地方叫"红棕步"），在其两头各绑上一个红纸包，红丝线放于棺木中间，以罗庚标示的正确坐向调整棺柩的位置，直到十分准确为止。长孝子止哭临视，勘验周至，务使棺位平直端正，将内中放钱的红纸包分给风水仙和土公仔各一个，并将魂帛埋在圹边，铭旌铺在棺上，亲手往穴中撒下三把掺有石灰的沙土，示意可以窆埋。土公仔喊："进灰土，开大祖，进啊！"亲属将已搅拌好的灰倒到棺上和棺边，并将五谷、铁钉撒入穴中，土公仔在旁边喊："撒五谷年年发，撒铁钉代代升。"尔后同来帮工的人一起，众人将原挖出来的圹土回填入穴中，直至在圹穴上堆成一个"墓龟"。

掩埋后竖墓碑（俗称"墓牌"），墓碑上镌刻的文字竖行排列，右书："×大房子孙敬立"，中间一行横书郡望诸如"江夏发祥""高阳先春"，再竖书"显考（或显妣）某府君××（或某府某孺人）之墓"，左边一行书年号干支。① 又在墓旁左边立"后土"碑，丧属在后土的神位前摆牲醴、点香烛、烧寿金，祈求土地神保护这坟茔，俗称"谢土"。

如系夫妻合葬则筑双圹，中间隔以砖墙，埋葬后殁者时，只要揭开上面的复石，不必动及先葬者的棺木。合葬墓的墓碑事先刻上夫妻姓氏等，已葬者填以朱色，在世者不填色。

依旧俗，在父母未亡时，已经备有神主牌（俗称"家神牌"），用金粉和榕树胶着字。上写"长生禄位"，中间并列写着"考讳×××公"和"妣懿×××氏"，下面写有"神主"字样，"主"字原不着一点，呈"王"字。神主牌平时置祠堂龛中，罩着红布，安葬时要带上山来，"谢土"毕，孝男与孝属跪于墓前，孝长子背向墓跪，双手捧着死者神主牌。族中长者主礼，揭去神主牌半边红布，露出已亡一方的名字，用朱笔（用毛笔沾朱砂）在神主牌上端左右两边各添一小点，口中唱道："两耳聪明，子孙繁盛，科甲连登"，谓之"影祖"；又用毛笔蘸榕树胶在牌上的"王"字上添上一点，使其成"主"字，扫上金粉，边做边说吉语："点王为主，神灵归府，福荫子孙，富贵长久。"然后将笔向太阳方向掷去，这称为"点主"。俗以为这样能使死者的魂灵附在神主上，随神主回家接受祭祀时不迷路。孝男谢过点主官，将神主奉进米斗中，放在墓碑前，摆设牲醴，点香烛，焚纸钱祭奠死者，再拾取一块墓土

---

① 这是指民国以来的碑上字样，古代的碑上字样要讲究得多。它分为四部分：碑眼和左、中、右条。碑眼为望，如"颍川""西河"之类；中条题"××（朝代）显考（或显妣）×府君××（或某府某孺人）之墓"，其中朝代写"皇明""皇清"之类；右上角题营葬年月，如"同治辛未仲春"之类；左下角题"孝男××，孝女××，孝孙××等同立石"。碑上各部分的字数可用加减虚词的方式加以调整，碑文按"生老病死考"循序读下来，务使末字落在"生老"两字为吉，即碑文总字数除以五的余数应该是一或二。更讲究的则要求碑眼和中条的末字都落在"老"上（即除以五余二），左、右条的末字都落在"生"上，最后四部分的总字数除以五必然余一，落在"生"，这就是"两生两老合一生"的最佳吉数。

放在米斗里。待风水仙谢过"羊公"（风水先生的祖师爷）之后，葬礼就告结束。

送葬队伍回家（俗称"回龙"）时，奉装着死者神主的米斗入灵轿，孝灯随其后，孝男手持灵幡，招呼死者："爸（妈），回家吧。"一路上，孝子每人要点一支大香（以保证可以一直燃到家），按原路返回。"返主"时，还要一路滴洒从坟地附近汲来的水，其中有让死去的亲人能认得回家的道路的意思。凡遇拐弯或过桥过沟时均须关照亡灵，队伍快到的时候，安排人提前回家告知，孝妇、孝女手捧红米圆、茶水、米糕、线面，列队至附近路口跪迎神主，称为"接主"。回到家门口时，孝男、孝妇均要哭号，此谓"反哭"，又称"望门哭"。孝子将神主、香炉捧入厅堂，并将灵幡和寿金、银纸一起烧掉。

三　服丧

葬后，丧家可以"除灵"，即将三天前搭在外面的灵棚拆除烧掉，屋里屋外也要清洗一遍，将一些死者用过没必要留下的东西，如破棉被、破衣服等清理掉。丧家向人家借来的东西可以归还，归还时每件物品都要系上红布条或红丝线，以示吉利。"完事"后，出嫁的孝女当天便可返回夫家去，走时要用篮子携回"韭菜肉"。

请从事纸扎的工匠在厝内厅上置"灵堂"；若死者为家中长者，灵堂置大厅对门之正中，若死者还有父母在，要偏于一侧。灵堂以竹子扎起支架，用青、黄、红、白纸裁剪糊饰，灵堂分三个层次设前、中、后屏，屏上装饰花草图案、贴联对（联对用纸为男青色、女黄色）。此外，灵堂还要"安神位"，将神主牌供于灵座，墙壁上挂死者遗像，在神主的两旁摆放纸扎（可大可小）的"进财""添花"两个奴婢，置"添花"奴婢，表示祝愿这家人添丁进口，前面供一碗红糯米圆、一个香炉，将坟土放在香炉里，另外还要摆一盏长明的花生油草芯灯。如果死者年龄在百岁左右，五世同堂，则还需吊柑（大吉）灯、宫灯、果子灯，摆五果。灵前设有跪拜用的草垫，上铺红毡供跪拜。设灵毕，即举行葬后的第一次祭仪，即古代的"虞祭"，俗称"安灵置孝"。供上神主之后，孝男、孝妇每日晨昏仍要在灵前烧香、烧纸钱、摆饭摆茶，直到成服撤灵。送葬时用的孝灯挂在丧家的厅堂外，直到周年后才撤下焚毁。

在七日内，儿孙们可以订婚、结婚，叫作红白事一起做，死去的人多一个孝妇，又可节省婚事的开支。过了这七日，一直到做周年时，死者的家中不得办喜事、建新房，同时也不能去参加别家的结婚、谢土等庆典活动。

治丧期间，不少人给予关心和帮助，为对这些人表示感谢和祝福，殡葬归来，丧家要"办桌"答谢吊客和帮忙丧事的亲友，也是古代的"飨胙"之意。席上须有一碗猪肉煮红酒糟，俗称"红糟肉"，寓意见红化吉；一小盘饼干，祝众人回家后平安吉祥；不上甜点，以豆干炒韭菜作为最后一道菜。

服丧守制，明清时期要三年，特别是涉足仕宦之人，每逢父母之丧，称为"丁忧忧""丁内艰"，要上奏朝廷解职回原籍奔丧，三年守制期之内不得起复。古时社会对孝男居丧，有种种约束，按大清律例，即居丧不得饮酒、食肉、演戏、作乐、赴宴、嫁娶、犯奸、薙发，犯者或杖，或徒刑。儒生在守制期间，不准应试，违者则属犯罪，已获功名要予以革除。至民国之后，习俗保留了做四十九日、做百日、做对年，周年之后就可以恢复正常生活了。

所谓"做四十九日"，是在这一时段内，除了每日以清茶、米饭例祭外，自死者去世之日算起，每届七天都要哭祭，俗称"做旬"。每次要在灵前摆"五牲"和一碗饭、八碗菜，以拜死者，还要两小碗饭，拜"进财""添花"，半小碗饭拜监押官。拜监押官的饭上要盖一个比碗略小的盘子，并且只放一根筷子，据说是为了不让监押官很快吃完，否则会抢死者的东西吃。在一、三、五、七这四个"旬日"较为隆重。

"头七"（又称"做起服"）为"孝男旬"，必须有甜汤圆，并且不摆筷子。有的人家会延请僧道设斋诵经，焚化纸钱和纸做的房屋、用品等，保佑亡灵用度无忧，尽量少遭地狱之苦，早日投胎转世。死者吃过米糕后，传说土地公会带他（她）到冥河边洗手，死者双手的指甲会立即脱落，此时死者才会意识到自己已经死亡。

当天早晨，死者家人要将门上的白纸撕去，换上挽联，以示纪念。死者是男的，应贴青绿色的对联；死者是女的，应贴黄橙色的。联句有传统的通用联、挽男联、挽女联，通用联有"想见音容空有泪，欲闻教诲杳无声""慎终不忘先人志，追远常怀一片心"等，横批如"缅怀亲人"或"风范永存"；挽男联有"一庭椿影随堆地，半榻琴声竟在天""检笥尚遗元草在，登堂空忆白云留"等，横批如"音容犹在"或"名留千古"；挽女联有"王母归时环佩冷，秦城去后凤楼空""慈竹霜寒丹凤集，桐花香萎白云悬"等，横批如"寿终内寝"或"鹤驾西天"。还有一类是名士、文人为逝世的亲友专撰的挽联，一些联对的内容还涉及死者的年龄、身份、业绩以及与生者的关系等，不能错写滥用。

孝男孝妇及孝属（包括嫁出的）在起服的这一天，还须备牲醴（猪头、发粿、鸡蛋、面等）到新墓哭祭，并对茔域作进一步的修整，民间称为"巡墓"。这中间，有"围墓墩""封墓墩""滚红包"的仪程。所谓"围墓墩"，就是去的人要沿墓墩周围的坟沟围成一周，但围的人须是单数，再左转3圈右转3圈。负责组织的人会适时"讲好话"，如"围墓墩，出好子孙，走啊！发啊！"围墓墩之后，死者的女儿将草皮压在坟堆上，名曰"封墓墩"，这时同样有人喊："女儿封墓墩，出好子孙"，"墓墩封的顺，家庭会好运"。接着，族中的长辈将涂成红色的面包从坟后滚向坟前，孝子、孝妇、女儿要跪在坟前，用穿在身上的衣裙去接红包。

完后，家人要给土地公烧寿金，并给死者烧纸钱、库银，化金银山、七色帛、衣箱。

"三七"一般由已出嫁的女儿和女婿筹办，称"灶仔旬"；"五七"一般由已出嫁的孙女、侄女承办，称"查某孙仔旬"。女儿女婿要备丰盛的祭品（其中要用猪头）来祭奠，于中午每个嫁女须办一桌席宴请亲友和族人，傍晚焚化冥钱和用纸扎成的纸床纸被、金童玉女、金银财宝、车马楼房等。"查某孙仔旬"仪式和内容与"灶仔旬"大体相同，均比"孝男旬"要简单。俗谓女儿、孙女、侄女供奉的将由死者独自享用，而孝男孝妇的祭品则先由地下的祖宗享用。

"尾七"（又称"完事"）做法和"头七"相似，但俗信这时死者灵魂已找到投生处，所以祭奠更加隆重，除了自家祭奠外，亲友也会前来焚化银纸，祭后丧家设宴酬谢。这最后一次"做七"，也是每日敬饭敬茶的最后一天，以后将改为朔满（每逢初一、十五）哭灵时敬饭敬茶。

"做七"的49天，丧属不得上他人家串门。"完事"之后孝男在夜晚时身着孝服，带着礼物（多为祭肉）回访曾经来吊丧赙赠的亲友家，不叫门，只将礼物放在大门口，谢帖塞进门缝，就转身回去，俗谓"答谢"。五服内的亲属这时便可以"去孝"，即脱去麻衣孝服白头布，在燃烧的冥纸上转几圈，用石榴花叶水洗过，晾干收起。男的要理发，女的要挽面。男女改在臂上别黑布圈（也有的是在胸前别黑布条），表示有孝在身。

丧后百日内，孝男必须睡在干草上，头枕土块，丧眷不可进别人的家门，虽然当官者不可理公事，但"礼不下庶人"，一般民众可照常做工、经商、上学。逢年过节丧家不可沾荤腥，由亲友馈送糕点。百日期满，要"做百日"，举行祭奠，从此终结哭奠仪式。这之前要提前一至三天恢复敬茶，以让死者准备接受祭奠，已出嫁的女儿要带白龟粿回娘家，丧家要特别制作红龟粿与白龟粿一起上供。"做百日"的祭品除丧事的"七碗"之外，还有用发粿和用猪头、鸡、鱼等凑成"三牲"或"五牲"。大户人家甚至用上"少牢"（全猪全羊）。做百日还要焚化纸扎的"金银山""楼仔大厝"之类。辞神时，缙绅之家的孝男行读固定格式的卒哭祝文，寻常百姓则跪拜叩首、酹酒、燃香烛和烧寿金、纸钱。

做百日时，女婿、外孙、曾孙一律除服，胸前或腕上挂红丝线，女性发给红色纸花让其插在头上，男性发给红包让其理发，俗称"转红"。转红之后不必遵守服丧期间的种种禁忌。百日卒哭后，孝男、孝妇、未出嫁的孝女及孙子、孙女仍在服中。做完百日，已出嫁的孝女回夫家时，应将带来的白龟粿留下，而将娘家做的红龟粿带回夫家，表示化吉保平安。百日后，已出嫁的孝女在娘家要戴孝，回夫家时，将戴孝的标志留下，着吉服离开，称为"寄孝"。

昔时，一般丧家节衣缩食也要为死者"做功德"，多是请僧尼来做。俗以为请僧尼做道场法事，可以为死者赎生前罪孽，超越"畜生"、饿鬼、地狱三恶道，获得升天或投生人世。

"做功德"多在"做旬"的头七、三七、五七、尾七或在"做百日"时举行，也可以在"做对年"或以后的任何时候追补举行。在外谋生、做生意人奔丧后，他们要靠为死者做大型的"功德"来减轻"子欲养而亲不在"的痛疚。囊中羞涩者在发达之后为父母补做功德，也能补偿早年未尽的心愿。为死者做功德时，不仅要追荐超度早前亡故的死者的长辈，而且要以其为主荐，由他们来引领死者脱出苦海。做"功德"大致可分为"亡斋""四出斋事""求忏解结"三种。"亡斋"就是亡人家属请和尚、经生前来念经以解倒悬的活动，班子人数一般十多个（奇数），时间少则两天多则十五天；"四出斋事"一般是经生三五人，手扶木鱼念经，时间从早到晚；"求忏解结"只一二人，时间两三个小时。

丧后一周年，要为死者"做对年"。所用的供品还是丧事的"七碗"外加猪头、鸡、鱼、发粿等，出嫁的孝女要带白龟粿一起上供。孝男向纸扎作坊订做纸屋，里面有纸糊的奴才、丫鬟及一应生活用具。孝男孝女还会准备"金银库"和"金山、银山"。当天要恢复"敬茶""敬饭"，其他祭法和"做百日"相同。做对年要请亲友来参加，祭过周年后家人就要"除孝""变红"。做完功德，纸屋和"金银库""金山、银山"连同将褪下的服孝标志一起烧掉。家属此后可以穿红色衣服，家门可以贴红对联，但在当年春节要贴写在红纸上的"守制联"。一般的守制联为："三年虽已过，一念尚未忘""思亲唯爱日，守制不知春"。如果是父母俱亡的，守制联则为："慎终须尽三礼，追还常怀片心"。联中提到的"三年"，是以头尾3虚年计，而按旧俗，死者亡故第二十七个月后才能称三年期满。

第二年起，每逢死者的生日和卒日，遗属都要为死者"做忌"。旧俗于祭前的一天要斋戒，不饮酒吃肉，不作乐，变服终日，夕寝于外，女儿、外孙在"做忌"时要带祭品回来祭拜。民国以来，逐步简约，逢长辈忌辰，子孙齐聚，备死者生前喜食的蔬果酒馔，凑成6碗、12碗或24碗供在神主牌位之前拜祭，拜毕则焚化寿金银纸。

诏安旧俗，凡死于外地者（含横死及病死于医院），除山村之孤户外，一般乡人皆忌讳运灵柩入村社内，因为大家已经认为他是野鬼了，怕野鬼祟人；即便将尸体搬回来，也只能在村外搭棚停柩治丧，不能入家门，更不能停于正厅。今后每年死者的忌日，也只能在村社外祭拜。直至现在，有人囿于旧俗，患病住院，一旦危急，家属即刻办理出院，以期能入家厅寿终正寝。

上述讲的是三都地方通常情况下的丧葬礼俗，还有几种不常见的治丧之俗。

如果年纪在18岁以下，不论是何种原因死亡，均称"夭折"。

婴幼儿死亡，用草席包裹，找到荒郊野外，挖个坑放入，坑不能太浅，并以畚箕盖其上，以防野狗将死尸拖出，葬外不堆土不树碑。2岁以上者则殓以薄板棺材，下面的板不钉钉，且依俗死者双手需用红丝线捆扎，衣服口袋剪一个洞，据说可使其早出生天。葬处有堆土，一般不树碑。亲戚朋友不送葬，丧事从简。

若是家人在外因故罹难，死者尸骨无从运回，则要举行"招魂"仪式。招魂需前往出事地点，设木牌，上书死者姓名与生辰，由亲人咬指血点之，并以草扎成人像，脸画五官，穿上衣裤（或裙）鞋袜，将草人挂上竹竿顶，另以白布吊一白鸡引魂，请道士或和尚作法念经，等鸡啼叫时卜，直到卜有三次圣杯即表示亡魂已归来，将竹竿带回家中继续作完法事，择日将魂人装入木板盒内拿去安葬，或连同灵厝一起焚化后埋葬。

要是渔民出海作业失事，尸体漂没，其处置又与死于陆上有所不同。家中的亲人，就要在海边"引水魂"，以超度死者的魂灵脱离水厄之苦。具体做法是：设一招魂幡，将死者的姓名、生辰及出事时间写于上，另置一个石臼，上竖一支丈余高的带叶青竹，竹顶挂一面小锣或放一只白雄鸡，竹上挂白布和溺死者的衣服，前面摆五果六斋、三牲酒醴及纸船等。亲人请来道士作法念咒或请和尚念经文，还要抬着当地境主或其他神佛像来协助，并让溺死者的亲人抓住青竹转。若青竹倒地或雄鸡飞走了，就被认为溺死者的魂被引回来了，但是否引回，还得卜杯问神加以断定。要是卜杯后，神示意魂仍未引回，道士就要大吹法螺，作法催咒，直到再卜杯问神连续三圣为准，这才算达到招魂的目的。引回魂后，道士就把纸船烧掉，再把青竹烧灰装在缸里当作骨灰，捧回祖厝。梅岭还有这样的风俗，如果是几只渔船一起出海，一只船失事死人，其他船渔民要撒网，并祭告海神让死者灵魂依附在打捞上来的生物上，如网到鱼虾，就带回来与死者的服饰一起葬作衣冠坟。死者溺死、被杀、摔死等，要做专门的道场。

第四节　祖灵祭礼

三都民间对祖灵的祭祀，包括有血缘关系的"血亲祖"和无血缘关系的"圣公妈"的祭祀。人们对先人的祭祀，是基于相信人死之后灵魂依然存在，并以不同的方式对生人产生影响的观念。有所不同的是，对有血缘者是出于孝思，并希望得到祖宗荫庇，是一种亲族的祭祀；而对无血缘者是出于怜悯和害怕其作祟，是一种社区的祭祀。

一　祭血亲祖

（一）家庭私祭

在三都，以家庭为单位在家居的厅堂上祭拜或到墓地祭拜，是较普遍的一种祭拜方式。这种家庭（包括数世同堂的大家庭）私祭对象不会超出高祖，参祭者不会超出五服，至今仍是。就一个家庭来说，子孙与近亲祖辈一起居住过，具有直接的生活体验和感情基础。家祭有忌日祭祖和岁时节日祭祖，正如清人陈盛韶在《问俗录》言及道光年间县人祭祖时说："时祭春秋，节祭清明、端午、中元、冬至、年终、岁首。忌辰祭则祖宗考终之日是也。"①据笔者的了解，民国时期家庭私祭与陈盛韶说的稍有出入。民间是考妣的"生忌""死忌"皆做，祖考妣则通常只做"死忌"，一年之中的八大节皆有祭，但以清明、中元、冬至、除夕为主。祭祀的处所，除清明（农历三月的任何一天都可以）是在墓地之外，其他则在厅堂（公厅）进行。程序较简单，在厅堂的祭礼通常是在祖先牌位前摆上供品，再是明烛上香、念诵敬酒、焚纸跪拜等项；墓祭通常是除草培土、挂纸设供、跪拜献礼、烧香焚纸等。祭祀

---

① 陈盛韶：《问俗录》，第94页。

时，品官三品以上去方心曲领，四品以上去佩绶，家中男女子孙媳妇都可以来拜。旧志谓之："祭品丰约量其力，无有废而不举者。"①

除以上外，"私祭"还有"报祖"之祭，即遇到婚嫁、生育、登科、添丁、升官、架屋、分家等情况的临时祭祀。

（二）同族公祭

自从明嘉靖间"诏令官民祭远祖"之后，诏安三都各姓宗族祭曾祖以外远祖的祠祭、墓祭活动便渐次兴起，翻开姓氏族谱，往往族规对此有明确的要求，并收录了祭祖的仪程和祝文。

祠祭是比墓祭规模还大、还隆重的祭祖，举祭的时间据明万历志书所载是冬至日，"世家合族祀始祖"②。然据笔者对民国时期祭祀情况的了解，举祭的时间不一，有的是行"春秋二祭"，如二月初二、八月十六，或三月初三、九月初九，有的是结合祖先的生日、忌日祭而定，如沈姓东井祖祠是于正月初二、九月十七，分别是东井祖的生、忌日期。祠祭之前数日，祠堂内外要清洗打扫，张灯挂彩，楹联碑刻刷净涂彩，厅堂正中挂上有功德、有爵位者之像，谓"挂大寿"，有塑像的则启屏供祭，标志族人功名、官爵的牌匾、灯笼要悬挂起来。同时，各家各户要预备粮食，整顿家室，打扫卫生。据说这是为了让祖宗看到子孙的兴旺气象，否则祖公妈会为之悲伤。祭祀前一晚，须先进香烛拜天地公"照知"，对有功德与爵位之先祖，也先进香烛祭拜。之后举行宰牲礼，最起码宰一猪一羊，多多益善，猪羊须全黑，其鲜血和毛要置于祠堂角落，宰好的猪羊按猪左羊右排列。族人也要到祠堂，供奉三牲果品，以尽孝心。在他乡外里的子孙，会尽可能争取赶回，以免被人骂不肖或

---

① 见民国《诏安县志》卷1《天文志·民风》。
② 福建省地方志编纂委员会整理明万历《漳州府志》卷29《诏安县》之《气候·岁时》，厦门大学出版社，2010，第1132页。

讽刺其忘本。

祭祀仪式通常由族中孚众望且四世同堂的老者（尊称"老公""太公"）主持。正式祭祀时，主祭者洗脸洁面，穿戴祭冠祭服（一般是穿长衫戴礼帽）。除主祭者外，参祭者按辈分依序排列，按古制官品分品秩冠服。在未祭祖时，先备一份三牲粿品，排在福德土地神位前，先敬土地再读祝文，焚大金。祭祖主要仪程是"三献礼"，念祝文（各姓族谱载录大体类同），仪程完毕，分胙肉，聚餐，演戏，另有一番热闹。

在时年八节，祠堂也有拜祖，让祖先与亲人一起过节之俗。到时祠堂开神龛，除村族以牲醴公祭、酬神演戏外，任由族人各家祭拜。此外，"公祭"还有重要事情发生的临时祭祖（俗称"谒祖"）。如族中有人荣登科甲，有人封官晋爵，有人经商发财，或与外姓争斗动用武力，同宗间纠纷要诉诸祖先，子孙不肖要动用家法，游子还乡要告谒先人……或荣或辱，或喜或悲，都可以在祠堂郑重其事地进行。

在坟墓举行的公祭活动，规模较大的是合族祭。祭祀祖先的层次较高，开基始祖是最主要的祭祀对象。祭祀时间通常选择在农历三月份，届时各房会派代表参加。在合族祭之下、家庭祭之上的还有房族祭。有的是先进行房族祭，再行合族祭，也有的则相反。墓祭也有一套规定的仪程。

祭祀不管是祠祭还是墓祭，只要是集体祭祀，都是一笔不小的开支。据清陈盛韶《问俗录》载："族大而丰者，肴核维旅，海物维错，鼓吹演剧，不敢俭于所生。"[①] 于是，过去便有蒸尝田之设，"维缙绅及六十以上抱孙者，得与于祭而分胙，以爵贵贱为差等。原于乃祖分产之始，留田若干为子孙轮流取租供祀，曰蒸尝田"。蒸尝田不仅为祭祀提供了经济来源，而且对子孙敬祖睦族也有不可

---

① 陈盛韶：《问俗录》，第 94 页。

低估的作用。有的族姓，蒸尝田取得的租谷不敷使用，就有要求添丁的家庭交纳数斗米谷用作祭祀的。诏城沈氏顺庆堂在《家谱》中记述：在清乾隆时，"从租谷中确定每年120担（旧制每担湿谷6大斗约150市斤），作为年节奉祀、清明扫墓、祖考祖妣三次忌辰祭礼（参拜子孙每男丁分发面包一斤）之用。其余作为每年农历二月二十一、二十二日本宗祠庆祝武德侯祖华诞吉庆请祖、演戏、参拜以及元宵挂灯、鼓乐闹厅等费用"。后来到沈宽厚这一代，400担谷子被分做三个项目使用，其中200担用于祭祖、扫墓，这个习俗一直延续到民国时期。

祭俗相沿而下，有的仍遵古而行，有的则发生了变化，如民国后期的春秋二祭，一般是一次祠祭、一次扫墓；又如过去妇女平时不准入祠，祭日更不得入祠与祭，参祭的必须是15岁以上男丁；主祭者及陪祭的族长祭前一日须另处一室，不与妻子同房。这些，后来也没人去强调了。

二 祭圣公妈

地方上在兵燹、瘟疫、灾荒过后，城乡往往有无主尸体，就由官办或民间的慈善机构组织义工或雇请土工收尸，并由地保募捐买薄棺掩埋于"义冢"。诏安三都的"义冢"，明时有考湖山、后沟山、双髻娘山等，县、乡并建厉坛，厉祭无祀孤魂。清代"义冢"又增置良峰山、华表、寨棚、新安、窖里、凤山、竹林山等处，邑厉尚如旧制。其坛在县城北关外，俗称"北坛"，每岁三次致祭，春祭三月清明，秋祭七月十五，冬祭十月初一。每祭要提前3天牒告城隍，致祭之日，迎城隍神位居于坛上正中，以一猪一羊供城隍；无祀者神位立于坛下左右，祭品是二猪二羊四果三石饭米数百件纸糊冥衣，具香楮酒羹随用。清道光间，良峰山麓及西觉寺等处的山场园地改作"义冢"后，泽枯局于清明、中元另行致祭，而厉坛则改由里社于中元节野祭无祀者。

民众出于"怜生恤死"的同情心及人鬼和谐相处的愿望，对于死于非命的人（俗称"圣公妈"），不管是于海上陆上，历来有收尸义葬的习俗。死去而无后人祭祀的，则通过普度济孤。如果死者是因某次天灾人祸集体殉难的，人们会于其殉难日自发组织祭奠。

（一）祭"会真祖"

三都祭祀"会真祖"的习俗颇为特殊，此俗发端于清初。时郑成功举义抗清，顺治十一年（1654）其部将黄廷、万礼领兵到诏安征饷，县城西南4公里处的溪南堡涂、白、欧、蔡、孙等姓民众据堡抗拒。对此惨案，志书仅载："伪提督黄、万等贼陷溪南堡，掳杀如洗，堡亦尽摧平。"① 据说，事件之后，死难者被集中掩埋于溪南东厝寨北面山脚下的一口池塘。翌年十一月，又在该处立了一块"岢乙未仲冬吉；会真所；南溪肇上建书"的碑，意指会聚真灵之处。顺治十三年（1656），逃离在外的溪南一带乡民返回家园，于农历九月二十八隆重举行祭拜仪式以超度亡灵。当天傍晚，在肃穆的气氛中，幸存的乡民以及他乡亲朋好友等在溪南大坂溪斗门放水灯。随后，主祭点香火，众人引香火插于各自的祭品上，和尚诵祭文，僧众做法事，众人默哀、祭拜。祭毕，各家各户引香火插于竹编纸糊的小红灯笼内，回家供奉。不久，人们将"会真所"改称为"会真祖"。②

关于这个事件的起因，民间有个传说，其梗概是：一天，有个小孩在溪南堡北门顶上撒尿，刚好撒到途经城门的一个游方和尚身上，游方和尚不怀好意，赏了小孩几枚铜钱，骗他说："将尿撒到骑马的人头上，会有重赏。"小孩信以为真，果然将尿撒到经过城

① 清康熙《诏安县志》卷7《武备》。
② 陈建茂：《诏安溪南"会真祖"非物质文化传承情况调查初报》（打印稿），2008。该作者曾向前县政协主席陈福亮、溪南"会真祖"民俗协会理事长陈绍汉、溪南"十寨社"陈氏宗亲理事会秘书长陈永杰等进行过了解。

门的海盗首领何匏头的头上。何匏头大怒，拖着小孩跟堡内的乡里老大理论，双方发生争执，结果，不仅事情没得到解决，反而受到羞辱。何匏头怀恨在心，发誓要报仇。何匏头后来投靠郑成功，以溪南堡抗征粮赋为由，带兵围攻该堡。因堡民凭险踞守，久攻不下。时城内鱼塘有天然洞穴通城外大鱼塘，堡内乡民投饵料引大塘的鱼进堡，捕鱼充饥，并将新鲜鱼鳞、鱼骨刺和剩饭抛至城外，以示食物充足。何匏头见状想放弃，手下人献欲擒故纵之计：先行撤兵，麻痹其心，利用农历九月二十八堡内演社戏之机，再突然杀回来，打对方一个措手不及。果然，溪南堡垒在疏于防范的情况下被一举攻破。军队进堡后，将堡垒内乡民屠杀殆尽，邻近村庄亦遭血洗。

随着时间的推移，入居溪南堡的陈姓人口日益旺盛，少量他姓人口也改姓并入陈氏宗族，从而形成溪南统合为陈姓的状况。"会真祖"墓地亦林木旺盛，陈氏族人认为该墓地是一处能够荫蔽其后裔的灵异宝地，认真加以维护，并奉"会真祖"为"祖公妈"，九月二十八即成为"祖公妈生"。早年，溪南十寨社在农历九月间不得奏乐、唱戏，以示哀悼。陈氏族人通过协商，规定溪南西门社、南门社、北门社、坑美楼内社轮流做东，主持举办"会真祖"祭拜仪式。每逢九月二十八，人们在四个门社搭建佛棚，供奉观音大士佛像，佛棚前供奉丰盛的祭品，两侧放置许多大鼎，鼎内盛满香油。迁往他乡、外县、外省的溪南堡先民裔孙，每年也于是日傍晚，同溪南乡民一起将精心制作的水灯，默默地放入大坂溪斗门，顺水飘移。随后，长老点香火，信众引香火，主祭诵祭文，和尚做法事。祭毕，各家各户引香火插于写有"会真祖"字样的红灯笼，大家用火把蘸佛棚前鼎内的香油点燃，之后举着火把照明，提灯笼默默地回家，场景肃穆而壮观。清乾隆年间，溪南进士陈天堦、陈丹心的老师阮朝蛟亲自写祭文，并由二位进士做主祭，祭文内容一直在溪南十寨社乡民中流传，可知此祭俗由来已久。

过去，每逢是日，众多外乡民众自发到"祖公妈"墓地朝拜祈愿（据说姓郑与姓何的人们不宜到"会真祖"朝拜），香火非常旺盛。"文革"期间"破四旧"，地方政府多次派工作队，尚不能有效阻止此祭拜活动。改革开放以来，祭拜"会真祖"的香客逐年增加，祭拜仪式逐年隆重，特别是农历九月二十七、二十八两天，是时东山、云霄和本县一些乡村群众也前来祭祀，会真所人山人海，香火颇盛。通往"会真祖"的路上，香客络绎不绝，绵延数十里。"会真祖"的信仰甚至远及闽粤两省和台湾、东南亚。

（二）"拜破城"

在县城"节义千秋"碑处祭"圣公妈"之俗，也是流传广泛。此俗起于清末。同治四年（1865）二月，太平天国李世贤一部，由丁太阳率领，自平和越过二都龙过岗，于十八日夜抵良峰山安营，发兵围攻县城。三月初六城陷，知县赵人成、典史姜锡安、漳潮巡检方显廷、守备金占熊、沈龙章、千总许成章等战死，群众惊慌跳城，官兵绅民死难者3000多人。五月初一太平军撤退之后，城内外暴骨填塞沟渠。善后局将收受的尸骸合葬在西关武庙右侧，立"节义千秋"碑。此后每年农历三月初六，县城民众都以饭菜在家门口祭拜当年死难的孤魂，称为"拜破城"。

主要参考资料

（下册）

一　文献资料

明万历、清光绪的《漳州府志》和 1999 年版《漳州市志》。

清康熙、民国的 1999 年版《诏安县志》。

诏安县档案馆馆藏民国《壁报》《诏安新报》《诏安民报》和政府文档。

诏安县沈、陈、许、林、吴、何、涂、杨、叶、黄等姓氏的一些古今谱牒。

明张燮《东西洋考》，中华书局，2004。

清陈盛韶《问俗录》，书目文献出版社，1983。

2006 年傅崇毅《夕拾集——诏安乡土史料鳞爪》（内部印刷）。

2007 年许慕辉《诏安史海钩沉》（内部印刷）。

1957 年出版的《诏安县国民经济基本统计资料》。

1958 年版《诏安县基本情况汇编》。

1959 年版《诏安县自然村基本概况》。

1980～2011 年《诏安文史资料》。

1987 年编印《诏安县交通志》《诏安县商业志》。

1992 年版《诏安民间文学集成》。

1993 年版《诏安县地名志》。

1994 年编印《诏安县文物志》（上、下册）。

2003 年编印《诏安寺庙宫堂简介》。

2004 年版《漳林古港》。

2005 年版《漳州文化丛书》。

二　口述资料采访对象

许伟津　87 岁　原工商业者，曾任诏安县工商联主委。

林养生　52 岁　庆源纸绸庄掌门人。

许平顺　79 岁　真君庙理事长。

吴拱垣　68 岁　民间雕刻工匠。

黄凤来　76 岁　玄天上帝宫理事、黄氏祖庙副理事长。

陈拱辉　59 岁　香花僧陈正勋传人，师公。

沈崇忠　69 岁　退休教师，沈氏顺庆堂理事长。

黄应祥　75 岁　离休干部，曾长期从事农业、农村工作。

傅崇毅　80 岁　诏安县政协文史顾问，曾长期从事财贸工作，主编《诏安叶氏探源》。

胡辉武　78 岁　退休干部，曾长期从事工业工作。

林坤木　62 岁　退休干部，主编《诏安林氏世谱》。

陈木德　72 岁　退休干部，曾长期从事农业工作，主编《诏安陈氏族谱》。

沈耀明　60 岁　漳州市政协文史研究员，主编《诏安沈氏族谱》。

沈庭辉　65岁　退休教师，曾参与编写《诏安县山河村》。

沈惠德　52岁　诏安县政协文史委主任。

沈宝发　70岁　退休干部，仕渡梅圃祖宗谱编委副主任。

许慕辉　79岁　漳州市政协文史研究员、诏安县政协文史顾问，曾参与编写《南诏许氏家谱》。

沈汝淮　81岁　曾任诏安县民间文学集成编委会副主编。

沈培瑶　70岁　农民。

徐长林　62岁　农民。

李阿婉　84岁　农村妇女。

许锡平　79岁　开漳王庙理事长。

沈应雄　86岁　曾任和益布店经理、诏安县工商联副主委。

林　里　76岁　东岳庙理事。

蒲福钦　86岁　诏安县地方志编委会编辑。

涂绍聪　61岁　诏安县个体劳动者协会主委。

吴偁冷　80岁　退休人员，曾参加编写《诏安县工商志》。

陈士培　100岁　离休人员。

沈万喜　64岁　工商业者。

涂绍武　67岁　退休人员，主编《诏安徐氏族谱》。

跋

　　记得在 2005 年，劳格文、杨彦杰两位专家来到诏安，组织民间传统事象调查，其中《诏安三都传统社会》这个子课题由我承担。从当初拟定提纲，到如今撰写成文，一晃已经 7 个年头。这份材料与官修志书出发点和落脚点的不同之处，在于主要从宗族、经济、信仰、风俗 4 个方面展现地方民众的过往史。尽管笔者担任过新、续修县志的统编，并在政协从事过文史工作，有一定基础，但大量的素材还是通过田野调查取得。好在里巷尚存古迹、村社犹有遗风、耆老仍有记忆，同时，还有一些馆藏档案、宗族谱牒、地方史料可资利用，本书才得以完成。

　　诏安三都 1950 年到现在的情况，与传统社会相比，发生了很大的变化，其变化又可分为改革开放前后两个阶段。在前一阶段，庙宇、祠堂基本上都收归国有改作他用，拜神祭祖遭禁止，一些族谱史籍被烧被毁，不少民俗的东西被视为封建迷信。而在后一阶段，原先的庙宇、祠堂相继重修恢复，甚至还有新建的，人们拜神祭祖，更多的是出于对英贤、祖宗的敬爱、怀念，不像过去出自对神明、灵魂的笃信。大赛祈安、庆神、做醮和"游祖公""跑贡王"等乡族活动依然，这种传承主要出自习俗。人死后治丧除了土葬改为火葬之外，其他过程如故；嫁娶已不再强调同姓不婚了，对生辰八字的所谓宜忌已不太在意，但结婚还是要看月择日。村族间已能和睦相处，很少有斗殴的事情发生。地方传统的农业、手工业有不少已为现代化的农业、工业所取代，人们也从解决温饱逐渐步入小康社会。

法国远东学院的博士生导师劳格文教授和福建社会科学院客家文化研究中心主任、中国闽台缘博物馆馆长杨彦杰老师，本身事务繁忙，却多次来诏考察言传身教。杨彦杰老师更对笔者的文稿反复数遍阅读，提出修改意见，细心整理订正，在此深表谢意。

因年久事湮，加之本人水平有限，文中错漏在所难免，敬俟有识之士不吝匡正。

后　记

　　我和劳格文的客家传统社会田野研究已经走过 20 个年头。在这 20 年里，我们与许多学者和地方文史工作者合作，先后出版了涉及闽粤赣边客家传统居住区的 30 本调查专辑或个人论著，但没有一本书像诏安专辑这样，耽搁了如此漫长的时间。

　　从 2005 年 8 月开始，当我们基本完成闽粤赣边纯客家县的调查以后，就把研究的目光投向处于边界地带的非纯客家县，首选的目标即是诏安。这个地处福建最南端的边陲县份，它既是闽、粤两省的交界地，又是闽南人与客家人共同生活的地方。这里的人文景观和丰富的历史文化遗产深深吸引着我们，给我们带来很多新鲜的感受。只可惜，这个计划开始以后，我和劳格文的工作都出现了变动。我到闽台缘博物馆工作，劳格文先在巴黎工作，后又到香港中文大学任教，我们没有办法再找出像以往那样足够的时间来开展和带动这项研究了。因此，文稿的撰写、讨论和修改一拖再拖。虽然诏安我们断断续续去了好几次，但每次的时间都很短，甚至在每次将要起程前往诏安之前，我们都还需要重温一下上次已经有的经验和收获。如此艰难的前行，历经九年，这个诏安专辑终于就要问世了。

诏安的客家人居住在山区，靠近广东；而闽南人居住于平原，靠近海湾。因此，客家文化与闽南文化在诏安既相互区隔又有所交融，是比较研究两种文化的一个很好的场所。我们将这个县的专题调查分成两部分：一部分属于山区客家，包括秀篆、官陂、霞葛等乡镇；另一部分是闽南人居住区，包括仕渡、东城、城关等。另外，我们的合作者黄家祥先生把三都平原，即闽南人居住区的宗族、经济和民俗活动做了相对完整的记述，李应梭、林建发两位先生把诏安城关的主要庙宇碑刻都做了抄录和整理，如果把这些碑文以及各种调查结合起来阅读，相信对诏安的历史文化有一个相对完整而且深入的了解。

由于我们完成这个专辑的过程太长，原来承担撰写霞葛镇的黄木尊先生已不幸与世长辞，他没来得及做的最后修订的工作，由李应梭先生接替完成。我们每次到诏安调查，李应梭、黄家祥诸位先生给予很多的帮助，包括联系作者、寻找报告人、安排住宿、带路指引等，他们自己也投入很大的心力去完成各自承担的任务。如果说，没有诏安这些老人对他们家乡的热爱和不厌其烦的努力，要完成这个专辑则是不可想象的。在此，我想对李应梭、黄家祥以及所有作者，包括接待我们的各位乡亲朋友们表示深深的谢意！向来不及看到这个专辑出版的黄木尊先生寄以深切的缅怀和纪念！

与20年前相比，中国大陆的历史文化遗产已经受到很大的重视。发展经济和保护历史文化遗产应该相辅相成，协调促进，但是随着时代的发展，祖先留下的有形和无形的文化遗产还会在我们的手中不知不觉地流逝。从这个角度讲，为尽量记录即将逝去的记忆，加紧做田野调查，我们怎么努力都不过分。这个诏安专辑或许会为我们今后继续开展诏安研究留下一份不可多得的记录。因为涉

及大量口述材料，本书为保持资料原貌，有些叙述用语较为口语
化，请谅解。

杨彦杰

2014 年 5 月

Postscript

John Lagerwey and I have been doing fieldwork on Hakka traditional society for twenty years till now. During that time, we have cooperated with many local historians and literati, and we have published a total of thirty volumes, some of them collective, some of them by individual authors, on the Hakka of Fujian, Guangdong, and Jiangxi. But not one of these volumes is not quite like the present one on Zhao'an, which took so many years to produce.

We began this profect in August 2005, after we had basically finished our surveys of Hakka counties in the above-mentioned provinces and had decided to look instead at peripheral areas, where the Hakka interacted with non-Hakka indigenous populations. Zhao'an is a perfect example of such an area: in the southeasternmost corner of Fujian, fronting on Guangdong, it is a county where the Hakka population "infiltrates" from the west an area which was originally pure Minnan.

The rich cultural history of Zhao'an attracted us immediately, giving us a sense of encountering something new and fresh. Unfortunately, shortly after we undertook this work, both Lagerwey and I changed jobs. I became head of the Min-Tai Museum, and Lagerwey, after taking up a job in Paris, moved to another one in HongKong, at the Chinese University of HongKong. Our new duties left us no time to direct the project as we had done in the past. As a result, both the writing of the essays and their editing dragged on interminably. We went back regularly to Zhao'an, but always for a very short time, and each time we had to familiarize ourselves again with what we had already learned but had since forgotten. That is why this book took us a full nine years to produce.

The Hakka in Zhao'an live in the hills, on the border with Guangdong and the Hakka county of Yongding. The Minnan live in the plains and along the sea. In this way, the two cultures are at once separate and in contact, mutually influencing each other. It is thus a particularly good place to engage in comparative research. The present volume is divided into two parts: the first part deals with the Hakka in the hills, in Xiuzhuan, Guanpi, and Xiage; the second concerns the Minnan and includes essays on Shidu, Dongcheng, and the county seat. In addition, one of our principal collaborators, Huang Jiaxiang, provides a very complete account of the lineages, economy, and customs of the entire Sandu plain where the county seat is located, and Li Yingsuo and Lin Jianfa painstakingly copied and punctuated the many stele inscriptions of the county seat. These inscriptions, together with the various essays, should give the reader a fairly complete sense of the historic culture of Zhao'an.

Because of the time it took us to produce this volume, one of our collaborators, Huang Muzun, who had begun to write on Xiage, died before his own essay was completed. Li Yingsuo took up where Huang left off. Each time we went to Zhao'an, Li Yingsuo and Huang Jiaxiang would provide support of all kinds, getting in touch with authors, reserving hotels, serving as guides. Their heartfelt investment in the project has been enormous. Without their enthusiastic participation and their constant efforts, this volume could never have been completed. So we would like here to express our special thanks to Li Yingsuo and Huang Jiaxiang, as well as to all those friends who welcomed us into their homes and villages in the course of our fieldwork. And we have a particular thought for Huang Muzun.

By comparison with twenty years ago, the Chinese Mainland's cultural heritage has come to be highly valued. Developing the economy and preserving the cultural heritage must advance together in harmony. But as development continues, the heritage, both tangible and intangible, left by our ancestors will continue nilly-willy to disappear. From this perspective, we cannot overdo our sense of urgency about doing fieldwork in order to record what is about to disappear, including memories of the older generation. This collection of essays devoted to Zhao'an may prove to be an essential record for the continued development of the study of Zhao'an.

Yanjie Yang
May 2014

图书在版编目（CIP）数据

闽客交界的诏安：全 2 册/杨彦杰编. —北京：社会
科学文献出版社，2014.7
（中国地方社会与民俗丛书）
ISBN 978 - 7 - 5097 - 6018 - 5

Ⅰ.①闽… Ⅱ.①杨… Ⅲ.①风俗习惯 - 研究 -
诏安县 ②诏安县 - 地方史 - 研究 Ⅳ.①K892.457.4
②K295.74

中国版本图书馆 CIP 数据核字（2014）第 099247 号

·中国地方社会与民俗丛书·

闽客交界的诏安（上、下册）

编　　者／杨彦杰

出 版 人／谢寿光
出 版 者／社会科学文献出版社
地　　址／北京市西城区北三环中路甲 29 号院 3 号楼华龙大厦
邮政编码／100029

责任部门／近代史编辑室　（010）59367256　　责任编辑／李丽丽
电子信箱／jxd@ ssap. cn　　　　　　　　　责任校对／师晶晶　　师旭光
项目统筹／李丽丽　　　　　　　　　　　　责任印制／岳　阳
经　　销／社会科学文献出版社市场营销中心　（010）59367081　59367089
读者服务／读者服务中心（010）59367028

印　　装／北京鹏润伟业印刷有限公司
开　　本／880mm×1230mm　1/32　　　　印　　张／26.125
版　　次／2014 年 7 月第 1 版　　　　　字　　数／685 千字
印　　次／2014 年 7 月第 1 次印刷
书　　号／ISBN 978 - 7 - 5097 - 6018 - 5
定　　价／108.00 元（上、下册）